·最新·

生态环境保护法规汇编

（第三版）

法律出版社法规中心 编

法律出版社
LAW PRESS·CHINA
北京

图书在版编目（CIP）数据

最新生态环境保护法规汇编／法律出版社法规中心编. --3 版. --北京：法律出版社，2025. -- ISBN 978-7-5197-9812-3

Ⅰ.D922.680.9

中国国家版本馆 CIP 数据核字第 2024B78R04 号

最新生态环境保护法规汇编　　　　　　　　责任编辑　冯高琼
ZUIXIN SHENGTAI HUANJING BAOHU　　法律出版社法规中心 编
FAGUI HUIBIAN　　　　　　　　　　　　　装帧设计　李　瞻

出版发行　法律出版社	开本　A5
编辑统筹　法规出版分社	印张　18.75　　字数　570 千
责任校对　张红蕊	版本　2025 年 1 月第 3 版
责任印制　耿润瑜	印次　2025 年 1 月第 1 次印刷
经　　销　新华书店	印刷　保定市中画美凯印刷有限公司

地址：北京市丰台区莲花池西里 7 号(100073)
网址：www.lawpress.com.cn　　　　　销售电话：010-83938349
投稿邮箱：info@ lawpress.com.cn　　　客服电话：010-83938350
举报盗版邮箱：jbwq@ lawpress.com.cn　咨询电话：010-63939796
版权所有・侵权必究

书号：ISBN 978-7-5197-9812-3　　　　　定价：59.00 元
凡购买本社图书，如有印装错误，我社负责退换。电话：010-83938349

目 录

中华人民共和国环境保护法(2014.4.24修订) …………… (1)

一、海洋环境保护与水污染防治

中华人民共和国海洋环境保护法(2023.10.24修订)……… (13)
中华人民共和国海洋倾废管理条例(2017.3.1修订)……… (41)
防止拆船污染环境管理条例(2017.3.1修订)……………… (46)
中华人民共和国防治陆源污染物污染损害海洋环境管理条例
　(1990.6.22) ………………………………………………… (50)
中华人民共和国防治海岸工程建设项目污染损害海洋环境管
　理条例(2018.3.19修订) ………………………………… (56)
防治海洋工程建设项目污染损害海洋环境管理条例(2018.
　3.19修订) ………………………………………………… (60)
防治船舶污染海洋环境管理条例(2018.3.19修订)………… (70)
中华人民共和国水污染防治法(2017.6.27修正)…………… (83)
节约用水条例(2024.3.9)…………………………………… (104)
地下水管理条例(2021.10.21)……………………………… (112)
入河排污口监督管理办法(2024.10.16)…………………… (124)

二、大气、土壤、固体废物、噪声、放射性污染防治

中华人民共和国大气污染防治法(2018.10.26修正)……… (132)
中华人民共和国土壤污染防治法(2018.8.31) …………… (157)
中华人民共和国固体废物污染环境防治法(2020.4.29修订)…… (177)
中华人民共和国噪声污染防治法(2021.12.24)…………… (203)
中华人民共和国放射性污染防治法(2003.6.28) ………… (219)

放射性废物安全管理条例(2011.12.20 公布) ………………… (230)

三、生态保护与治理

中华人民共和国野生动物保护法(2022.12.30 修订) …………… (240)
中华人民共和国湿地保护法(2021.12.24) …………………… (257)
中华人民共和国黑土地保护法(2022.6.24) …………………… (269)
中华人民共和国青藏高原生态保护法(2023.4.26) …………… (277)
中华人民共和国长江保护法(2020.12.26) …………………… (290)
长江水生生物保护管理规定(2021.12.21) …………………… (310)
中华人民共和国黄河保护法(2022.10.30) …………………… (316)
中华人民共和国森林法(2019.12.28 修订) …………………… (344)
中华人民共和国森林法实施条例(2018.3.19 修订) ………… (359)
中华人民共和国防沙治沙法(2018.10.26 修正) …………… (369)
中华人民共和国自然保护区条例(2017.10.7 修订) ………… (378)
畜禽规模养殖污染防治条例(2013.11.11) …………………… (385)
生态保护补偿条例(2024.4.6) …………………………………… (392)
生态环境损害赔偿管理规定(2022.4.26) …………………… (397)

四、环境监察与应急处理

环境监察办法(2012.7.25) ………………………………………… (405)
突发环境事件应急管理办法(2015.4.16) …………………… (410)
突发环境事件调查处理办法(2014.12.19) …………………… (416)
突发环境事件信息报告办法(2011.4.18) …………………… (420)

五、法律责任

1. 民事责任

最高人民法院关于审理生态环境侵权责任纠纷案件适用法律
　若干问题的解释(2023.8.14) ……………………………… (426)
最高人民法院关于生态环境侵权民事诉讼证据的若干规定
　(2023.8.14) ………………………………………………… (431)

最高人民法院关于审理生态环境损害赔偿案件的若干规定(试行)(2020.12.29 修正) …… (436)
最高人民法院关于审理海洋自然资源与生态环境损害赔偿纠纷案件若干问题的规定(2017.12.29) …… (441)
最高人民法院关于审理环境民事公益诉讼案件适用法律若干问题的解释(2020.12.29 修正) …… (444)
最高人民法院关于生态环境侵权案件适用禁止令保全措施的若干规定(2021.12.27) …… (449)
最高人民法院关于审理生态环境侵权纠纷案件适用惩罚性赔偿的解释(2022.1.12) …… (452)
最高人民法院关于审理森林资源民事纠纷案件适用法律若干问题的解释(2022.6.13) …… (455)
最高人民法院、最高人民检察院关于办理海洋自然资源与生态环境公益诉讼案件若干问题的规定(2022.5.10) …… (459)

2. 刑事责任

中华人民共和国刑法(节录)(2023.12.29 修正) …… (461)
最高人民法院、最高人民检察院关于办理环境污染刑事案件适用法律若干问题的解释(2023.8.8) …… (466)
最高人民检察院关于渎职侵权犯罪案件立案标准的规定(节录)(2006.7.26) …… (472)
最高人民法院关于审理破坏草原资源刑事案件应用法律若干问题的解释(2012.11.2) …… (478)
最高人民法院、最高人民检察院关于办理破坏野生动物资源刑事案件适用法律若干问题的解释(2022.4.6) …… (480)
最高人民法院关于审理破坏森林资源刑事案件适用法律若干问题的解释(2023.8.13) …… (486)

六、其他相关法律文件

中华人民共和国环境影响评价法(2018.12.29 修正) …… (493)
规划环境影响评价条例(2009.8.17 公布) …… (501)
建设项目环境保护管理条例(2017.7.16 修订) …… (507)

中华人民共和国清洁生产促进法(2012.2.29修正) …………… (513)
中华人民共和国循环经济促进法(2018.10.26修正)………… (520)
中华人民共和国环境保护税法(2018.10.26修正)……………… (531)
全国污染源普查条例(2019.3.2修订)………………………… (543)
党政领导干部生态环境损害责任追究办法(试行)(2015.8.9) … (550)
生态环境标准管理办法(2020.12.15)………………………… (554)
碳排放权交易管理暂行条例(2024.1.25) …………………… (563)
碳排放权交易管理办法(试行)(2020.12.31)………………… (570)
环境保护行政执法与刑事司法衔接工作办法(2017.1.25) …… (576)
生态环境部行政复议办法(2024.4.11) ……………………… (583)

中华人民共和国环境保护法

1. 1989年12月26日第七届全国人民代表大会常务委员会第十一次会议通过
2. 2014年4月24日第十二届全国人民代表大会常务委员会第八次会议修订

目 录

第一章 总 则
第二章 监督管理
第三章 保护和改善环境
第四章 防治污染和其他公害
第五章 信息公开和公众参与
第六章 法律责任
第七章 附 则

第一章 总 则

第一条 【立法目的】[①]为保护和改善环境,防治污染和其他公害,保障公众健康,推进生态文明建设,促进经济社会可持续发展,制定本法。

第二条 【环境的含义】本法所称环境,是指影响人类生存和发展的各种天然的和经过人工改造的自然因素的总体,包括大气、水、海洋、土地、矿藏、森林、草原、湿地、野生生物、自然遗迹、人文遗迹、自然保护区、风景名胜区、城市和乡村等。

第三条 【适用范围】本法适用于中华人民共和国领域和中华人民共和国管辖的其他海域。

第四条 【基本国策】保护环境是国家的基本国策。
　　国家采取有利于节约和循环利用资源、保护和改善环境、促进人与自然和谐的经济、技术政策和措施,使经济社会发展与环境保护相协调。

---

① 条文主旨为编者所加,下同。——编者注

第五条 【基本原则】环境保护坚持保护优先、预防为主、综合治理、公众参与、损害担责的原则。

第六条 【环境保护义务】一切单位和个人都有保护环境的义务。

地方各级人民政府应当对本行政区域的环境质量负责。

企业事业单位和其他生产经营者应当防止、减少环境污染和生态破坏,对所造成的损害依法承担责任。

公民应当增强环境保护意识,采取低碳、节俭的生活方式,自觉履行环境保护义务。

第七条 【环保科教】国家支持环境保护科学技术研究、开发和应用,鼓励环境保护产业发展,促进环境保护信息化建设,提高环境保护科学技术水平。

第八条 【加大财政投入】各级人民政府应当加大保护和改善环境、防治污染和其他公害的财政投入,提高财政资金的使用效益。

第九条 【环保宣传与舆论监督】各级人民政府应当加强环境保护宣传和普及工作,鼓励基层群众性自治组织、社会组织、环境保护志愿者开展环境保护法律法规和环境保护知识的宣传,营造保护环境的良好风气。

教育行政部门、学校应当将环境保护知识纳入学校教育内容,培养学生的环境保护意识。

新闻媒体应当开展环境保护法律法规和环境保护知识的宣传,对环境违法行为进行舆论监督。

第十条 【环保工作管理体制】国务院环境保护主管部门,对全国环境保护工作实施统一监督管理;县级以上地方人民政府环境保护主管部门,对本行政区域环境保护工作实施统一监督管理。

县级以上人民政府有关部门和军队环境保护部门,依照有关法律的规定对资源保护和污染防治等环境保护工作实施监督管理。

第十一条 【奖励】对保护和改善环境有显著成绩的单位和个人,由人民政府给予奖励。

第十二条 【环境日】每年6月5日为环境日。

第二章 监督管理

第十三条 【环保规划】县级以上人民政府应当将环境保护工作纳入国民经济和社会发展规划。

国务院环境保护主管部门会同有关部门,根据国民经济和社会发展规划编制国家环境保护规划,报国务院批准并公布实施。

县级以上地方人民政府环境保护主管部门会同有关部门,根据国家环境保护规划的要求,编制本行政区域的环境保护规划,报同级人民政府批准并公布实施。

环境保护规划的内容应当包括生态保护和污染防治的目标、任务、保障措施等,并与主体功能区规划、土地利用总体规划和城乡规划等相衔接。

第十四条 【政策制定考虑环境影响】国务院有关部门和省、自治区、直辖市人民政府组织制定经济、技术政策,应当充分考虑对环境的影响,听取有关方面和专家的意见。

第十五条 【环境质量标准制定】国务院环境保护主管部门制定国家环境质量标准。

省、自治区、直辖市人民政府对国家环境质量标准中未作规定的项目,可以制定地方环境质量标准;对国家环境质量标准中已作规定的项目,可以制定严于国家环境质量标准的地方环境质量标准。地方环境质量标准应当报国务院环境保护主管部门备案。

国家鼓励开展环境基准研究。

第十六条 【污染物排放标准制定】国务院环境保护主管部门根据国家环境质量标准和国家经济、技术条件,制定国家污染物排放标准。

省、自治区、直辖市人民政府对国家污染物排放标准中未作规定的项目,可以制定地方污染物排放标准;对国家污染物排放标准中已作规定的项目,可以制定严于国家污染物排放标准的地方污染物排放标准。地方污染物排放标准应当报国务院环境保护主管部门备案。

第十七条 【环境监测】国家建立、健全环境监测制度。国务院环境保护主管部门制定监测规范,会同有关部门组织监测网络,统一规划国家环境质量监测站(点)的设置,建立监测数据共享机制,加强对环境监测的管理。

有关行业、专业等各类环境质量监测站(点)的设置应当符合法律法规规定和监测规范的要求。

监测机构应当使用符合国家标准的监测设备,遵守监测规范。监测机构及其负责人对监测数据的真实性和准确性负责。

第十八条 【预警机制制定】省级以上人民政府应当组织有关部门或者委托专业机构，对环境状况进行调查、评价，建立环境资源承载能力监测预警机制。

第十九条 【环境影响评价】编制有关开发利用规划，建设对环境有影响的项目，应当依法进行环境影响评价。

未依法进行环境影响评价的开发利用规划，不得组织实施；未依法进行环境影响评价的建设项目，不得开工建设。

第二十条 【区域联防联控】国家建立跨行政区域的重点区域、流域环境污染和生态破坏联合防治协调机制，实行统一规划、统一标准、统一监测、统一的防治措施。

前款规定以外的跨行政区域的环境污染和生态破坏的防治，由上级人民政府协调解决，或者由有关地方人民政府协商解决。

第二十一条 【鼓励和支持措施】国家采取财政、税收、价格、政府采购等方面的政策和措施，鼓励和支持环境保护技术装备、资源综合利用和环境服务等环境保护产业的发展。

第二十二条 【鼓励和支持减排企业】企业事业单位和其他生产经营者，在污染物排放符合法定要求的基础上，进一步减少污染物排放的，人民政府应当依法采取财政、税收、价格、政府采购等方面的政策和措施予以鼓励和支持。

第二十三条 【环境污染整治企业】企业事业单位和其他生产经营者，为改善环境，依照有关规定转产、搬迁、关闭的，人民政府应当予以支持。

第二十四条 【现场检查制度】县级以上人民政府环境保护主管部门及其委托的环境监察机构和其他负有环境保护监督管理职责的部门，有权对排放污染物的企业事业单位和其他生产经营者进行现场检查。被检查者应当如实反映情况，提供必要的资料。实施现场检查的部门、机构及其工作人员应当为被检查者保守商业秘密。

第二十五条 【环保部门行政强制措施权】企业事业单位和其他生产经营者违反法律法规规定排放污染物，造成或者可能造成严重污染的，县级以上人民政府环境保护主管部门和其他负有环境保护监督管理职责的部门，可以查封、扣押造成污染物排放的设施、设备。

第二十六条 【环境保护目标责任制和考核评价制度】国家实行环境保

护目标责任制和考核评价制度。县级以上人民政府应当将环境保护目标完成情况纳入对本级人民政府负有环境保护监督管理职责的部门及其负责人和下级人民政府及其负责人的考核内容,作为对其考核评价的重要依据。考核结果应当向社会公开。

第二十七条　【人大监督】县级以上人民政府应当每年向本级人民代表大会或者人民代表大会常务委员会报告环境状况和环境保护目标完成情况,对发生的重大环境事件应当及时向本级人民代表大会常务委员会报告,依法接受监督。

第三章　保护和改善环境

第二十八条　【地方政府改善环境质量】地方各级人民政府应当根据环境保护目标和治理任务,采取有效措施,改善环境质量。

　　未达到国家环境质量标准的重点区域、流域的有关地方人民政府,应当制定限期达标规划,并采取措施按期达标。

第二十九条　【生态保护红线】国家在重点生态功能区、生态环境敏感区和脆弱区等区域划定生态保护红线,实行严格保护。

　　各级人民政府对具有代表性的各种类型的自然生态系统区域,珍稀、濒危的野生动植物自然分布区域,重要的水源涵养区域,具有重大科学文化价值的地质构造、著名溶洞和化石分布区、冰川、火山、温泉等自然遗迹,以及人文遗迹、古树名木,应当采取措施予以保护,严禁破坏。

第三十条　【保护生物多样性】开发利用自然资源,应当合理开发,保护生物多样性,保障生态安全,依法制定有关生态保护和恢复治理方案并予以实施。

　　引进外来物种以及研究、开发和利用生物技术,应当采取措施,防止对生物多样性的破坏。

第三十一条　【生态保护补偿】国家建立、健全生态保护补偿制度。

　　国家加大对生态保护地区的财政转移支付力度。有关地方人民政府应当落实生态保护补偿资金,确保其用于生态保护补偿。

　　国家指导受益地区和生态保护地区人民政府通过协商或者按照市场规则进行生态保护补偿。

第三十二条　【保护大气、水、土壤】国家加强对大气、水、土壤等的保护,建立和完善相应的调查、监测、评估和修复制度。

第三十三条 【农业与农村环境保护】各级人民政府应当加强对农业环境的保护,促进农业环境保护新技术的使用,加强对农业污染源的监测预警,统筹有关部门采取措施,防治土壤污染和土地沙化、盐渍化、贫瘠化、石漠化、地面沉降以及防治植被破坏、水土流失、水体富营养化、水源枯竭、种源灭绝等生态失调现象,推广植物病虫害的综合防治。

县级、乡级人民政府应当提高农村环境保护公共服务水平,推动农村环境综合整治。

第三十四条 【海洋环境保护】国务院和沿海地方各级人民政府应当加强对海洋环境的保护。向海洋排放污染物、倾倒废弃物,进行海岸工程和海洋工程建设,应当符合法律法规规定和有关标准,防止和减少对海洋环境的污染损害。

第三十五条 【城乡建设的环境保护】城乡建设应当结合当地自然环境的特点,保护植被、水域和自然景观,加强城市园林、绿地和风景名胜区的建设与管理。

第三十六条 【绿色采购、绿色消费】国家鼓励和引导公民、法人和其他组织使用有利于保护环境的产品和再生产品,减少废弃物的产生。

国家机关和使用财政资金的其他组织应当优先采购和使用节能、节水、节材等有利于保护环境的产品、设备和设施。

第三十七条 【地方政府组织处理生活废弃物】地方各级人民政府应当采取措施,组织对生活废弃物的分类处置、回收利用。

第三十八条 【公民环境保护义务】公民应当遵守环境保护法律法规,配合实施环境保护措施,按照规定对生活废弃物进行分类放置,减少日常生活对环境造成的损害。

第三十九条 【国家监测制度和研究】国家建立、健全环境与健康监测、调查和风险评估制度;鼓励和组织开展环境质量对公众健康影响的研究,采取措施预防和控制与环境污染有关的疾病。

第四章 防治污染和其他公害

第四十条 【促进清洁生产和资源循环利用】国家促进清洁生产和资源循环利用。

国务院有关部门和地方各级人民政府应当采取措施,推广清洁能源的生产和使用。

企业应当优先使用清洁能源,采用资源利用率高、污染物排放量少的工艺、设备以及废弃物综合利用技术和污染物无害化处理技术,减少污染物的产生。

第四十一条 【防污设施的设计、施工与投产】建设项目中防治污染的设施,应当与主体工程同时设计、同时施工、同时投产使用。防治污染的设施应当符合经批准的环境影响评价文件的要求,不得擅自拆除或者闲置。

第四十二条 【排污者防治污染责任】排放污染物的企业事业单位和其他生产经营者,应当采取措施,防治在生产建设或者其他活动中产生的废气、废水、废渣、医疗废物、粉尘、恶臭气体、放射性物质以及噪声、振动、光辐射、电磁辐射等对环境的污染和危害。

排放污染物的企业事业单位,应当建立环境保护责任制度,明确单位负责人和相关人员的责任。

重点排污单位应当按照国家有关规定和监测规范安装使用监测设备,保证监测设备正常运行,保存原始监测记录。

严禁通过暗管、渗井、渗坑、灌注或者篡改、伪造监测数据,或者不正常运行防治污染设施等逃避监管的方式违法排放污染物。

第四十三条 【排污费和环境保护税】排放污染物的企业事业单位和其他生产经营者,应当按照国家有关规定缴纳排污费。排污费应当全部专项用于环境污染防治,任何单位和个人不得截留、挤占或者挪作他用。

依照法律规定征收环境保护税的,不再征收排污费。

第四十四条 【重点污染物排放总量控制】国家实行重点污染物排放总量控制制度。重点污染物排放总量控制指标由国务院下达,省、自治区、直辖市人民政府分解落实。企业事业单位在执行国家和地方污染物排放标准的同时,应当遵守分解落实到本单位的重点污染物排放总量控制指标。

对超过国家重点污染物排放总量控制指标或者未完成国家确定的环境质量目标的地区,省级以上人民政府环境保护主管部门应当暂停审批其新增重点污染物排放总量的建设项目环境影响评价文件。

第四十五条 【排污许可管理制度】国家依照法律规定实行排污许可管理制度。

实行排污许可管理的企业事业单位和其他生产经营者应当按照排污许可证的要求排放污染物；未取得排污许可证的，不得排放污染物。

第四十六条 【工艺、设备和产品实行淘汰制度】国家对严重污染环境的工艺、设备和产品实行淘汰制度。任何单位和个人不得生产、销售或者转移、使用严重污染环境的工艺、设备和产品。

禁止引进不符合我国环境保护规定的技术、设备、材料和产品。

第四十七条 【突发环境事件处理】各级人民政府及其有关部门和企业事业单位，应当依照《中华人民共和国突发事件应对法》的规定，做好突发环境事件的风险控制、应急准备、应急处置和事后恢复等工作。

县级以上人民政府应当建立环境污染公共监测预警机制，组织制定预警方案；环境受到污染，可能影响公众健康和环境安全时，依法及时公布预警信息，启动应急措施。

企业事业单位应当按照国家有关规定制定突发环境事件应急预案，报环境保护主管部门和有关部门备案。在发生或者可能发生突发环境事件时，企业事业单位应当立即采取措施处理，及时通报可能受到危害的单位和居民，并向环境保护主管部门和有关部门报告。

突发环境事件应急处置工作结束后，有关人民政府应当立即组织评估事件造成的环境影响和损失，并及时将评估结果向社会公布。

第四十八条 【化学物品和含有放射性物质物品安全控制和管理】生产、储存、运输、销售、使用、处置化学物品和含有放射性物质的物品，应当遵守国家有关规定，防止污染环境。

第四十九条 【农业、农村环境污染防治】各级人民政府及其农业等有关部门和机构应当指导农业生产经营者科学种植和养殖，科学合理施用农药、化肥等农业投入品，科学处置农用薄膜、农作物秸秆等农业废弃物，防止农业面源污染。

禁止将不符合农用标准和环境保护标准的固体废物、废水施入农田。施用农药、化肥等农业投入品及进行灌溉，应当采取措施，防止重金属和其他有毒有害物质污染环境。

畜禽养殖场、养殖小区、定点屠宰企业等的选址、建设和管理应当符合有关法律法规规定。从事畜禽养殖和屠宰的单位和个人应当采取措施，对畜禽粪便、尸体和污水等废弃物进行科学处置，防止污染环境。

县级人民政府负责组织农村生活废弃物的处置工作。

第五十条 【农村环境污染防治资金支持】各级人民政府应当在财政预算中安排资金,支持农村饮用水水源地保护、生活污水和其他废弃物处理、畜禽养殖和屠宰污染防治、土壤污染防治和农村工矿污染治理等环境保护工作。

第五十一条 【农村环境卫生设施和环境保护公共设施建设】各级人民政府应当统筹城乡建设污水处理设施及配套管网,固体废物的收集、运输和处置等环境卫生设施,危险废物集中处置设施、场所以及其他环境保护公共设施,并保障其正常运行。

第五十二条 【环境污染责任保险】国家鼓励投保环境污染责任保险。

第五章　信息公开和公众参与

第五十三条 【环境权利及其保障机制】公民、法人和其他组织依法享有获取环境信息、参与和监督环境保护的权利。

各级人民政府环境保护主管部门和其他负有环境保护监督管理职责的部门,应当依法公开环境信息、完善公众参与程序,为公民、法人和其他组织参与和监督环境保护提供便利。

第五十四条 【环境信息公开】国务院环境保护主管部门统一发布国家环境质量、重点污染源监测信息及其他重大环境信息。省级以上人民政府环境保护主管部门定期发布环境状况公报。

县级以上人民政府环境保护主管部门和其他负有环境保护监督管理职责的部门,应当依法公开环境质量、环境监测、突发环境事件以及环境行政许可、行政处罚、排污费的征收和使用情况等信息。

县级以上地方人民政府环境保护主管部门和其他负有环境保护监督管理职责的部门,应当将企业事业单位和其他生产经营者的环境违法信息记入社会诚信档案,及时向社会公布违法者名单。

第五十五条 【企业环境信息公开】重点排污单位应当如实向社会公开其主要污染物的名称、排放方式、排放浓度和总量、超标排放情况,以及防治污染设施的建设和运行情况,接受社会监督。

第五十六条 【公众参与】对依法应当编制环境影响报告书的建设项目,建设单位应当在编制时向可能受影响的公众说明情况,充分征求意见。

负责审批建设项目环境影响评价文件的部门在收到建设项目环

境影响报告书后,除涉及国家秘密和商业秘密的事项外,应当全文公开;发现建设项目未充分征求公众意见的,应当责成建设单位征求公众意见。

第五十七条 【举报】公民、法人和其他组织发现任何单位和个人有污染环境和破坏生态行为的,有权向环境保护主管部门或者其他负有环境保护监督管理职责的部门举报。

公民、法人和其他组织发现地方各级人民政府、县级以上人民政府环境保护主管部门和其他负有环境保护监督管理职责的部门不依法履行职责的,有权向其上级机关或者监察机关举报。

接受举报的机关应当对举报人的相关信息予以保密,保护举报人的合法权益。

第五十八条 【环境公益诉讼】对污染环境、破坏生态,损害社会公共利益的行为,符合下列条件的社会组织可以向人民法院提起诉讼:

(一)依法在设区的市级以上人民政府民政部门登记;

(二)专门从事环境保护公益活动连续五年以上且无违法记录。

符合前款规定的社会组织向人民法院提起诉讼,人民法院应当依法受理。

提起诉讼的社会组织不得通过诉讼牟取经济利益。

第六章 法 律 责 任

第五十九条 【按日计罚制度】企业事业单位和其他生产经营者违法排放污染物,受到罚款处罚,被责令改正,拒不改正的,依法作出处罚决定的行政机关可以自责令改正之日的次日起,按照原处罚数额按日连续处罚。

前款规定的罚款处罚,依照有关法律法规按照防治污染设施的运行成本、违法行为造成的直接损失或者违法所得等因素确定的规定执行。

地方性法规可以根据环境保护的实际需要,增加第一款规定的按日连续处罚的违法行为的种类。

第六十条 【超标超总量的法律责任】企业事业单位和其他生产经营者超过污染物排放标准或者超过重点污染物排放总量控制指标排放污染物的,县级以上人民政府环境保护主管部门可以责令其采取限制生产、停产整治等措施;情节严重的,报经有批准权的人民政府批准,责令停业、关闭。

第六十一条 【擅自开工建设的法律责任】建设单位未依法提交建设项目环境影响评价文件或者环境影响评价文件未经批准,擅自开工建设的,由负有环境保护监督管理职责的部门责令停止建设,处以罚款,并可以责令恢复原状。

第六十二条 【违规公开环境信息的法律责任】违反本法规定,重点排污单位不公开或者不如实公开环境信息的,由县级以上地方人民政府环境保护主管部门责令公开,处以罚款,并予以公告。

第六十三条 【行政拘留】企业事业单位和其他生产经营者有下列行为之一,尚不构成犯罪的,除依照有关法律法规规定予以处罚外,由县级以上人民政府环境保护主管部门或者其他有关部门将案件移送公安机关,对其直接负责的主管人员和其他直接责任人员,处十日以上十五日以下拘留;情节较轻的,处五日以上十日以下拘留:

(一)建设项目未依法进行环境影响评价,被责令停止建设,拒不执行的;

(二)违反法律规定,未取得排污许可证排放污染物,被责令停止排污,拒不执行的;

(三)通过暗管、渗井、渗坑、灌注或者篡改、伪造监测数据,或者不正常运行防治污染设施等逃避监管的方式违法排放污染物的;

(四)生产、使用国家明令禁止生产、使用的农药,被责令改正,拒不改正的。

第六十四条 【侵权责任】因污染环境和破坏生态造成损害的,应当依照《中华人民共和国侵权责任法》的有关规定承担侵权责任。

第六十五条 【环境服务机构与污染者的连带责任】环境影响评价机构、环境监测机构以及从事环境监测设备和防治污染设施维护、运营的机构,在有关环境服务活动中弄虚作假,对造成的环境污染和生态破坏负有责任的,除依照有关法律法规规定予以处罚外,还应当与造成环境污染和生态破坏的其他责任者承担连带责任。

第六十六条 【诉讼时效期间】提起环境损害赔偿诉讼的时效期间为三年,从当事人知道或者应当知道其受到损害时起计算。

第六十七条 【上级对下级进行监督】上级人民政府及其环境保护主管部门应当加强对下级人民政府及其有关部门环境保护工作的监督。

发现有关工作人员有违法行为,依法应当给予处分的,应当向其任免机关或者监察机关提出处分建议。

依法应当给予行政处罚,而有关环境保护主管部门不给予行政处罚的,上级人民政府环境保护主管部门可以直接作出行政处罚的决定。

第六十八条　【监管部门的法律责任】地方各级人民政府、县级以上人民政府环境保护主管部门和其他负有环境保护监督管理职责的部门有下列行为之一的,对直接负责的主管人员和其他直接责任人员给予记过、记大过或者降级处分;造成严重后果的,给予撤职或者开除处分,其主要负责人应当引咎辞职:

(一)不符合行政许可条件准予行政许可的;

(二)对环境违法行为进行包庇的;

(三)依法应当作出责令停业、关闭的决定而未作出的;

(四)对超标排放污染物、采用逃避监管的方式排放污染物、造成环境事故以及不落实生态保护措施造成生态破坏等行为,发现或者接到举报未及时查处的;

(五)违反本法规定,查封、扣押企业事业单位和其他生产经营者的设施、设备的;

(六)篡改、伪造或者指使篡改、伪造监测数据的;

(七)应当依法公开环境信息而未公开的;

(八)将征收的排污费截留、挤占或者挪作他用的;

(九)法律法规规定的其他违法行为。

第六十九条　【刑事责任】违反本法规定,构成犯罪的,依法追究刑事责任。

第七章　附　　则

第七十条　【施行日期】本法自 2015 年 1 月 1 日起施行。

一、海洋环境保护与水污染防治

中华人民共和国海洋环境保护法

1. 1982 年 8 月 23 日第五届全国人民代表大会常务委员会第二十四次会议通过
2. 1999 年 12 月 25 日第九届全国人民代表大会常务委员会第十三次会议第一次修订
3. 根据 2013 年 12 月 28 日第十二届全国人民代表大会常务委员会第六次会议《关于修改〈中华人民共和国海洋环境保护法〉等七部法律的决定》第一次修正
4. 根据 2016 年 11 月 7 日第十二届全国人民代表大会常务委员会第二十四次会议《关于修改〈中华人民共和国海洋环境保护法〉的决定》第二次修正
5. 根据 2017 年 11 月 4 日第十二届全国人民代表大会常务委员会第三十次会议《关于修改〈中华人民共和国会计法〉等十一部法律的决定》第三次修正
6. 2023 年 10 月 24 日第十四届全国人民代表大会常务委员会第六次会议第二次修订

目　录

第一章　总　　则
第二章　海洋环境监督管理
第三章　海洋生态保护
第四章　陆源污染物污染防治
第五章　工程建设项目污染防治
第六章　废弃物倾倒污染防治
第七章　船舶及有关作业活动污染防治
第八章　法律责任
第九章　附　　则

第一章　总　　则

第一条　【立法目的】为了保护和改善海洋环境,保护海洋资源,防治污染损害,保障生态安全和公众健康,维护国家海洋权益,建设海洋强国,推进生态文明建设,促进经济社会可持续发展,实现人与自然和谐共生,根据宪法,制定本法。

第二条　【适用范围】本法适用于中华人民共和国管辖海域。

在中华人民共和国管辖海域内从事航行、勘探、开发、生产、旅游、科学研究及其他活动,或者在沿海陆域内从事影响海洋环境活动的任何单位和个人,应当遵守本法。

在中华人民共和国管辖海域以外,造成中华人民共和国管辖海域环境污染、生态破坏的,适用本法相关规定。

第三条　【原则】海洋环境保护应当坚持保护优先、预防为主、源头防控、陆海统筹、综合治理、公众参与、损害担责的原则。

第四条　【监管部门】国务院生态环境主管部门负责全国海洋环境的监督管理,负责全国防治陆源污染物、海岸工程和海洋工程建设项目(以下称工程建设项目)、海洋倾倒废弃物对海洋环境污染损害的环境保护工作,指导、协调和监督全国海洋生态保护修复工作。

国务院自然资源主管部门负责海洋保护和开发利用的监督管理,负责全国海洋生态、海域海岸线和海岛的修复工作。

国务院交通运输主管部门负责所辖港区水域内非军事船舶和港区水域外非渔业、非军事船舶污染海洋环境的监督管理,组织、协调、指挥重大海上溢油应急处置。海事管理机构具体负责上述水域内相关船舶污染海洋环境的监督管理,并负责污染事故的调查处理;对在中华人民共和国管辖海域航行、停泊和作业的外国籍船舶造成的污染事故登轮检查处理。船舶污染事故给渔业造成损害的,应当吸收渔业主管部门参与调查处理。

国务院渔业主管部门负责渔港水域内非军事船舶和渔港水域外渔业船舶污染海洋环境的监督管理,负责保护渔业水域生态环境工作,并调查处理前款规定的污染事故以外的渔业污染事故。

国务院发展改革、水行政、住房和城乡建设、林业和草原等部门在各自职责范围内负责有关行业、领域涉及的海洋环境保护工作。

海警机构在职责范围内对海洋工程建设项目、海洋倾倒废弃物对海洋环境污染损害、自然保护地海岸线向海一侧保护利用等活动进行监督检查,查处违法行为,按照规定权限参与海洋环境污染事故的应急处置和调查处理。

军队生态环境保护部门负责军事船舶污染海洋环境的监督管理及污染事故的调查处理。

第五条 【目标责任制和考核评价制度】沿海县级以上地方人民政府对其管理海域的海洋环境质量负责。

国家实行海洋环境保护目标责任制和考核评价制度,将海洋环境保护目标完成情况纳入考核评价的内容。

第六条 【海洋环境保护区域协作机制】沿海县级以上地方人民政府可以建立海洋环境保护区域协作机制,组织协调其管理海域的环境保护工作。

跨区域的海洋环境保护工作,由有关沿海地方人民政府协商解决,或者由上级人民政府协调解决。

跨部门的重大海洋环境保护工作,由国务院生态环境主管部门协调;协调未能解决的,由国务院作出决定。

第七条 【纳入国民经济和社会发展规划】国务院和沿海县级以上地方人民政府应当将海洋环境保护工作纳入国民经济和社会发展规划,按照事权和支出责任划分原则,将海洋环境保护工作所需经费纳入本级政府预算。

第八条 【宣传普及和信息公开】各级人民政府及其有关部门应当加强海洋环境保护的宣传教育和知识普及工作,增强公众海洋环境保护意识,引导公众依法参与海洋环境保护工作;鼓励基层群众性自治组织、社会组织、志愿者等开展海洋环境保护法律法规和知识的宣传活动;按照职责分工依法公开海洋环境相关信息。

新闻媒体应当采取多种形式开展海洋环境保护的宣传报道,并对违法行为进行舆论监督。

第九条 【保护义务和监督权利】任何单位和个人都有保护海洋环境的义务,并有权对污染海洋环境、破坏海洋生态的单位和个人,以及海洋环境监督管理人员的违法行为进行监督和检举。

从事影响海洋环境活动的任何单位和个人,都应当采取有效措施,防止、减轻海洋环境污染、生态破坏。排污者应当依法公开排污信息。

第十条 【科学技术与交流合作】国家鼓励、支持海洋环境保护科学技术研究、开发和应用，促进海洋环境保护信息化建设，加强海洋环境保护专业技术人才培养，提高海洋环境保护科学技术水平。

国家鼓励、支持海洋环境保护国际交流与合作。

第十一条 【表彰奖励】对在海洋环境保护工作中做出显著成绩的单位和个人，按照国家有关规定给予表彰和奖励。

第二章 海洋环境监督管理

第十二条 【强化陆海统筹、区域联动】国家实施陆海统筹、区域联动的海洋环境监督管理制度，加强规划、标准、监测等监督管理制度的衔接协调。

各级人民政府及其有关部门应当加强海洋环境监督管理能力建设，提高海洋环境监督管理科技化、信息化水平。

第十三条 【严守生态保护红线】国家优先将生态功能极重要、生态极敏感脆弱的海域划入生态保护红线，实行严格保护。

开发利用海洋资源或者从事影响海洋环境的建设活动，应当根据国土空间规划科学合理布局，严格遵守国土空间用途管制要求，严守生态保护红线，不得造成海洋生态环境的损害。沿海地方各级人民政府应当根据国土空间规划，保护和科学合理地使用海域。沿海省、自治区、直辖市人民政府应当加强对生态保护红线内人为活动的监督管理，定期评估保护成效。

国务院有关部门、沿海设区的市级以上地方人民政府及其有关部门，对其组织编制的国土空间规划和相关规划，应当依法进行包括海洋环境保护内容在内的环境影响评价。

第十四条 【海洋生态环境保护规划】国务院生态环境主管部门会同有关部门、机构和沿海省、自治区、直辖市人民政府制定全国海洋生态环境保护规划，报国务院批准后实施。全国海洋生态环境保护规划应当与全国国土空间规划相衔接。

沿海地方各级人民政府应当根据全国海洋生态环境保护规划，组织实施其管理海域的海洋环境保护工作。

第十五条 【生态环境分区管控】沿海省、自治区、直辖市人民政府应当根据其管理海域的生态环境和资源利用状况，将其管理海域纳入生态环境分区管控方案和生态环境准入清单，报国务院生态环境主管部门备案后实施。生态环境分区管控方案和生态环境准入清单应当与国土空间规划相衔接。

第十六条 【海洋环境质量标准的制定】国务院生态环境主管部门根据海洋环境质量状况和国家经济、技术条件,制定国家海洋环境质量标准。

沿海省、自治区、直辖市人民政府对国家海洋环境质量标准中未作规定的项目,可以制定地方海洋环境质量标准;对国家海洋环境质量标准中已作规定的项目,可以制定严于国家海洋环境质量标准的地方海洋环境质量标准。地方海洋环境质量标准应当报国务院生态环境主管部门备案。

国家鼓励开展海洋环境基准研究。

第十七条 【海洋环境质量标准的评估与修订】制定海洋环境质量标准,应当征求有关部门、行业协会、企业事业单位、专家和公众等的意见,提高海洋环境质量标准的科学性。

海洋环境质量标准应当定期评估,并根据评估结果适时修订。

第十八条 【水污染物排放标准的制定依据】国家和有关地方水污染物排放标准的制定,应当将海洋环境质量标准作为重要依据之一。

对未完成海洋环境保护目标的海域,省级以上人民政府生态环境主管部门暂停审批新增相应种类污染物排放总量的建设项目环境影响报告书(表),会同有关部门约谈该地区人民政府及其有关部门的主要负责人,要求其采取有效措施及时整改,约谈和整改情况应当向社会公开。

第十九条 【排污许可管理】国家加强海洋环境质量管控,推进海域综合治理,严格海域排污许可管理,提升重点海域海洋环境质量。

需要直接向海洋排放工业废水、医疗污水的海岸工程和海洋工程单位,城镇污水集中处理设施的运营单位及其他企业事业单位和生产经营者,应当依法取得排污许可证。排污许可的管理按照国务院有关规定执行。

实行排污许可管理的企业事业单位和其他生产经营者应当执行排污许可证关于排放污染物的种类、浓度、排放量、排放方式、排放去向和自行监测等要求。

禁止通过私设暗管或者篡改、伪造监测数据,以及不正常运行污染防治设施等逃避监管的方式向海洋排放污染物。

第二十条 【综合治理行动方案的制定】国务院生态环境主管部门根据海洋环境状况和质量改善要求，会同国务院发展改革、自然资源、住房和城乡建设、交通运输、水行政、渔业等部门和海警机构，划定国家环境治理重点海域及其控制区域，制定综合治理行动方案，报国务院批准后实施。

沿海设区的市级以上地方人民政府应当根据综合治理行动方案，制定其管理海域的实施方案，因地制宜采取特别管控措施，开展综合治理，协同推进重点海域治理与美丽海湾建设。

第二十一条 【环境保护税及倾倒费的缴纳】直接向海洋排放应税污染物的企业事业单位和其他生产经营者，应当依照法律规定缴纳环境保护税。

向海洋倾倒废弃物，应当按照国家有关规定缴纳倾倒费。具体办法由国务院发展改革部门、国务院财政主管部门会同国务院生态环境主管部门制定。

第二十二条 【落后工艺和设备的淘汰】国家加强防治海洋环境污染损害的科学技术的研究和开发，对严重污染海洋环境的落后生产工艺和落后设备，实行淘汰制度。

企业事业单位和其他生产经营者应当优先使用清洁低碳能源，采用资源利用率高、污染物排放量少的清洁生产工艺，防止对海洋环境的污染。

第二十三条 【海洋生态环境质量监测】国务院生态环境主管部门负责海洋生态环境监测工作，制定海洋生态环境监测规范和标准并监督实施，组织实施海洋生态环境质量监测，统一发布国家海洋生态环境状况公报，定期组织对海洋生态环境质量状况进行调查评价。

国务院自然资源主管部门组织开展海洋资源调查和海洋生态预警监测，发布海洋生态预警监测警报和公报。

其他依照本法规定行使海洋环境监督管理权的部门和机构应当按照职责分工开展监测、监视。

第二十四条 【资料提供】国务院有关部门和海警机构应当向国务院生态环境主管部门提供编制国家海洋生态环境状况公报所必需的入海河口和海洋环境监测、调查、监视等方面的资料。

生态环境主管部门应当向有关部门和海警机构提供与海洋环境监督管理有关的资料。

第二十五条 【海洋综合信息管理】国务院生态环境主管部门会同有关部门和机构通过智能化的综合信息系统，为海洋环境保护监督管理、信息共享提供服务。

国务院有关部门、海警机构和沿海县级以上地方人民政府及其有关部门应当按照规定，推进综合监测、协同监测和常态化监测，加强监测数据、执法信息等海洋环境管理信息共享，提高海洋环境保护综合管理水平。

第二十六条 【海洋辐射环境监测】国家加强海洋辐射环境监测，国务院生态环境主管部门负责制定海洋辐射环境应急监测方案并组织实施。

第二十七条 【污染事故通报和处理】因发生事故或者其他突发性事件，造成或者可能造成海洋环境污染、生态破坏事件的单位和个人，应当立即采取有效措施解除或者减轻危害，及时向可能受到危害者通报，并向依照本法规定行使海洋环境监督管理权的部门和机构报告，接受调查处理。

沿海县级以上地方人民政府在本行政区域近岸海域的生态环境受到严重损害时，应当采取有效措施，解除或者减轻危害。

第二十八条 【重大污染事故应急预案】国家根据防止海洋环境污染的需要，制定国家重大海上污染事件应急预案，建立健全海上溢油污染等应急机制，保障应对工作的必要经费。

国家建立重大海上溢油应急处置部际联席会议制度。国务院交通运输主管部门牵头组织编制国家重大海上溢油应急处置预案并组织实施。

国务院生态环境主管部门负责制定全国海洋石油勘探开发海上溢油污染事件应急预案并组织实施。

国家海事管理机构负责制定全国船舶重大海上溢油污染事件应急预案，报国务院生态环境主管部门、国务院应急管理部门备案。

沿海县级以上地方人民政府及其有关部门应当制定有关应急预案，在发生海洋突发环境事件时，及时启动应急预案，采取有效措施，解除或者减轻危害。

可能发生海洋突发环境事件的单位,应当按照有关规定,制定本单位的应急预案,配备应急设备和器材,定期组织开展应急演练;应急预案应当向依照本法规定行使海洋环境监督管理权的部门和机构备案。

第二十九条 【海上联合执法】依照本法规定行使海洋环境监督管理权的部门和机构,有权对从事影响海洋环境活动的单位和个人进行现场检查;在巡航监视中发现违反本法规定的行为时,应当予以制止并调查取证,必要时有权采取有效措施,防止事态扩大,并报告有关部门或者机构处理。

被检查者应当如实反映情况,提供必要的资料。检查者应当依法为被检查者保守商业秘密、个人隐私和个人信息。

依照本法规定行使海洋环境监督管理权的部门和机构可以在海上实行联合执法。

第三十条 【查封、扣押】造成或者可能造成严重海洋环境污染、生态破坏的,或者有关证据可能灭失或者被隐匿的,依照本法规定行使海洋环境监督管理权的部门和机构可以查封、扣押有关船舶、设施、设备、物品。

第三十一条 【域外适用】在中华人民共和国管辖海域以外,造成或者可能造成中华人民共和国管辖海域环境污染、生态破坏的,有关部门和机构有权采取必要的措施。

第三十二条 【信用记录与评价应用制度】国务院生态环境主管部门会同有关部门和机构建立向海洋排放污染物、从事废弃物海洋倾倒、从事海洋生态环境治理和服务的企业事业单位和其他生产经营者信用记录与评价应用制度,将相关信用记录纳入全国公共信用信息共享平台。

第三章 海洋生态保护

第三十三条 【海洋生态保护范围】国家加强海洋生态保护,提升海洋生态系统质量和多样性、稳定性、持续性。

国务院和沿海地方各级人民政府应当采取有效措施,重点保护红树林、珊瑚礁、海藻场、海草床、滨海湿地、海岛、海湾、入海河口、重要渔业水域等具有典型性、代表性的海洋生态系统,珍稀濒危海洋生物的天然集中分布区,具有重要经济价值的海洋生物生存区域及有重大科学文化价值的海洋自然遗迹和自然景观。

第三十四条 【自然保护地范围】国务院和沿海省、自治区、直辖市人民政府及其有关部门根据保护海洋的需要,依法将重要的海洋生态系统、珍稀濒危海洋生物的天然集中分布区、海洋自然遗迹和自然景观集中分布区等区域纳入国家公园、自然保护区或者自然公园等自然保护地。

第三十五条 【海洋生态保护补偿制度】国家建立健全海洋生态保护补偿制度。

国务院和沿海省、自治区、直辖市人民政府应当通过转移支付、产业扶持等方式支持开展海洋生态保护补偿。

沿海地方各级人民政府应当落实海洋生态保护补偿资金,确保其用于海洋生态保护补偿。

第三十六条 【海洋生物多样性保护】国家加强海洋生物多样性保护,健全海洋生物多样性调查、监测、评估和保护体系,维护和修复重要海洋生态廊道,防止对海洋生物多样性的破坏。

开发利用海洋和海岸带资源,应当对重要海洋生态系统、生物物种、生物遗传资源实施有效保护,维护海洋生物多样性。

引进海洋动植物物种,应当进行科学论证,避免对海洋生态系统造成危害。

第三十七条 【修复改善海洋生态的措施】国家鼓励科学开展水生生物增殖放流,支持科学规划,因地制宜采取投放人工鱼礁和种植海藻场、海草床、珊瑚等措施,恢复海洋生物多样性,修复改善海洋生态。

第三十八条 【海岛及周围海域生态保护】开发海岛及周围海域的资源,应当采取严格的生态保护措施,不得造成海岛地形、岸滩、植被和海岛周围海域生态环境的损害。

第三十九条 【自然岸线保护】国家严格保护自然岸线,建立健全自然岸线控制制度。沿海省、自治区、直辖市人民政府负责划定严格保护岸线的范围并发布。

沿海地方各级人民政府应当加强海岸线分类保护与利用,保护修复自然岸线,促进人工岸线生态化,维护岸线岸滩稳定平衡,因地制宜、科学合理划定海岸建筑退缩线。

禁止违法占用、损害自然岸线。

第四十条 【生态流量管控指标】国务院水行政主管部门确定重要入海河流的生态流量管控指标,应当征求并研究国务院生态环境、自然资源等部门的意见。确定生态流量管控指标,应当进行科学论证,综合考虑水资源条件、气候状况、生态环境保护要求、生活生产用水状况等因素。

入海河口所在地县级以上地方人民政府及其有关部门按照河海联动的要求,制定实施河口生态修复和其他保护措施方案,加强对水、沙、盐、潮滩、生物种群、河口形态的综合监测,采取有效措施防止海水入侵和倒灌,维护河口良好生态功能。

第四十一条 【沿海地区综合治理】沿海地方各级人民政府应当结合当地自然环境的特点,建设海岸防护设施、沿海防护林、沿海城镇园林和绿地,对海岸侵蚀和海水入侵地区进行综合治理。

禁止毁坏海岸防护设施、沿海防护林、沿海城镇园林和绿地。

第四十二条 【海洋生态系统修复】对遭到破坏的具有重要生态、经济、社会价值的海洋生态系统,应当进行修复。海洋生态修复应当以改善生境、恢复生物多样性和生态系统基本功能为重点,以自然恢复为主、人工修复为辅,并优先修复具有典型性、代表性的海洋生态系统。

国务院自然资源主管部门负责统筹海洋生态修复,牵头组织编制海洋生态修复规划并实施有关海洋生态修复重大工程。编制海洋生态修复规划,应当进行科学论证评估。

国务院自然资源、生态环境等部门应当按照职责分工开展修复成效监督评估。

第四十三条 【海洋生态灾害防治】国务院自然资源主管部门负责开展全国海洋生态灾害预防、风险评估和隐患排查治理。

沿海县级以上地方人民政府负责其管理海域的海洋生态灾害应对工作,采取必要的灾害预防、处置和灾后恢复措施,防止和减轻灾害影响。

企业事业单位和其他生产经营者应当采取必要应对措施,防止海洋生态灾害扩大。

第四十四条 【生态渔业】国家鼓励发展生态渔业,推广多种生态渔业生产方式,改善海洋生态状况,保护海洋环境。

沿海县级以上地方人民政府应当因地制宜编制并组织实施养殖

水域滩涂规划,确定可以用于养殖业的水域和滩涂,科学划定海水养殖禁养区、限养区和养殖区,建立禁养区内海水养殖的清理和退出机制。

第四十五条　【海水养殖污染防治】从事海水养殖活动应当保护海域环境,科学确定养殖规模和养殖密度,合理投饵、投肥,正确使用药物,及时规范收集处理固体废物,防止造成海洋生态环境的损害。

禁止在氮磷浓度严重超标的近岸海域新增或者扩大投饵、投肥海水养殖规模。

向海洋排放养殖尾水污染物等应当符合污染物排放标准。沿海省、自治区、直辖市人民政府应当制定海水养殖污染物排放相关地方标准,加强养殖尾水污染防治的监督管理。

工厂化养殖和设置统一排污口的集中连片养殖的排污单位,应当按照有关规定对养殖尾水自行监测。

第四章　陆源污染物污染防治

第四十六条　【陆源污染物排放要求】向海域排放陆源污染物,应当严格执行国家或者地方规定的标准和有关规定。

第四十七条　【入海排污口设置】入海排污口位置的选择,应当符合国土空间用途管制要求,根据海水动力条件和有关规定,经科学论证后,报设区的市级以上人民政府生态环境主管部门备案。排污口的责任主体应当加强排污口监测,按照规定开展监控和自动监测。

生态环境主管部门应当在完成备案后十五个工作日内将入海排污口设置情况通报自然资源、渔业等部门和海事管理机构、海警机构、军队生态环境保护部门。

沿海县级以上地方人民政府应当根据排污口类别、责任主体,组织有关部门对本行政区域内各类入海排污口进行排查整治和日常监督管理,建立健全近岸水体、入海排污口、排污管线、污染源全链条治理体系。

国务院生态环境主管部门负责制定入海排污口设置和管理的具体办法,制定入海排污口技术规范,组织建设统一的入海排污口信息平台,加强动态更新、信息共享和公开。

第四十八条　【特别保护区域禁设排污口】禁止在自然保护地、重要渔业水域、海水浴场、生态保护红线区域及其他需要特别保护的区域,新设工业排污口和城镇污水处理厂排污口;法律、行政法规另有规定的除外。

在有条件的地区,应当将排污口深水设置,实行离岸排放。

第四十九条 【经开放式沟(渠)向海洋排放污染物】经开放式沟(渠)向海洋排放污染物的,对开放式沟(渠)按照国家和地方的有关规定、标准实施水环境质量管理。

第五十条 【入海河流管理】国务院有关部门和县级以上地方人民政府及其有关部门应当依照水污染防治有关法律、行政法规的规定,加强入海河流管理,协同推进入海河流污染防治,使入海河口的水质符合入海河口环境质量相关要求。

入海河流流域省、自治区、直辖市人民政府应当按照国家有关规定,加强入海总氮、总磷排放的管控,制定控制方案并组织实施。

第五十一条 【废液、废水的禁排与严格控制】禁止向海域排放油类、酸液、碱液、剧毒废液。

禁止向海域排放污染海洋环境、破坏海洋生态的放射性废水。

严格控制向海域排放含有不易降解的有机物和重金属的废水。

第五十二条 【含病原体的污水排放要求】含病原体的医疗污水、生活污水和工业废水应当经过处理,符合国家和地方有关排放标准后,方可排入海域。

第五十三条 【含有机物、营养物的废污水排放】含有机物和营养物质的工业废水、生活污水,应当严格控制向海湾、半封闭海及其他自净能力较差的海域排放。

第五十四条 【含热废水排放】向海域排放含热废水,应当采取有效措施,保证邻近自然保护地、渔业水域的水温符合国家和地方海洋环境质量标准,避免热污染对珍稀濒危海洋生物、海洋水产资源造成危害。

第五十五条 【沿海农业面源污染防治】沿海地方各级人民政府应当加强农业面源污染防治。沿海农田、林场施用化学农药,应当执行国家农药安全使用的规定和标准。沿海农田、林场应当合理使用化肥和植物生长调节剂。

第五十六条 【从严防控岸滩固体废物】在沿海陆域弃置、堆放和处理尾矿、矿渣、煤灰渣、垃圾和其他固体废物的,依照《中华人民共和国固体废物污染环境防治法》的有关规定执行,并采取有效措施防止固体废物进入海洋。

禁止在岸滩弃置、堆放和处理固体废物；法律、行政法规另有规定的除外。

第五十七条 【海洋垃圾监测、清理制度】沿海县级以上地方人民政府负责其管理海域的海洋垃圾污染防治，建立海洋垃圾监测、清理制度，统筹规划建设陆域接收、转运、处理海洋垃圾的设施，明确有关部门、乡镇、街道、企业事业单位等的海洋垃圾管控区域，建立海洋垃圾监测、拦截、收集、打捞、运输、处理体系并组织实施，采取有效措施鼓励、支持公众参与上述活动。国务院生态环境、住房和城乡建设、发展改革等部门应当按照职责分工加强海洋垃圾污染防治的监督指导和保障。

第五十八条 【危险废物转移的限制】禁止经中华人民共和国内水、领海过境转移危险废物。

经中华人民共和国管辖的其他海域转移危险废物的，应当事先取得国务院生态环境主管部门的书面同意。

第五十九条 【污水海洋处置工程】沿海县级以上地方人民政府应当建设和完善排水管网，根据改善海洋环境质量的需要建设城镇污水处理厂和其他污水处理设施，加强城乡污水处理。

建设污水海洋处置工程，应当符合国家有关规定。

第六十条 【大气海洋环境污染控制】国家采取必要措施，防止、减少和控制来自大气层或者通过大气层造成的海洋环境污染损害。

第五章 工程建设项目污染防治

第六十一条 【工程建设项目防污总体要求】新建、改建、扩建工程建设项目，应当遵守国家有关建设项目环境保护管理的规定，并把污染防治和生态保护所需资金纳入建设项目投资计划。

禁止在依法划定的自然保护地、重要渔业水域及其他需要特别保护的区域，违法建设污染环境、破坏生态的工程建设项目或者从事其他活动。

第六十二条 【环境影响评价】工程建设项目应当按照国家有关建设项目环境影响评价的规定进行环境影响评价。未依法进行并通过环境影响评价的建设项目，不得开工建设。

环境保护设施应当与主体工程同时设计、同时施工、同时投产使用。环境保护设施应当符合经批准的环境影响评价报告书(表)的要求。建设单位应当依照有关法律法规的规定,对环境保护设施进行验收,编制验收报告,并向社会公开。环境保护设施未经验收或者经验收不合格的,建设项目不得投入生产或者使用。

第六十三条 【沿海陆域新建生产项目的限制】禁止在沿海陆域新建不符合国家产业政策的化学制浆造纸、化工、印染、制革、电镀、酿造、炼油、岸边冲滩拆船及其他严重污染海洋环境的生产项目。

第六十四条 【海岸工程建设项目的生态保护】新建、改建、扩建工程建设项目,应当采取有效措施,保护国家和地方重点保护的野生动植物及其生存环境,保护海洋水产资源,避免或者减轻对海洋生物的影响。

禁止在严格保护岸线范围内开采海砂。依法在其他区域开发利用海砂资源,应当采取严格措施,保护海洋环境。载运海砂资源应当持有合法来源证明;海砂开采者应当为载运海砂的船舶提供合法来源证明。

从岸上打井开采海底矿产资源,应当采取有效措施,防止污染海洋环境。

第六十五条 【材料使用限制】工程建设项目不得使用含超标准放射性物质或者易溶出有毒有害物质的材料;不得造成领海基点及其周围环境的侵蚀、淤积和损害,不得危及领海基点的稳定。

第六十六条 【爆破作业的海洋资源保护】工程建设项目需要爆破作业时,应当采取有效措施,保护海洋环境。

海洋石油勘探开发及输油过程中,应当采取有效措施,避免溢油事故的发生。

第六十七条 【含油污物的排放与回收】工程建设项目不得违法向海洋排放污染物、废弃物及其他有害物质。

海洋油气钻井平台(船)、生产生活平台、生产储卸装置等海洋油气装备的含油污水和油性混合物,应当经过处理达标后排放;残油、废油应当予以回收,不得排放入海。

钻井所使用的油基泥浆和其他有毒复合泥浆不得排放入海。水基泥浆和无毒复合泥浆及钻屑的排放,应当符合国家有关规定。

第六十八条 【海上设施的工业固体废物处置】海洋油气钻井平台(船)、生产生活平台、生产储卸装置等海洋油气装备及其有关海上设施,不得向海域处置含油的工业固体废物。处置其他固体废物,不得造成海洋环境污染。

第六十九条 【海上试油】海上试油时,应当确保油气充分燃烧,油和油性混合物不得排放入海。

第七十条 【油气污染应急预案】勘探开发海洋油气资源,应当按照有关规定编制油气污染应急预案,报国务院生态环境主管部门海域派出机构备案。

第六章 废弃物倾倒污染防治

第七十一条 【废弃物倾倒申批】任何个人和未经批准的单位,不得向中华人民共和国管辖海域倾倒任何废弃物。

需要倾倒废弃物的,产生废弃物的单位应当向国务院生态环境主管部门海域派出机构提出书面申请,并出具废弃物特性和成分检验报告,取得倾倒许可证后,方可倾倒。

国家鼓励疏浚物等废弃物的综合利用,避免或者减少海洋倾倒。

禁止中华人民共和国境外的废弃物在中华人民共和国管辖海域倾倒。

第七十二条 【倾废评价程序和标准制定】国务院生态环境主管部门根据废弃物的毒性、有毒物质含量和对海洋环境影响程度,制定海洋倾倒废弃物评价程序和标准。

可以向海洋倾倒的废弃物名录,由国务院生态环境主管部门制定。

第七十三条 【海洋倾倒区的选划】国务院生态环境主管部门会同国务院自然资源主管部门编制全国海洋倾倒区规划,并征求国务院交通运输、渔业等部门和海警机构的意见,报国务院批准。

国务院生态环境主管部门根据全国海洋倾倒区规划,按照科学、合理、经济、安全的原则及时选划海洋倾倒区,征求国务院交通运输、渔业等部门和海警机构的意见,并向社会公告。

第七十四条 【倾倒区使用管理】国务院生态环境主管部门组织开展海洋倾倒区使用状况评估,根据评估结果予以调整、暂停使用或者封闭海洋倾倒区。

海洋倾倒区的调整、暂停使用和封闭情况,应当通报国务院有关部门、海警机构并向社会公布。

第七十五条 【倾倒要求】获准和实施倾倒废弃物的单位,应当按照许可证注明的期限及条件,到指定的区域进行倾倒。倾倒作业船舶等载运工具应当安装使用符合要求的海洋倾倒在线监控设备,并与国务院生态环境主管部门监管系统联网。

第七十六条 【倾倒报告】获准和实施倾倒废弃物的单位,应当按照规定向颁发许可证的国务院生态环境主管部门海域派出机构报告倾倒情况。倾倒废弃物的船舶应当向驶出港的海事管理机构、海警机构作出报告。

第七十七条 【禁止海上处置】禁止在海上焚烧废弃物。

禁止在海上处置污染海洋环境、破坏海洋生态的放射性废物或者其他放射性物质。

第七十八条 【受托单位实施海洋倾倒作业的要求】获准倾倒废弃物的单位委托实施废弃物海洋倾倒作业的,应当对受托单位的主体资格、技术能力和信用状况进行核实,依法签订书面合同,在合同中约定污染防治与生态保护要求,并监督实施。

受托单位实施废弃物海洋倾倒作业,应当依照有关法律法规的规定和合同约定,履行污染防治和生态保护要求。

获准倾倒废弃物的单位违反本条第一款规定的,除依照有关法律法规的规定予以处罚外,还应当与造成环境污染、生态破坏的受托单位承担连带责任。

第七章　船舶及有关作业活动污染防治

第七十九条 【船舶及相关作业总体要求】在中华人民共和国管辖海域,任何船舶及相关作业不得违法向海洋排放船舶垃圾、生活污水、含油污水、含有毒有害物质污水、废气等污染物,废弃物,压载水和沉积物及其他有害物质。

船舶应当按照国家有关规定采取有效措施,对压载水和沉积物进行处理处置,严格防控引入外来有害生物。

从事船舶污染物、废弃物接收和船舶清舱、洗舱作业活动的,应当具备相应的接收处理能力。

第八十条 【防污设备和器材配备】船舶应当配备相应的防污设备和器材。

船舶的结构、配备的防污设备和器材应当符合国家防治船舶污染海洋环境的有关规定,并经检验合格。

  船舶应当取得并持有防治海洋环境污染的证书与文书,在进行涉及船舶污染物、压载水和沉积物排放及操作时,应当按照有关规定监测、监控,如实记录并保存。

第八十一条　【事故防止】船舶应当遵守海上交通安全法律、法规的规定,防止因碰撞、触礁、搁浅、火灾或者爆炸等引起的海难事故,造成海洋环境的污染。

第八十二条　【损害承担】国家完善并实施船舶油污损害民事赔偿责任制度;按照船舶油污损害赔偿责任由船东和货主共同承担风险的原则,完善并实施船舶油污保险、油污损害赔偿基金制度,具体办法由国务院规定。

第八十三条　【载运污染危害性货物的船舶申报】载运具有污染危害性货物进出港口的船舶,其承运人、货物所有人或者代理人,应当事先向海事管理机构申报。经批准后,方可进出港口或者装卸作业。

第八十四条　【如实告知及先行评估】交付船舶载运污染危害性货物的,托运人应当将货物的正式名称、污染危害性以及应当采取的防护措施如实告知承运人。污染危害性货物的单证、包装、标志、数量限制等,应当符合对所交付货物的有关规定。

  需要船舶载运污染危害性不明的货物,应当按照有关规定事先进行评估。

  装卸油类及有毒有害货物的作业,船岸双方应当遵守安全防污操作规程。

第八十五条　【统筹规划建设船舶污染物等处置设施】港口、码头、装卸站和船舶修造拆解单位所在地县级以上地方人民政府应当统筹规划建设船舶污染物等的接收、转运、处理处置设施,建立相应的接收、转运、处理处置多部门联合监管制度。

  沿海县级以上地方人民政府负责对其管理海域的渔港和渔业船舶停泊点及周边区域污染防治的监督管理,规范生产生活污水和渔业垃圾回收处置,推进污染防治设备建设和环境清理整治。

  港口、码头、装卸站和船舶修造拆解单位应当按照有关规定配备足够的用于处理船舶污染物、废弃物的接收设施,使该设施处于良好状态并有效运行。

装卸油类等污染危害性货物的港口、码头、装卸站和船舶应当编制污染应急预案，并配备相应的污染应急设备和器材。

第八十六条 【有害材料名录】国家海事管理机构组织制定中国籍船舶禁止或者限制安装和使用的有害材料名录。

船舶修造单位或者船舶所有人、经营人或者管理人应当在船上备有有害材料清单，在船舶建造、营运和维修过程中持续更新，并在船舶拆解前提供给从事船舶拆解的单位。

第八十七条 【船舶拆解污染防治】从事船舶拆解的单位，应当采取有效的污染防治措施，在船舶拆解前将船舶污染物减至最小量，对拆解产生的船舶污染物、废弃物和其他有害物质进行安全与环境无害化处置。拆解的船舶部件不得进入水体。

禁止采取冲滩方式进行船舶拆解作业。

第八十八条 【绿色低碳智能航运】国家倡导绿色低碳智能航运，鼓励船舶使用新能源或者清洁能源，淘汰高耗能高排放老旧船舶，减少温室气体和大气污染物的排放。沿海县级以上地方人民政府应当制定港口岸电、船舶受电等设施建设和改造计划，并组织实施。港口岸电设施的供电能力应当与靠港船舶的用电需求相适应。

船舶应当按照国家有关规定采取有效措施提高能效水平。具备岸电使用条件的船舶靠港应当按照国家有关规定使用岸电，但是使用清洁能源的除外。具备岸电供应能力的港口经营人、岸电供电企业应当按照国家有关规定为具备岸电使用条件的船舶提供岸电。

国务院和沿海县级以上地方人民政府对港口岸电设施、船舶受电设施的改造和使用，清洁能源或者新能源动力船舶建造等按照规定给予支持。

第八十九条 【监管报批】船舶及有关作业活动应当遵守有关法律法规和标准，采取有效措施，防止造成海洋环境污染。海事管理机构等应当加强对船舶及有关作业活动的监督管理。

船舶进行散装液体污染危害性货物的过驳作业，应当编制作业方案，采取有效的安全和污染防治措施，并事先按照有关规定报经批准。

第九十条 【海滩事故处理】船舶发生海难事故，造成或者可能造成海洋环境重大污染损害的，国家海事管理机构有权强制采取避免或者减少污染损害的措施。

对在公海上因发生海难事故，造成中华人民共和国管辖海域重大污染损害后果或者具有污染威胁的船舶、海上设施，国家海事管理机构有权采取与实际的或者可能发生的损害相称的必要措施。

第九十一条　【海上污染监视】所有船舶均有监视海上污染的义务，在发现海上污染事件或者违反本法规定的行为时，应当立即向就近的依照本法规定行使海洋环境监督管理权的部门或者机构报告。

民用航空器发现海上排污或者污染事件，应当及时向就近的民用航空空中交通管制单位报告。接到报告的单位，应当立即向依照本法规定行使海洋环境监督管理权的部门或者机构通报。

第九十二条　【船舶污染物排放控制区】国务院交通运输主管部门可以划定船舶污染物排放控制区。进入控制区的船舶应当符合船舶污染物排放相关控制要求。

第八章　法　律　责　任

第九十三条　【违法排放等行为的处罚】违反本法规定，有下列行为之一，由依照本法规定行使海洋环境监督管理权的部门或者机构责令改正或者责令采取限制生产、停产整治等措施，并处以罚款；情节严重的，报经有批准权的人民政府批准，责令停业、关闭：

（一）向海域排放本法禁止排放的污染物或者其他物质的；

（二）未依法取得排污许可证排放污染物的；

（三）超过标准、总量控制指标排放污染物的；

（四）通过私设暗管或者篡改、伪造监测数据，或者不正常运行污染防治设施等逃避监管的方式违法向海洋排放污染物的；

（五）违反本法有关船舶压载水和沉积物排放和管理规定的；

（六）其他未依照本法规定向海洋排放污染物、废弃物的。

有前款第一项、第二项行为之一的，处二十万元以上一百万元以下的罚款；有前款第三项行为的，处十万元以上一百万元以下的罚款；有前款第四项行为的，处十万元以上一百万元以下的罚款，情节严重的，吊销排污许可证；有前款第五项、第六项行为之一的，处一万元以上二十万元以下的罚款。个人擅自在岸滩弃置、堆放和处理生活垃圾的，按次处一百元以上一千元以下的罚款。

第九十四条　【未依法公开排污信息或者弄虚作假等行为的处罚】违反本法规定，有下列行为之一，由依照本法规定行使海洋环境监督管理

权的部门或者机构责令改正,处以罚款:

（一）未依法公开排污信息或者弄虚作假的;

（二）因发生事故或者其他突发性事件,造成或者可能造成海洋环境污染、生态破坏事件,未按照规定通报或者报告的;

（三）未按照有关规定制定应急预案并备案,或者未按照有关规定配备应急设备、器材的;

（四）因发生事故或者其他突发性事件,造成或者可能造成海洋环境污染、生态破坏事件,未立即采取有效措施或者逃逸的;

（五）未采取必要应对措施,造成海洋生态灾害危害扩大的。

有前款第一项行为的,处二万元以上二十万元以下的罚款,拒不改正的,责令限制生产、停产整治;有前款第二项行为的,处五万元以上五十万元以下的罚款,对直接负责的主管人员和其他直接责任人员处一万元以上十万元以下的罚款,并可以暂扣或者吊销相关任职资格许可;有前款第三项行为的,处二万元以上二十万元以下的罚款;有前款第四项、第五项行为之一的,处二十万元以上二百万元以下的罚款。

第九十五条 【拒绝、阻挠调查和现场检查等行为的处罚】违反本法规定,拒绝、阻挠调查和现场检查,或者在被检查时弄虚作假的,由依照本法规定行使海洋环境监督管理权的部门或者机构责令改正,处五万元以上二十万元以下的罚款;对直接负责的主管人员和其他直接责任人员处二万元以上十万元以下的罚款。

第九十六条 【破坏海洋生态系统或自然保护地的处罚】违反本法规定,造成珊瑚礁等海洋生态系统或者自然保护地破坏的,由依照本法规定行使海洋环境监督管理权的部门或者机构责令改正、采取补救措施,处每平方米一千元以上一万元以下的罚款。

第九十七条 【占用、损害自然岸线等行为的处罚】违反本法规定,有下列行为之一,由依照本法规定行使海洋环境监督管理权的部门或者机构责令改正,处以罚款:

（一）占用、损害自然岸线的;

（二）在严格保护岸线范围内开采海砂的;

（三）违反本法其他关于海砂、矿产资源规定的。

有前款第一项行为的,处每米五百元以上一万元以下的罚款;有前款第二项行为的,处货值金额二倍以上二十倍以下的罚款,货值金额不足十万元的,处二十万元以上二百万元以下的罚款;有前款第三项行为的,处五万元以上五十万元以下的罚款。

第九十八条 【违法从事海水养殖活动的处罚】违反本法规定,从事海水养殖活动有下列行为之一,由依照本法规定行使海洋环境监督管理权的部门或者机构责令改正,处二万元以上二十万元以下的罚款;情节严重的,报经有批准权的人民政府批准,责令停业、关闭:

(一)违反禁养区、限养区规定的;

(二)违反养殖规模、养殖密度规定的;

(三)违反投饵、投肥、药物使用规定的;

(四)未按照有关规定对养殖尾水自行监测的。

第九十九条 【违法设置入海排污口等行为的处罚】违反本法规定设置入海排污口的,由生态环境主管部门责令关闭或者拆除,处二万元以上十万元以下的罚款;拒不关闭或者拆除的,强制关闭、拆除,所需费用由违法者承担,处十万元以上五十万元以下的罚款;情节严重的,可以责令停产整治。

违反本法规定,设置入海排污口未备案的,由生态环境主管部门责令改正,处二万元以上十万元以下的罚款。

违反本法规定,入海排污口的责任主体未按照规定开展监控、自动监测的,由生态环境主管部门责令改正,处二万元以上十万元以下的罚款;拒不改正的,可以责令停产整治。

自然资源、渔业等部门和海事管理机构、海警机构、军队生态环境保护部门发现前三款违法行为之一的,应当通报生态环境主管部门。

第一百条 【转移危险废物行为的处罚】违反本法规定,经中华人民共和国管辖海域,转移危险废物的,由国家海事管理机构责令非法运输该危险废物的船舶退出中华人民共和国管辖海域,处五十万元以上五百万元以下的罚款。

第一百零一条 【建设单位违法行为的处罚】违反本法规定,建设单位未落实建设项目投资计划有关要求的,由生态环境主管部门责令改正,处五万元以上二十万元以下的罚款;拒不改正的,处二十万元以上一百万元以下的罚款。

违反本法规定,建设单位未依法报批或者报请重新审核环境影响报告书(表),擅自开工建设的,由生态环境主管部门或者海警机构责令其停止建设,根据违法情节和危害后果,处建设项目总投资额百分之一以上百分之五以下的罚款,并可以责令恢复原状;对建设单位直接负责的主管人员和其他直接责任人员,依法给予处分。建设单位未依法备案环境影响登记表的,由生态环境主管部门责令备案,处五万元以下的罚款。

第一百零二条 【违法进行生产建设活动的处罚】违反本法规定,在依法划定的自然保护地、重要渔业水域及其他需要特别保护的区域建设污染环境、破坏生态的工程建设项目或者从事其他活动,或者在沿海陆域新建不符合国家产业政策的生产项目的,由县级以上人民政府按照管理权限责令关闭。

违反生态环境准入清单进行生产建设活动的,由依照本法规定行使海洋环境监督管理权的部门或者机构责令停止违法行为,限期拆除并恢复原状,所需费用由违法者承担,处五十万元以上五百万元以下的罚款,对直接负责的主管人员和其他直接责任人员处五万元以上十万元以下的罚款;情节严重的,报经有批准权的人民政府批准,责令关闭。

第一百零三条 【环境保护设施违法的处罚】违反本法规定,环境保护设施未与主体工程同时设计、同时施工、同时投产使用的,或者环境保护设施未建成、未达到规定要求、未经验收或者经验收不合格即投入生产、使用的,由生态环境主管部门或者海警机构责令改正,处二十万元以上一百万元以下的罚款;拒不改正的,处一百万元以上二百万元以下的罚款;对直接负责的主管人员和其他责任人员处五万元以上二十万元以下的罚款;造成重大环境污染、生态破坏的,责令其停止生产、使用,或者报经有批准权的人民政府批准,责令关闭。

第一百零四条 【工程建设项目违法的处罚】违反本法规定,工程建设项目有下列行为之一,由依照本法规定行使海洋环境监督管理权的部门或者机构责令其停止违法行为、消除危害,处二十万元以上一百万元以下的罚款;情节严重的,报经有批准权的人民政府批准,责令停业、关闭:

(一)使用含超标准放射性物质或者易溶出有毒有害物质的材料的;

(二)造成领海基点及其周围环境的侵蚀、淤积、损害,或者危及领海基点稳定的。

第一百零五条 【违反规定进行海洋油气勘探开发活动的处罚】违反本法规定进行海洋油气勘探开发活动,造成海洋环境污染的,由海警机构责令改正,给予警告,并处二十万元以上一百万元以下的罚款。

第一百零六条 【倾倒废弃物的船舶驶出港口未报告等行为的处罚】违反本法规定,有下列行为之一,由国务院生态环境主管部门及其海域派出机构、海事管理机构或者海警机构责令改正,处以罚款,必要时可以扣押船舶;情节严重的,报经有批准权的人民政府批准,责令停业、关闭:

(一)倾倒废弃物的船舶驶出港口未报告的;

(二)未取得倾倒许可证,向海洋倾倒废弃物的;

(三)在海上焚烧废弃物或者处置放射性废物及其他放射性物质的。

有前款第一项行为的,对违法船舶的所有人、经营人或者管理人处三千元以上三万元以下的罚款,对船长、责任船员或者其他责任人员处五百元以上五千元以下的罚款;有前款第二项行为的,处二十万元以上二百万元以下的罚款;有前款第三项行为的,处五十万元以上五百万元以下的罚款。有前款第二项、第三项行为之一,两年内受到行政处罚三次以上的,三年内不得从事废弃物海洋倾倒活动。

第一百零七条 【未按规定报告倾倒情况等行为的处罚】违反本法规定,有下列行为之一,由国务院生态环境主管部门及其海域派出机构、海事管理机构或者海警机构责令改正,处以罚款,暂扣或者吊销倾倒许可证,必要时可以扣押船舶;情节严重的,报经有批准权的人民政府批准,责令停业、关闭:

(一)未按照国家规定报告倾倒情况的;

(二)未按照国家规定安装使用海洋倾废在线监控设备的;

(三)获准倾倒废弃物的单位未依照本法规定委托实施废弃物海洋倾倒作业或者未依照本法规定监督实施的;

(四)未按照倾倒许可证的规定倾倒废弃物的。

有前款第一项行为的,按次处五千元以上二万元以下的罚款;有前款第二项行为的,处二万元以上二十万元以下的罚款;有前款第三项行为的,处三万元以上三十万元以下的罚款;有前款第四项行为的,处二十万元以上一百万元以下的罚款，被吊销倾倒许可证的，三年内不得从事废弃物海洋倾倒活动。

以提供虚假申请材料、欺骗、贿赂等不正当手段申请取得倾倒许可证的，由国务院生态环境主管部门及其海域派出机构依法撤销倾倒许可证，并处二十万元以上五十万元以下的罚款；三年内不得再次申请倾倒许可证。

第一百零八条 【将境外废弃物运进国内海域倾倒的处罚】违反本法规定，将中华人民共和国境外废弃物运进中华人民共和国管辖海域倾倒的，由海警机构责令改正，根据造成或者可能造成的危害后果，处五十万元以上五百万元以下的罚款。

第一百零九条 【违反本法有关防污措施规定的处罚】违反本法规定，有下列行为之一，由依照本法规定行使海洋环境监督管理权的部门或者机构责令改正，处以罚款：

（一）港口、码头、装卸站、船舶修造拆解单位未按照规定配备或者有效运行船舶污染物、废弃物接收设施，或者船舶的结构、配备的防污设备和器材不符合国家防污规定或者未经检验合格的；

（二）从事船舶污染物、废弃物接收和船舶清舱、洗舱作业活动，不具备相应接收处理能力的；

（三）从事船舶拆解、旧船改装、打捞和其他水上、水下施工作业，造成海洋环境污染损害的；

（四）采取冲滩方式进行船舶拆解作业的。

有前款第一项、第二项行为之一的，处二万元以上三十万元以下的罚款；有前款第三项行为的，处五万元以上二十万元以下的罚款；有前款第四项行为的，处十万元以上一百万元以下的罚款。

第一百一十条 【未在船上备有有害材料清单等行为的处罚】违反本法规定，有下列行为之一，由依照本法规定行使海洋环境监督管理的部门或者机构责令改正，处以罚款：

（一）未在船上备有有害材料清单，未在船舶建造、营运和维修过程中持续更新有害材料清单，或者未在船舶拆解前将有害材料清单提供给从事船舶拆解单位的；

（二）船舶未持有防污证书、防污文书，或者不按照规定监测、监控、如实记载和保存船舶污染物、压载水和沉积物的排放及操作记录的；

(三)船舶采取措施提高能效水平未达到有关规定的；

(四)进入控制区的船舶不符合船舶污染物排放相关控制要求的；

(五)具备岸电供应能力的港口经营人、岸电供电企业未按照国家规定为具备岸电使用条件的船舶提供岸电的；

(六)具备岸电使用条件的船舶靠港,不按照国家规定使用岸电的。

有前款第一项行为的,处二万元以下的罚款;有前款第二项行为的,处十万元以下的罚款;有前款第三项行为的,处一万元以上十万元以下的罚款;有前款第四项行为的,处三万元以上三十万元以下的罚款;有前款第五项、第六项行为之一的,处一万元以上十万元以下的罚款,情节严重的,处十万元以上五十万元以下的罚款。

第一百一十一条　【拒报或者谎报船舶载运污染危害性货物申报事项等行为的处罚】违反本法规定,有下列行为之一,由依照本法规定行使海洋环境监督管理权的部门或者机构责令改正,处以罚款：

(一)拒报或者谎报船舶载运污染危害性货物申报事项的；

(二)托运人未将托运的污染危害性货物的正式名称、污染危害性以及应当采取的防护措施如实告知承运人的；

(三)托运人交付承运人的污染危害性货物的单证、包装、标志、数量限制不符合对所交付货物的有关规定的；

(四)托运人在托运的普通货物中夹带污染危害性货物或者将污染危害性货物谎报为普通货物的；

(五)需要船舶载运污染危害性不明的货物,未按照有关规定事先进行评估的。

有前款第一项行为的,处五万元以下的罚款;有前款第二项行为的,处五万元以上十万元以下的罚款;有前款第三项、第五项行为之一的,处二万元以上五万元以下的罚款;有前款第四项行为的,处十万元以上二十万元以下的罚款。

第一百一十二条　【具有污染危害性货物的船舶违规作业等行为的处罚】违反本法规定,有下列行为之一,由依照本法规定行使海洋环境监督管理权的部门或者机构责令改正,处一万元以上五万元以下的罚款：

（一）载运具有污染危害性货物的船舶未经许可进出港口或者装卸作业的；

（二）装卸油类及有毒有害货物的作业，船岸双方未遵守安全防污操作规程的；

（三）船舶进行散装液体污染危害性货物的过驳作业，未编制作业方案或者未按照有关规定报经批准的。

第一百一十三条 【组织复查】企业事业单位和其他生产经营者违反本法规定向海域排放、倾倒、处置污染物、废弃物或者其他物质，受到罚款处罚，被责令改正的，依法作出处罚决定的部门或者机构应当组织复查，发现其继续实施该违法行为或者拒绝、阻挠复查的，依照《中华人民共和国环境保护法》的规定按日连续处罚。

第一百一十四条 【海洋环境污染损害的赔偿责任】对污染海洋环境、破坏海洋生态，造成他人损害的，依照《中华人民共和国民法典》等法律的规定承担民事责任。

对污染海洋环境、破坏海洋生态，给国家造成重大损失的，由依照本法规定行使海洋环境监督管理权的部门代表国家对责任者提出损害赔偿要求。

前款规定的部门不提起诉讼的，人民检察院可以向人民法院提起诉讼。前款规定的部门提起诉讼的，人民检察院可以支持起诉。

第一百一十五条 【污染事故处理】对违反本法规定，造成海洋环境污染、生态破坏事故的单位，除依法承担赔偿责任外，由依照本法规定行使海洋环境监督管理权的部门或者机构处以罚款；对直接负责的主管人员和其他直接责任人员可以处上一年度从本单位取得收入百分之五十以下的罚款；直接负责的主管人员和其他直接责任人员属于公职人员的，依法给予处分。

对造成一般或者较大海洋环境污染、生态破坏事故的，按照直接损失的百分之二十计算罚款；对造成重大或者特大海洋环境污染、生态破坏事故的，按照直接损失的百分之三十计算罚款。

第一百一十六条 【免责事项】完全属于下列情形之一，经过及时采取合理措施，仍然不能避免对海洋环境造成污染损害的，造成污染损害的有关责任者免予承担责任：

（一）战争；

(二)不可抗拒的自然灾害;

(三)负责灯塔或者其他助航设备的主管部门,在执行职责时的疏忽,或者其他过失行为。

第一百一十七条 【未按规定缴纳倾倒费的处罚】未依照本法规定缴纳倾倒费的,由国务院生态环境主管部门及其海域派出机构责令限期缴纳;逾期拒不缴纳的,处应缴纳倾倒费数额一倍以上三倍以下的罚款,并可以报经有批准权的人民政府批准,责令停业、关闭。

第一百一十八条 【渎职行为的处罚】海洋环境监督管理人员滥用职权、玩忽职守、徇私舞弊,造成海洋环境污染损害、生态破坏的,依法给予处分。

第一百一十九条 【治安处罚与刑事责任】违反本法规定,构成违反治安管理行为的,依法给予治安管理处罚;构成犯罪的,依法追究刑事责任。

第九章 附 则

第一百二十条 【用语解释】本法中下列用语的含义是:

(一)海洋环境污染损害,是指直接或者间接地把物质或者能量引入海洋环境,产生损害海洋生物资源、危害人体健康、妨害渔业和海上其他合法活动、损害海水使用素质和减损环境质量等有害影响。

(二)内水,是指我国领海基线向内陆一侧的所有海域。

(三)沿海陆域,是指与海岸相连,或者通过管道、沟渠、设施,直接或者间接向海洋排放污染物及其相关活动的一带区域。

(四)滨海湿地,是指低潮时水深不超过六米的水域及其沿岸浸湿地带,包括水深不超过六米的永久性水域、潮间带(或者洪泛地带)和沿海低地等,但是用于养殖的人工的水域和滩涂除外。

(五)陆地污染源(简称陆源),是指从陆地向海域排放污染物,造成或者可能造成海洋环境污染的场所、设施等。

(六)陆源污染物,是指由陆地污染源排放的污染物。

(七)倾倒,是指通过船舶、航空器、平台或者其他载运工具,向海洋处置废弃物和其他有害物质的行为,包括弃置船舶、航空器、平台及其辅助设施和其他浮动工具的行为。

(八)海岸线,是指多年大潮平均高潮位时海陆分界痕迹线,以国家组织开展的海岸线修测结果为准。

（九）入海河口,是指河流终端与受水体(海)相结合的地段。

（十）海洋生态灾害,是指受自然环境变化或者人为因素影响,导致一种或者多种海洋生物暴发性增殖或者高度聚集,对海洋生态系统结构和功能造成损害。

（十一）渔业水域,是指鱼虾蟹贝类的产卵场、索饵场、越冬场、洄游通道和鱼虾蟹贝藻类及其他水生动植物的养殖场。

（十二）排放,是指把污染物排入海洋的行为,包括泵出、溢出、泄出、喷出和倒出。

（十三）油类,是指任何类型的油及其炼制品。

（十四）入海排污口,是指直接或者通过管道、沟、渠等排污通道向海洋环境水体排放污水的口门,包括工业排污口、城镇污水处理厂排污口、农业排口及其他排口等类型。

（十五）油性混合物,是指任何含有油份的混合物。

（十六）海上焚烧,是指以热摧毁为目的,在海上焚烧设施上,故意焚烧废弃物或者其他物质的行为,但是船舶、平台或者其他人工构造物正常操作中所附带发生的行为除外。

第一百二十一条　【补充规定】涉及海洋环境监督管理的有关部门的具体职权划分,本法未作规定的,由国务院规定。

沿海县级以上地方人民政府行使海洋环境监督管理权的部门的职责,由省、自治区、直辖市人民政府根据本法及国务院有关规定确定。

第一百二十二条　【军事法规制定】军事船舶和军事用海环境保护管理办法,由国务院、中央军事委员会依照本法制定。

第一百二十三条　【国际条约优先】中华人民共和国缔结或者参加的与海洋环境保护有关的国际条约与本法有不同规定的,适用国际条约的规定;但是,中华人民共和国声明保留的条款除外。

第一百二十四条　【施行日期】本法自 2024 年 1 月 1 日起施行。

中华人民共和国海洋倾废管理条例

1. 1985 年 3 月 6 日国务院发布
2. 根据 2011 年 1 月 8 日国务院令第 588 号《关于废止和修改部分行政法规的决定》第一次修订
3. 根据 2017 年 3 月 1 日国务院令第 676 号《关于修改和废止部分行政法规的决定》第二次修订

第一条 为实施《中华人民共和国海洋环境保护法》,严格控制向海洋倾倒废弃物,防止对海洋环境的污染损害,保持生态平衡,保护海洋资源,促进海洋事业的发展,特制定本条例。

第二条 本条例中的"倾倒",是指利用船舶、航空器、平台及其他载运工具,向海洋处置废弃物和其他物质;向海洋弃置船舶、航空器、平台和其他海上人工构造物,以及向海洋处置由于海底矿物资源的勘探开发及与勘探开发相关的海上加工所产生的废弃物和其他物质。

"倾倒"不包括船舶、航空器及其他载运工具和设施正常操作产生的废弃物的排放。

第三条 本条例适用于:

一、向中华人民共和国的内海、领海、大陆架和其他管辖海域倾倒废弃物和其他物质;

二、为倾倒的目的,在中华人民共和国陆地或港口装载废弃物和其他物质;

三、为倾倒的目的,经中华人民共和国的内海、领海及其他管辖海域运送废弃物和其他物质;

四、在中华人民共和国管辖海域焚烧处置废弃物和其他物质。

海洋石油勘探开发过程中产生的废弃物,按照《中华人民共和国海洋石油勘探开发环境保护管理条例》的规定处理。

第四条 海洋倾倒废弃物的主管部门是中华人民共和国国家海洋局及其派出机构(简称"主管部门",下同)。

第五条 海洋倾倒区由主管部门商同有关部门,按科学、合理、安全和经济的原则划出,报国务院批准确定。

第六条 需要向海洋倾倒废弃物的单位,应事先向主管部门提出申请,按规定的格式填报倾倒废弃物申请书,并附报废弃物特性和成分检验单。

主管部门在接到申请书之日起两个月内予以审批。对同意倾倒者应发给废弃物倾倒许可证。

任何单位和船舶、航空器、平台及其他载运工具,未依法经主管部门批准,不得向海洋倾倒废弃物。

第七条 外国的废弃物不得运至中华人民共和国管辖海域进行倾倒,包括弃置船舶、航空器、平台和其他海上人工构造物。违者,主管部门可责令其限期治理,支付清除污染费,赔偿损失,并处以罚款。

在中华人民共和国管辖海域以外倾倒废弃物,造成中华人民共和国管辖海域污染损害的,按本条例第十七条规定处理。

第八条 为倾倒的目的,经过中华人民共和国管辖海域运送废弃物的任何船舶及其他载运工具,应当在进入中华人民共和国管辖海域 15 天之前,通报主管部门,同时报告进入中华人民共和国管辖海域的时间、航线、以及废弃物的名称、数量及成分。

第九条 外国籍船舶、平台在中华人民共和国管辖海域,由于海底矿物资源的勘探开发及与勘探开发相关的海上加工所产生的废弃物和其他物质需要向海洋倾倒的,应按规定程序报经主管部门批准。

第十条 倾倒许可证应注明倾倒单位、有效期限和废弃物的数量、种类、倾倒方法等事项。

签发许可证应根据本条例的有关规定严格控制。主管部门根据海洋生态环境的变化和科学技术的发展,可以更换或撤销许可证。

第十一条 废弃物根据其毒性、有害物质含量和对海洋环境的影响等因素,分为三类。其分类标准,由主管部门制定。主管部门可根据海洋生态环境的变化,科学技术的发展,以及海洋环境保护的需要,对附件进行修订。

一、禁止倾倒附件一所列的废弃物及其他物质(见附件一)。当出现紧急情况,在陆地上处置会严重危及人民健康时,经国家海洋局批准,获得紧急许可证,可到指定的区域按规定的方法倾倒。

二、倾倒附件二所列的废弃物(见附件二),应当事先获得特别许可证。

三、倾倒未列入附件一和附件二的低毒或无毒的废弃物,应当事先获得普通许可证。

第十二条 获准向海洋倾倒废弃物的单位在废弃物装载时,应通知主管部门予以核实。

核实工作按许可证所载的事项进行。主管部门如发现实际装载与许可证所注明内容不符,应责令停止装运;情节严重的,应中止或吊销许可证。

第十三条 主管部门应对海洋倾倒活动进行监视和监督,必要时可派员随航。倾倒单位应为随航公务人员提供方便。

第十四条 获准向海洋倾倒废弃物的单位,应当按许可证注明的期限和条件,到指定的区域进行倾倒,如实地详细填写倾倒情况记录表,并按许可证注明的要求,将记录表报送主管部门。倾倒废弃物的船舶、航空器、平台和其他载运工具应有明显标志和信号,并在航行日志上详细记录倾倒情况。

第十五条 倾倒废弃物的船舶、航空器、平台和其他载运工具,凡属《中华人民共和国海洋环境保护法》第八十九条、第九十一条规定的情形,可免于承担赔偿责任。

为紧急避险或救助人命,未按许可证规定的条件和区域进行倾倒时,应尽力避免或减轻因倾倒而造成的污染损害,并在事后尽快向主管部门报告。倾倒单位和紧急避险或救助人命的受益者,应对由此所造成的污染损害进行补偿。

由于第三者的过失造成污染损害的,倾倒单位应向主管部门提出确凿证据,经主管部门确认后责令第三者承担赔偿责任。

在海上航行和作业的船舶、航空器、平台和其他载运工具,因不可抗拒的原因而弃置时,其所有人应向主管部门和就近的港务监督报告,并尽快打捞清理。

第十六条 主管部门对海洋倾倒区应定期进行监测,加强管理,避免对渔业资源和其他海上活动造成有害影响。当发现倾倒区不宜继续倾倒时,主管部门可决定予以封闭。

第十七条 对违反本条例,造成海洋环境污染损害的,主管部门可责令其限期治理,支付清除污染费,向受害方赔偿由此所造成的损失,并视情节轻重和污染损害的程度,处以警告或人民币10万元以下的罚款。

第十八条 要求赔偿损失的单位和个人,应尽快向主管部门提出污染损害索赔报告书。报告书应包括:受污染损害的时间、地点、范围、对象、损失清单、技术鉴定和公证证明,并尽可能提供有关原始单据和照片等。

第十九条 受托清除污染的单位在作业结束后,应尽快向主管部门提交索取清除污染费用报告书。报告书应包括:清除污染的时间、地点,投入的人力、机具、船只,清除材料的数量、单价、计算方法,组织清除的管理费、交通费及其他有关费用,清除效果及其情况,其他有关证据和证明材料。

第二十条 对违法行为的处罚标准如下:

一、凡有下列行为之一者,处以警告或人民币2000元以下的罚款:

(一)伪造废弃物检验单的;

(二)不按本条例第十四条规定填报倾倒情况记录表的;

(三)在本条例第十五条规定的情况下,未及时向主管部门和港务监督报告的。

二、凡实际装载与许可证所注明内容不符,情节严重的,除中止或吊销许可证外,还可处以人民币2000元以上5000元以下的罚款。

三、凡未按本条例第十二条规定通知主管部门核实而擅自进行倾倒的,可处以人民币5000元以上2万元以下的罚款。

四、凡有下列行为之一者,可处以人民币2万元以上10万元以下的罚款:

(一)未经批准向海洋倾倒废弃物的;

(二)不按批准的条件和区域进行倾倒的,但本条例第十五条规定的情况不在此限。

第二十一条 对违反本条例,造成或可能造成海洋环境污染损害的直接责任人,主管部门可处以警告或者罚款,也可以并处。

对于违反本条例,污染损害海洋环境造成重大财产损失或致人伤亡的直接责任人,由司法机关依法追究刑事责任。

第二十二条 当事人对主管部门的处罚决定不服的,可以在收到处罚通知书之日起15日内,向人民法院起诉;期满不起诉又不履行处罚决定的,由主管部门申请人民法院强制执行。

第二十三条 对违反本条例,造成海洋环境污染损害的行为,主动检举、揭发,积极提供证据,或采取有效措施减少污染损害有成绩的个人,应给予表扬或奖励。

第二十四条 本条例自1985年4月1日起施行。

附件一

禁止倾倒的物质

一、含有机卤素化合物、汞及汞化合物、镉及镉化合物的废弃物,但微含量的或能在海水中迅速转化为无害物质的除外。

二、强放射性废弃物及其他强放射性物质。

三、原油及其废弃物、石油炼制品、残油,以及含这类物质的混合物。

四、渔网、绳索、塑料制品及其他能在海面漂浮或在水中悬浮,严重妨碍航行、捕鱼及其他活动或危害海洋生物的人工合成物质。

五、含有本附件第一、二项所列物质的阴沟污泥和疏浚物。

附件二

需要获得特别许可证才能倾倒的物质

一、含有下列大量物质的废弃物:

(一)砷及其化合物;

(二)铅及其化合物;

(三)铜及其化合物;

(四)锌及其化合物;

(五)有机硅化合物;

(六)氰化物;

(七)氟化物;

(八)铍、铬、镍、钒及其化合物;

(九)未列入附件一的杀虫剂及其副产品。

但无害的或能在海水中迅速转化为无害物质的除外。

二、含弱放射性物质的废弃物。

三、容易沉入海底，可能严重障碍捕鱼和航行的容器、废金属及其他笨重的废弃物。

四、含有本附件第一、二项所列物质的阴沟污泥和疏浚物。

防止拆船污染环境管理条例

1. 1988年5月18日国务院发布
2. 根据2016年2月6日国务院令第666号《关于修改部分行政法规的决定》第一次修订
3. 根据2017年3月1日国务院令第676号《关于修改和废止部分行政法规的决定》第二次修订

第一条　为防止拆船污染环境，保护生态平衡，保障人体健康，促进拆船事业的发展，制定本条例。

第二条　本条例适用于在中华人民共和国管辖水域从事岸边和水上拆船活动的单位和个人。

第三条　本条例所称岸边拆船，指废船停靠拆船码头拆解；废船在船坞拆解；废船冲滩（不包括海难事故中的船舶冲滩）拆解。

本条例所称水上拆船，指对完全处于水上的废船进行拆解。

第四条　县级以上人民政府环境保护部门负责组织协调、监督检查拆船业的环境保护工作，并主管港区水域外的岸边拆船环境保护工作。

中华人民共和国港务监督（含港航监督，下同）主管水上拆船和综合港港区水域拆船的环境保护工作，并协助环境保护部门监督港区水域外的岸边拆船防止污染工作。

国家渔政渔港监督管理部门主管渔港水域拆船的环境保护工作，负责监督拆船活动对沿岸渔业水域的影响，发现污染损害事故后，会同环境保护部门调查处理。

军队环境保护部门主管军港水域拆船的环境保护工作。

国家海洋管理部门和重要江河的水资源保护机构，依据《中华人民共和国海洋环境保护法》和《中华人民共和国水污染防治法》确定的职责,协助以上各款所指主管部门监督拆船的防止污染工作。

县级以上人民政府的环境保护部门、中华人民共和国港务监督、国家渔政渔港监督管理部门和军队环境保护部门,在主管本条第一、第二、第三、第四款所确定水域的拆船环境保护工作时,简称"监督拆船污染的主管部门"。

第五条 地方人民政府应当根据需要和可能,结合本地区的特点、环境状况和技术条件,统筹规划、合理设置拆船厂。

在饮用水源地、海水淡化取水点、盐场、重要的渔业水域、海水浴场、风景名胜区以及其他需要特殊保护的区域,不得设置拆船厂。

第六条 设置拆船厂,必须编制环境影响报告书(表)。其内容包括:拆船厂的地理位置、周围环境状况、拆船规模和条件、拆船工艺、防污措施、预期防治效果等。未依法进行环境影响评价的拆船厂,不得开工建设。

环境保护部门在批准环境影响报告书(表)前,应当征求各有关部门的意见。

第七条 监督拆船污染的主管部门有权对拆船单位的拆船活动进行检查,被检查单位必须如实反映情况,提供必要的资料。

监督拆船污染的主管部门有义务为被检查单位保守技术和业务秘密。

第八条 对严重污染环境的拆船单位,限期治理。

对拆船单位的限期治理,由监督拆船污染的主管部门提出意见,通过批准环境影响报告书(表)的环境保护部门,报同级人民政府决定。

第九条 拆船单位应当健全环境保护规章制度,认真组织实施。

第十条 拆船单位必须配备或者设置防止拆船污染必需的拦油装置、废油接收设备、含油污水接收处理设施或者设备、废弃物回收处置场等,并经批准环境影响报告书(表)的环境保护部门验收合格,发给验收合格证后,方可进船拆解。

第十一条 拆船单位在废船拆解前,必须清除易燃、易爆和有毒物质;关闭海底阀和封闭可能引起油污水外溢的管道。垃圾、残油、废油、油泥、含油污水和易燃易爆物品等废弃物必须送到岸上集中处理,并不得采用渗坑、渗井的处理方式。

废油船在拆解前,必须进行洗舱、排污、清舱、测爆等工作。

第十二条 在水上进行拆船作业的拆船单位和个人,必须事先采取有效措施,严格防止溢出、散落水中的油类和其他漂浮物扩散。

在水上进行拆船作业,一旦出现溢出、散落水中的油类和其他漂浮物,必须及时收集处理。

第十三条 排放洗舱水、压舱水和舱底水,必须符合国家和地方规定的排放标准;排放未经处理的洗舱水、压舱水和舱底水,还必须经过监督拆船污染的主管部门批准。

监督拆船污染的主管部门接到拆船单位申请排放未经处理的洗舱水、压舱水和舱底水的报告后,应当抓紧办理,及时审批。

第十四条 拆下的船舶部件或者废弃物,不得投弃或者存放水中;带有污染物的船舶部件或者废弃物,严禁进入水体。未清洗干净的船底和油柜必须拖到岸上拆解。

拆船作业产生的电石渣及其废水,必须收集处理,不得流入水中。

船舶拆解完毕,拆船单位和个人应当及时清理拆船现场。

第十五条 发生拆船污染损害事故时,拆船单位或者个人必须立即采取消除或者控制污染的措施,并迅速报告监督拆船污染的主管部门。

污染损害事故发生后,拆船单位必须向监督拆船污染的主管部门提交《污染事故报告书》,报告污染发生的原因、经过、排污数量、采取的抢救措施、已造成和可能造成的污染损害后果等,并接受调查处理。

第十六条 拆船单位关闭或者搬迁后,必须及时清理原厂址遗留的污染物,并由监督拆船污染的主管部门检查验收。

第十七条 违反本条例规定,有下列情形之一的,监督拆船污染的主管部门除责令其限期纠正外,还可以根据不同情节,处以1万元以上10万元以下的罚款:

(一)发生污染损害事故,不向监督拆船污染的主管部门报告也不采取消除或者控制污染措施的;

(二)废油船未经洗舱、排污、清舱和测爆即行拆解的;

(三)任意排放或者丢弃污染物造成严重污染的。

违反本条例规定,擅自在第五条第二款所指的区域设置拆船厂并进行拆船的,按照分级管理的原则,由县级以上人民政府责令限期关闭或者搬迁。

拆船厂未依法进行环境影响评价擅自开工建设的,依照《中华人民共和国环境保护法》的规定处罚。

第十八条 违反本条例规定,有下列情形之一的,监督拆船污染的主管部门除责令其限期纠正外,还可以根据不同情节,给予警告或者处以1万元以下的罚款:

（一）拒绝或者阻挠监督拆船污染的主管部门进行现场检查或者在被检查时弄虚作假的;

（二）未按规定要求配备和使用防污设施、设备和器材,造成环境污染的;

（三）发生污染损害事故,虽采取消除或者控制污染措施,但不向监督拆船污染的主管部门报告的;

（四）拆船单位关闭、搬迁后,原厂址的现场清理不合格的。

第十九条 罚款全部上缴国库。

拆船单位和个人在受到罚款后,并不免除其对本条例规定义务的履行,已造成污染危害的,必须及时排除危害。

第二十条 对经限期治理逾期未完成治理任务的拆船单位,可以根据其造成的危害后果,责令停业整顿或者关闭。

前款所指拆船单位的停业整顿或者关闭,由作出限期治理决定的人民政府决定。责令国务院有关部门直属的拆船单位停业整顿或者关闭,由国务院环境保护部门会同有关部门批准。

第二十一条 对造成污染损害后果负有责任的或者有第十八条第（一）项所指行为的拆船单位负责人和直接责任者,可以根据不同情节,由其所在单位或者上级主管机关给予行政处分。

第二十二条 当事人对行政处罚决定不服的,可以在收到处罚决定通知之日起15日内,向人民法院起诉;期满不起诉又不履行的,由作出处罚决定的主管部门申请人民法院强制执行。

第二十三条 因拆船污染直接遭受损害的单位或者个人,有权要求造成污染损害方赔偿损失。造成污染损害方有责任对直接遭受危害的单位或者个人赔偿损失。

赔偿责任和赔偿金额的纠纷,可以根据当事人的请求,由监督拆船污染的主管部门处理;当事人对处理决定不服的,可以向人民法院起诉。

当事人也可以直接向人民法院起诉。

第二十四条 凡直接遭受拆船污染损害,要求赔偿损失的单位和个人,应当提交《污染索赔报告书》。报告书应当包括以下内容:

(一)受拆船污染损害的时间、地点、范围、对象,以及当时的气象、水文条件;

(二)受拆船污染损害的损失清单,包括品名、数量、单价、计算方法等;

(三)有关监测部门的鉴定。

第二十五条 因不可抗拒的自然灾害,并经及时采取防范和抢救措施,仍然不能避免造成污染损害的,免予承担赔偿责任。

第二十六条 对检举、揭发拆船单位隐瞒不报或者谎报污染损害事故,以及积极采取措施制止或者减轻污染损害的单位和个人,给予表扬和奖励。

第二十七条 监督拆船污染的主管部门的工作人员玩忽职守、滥用职权、徇私舞弊的,由其所在单位或者上级主管机关给予行政处分;对国家和人民利益造成重大损失、构成犯罪的,依法追究刑事责任。

第二十八条 本条例自1988年6月1日起施行。

中华人民共和国防治陆源污染物污染损害海洋环境管理条例

1. 1990年5月25日国务院第61次常务会议通过
2. 1990年6月22日国务院令第61号发布
3. 自1990年8月1日起施行

第一条 为加强对陆地污染源的监督管理,防治陆源污染物污染损害海洋环境,根据《中华人民共和国海洋环境保护法》,制定本条例。

第二条 本条例所称陆地污染源(简称陆源),是指从陆地向海域排放污染物,造成或者可能造成海洋环境污染损害的场所、设施等。

本条例所称陆源污染物是指由前款陆源排放的污染物。

第三条 本条例适用于在中华人民共和国境内向海域排放陆源污染物的一切单位和个人。

防止拆船污染损害海洋环境,依照《防止拆船污染环境管理条例》执行。

第四条 国务院环境保护行政主管部门,主管全国防治陆源污染物污染损害海洋环境工作。

沿海县级以上地方人民政府环境保护行政主管部门,主管本行政区域内防治陆源污染物污染损害海洋环境工作。

第五条 任何单位和个人向海域排放陆源污染物,必须执行国家和地方发布的污染物排放标准和有关规定。

第六条 任何单位和个人向海域排放陆源污染物,必须向其所在地环境保护行政主管部门申报登记拥有的污染物排放设施、处理设施和在正常作业条件下排放污染物的种类、数量和浓度,提供防治陆源污染物污染损害海洋环境的资料,并将上述事项和资料抄送海洋行政主管部门。

排放污染物的种类、数量和浓度有重大改变或者拆除、闲置污染物处理设施的,应当征得所在地环境保护行政主管部门同意并经原审批部门批准。

第七条 任何单位和个人向海域排放陆源污染物,超过国家和地方污染物排放标准的,必须缴纳超标准排污费,并负责治理。

第八条 任何单位和个人,不得在海洋特别保护区、海上自然保护区、海滨风景游览区、盐场保护区、海水浴场、重要渔业水域和其他需要特殊保护的区域内兴建排污口。

对在前款区域内已建的排污口,排放污染物超过国家和地方排放标准的,限期治理。

第九条 对向海域排放陆源污染物造成海洋环境严重污染损害的企业事业单位,限期治理。

第十条 国务院各部门或者省、自治区、直辖市人民政府直接管辖的企业事业单位的限期治理,由省、自治区、直辖市人民政府的环境保护行政主管部门提出意见,报同级人民政府决定。市、县或者市、县以下人民政府管辖的企业事业单位的限期治理,由市、县人民政府环境保护行政主管部门提出意见,报同级人民政府决定。被限期治理的企业事业单位必须如期完成治理任务。

第十一条 禁止在岸滩擅自堆放、弃置和处理固体废弃物。确需临时堆放、处理固体废弃物的，必须按照沿海省、自治区、直辖市人民政府环境保护行政主管部门规定的审批程序，提出书面申请。其主要内容包括：

（一）申请单位的名称、地址；

（二）堆放、处理的地点和占地面积；

（三）固体废弃物的种类、成分，年堆放量、处理量，积存堆放、处理的总量和堆放高度；

（四）固体废弃物堆放、处理的期限，最终处置方式；

（五）堆放、处理固体废弃物可能对海洋环境造成的污染损害；

（六）防止堆放、处理固体废弃物污染损害海洋环境的技术和措施；

（七）审批机关认为需要说明的其他事项。

现有的固体废弃物临时堆放、处理场地，未经县级以上地方人民政府环境保护行政主管部门批准的，由县级以上地方人民政府环境保护行政主管部门责令限期补办审批手续。

第十二条 被批准设置废弃物堆放场、处理场的单位和个人，必须建造防护堤和防渗漏、防扬尘等设施，经批准设置废弃物堆放场、处理场的环境保护行政主管部门验收合格后方可使用。

在批准使用的废弃物堆放场、处理场内，不得擅自堆放、弃置未经批准的其他种类的废弃物。不得露天堆放含剧毒、放射性、易溶解和易挥发性物质的废弃物；非露天堆放上述废弃物，不得作为最终处置方式。

第十三条 禁止在岸滩采用不正当的稀释、渗透方式排放有毒、有害废水。

第十四条 禁止向海域排放含高、中放射性物质的废水。

向海域排放含低放射性物质的废水，必须执行国家有关放射防护的规定和标准。

第十五条 禁止向海域排放油类、酸液、碱液和毒液。

向海域排放含油废水、含有害重金属废水和其他工业废水，必须经过处理，符合国家和地方规定的排放标准和有关规定。处理后的残渣不得弃置入海。

第十六条　向海域排放含病原体的废水,必须经过处理,符合国家和地方规定的排放标准和有关规定。

第十七条　向海域排放含热废水的水温应当符合国家有关规定。

第十八条　向自净能力较差的海域排放含有机物和营养物质的工业废水和生活废水,应当控制排放量;排污口应当设置在海水交换良好处,并采用合理的排放方式,防止海水富营养化。

第十九条　禁止将失效或者禁用的药物及药具弃置岸滩。

第二十条　入海河口处发生陆源污染物污染损害海洋环境事故,确有证据证明是由河流携带污染物造成的,由入海河口处所在地的省、自治区、直辖市人民政府环境保护行政主管部门调查处理;河流跨越省、自治区、直辖市的,由入海河口处所在省、自治区、直辖市人民政府环境保护行政主管部门和水利部门会同有关省、自治区、直辖市人民政府环境保护行政主管部门、水利部门和流域管理机构调查处理。

第二十一条　沿海相邻或者相向地区向同一海域排放陆源污染物的,由有关地方人民政府协商制定共同防治陆源污染物污染损害海洋环境的措施。

第二十二条　一切单位和个人造成陆源污染物污染损害海洋环境事故时,必须立即采取措施处理,并在事故发生后四十八小时内,向当地人民政府环境保护行政主管部门作出事故发生的时间、地点、类型和排放污染物的数量、经济损失、人员受害等情况的初步报告,并抄送有关部门。事故查清后,应当向当地人民政府环境保护行政主管部门作出书面报告,并附有关证明文件。

各级人民政府环境保护行政主管部门接到陆源污染物污染损害海洋环境事故的初步报告后,应当立即会同有关部门采取措施,消除或者减轻污染,并由县级以上人民政府环境保护行政主管部门会同有关部门或者由县级以上人民政府环境保护行政主管部门授权的部门对事故进行调查处理。

第二十三条　县级以上人民政府环境保护行政主管部门,按照项目管理权限,可以会同项目主管部门对排放陆源污染物的单位和个人进行现场检查,被检查者必须如实反映情况、提供资料。检查者有责任为被检查者保守技术秘密和业务秘密。法律法规另有规定的除外。

第二十四条　违反本条例规定,具有下列情形之一的,由县级以上人民政府环境保护行政主管部门责令改正,并可处以三百元以上三千元以下的罚款:

（一）拒报或者谎报排污申报登记事项的;

（二）拒绝、阻挠环境保护行政主管部门现场检查,或者在被检查中弄虚作假的。

第二十五条　废弃物堆放场、处理场的防污染设施未经环境保护行政主管部门验收或者验收不合格而强行使用的,由环境保护行政主管部门责令改正,并可处以五千元以上二万元以下的罚款。

第二十六条　违反本条例规定,具有下列情形之一的,由县级以上人民政府环境保护行政主管部门责令改正,并可处以五千元以上十万元以下的罚款:

（一）未经所在地环境保护行政主管部门同意和原批准部门批准,擅自改变污染物排放的种类、增加污染物排放的数量、浓度或者拆除、闲置污染物处理设施的;

（二）在本条例第八条第一款规定的区域内兴建排污口的。

第二十七条　违反本条例规定,具有下列情形之一的,由县级以上人民政府环境保护行政主管部门责令改正,并可处以一千元以上二万元以下的罚款;情节严重的,可处以二万元以上十万元以下的罚款:

（一）在岸滩采用不正当的稀释、渗透方式排放有毒、有害废水的;

（二）向海域排放含高、中放射性物质的废水的;

（三）向海域排放油类、酸液、碱液和毒液的;

（四）向岸滩弃置失效或者禁用的药物和药具的;

（五）向海域排放含油废水、含病原体废水、含热废水、含低放射性物质废水、含有害重金属废水和其他工业废水超过国家和地方规定的排放标准和有关规定或者将处理后的残渣弃置入海的;

（六）未经县级以上地方人民政府环境保护行政主管部门批准,擅自在岸滩堆放、弃置和处理废弃物或者在废弃物堆放场、处理场内,擅自堆放、处理未经批准的其他种类的废弃物或者露天堆放含剧毒、放射性、易溶解和易挥发性物质的废弃物的。

第二十八条　对逾期未完成限期治理任务的企业事业单位,征收两倍的超标准排污费,并可根据危害和损失后果,处以一万元以上十万元以下的罚款,或者责令停业、关闭。

罚款由环境保护行政主管部门决定。责令停业、关闭,由作出限期治理决定的人民政府决定;责令国务院各部门直接管辖的企业事业单位停业、关闭,须报国务院批准。

第二十九条 不按规定缴纳超标准排污费的,除追缴超标准排污费及滞纳金外,并可由县级以上人民政府环境保护行政主管部门处以一千元以上一万元以下的罚款。

第三十条 对造成陆源污染物污染损害海洋环境事故,导致重大经济损失的,由县级以上人民政府环境保护行政主管部门按照直接损失百分之三十计算罚款,但最高不得超过二十万元。

第三十一条 县级人民政府环境保护行政主管部门可处以一万元以下的罚款,超过一万元的罚款,报上级环境保护行政主管部门批准。

省辖市级人民政府环境保护行政主管部门可处以五万元以下的罚款,超过五万元的罚款,报上级环境保护行政主管部门批准。

省、自治区、直辖市人民政府环境保护行政主管部门可处以二十万元以下的罚款。

罚款全部上交国库,任何单位和个人不得截留、分成。

第三十二条 缴纳超标准排污费或者被处以罚款的单位、个人,并不免除消除污染、排除危害和赔偿损失的责任。

第三十三条 当事人对行政处罚决定不服的,可以在接到处罚通知之日起十五日内,依法申请复议;对复议决定不服的,可以在接到复议决定之日起十五日内,向人民法院起诉。当事人也可以在接到处罚通知之日起十五日内,直接向人民法院起诉。当事人逾期不申请复议、也不向人民法院起诉、又不履行处罚决定的,由作出处罚决定的机关申请人民法院强制执行。

第三十四条 环境保护行政主管部门工作人员滥用职权、玩忽职守、徇私舞弊的,由其所在单位或者上级主管机关给予行政处分;构成犯罪的,依法追究刑事责任。

第三十五条 沿海省、自治区、直辖市人民政府,可以根据本条例制定实施办法。

第三十六条 本条例由国务院环境保护行政主管部门负责解释。

第三十七条 本条例自 1990 年 8 月 1 日起施行。

中华人民共和国防治海岸工程建设项目污染损害海洋环境管理条例

1. 1990 年 5 月 25 日国务院第 61 次常务会议通过
2. 1990 年 6 月 25 日国务院令第 62 号发布
3. 根据 2007 年 9 月 25 日国务院令第 507 号《关于修改〈中华人民共和国防治海岸工程建设项目污染损害海洋环境管理条例〉的决定》第一次修订
4. 根据 2017 年 3 月 1 日国务院令第 676 号《关于修改和废止部分行政法规的决定》第二次修订
5. 根据 2018 年 3 月 19 日国务院令第 698 号《关于修改和废止部分行政法规的决定》第三次修订

第一条 为加强海岸工程建设项目的环境保护管理，严格控制新的污染，保护和改善海洋环境，根据《中华人民共和国海洋环境保护法》，制定本条例。

第二条 本条例所称海岸工程建设项目，是指位于海岸或者与海岸连接，工程主体位于海岸线向陆一侧，对海洋环境产生影响的新建、改建、扩建工程项目。具体包括：

（一）港口、码头、航道、滨海机场工程项目；

（二）造船厂、修船厂；

（三）滨海火电站、核电站、风电站；

（四）滨海物资存储设施工程项目；

（五）滨海矿山、化工、轻工、冶金等工业工程项目；

（六）固体废弃物、污水等污染物处理处置排海工程项目；

（七）滨海大型养殖场；

（八）海岸防护工程、砂石场和入海河口处的水利设施；

（九）滨海石油勘探开发工程项目；

（十）国务院环境保护主管部门会同国家海洋主管部门规定的其他海岸工程项目。

第三条 本条例适用于在中华人民共和国境内兴建海岸工程建设项目

的一切单位和个人。

拆船厂建设项目的环境保护管理,依照《防止拆船污染环境管理条例》执行。

第四条 建设海岸工程建设项目,应当符合所在经济区的区域环境保护规划的要求。

第五条 国务院环境保护主管部门,主管全国海岸工程建设项目的环境保护工作。

沿海县级以上地方人民政府环境保护主管部门,主管本行政区域内的海岸工程建设项目的环境保护工作。

第六条 新建、改建、扩建海岸工程建设项目,应当遵守国家有关建设项目环境保护管理的规定。

第七条 海岸工程建设项目的建设单位,应当依法编制环境影响报告书(表),报环境保护主管部门审批。

环境保护主管部门在批准海岸工程建设项目的环境影响报告书(表)之前,应当征求海洋、海事、渔业主管部门和军队环境保护部门的意见。

禁止在天然港湾有航运价值的区域、重要苗种基地和养殖场所及水面、滩涂中的鱼、虾、蟹、贝、藻类的自然产卵场、繁殖场、索饵场及重要的洄游通道围海造地。

第八条 海岸工程建设项目环境影响报告书的内容,除按有关规定编制外,还应当包括:

(一)所在地及其附近海域的环境状况;

(二)建设过程中和建成后可能对海洋环境造成的影响;

(三)海洋环境保护措施及其技术、经济可行性论证结论;

(四)建设项目海洋环境影响评价结论。

海岸工程建设项目环境影响报告表,应当参照前款规定填报。

第九条 禁止兴建向中华人民共和国海域及海岸转嫁污染的中外合资经营企业、中外合作经营企业和外资企业;海岸工程建设项目引进技术和设备,应当有相应的防治污染措施,防止转嫁污染。

第十条 在海洋特别保护区、海上自然保护区、海滨风景游览区、盐场保护区、海水浴场、重要渔业水域和其他需要特殊保护的区域内不得建设污染环境、破坏景观的海岸工程建设项目;在其区域外建设海岸工程建设项目的,不得损害上述区域的环境质量。法律法规另有规定的除外。

第十一条 海岸工程建设项目竣工验收时,建设项目的环境保护设施经验收合格后,该建设项目方可正式投入生产或者使用。

第十二条 县级以上人民政府环境保护主管部门,按照项目管理权限,可以会同有关部门对海岸工程建设项目进行现场检查,被检查者应当如实反映情况、提供资料。检查者有责任为被检查者保守技术秘密和业务秘密。法律法规另有规定的除外。

第十三条 设置向海域排放废水设施的,应当合理利用海水自净能力,选择好排污口的位置。采用暗沟或者管道方式排放的,出水管口位置应当在低潮线以下。

第十四条 建设港口、码头,应当设置与其吞吐能力和货物种类相适应的防污设施。

港口、油码头、化学危险品码头,应当配备海上重大污染损害事故应急设备和器材。

现有港口、码头未达到前两款规定要求的,由环境保护主管部门会同港口、码头主管部门责令其限期设置或者配备。

第十五条 建设岸边造船厂、修船厂,应当设置与其性质、规模相适应的残油、废油接收处理设施,含油废水接收处理设施,拦油、收油、消油设施,工业废水接收处理设施,工业和船舶垃圾接收处理设施等。

第十六条 建设滨海核电站和其他核设施,应当严格遵守国家有关核环境保护和放射防护的规定及标准。

第十七条 建设岸边油库,应当设置含油废水接收处理设施,库场地面冲刷废水的集接、处理设施和事故应急设施;输油管线和储油设施应当符合国家关于防渗漏、防腐蚀的规定。

第十八条 建设滨海矿山,在开采、选矿、运输、贮存、冶炼和尾矿处理等过程中,应当按照有关规定采取防止污染损害海洋环境的措施。

第十九条 建设滨海垃圾场或者工业废渣填埋场,应当建造防护堤坝和场底封闭层,设置渗液收集、导出、处理系统和可燃性气体防爆装置。

第二十条 修筑海岸防护工程,在入海河口处兴建水利设施、航道或者综合整治工程,应当采取措施,不得损害生态环境及水产资源。

第二十一条 兴建海岸工程建设项目,不得改变、破坏国家和地方重点保护的野生动植物的生存环境。不得兴建可能导致重点保护的野生动植物生存环境污染和破坏的海岸工程建设项目;确需兴建的,应当征得野生动植物行政主管部门同意,并由建设单位负责组织采取易地繁育等措施,保证物种延续。

在鱼、虾、蟹、贝类的洄游通道建闸、筑坝,对渔业资源有严重影响的,建设单位应当建造过鱼设施或者采取其他补救措施。

第二十二条　集体所有制单位或者个人在全民所有的水域、海涂,建设构不成基本建设项目的养殖工程的,应当在县级以上地方人民政府规划的区域内进行。

集体所有制单位或者个人零星经营性采挖砂石,应当在县级以上地方人民政府指定的区域内采挖。

第二十三条　禁止在红树林和珊瑚礁生长的地区,建设毁坏红树林和珊瑚礁生态系统的海岸工程建设项目。

第二十四条　兴建海岸工程建设项目,应当防止导致海岸非正常侵蚀。

禁止在海岸保护设施管理部门规定的海岸保护设施的保护范围内从事爆破、采挖砂石、取土等危害海岸保护设施安全的活动。非经国务院授权的有关主管部门批准,不得占用或者拆除海岸保护设施。

第二十五条　未持有经审核和批准的环境影响报告书(表),兴建海岸工程建设项目的,依照《中华人民共和国海洋环境保护法》第七十九条的规定予以处罚。

第二十六条　拒绝、阻挠环境保护主管部门进行现场检查,或者在被检查时弄虚作假的,由县级以上人民政府环境保护主管部门依照《中华人民共和国海洋环境保护法》第七十五条的规定予以处罚。

第二十七条　海岸工程建设项目的环境保护设施未建成或者未达到规定要求,该项目即投入生产、使用的,依照《中华人民共和国海洋环境保护法》第八十条的规定予以处罚。

第二十八条　环境保护主管部门工作人员滥用职权、玩忽职守、徇私舞弊的,由其所在单位或者上级主管机关给予行政处分;构成犯罪的,依法追究刑事责任。

第二十九条　本条例自 1990 年 8 月 1 日起施行。

防治海洋工程建设项目污染损害海洋环境管理条例

1. 2006年8月30日国务院第148次常务会议通过
2. 2006年9月19日国务院令第475号公布
3. 根据2017年3月1日国务院令第676号《关于修改和废止部分行政法规的决定》第一次修订
4. 根据2018年3月19日国务院令第698号《关于修改和废止部分行政法规的决定》第二次修订

第一章 总 则

第一条 为了防治和减轻海洋工程建设项目(以下简称海洋工程)污染损害海洋环境,维护海洋生态平衡,保护海洋资源,根据《中华人民共和国海洋环境保护法》,制定本条例。

第二条 在中华人民共和国管辖海域内从事海洋工程污染损害海洋环境防治活动,适用本条例。

第三条 本条例所称海洋工程,是指以开发、利用、保护、恢复海洋资源为目的,并且工程主体位于海岸线向海一侧的新建、改建、扩建工程。具体包括:

(一)围填海、海上堤坝工程;

(二)人工岛、海上和海底物资储藏设施、跨海桥梁、海底隧道工程;

(三)海底管道、海底电(光)缆工程;

(四)海洋矿产资源勘探开发及其附属工程;

(五)海上潮汐电站、波浪电站、温差电站等海洋能源开发利用工程;

(六)大型海水养殖场、人工鱼礁工程;

(七)盐田、海水淡化等海水综合利用工程;

(八)海上娱乐及运动、景观开发工程;

(九)国家海洋主管部门会同国务院环境保护主管部门规定的其

他海洋工程。

第四条 国家海洋主管部门负责全国海洋工程环境保护工作的监督管理,并接受国务院环境保护主管部门的指导、协调和监督。沿海县级以上地方人民政府海洋主管部门负责本行政区域毗邻海域海洋工程环境保护工作的监督管理。

第五条 海洋工程的选址和建设应当符合海洋功能区划、海洋环境保护规划和国家有关环境保护标准,不得影响海洋功能区的环境质量或者损害相邻海域的功能。

第六条 国家海洋主管部门根据国家重点海域污染物排海总量控制指标,分配重点海域海洋工程污染物排海控制数量。

第七条 任何单位和个人对海洋工程污染损害海洋环境、破坏海洋生态等违法行为,都有权向海洋主管部门进行举报。

接到举报的海洋主管部门应当依法进行调查处理,并为举报人保密。

第二章 环境影响评价

第八条 国家实行海洋工程环境影响评价制度。

海洋工程的环境影响评价,应当以工程对海洋环境和海洋资源的影响为重点进行综合分析、预测和评估,并提出相应的生态保护措施,预防、控制或者减轻工程对海洋环境和海洋资源造成的影响和破坏。

海洋工程环境影响报告书应当依据海洋工程环境影响评价技术标准及其他相关环境保护标准编制。编制环境影响报告书应当使用符合国家海洋主管部门要求的调查、监测资料。

第九条 海洋工程环境影响报告书应当包括下列内容:

(一)工程概况;

(二)工程所在海域环境现状和相邻海域开发利用情况;

(三)工程对海洋环境和海洋资源可能造成影响的分析、预测和评估;

(四)工程对相邻海域功能和其他开发利用活动影响的分析及预测;

(五)工程对海洋环境影响的经济损益分析和环境风险分析;

(六)拟采取的环境保护措施及其经济、技术论证;

(七)公众参与情况;

(八)环境影响评价结论。

海洋工程可能对海岸生态环境产生破坏的,其环境影响报告书中应当增加工程对近岸自然保护区等陆地生态系统影响的分析和评价。

第十条　新建、改建、扩建海洋工程的建设单位,应当编制环境影响报告书,报有核准权的海洋主管部门核准。

海洋主管部门在核准海洋工程环境影响报告书前,应当征求海事、渔业主管部门和军队环境保护部门的意见;必要时,可以举行听证会。其中,围填海工程必须举行听证会。

第十一条　下列海洋工程的环境影响报告书,由国家海洋主管部门核准:

(一)涉及国家海洋权益、国防安全等特殊性质的工程;
(二)海洋矿产资源勘探开发及其附属工程;
(三)50公顷以上的填海工程,100公顷以上的围海工程;
(四)潮汐电站、波浪电站、温差电站等海洋能源开发利用工程;
(五)由国务院或者国务院有关部门审批的海洋工程。

前款规定以外的海洋工程的环境影响报告书,由沿海县级以上地方人民政府海洋主管部门根据沿海省、自治区、直辖市人民政府规定的权限核准。

海洋工程可能造成跨区域环境影响并且有关海洋主管部门对环境影响评价结论有争议的,该工程的环境影响报告书由其共同的上一级海洋主管部门核准。

第十二条　海洋主管部门应当自收到海洋工程环境影响报告书之日起60个工作日内,作出是否核准的决定,书面通知建设单位。

需要补充材料的,应当及时通知建设单位,核准期限从材料补齐之日起重新计算。

第十三条　海洋工程环境影响报告书核准后,工程的性质、规模、地点、生产工艺或者拟采取的环境保护措施等发生重大改变的,建设单位应当重新编制环境影响报告书,报原核准该工程环境影响报告书的海洋主管部门核准;海洋工程自环境影响报告书核准之日起超过5年方开工建设的,应当在工程开工建设前,将该工程的环境影响报告书报原核准该工程环境影响报告书的海洋主管部门重新核准。

第十四条　建设单位可以采取招标方式确定海洋工程的环境影响评价

单位。其他任何单位和个人不得为海洋工程指定环境影响评价单位。

第三章 海洋工程的污染防治

第十五条 海洋工程的环境保护设施应当与主体工程同时设计、同时施工、同时投产使用。

第十六条 海洋工程的初步设计,应当按照环境保护设计规范和经核准的环境影响报告书的要求,编制环境保护篇章,落实环境保护措施和环境保护投资概算。

第十七条 建设单位应当在海洋工程投入运行之日30个工作日前,向原核准该工程环境影响报告书的海洋主管部门申请环境保护设施的验收;海洋工程投入试运行的,应当自该工程投入试运行之日起60个工作日内,向原核准该工程环境影响报告书的海洋主管部门申请环境保护设施的验收。

分期建设、分期投入运行的海洋工程,其相应的环境保护设施应当分期验收。

第十八条 海洋主管部门应当自收到环境保护设施验收申请之日起30个工作日内完成验收;验收不合格的,应当限期整改。

海洋工程需要配套建设的环境保护设施未经海洋主管部门验收或者经验收不合格的,该工程不得投入运行。

建设单位不得擅自拆除或者闲置海洋工程的环境保护设施。

第十九条 海洋工程在建设、运行过程中产生不符合经核准的环境影响报告书的情形的,建设单位应当自该情形出现之日起20个工作日内组织环境影响的后评价,根据后评价结论采取改进措施,并将后评价结论和采取的改进措施报原核准该工程环境影响报告书的海洋主管部门备案;原核准该工程环境影响报告书的海洋主管部门也可以责成建设单位进行环境影响的后评价,采取改进措施。

第二十条 严格控制围填海工程。禁止在经济生物的自然产卵场、繁殖场、索饵场和鸟类栖息地进行围填海活动。

围填海工程使用的填充材料应当符合有关环境保护标准。

第二十一条 建设海洋工程,不得造成领海基点及其周围环境的侵蚀、淤积和损害,危及领海基点的稳定。

进行海上堤坝、跨海桥梁、海上娱乐及运动、景观开发工程建设的,应当采取有效措施防止对海岸的侵蚀或者淤积。

第二十二条 污水离岸排放工程排污口的设置应当符合海洋功能区划和海洋环境保护规划,不得损害相邻海域的功能。

污水离岸排放不得超过国家或者地方规定的排放标准。在实行污染物排海总量控制的海域,不得超过污染物排海总量控制指标。

第二十三条 从事海水养殖的养殖者,应当采取科学的养殖方式,减少养殖饵料对海洋环境的污染。因养殖污染海域或者严重破坏海洋景观的,养殖者应当予以恢复和整治。

第二十四条 建设单位在海洋固体矿产资源勘探开发工程的建设、运行过程中,应当采取有效措施,防止污染物大范围悬浮扩散,破坏海洋环境。

第二十五条 海洋油气矿产资源勘探开发作业中应当配备油水分离设施、含油污水处理设备、排油监控装置、残油和废油回收设施、垃圾粉碎设备。

海洋油气矿产资源勘探开发作业中所使用的固定式平台、移动式平台、浮式储油装置、输油管线及其他辅助设施,应当符合防渗、防漏、防腐蚀的要求;作业单位应当经常检查,防止发生漏油事故。

前款所称固定式平台和移动式平台,是指海洋油气矿产资源勘探开发作业中所使用的钻井船、钻井平台、采油平台和其他平台。

第二十六条 海洋油气矿产资源勘探开发单位应当办理有关污染损害民事责任保险。

第二十七条 海洋工程建设过程中需要进行海上爆破作业的,建设单位应当在爆破作业前报告海洋主管部门,海洋主管部门应当及时通报海事、渔业等有关部门。

进行海上爆破作业,应当设置明显的标志、信号,并采取有效措施保护海洋资源。在重要渔业水域进行炸药爆破作业或者进行其他可能对渔业资源造成损害的作业活动的,应当避开主要经济类鱼虾的产卵期。

第二十八条 海洋工程需要拆除或者改作他用的,应当在作业前报原核准该工程环境影响报告书的海洋主管部门备案。拆除或者改变用途后可能产生重大环境影响的,应当进行环境影响评价。

海洋工程需要在海上弃置的,应当拆除可能造成海洋环境污染损害或者影响海洋资源开发利用的部分,并按照有关海洋倾倒废弃物管理的规定进行。

海洋工程拆除时,施工单位应当编制拆除的环境保护方案,采取必要的措施,防止对海洋环境造成污染和损害。

第四章 污染物排放管理

第二十九条 海洋油气矿产资源勘探开发作业中产生的污染物的处置,应当遵守下列规定:

(一)含油污水不得直接或者经稀释排放入海,应当经处理符合国家有关排放标准后再排放;

(二)塑料制品、残油、废油、油基泥浆、含油垃圾和其他有毒有害残液残渣,不得直接排放或者弃置入海,应当集中储存在专门容器中,运回陆地处理。

第三十条 严格控制向水基泥浆中添加油类,确需添加的,应当如实记录并向原核准该工程环境影响报告书的海洋主管部门报告添加油的种类和数量。禁止向海域排放含油量超过国家规定标准的水基泥浆和钻屑。

第三十一条 建设单位在海洋工程试运行或者正式投入运行后,应当如实记录污染物排放设施、处理设备的运转情况及其污染物的排放、处置情况,并按照国家海洋主管部门的规定,定期向原核准该工程环境影响报告书的海洋主管部门报告。

第三十二条 县级以上人民政府海洋主管部门,应当按照各自的权限核定海洋工程排放污染物的种类、数量,根据国务院价格主管部门和财政部门制定的收费标准确定排污者应当缴纳的排污费数额。

排污者应当到指定的商业银行缴纳排污费。

第三十三条 海洋油气矿产资源勘探开发作业中应当安装污染物流量自动监控仪器,对生产污水、机舱污水和生活污水的排放进行计量。

第三十四条 禁止向海域排放油类、酸液、碱液、剧毒废液和高、中水平放射性废水;严格限制向海域排放低水平放射性废水,确需排放的,应当符合国家放射性污染防治标准。

严格限制向大气排放含有毒物质的气体,确需排放的,应当经过净化处理,并不得超过国家或者地方规定的排放标准;向大气排放含放射性物质的气体,应当符合国家放射性污染防治标准。

严格控制向海域排放含有不易降解的有机物和重金属的废水;其

他污染物的排放应当符合国家或者地方标准。

第三十五条 海洋工程排污费全额纳入财政预算,实行"收支两条线"管理,并全部专项用于海洋环境污染防治。具体办法由国务院财政部门会同国家海洋主管部门制定。

第五章 污染事故的预防和处理

第三十六条 建设单位应当在海洋工程正式投入运行前制定防治海洋工程污染损害海洋环境的应急预案,报原核准该工程环境影响报告书的海洋主管部门和有关主管部门备案。

第三十七条 防治海洋工程污染损害海洋环境的应急预案应当包括以下内容:

(一)工程及其相邻海域的环境、资源状况;
(二)污染事故风险分析;
(三)应急设施的配备;
(四)污染事故的处理方案。

第三十八条 海洋工程在建设、运行期间,由于发生事故或者其他突发性事件,造成或者可能造成海洋环境污染事故时,建设单位应当立即向可能受到污染的沿海县级以上地方人民政府海洋主管部门或者其他有关主管部门报告,并采取有效措施,减轻或者消除污染,同时通报可能受到危害的单位和个人。

沿海县级以上地方人民政府海洋主管部门或者其他有关主管部门接到报告后,应当按照污染事故分级规定及时向县级以上人民政府和上级有关主管部门报告。县级以上人民政府和有关主管部门应当按照各自的职责,立即派人赶赴现场,采取有效措施,消除或者减轻危害,对污染事故进行调查处理。

第三十九条 在海洋自然保护区内进行海洋工程建设活动,应当按照国家有关海洋自然保护区的规定执行。

第六章 监督检查

第四十条 县级以上人民政府海洋主管部门负责海洋工程污染损害海洋环境防治的监督检查,对违反海洋污染防治法律、法规的行为进行查处。

县级以上人民政府海洋主管部门的监督检查人员应当严格按照

法律、法规规定的程序和权限进行监督检查。

第四十一条 县级以上人民政府海洋主管部门依法对海洋工程进行现场检查时,有权采取下列措施:

（一）要求被检查单位或者个人提供与环境保护有关的文件、证件、数据以及技术资料等,进行查阅或者复制;

（二）要求被检查单位负责人或者相关人员就有关问题作出说明;

（三）进入被检查单位的工作现场进行监测、勘查、取样检验、拍照、摄像;

（四）检查各项环境保护设施、设备和器材的安装、运行情况;

（五）责令违法者停止违法活动,接受调查处理;

（六）要求违法者采取有效措施,防止污染事态扩大。

第四十二条 县级以上人民政府海洋主管部门的监督检查人员进行现场执法检查时,应当出示规定的执法证件。用于执法检查、巡航监视的公务飞机、船舶和车辆应当有明显的执法标志。

第四十三条 被检查单位和个人应当如实提供材料,不得拒绝或者阻碍监督检查人员依法执行公务。

有关单位和个人对海洋主管部门的监督检查工作应当予以配合。

第四十四条 县级以上人民政府海洋主管部门对违反海洋污染防治法律、法规的行为,应当依法作出行政处理决定;有关海洋主管部门不依法作出行政处理决定的,上级海洋主管部门有权责令其依法作出行政处理决定或者直接作出行政处理决定。

第七章 法 律 责 任

第四十五条 建设单位违反本条例规定,有下列行为之一的,由负责核准该工程环境影响报告书的海洋主管部门责令停止建设、运行,限期补办手续,并处5万元以上20万元以下的罚款:

（一）环境影响报告书未经核准,擅自开工建设的;

（二）海洋工程环境保护设施未申请验收或者经验收不合格即投入运行的。

第四十六条 建设单位违反本条例规定,有下列行为之一的,由原核准该工程环境影响报告书的海洋主管部门责令停止建设、运行,限期补办手续,并处5万元以上20万元以下的罚款:

（一）海洋工程的性质、规模、地点、生产工艺或者拟采取的环境保护措施发生重大改变，未重新编制环境影响报告书报原核准该工程环境影响报告书的海洋主管部门核准的；

（二）自环境影响报告书核准之日起超过 5 年，海洋工程方开工建设，其环境影响报告书未重新报原核准该工程环境影响报告书的海洋主管部门核准的；

（三）海洋工程需要拆除或者改作他用时，未报原核准该工程环境影响报告书的海洋主管部门备案或者未按要求进行环境影响评价的。

第四十七条　建设单位违反本条例规定，有下列行为之一的，由原核准该工程环境影响报告书的海洋主管部门责令限期改正；逾期不改正的，责令停止运行，并处 1 万元以上 10 万元以下的罚款：

（一）擅自拆除或者闲置环境保护设施的；

（二）未在规定时间内进行环境影响后评价或者未按要求采取整改措施的。

第四十八条　建设单位违反本条例规定，有下列行为之一的，由县级以上人民政府海洋主管部门责令停止建设、运行，限期恢复原状；逾期未恢复原状的，海洋主管部门可以指定具有相应资质的单位代为恢复原状，所需费用由建设单位承担，并处恢复原状所需费用 1 倍以上 2 倍以下的罚款：

（一）造成领海基点及其周围环境被侵蚀、淤积或者损害的；

（二）违反规定在海洋自然保护区内进行海洋工程建设活动的。

第四十九条　建设单位违反本条例规定，在围填海工程中使用的填充材料不符合有关环境保护标准的，由县级以上人民政府海洋主管部门责令限期改正；逾期不改正的，责令停止建设、运行，并处 5 万元以上 20 万元以下的罚款；造成海洋环境污染事故，直接负责的主管人员和其他直接责任人员构成犯罪的，依法追究刑事责任。

第五十条　建设单位违反本条例规定，有下列行为之一的，由原核准该工程环境影响报告书的海洋主管部门责令限期改正；逾期不改正的，处 1 万元以上 5 万元以下的罚款：

（一）未按规定报告污染物排放设施、处理设备的运转情况或者污染物的排放、处置情况的；

（二）未按规定报告其向水基泥浆中添加油的种类和数量的；

（三）未按规定将防治海洋工程污染损害海洋环境的应急预案备案的；

（四）在海上爆破作业前未按规定报告海洋主管部门的；

（五）进行海上爆破作业时，未按规定设置明显标志、信号的。

第五十一条 建设单位违反本条例规定，进行海上爆破作业时未采取有效措施保护海洋资源的，由县级以上人民政府海洋主管部门责令限期改正；逾期未改正的，处1万元以上10万元以下的罚款。

建设单位违反本条例规定，在重要渔业水域进行炸药爆破或者进行其他可能对渔业资源造成损害的作业，未避开主要经济类鱼虾产卵期的，由县级以上人民政府海洋主管部门予以警告、责令停止作业，并处5万元以上20万元以下的罚款。

第五十二条 海洋油气矿产资源勘探开发单位违反本条例规定向海洋排放含油污水，或者将塑料制品、残油、废油、油基泥浆、含油垃圾和其他有毒有害残液残渣直接排放或者弃置入海的，由国家海洋主管部门或者其派出机构责令限期清理，并处2万元以上20万元以下的罚款；逾期未清理的，国家海洋主管部门或者其派出机构可以指定有相应资质的单位代为清理，所需费用由海洋油气矿产资源勘探开发单位承担；造成海洋环境污染事故，直接负责的主管人员和其他直接责任人员构成犯罪的，依法追究刑事责任。

第五十三条 海水养殖者未按规定采取科学的养殖方式，对海洋环境造成污染或者严重影响海洋景观的，由县级以上人民政府海洋主管部门责令限期改正；逾期不改正的，责令停止养殖活动，并处清理污染或者恢复海洋景观所需费用1倍以上2倍以下的罚款。

第五十四条 建设单位未按本条例规定缴纳排污费的，由县级以上人民政府海洋主管部门责令限期缴纳；逾期拒不缴纳的，处应缴纳排污费数额2倍以上3倍以下的罚款。

第五十五条 违反本条例规定，造成海洋环境污染损害的，责任者应当排除危害，赔偿损失。完全由于第三者的故意或者过失造成海洋环境污染损害的，由第三者排除危害，承担赔偿责任。

违反本条例规定，造成海洋环境污染事故，直接负责的主管人员和其他直接责任人员构成犯罪的，依法追究刑事责任。

第五十六条　海洋主管部门的工作人员违反本条例规定,有下列情形之一的,依法给予行政处分;构成犯罪的,依法追究刑事责任:
　　(一)未按规定核准海洋工程环境影响报告书的;
　　(二)未按规定验收环境保护设施的;
　　(三)未按规定对海洋环境污染事故进行报告和调查处理的;
　　(四)未按规定征收排污费的;
　　(五)未按规定进行监督检查的。

第八章　附　　则

第五十七条　船舶污染的防治按照国家有关法律、行政法规的规定执行。

第五十八条　本条例自2006年11月1日起施行。

防治船舶污染海洋环境管理条例

1. 2009年9月2日国务院第79次常务会议通过
2. 2009年9月9日国务院令第561号公布
3. 根据2013年7月18日国务院令第638号《关于废止和修改部分行政法规的决定》第一次修订
4. 根据2013年12月7日国务院令第645号《关于修改部分行政法规的决定》第二次修订
5. 根据2014年7月29日国务院令第653号《关于修改部分行政法规的决定》第三次修订
6. 根据2016年2月6日国务院令第666号《关于修改部分行政法规的决定》第四次修订
7. 根据2017年3月1日国务院令第676号《关于修改和废止部分行政法规的决定》第五次修订
8. 根据2018年3月19日国务院令第698号《关于修改和废止部分行政法规的决定》第六次修订

第一章　总　　则

第一条　为了防治船舶及其有关作业活动污染海洋环境,根据《中华人民共和国海洋环境保护法》,制定本条例。

第二条　防治船舶及其有关作业活动污染中华人民共和国管辖海域适用本条例。

第三条　防治船舶及其有关作业活动污染海洋环境，实行预防为主、防治结合的原则。

第四条　国务院交通运输主管部门主管所辖港区水域内非军事船舶和港区水域外非渔业、非军事船舶污染海洋环境的防治工作。

海事管理机构依照本条例规定具体负责防治船舶及其有关作业活动污染海洋环境的监督管理。

第五条　国务院交通运输主管部门应当根据防治船舶及其有关作业活动污染海洋环境的需要，组织编制防治船舶及其有关作业活动污染海洋环境应急能力建设规划，报国务院批准后公布实施。

沿海设区的市级以上地方人民政府应当按照国务院批准的防治船舶及其有关作业活动污染海洋环境应急能力建设规划，并根据本地区的实际情况，组织编制相应的防治船舶及其有关作业活动污染海洋环境应急能力建设规划。

第六条　国务院交通运输主管部门、沿海设区的市级以上地方人民政府应当建立健全防治船舶及其有关作业活动污染海洋环境应急反应机制，并制定防治船舶及其有关作业活动污染海洋环境应急预案。

第七条　海事管理机构应当根据防治船舶及其有关作业活动污染海洋环境的需要，会同海洋主管部门建立健全船舶及其有关作业活动污染海洋环境的监测、监视机制，加强对船舶及其有关作业活动污染海洋环境的监测、监视。

第八条　国务院交通运输主管部门、沿海设区的市级以上地方人民政府应当按照防治船舶及其有关作业活动污染海洋环境应急能力建设规划，建立专业应急队伍和应急设备库，配备专用的设施、设备和器材。

第九条　任何单位和个人发现船舶及其有关作业活动造成或者可能造成海洋环境污染的，应当立即就近向海事管理机构报告。

第二章　防治船舶及其有关作业活动污染海洋环境的一般规定

第十条　船舶的结构、设备、器材应当符合国家有关防治船舶污染海洋环境的技术规范以及中华人民共和国缔结或者参加的国际条约的要求。

船舶应当依照法律、行政法规、国务院交通运输主管部门的规定以及中华人民共和国缔结或者参加的国际条约的要求，取得并随船携带相应的防治船舶污染海洋环境的证书、文书。

第十一条　中国籍船舶的所有人、经营人或者管理人应当按照国务院交通运输主管部门的规定，建立健全安全营运和防治船舶污染管理体系。

海事管理机构应当对安全营运和防治船舶污染管理体系进行审核，审核合格的，发给符合证明和相应的船舶安全管理证书。

第十二条　港口、码头、装卸站以及从事船舶修造的单位应当配备与其装卸货物种类和吞吐能力或者修造船舶能力相适应的污染监视设施和污染物接收设施，并使其处于良好状态。

第十三条　港口、码头、装卸站以及从事船舶修造、打捞、拆解等作业活动的单位应当制定有关安全营运和防治污染的管理制度，按照国家有关防治船舶及其有关作业活动污染海洋环境的规范和标准，配备相应的防治污染设备和器材。

港口、码头、装卸站以及从事船舶修造、打捞、拆解等作业活动的单位，应当定期检查、维护配备的防治污染设备和器材，确保防治污染设备和器材符合防治船舶及其有关作业活动污染海洋环境的要求。

第十四条　船舶所有人、经营人或者管理人应当制定防治船舶及其有关作业活动污染海洋环境的应急预案，并报海事管理机构备案。

港口、码头、装卸站的经营人以及有关作业单位应当制定防治船舶及其有关作业活动污染海洋环境的应急预案，并报海事管理机构和环境保护主管部门备案。

船舶、港口、码头、装卸站以及其他有关作业单位应当按照应急预案，定期组织演练，并做好相应记录。

第三章　船舶污染物的排放和接收

第十五条　船舶在中华人民共和国管辖海域向海洋排放的船舶垃圾、生活污水、含油污水、含有毒有害物质污水、废气等污染物以及压载水，应当符合法律、行政法规、中华人民共和国缔结或者参加的国际条约以及相关标准的要求。

船舶应当将不符合前款规定的排放要求的污染物排入港口接收设施或者由船舶污染物接收单位接收。

　　　　船舶不得向依法划定的海洋自然保护区、海滨风景名胜区、重要渔业水域以及其他需要特别保护的海域排放船舶污染物。

第十六条　船舶处置污染物,应当在相应的记录簿内如实记录。

　　　　船舶应当将使用完毕的船舶垃圾记录簿在船舶上保留2年;将使用完毕的含油污水、含有毒有害物质污水记录簿在船舶上保留3年。

第十七条　船舶污染物接收单位从事船舶垃圾、残油、含油污水、含有毒有害物质污水接收作业,应当编制作业方案,遵守相关操作规程,并采取必要的防污染措施。船舶污染物接收单位应当将船舶污染物接收情况按照规定向海事管理机构报告。

第十八条　船舶污染物接收单位接收船舶污染物,应当向船舶出具污染物接收单证,经双方签字确认并留存至少2年。污染物接收单证应当注明作业双方名称,作业开始和结束的时间、地点,以及污染物种类、数量等内容。船舶应当将污染物接收单证保存在相应的记录簿中。

第十九条　船舶污染物接收单位应当按照国家有关污染物处理的规定处理接收的船舶污染物,并每月将船舶污染物的接收和处理情况报海事管理机构备案。

第四章　船舶有关作业活动的污染防治

第二十条　从事船舶清舱、洗舱、油料供受、装卸、过驳、修造、打捞、拆解,污染危害性货物装箱、充罐,污染清除作业以及利用船舶进行水上水下施工等作业活动的,应当遵守相关操作规程,并采取必要的安全和防治污染的措施。

　　　　从事前款规定的作业活动的人员,应当具备相关安全和防治污染的专业知识和技能。

第二十一条　船舶不符合污染危害性货物适载要求的,不得载运污染危害性货物,码头、装卸站不得为其进行装载作业。

　　　　污染危害性货物的名录由国家海事管理机构公布。

第二十二条　载运污染危害性货物进出港口的船舶,其承运人、货物所有人或者代理人,应当向海事管理机构提出申请,经批准方可进出港口或者过境停留。

第二十三条　载运污染危害性货物的船舶,应当在海事管理机构公布的具有相应安全装卸和污染物处理能力的码头、装卸站进行装卸作业。

第二十四条　货物所有人或者代理人交付船舶载运污染危害性货物,应当确保货物的包装与标志等符合有关安全和防治污染的规定,并在运输单证上准确注明货物的技术名称、编号、类别(性质)、数量、注意事项和应急措施等内容。

货物所有人或者代理人交付船舶载运污染危害性不明的货物,应当委托有关技术机构进行危害性评估,明确货物的危害性质以及有关安全和防治污染要求,方可交付船舶载运。

第二十五条 海事管理机构认为交付船舶载运的污染危害性货物应当申报而未申报,或者申报的内容不符合实际情况的,可以按照国务院交通运输主管部门的规定采取开箱等方式查验。

海事管理机构查验污染危害性货物,货物所有人或者代理人应当到场,并负责搬移货物,开拆和重封货物的包装。海事管理机构认为必要的,可以径行查验、复验或者提取货样,有关单位和个人应当配合。

第二十六条 进行散装液体污染危害性货物过驳作业的船舶,其承运人、货物所有人或者代理人应当向海事管理机构提出申请,告知作业地点,并附送过驳作业方案、作业程序、防治污染措施等材料。

海事管理机构应当自受理申请之日起 2 个工作日内作出许可或者不予许可的决定。2 个工作日内无法作出决定的,经海事管理机构负责人批准,可以延长 5 个工作日。

第二十七条 依法获得船舶油料供受作业资质的单位,应当向海事管理机构备案。海事管理机构应当对船舶油料供受作业进行监督检查,发现不符合安全和防治污染要求的,应当予以制止。

第二十八条 船舶燃油供给单位应当如实填写燃油供受单证,并向船舶提供船舶燃油供受单证和燃油样品。

船舶和船舶燃油供给单位应当将燃油供受单证保存 3 年,并将燃油样品妥善保存 1 年。

第二十九条 船舶修造、水上拆解的地点应当符合环境功能区划和海洋功能区划。

第三十条 从事船舶拆解的单位在船舶拆解作业前,应当对船舶上的残余物和废弃物进行处置,将油舱(柜)中的存油驳出,进行船舶清舱、洗舱、测爆等工作。

从事船舶拆解的单位应当及时清理船舶拆解现场,并按照国家有关规定处理船舶拆解产生的污染物。

　　禁止采取冲滩方式进行船舶拆解作业。

第三十一条　禁止船舶经过中华人民共和国内水、领海转移危险废物。

　　经过中华人民共和国管辖的其他海域转移危险废物的，应当事先取得国务院环境保护主管部门的书面同意，并按照海事管理机构指定的航线航行，定时报告船舶所处的位置。

第三十二条　船舶向海洋倾倒废弃物，应当如实记录倾倒情况。返港后，应当向驶出港所在地的海事管理机构提交书面报告。

第三十三条　载运散装液体污染危害性货物的船舶和 1 万总吨以上的其他船舶，其经营人应当在作业前或者进出港口前与符合国家有关技术规范的污染清除作业单位签订污染清除作业协议，明确双方在发生船舶污染事故后污染清除的权利和义务。

　　与船舶经营人签订污染清除作业协议的污染清除作业单位应当在发生船舶污染事故后，按照污染清除作业协议及时进行污染清除作业。

第五章　船舶污染事故应急处置

第三十四条　本条例所称船舶污染事故，是指船舶及其有关作业活动发生油类、油性混合物和其他有毒有害物质泄漏造成的海洋环境污染事故。

第三十五条　船舶污染事故分为以下等级：

　　（一）特别重大船舶污染事故，是指船舶溢油 1000 吨以上，或者造成直接经济损失 2 亿元以上的船舶污染事故；

　　（二）重大船舶污染事故，是指船舶溢油 500 吨以上不足 1000 吨，或者造成直接经济损失 1 亿元以上不足 2 亿元的船舶污染事故；

　　（三）较大船舶污染事故，是指船舶溢油 100 吨以上不足 500 吨，或者造成直接经济损失 5000 万元以上不足 1 亿元的船舶污染事故；

　　（四）一般船舶污染事故，是指船舶溢油不足 100 吨，或者造成直接经济损失不足 5000 万元的船舶污染事故。

第三十六条　船舶在中华人民共和国管辖海域发生污染事故，或者在中华人民共和国管辖海域外发生污染事故造成或者可能造成中华人民共和国管辖海域污染的，应当立即启动相应的应急预案，采取措施控制和消除污染，并就近向有关海事管理机构报告。

发现船舶及其有关作业活动可能对海洋环境造成污染的,船舶、码头、装卸站应当立即采取相应的应急处置措施,并就近向有关海事管理机构报告。

接到报告的海事管理机构应当立即核实有关情况,并向上级海事管理机构或者国务院交通运输主管部门报告,同时报告有关沿海设区的市级以上地方人民政府。

第三十七条 船舶污染事故报告应当包括下列内容:

(一)船舶的名称、国籍、呼号或者编号;

(二)船舶所有人、经营人或者管理人的名称、地址;

(三)发生事故的时间、地点以及相关气象和水文情况;

(四)事故原因或者事故原因的初步判断;

(五)船舶上污染物的种类、数量、装载位置等概况;

(六)污染程度;

(七)已经采取或者准备采取的污染控制、清除措施和污染控制情况以及救助要求;

(八)国务院交通运输主管部门规定应当报告的其他事项。

作出船舶污染事故报告后出现新情况的,船舶、有关单位应当及时补报。

第三十八条 发生特别重大船舶污染事故,国务院或者国务院授权国务院交通运输主管部门成立事故应急指挥机构。

发生重大船舶污染事故,有关省、自治区、直辖市人民政府应当会同海事管理机构成立事故应急指挥机构。

发生较大船舶污染事故和一般船舶污染事故,有关设区的市级人民政府应当会同海事管理机构成立事故应急指挥机构。

有关部门、单位应当在事故应急指挥机构统一组织和指挥下,按照应急预案的分工,开展相应的应急处置工作。

第三十九条 船舶发生事故有沉没危险,船员离船前,应当尽可能关闭所有货舱(柜)、油舱(柜)管系的阀门,堵塞货舱(柜)、油舱(柜)通气孔。

船舶沉没的,船舶所有人、经营人或者管理人应当及时向海事管理机构报告船舶燃油、污染危害性货物以及其他污染物的性质、数量、种类、装载位置等情况,并及时采取措施予以清除。

第四十条 发生船舶污染事故或者船舶沉没,可能造成中华人民共和国管辖海域污染的,有关沿海设区的市级以上地方人民政府、海事管理机构根据应急处置的需要,可以征用有关单位或者个人的船舶和防治污染设施、设备、器材以及其他物资,有关单位和个人应当予以配合。

被征用的船舶和防治污染设施、设备、器材以及其他物资使用完毕或者应急处置工作结束,应当及时返还。船舶和防治污染设施、设备、器材以及其他物资被征用或者征用后毁损、灭失的,应当给予补偿。

第四十一条 发生船舶污染事故,海事管理机构可以采取清除、打捞、拖航、引航、过驳等必要措施,减轻污染损害。相关费用由造成海洋环境污染的船舶、有关作业单位承担。

需要承担前款规定费用的船舶,应当在开航前缴清相关费用或者提供相应的财务担保。

第四十二条 处置船舶污染事故使用的消油剂,应当符合国家有关标准。

第六章 船舶污染事故调查处理

第四十三条 船舶污染事故的调查处理依照下列规定进行:

(一)特别重大船舶污染事故由国务院或者国务院授权国务院交通运输主管部门等部门组织事故调查处理;

(二)重大船舶污染事故由国家海事管理机构组织事故调查处理;

(三)较大船舶污染事故和一般船舶污染事故由事故发生地的海事管理机构组织事故调查处理。

船舶污染事故给渔业造成损害的,应当吸收渔业主管部门参与调查处理;给军事港口水域造成损害的,应当吸收军队有关主管部门参与调查处理。

第四十四条 发生船舶污染事故,组织事故调查处理的机关或者海事管理机构应当及时、客观、公正地开展事故调查,勘验事故现场,检查相关船舶,询问相关人员,收集证据,查明事故原因。

第四十五条 组织事故调查处理的机关或者海事管理机构根据事故调查处理的需要,可以暂扣相应的证书、文书、资料;必要时,可以禁止船舶驶离港口或者责令停航、改航、停止作业直至暂扣船舶。

第四十六条　组织事故调查处理的机关或者海事管理机构开展事故调查时,船舶污染事故的当事人和其他有关人员应当如实反映情况和提供资料,不得伪造、隐匿、毁灭证据或者以其他方式妨碍调查取证。

第四十七条　组织事故调查处理的机关或者海事管理机构应当自事故调查结束之日起20个工作日内制作事故认定书,并送达当事人。

事故认定书应当载明事故基本情况、事故原因和事故责任。

第七章　船舶污染事故损害赔偿

第四十八条　造成海洋环境污染损害的责任者,应当排除危害,并赔偿损失;完全由于第三者的故意或者过失,造成海洋环境污染损害的,由第三者排除危害,并承担赔偿责任。

第四十九条　完全属于下列情形之一,经过及时采取合理措施,仍然不能避免对海洋环境造成污染损害的,免予承担责任:

（一）战争;

（二）不可抗拒的自然灾害;

（三）负责灯塔或者其他助航设备的主管部门,在执行职责时的疏忽,或者其他过失行为。

第五十条　船舶污染事故的赔偿限额依照《中华人民共和国海商法》关于海事赔偿责任限制的规定执行。但是,船舶载运的散装持久性油类物质造成中华人民共和国管辖海域污染的,赔偿限额依照中华人民共和国缔结或者参加的有关国际条约的规定执行。

前款所称持久性油类物质,是指任何持久性烃类矿物油。

第五十一条　在中华人民共和国管辖海域内航行的船舶,其所有人应当按照国务院交通运输主管部门的规定,投保船舶油污损害民事责任保险或者取得相应的财务担保。但是,1000总吨以下载运非油类物质的船舶除外。

船舶所有人投保船舶油污损害民事责任保险或者取得的财务担保的额度应当不低于《中华人民共和国海商法》、中华人民共和国缔结或者参加的有关国际条约规定的油污赔偿限额。

第五十二条　已依照本条例第五十一条的规定投保船舶油污损害民事责任保险或者取得财务担保的中国籍船舶,其所有人应当持船舶国籍证书、船舶油污损害民事责任保险合同或者财务担保证明,向船籍港的海事管理机构申请办理船舶油污损害民事责任保险证书或者财务保证证书。

第五十三条　发生船舶油污事故,国家组织有关单位进行应急处置、清除污染所发生的必要费用,应当在船舶油污损害赔偿中优先受偿。

第五十四条　在中华人民共和国管辖水域接收海上运输的持久性油类物质货物的货物所有人或者代理人应当缴纳船舶油污损害赔偿基金。

　　船舶油污损害赔偿基金征收、使用和管理的具体办法由国务院财政部门会同国务院交通运输主管部门制定。

　　国家设立船舶油污损害赔偿基金管理委员会,负责处理船舶油污损害赔偿基金的赔偿等事务。船舶油污损害赔偿基金管理委员会由有关行政机关和缴纳船舶油污损害赔偿基金的主要货主组成。

第五十五条　对船舶污染事故损害赔偿的争议,当事人可以请求海事管理机构调解,也可以向仲裁机构申请仲裁或者向人民法院提起民事诉讼。

第八章　法律责任

第五十六条　船舶、有关作业单位违反本条例规定的,海事管理机构应当责令改正;拒不改正的,海事管理机构可以责令停止作业、强制卸载,禁止船舶进出港口、靠泊、过境停留,或者责令停航、改航、离境、驶向指定地点。

第五十七条　违反本条例的规定,船舶的结构不符合国家有关防治船舶污染海洋环境的技术规范或者有关国际条约要求的,由海事管理机构处10万元以上30万元以下的罚款。

第五十八条　违反本条例的规定,有下列情形之一的,由海事管理机构依照《中华人民共和国海洋环境保护法》有关规定予以处罚:

　　(一)船舶未取得并随船携带防治船舶污染海洋环境的证书、文书的;

　　(二)船舶、港口、码头、装卸站未配备防治污染设备、器材的;

　　(三)船舶向海域排放本条例禁止排放的污染物的;

　　(四)船舶未如实记录污染物处置情况的;

　　(五)船舶超过标准向海域排放污染物的;

　　(六)从事船舶水上拆解作业,造成海洋环境污染损害的。

第五十九条　违反本条例的规定,船舶未按照规定在船舶上留存船舶污染物处置记录,或者船舶污染物处置记录与船舶运行过程中产生的污染物数量不符合的,由海事管理机构处 2 万元以上 10 万元以下的罚款。

第六十条 违反本条例的规定,船舶污染物接收单位从事船舶垃圾、残油、含油污水、含有毒有害物质污水接收作业,未编制作业方案、遵守相关操作规程、采取必要的防污染措施的,由海事管理机构处 1 万元以上 5 万元以下的罚款;造成海洋环境污染的,处 5 万元以上 25 万元以下的罚款。

第六十一条 违反本条例的规定,船舶污染物接收单位未按照规定向海事管理机构报告船舶污染物接收情况,或者未按照规定向船舶出具污染物接收单证,或者未按照规定将船舶污染物的接收和处理情况报海事管理机构备案的,由海事管理机构处 2 万元以下的罚款。

第六十二条 违反本条例的规定,有下列情形之一的,由海事管理机构处 2000 元以上 1 万元以下的罚款:

(一)船舶未按照规定保存污染物接收单证的;

(二)船舶燃油供给单位未如实填写燃油供受单证的;

(三)船舶燃油供给单位未按照规定向船舶提供燃油供受单证和燃油样品的;

(四)船舶和船舶燃油供给单位未按照规定保存燃油供受单证和燃油样品的。

第六十三条 违反本条例的规定,有下列情形之一的,由海事管理机构处 2 万元以上 10 万元以下的罚款:

(一)载运污染危害性货物的船舶不符合污染危害性货物适载要求的;

(二)载运污染危害性货物的船舶未在具有相应安全装卸和污染物处理能力的码头、装卸站进行装卸作业的;

(三)货物所有人或者代理人未按照规定对污染危害性不明的货物进行危害性评估的。

第六十四条 违反本条例的规定,未经海事管理机构批准,船舶载运污染危害性货物进出港口、过境停留或者过驳作业的,由海事管理机构处 1 万元以上 5 万元以下的罚款。

第六十五条 违反本条例的规定,有下列情形之一的,由海事管理机构处 2 万元以上 10 万元以下的罚款:

（一）船舶发生事故沉没，船舶所有人或者经营人未及时向海事管理机构报告船舶燃油、污染危害性货物以及其他污染物的性质、数量、种类、装载位置等情况的；

（二）船舶发生事故沉没，船舶所有人或者经营人未及时采取措施清除船舶燃油、污染危害性货物以及其他污染物的。

第六十六条　违反本条例的规定，有下列情形之一的，由海事管理机构处1万元以上5万元以下的罚款：

（一）载运散装液体污染危害性货物的船舶和1万总吨以上的其他船舶，其经营人未按照规定签订污染清除作业协议的；

（二）污染清除作业单位不符合国家有关技术规范从事污染清除作业的。

第六十七条　违反本条例的规定，发生船舶污染事故，船舶、有关作业单位未立即启动应急预案的，对船舶、有关作业单位，由海事管理机构处2万元以上10万元以下的罚款；对直接负责的主管人员和其他直接责任人员，由海事管理机构处1万元以上2万元以下的罚款。直接负责的主管人员和其他直接责任人员属于船员的，并处给予暂扣适任证书或者其他有关证件1个月至3个月的处罚。

第六十八条　违反本条例的规定，发生船舶污染事故，船舶、有关作业单位迟报、漏报事故的，对船舶、有关作业单位，由海事管理机构处5万元以上25万元以下的罚款；对直接负责的主管人员和其他直接责任人员，由海事管理机构处1万元以上5万元以下的罚款。直接负责的主管人员和其他直接责任人员属于船员的，并处给予暂扣适任证书或者其他有关证件3个月至6个月的处罚。瞒报、谎报事故的，对船舶、有关作业单位，由海事管理机构处25万元以上50万元以下的罚款；对直接负责的主管人员和其他直接责任人员，由海事管理机构处5万元以上10万元以下的罚款。直接负责的主管人员和其他直接责任人员属于船员的，并处给予吊销适任证书或者其他有关证件的处罚。

第六十九条　违反本条例的规定，未按照国家规定的标准使用消油剂的，由海事管理机构对船舶或者使用单位处1万元以上5万元以下的罚款。

第七十条　违反本条例的规定，船舶污染事故的当事人和其他有关人员，未如实向组织事故调查处理的机关或者海事管理机构反映情况和提供资料、伪造、隐匿、毁灭证据或者以其他方式妨碍调查取证的,由海事管理机构处 1 万元以上 5 万元以下的罚款。

第七十一条 违反本条例的规定,船舶所有人有下列情形之一的,由海事管理机构责令改正,可以处 5 万元以下的罚款;拒不改正的,处 5 万元以上 25 万元以下的罚款:

　　(一)在中华人民共和国管辖海域内航行的船舶,其所有人未按照规定投保船舶油污损害民事责任保险或者取得相应的财务担保的;

　　(二)船舶所有人投保船舶油污损害民事责任保险或者取得的财务担保的额度低于《中华人民共和国海商法》、中华人民共和国缔结或者参加的有关国际条约规定的油污赔偿限额的。

第七十二条 违反本条例的规定,在中华人民共和国管辖水域接收海上运输的持久性油类物质货物的货物所有人或者代理人,未按照规定缴纳船舶油污损害赔偿基金的,由海事管理机构责令改正;拒不改正的,可以停止其接收的持久性油类物质货物在中华人民共和国管辖水域进行装卸、过驳作业。

　　货物所有人或者代理人逾期未缴纳船舶油污损害赔偿基金的,应当自应缴之日起按日加缴未缴额的万分之五的滞纳金。

第九章　附　则

第七十三条 中华人民共和国缔结或者参加的国际条约对防治船舶及其有关作业活动污染海洋环境有规定的,适用国际条约的规定。但是,中华人民共和国声明保留的条款除外。

第七十四条 县级以上人民政府渔业主管部门负责渔港水域内非军事船舶和渔港水域外渔业船舶污染海洋环境的监督管理,负责保护渔业水域生态环境工作,负责调查处理《中华人民共和国海洋环境保护法》第五条第四款规定的渔业污染事故。

第七十五条 军队环境保护部门负责军事船舶污染海洋环境的监督管理及污染事故的调查处理。

第七十六条 本条例自 2010 年 3 月 1 日起施行。1983 年 12 月 29 日国务院发布的《中华人民共和国防止船舶污染海域管理条例》同时废止。

中华人民共和国水污染防治法

1. 1984年5月11日第六届全国人民代表大会常务委员会第五次会议通过
2. 根据1996年5月15日第八届全国人民代表大会常务委员会第十九次会议《关于修改〈中华人民共和国水污染防治法〉的决定》第一次修正
3. 2008年2月28日第十届全国人民代表大会常务委员会第三十二次会议修订
4. 根据2017年6月27日第十二届全国人民代表大会常务委员会第二十八次会议《关于修改〈中华人民共和国水污染防治法〉的决定》第二次修正

目 录

第一章　总　则
第二章　水污染防治的标准和规划
第三章　水污染防治的监督管理
第四章　水污染防治措施
　第一节　一般规定
　第二节　工业水污染防治
　第三节　城镇水污染防治
　第四节　农业和农村水污染防治
　第五节　船舶水污染防治
第五章　饮用水水源和其他特殊水体保护
第六章　水污染事故处置
第七章　法律责任
第八章　附　则

第一章　总　则

第一条　【立法目的】为了保护和改善环境,防治水污染,保护水生态,保障饮用水安全,维护公众健康,推进生态文明建设,促进经济社会可持续发展,制定本法。

第二条　【适用范围】本法适用于中华人民共和国领域内的江河、湖泊、运河、渠道、水库等地表水体以及地下水体的污染防治。

海洋污染防治适用《中华人民共和国海洋环境保护法》。

第三条 【水污染防治原则】水污染防治应当坚持预防为主、防治结合、综合治理的原则,优先保护饮用水水源,严格控制工业污染、城镇生活污染,防治农业面源污染,积极推进生态治理工程建设,预防、控制和减少水环境污染和生态破坏。

第四条 【政府水污染防治责任】县级以上人民政府应当将水环境保护工作纳入国民经济和社会发展规划。

地方各级人民政府对本行政区域的水环境质量负责,应当及时采取措施防治水污染。

第五条 【河长制】省、市、县、乡建立河长制,分级分段组织领导本行政区域内江河、湖泊的水资源保护、水域岸线管理、水污染防治、水环境治理等工作。

第六条 【水环境保护目标责任制和考核评价制度】国家实行水环境保护目标责任制和考核评价制度,将水环境保护目标完成情况作为对地方人民政府及其负责人考核评价的内容。

第七条 【水污染防治的科研、技术推广和宣传教育】国家鼓励、支持水污染防治的科学技术研究和先进适用技术的推广应用,加强水环境保护的宣传教育。

第八条 【水环境生态保护补偿机制】国家通过财政转移支付等方式,建立健全对位于饮用水水源保护区区域和江河、湖泊、水库上游地区的水环境生态保护补偿机制。

第九条 【水污染防治监督管理体制】县级以上人民政府环境保护主管部门对水污染防治实施统一监督管理。

交通主管部门的海事管理机构对船舶污染水域的防治实施监督管理。

县级以上人民政府水行政、国土资源、卫生、建设、农业、渔业等部门以及重要江河、湖泊的流域水资源保护机构,在各自的职责范围内,对有关水污染防治实施监督管理。

第十条 【不得超过标准和总量控制指标排污】排放水污染物,不得超过国家或者地方规定的水污染物排放标准和重点水污染物排放总量控制指标。

第十一条 【违法行为的检举及突出贡献的表彰】任何单位和个人都有

义务保护水环境,并有权对污染损害水环境的行为进行检举。

县级以上人民政府及其有关主管部门对在水污染防治工作中做出显著成绩的单位和个人给予表彰和奖励。

第二章 水污染防治的标准和规划

第十二条 【水环境质量标准的制定】国务院环境保护主管部门制定国家水环境质量标准。

省、自治区、直辖市人民政府可以对国家水环境质量标准中未作规定的项目,制定地方标准,并报国务院环境保护主管部门备案。

第十三条 【省界水体水环境质量标准的确定】国务院环境保护主管部门会同国务院水行政主管部门和有关省、自治区、直辖市人民政府,可以根据国家确定的重要江河、湖泊流域水体的使用功能以及有关地区的经济、技术条件,确定该重要江河、湖泊流域的省界水体适用的水环境质量标准,报国务院批准后施行。

第十四条 【水污染物排放标准的制定】国务院环境保护主管部门根据国家水环境质量标准和国家经济、技术条件,制定国家水污染物排放标准。

省、自治区、直辖市人民政府对国家水污染物排放标准中未作规定的项目,可以制定地方水污染物排放标准;对国家水污染物排放标准中已作规定的项目,可以制定严于国家水污染物排放标准的地方水污染物排放标准。地方水污染物排放标准须报国务院环境保护主管部门备案。

向已有地方水污染物排放标准的水体排放污染物的,应当执行地方水污染物排放标准。

第十五条 【水污染防治标准的修订】国务院环境保护主管部门和省、自治区、直辖市人民政府,应当根据水污染防治的要求和国家或者地方的经济、技术条件,适时修订水环境质量标准和水污染物排放标准。

第十六条 【水污染防治规划】防治水污染应当按流域或者按区域进行统一规划。国家确定的重要江河、湖泊的流域水污染防治规划,由国务院环境保护主管部门会同国务院经济综合宏观调控、水行政等部门和有关省、自治区、直辖市人民政府编制,报国务院批准。

前款规定外的其他跨省、自治区、直辖市江河、湖泊的流域水污染防治规划,根据国家确定的重要江河、湖泊的流域水污染防治规划和本地实际情况，由有关省、自治区、直辖市人民政府环境保护主管部门会同同级水行政等部门和有关市、县人民政府编制，经有关省、自治区、直辖市人民政府审核，报国务院批准。

省、自治区、直辖市内跨县江河、湖泊的流域水污染防治规划，根据国家确定的重要江河、湖泊的流域水污染防治规划和本地实际情况，由省、自治区、直辖市人民政府环境保护主管部门会同同级水行政等部门编制，报省、自治区、直辖市人民政府批准，并报国务院备案。

经批准的水污染防治规划是防治水污染的基本依据，规划的修订须经原批准机关批准。

县级以上地方人民政府应当根据依法批准的江河、湖泊的流域水污染防治规划，组织制定本行政区域的水污染防治规划。

第十七条 【限期达标规划】有关市、县级人民政府应当按照水污染防治规划确定的水环境质量改善目标的要求，制定限期达标规划，采取措施按期达标。

有关市、县级人民政府应当将限期达标规划报上一级人民政府备案，并向社会公开。

第十八条 【公开达标规划执行情况】市、县级人民政府每年在向本级人民代表大会或者其常务委员会报告环境状况和环境保护目标完成情况时，应当报告水环境质量限期达标规划执行情况，并向社会公开。

第三章　水污染防治的监督管理

第十九条 【建设项目的环境影响评价和"三同时"制度】新建、改建、扩建直接或者间接向水体排放污染物的建设项目和其他水上设施，应当依法进行环境影响评价。

建设单位在江河、湖泊新建、改建、扩建排污口的，应当取得水行政主管部门或者流域管理机构同意；涉及通航、渔业水域的，环境保护主管部门在审批环境影响评价文件时，应当征求交通、渔业主管部门的意见。

建设项目的水污染防治设施，应当与主体工程同时设计、同时施工、同时投入使用。水污染防治设施应当符合经批准或者备案的环境影响评价文件的要求。

第二十条 【重点水污染物排放总量控制制度】国家对重点水污染物排放实施总量控制制度。

重点水污染物排放总量控制指标,由国务院环境保护主管部门在征求国务院有关部门和各省、自治区、直辖市人民政府意见后,会同国务院经济综合宏观调控部门报国务院批准并下达实施。

省、自治区、直辖市人民政府应当按照国务院的规定削减和控制本行政区域的重点水污染物排放总量。具体办法由国务院环境保护主管部门会同国务院有关部门规定。

省、自治区、直辖市人民政府可以根据本行政区域水环境质量状况和水污染防治工作的需要,对国家重点水污染物之外的其他水污染物排放实行总量控制。

对超过重点水污染物排放总量控制指标或者未完成水环境质量改善目标的地区,省级以上人民政府环境保护主管部门应当会同有关部门约谈该地区人民政府的主要负责人,并暂停审批新增重点水污染物排放总量的建设项目的环境影响评价文件。约谈情况应当向社会公开。

第二十一条 【排污许可制度】直接或者间接向水体排放工业废水和医疗污水以及其他按照规定应当取得排污许可证方可排放的废水、污水的企业事业单位和其他生产经营者,应当取得排污许可证;城镇污水集中处理设施的运营单位,也应当取得排污许可证。排污许可证应当明确排放水污染物的种类、浓度、总量和排放去向等要求。排污许可的具体办法由国务院规定。

禁止企业事业单位和其他生产经营者无排污许可证或者违反排污许可证的规定向水体排放前款规定的废水、污水。

第二十二条 【排污口的设置】向水体排放污染物的企业事业单位和其他生产经营者,应当按照法律、行政法规和国务院环境保护主管部门的规定设置排污口;在江河、湖泊设置排污口的,还应当遵守国务院水行政主管部门的规定。

第二十三条 【排污自动监测制度】实行排污许可管理的企业事业单位和其他生产经营者应当按照国家有关规定和监测规范,对所排放的水污染物自行监测,并保存原始监测记录。重点排污单位还应当安装水污染物排放自动监测设备,与环境保护主管部门的监控设备联网,并保证监测设备正常运行。具体办法由国务院环境保护主管部门规定。

应当安装水污染物排放自动监测设备的重点排污单位名录,由设区的市级以上地方人民政府环境保护主管部门根据本行政区域的环境容量、重点水污染物排放总量控制指标的要求以及排污单位排放水污染物的种类、数量和浓度等因素,商同级有关部门确定。

第二十四条　【监测数据的真实性和准确性】实行排污许可管理的企业事业单位和其他生产经营者应当对监测数据的真实性和准确性负责。

　　环境保护主管部门发现重点排污单位的水污染物排放自动监测设备传输数据异常,应当及时进行调查。

第二十五条　【水环境质量监测和水污染物排放监测】国家建立水环境质量监测和水污染物排放监测制度。国务院环境保护主管部门负责制定水环境监测规范,统一发布国家水环境状况信息,会同国务院水行政等部门组织监测网络,统一规划国家水环境质量监测站(点)的设置,建立监测数据共享机制,加强对水环境监测的管理。

第二十六条　【省界水体的监测】国家确定的重要江河、湖泊流域的水资源保护工作机构负责监测其所在流域的省界水体的水环境质量状况,并将监测结果及时报国务院环境保护主管部门和国务院水行政主管部门;有经国务院批准成立的流域水资源保护领导机构的,应当将监测结果及时报告流域水资源保护领导机构。

第二十七条　【水资源的开发、利用和调节、调度】国务院有关部门和县级以上地方人民政府开发、利用和调节、调度水资源时,应当统筹兼顾,维持江河的合理流量和湖泊、水库以及地下水体的合理水位,保障基本生态用水,维护水体的生态功能。

第二十八条　【重要江河、湖泊的流域水环境保护联合协调机制】国务院环境保护主管部门应当会同国务院水行政等部门和有关省、自治区、直辖市人民政府,建立重要江河、湖泊的流域水环境保护联合协调机制,实行统一规划、统一标准、统一监测、统一的防治措施。

第二十九条　【生态环境功能保护】国务院环境保护主管部门和省、自治区、直辖市人民政府环境保护主管部门应当会同同级有关部门根据流域生态环境功能需要,明确流域生态环境保护要求,组织开展流域环境资源承载能力监测、评价,实施流域环境资源承载能力预警。

　　县级以上地方人民政府应当根据流域生态环境功能需要,组织开展江河、湖泊、湿地保护与修复,因地制宜建设人工湿地、水源涵养林、沿河沿湖植被缓冲带和隔离带等生态环境治理与保护工程,整治黑臭水体,提高流域环境资源承载能力。

从事开发建设活动,应当采取有效措施,维护流域生态环境功能,严守生态保护红线。

第三十条 【现场检查】环境保护主管部门和其他依照本法规定行使监督管理权的部门,有权对管辖范围内的排污单位进行现场检查,被检查的单位应当如实反映情况,提供必要的资料。检查机关有义务为被检查的单位保守在检查中获取的商业秘密。

第三十一条 【跨区域水污染纠纷的处理】跨行政区域的水污染纠纷,由有关地方人民政府协商解决,或者由其共同的上级人民政府协调解决。

第四章 水污染防治措施
第一节 一般规定

第三十二条 【有毒有害水污染物名录】国务院环境保护主管部门应当会同国务院卫生主管部门,根据对公众健康和生态环境的危害和影响程度,公布有毒有害水污染物名录,实行风险管理。

排放前款规定名录中所列有毒有害水污染物的企业事业单位和其他生产经营者,应当对排污口和周边环境进行监测,评估环境风险,排查环境安全隐患,并公开有毒有害水污染物信息,采取有效措施防范环境风险。

第三十三条 【禁止排放油类等废液】禁止向水体排放油类、酸液、碱液或者剧毒废液。

禁止在水体清洗装贮过油类或者有毒污染物的车辆和容器。

第三十四条 【禁止排放、倾倒放射性废弃物】禁止向水体排放、倾倒放射性固体废物或者含有高放射性和中放射性物质的废水。

向水体排放含低放射性物质的废水,应当符合国家有关放射性污染防治的规定和标准。

第三十五条 【限制排放含热废水】向水体排放含热废水,应当采取措施,保证水体的水温符合水环境质量标准。

第三十六条 【限制排放含病原体的污水】含病原体的污水应当经过消毒处理;符合国家有关标准后,方可排放。

第三十七条 【禁止排放、倾倒固体废弃物】禁止向水体排放、倾倒工业废渣、城镇垃圾和其他废弃物。

禁止将含有汞、镉、砷、铬、铅、氰化物、黄磷等的可溶性剧毒废渣向水体排放、倾倒或者直接埋入地下。

存放可溶性剧毒废渣的场所,应当采取防水、防渗漏、防流失的措施。

第三十八条　【禁止堆放、存贮固体废弃物和其他污染物】禁止在江河、湖泊、运河、渠道、水库最高水位线以下的滩地和岸坡堆放、存贮固体废弃物和其他污染物。

第三十九条　【禁止篡改、伪造监测数据和以逃避监管的方式排放水污染物】禁止利用渗井、渗坑、裂隙、溶洞,私设暗管,篡改、伪造监测数据,或者不正常运行水污染防治设施等逃避监管的方式排放水污染物。

第四十条　【采取措施防止地下水污染】化学品生产企业以及工业集聚区、矿山开采区、尾矿库、危险废物处置场、垃圾填埋场等的运营、管理单位,应当采取防渗漏等措施,并建设地下水水质监测井进行监测,防止地下水污染。

加油站等的地下油罐应当使用双层罐或者采取建造防渗池等其他有效措施,并进行防渗漏监测,防止地下水污染。

禁止利用无防渗漏措施的沟渠、坑塘等输送或者存贮含有毒污染物的废水、含病原体的污水和其他废弃物。

第四十一条　【地下水开采的要求】多层地下水的含水层水质差异大的,应当分层开采;对已受污染的潜水和承压水,不得混合开采。

第四十二条　【地下作业防止污染地下水】兴建地下工程设施或者进行地下勘探、采矿等活动,应当采取防护性措施,防止地下水污染。

报废矿井、钻井或者取水井等,应当实施封井或者回填。

第四十三条　【人工回灌的要求】人工回灌补给地下水,不得恶化地下水质。

第二节　工业水污染防治

第四十四条　【政府及有关部门防治工业水污染的职责】国务院有关部门和县级以上地方人民政府应当合理规划工业布局,要求造成水污染的企业进行技术改造,采取综合防治措施,提高水的重复利用率,减少废水和污染物排放量。

第四十五条　【工业废水的排放要求】排放工业废水的企业应当采取有

效措施,收集和处理产生的全部废水,防止污染环境。含有毒有害水污染物的工业废水应当分类收集和处理,不得稀释排放。

工业集聚区应当配套建设相应的污水集中处理设施,安装自动监测设备,与环境保护主管部门的监控设备联网,并保证监测设备正常运行。

向污水集中处理设施排放工业废水的,应当按照国家有关规定进行预处理,达到集中处理设施处理工艺要求后方可排放。

第四十六条 【落后工艺和设备的限期淘汰制度】国家对严重污染水环境的落后工艺和设备实行淘汰制度。

国务院经济综合宏观调控部门会同国务院有关部门,公布限期禁止采用的严重污染水环境的工艺名录和限期禁止生产、销售、进口、使用的严重污染水环境的设备名录。

生产者、销售者、进口者或者使用者应当在规定的期限内停止生产、销售、进口或者使用列入前款规定的设备名录中的设备。工艺的采用者应当在规定的期限内停止采用列入前款规定的工艺名录中的工艺。

依照本条第二款、第三款规定被淘汰的设备,不得转让给他人使用。

第四十七条 【禁止新建严重污染水环境的生产项目】国家禁止新建不符合国家产业政策的小型造纸、制革、印染、染料、炼焦、炼硫、炼砷、炼汞、炼油、电镀、农药、石棉、水泥、玻璃、钢铁、火电以及其他严重污染水环境的生产项目。

第四十八条 【企业防治水污染的义务】企业应当采用原材料利用效率高、污染物排放量少的清洁工艺,并加强管理,减少水污染物的产生。

第三节 城镇水污染防治

第四十九条 【城镇污水处理设施的建设和收费】城镇污水应当集中处理。

县级以上地方人民政府应当通过财政预算和其他渠道筹集资金,统筹安排建设城镇污水集中处理设施及配套管网,提高本行政区域城镇污水的收集率和处理率。

国务院建设主管部门应当会同国务院经济综合宏观调控、环境保护主管部门,根据城乡规划和水污染防治规划,组织编制全国城镇污水处理设施建设规划。县级以上地方人民政府组织建设、经济综合宏观调控、环境保护、水行政等部门编制本行政区域的城镇污水处理设施建设规划。县级以上地方人民政府建设主管部门应当按照城镇污水处理设施建设规划，组织建设城镇污水集中处理设施及配套管网，并加强对城镇污水集中处理设施运营的监督管理。

城镇污水集中处理设施的运营单位按照国家规定向排污者提供污水处理的有偿服务，收取污水处理费用，保证污水集中处理设施的正常运行。收取的污水处理费用应当用于城镇污水集中处理设施的建设运行和污泥处理处置，不得挪作他用。

城镇污水集中处理设施的污水处理收费、管理以及使用的具体办法，由国务院规定。

第五十条　【对城镇污水集中处理设施的进水出水水质的要求】向城镇污水集中处理设施排放水污染物，应当符合国家或者地方规定的水污染物排放标准。

城镇污水集中处理设施的运营单位，应当对城镇污水集中处理设施的出水水质负责。

环境保护主管部门应当对城镇污水集中处理设施的出水水质和水量进行监督检查。

第五十一条　【安全处理处置污泥】城镇污水集中处理设施的运营单位或者污泥处理处置单位应当安全处理处置污泥，保证处理处置后的污泥符合国家标准，并对污泥的去向等进行记录。

第四节　农业和农村水污染防治

第五十二条　【农村污水、垃圾的处理】国家支持农村污水、垃圾处理设施的建设，推进农村污水、垃圾集中处理。

地方各级人民政府应当统筹规划建设农村污水、垃圾处理设施，并保障其正常运行。

第五十三条　【化肥、农药等产品要适应水环境保护要求】制定化肥、农药等产品的质量标准和使用标准，应当适应水环境保护要求。

第五十四条　【使用、运输、存贮和处置农药的要求】使用农药，应当符合国家有关农药安全使用的规定和标准。

运输、存贮农药和处置过期失效农药，应当加强管理，防止造成水污染。

第五十五条 【科学、合理施用化肥和农药】县级以上地方人民政府农业主管部门和其他有关部门,应当采取措施,指导农业生产者科学、合理地施用化肥和农药,推广测土配方施肥技术和高效低毒低残留农药,控制化肥和农药的过量使用,防止造成水污染。

第五十六条 【防止畜禽养殖场、养殖小区污染水环境】国家支持畜禽养殖场、养殖小区建设畜禽粪便、废水的综合利用或者无害化处理设施。

畜禽养殖场、养殖小区应当保证其畜禽粪便、废水的综合利用或者无害化处理设施正常运转,保证污水达标排放,防止污染水环境。

畜禽散养密集区所在地县、乡级人民政府应当组织对畜禽粪便污水进行分户收集、集中处理利用。

第五十七条 【防止水产养殖污染水环境】从事水产养殖应当保护水域生态环境,科学确定养殖密度,合理投饵和使用药物,防止污染水环境。

第五十八条 【防止农田灌溉污染环境】农田灌溉用水应当符合相应的水质标准,防止污染土壤、地下水和农产品。

禁止向农田灌溉渠道排放工业废水或者医疗污水。向农田灌溉渠道排放城镇污水以及未综合利用的畜禽养殖废水、农产品加工废水的,应当保证其下游最近的灌溉取水点的水质符合农田灌溉水质标准。

第五节 船舶水污染防治

第五十九条 【对船舶排放污水的禁止和限制】船舶排放含油污水、生活污水,应当符合船舶污染物排放标准。从事海洋航运的船舶进入内河和港口的,应当遵守内河的船舶污染物排放标准。

船舶的残油、废油应当回收,禁止排入水体。

禁止向水体倾倒船舶垃圾。

船舶装载运输油类或者有毒货物,应当采取防止溢流和渗漏的措施,防止货物落水造成水污染。

进入中华人民共和国内河的国际航线船舶排放压载水的,应当采用压载水处理装置或者采取其他等效措施,对压载水进行灭活等处理。禁止排放不符合规定的船舶压载水。

第六十条 【对船舶配置防污设备和器材的要求】船舶应当按照国家有

关规定配置相应的防污设备和器材,并持有合法有效的防止水域环境污染的证书与文书。

船舶进行涉及污染物排放的作业,应当严格遵守操作规程,并在相应的记录簿上如实记载。

第六十一条 【对有关船舶作业活动和污染物、废弃物接收作业单位的要求】 港口、码头、装卸站和船舶修造厂所在地市、县级人民政府应当统筹规划建设船舶污染物、废弃物的接收、转运及处理处置设施。

港口、码头、装卸站和船舶修造厂应当备有足够的船舶污染物、废弃物的接收设施。从事船舶污染物、废弃物接收作业,或者从事装载油类、污染危害性货物船舱清洗作业的单位,应当具备与其运营规模相适应的接收处理能力。

第六十二条 【船舶作业防止污染的要求】 船舶及有关作业单位从事有污染风险的作业活动,应当按照有关法律法规和标准,采取有效措施,防止造成水污染。海事管理机构、渔业主管部门应当加强对船舶及有关作业活动的监督管理。

船舶进行散装液体污染危害性货物的过驳作业,应当编制作业方案,采取有效的安全和污染防治措施,并报作业地海事管理机构批准。

禁止采取冲滩方式进行船舶拆解作业。

第五章 饮用水水源和其他特殊水体保护

第六十三条 【饮用水水源保护区制度】 国家建立饮用水水源保护区制度。饮用水水源保护区分为一级保护区和二级保护区;必要时,可以在饮用水水源保护区外围划定一定的区域作为准保护区。

饮用水水源保护区的划定,由有关市、县人民政府提出划定方案,报省、自治区、直辖市人民政府批准;跨市、县饮用水水源保护区的划定,由有关市、县人民政府协商提出划定方案,报省、自治区、直辖市人民政府批准;协商不成的,由省、自治区、直辖市人民政府环境保护主管部门会同同级水行政、国土资源、卫生、建设等部门提出划定方案,征求同级有关部门的意见后,报省、自治区、直辖市人民政府批准。

跨省、自治区、直辖市的饮用水水源保护区,由有关省、自治区、直辖市人民政府商有关流域管理机构划定;协商不成的,由国务院环境保护主管部门会同同级水行政、国土资源、卫生、建设等部门提出划定方案,征求国务院有关部门的意见后,报国务院批准。

国务院和省、自治区、直辖市人民政府可以根据保护饮用水水源的实际需要,调整饮用水水源保护区的范围,确保饮用水安全。有关地方人民政府应当在饮用水水源保护区的边界设立明确的地理界标和明显的警示标志。

第六十四条 【饮用水水源保护区内禁止设置排污口】在饮用水水源保护区内,禁止设置排污口。

第六十五条 【饮用水水源一级保护区的管理】禁止在饮用水水源一级保护区内新建、改建、扩建与供水设施和保护水源无关的建设项目;已建成的与供水设施和保护水源无关的建设项目,由县级以上人民政府责令拆除或者关闭。

禁止在饮用水水源一级保护区内从事网箱养殖、旅游、游泳、垂钓或者其他可能污染饮用水水体的活动。

第六十六条 【饮用水水源二级保护区的管理】禁止在饮用水水源二级保护区内新建、改建、扩建排放污染物的建设项目;已建成的排放污染物的建设项目,由县级以上人民政府责令拆除或者关闭。

在饮用水水源二级保护区内从事网箱养殖、旅游等活动的,应当按照规定采取措施,防止污染饮用水水体。

第六十七条 【饮用水水源准保护区的管理】禁止在饮用水水源准保护区内新建、扩建对水体污染严重的建设项目;改建建设项目,不得增加排污量。

第六十八条 【在准保护区内采取措施防止污染】县级以上地方人民政府应当根据保护饮用水水源的实际需要,在准保护区内采取工程措施或者建造湿地、水源涵养林等生态保护措施,防止水污染物直接排入饮用水水体,确保饮用水安全。

第六十九条 【防止饮用水水源受到污染的措施】县级以上地方人民政府应当组织环境保护等部门,对饮用水水源保护区、地下水型饮用水源的补给区及供水单位周边区域的环境状况和污染风险进行调查评估,筛查可能存在的污染风险因素,并采取相应的风险防范措施。

饮用水水源受到污染可能威胁供水安全的,环境保护主管部门应当责令有关企业事业单位和其他生产经营者采取停止排放水污染物等措施,并通报饮用水供水单位和供水、卫生、水行政等部门;跨行政区域的,还应当通报相关地方人民政府。

第七十条　【拓展水源措施】单一水源供水城市的人民政府应当建设应急水源或者备用水源,有条件的地区可以开展区域联网供水。

县级以上地方人民政府应当合理安排、布局农村饮用水水源,有条件的地区可以采取城镇供水管网延伸或者建设跨村、跨乡镇联片集中供水工程等方式,发展规模集中供水。

第七十一条　【饮用水水质监测】饮用水供水单位应当做好取水口和出水口的水质检测工作。发现取水口水质不符合饮用水水源水质标准或者出水口水质不符合饮用水卫生标准的,应当及时采取相应措施,并向所在地市、县级人民政府供水主管部门报告。供水主管部门接到报告后,应当通报环境保护、卫生、水行政等部门。

饮用水供水单位应当对供水水质负责,确保供水设施安全可靠运行,保证供水水质符合国家有关标准。

第七十二条　【公开饮用水安全状况信息】县级以上地方人民政府应当组织有关部门监测、评估本行政区域内饮用水水源、供水单位供水和用户水龙头出水的水质等饮用水安全状况。

县级以上地方人民政府有关部门应当至少每季度向社会公开一次饮用水安全状况信息。

第七十三条　【对特殊水体的保护措施】国务院和省、自治区、直辖市人民政府根据水环境保护的需要,可以规定在饮用水水源保护区内,采取禁止或者限制使用含磷洗涤剂、化肥、农药以及限制种植养殖等措施。

第七十四条　【特殊水体保护区的划定】县级以上人民政府可以对风景名胜区水体、重要渔业水体和其他具有特殊经济文化价值的水体划定保护区,并采取措施,保证保护区的水质符合规定用途的水环境质量标准。

第七十五条　【不得在特殊水体新建排污口】在风景名胜区水体、重要渔业水体和其他具有特殊经济文化价值的水体的保护区内,不得新建排污口。在保护区附近新建排污口,应当保证保护区水体不受污染。

第六章　水污染事故处置

第七十六条　【依法做好水污染事故应急处置工作】各级人民政府及其有关部门,可能发生水污染事故的企业事业单位,应当依照《中华人民共和国突发事件应对法》的规定,做好突发水污染事故的应急准备、应急处置和事后恢复等工作。

第七十七条　【企业事业单位防止污染事故发生的措施】可能发生水污染事故的企业事业单位,应当制定有关水污染事故的应急方案,做好应急准备,并定期进行演练。

生产、储存危险化学品的企业事业单位,应当采取措施,防止在处理安全生产事故过程中产生的可能严重污染水体的消防废水、废液直接排入水体。

第七十八条　【水污染事故报告程序】企业事业单位发生事故或者其他突发性事件,造成或者可能造成水污染事故的,应当立即启动本单位的应急方案,采取隔离等应急措施,防止水污染物进入水体,并向事故发生地的县级以上地方人民政府或者环境保护主管部门报告。环境保护主管部门接到报告后,应当及时向本级人民政府报告,并抄送有关部门。

造成渔业污染事故或者渔业船舶造成水污染事故的,应当向事故发生地的渔业主管部门报告,接受调查处理。其他船舶造成水污染事故的,应当向事故发生地的海事管理机构报告,接受调查处理;给渔业造成损害的,海事管理机构应当通知渔业主管部门参与调查处理。

第七十九条　【饮用水安全突发事件的应急预案】市、县级人民政府应当组织编制饮用水安全突发事件应急预案。

饮用水供水单位应当根据所在地饮用水安全突发事件应急预案,制定相应的突发事件应急方案,报所在地市、县级人民政府备案,并定期进行演练。

饮用水水源发生水污染事故,或者发生其他可能影响饮用水安全的突发性事件,饮用水供水单位应当采取应急处理措施,向所在地市、县级人民政府报告,并向社会公开。有关人民政府应当根据情况及时启动应急预案,采取有效措施,保障供水安全。

第七章　法　律　责　任

第八十条　【水污染监督管理部门的法律责任】环境保护主管部门或者其他依照本法规定行使监督管理权的部门,不依法作出行政许可或者办理批准文件的,发现违法行为或者接到对违法行为的举报后不予查处的,或者有其他未依照本法规定履行职责的行为的,对直接负责的主管人员和其他直接责任人员依法给予处分。

第八十一条 【拒绝、阻挠监督检查和弄虚作假的法律责任】以拖延、围堵、滞留执法人员等方式拒绝、阻挠环境保护主管部门或者其他依照本法规定行使监督管理权的部门的监督检查,或者在接受监督检查时弄虚作假的,由县级以上人民政府环境保护主管部门或者其他依照本法规定行使监督管理权的部门责令改正,处二万元以上二十万元以下的罚款。

第八十二条 【违反水污染防治管理有关规定的法律责任】违反本法规定,有下列行为之一的,由县级以上人民政府环境保护主管部门责令限期改正,处二万元以上二十万元以下的罚款;逾期不改正的,责令停产整治:

(一)未按照规定对所排放的水污染物自行监测,或者未保存原始监测记录的;

(二)未按照规定安装水污染物排放自动监测设备,未按照规定与环境保护主管部门的监控设备联网,或者未保证监测设备正常运行的;

(三)未按照规定对有毒有害水污染物的排污口和周边环境进行监测,或者未公开有毒有害水污染物信息的。

第八十三条 【超标排污或者超过排放总量控制指标排污等的法律责任】违反本法规定,有下列行为之一的,由县级以上人民政府环境保护主管部门责令改正或者责令限制生产、停产整治,并处十万元以上一百万元以下的罚款;情节严重的,报经有批准权的人民政府批准,责令停业、关闭:

(一)未依法取得排污许可证排放水污染物的;

(二)超过水污染物排放标准或者超过重点水污染物排放总量控制指标排放水污染物的;

(三)利用渗井、渗坑、裂隙、溶洞,私设暗管,篡改、伪造监测数据,或者不正常运行水污染防治设施等逃避监管的方式排放水污染物的;

(四)未按照规定进行预处理,向污水集中处理设施排放不符合处理工艺要求的工业废水的。

第八十四条 【违法设置排污口的法律责任】在饮用水水源保护区内设置排污口的,由县级以上地方人民政府责令限期拆除,处十万元以上五十万元以下的罚款;逾期不拆除的,强制拆除,所需费用由违法者承担,处五十万元以上一百万元以下的罚款,并可以责令停产整治。

除前款规定外,违反法律、行政法规和国务院环境保护主管部门的规定设置排污口的,由县级以上地方人民政府环境保护主管部门责令限期拆除,处二万元以上十万元以下的罚款;逾期不拆除的,强制拆除,所需费用由违法者承担,处十万元以上五十万元以下的罚款;情节严重的,可以责令停产整治。

未经水行政主管部门或者流域管理机构同意,在江河、湖泊新建、改建、扩建排污口的,由县级以上人民政府水行政主管部门或者流域管理机构依据职权,依照前款规定采取措施、给予处罚。

第八十五条 【违法排放水污染物的法律责任】有下列行为之一的,由县级以上地方人民政府环境保护主管部门责令停止违法行为,限期采取治理措施,消除污染,处以罚款;逾期不采取治理措施的,环境保护主管部门可以指定有治理能力的单位代为治理,所需费用由违法者承担:

(一)向水体排放油类、酸液、碱液的;

(二)向水体排放剧毒废液,或者将含有汞、镉、砷、铬、铅、氰化物、黄磷等的可溶性剧毒废渣向水体排放、倾倒或者直接埋入地下的;

(三)在水体清洗装贮过油类、有毒污染物的车辆或者容器的;

(四)向水体排放、倾倒工业废渣、城镇垃圾或者其他废弃物,或者在江河、湖泊、运河、渠道、水库最高水位线以下的滩地、岸坡堆放、存贮固体废弃物或者其他污染物的;

(五)向水体排放、倾倒放射性固体废物或者含有高放射性、中放射性物质的废水的;

(六)违反国家有关规定或者标准,向水体排放含低放射性物质的废水、热废水或者含病原体的污水的;

(七)未采取防渗漏等措施,或者未建设地下水水质监测井进行监测的;

(八)加油站等的地下油罐未使用双层罐或者采取建造防渗池等其他有效措施,或者未进行防渗漏监测的;

(九)未按照规定采取防护性措施,或者利用无防渗漏措施的沟渠、坑塘等输送或者存贮含有毒污染物的废水、含病原体的污水或者其他废弃物的。

有前款第三项、第四项、第六项、第七项、第八项行为之一的,处二万元以上二十万元以下的罚款。有前款第一项、第二项、第五项、第九项行为之一的,处十万元以上一百万元以下的罚款;情节严重的,报经有批准权的人民政府批准,责令停业、关闭。

第八十六条　【违反淘汰落后生产工艺和设备制度的法律责任】违反本法规定,生产、销售、进口或者使用列入禁止生产、销售、进口、使用的严重污染水环境的设备名录中的设备,或者采用列入禁止采用的严重污染水环境的工艺名录中的工艺的,由县级以上人民政府经济综合宏观调控部门责令改正,处五万元以上二十万元以下的罚款;情节严重的,由县级以上人民政府经济综合宏观调控部门提出意见,报请本级人民政府责令停业、关闭。

第八十七条　【建设严重污染水环境生产项目的法律责任】违反本法规定,建设不符合国家产业政策的小型造纸、制革、印染、染料、炼焦、炼硫、炼砷、炼汞、炼油、电镀、农药、石棉、水泥、玻璃、钢铁、火电以及其他严重污染水环境的生产项目的,由所在地的市、县人民政府责令关闭。

第八十八条　【处理处置后的污泥不符合国家标准的法律责任】城镇污水集中处理设施的运营单位或者污泥处理处置单位,处理处置后的污泥不符合国家标准,或者对污泥去向等未进行记录的,由城镇排水主管部门责令限期采取治理措施,给予警告;造成严重后果的,处十万元以上二十万元以下的罚款;逾期不采取治理措施的,城镇排水主管部门可以指定有治理能力的单位代为治理,所需费用由违法者承担。

第八十九条　【违反船舶污染防治规定的法律责任】船舶未配置相应的防污染设备和器材,或者未持有合法有效的防止水域环境污染的证书与文书的,由海事管理机构、渔业主管部门按照职责分工责令限期改正,处二千元以上二万元以下的罚款;逾期不改正的,责令船舶临时停航。

船舶进行涉及污染物排放的作业,未遵守操作规程或者未在相应的记录簿上如实记载的,由海事管理机构、渔业主管部门按照职责分工责令改正,处二千元以上二万元以下的罚款。

第九十条　【违反船舶作业规定的法律责任】违反本法规定,有下列行为之一的,由海事管理机构、渔业主管部门按照职责分工责令停止违法行为,处一万元以上十万元以下的罚款;造成水污染的,责令限期采取治理措施,消除污染,处二万元以上二十万元以下的罚款;逾期不采取治理措施的,海事管理机构、渔业主管部门按照职责分工可以指定有治理能力的单位代为治理,所需费用由船舶承担:

(一)向水体倾倒船舶垃圾或者排放船舶的残油、废油的;

(二)未经作业地海事管理机构批准,船舶进行散装液体污染危害性货物的过驳作业的;

(三)船舶及有关作业单位从事有污染风险的作业活动,未按照规定采取污染防治措施的;

(四)以冲滩方式进行船舶拆解的;

(五)进入中华人民共和国内河的国际航线船舶,排放不符合规定的船舶压载水的。

第九十一条 【违反饮用水水源保护区规定的法律责任】有下列行为之一的,由县级以上地方人民政府环境保护主管部门责令停止违法行为,处十万元以上五十万元以下的罚款;并报经有批准权的人民政府批准,责令拆除或者关闭:

(一)在饮用水水源一级保护区内新建、改建、扩建与供水设施和保护水源无关的建设项目的;

(二)在饮用水水源二级保护区内新建、改建、扩建排放污染物的建设项目的;

(三)在饮用水水源准保护区内新建、扩建对水体污染严重的建设项目,或者改建建设项目增加排污量的。

在饮用水水源一级保护区内从事网箱养殖或者组织进行旅游、垂钓或者其他可能污染饮用水水体的活动的,由县级以上地方人民政府环境保护主管部门责令停止违法行为,处二万元以上十万元以下的罚款。个人在饮用水水源一级保护区内游泳、垂钓或者从事其他可能污染饮用水水体的活动的,由县级以上地方人民政府环境保护主管部门责令停止违法行为,可以处五百元以下的罚款。

第九十二条 【饮用水水质不符合国家规定标准的法律责任】饮用水供水单位供水水质不符合国家规定标准的,由所在地市、县级人民政府供水主管部门责令改正,处二万元以上二十万元以下的罚款;情节严重的,报经有批准权的人民政府批准,可以责令停业整顿;对直接负责的主管人员和其他直接责任人员依法给予处分。

第九十三条　【企业事业单位违反水污染事故应急处置规定的法律责任】企业事业单位有下列行为之一的,由县级以上人民政府环境保护主管部门责令改正;情节严重的,处二万元以上十万元以下的罚款:

　　(一)不按照规定制定水污染事故的应急方案的;

　　(二)水污染事故发生后,未及时启动水污染事故的应急方案,采取有关应急措施的。

第九十四条　【企业事业单位造成水污染事故的法律责任】企业事业单位违反本法规定,造成水污染事故的,除依法承担赔偿责任外,由县级以上人民政府环境保护主管部门依照本条第二款的规定处以罚款,责令限期采取治理措施,消除污染;未按照要求采取治理措施或者不具备治理能力的,由环境保护主管部门指定有治理能力的单位代为治理,所需费用由违法者承担;对造成重大或者特大水污染事故的,还可以报经有批准权的人民政府批准,责令关闭;对直接负责的主管人员和其他直接责任人员可以处上一年度从本单位取得的收入百分之五十以下的罚款;有《中华人民共和国环境保护法》第六十三条规定的违法排放水污染物等行为之一,尚不构成犯罪的,由公安机关对直接负责的主管人员和其他直接责任人员处十日以上十五日以下的拘留;情节较轻的,处五日以上十日以下的拘留。

　　对造成一般或者较大水污染事故的,按照水污染事故造成的直接损失的百分之二十计算罚款;对造成重大或者特大水污染事故的,按照水污染事故造成的直接损失的百分之三十计算罚款。

　　造成渔业污染事故或者渔业船舶造成水污染事故的,由渔业主管部门进行处罚;其他船舶造成水污染事故的,由海事管理机构进行处罚。

第九十五条　【复查】企业事业单位和其他生产经营者违法排放水污染物,受到罚款处罚,被责令改正的,依法作出处罚决定的行政机关应当组织复查,发现其继续违法排放水污染物或者拒绝、阻挠复查的,依照《中华人民共和国环境保护法》的规定按日连续处罚。

第九十六条　【水污染损害的民事责任】因水污染受到损害的当事人,有权要求排污方排除危害和赔偿损失。

由于不可抗力造成水污染损害的,排污方不承担赔偿责任;法律另有规定的除外。

水污染损害是由受害人故意造成的,排污方不承担赔偿责任。水污染损害是由受害人重大过失造成的,可以减轻排污方的赔偿责任。

水污染损害是由第三人造成的,排污方承担赔偿责任后,有权向第三人追偿。

第九十七条 【损害赔偿责任和赔偿金额纠纷的解决途径】因水污染引起的损害赔偿责任和赔偿金额的纠纷,可以根据当事人的请求,由环境保护主管部门或者海事管理机构、渔业主管部门按照职责分工调解处理;调解不成的,当事人可以向人民法院提起诉讼。当事人也可以直接向人民法院提起诉讼。

第九十八条 【水污染损害赔偿诉讼中的举证责任倒置】因水污染引起的损害赔偿诉讼,由排污方就法律规定的免责事由及其行为与损害结果之间不存在因果关系承担举证责任。

第九十九条 【水污染侵权共同诉讼、支持诉讼和法律援助】因水污染受到损害的当事人人数众多的,可以依法由当事人推选代表人进行共同诉讼。

环境保护主管部门和有关社会团体可以依法支持因水污染受到损害的当事人向人民法院提起诉讼。

国家鼓励法律服务机构和律师为水污染损害诉讼中的受害人提供法律援助。

第一百条 【环境监测机构在损害赔偿纠纷中可以接受委托提供监测数据】因水污染引起的损害赔偿责任和赔偿金额的纠纷,当事人可以委托环境监测机构提供监测数据。环境监测机构应当接受委托,如实提供有关监测数据。

第一百零一条 【刑事责任】违反本法规定,构成犯罪的,依法追究刑事责任。

第八章 附 则

第一百零二条 【特定用语的含义】本法中下列用语的含义:

(一)水污染,是指水体因某种物质的介入,而导致其化学、物理、生物或者放射性等方面特性的改变,从而影响水的有效利用,危害人体健康或者破坏生态环境,造成水质恶化的现象。

（二）水污染物，是指直接或者间接向水体排放的，能导致水体污染的物质。

（三）有毒污染物，是指那些直接或者间接被生物摄入体内后，可能导致该生物或者其后代发病、行为反常、遗传异变、生理机能失常、机体变形或者死亡的污染物。

（四）污泥，是指污水处理过程中产生的半固态或者固态物质。

（五）渔业水体，是指划定的鱼虾类的产卵场、索饵场、越冬场、洄游通道和鱼虾贝藻类的养殖场的水体。

第一百零三条 【施行日期】本法自 2008 年 6 月 1 日起施行。

节约用水条例

1. 2024 年 2 月 23 日国务院第 26 次常务会议通过
2. 2024 年 3 月 9 日国务院令第 776 号公布
3. 自 2024 年 5 月 1 日起施行

第一章 总 则

第一条 为了促进全社会节约用水，保障国家水安全，推进生态文明建设，推动高质量发展，根据《中华人民共和国水法》等有关法律，制定本条例。

第二条 本条例所称节约用水（以下简称节水），是指通过加强用水管理、转变用水方式，采取技术上可行、经济上合理的措施，降低水资源消耗、减少水资源损失、防止水资源浪费，合理、有效利用水资源的活动。

第三条 节水工作应当坚持中国共产党的领导，贯彻总体国家安全观，统筹发展和安全，遵循统筹规划、综合施策、因地制宜、分类指导的原则，坚持总量控制、科学配置、高效利用，坚持约束和激励相结合，建立政府主导、各方协同、市场调节、公众参与的节水机制。

第四条 国家厉行节水，坚持和落实节水优先方针，深入实施国家节水行动，全面建设节水型社会。

任何单位和个人都应当依法履行节水义务。

第五条 国家建立水资源刚性约束制度，坚持以水定城、以水定地、以水定人、以水定产,优化国土空间开发保护格局,促进人口和城市科学合理布局,构建与水资源承载能力相适应的现代产业体系。

第六条 县级以上人民政府应当将节水工作纳入国民经济和社会发展有关规划、年度计划,加强对节水工作的组织领导,完善并推动落实节水政策和保障措施,统筹研究和协调解决节水工作中的重大问题。

第七条 国务院水行政主管部门负责全国节水工作。国务院住房城乡建设主管部门按照职责分工指导城市节水工作。国务院发展改革、工业和信息化、农业农村、自然资源、市场监督管理、科技、教育、机关事务管理等主管部门按照职责分工做好节水有关工作。

县级以上地方人民政府有关部门按照职责分工做好节水工作。

第八条 国家完善鼓励和支持节水产业发展、科技创新的政策措施,加强节水科技创新能力建设和产业化应用,强化科技创新对促进节水的支撑作用。

第九条 国家加强节水宣传教育和科学普及,提升全民节水意识和节水技能,促进形成自觉节水的社会共识和良好风尚。

国务院有关部门、县级以上地方人民政府及其有关部门、乡镇人民政府、街道办事处应当组织开展多种形式的节水宣传教育和知识普及活动。

新闻媒体应当开展节水公益宣传,对浪费水资源的行为进行舆论监督。

第二章 用水管理

第十条 国务院有关部门按照职责分工,根据国民经济和社会发展规划、全国水资源战略规划编制全国节水规划。县级以上地方人民政府根据经济社会发展需要、水资源状况和上级节水规划,组织编制本行政区域的节水规划。

节水规划应当包括水资源状况评价、节水潜力分析、节水目标、主要任务和措施等内容。

第十一条 国务院水行政、标准化主管部门组织制定全国主要农作物、重点工业产品和服务业等的用水定额(以下称国家用水定额)。组织制定国家用水定额,应当征求国务院有关部门和省、自治区、直辖市人民政府的意见。

省、自治区、直辖市人民政府根据实际需要,可以制定严于国家用水定额的地方用水定额；国家用水定额未作规定的，可以补充制定地方用水定额。地方用水定额由省、自治区、直辖市人民政府有关行业主管部门提出，经同级水行政、标准化主管部门审核同意后，由省、自治区、直辖市人民政府公布，并报国务院水行政、标准化主管部门备案。

用水定额应当根据经济社会发展水平、水资源状况、产业结构变化和技术进步等情况适时修订。

第十二条 县级以上地方人民政府水行政主管部门会同有关部门，根据用水定额、经济技术条件以及水量分配方案、地下水控制指标等确定的可供本行政区域使用的水量，制定本行政区域年度用水计划，对年度用水实行总量控制。

第十三条 国家对用水达到一定规模的单位实行计划用水管理。

用水单位的用水计划应当根据用水定额、本行政区域年度用水计划制定。对直接取用地下水、地表水的用水单位，用水计划由县级以上地方人民政府水行政主管部门或者相应流域管理机构制定；对使用城市公共供水的用水单位，用水计划由城市节水主管部门会同城市供水主管部门制定。

用水单位计划用水管理的具体办法由省、自治区、直辖市人民政府制定。

第十四条 用水应当计量。对不同水源、不同用途的水应当分别计量。

县级以上地方人民政府应当加强农业灌溉用水计量设施建设。水资源严重短缺地区、地下水超采地区应当限期建设农业灌溉用水计量设施。农业灌溉用水暂不具备计量条件的，可以采用以电折水等间接方式进行计量。

任何单位和个人不得侵占、损毁、擅自移动用水计量设施，不得干扰用水计量。

第十五条 用水实行计量收费。国家建立促进节水的水价体系，完善与经济社会发展水平、水资源状况、用水定额、供水成本、用水户承受能力和节水要求等相适应的水价形成机制。

城镇居民生活用水和具备条件的农村居民生活用水实行阶梯水价，非居民用水实行超定额（超计划）累进加价。

农业水价应当依法统筹供水成本、水资源稀缺程度和农业用水户承受能力等因素合理制定,原则上不低于工程运行维护成本。对具备条件的农业灌溉用水,推进实行超定额累进加价。

再生水、海水淡化水的水价在地方人民政府统筹协调下由供需双方协商确定。

第十六条 水资源严重短缺地区、地下水超采地区应当严格控制高耗水产业项目建设,禁止新建并限期淘汰不符合国家产业政策的高耗水产业项目。

第十七条 国家对节水潜力大、使用面广的用水产品实行水效标识管理,并逐步淘汰水效等级较低的用水产品。水效标识管理办法由国务院发展改革主管部门会同国务院有关部门制定。

第十八条 国家鼓励对节水产品实施质量认证,通过认证的节水产品可以按照规定使用认证标志。认证基本规范、认证规则由国务院认证认可监督管理部门会同国务院有关部门制定。

第十九条 新建、改建、扩建建设项目,建设单位应当根据工程建设内容制定节水措施方案,配套建设节水设施。节水设施应当与主体工程同时设计、同时施工、同时投入使用。节水设施建设投资纳入建设项目总投资。

第二十条 国家逐步淘汰落后的、耗水量高的技术、工艺、设备和产品,具体名录由国务院发展改革主管部门会同国务院工业和信息化、水行政、住房城乡建设等有关部门制定并公布。

禁止生产、销售列入前款规定名录的技术、工艺、设备和产品。从事生产经营活动的使用者应当限期停止使用列入前款规定名录的技术、工艺、设备和产品。

第二十一条 国家建立健全节水标准体系。

国务院有关部门依法组织制定并适时修订有关节水的国家标准、行业标准。

国家鼓励有关社会团体、企业依法制定严于国家标准、行业标准的节水团体标准、企业标准。

第二十二条 国务院有关部门依法建立节水统计调查制度,定期公布节水统计信息。

第三章 节 水 措 施

第二十三条 县级以上人民政府及其有关部门应当根据经济社会发展

水平和水资源状况,引导农业生产经营主体合理调整种植养殖结构和农业用水结构,积极发展节水型农业,因地制宜发展旱作农业。

国家对水资源短缺地区发展节水型农业给予重点扶持。

第二十四条 国家支持耐旱农作物新品种以及土壤保墒、水肥一体化、养殖废水资源化利用等种植业、养殖业节水技术的研究和推广。

县级以上人民政府及其有关部门应当组织开展节水农业试验示范和技术培训,指导农业生产经营主体使用节水技术。

第二十五条 国家发展节水灌溉,推广喷灌、微灌、管道输水灌溉、渠道防渗输水灌溉、集雨补灌等节水灌溉技术,提高灌溉用水效率。水资源短缺地区、地下水超采地区应当优先发展节水灌溉。

县级以上人民政府及其有关部门应当支持和推动节水灌溉工程设施建设。新建灌溉工程设施应当符合节水灌溉工程技术标准。已经建成的灌溉工程设施不符合节水灌溉工程技术标准的,应当限期进行节水改造。

第二十六条 国家加快推进农村生活节水。

县级以上地方人民政府及其有关部门应当加强农村生活供水设施以及配套管网建设和改造,推广使用生活节水器具。

第二十七条 工业企业应当加强内部用水管理,建立节水管理制度,采用分质供水、高效冷却和洗涤、循环用水、废水处理回用等先进、适用节水技术、工艺和设备,降低单位产品(产值)耗水量,提高水资源重复利用率。高耗水工业企业用水水平超过用水定额的,应当限期进行节水改造。

工业企业的生产设备冷却水、空调冷却水、锅炉冷凝水应当回收利用。高耗水工业企业应当逐步推广废水深度处理回用技术措施。

第二十八条 新建、改建、扩建工业企业集聚的各类开发区、园区等(以下统称工业集聚区)应当统筹建设供水、排水、废水处理及循环利用设施,推动企业间串联用水、分质用水,实现一水多用和循环利用。

国家鼓励已经建成的工业集聚区开展以节水为重点内容的绿色高质量转型升级和循环化改造,加快节水及水循环利用设施建设。

第二十九条 县级以上地方人民政府应当加强对城市建成区内生产、生活、生态用水的统筹,将节水要求落实到城市规划、建设、治理的各个环节,全面推进节水型城市建设。

第三十条 公共供水企业和自建用水管网设施的单位应当加强供水、用水管网设施运行和维护管理,建立供水、用水管网设施漏损控制体系,采取措施控制水的漏损。超出供水管网设施漏损控制国家标准的漏水损失,不得计入公共供水企业定价成本。

县级以上地方人民政府有关部门应当加强对公共供水管网设施运行的监督管理,支持和推动老旧供水管网设施改造。

第三十一条 国家把节水作为推广绿色建筑的重要内容,推动降低建筑运行水耗。

新建、改建、扩建公共建筑应当使用节水器具。

第三十二条 公共机构应当发挥节水表率作用,建立健全节水管理制度,率先采用先进的节水技术、工艺、设备和产品,开展节水改造,积极建设节水型单位。

第三十三条 城镇园林绿化应当提高用水效率。

水资源短缺地区城镇园林绿化应当优先选用适合本地区的节水耐旱型植被,采用喷灌、微灌等节水灌溉方式。

水资源短缺地区应当严格控制人造河湖等景观用水。

第三十四条 县级以上地方人民政府应当根据水资源状况,将再生水、集蓄雨水、海水及海水淡化水、矿坑(井)水、微咸水等非常规水纳入水资源统一配置。

水资源短缺地区县级以上地方人民政府应当制定非常规水利用计划,提高非常规水利用比例,对具备使用非常规水条件但未合理使用的建设项目,不得批准其新增取水许可。

第三十五条 县级以上地方人民政府应当统筹规划、建设污水资源化利用基础设施,促进污水资源化利用。

城市绿化、道路清扫、车辆冲洗、建筑施工以及生态景观等用水,应当优先使用符合标准要求的再生水。

第三十六条 县级以上地方人民政府应当推进海绵城市建设,提高雨水资源化利用水平。

开展城市新区建设、旧城区改造和市政基础设施建设等,应当按照海绵城市建设要求,因地制宜规划、建设雨水滞渗、净化、利用和调蓄设施。

第三十七条 沿海地区应当积极开发利用海水资源。

沿海或者海岛淡水资源短缺地区新建、改建、扩建工业企业项目应当优先使用海水淡化水。具备条件的,可以将海水淡化水作为市政新增供水以及应急备用水源。

第四章　保障和监督

第三十八条　县级以上地方人民政府应当健全与节水成效、农业水价水平、财力状况相匹配的农业用水精准补贴机制和节水奖励机制。

对符合条件的节水项目,按照国家有关规定给予补助。

第三十九条　国家鼓励金融机构提供多种形式的节水金融服务,引导金融机构加大对节水项目的融资支持力度。

国家鼓励和引导社会资本按照市场化原则依法参与节水项目建设和运营,保护其合法权益。

第四十条　国家鼓励发展社会化、专业化、规范化的节水服务产业,支持节水服务机构创新节水服务模式,开展节水咨询、设计、检测、计量、技术改造、运行管理、产品认证等服务,引导和推动节水服务机构与用水单位或者个人签订节水管理合同,提供节水服务并以节水效益分享等方式获得合理收益。

国家鼓励农村集体经济组织、农民专业合作社、农民用水合作组织以及其他专业化服务组织参与农业节水服务。

第四十一条　国家培育和规范水权市场,支持开展多种形式的水权交易,健全水权交易系统,引导开展集中交易,完善水权交易规则,并逐步将水权交易纳入公共资源交易平台体系。

第四十二条　对节水成绩显著的单位和个人,按照国家有关规定给予表彰、奖励。

第四十三条　县级以上人民政府水行政、住房城乡建设、市场监督管理等主管部门应当按照职责分工,加强对用水活动的监督检查,依法查处违法行为。

有关部门履行监督检查职责时,有权采取下列措施:

(一)进入现场开展检查,调查了解有关情况;

(二)要求被检查单位或者个人就节水有关问题作出说明;

(三)要求被检查单位或者个人提供有关文件、资料,进行查阅或者复制;

(四)法律、行政法规规定的其他措施。

监督检查人员在履行监督检查职责时,应当主动出示执法证件。被检查单位和个人应当予以配合,不得拒绝、阻碍。

第四十四条 对浪费水资源的行为,任何单位和个人有权向有关部门举报,接到举报的部门应当依法及时处理。

第四十五条 国家实行节水责任制和节水考核评价制度,将节水目标完成情况纳入对地方人民政府及其负责人考核范围。

第五章 法律责任

第四十六条 侵占、损毁、擅自移动用水计量设施,或者干扰用水计量的,由县级以上地方人民政府水行政、住房城乡建设主管部门或者流域管理机构责令停止违法行为,限期采取补救措施,处1万元以上10万元以下的罚款;造成损失的,依法承担赔偿责任。

第四十七条 建设项目的节水设施没有建成或者没有达到国家规定的要求,擅自投入使用的,以及生产、销售或者在生产经营中使用国家明令淘汰的落后的、耗水量高的技术、工艺、设备和产品的,依照《中华人民共和国水法》有关规定给予处罚。

第四十八条 高耗水工业企业用水水平超过用水定额,未在规定的期限内进行节水改造的,由县级以上地方人民政府水行政主管部门或者流域管理机构责令改正,可以处10万元以下的罚款;拒不改正的,处10万元以上50万元以下的罚款,情节严重的,采取限制用水措施或者吊销其取水许可证。

第四十九条 工业企业的生产设备冷却水、空调冷却水、锅炉冷凝水未回收利用的,由县级以上地方人民政府水行政主管部门责令改正,可以处5万元以下的罚款;拒不改正的,处5万元以上10万元以下的罚款。

第五十条 县级以上人民政府及其有关部门的工作人员在节水工作中滥用职权、玩忽职守、徇私舞弊的,依法给予处分。

第五十一条 违反本条例规定,构成违反治安管理行为的,由公安机关依法给予治安管理处罚;构成犯罪的,依法追究刑事责任。

第六章 附 则

第五十二条 本条例自2024年5月1日起施行。

地下水管理条例

1. 2021年9月15日国务院第149次常务会议通过
2. 2021年10月21日国务院令第748号公布
3. 自2021年12月1日起施行

第一章 总　　则

第一条 为了加强地下水管理，防治地下水超采和污染，保障地下水质量和可持续利用，推进生态文明建设，根据《中华人民共和国水法》和《中华人民共和国水污染防治法》等法律，制定本条例。

第二条 地下水调查与规划、节约与保护、超采治理、污染防治、监督管理等活动，适用本条例。

本条例所称地下水，是指赋存于地表以下的水。

第三条 地下水管理坚持统筹规划、节水优先、高效利用、系统治理的原则。

第四条 国务院水行政主管部门负责全国地下水统一监督管理工作。国务院生态环境主管部门负责全国地下水污染防治监督管理工作。国务院自然资源等主管部门按照职责分工做好地下水调查、监测等相关工作。

第五条 县级以上地方人民政府对本行政区域内的地下水管理负责，应当将地下水管理纳入本级国民经济和社会发展规划，并采取控制开采量、防治污染等措施，维持地下水合理水位，保护地下水水质。

县级以上地方人民政府水行政主管部门按照管理权限，负责本行政区域内地下水统一监督管理工作。地方人民政府生态环境主管部门负责本行政区域内地下水污染防治监督管理工作。县级以上地方人民政府自然资源等主管部门按照职责分工做好本行政区域内地下水调查、监测等相关工作。

第六条 利用地下水的单位和个人应当加强地下水取水工程管理，节约、保护地下水，防止地下水污染。

第七条 国务院对省、自治区、直辖市地下水管理和保护情况实行目标责任制和考核评价制度。国务院有关部门按照职责分工负责考核评价工作的具体组织实施。

第八条 任何单位和个人都有权对损害地下水的行为进行监督、检举。

对在节约、保护和管理地下水工作中作出突出贡献的单位和个人,按照国家有关规定给予表彰和奖励。

第九条 国家加强对地下水节约和保护的宣传教育,鼓励、支持地下水先进科学技术的研究、推广和应用。

第二章 调查与规划

第十条 国家定期组织开展地下水状况调查评价工作。地下水状况调查评价包括地下水资源调查评价、地下水污染调查评价和水文地质勘查评价等内容。

第十一条 县级以上人民政府应当组织水行政、自然资源、生态环境等主管部门开展地下水状况调查评价工作。调查评价成果是编制地下水保护利用和污染防治等规划以及管理地下水的重要依据。调查评价成果应当依法向社会公布。

第十二条 县级以上人民政府水行政、自然资源、生态环境等主管部门根据地下水状况调查评价成果,统筹考虑经济社会发展需要、地下水资源状况、污染防治等因素,编制本级地下水保护利用和污染防治等规划,依法履行征求意见、论证评估等程序后向社会公布。

地下水保护利用和污染防治等规划是节约、保护、利用、修复治理地下水的基本依据。地下水保护利用和污染防治等规划应当服从水资源综合规划和环境保护规划。

第十三条 国民经济和社会发展规划以及国土空间规划等相关规划的编制、重大建设项目的布局,应当与地下水资源条件和地下水保护要求相适应,并进行科学论证。

第十四条 编制工业、农业、市政、能源、矿产资源开发等专项规划,涉及地下水的内容,应当与地下水保护利用和污染防治等规划相衔接。

第十五条 国家建立地下水储备制度。国务院水行政主管部门应当会同国务院自然资源、发展改革等主管部门,对地下水储备工作进行指导、协调和监督检查。

县级以上地方人民政府水行政主管部门应当会同本级人民政府自然资源、发展改革等主管部门,根据本行政区域内地下水条件、气候状况和水资源储备需要,制定动用地下水储备预案并报本级人民政府批准。

除特殊干旱年份以及发生重大突发事件外,不得动用地下水储备。

第三章 节约与保护

第十六条 国家实行地下水取水总量控制制度。国务院水行政主管部门会同国务院自然资源主管部门,根据各省、自治区、直辖市地下水可开采量和地表水水资源状况,制定并下达各省、自治区、直辖市地下水取水总量控制指标。

第十七条 省、自治区、直辖市人民政府水行政主管部门应当会同本级人民政府有关部门,根据国家下达的地下水取水总量控制指标,制定本行政区域内县级以上行政区域的地下水取水总量控制指标和地下水水位控制指标,经省、自治区、直辖市人民政府批准后下达实施,并报国务院水行政主管部门或者其授权的流域管理机构备案。

第十八条 省、自治区、直辖市人民政府水行政主管部门制定本行政区域内地下水取水总量控制指标和地下水水位控制指标时,涉及省际边界区域且属于同一水文地质单元的,应当与相邻省、自治区、直辖市人民政府水行政主管部门协商确定。协商不成的,由国务院水行政主管部门会同国务院有关部门确定。

第十九条 县级以上地方人民政府应当根据地下水取水总量控制指标、地下水水位控制指标和国家相关技术标准,合理确定本行政区域内地下水取水工程布局。

第二十条 县级以上地方人民政府水行政主管部门应当根据本行政区域内地下水取水总量控制指标、地下水水位控制指标以及科学分析测算的地下水需求量和用水结构,制定地下水年度取水计划,对本行政区域内的年度取用地下水实行总量控制,并报上一级人民政府水行政主管部门备案。

第二十一条 取用地下水的单位和个人应当遵守取水总量控制和定额管理要求,使用先进节约用水技术、工艺和设备,采取循环用水、综合利用及废水处理回用等措施,实施技术改造,降低用水消耗。

对下列工艺、设备和产品,应当在规定的期限内停止生产、销售、进口或者使用:

（一）列入淘汰落后的、耗水量高的工艺、设备和产品名录的；

（二）列入限期禁止采用的严重污染水环境的工艺名录和限期禁止生产、销售、进口、使用的严重污染水环境的设备名录的。

第二十二条 新建、改建、扩建地下水取水工程，应当同时安装计量设施。已有地下水取水工程未安装计量设施的，应当按照县级以上地方人民政府水行政主管部门规定的期限安装。

单位和个人取用地下水量达到取水规模以上的，应当安装地下水取水在线计量设施，并将计量数据实时传输到有管理权限的水行政主管部门。取水规模由省、自治区、直辖市人民政府水行政主管部门制定、公布，并报国务院水行政主管部门备案。

第二十三条 以地下水为灌溉水源的地区，县级以上地方人民政府应当采取保障建设投入、加大对企业信贷支持力度、建立健全基层水利服务体系等措施，鼓励发展节水农业，推广应用喷灌、微灌、管道输水灌溉、渠道防渗输水灌溉等节水灌溉技术，以及先进的农机、农艺和生物技术等，提高农业用水效率，节约农业用水。

第二十四条 国务院根据国民经济和社会发展需要，对取用地下水的单位和个人试点征收水资源税。地下水水资源税根据当地地下水资源状况、取用水类型和经济发展等情况实行差别税率，合理提高征收标准。征收水资源税的，停止征收水资源费。

尚未试点征收水资源税的省、自治区、直辖市，对同一类型取用水，地下水的水资源费征收标准应当高于地表水的标准，地下水超采区的水资源费征收标准应当高于非超采区的标准，地下水严重超采区的水资源费征收标准应当大幅高于非超采区的标准。

第二十五条 有下列情形之一的，对取用地下水的取水许可申请不予批准：

（一）不符合地下水取水总量控制、地下水水位控制要求；

（二）不符合限制开采区取用水规定；

（三）不符合行业用水定额和节水规定；

（四）不符合强制性国家标准；

（五）水资源紧缺或者生态脆弱地区新建、改建、扩建高耗水项目；

（六）违反法律、法规的规定开垦种植而取用地下水。

第二十六条　建设单位和个人应当采取措施防止地下工程建设对地下水补给、径流、排泄等造成重大不利影响。对开挖达到一定深度或者达到一定排水规模的地下工程,建设单位和个人应当于工程开工前,将工程建设方案和防止对地下水产生不利影响的措施方案报有管理权限的水行政主管部门备案。开挖深度和排水规模由省、自治区、直辖市人民政府制定、公布。

第二十七条　除下列情形外,禁止开采难以更新的地下水:
　　(一)应急供水取水;
　　(二)无替代水源地区的居民生活用水;
　　(三)为开展地下水监测、勘探、试验少量取水。
　　已经开采的,除前款规定的情形外,有关县级以上地方人民政府应当采取禁止开采、限制开采措施,逐步实现全面禁止开采;前款规定的情形消除后,应当立即停止取用地下水。

第二十八条　县级以上地方人民政府应当加强地下水水源补给保护,充分利用自然条件补充地下水,有效涵养地下水水源。
　　城乡建设应当统筹地下水水源涵养和回补需要,按照海绵城市建设的要求,推广海绵型建筑、道路、广场、公园、绿地等,逐步完善滞渗蓄排等相结合的雨洪水收集利用系统。河流、湖泊整治应当兼顾地下水水源涵养,加强水体自然形态保护和修复。
　　城市人民政府应当因地制宜采取有效措施,推广节水型生活用水器具,鼓励使用再生水,提高用水效率。

第二十九条　县级以上地方人民政府应当根据地下水水源条件和需要,建设应急备用饮用水水源,制定应急预案,确保需要时正常使用。
　　应急备用地下水水源结束应急使用后,应当立即停止取水。

第三十条　有关县级以上地方人民政府水行政主管部门会同本级人民政府有关部门编制重要泉域保护方案,明确保护范围、保护措施,报本级人民政府批准后实施。
　　对已经干涸但具有重要历史文化和生态价值的泉域,具备条件的,应当采取措施予以恢复。

第四章　超采治理

第三十一条　国务院水行政主管部门应当会同国务院自然资源主管部门根据地下水状况调查评价成果,组织划定全国地下水超采区,并依法向社会公布。

第三十二条 省、自治区、直辖市人民政府水行政主管部门应当会同本级人民政府自然资源等主管部门,统筹考虑地下水超采区划定、地下水利用情况以及地质环境条件等因素,组织划定本行政区域内地下水禁止开采区、限制开采区,经省、自治区、直辖市人民政府批准后公布,并报国务院水行政主管部门备案。

地下水禁止开采区、限制开采区划定后,确需调整的,应当按照原划定程序进行调整。

第三十三条 有下列情形之一的,应当划为地下水禁止开采区:

(一)已发生严重的地面沉降、地裂缝、海(咸)水入侵、植被退化等地质灾害或者生态损害的区域;

(二)地下水超采区内公共供水管网覆盖或者通过替代水源已经解决供水需求的区域;

(三)法律、法规规定禁止开采地下水的其他区域。

第三十四条 有下列情形之一的,应当划为地下水限制开采区:

(一)地下水开采量接近可开采量的区域;

(二)开采地下水可能引发地质灾害或者生态损害的区域;

(三)法律、法规规定限制开采地下水的其他区域。

第三十五条 除下列情形外,在地下水禁止开采区内禁止取用地下水:

(一)为保障地下工程施工安全和生产安全必须进行临时应急取(排)水;

(二)为消除对公共安全或者公共利益的危害临时应急取水;

(三)为开展地下水监测、勘探、试验少量取水。

除前款规定的情形外,在地下水限制开采区内禁止新增取用地下水,并逐步削减地下水取水量;前款规定的情形消除后,应当立即停止取用地下水。

第三十六条 省、自治区、直辖市人民政府水行政主管部门应当会同本级人民政府有关部门,编制本行政区域地下水超采综合治理方案,经省、自治区、直辖市人民政府批准后,报国务院水行政主管部门备案。

地下水超采综合治理方案应当明确治理目标、治理措施、保障措施等内容。

第三十七条 地下水超采区的县级以上地方人民政府应当加强节水型

社会建设,通过加大海绵城市建设力度、调整种植结构、推广节水农业、加强工业节水、实施河湖地下水回补等措施,逐步实现地下水采补平衡。

国家在替代水源供给、公共供水管网建设、产业结构调整等方面,加大对地下水超采区地方人民政府的支持力度。

第三十八条　有关县级以上地方人民政府水行政主管部门应当会同本级人民政府自然资源主管部门加强对海(咸)水入侵的监测和预防。已经出现海(咸)水入侵的地区,应当采取综合治理措施。

第五章　污染防治

第三十九条　国务院生态环境主管部门应当会同国务院水行政、自然资源等主管部门,指导全国地下水污染防治重点区划定工作。省、自治区、直辖市人民政府生态环境主管部门应当会同本级人民政府水行政、自然资源等主管部门,根据本行政区域内地下水污染防治需要,划定地下水污染防治重点区。

第四十条　禁止下列污染或者可能污染地下水的行为:

(一)利用渗井、渗坑、裂隙、溶洞以及私设暗管等逃避监管的方式排放水污染物;

(二)利用岩层孔隙、裂隙、溶洞、废弃矿坑等贮存石化原料及产品、农药、危险废物、城镇污水处理设施产生的污泥和处理后的污泥或者其他有毒有害物质;

(三)利用无防渗漏措施的沟渠、坑塘等输送或者贮存含有毒污染物的废水、含病原体的污水和其他废弃物;

(四)法律、法规禁止的其他污染或者可能污染地下水的行为。

第四十一条　企业事业单位和其他生产经营者应当采取下列措施,防止地下水污染:

(一)兴建地下工程设施或者进行地下勘探、采矿等活动,依法编制的环境影响评价文件中,应当包括地下水污染防治的内容,并采取防护性措施;

(二)化学品生产企业以及工业集聚区、矿山开采区、尾矿库、危险废物处置区、垃圾填埋场等的运营、管理单位,应当采取防渗漏等措施,并建设地下水水质监测井进行监测;

(三)加油站等的地下油罐应当使用双层罐或者采取建造防渗池

等其他有效措施,并进行防渗漏监测;

(四)存放可溶性剧毒废渣的场所,应当采取防水、防渗漏、防流失的措施;

(五)法律、法规规定应当采取的其他防止地下水污染的措施。

根据前款第二项规定的企业事业单位和其他生产经营者排放有毒有害物质情况,地方人民政府生态环境主管部门应当按照国务院生态环境主管部门的规定,商有关部门确定并公布地下水污染防治重点排污单位名录。地下水污染防治重点排污单位应当依法安装水污染物排放自动监测设备,与生态环境主管部门的监控设备联网,并保证监测设备正常运行。

第四十二条 在泉域保护范围以及岩溶强发育、存在较多落水洞和岩溶漏斗的区域内,不得新建、改建、扩建可能造成地下水污染的建设项目。

第四十三条 多层含水层开采、回灌地下水应当防止串层污染。

多层地下水的含水层水质差异大的,应当分层开采;对已受污染的潜水和承压水,不得混合开采。

已经造成地下水串层污染的,应当按照封填井技术要求限期回填串层开采井,并对造成的地下水污染进行治理和修复。

人工回灌补给地下水,应当符合相关的水质标准,不得使地下水水质恶化。

第四十四条 农业生产经营者等有关单位和个人应当科学、合理使用农药、肥料等农业投入品,农田灌溉用水应当符合相关水质标准,防止地下水污染。

县级以上地方人民政府及其有关部门应当加强农药、肥料等农业投入品使用指导和技术服务,鼓励和引导农业生产经营者等有关单位和个人合理使用农药、肥料等农业投入品,防止地下水污染。

第四十五条 依照《中华人民共和国土壤污染防治法》的有关规定,安全利用类和严格管控类农用地地块的土壤污染影响或者可能影响地下水安全的,制定防治污染的方案时,应当包括地下水污染防治的内容。

污染物含量超过土壤污染风险管控标准的建设用地地块,编制土壤污染风险评估报告时,应当包括地下水是否受到污染的内容;列入风险管控和修复名录的建设用地地块,采取的风险管控措施中应当包括地下水污染防治的内容。

对需要实施修复的农用地地块,以及列入风险管控和修复名录的建设用地地块,修复方案中应当包括地下水污染防治的内容。

第六章 监督管理

第四十六条 县级以上人民政府水行政、自然资源、生态环境等主管部门应当依照职责加强监督管理,完善协作配合机制。

国务院水行政、自然资源、生态环境等主管部门建立统一的国家地下水监测站网和地下水监测信息共享机制,对地下水进行动态监测。

县级以上地方人民政府水行政、自然资源、生态环境等主管部门根据需要完善地下水监测工作体系,加强地下水监测。

第四十七条 任何单位和个人不得侵占、毁坏或者擅自移动地下水监测设施设备及其标志。

新建、改建、扩建建设工程应当避开地下水监测设施设备;确实无法避开、需要拆除地下水监测设施设备的,应当由县级以上人民政府水行政、自然资源、生态环境等主管部门按照有关技术要求组织迁建,迁建费用由建设单位承担。

任何单位和个人不得篡改、伪造地下水监测数据。

第四十八条 建设地下水取水工程的单位和个人,应当在申请取水许可时附具地下水取水工程建设方案,并按照取水许可批准文件的要求,自行或者委托具有相应专业技术能力的单位进行施工。施工单位不得承揽应当取得但未取得取水许可的地下水取水工程。

以监测、勘探为目的的地下水取水工程,不需要申请取水许可,建设单位应当于施工前报有管辖权的水行政主管部门备案。

地下水取水工程的所有权人负责工程的安全管理。

第四十九条 县级以上地方人民政府水行政主管部门应当对本行政区域内的地下水取水工程登记造册,建立监督管理制度。

报废的矿井、钻井、地下水取水工程,或者未建成、已完成勘探任务、依法应当停止取水的地下水取水工程,应当由工程所有权人或者管理单位实施封井或者回填;所有权人或者管理单位应当将其封井或者回填情况告知县级以上地方人民政府水行政主管部门;无法确定所有权人或者管理单位的,由县级以上地方人民政府或者其授权的部门负责组织实施封井或者回填。

实施封井或者回填,应当符合国家有关技术标准。

第五十条 县级以上地方人民政府应当组织水行政、自然资源、生态环境等主管部门,划定集中式地下水饮用水水源地并公布名录,定期组织开展地下水饮用水水源地安全评估。

第五十一条 县级以上地方人民政府水行政主管部门应当会同本级人民政府自然资源等主管部门,根据水文地质条件和地下水保护要求,划定需要取水的地热能开发利用项目的禁止和限制取水范围。

禁止在集中式地下水饮用水水源地建设需要取水的地热能开发利用项目。禁止抽取难以更新的地下水用于需要取水的地热能开发利用项目。

建设需要取水的地热能开发利用项目,应当对取水和回灌进行计量,实行同一含水层等量取水和回灌,不得对地下水造成污染。达到取水规模以上的,应当安装取水和回灌在线计量设施,并将计量数据实时传输到有管理权限的水行政主管部门。取水规模由省、自治区、直辖市人民政府水行政主管部门制定、公布。

对不符合本条第一款、第二款、第三款规定的已建需要取水的地热能开发利用项目,取水单位和个人应当按照水行政主管部门的规定限期整改,整改不合格的,予以关闭。

第五十二条 矿产资源开采、地下工程建设疏干排水量达到规模的,应当依法申请取水许可,安装排水计量设施,定期向取水许可审批机关报送疏干排水量和地下水水位状况。疏干排水量规模由省、自治区、直辖市人民政府制定、公布。

为保障矿井等地下工程施工安全和生产安全必须进行临时应急取(排)水的,不需要申请取水许可。取(排)水单位和个人应当于临时应急取(排)水结束后5个工作日内,向有管理权限的县级以上地方人民政府水行政主管部门备案。

矿产资源开采、地下工程建设疏干排水应当优先利用,无法利用的应当达标排放。

第五十三条 县级以上人民政府水行政、生态环境等主管部门应当建立从事地下水节约、保护、利用活动的单位和个人的诚信档案,记录日常监督检查结果、违法行为查处等情况,并依法向社会公示。

第七章 法 律 责 任

第五十四条 县级以上地方人民政府,县级以上人民政府水行政、生态环境、自然资源主管部门和其他负有地下水监督管理职责的部门有下列行为之一的,由上级机关责令改正,对负有责任的主管人员和其他直接责任人员依法给予处分:

(一)未采取有效措施导致本行政区域内地下水超采范围扩大,或者地下水污染状况未得到改善甚至恶化;

(二)未完成本行政区域内地下水取水总量控制指标和地下水水位控制指标;

(三)对地下水水位低于控制水位未采取相关措施;

(四)发现违法行为或者接到对违法行为的检举后未予查处;

(五)有其他滥用职权、玩忽职守、徇私舞弊等违法行为。

第五十五条 违反本条例规定,未经批准擅自取用地下水,或者利用渗井、渗坑、裂隙、溶洞以及私设暗管等逃避监管的方式排放水污染物等违法行为,依照《中华人民共和国水法》《中华人民共和国水污染防治法》《中华人民共和国土壤污染防治法》《取水许可和水资源费征收管理条例》等法律、行政法规的规定处罚。

第五十六条 地下水取水工程未安装计量设施的,由县级以上地方人民政府水行政主管部门责令限期安装,并按照日最大取水能力计算的取水量计征相关费用,处10万元以上50万元以下罚款;情节严重的,吊销取水许可证。

计量设施不合格或者运行不正常的,由县级以上地方人民政府水行政主管部门责令限期更换或者修复;逾期不更换或不修复的,按照日最大取水能力计算的取水量计征相关费用,处10万元以上50万元以下罚款;情节严重的,吊销取水许可证。

第五十七条 地下工程建设对地下水补给、径流、排泄等造成重大不利影响的,由县级以上地方人民政府水行政主管部门责令限期采取措施消除不利影响,处10万元以上50万元以下罚款;逾期不采取措施消除不利影响的,由县级以上地方人民政府水行政主管部门组织采取措施消除不利影响,所需费用由违法行为人承担。

地下工程建设应当于开工前将工程建设方案和防止对地下水产

生不利影响的措施方案备案而未备案的,或者矿产资源开采、地下工程建设疏干排水应当定期报送疏干排水量和地下水水位状况而未报送的,由县级以上地方人民政府水行政主管部门责令限期补报;逾期不补报的,处2万元以上10万元以下罚款。

第五十八条　报废的矿井、钻井、地下水取水工程,或者未建成、已完成勘探任务、依法应当停止取水的地下水取水工程,未按照规定封井或者回填的,由县级以上地方人民政府或者其授权的部门责令封井或者回填,处10万元以上50万元以下罚款;不具备封井或者回填能力的,由县级以上地方人民政府或者其授权的部门组织封井或者回填,所需费用由违法行为人承担。

第五十九条　利用岩层孔隙、裂隙、溶洞、废弃矿坑等贮存石化原料及产品、农药、危险废物或者其他有毒有害物质的,由地方人民政府生态环境主管部门责令限期改正,处10万元以上100万元以下罚款。

利用岩层孔隙、裂隙、溶洞、废弃矿坑等贮存城镇污水处理设施产生的污泥和处理后的污泥的,由县级以上地方人民政府城镇排水主管部门责令限期改正,处20万元以上200万元以下罚款,对直接负责的主管人员和其他直接责任人员处2万元以上10万元以下罚款;造成严重后果的,处200万元以上500万元以下罚款,对直接负责的主管人员和其他直接责任人员处5万元以上50万元以下罚款。

在泉域保护范围以及岩溶强发育、存在较多落水洞和岩溶漏斗的区域内,新建、改建、扩建造成地下水污染的建设项目的,由地方人民政府生态环境主管部门处10万元以上50万元以下罚款,并报经有批准权的人民政府批准,责令拆除或者关闭。

第六十条　侵占、毁坏或者擅自移动地下水监测设施设备及其标志的,由县级以上地方人民政府水行政、自然资源、生态环境主管部门责令停止违法行为,限期采取补救措施,处2万元以上10万元以下罚款;逾期不采取补救措施的,由县级以上地方人民政府水行政、自然资源、生态环境主管部门组织补救,所需费用由违法行为人承担。

第六十一条　以监测、勘探为目的的地下水取水工程在施工前应当备案而未备案的,由县级以上地方人民政府水行政主管部门责令限期补办备案手续;逾期不补办备案手续的,责令限期封井或者回填,处2万元以上10万元以下罚款;逾期不封井或者回填的,由县级以上地方人民政府水行政主管部门组织封井或者回填，所需费用由违法行为人承担。

第六十二条 违反本条例规定，构成违反治安管理行为的，由公安机关依法给予治安管理处罚；构成犯罪的，依法追究刑事责任。

第八章 附 则

第六十三条 本条例下列用语含义是：

地下水取水工程，是指地下水取水井及其配套设施，包括水井、集水廊道、集水池、渗渠、注水井以及需要取水的地热能开发利用项目的取水井和回灌井等。

地下水超采区，是指地下水实际开采量超过可开采量，引起地下水水位持续下降、引发生态损害和地质灾害的区域。

难以更新的地下水，是指与大气降水和地表水体没有密切水力联系、无法补给或者补给非常缓慢的地下水。

第六十四条 本条例自2021年12月1日起施行。

入河排污口监督管理办法

1. 2024年10月16日生态环境部令第35号公布
2. 自2025年1月1日起施行

目 录

第一章 总 则
第二章 设置管理
第三章 监督检查
第四章 附 则

第一章 总 则

第一条 为了加强入河排污口监督管理，控制入河污染物排放，保护和改善水生态环境，根据《中华人民共和国水污染防治法》《中华人民共和国水法》等法律和国务院相关规定，制定本办法。

第二条 入河排污口设置审批、登记以及相关监督管理活动,适用本办法。

第三条 本办法所称入河排污口,是指直接或者通过管道、沟、渠等排污通道向江河、湖泊、运河、水库等水体排放污水的口门。

本办法所称入河排污口设置,包括新设、改设或者扩大入河排污口。新设,是指入河排污口的首次建造或者使用;改设,是指已有入河排污口的排放位置、排放方式等事项的重大改变;扩大,是指已有入河排污口排污能力的提高。

第四条 国务院生态环境主管部门负责指导全国入河排污口设置和监督管理。

国务院生态环境主管部门所属流域生态环境监督管理机构(以下简称流域生态环境监督管理机构)负责指导流域内入河排污口设置,承办国务院生态环境主管部门授权范围内入河排污口设置审批和监督管理。

地方生态环境主管部门按照规定权限负责本行政区域入河排污口设置审批、登记和监督管理。

第五条 入河排污口应当明确责任主体。责任主体负责源头治理以及入河排污口的设置申请或者登记、整治、规范化建设、维护管理等。

多个排污单位共用同一入河排污口的,所有排污单位均为责任主体,各自承担的责任由所有排污单位协商确定。

第六条 入河排污口按照其责任主体所属行业以及排放特征,分为工业排污口、城镇污水处理厂排污口、农业排口、其他排口四种类型。

工业排污口包括工矿企业排污口和雨洪排口、工业以及其他各类园区污水处理厂排污口和雨洪排口等;农业排口包括规模化畜禽养殖排污口、规模化水产养殖排污口等;其他排口包括大中型灌区排口、规模以下畜禽养殖排污口、规模以下水产养殖排污口、农村污水处理设施排污口、农村生活污水散排口等。

第七条 编制生态环境保护规划、江河湖泊水功能区划等,应当充分考虑入河排污口布局和管控要求。

开展工业、农业、畜牧业、林业、能源、水利、交通、城市建设、旅游、自然资源开发的有关专项规划的环境影响评价,应当将入河排污口设置有关规定落实情况作为重要内容。

第八条 国家加强入河排污口管理基础性研究和专业技术人才培养。鼓励开展遥感监测、水面航测、水下探测、管线排查等实用技术和装备的研发集成和推广应用。

第九条 鼓励地方加大财政资金投入力度，吸引社会资本参与入河排污口整治、规范化建设、维护管理等。

第十条 对在入河排污口监督管理工作中做出优异成绩的单位和个人，可以按照国家或者地方的有关规定给予表彰、奖励。

第二章 设置管理

第十一条 设置工矿企业排污口、工业以及其他各类园区污水处理厂排污口和城镇污水处理厂排污口，应当按照本办法的规定，报有审批权的流域生态环境监督管理机构或者地方生态环境主管部门（以下简称审批部门）审批；未经批准的，禁止通过上述入河排污口排放污水。

第十二条 设置本办法第十一条规定的入河排污口，符合下列条件之一的，由流域生态环境监督管理机构负责审批：

（一）建设项目环境影响评价文件由国务院生态环境主管部门审批的；

（二）位于省界缓冲区的；

（三）位于国际河湖或者国境边界河湖的；

（四）存在省际争议的。

前款规定范围外的入河排污口设置审批权限，由入河排污口所在的省级生态环境主管部门确定，并向社会公开。

第十三条 入河排污口设置审批程序包括申请、受理、审查、决定。

（一）申请。责任主体应当在入河排污口设置前向审批部门提出设置申请。多个排污单位共用同一入河排污口的，可以委托其中一个责任主体提出申请。

（二）受理。审批部门对申请材料齐全、符合法定形式的，予以受理。

（三）审查。审批部门对受理的申请材料进行审查，并可以根据需要，组织专家评审、听证或者现场查勘。组织专家评审、听证或者现场查勘，不得向申请单位收取任何费用。

（四）决定。审批部门应当自受理入河排污口设置申请之日起二十个工作日内作出准予许可或者不予许可的决定。对准予许可的，颁发同意设置入河排污口的决定书(以下简称决定书);对不符合许可条件的,不予许可并书面说明理由。决定书应当公开,供公众查询。

开展专家评审、听证、现场查勘等活动所需时间,不计算在本条规定的许可期限内。

第十四条 申请设置入河排污口的,应当提交入河排污口设置申请书、入河排污口设置论证报告或者简要分析材料、建设项目依据文件。

有下列情形之一的,应当提交入河排污口设置论证报告:

(一)责任主体属于造纸、焦化、氮肥、化工、印染、农副食品加工、制革、电镀、冶金、有色金属、原料药制造、农药等行业的;

(二)排放放射性物质、重金属以及其他有毒有害水污染物的;

(三)污水或者污染物排放量达到国务院生态环境主管部门确定的规模标准的。

前款规定以外的入河排污口设置申请,应当提交入河排污口设置简要分析材料。

第十五条 入河排污口设置论证报告应当包括下列内容:

(一)责任主体基本情况。

(二)入河排污口所在水域水生态环境现状。

(三)入河排污口设置地点,污水排放方式、排放去向。

(四)入河排污口污水排放量,入河排污口重点污染物排放种类、排放浓度和排放量。

(五)入河排污口设置对周边环境影响以及相关环境风险分析。

(六)水生态环境保护措施以及效果分析;排放放射性物质的,还应当论证放射性物质管控措施以及效果。

(七)论证结论。

(八)需要分析或者说明的其他事项。

入河排污口设置简要分析材料应当包括前款规定的第一项、第二项、第三项、第四项内容。

第十六条 多个排污单位共用同一入河排污口的,入河排污口设置论证报告和简要分析材料中还应当明确每个责任主体的入河排污口污水排放量,入河排污口重点污染物排放种类、排放浓度和排放量,并区分各自责任。

第十七条 入河排污口责任主体可以自行或者委托技术单位开展入河

排污口设置论证,编制入河排污口设置论证报告或者简要分析材料。责任主体对入河排污口设置论证报告或者简要分析材料的内容和结论负责。

任何单位和个人不得为责任主体指定编制入河排污口设置论证报告或者简要分析材料的技术单位。

第十八条 有下列情形之一的,禁止设置入河排污口:

（一）在饮用水水源保护区内;

（二）在风景名胜区水体、重要渔业水体和其他具有特殊经济文化价值的水体的保护区内新建;

（三）不符合法律、行政法规规定的其他情形。

对流域水生态环境质量不达标的水功能区,除城镇污水处理厂等重要民生工程的入河排污口外,严格控制入河排污口设置。

第十九条 入河排污口责任主体依法取得排污许可证的,入河排污口设置审批应当与排污许可证记载事项做好衔接。

第二十条 决定书应当记载下列信息:

（一）责任主体基本情况。

（二）入河排污口名称、编码、设置地点,污水排放方式、排放去向。

（三）入河排污口污水排放量,入河排污口重点污染物排放种类、排放浓度和排放量,特殊时段的限制排放要求。

（四）信息公开要求。

（五）水污染事故应急预案以及环境风险防范措施。

（六）水生态环境保护措施;排放放射性物质的,还应当明确放射性物质管控措施。

（七）法律、行政法规规定的其他事项。

多个排污单位共用同一入河排污口的,决定书中还应当记载每个责任主体的入河排污口污水排放量,入河排污口重点污染物排放种类、排放浓度和排放量,特殊时段的限制排放要求,并区分各自责任。

第二十一条 入河排污口责任主体名称、生产经营场所地址、法定代表人或者主要负责人以及联系方式等信息发生变更的,应当自变更之日起三十日内,向审批部门申请办理决定书变更手续。对符合要求的,审批部门应当在十个工作日内予以变更。

第二十二条 设置本办法第十一条规定以外的入河排污口,应当在入河排污口设置前,向所在的设区的市级生态环境主管部门提交入河排污口登记表。对符合要求的,生态环境主管部门应当在十个工作日内予以确认并登记。

已登记的入河排污口,责任主体所属行业以及排放特征发生变动,符合本办法第十一条规定情形的,应当按照本办法的规定办理入河排污口设置审批。

第二十三条 入河排污口不再使用的,责任主体应当自行拆除或者关闭入河排污口,并自拆除或者关闭之日起三十日内,申请注销决定书或者登记表。

第三章 监督检查

第二十四条 国务院生态环境主管部门负责全国入河排污口信息化管理工作,组织建立并动态更新入河排污口管理台账,加强入河排污口设置审批、登记、排查整治、日常监督检查等信息管理。

第二十五条 生态环境主管部门、流域生态环境监督管理机构应当根据国家有关规定和监测规范,加强对入河排污口的监督监测。水生态环境质量较差的地方应当适当增加入河排污口监测频次。

第二十六条 流域生态环境监督管理机构应当加大对流域内入河排污口的监督检查力度,发现问题及时通报有关单位。

地方生态环境主管部门应当加强对入河排污口的现场检查,必要时可以会同有关部门开展联合监督检查。

第二十七条 国务院生态环境主管部门应当按照国家有关规定,组织开展入河排污口排查整治,加强对地方排查整治工作的指导。

流域生态环境监督管理机构和地方生态环境主管部门应当按照职责分工将入河排污口排查整治情况纳入入河排污口管理台账。

鼓励开展入河排污口整治、规范化建设标杆工程创建,发挥引领示范作用。

第二十八条 入河排污口责任主体应当定期巡查维护排污通道、口门以及附属设施等;发现他人借道排污等情形的,应当立即向所在地生态环境主管部门报告并留存证据。

第二十九条 鼓励入河排污口责任主体安装视频监控系统,加强入河排污口日常管理维护。

第三十条 入河排污口监测采样点、检查井、标识牌等设置应当符合国务院生态环境主管部门规范化建设标准要求。责任主体应当按照国务院生态环境主管部门规定,在污水入河处或者监测采样点等醒目位置设置标识牌。

第三十一条 入河排污口责任主体应当通过标识牌、显示屏、二维码标识或者网络媒体等主动向社会公开入河排污口相关信息。

第三十二条 入河排污口排放污染物造成或者可能造成水污染事故时,责任主体应当立即启动应急预案,并依法向事故发生地的县级以上地方人民政府或者生态环境主管部门报告,接受调查处理,同时采取应急措施切断或者控制事故污染源,拦截、导流、分流事故污水并进行妥善处置。

第三十三条 生态环境主管部门应当建立健全公众监督举报机制,鼓励社会公众、新闻媒体对入河排污口排污情况等进行监督。

第三十四条 公民、法人和其他组织发现有违反本办法规定行为的,有权向生态环境主管部门举报。接受举报的生态环境主管部门应当依法处理,并按照有关规定向举报人反馈处理结果,同时为举报人保密。

第三十五条 违反本办法规定,在饮用水水源保护区内设置入河排污口的,依照《中华人民共和国水污染防治法》第八十四条第一款的规定予以处罚。

　　违反本办法规定,有下列情形之一的,由生态环境主管部门依照《中华人民共和国水污染防治法》第八十四条第二款、第三款的规定予以处罚:

　　(一)在风景名胜区水体、重要渔业水体和其他具有特殊经济文化价值的水体的保护区等设置入河排污口的;

　　(二)未经审批擅自设置入河排污口的;

　　(三)未按照决定书要求设置入河排污口的;

　　(四)其他违反法律、行政法规和国务院生态环境主管部门的规定设置入河排污口的。

第四章　附　　则

第三十六条 入河排污口设置申请书、决定书,入河排污口登记表等文书格式,由国务院生态环境主管部门另行制定。

第三十七条 本办法施行前已经依法取得的同意设置入河排污口决定,

本办法施行后继续有效。

第三十八条 入河排污口设置审批、登记、监督管理等涉及国家秘密的，应当遵守国家有关保密法律法规的规定。

第三十九条 入河排污口设置审批、登记、监督管理，本办法未作规定的，适用其他相关法律、行政法规、国务院文件的规定。

第四十条 本办法自2025年1月1日起施行。

二、大气、土壤、固体废物、噪声、放射性污染防治

中华人民共和国大气污染防治法

1. 1987年9月5日第六届全国人民代表大会常务委员会第二十二次会议通过
2. 根据1995年8月29日第八届全国人民代表大会常务委员会第十五次会议《关于修改〈中华人民共和国大气污染防治法〉的决定》第一次修正
3. 2000年4月29日第九届全国人民代表大会常务委员会第十五次会议第一次修订
4. 2015年8月29日第十二届全国人民代表大会常务委员会第十六次会议第二次修订
5. 根据2018年10月26日第十三届全国人民代表大会常务委员会第六次会议《关于修改〈中华人民共和国野生动物保护法〉等十五部法律的决定》第二次修正

目　　录

第一章　总　　则
第二章　大气污染防治标准和限期达标规划
第三章　大气污染防治的监督管理
第四章　大气污染防治措施
　第一节　燃煤和其他能源污染防治
　第二节　工业污染防治
　第三节　机动车船等污染防治
　第四节　扬尘污染防治
　第五节　农业和其他污染防治
第五章　重点区域大气污染联合防治
第六章　重污染天气应对
第七章　法律责任
第八章　附　　则

第一章 总 则

第一条 【立法目的】为保护和改善环境,防治大气污染,保障公众健康,推进生态文明建设,促进经济社会可持续发展,制定本法。

第二条 【基本原则】防治大气污染,应当以改善大气环境质量为目标,坚持源头治理,规划先行,转变经济发展方式,优化产业结构和布局,调整能源结构。

防治大气污染,应当加强对燃煤、工业、机动车船、扬尘、农业等大气污染的综合防治,推行区域大气污染联合防治,对颗粒物、二氧化硫、氮氧化物、挥发性有机物、氨等大气污染物和温室气体实施协同控制。

第三条 【财政投入和地方政府责任】县级以上人民政府应当将大气污染防治工作纳入国民经济和社会发展规划,加大对大气污染防治的财政投入。

地方各级人民政府应当对本行政区域的大气环境质量负责,制定规划,采取措施,控制或者逐步削减大气污染物的排放量,使大气环境质量达到规定标准并逐步改善。

第四条 【考核】国务院生态环境主管部门会同国务院有关部门,按照国务院的规定,对省、自治区、直辖市大气环境质量改善目标、大气污染防治重点任务完成情况进行考核。省、自治区、直辖市人民政府制定考核办法,对本行政区域内地方大气环境质量改善目标、大气污染防治重点任务完成情况实施考核。考核结果应当向社会公开。

第五条 【管理体制】县级以上人民政府生态环境主管部门对大气污染防治实施统一监督管理。

县级以上人民政府其他有关部门在各自职责范围内对大气污染防治实施监督管理。

第六条 【科学技术】国家鼓励和支持大气污染防治科学技术研究,开展对大气污染来源及其变化趋势的分析,推广先进适用的大气污染防治技术和装备,促进科技成果转化,发挥科学技术在大气污染防治中的支撑作用。

第七条 【企业和公民义务】企业事业单位和其他生产经营者应当采取有效措施,防止、减少大气污染,对所造成的损害依法承担责任。

公民应当增强大气环境保护意识,采取低碳、节俭的生活方式,自觉履行大气环境保护义务。

第二章 大气污染防治标准和限期达标规划

第八条 【大气环境质量标准】国务院生态环境主管部门或者省、自治区、直辖市人民政府制定大气环境质量标准,应当以保障公众健康和保护生态环境为宗旨,与经济社会发展相适应,做到科学合理。

第九条 【大气污染物排放标准】国务院生态环境主管部门或者省、自治区、直辖市人民政府制定大气污染物排放标准,应当以大气环境质量标准和国家经济、技术条件为依据。

第十条 【大气环境质量标准、大气污染物排放标准制定程序】制定大气环境质量标准、大气污染物排放标准,应当组织专家进行审查和论证,并征求有关部门、行业协会、企业事业单位和公众等方面的意见。

第十一条 【大气环境质量标准、大气污染物排放标准公布】省级以上人民政府生态环境主管部门应当在其网站上公布大气环境质量标准、大气污染物排放标准,供公众免费查阅、下载。

第十二条 【大气环境质量标准、大气污染物排放标准评估、修订】大气环境质量标准、大气污染物排放标准的执行情况应当定期进行评估,根据评估结果对标准适时进行修订。

第十三条 【产品质量标准环保要求】制定燃煤、石油焦、生物质燃料、涂料等含挥发性有机物的产品、烟花爆竹以及锅炉等产品的质量标准,应当明确大气环境保护要求。

制定燃油质量标准,应当符合国家大气污染物控制要求,并与国家机动车船、非道路移动机械大气污染物排放标准相互衔接,同步实施。

前款所称非道路移动机械,是指装配有发动机的移动机械和可运输工业设备。

第十四条 【编制限期达标规划】未达到国家大气环境质量标准城市的人民政府应当及时编制大气环境质量限期达标规划,采取措施,按照国务院或者省级人民政府规定的期限达到大气环境质量标准。

编制城市大气环境质量限期达标规划,应当征求有关行业协会、企业事业单位、专家和公众等方面的意见。

第十五条 【限期达标规划公开和备案】城市大气环境质量限期达标规划应当向社会公开。直辖市和设区的市的大气环境质量限期达标规划应当报国务院生态环境主管部门备案。

第十六条　【限期达标规划执行情况向人大报告】城市人民政府每年在向本级人民代表大会或者其常务委员会报告环境状况和环境保护目标完成情况时,应当报告大气环境质量限期达标规划执行情况,并向社会公开。

第十七条　【限期达标规划评估、修订】城市大气环境质量限期达标规划应当根据大气污染防治的要求和经济、技术条件适时进行评估、修订。

第三章　大气污染防治的监督管理

第十八条　【排污者污染防治要求】企业事业单位和其他生产经营者建设对大气环境有影响的项目,应当依法进行环境影响评价、公开环境影响评价文件;向大气排放污染物的,应当符合大气污染物排放标准,遵守重点大气污染物排放总量控制要求。

第十九条　【排污许可制度】排放工业废气或者本法第七十八条规定名录中所列有毒有害大气污染物的企业事业单位、集中供热设施的燃煤热源生产运营单位以及其他依法实行排污许可管理的单位,应当取得排污许可证。排污许可的具体办法和实施步骤由国务院规定。

第二十条　【排放口设置和禁止逃避监管方式排放】企业事业单位和其他生产经营者向大气排放污染物的,应当依照法律法规和国务院生态环境主管部门的规定设置大气污染物排放口。

禁止通过偷排、篡改或者伪造监测数据、以逃避现场检查为目的的临时停产、非紧急情况下开启应急排放通道、不正常运行大气污染防治设施等逃避监管的方式排放大气污染物。

第二十一条　【总量控制制度和排污权交易】国家对重点大气污染物排放实行总量控制。

重点大气污染物排放总量控制目标,由国务院生态环境主管部门在征求国务院有关部门和各省、自治区、直辖市人民政府意见后,会同国务院经济综合主管部门报国务院批准并下达实施。

省、自治区、直辖市人民政府应当按照国务院下达的总量控制目标,控制或者削减本行政区域的重点大气污染物排放总量。

确定总量控制目标和分解总量控制指标的具体办法,由国务院生态环境主管部门会同国务院有关部门规定。省、自治区、直辖市人民政府可以根据本行政区域大气污染防治的需要,对国家重点大气污物之外的其他大气污染物排放实行总量控制。

国家逐步推行重点大气污染物排污权交易。

第二十二条　【约谈和区域限批】对超过国家重点大气污染物排放总量控制指标或者未完成国家下达的大气环境质量改善目标的地区,省级以上人民政府生态环境主管部门应当会同有关部门约谈该地区人民政府的主要负责人,并暂停审批该地区新增重点大气污染物排放总量的建设项目环境影响评价文件。约谈情况应当向社会公开。

第二十三条　【监测制度】国务院生态环境主管部门负责制定大气环境质量和大气污染源的监测和评价规范,组织建设与管理全国大气环境质量和大气污染源监测网,组织开展大气环境质量和大气污染源监测,统一发布全国大气环境质量状况信息。

县级以上地方人民政府生态环境主管部门负责组织建设与管理本行政区域大气环境质量和大气污染源监测网,开展大气环境质量和大气污染源监测,统一发布本行政区域大气环境质量状况信息。

第二十四条　【排污者自行监测】企业事业单位和其他生产经营者应当按照国家有关规定和监测规范,对其排放的工业废气和本法第七十八条规定名录中所列有毒有害大气污染物进行监测,并保存原始监测记录。其中,重点排污单位应当安装、使用大气污染物排放自动监测设备,与生态环境主管部门的监控设备联网,保证监测设备正常运行并依法公开排放信息。监测的具体办法和重点排污单位的条件由国务院生态环境主管部门规定。

重点排污单位名录由设区的市级以上地方人民政府生态环境主管部门按照国务院生态环境主管部门的规定,根据本行政区域的大气环境承载力、重点大气污染物排放总量控制指标的要求以及排污单位排放大气污染物的种类、数量和浓度等因素,商有关部门确定,并向社会公布。

第二十五条　【保证自动监测数据的真实性、准确性】重点排污单位应当对自动监测数据的真实性和准确性负责。生态环境主管部门发现重点排污单位的大气污染物排放自动监测设备传输数据异常,应当及时进行调查。

第二十六条　【监测设施、设备保护】禁止侵占、损毁或者擅自移动、改变大气环境质量监测设施和大气污染物排放自动监测设备。

第二十七条　【淘汰制度】国家对严重污染大气环境的工艺、设备和产品实行淘汰制度。

国务院经济综合主管部门会同国务院有关部门确定严重污染大气环境的工艺、设备和产品淘汰期限，并纳入国家综合性产业政策目录。

生产者、进口者、销售者或者使用者应当在规定期限内停止生产、进口、销售或者使用列入前款规定目录中的设备和产品。工艺的采用者应当在规定期限内停止采用列入前款规定目录中的工艺。

被淘汰的设备和产品，不得转让给他人使用。

第二十八条　【损害评估制度】国务院生态环境主管部门会同有关部门，建立和完善大气污染损害评估制度。

第二十九条　【监督检查】生态环境主管部门及其环境执法机构和其他负有大气环境保护监督管理职责的部门，有权通过现场检查监测、自动监测、遥感监测、远红外摄像等方式，对排放大气污染物的企业事业单位和其他生产经营者进行监督检查。被检查者应当如实反映情况，提供必要的资料。实施检查的部门、机构及其工作人员应当为被检查者保守商业秘密。

第三十条　【查封、扣押】企业事业单位和其他生产经营者违反法律法规规定排放大气污染物，造成或者可能造成严重大气污染，或者有关证据可能灭失或者被隐匿的，县级以上人民政府生态环境主管部门和其他负有大气环境保护监督管理职责的部门，可以对有关设施、设备、物品采取查封、扣押等行政强制措施。

第三十一条　【举报制度】生态环境主管部门和其他负有大气环境保护监督管理职责的部门应当公布举报电话、电子邮箱等，方便公众举报。

生态环境主管部门和其他负有大气环境保护监督管理职责的部门接到举报的，应当及时处理并对举报人的相关信息予以保密；对实名举报的，应当反馈处理结果等情况，查证属实的，处理结果依法向社会公开，并对举报人给予奖励。

举报人举报所在单位的，该单位不得以解除、变更劳动合同或者其他方式对举报人进行打击报复。

第四章　大气污染防治措施
第一节　燃煤和其他能源污染防治

第三十二条　【调整能源结构、优化煤炭使用方式】国务院有关部门和地方各级人民政府应当采取措施,调整能源结构,推广清洁能源的生产和使用;优化煤炭使用方式,推广煤炭清洁高效利用,逐步降低煤炭在一次能源消费中的比重,减少煤炭生产、使用、转化过程中的大气污染物排放。

第三十三条　【煤炭洗选加工】国家推行煤炭洗选加工,降低煤炭的硫分和灰分,限制高硫分、高灰分煤炭的开采。新建煤矿应当同步建设配套的煤炭洗选设施,使煤炭的硫分、灰分含量达到规定标准;已建成的煤矿除所采煤炭属于低硫分、低灰分或者根据已达标排放的燃煤电厂要求不需要洗选的以外,应当限期建成配套的煤炭洗选设施。

禁止开采含放射性和砷等有毒有害物质超过规定标准的煤炭。

第三十四条　【洁净煤技术】国家采取有利于煤炭清洁高效利用的经济、技术政策和措施,鼓励和支持洁净煤技术的开发和推广。

国家鼓励煤矿企业等采用合理、可行的技术措施,对煤层气进行开采利用,对煤矸石进行综合利用。从事煤层气开采利用的,煤层气排放应当符合有关标准规范。

第三十五条　【禁止进口、销售和燃用不达标的煤炭】国家禁止进口、销售和燃用不符合质量标准的煤炭,鼓励燃用优质煤炭。

单位存放煤炭、煤矸石、煤渣、煤灰等物料,应当采取防燃措施,防止大气污染。

第三十六条　【散煤管理】地方各级人民政府应当采取措施,加强民用散煤的管理,禁止销售不符合民用散煤质量标准的煤炭,鼓励居民燃用优质煤炭和洁净型煤,推广节能环保型炉灶。

第三十七条　【燃油生产要求和禁止进口、销售和燃用不合标石油焦】石油炼制企业应当按照燃油质量标准生产燃油。

禁止进口、销售和燃用不符合质量标准的石油焦。

第三十八条　【高污染燃料禁燃区】城市人民政府可以划定并公布高污染燃料禁燃区,并根据大气环境质量改善要求,逐步扩大高污染燃料禁燃区范围。高污染燃料的目录由国务院生态环境主管部门确定。

在禁燃区内,禁止销售、燃用高污染燃料;禁止新建、扩建燃用高污染燃料的设施,已建成的,应当在城市人民政府规定的期限内改用天然气、页岩气、液化石油气、电或者其他清洁能源。

第三十九条　【热电联产、集中供热】城市建设应当统筹规划,在燃煤供热地区,推进热电联产和集中供热。在集中供热管网覆盖地区,禁止新建、扩建分散燃煤供热锅炉;已建成的不能达标排放的燃煤供热锅炉,应当在城市人民政府规定的期限内拆除。

第四十条　【工业锅炉的环保要求】县级以上人民政府市场监督管理部门应当会同生态环境主管部门对锅炉生产、进口、销售和使用环节执行环境保护标准或者要求的情况进行监督检查;不符合环境保护标准或者要求的,不得生产、进口、销售和使用。

第四十一条　【燃煤污染控制】燃煤电厂和其他燃煤单位应当采用清洁生产工艺,配套建设除尘、脱硫、脱硝等装置,或者采取技术改造等其他控制大气污染物排放的措施。

国家鼓励燃煤单位采用先进的除尘、脱硫、脱硝、脱汞等大气污染物协同控制的技术和装置,减少大气污染物的排放。

第四十二条　【绿色电力调度】电力调度应当优先安排清洁能源发电上网。

第二节　工业污染防治

第四十三条　【工业向大气排放粉尘、硫化物和氮氧化物的管理】钢铁、建材、有色金属、石油、化工等企业生产过程中排放粉尘、硫化物和氮氧化物的,应当采用清洁生产工艺,配套建设除尘、脱硫、脱硝等装置,或者采取技术改造等其他控制大气污染物排放的措施。

第四十四条　【挥发性有机物含量应当符合质量标准或者要求】生产、进口、销售和使用含挥发性有机物的原材料和产品的,其挥发性有机物含量应当符合质量标准或者要求。

国家鼓励生产、进口、销售和使用低毒、低挥发性有机溶剂。

第四十五条　【生产和服务活动减少含挥发性有机物废气排放】产生含挥发性有机物废气的生产和服务活动,应当在密闭空间或者设备中进行,并按照规定安装、使用污染防治设施;无法密闭的,应当采取措施减少废气排放。

第四十六条　【工业涂装企业大气污染防治】工业涂装企业应当使用低挥发性有机物含量的涂料,并建立台账,记录生产原料、辅料的使用量、废弃量、去向以及挥发性有机物含量。台账保存期限不得少于三年。

第四十七条　【减少物料泄漏和安装油气回收装置】石油、化工以及其他生产和使用有机溶剂的企业,应当采取措施对管道、设备进行日常维护、维修,减少物料泄漏,对泄漏的物料应当及时收集处理。

储油储气库、加油加气站、原油成品油码头、原油成品油运输船舶和油罐车、气罐车等,应当按照国家有关规定安装油气回收装置并保持正常使用。

第四十八条　【精细化管理控制粉尘和气态污染物排放】钢铁、建材、有色金属、石油、化工、制药、矿产开采等企业,应当加强精细化管理,采取集中收集处理等措施,严格控制粉尘和气态污染物的排放。

工业生产企业应当采取密闭、围挡、遮盖、清扫、洒水等措施,减少内部物料的堆存、传输、装卸等环节产生的粉尘和气态污染物的排放。

第四十九条　【可燃性气体回收利用】工业生产、垃圾填埋或者其他活动产生的可燃性气体应当回收利用,不具备回收利用条件的,应当进行污染防治处理。

可燃性气体回收利用装置不能正常作业的,应当及时修复或者更新。在回收利用装置不能正常作业期间确需排放可燃性气体的,应当将排放的可燃性气体充分燃烧或者采取其他控制大气污染物排放的措施,并向当地生态环境主管部门报告,按照要求限期修复或者更新。

第三节　机动车船等污染防治

第五十条　【综合治理】国家倡导低碳、环保出行,根据城市规划合理控制燃油机动车保有量,大力发展城市公共交通,提高公共交通出行比例。

国家采取财政、税收、政府采购等措施推广应用节能环保型和新能源机动车船、非道路移动机械,限制高油耗、高排放机动车船、非道路移动机械的发展,减少化石能源的消耗。

省、自治区、直辖市人民政府可以在条件具备的地区,提前执行国家机动车大气污染物排放标准中相应阶段排放限值,并报国务院生态环境主管部门备案。

城市人民政府应当加强并改善城市交通管理,优化道路设置,保障人行道和非机动车道的连续、畅通。

第五十一条　【移动源达标排放管理】机动车船、非道路移动机械不得超过标准排放大气污染物。

禁止生产、进口或者销售大气污染物排放超过标准的机动车船、非道路移动机械。

第五十二条 【新车监管】机动车、非道路移动机械生产企业应当对新生产的机动车和非道路移动机械进行排放检验。经检验合格的,方可出厂销售。检验信息应当向社会公开。

省级以上人民政府生态环境主管部门可以通过现场检查、抽样检测等方式,加强对新生产、销售机动车和非道路移动机械大气污染物排放状况的监督检查。工业、市场监督管理等有关部门予以配合。

第五十三条 【定期检验和监督抽测】在用机动车应当按照国家或者地方的有关规定,由机动车排放检验机构定期对其进行排放检验。经检验合格的,方可上道路行驶。未经检验合格的,公安机关交通管理部门不得核发安全技术检验合格标志。

县级以上地方人民政府生态环境主管部门可以在机动车集中停放地、维修地对在用机动车的大气污染物排放状况进行监督抽测;在不影响正常通行的情况下,可以通过遥感监测等技术手段对在道路上行驶的机动车的大气污染物排放状况进行监督抽测,公安机关交通管理部门予以配合。

第五十四条 【检验认证认可】机动车排放检验机构应当依法通过计量认证,使用经依法检定合格的机动车排放检验设备,按照国务院生态环境主管部门制定的规范,对机动车进行排放检验,并与生态环境主管部门联网,实现检验数据实时共享。机动车排放检验机构及其负责人对检验数据的真实性和准确性负责。

生态环境主管部门和认证认可监督管理部门应当对机动车排放检验机构的排放检验情况进行监督检查。

第五十五条 【信息公开、维修、禁止性义务】机动车生产、进口企业应当向社会公布其生产、进口机动车车型的排放检验信息、污染控制技术信息和有关维修技术信息。

机动车维修单位应当按照防治大气污染的要求和国家有关技术规范对在用机动车进行维修,使其达到规定的排放标准。交通运输、生态环境主管部门应当依法加强监督管理。

禁止机动车所有人以临时更换机动车污染控制装置等弄虚作假的方式通过机动车排放检验。禁止机动车维修单位提供该类维修服务。禁止破坏机动车车载排放诊断系统。

第五十六条　【非道路移动机械监督检查】生态环境主管部门应当会同交通运输、住房城乡建设、农业行政、水行政等有关部门对非道路移动机械的大气污染物排放状况进行监督检查,排放不合格的,不得使用。

第五十七条　【环保驾驶】国家倡导环保驾驶,鼓励燃油机动车驾驶人在不影响道路通行且需停车三分钟以上的情况下熄灭发动机,减少大气污染物的排放。

第五十八条　【召回制度】国家建立机动车和非道路移动机械环境保护召回制度。

生产、进口企业获知机动车、非道路移动机械排放大气污染物超过标准,属于设计、生产缺陷或者不符合规定的环境保护耐久性要求的,应当召回;未召回的,由国务院市场监督管理部门会同国务院生态环境主管部门责令其召回。

第五十九条　【污染控制装置】在用重型柴油车、非道路移动机械未安装污染控制装置或者污染控制装置不符合要求,不能达标排放的,应当加装或者更换符合要求的污染控制装置。

第六十条　【报废】在用机动车排放大气污染物超过标准的,应当进行维修;经维修或者采用污染控制技术后,大气污染物排放仍不符合国家在用机动车排放标准的,应当强制报废。其所有人应当将机动车交售给报废机动车回收拆解企业,由报废机动车回收拆解企业按照国家有关规定进行登记、拆解、销毁等处理。

国家鼓励和支持高排放机动车船、非道路移动机械提前报废。

第六十一条　【禁止使用高排放非道路移动机械的区域】城市人民政府可以根据大气环境质量状况,划定并公布禁止使用高排放非道路移动机械的区域。

第六十二条　【船舶排放检验】船舶检验机构对船舶发动机及有关设备进行排放检验。经检验符合国家排放标准的,船舶方可运营。

第六十三条　【船舶油品和岸电】内河和江海直达船舶应当使用符合标准的普通柴油。远洋船舶靠港后应当使用符合大气污染物控制要求的船舶用燃油。

新建码头应当规划、设计和建设岸基供电设施;已建成的码头应当逐步实施岸基供电设施改造。船舶靠港后应当优先使用岸电。

第六十四条　【船舶大气污染物排放控制区】国务院交通运输主管部门

可以在沿海海域划定船舶大气污染物排放控制区,进入排放控制区的船舶应当符合船舶相关排放要求。

第六十五条 【生产、进口、销售燃料的限制】禁止生产、进口、销售不符合标准的机动车船、非道路移动机械用燃料;禁止向汽车和摩托车销售普通柴油以及其他非机动车用燃料;禁止向非道路移动机械、内河和江海直达船舶销售渣油和重油。

第六十六条 【发动机油、氮氧化物还原剂、燃料和润滑油添加剂以及其他添加剂】发动机油、氮氧化物还原剂、燃料和润滑油添加剂以及其他添加剂的有害物质含量和其他大气环境保护指标,应当符合有关标准的要求,不得损害机动车船污染控制装置效果和耐久性,不得增加新的大气污染物排放。

第六十七条 【民用航空器大气污染防治】国家积极推进民用航空器的大气污染防治,鼓励在设计、生产、使用过程中采取有效措施减少大气污染物排放。

民用航空器应当符合国家规定的适航标准中的有关发动机排出物要求。

第四节 扬尘污染防治

第六十八条 【地方各级政府及政府有关部门扬尘污染防治职责】地方各级人民政府应当加强对建设施工和运输的管理,保持道路清洁,控制料堆和渣土堆放,扩大绿地、水面、湿地和地面铺装面积,防治扬尘污染。

住房城乡建设、市容环境卫生、交通运输、国土资源等有关部门,应当根据本级人民政府确定的职责,做好扬尘污染防治工作。

第六十九条 【建设单位、施工单位扬尘污染防治责任】建设单位应当将防治扬尘污染的费用列入工程造价,并在施工承包合同中明确施工单位扬尘污染防治责任。施工单位应当制定具体的施工扬尘污染防治实施方案。

从事房屋建筑、市政基础设施建设、河道整治以及建筑物拆除等施工单位,应当向负责监督管理扬尘污染防治的主管部门备案。

施工单位应当在施工工地设置硬质围挡,并采取覆盖、分段作业、择时施工、洒水抑尘、冲洗地面和车辆等有效防尘降尘措施。建筑土方、工程渣土、建筑垃圾应当及时清运;在场地内堆存的,应当采用密闭式防尘网遮盖。工程渣土、建筑垃圾应当进行资源化处理。

施工单位应当在施工工地公示扬尘污染防治措施、负责人、扬尘监督管理主管部门等信息。

暂时不能开工的建设用地,建设单位应当对裸露地面进行覆盖;超过三个月的,应当进行绿化、铺装或者遮盖。

第七十条 【运输、装卸物料扬尘和道路等公共场所扬尘污染防治】运输煤炭、垃圾、渣土、砂石、土方、灰浆等散装、流体物料的车辆应当采取密闭或者其他措施防止物料遗撒造成扬尘污染,并按照规定路线行驶。

装卸物料应当采取密闭或者喷淋等方式防治扬尘污染。

城市人民政府应当加强道路、广场、停车场和其他公共场所的清扫保洁管理,推行清洁动力机械化清扫等低尘作业方式,防治扬尘污染。

第七十一条 【裸地扬尘污染防治】市政河道以及河道沿线、公共用地的裸露地面以及其他城镇裸露地面,有关部门应当按照规划组织实施绿化或者透水铺装。

第七十二条 【料堆和码头、矿山、填埋场、消纳场扬尘污染防治】贮存煤炭、煤矸石、煤渣、煤灰、水泥、石灰、石膏、砂土等易产生扬尘的物料应当密闭;不能密闭的,应当设置不低于堆放物高度的严密围挡,并采取有效覆盖措施防治扬尘污染。

码头、矿山、填埋场和消纳场应当实施分区作业,并采取有效措施防治扬尘污染。

第五节　农业和其他污染防治

第七十三条 【加强农业大气污染控制】地方各级人民政府应当推动转变农业生产方式,发展农业循环经济,加大对废弃物综合处理的支持力度,加强对农业生产经营活动排放大气污染物的控制。

第七十四条 【减少肥料、农药大气污染】农业生产经营者应当改进施肥方式,科学合理施用化肥并按照国家有关规定使用农药,减少氨、挥发性有机物等大气污染物的排放。

禁止在人口集中地区对树木、花草喷洒剧毒、高毒农药。

第七十五条 【畜禽养殖场、养殖小区防止排放恶臭气体】畜禽养殖场、养殖小区应当及时对污水、畜禽粪便和尸体等进行收集、贮存、清运和无害化处理,防止排放恶臭气体。

第七十六条 【秸秆综合利用和政府扶持】各级人民政府及其农业行政等有关部门应当鼓励和支持采用先进适用技术,对秸秆、落叶等进行肥料化、饲料化、能源化、工业原料化、食用菌基料化等综合利用,加大对秸秆还田、收集一体化农业机械的财政补贴力度。

县级人民政府应当组织建立秸秆收集、贮存、运输和综合利用服务体系,采用财政补贴等措施支持农村集体经济组织、农民专业合作经济组织、企业等开展秸秆收集、贮存、运输和综合利用服务。

第七十七条 【禁止露天焚烧秸秆】省、自治区、直辖市人民政府应当划定区域,禁止露天焚烧秸秆、落叶等产生烟尘污染的物质。

第七十八条 【有毒有害大气污染物管理】国务院生态环境主管部门应当会同国务院卫生行政部门,根据大气污染物对公众健康和生态环境的危害和影响程度,公布有毒有害大气污染物名录,实行风险管理。

排放前款规定名录中所列有毒有害大气污染物的企业事业单位,应当按照国家有关规定建设环境风险预警体系,对排放口和周边环境进行定期监测,评估环境风险,排查环境安全隐患,并采取有效措施防范环境风险。

第七十九条 【持久性有机污染物控制】向大气排放持久性有机污染物的企业事业单位和其他生产经营者以及废弃物焚烧设施的运营单位,应当按照国家有关规定,采取有利于减少持久性有机污染物排放的技术方法和工艺,配备有效的净化装置,实现达标排放。

第八十条 【恶臭气体防治】企业事业单位和其他生产经营者在生产经营活动中产生恶臭气体的,应当科学选址,设置合理的防护距离,并安装净化装置或者采取其他措施,防止排放恶臭气体。

第八十一条 【餐饮服务和露天烧烤产生油烟控制】排放油烟的餐饮服务业经营者应当安装油烟净化设施并保持正常使用,或者采取其他油烟净化措施,使油烟达标排放,并防止对附近居民的正常生活环境造成污染。

禁止在居民住宅楼、未配套设立专用烟道的商住综合楼以及商住综合楼内与居住层相邻的商业楼层内新建、改建、扩建产生油烟、异味、废气的餐饮服务项目。

任何单位和个人不得在当地人民政府禁止的区域内露天烧烤食

品或者为露天烧烤食品提供场地。

第八十二条 【产生烟尘污染的物质的控制】禁止在人口集中地区和其他依法需要特殊保护的区域内焚烧沥青、油毡、橡胶、塑料、皮革、垃圾以及其他产生有毒有害烟尘和恶臭气体的物质。

　　禁止生产、销售和燃放不符合质量标准的烟花爆竹。任何单位和个人不得在城市人民政府禁止的时段和区域内燃放烟花爆竹。

第八十三条 【绿色祭祀和殡葬】国家鼓励和倡导文明、绿色祭祀。

　　火葬场应当设置除尘等污染防治设施并保持正常使用，防止影响周边环境。

第八十四条 【服务业大气污染控制】从事服装干洗和机动车维修等服务活动的经营者，应当按照国家有关标准或者要求设置异味和废气处理装置等污染防治设施并保持正常使用，防止影响周边环境。

第八十五条 【消耗臭氧层物质管理】国家鼓励、支持消耗臭氧层物质替代品的生产和使用，逐步减少直至停止消耗臭氧层物质的生产和使用。

　　国家对消耗臭氧层物质的生产、使用、进出口实行总量控制和配额管理。具体办法由国务院规定。

第五章　重点区域大气污染联合防治

第八十六条 【重点区域大气污染联防联控机制】国家建立重点区域大气污染联防联控机制，统筹协调重点区域内大气污染防治工作。国务院生态环境主管部门根据主体功能区划、区域大气环境质量状况和大气污染传输扩散规律，划定国家大气污染防治重点区域，报国务院批准。

　　重点区域内有关省、自治区、直辖市人民政府应当确定牵头的地方人民政府，定期召开联席会议，按照统一规划、统一标准、统一监测、统一的防治措施的要求，开展大气污染联合防治，落实大气污染防治目标责任。国务院生态环境主管部门应当加强指导、督促。

　　省、自治区、直辖市可以参照第一款规定划定本行政区域的大气污染防治重点区域。

第八十七条 【重点区域大气污染联合防治行动计划】国务院生态环境主管部门会同国务院有关部门、国家大气污染防治重点区域内有关省、自治区、直辖市人民政府，根据重点区域经济社会发展和大气环境承载力,制定重点区域大气污染联合防治行动计划,明确控制目标,优化区域经济布局,统筹交通管理,发展清洁能源,提出重点防治任务和措施,促进重点区域大气环境质量改善。

第八十八条　【重点区域大气环境保护要求】国务院经济综合主管部门会同国务院生态环境主管部门,结合国家大气污染防治重点区域产业发展实际和大气环境质量状况,进一步提高环境保护、能耗、安全、质量等要求。

重点区域内有关省、自治区、直辖市人民政府应当实施更严格的机动车大气污染物排放标准,统一在用机动车检验方法和排放限值,并配套供应合格的车用燃油。

第八十九条　【重点区域环境影响评价会商】编制可能对国家大气污染防治重点区域的大气环境造成严重污染的有关工业园区、开发区、区域产业和发展等规划,应当依法进行环境影响评价。规划编制机关应当与重点区域内有关省、自治区、直辖市人民政府或者有关部门会商。

重点区域内有关省、自治区、直辖市建设可能对相邻省、自治区、直辖市大气环境质量产生重大影响的项目,应当及时通报有关信息,进行会商。

会商意见及其采纳情况作为环境影响评价文件审查或者审批的重要依据。

第九十条　【重点区域煤炭等量减量替代】国家大气污染防治重点区域内新建、改建、扩建用煤项目的,应当实行煤炭的等量或者减量替代。

第九十一条　【重点区域大气环境信息共享】国务院生态环境主管部门应当组织建立国家大气污染防治重点区域的大气环境质量监测、大气污染源监测等相关信息共享机制,利用监测、模拟以及卫星、航测、遥感等新技术分析重点区域内大气污染来源及其变化趋势,并向社会公开。

第九十二条　【重点区域环境执法】国务院生态环境主管部门和国家大气污染防治重点区域内有关省、自治区、直辖市人民政府可以组织有关部门开展联合执法、跨区域执法、交叉执法。

第六章　重污染天气应对

第九十三条　【重污染天气的监测预警】国家建立重污染天气监测预警体系。

国务院生态环境主管部门会同国务院气象主管机构等有关部门、国家大气污染防治重点区域内有关省、自治区、直辖市人民政府,建立重点区域重污染天气监测预警机制,统一预警分级标准。可能发生区域重污染天气的,应当及时向重点区域内有关省、自治区、直辖市人民政府通报。

省、自治区、直辖市、设区的市人民政府生态环境主管部门会同气象主管机构等有关部门建立本行政区域重污染天气监测预警机制。

第九十四条 【重污染天气应对】县级以上地方人民政府应当将重污染天气应对纳入突发事件应急管理体系。

省、自治区、直辖市、设区的市人民政府以及可能发生重污染天气的县级人民政府,应当制定重污染天气应急预案,向上一级人民政府生态环境主管部门备案,并向社会公布。

第九十五条 【重污染天气预警信息发布】省、自治区、直辖市、设区的市人民政府生态环境主管部门应当会同气象主管机构建立会商机制,进行大气环境质量预报。可能发生重污染天气的,应当及时向本级人民政府报告。省、自治区、直辖市、设区的市人民政府依据重污染天气预报信息,进行综合研判,确定预警等级并及时发出预警。预警等级根据情况变化及时调整。任何单位和个人不得擅自向社会发布重污染天气预报预警信息。

预警信息发布后,人民政府及其有关部门应当通过电视、广播、网络、短信等途径告知公众采取健康防护措施,指导公众出行和调整其他相关社会活动。

第九十六条 【重污染天气应急响应】县级以上地方人民政府应当依据重污染天气的预警等级,及时启动应急预案,根据应急需要可以采取责令有关企业停产或者限产、限制部分机动车行驶、禁止燃放烟花爆竹、停止工地土石方作业和建筑物拆除施工、停止露天烧烤、停止幼儿园和学校组织的户外活动、组织开展人工影响天气作业等应急措施。

应急响应结束后,人民政府应当及时开展应急预案实施情况的评估,适时修改完善应急预案。

第九十七条 【突发环境事件后的大气污染监测】发生造成大气污染的突发环境事件,人民政府及其有关部门和相关企业事业单位,应当依照《中华人民共和国突发事件应对法》、《中华人民共和国环境保护法》的规定,做好应急处置工作。生态环境主管部门应当及时对突发环境事件产生的大气污染物进行监测,并向社会公布监测信息。

第七章 法 律 责 任

第九十八条 【不配合监督检查的法律责任】违反本法规定,以拒绝进入现场等方式拒不接受生态环境主管部门及其环境执法机构或者其他负有大气环境保护监督管理职责的部门的监督检查,或者在接受监督检查时弄虚作假的,由县级以上人民政府生态环境主管部门或者其他负有大气环境保护监督管理职责的部门责令改正,处二万元以上二十万元以下的罚款;构成违反治安管理行为的,由公安机关依法予以处罚。

第九十九条 【违法排污的法律责任】违反本法规定,有下列行为之一的,由县级以上人民政府生态环境主管部门责令改正或者限制生产、停产整治,并处十万元以上一百万元以下的罚款;情节严重的,报经有批准权的人民政府批准,责令停业、关闭:

(一)未依法取得排污许可证排放大气污染物的;

(二)超过大气污染物排放标准或者超过重点大气污染物排放总量控制指标排放大气污染物的;

(三)通过逃避监管的方式排放大气污染物的。

第一百条 【未按规定监测的法律责任】违反本法规定,有下列行为之一的,由县级以上人民政府生态环境主管部门责令改正,处二万元以上二十万元以下的罚款;拒不改正的,责令停产整治:

(一)侵占、损毁或者擅自移动、改变大气环境质量监测设施或者大气污染物排放自动监测设备的;

(二)未按照规定对所排放的工业废气和有毒有害大气污染物进行监测并保存原始监测记录的;

(三)未按照规定安装、使用大气污染物排放自动监测设备或者未按照规定与生态环境主管部门的监控设备联网,并保证监测设备正常运行的;

(四)重点排污单位不公开或者不如实公开自动监测数据的;

(五)未按照规定设置大气污染物排放口的。

第一百零一条 【违反产业政策目录的法律责任】违反本法规定,生产、进口、销售或者使用国家综合性产业政策目录中禁止的设备和产品,采用国家综合性产业政策目录中禁止的工艺,或者将淘汰的设备和产品转让给他人使用的,由县级以上人民政府经济综合主管部门、海关按照职责责令改正,没收违法所得,并处货值金额一倍以上三倍以下的罚款;拒不改正的,报经有批准权的人民政府批准,责令停业、关闭。进口行为构成走私的,由海关依法予以处罚。

第一百零二条　【煤矿违反规定的法律责任】违反本法规定,煤矿未按照规定建设配套煤炭洗选设施的,由县级以上人民政府能源主管部门责令改正,处十万元以上一百万元以下的罚款;拒不改正的,报经有批准权的人民政府批准,责令停业、关闭。

违反本法规定,开采含放射性和砷等有毒有害物质超过规定标准的煤炭的,由县级以上人民政府按照国务院规定的权限责令停业、关闭。

第一百零三条　【销售不合标准的煤炭等的法律责任】违反本法规定,有下列行为之一的,由县级以上地方人民政府市场监督管理部门责令改正,没收原材料、产品和违法所得,并处货值金额一倍以上三倍以下的罚款:

（一）销售不符合质量标准的煤炭、石油焦的;

（二）生产、销售挥发性有机物含量不符合质量标准或者要求的原材料和产品的;

（三）生产、销售不符合标准的机动车船和非道路移动机械用燃料、发动机油、氮氧化物还原剂、燃料和润滑油添加剂以及其他添加剂的;

（四）在禁燃区内销售高污染燃料的。

第一百零四条　【进口不合标准的煤炭等的法律责任】违反本法规定,有下列行为之一的,由海关责令改正,没收原材料、产品和违法所得,并处货值金额一倍以上三倍以下的罚款;构成走私的,由海关依法予以处罚:

（一）进口不符合质量标准的煤炭、石油焦的;

（二）进口挥发性有机物含量不符合质量标准或者要求的原材料和产品的;

（三）进口不符合标准的机动车船和非道路移动机械用燃料、发动机油、氮氧化物还原剂、燃料和润滑油添加剂以及其他添加剂的。

第一百零五条 【单位燃用不合标准的煤炭、石油焦的法律责任】违反本法规定,单位燃用不符合质量标准的煤炭、石油焦的,由县级以上人民政府生态环境主管部门责令改正,处货值金额一倍以上三倍以下的罚款。

第一百零六条 【使用不合标准的船舶用燃油的法律责任】违反本法规定,使用不符合标准或者要求的船舶用燃油的,由海事管理机构、渔业主管部门按照职责处一万元以上十万元以下的罚款。

第一百零七条 【燃用高污染燃料或者锅炉的法律责任】违反本法规定,在禁燃区内新建、扩建燃用高污染燃料的设施,或者未按照规定停止燃用高污染燃料,或者在城市集中供热管网覆盖地区新建、扩建分散燃煤供热锅炉,或者未按照规定拆除已建成的不能达标排放的燃煤供热锅炉的,由县级以上地方人民政府生态环境主管部门没收燃用高污染燃料的设施,组织拆除燃煤供热锅炉,并处二万元以上二十万元以下的罚款。

违反本法规定,生产、进口、销售或者使用不符合规定标准或者要求的锅炉,由县级以上人民政府市场监督管理、生态环境主管部门责令改正,没收违法所得,并处二万元以上二十万元以下的罚款。

第一百零八条 【违反挥发性有机物防治义务的法律责任】违反本法规定,有下列行为之一的,由县级以上人民政府生态环境主管部门责令改正,处二万元以上二十万元以下的罚款;拒不改正的,责令停产整治:

(一)产生含挥发性有机物废气的生产和服务活动,未在密闭空间或者设备中进行,未按照规定安装、使用污染防治设施,或者未采取减少废气排放措施的;

(二)工业涂装企业未使用低挥发性有机物含量涂料或者未建立、保存台账的;

(三)石油、化工以及其他生产和使用有机溶剂的企业,未采取措施对管道、设备进行日常维护、维修,减少物料泄漏或者对泄漏的物料未及时收集处理的;

(四)储油储气库、加油加气站和油罐车、气罐车等,未按照国家有关规定安装并正常使用油气回收装置的;

(五)钢铁、建材、有色金属、石油、化工、制药、矿产开采等企业,

未采取集中收集处理、密闭、围挡、遮盖、清扫、洒水等措施,控制、减少粉尘和气态污染物排放的;

（六）工业生产、垃圾填埋或者其他活动中产生的可燃性气体未回收利用,不具备回收利用条件未进行防治污染处理,或者可燃性气体回收利用装置不能正常作业,未及时修复或者更新的。

第一百零九条 【机动车生产的法律责任】违反本法规定,生产超过污染物排放标准的机动车、非道路移动机械的,由省级以上人民政府生态环境主管部门责令改正,没收违法所得,并处货值金额一倍以上三倍以下的罚款,没收销毁无法达到污染物排放标准的机动车、非道路移动机械;拒不改正的,责令停产整治,并由国务院机动车生产主管部门责令停止生产该车型。

违反本法规定,机动车、非道路移动机械生产企业对发动机、污染控制装置弄虚作假、以次充好,冒充排放检验合格产品出厂销售的,由省级以上人民政府生态环境主管部门责令停产整治,没收违法所得,并处货值金额一倍以上三倍以下的罚款,没收销毁无法达到污染物排放标准的机动车、非道路移动机械,并由国务院机动车生产主管部门责令停止生产该车型。

第一百一十条 【违法进口、销售的法律责任】违反本法规定,进口、销售超过污染物排放标准的机动车、非道路移动机械的,由县级以上人民政府市场监督管理部门、海关按照职责没收违法所得,并处货值金额一倍以上三倍以下的罚款,没收销毁无法达到污染物排放标准的机动车、非道路移动机械;进口行为构成走私的,由海关依法予以处罚。

违反本法规定,销售的机动车、非道路移动机械不符合污染物排放标准的,销售者应当负责修理、更换、退货;给购买者造成损失的,销售者应当赔偿损失。

第一百一十一条 【信息公布的法律责任】违反本法规定,机动车生产、进口企业未按照规定向社会公布其生产、进口机动车车型的排放检验信息或者污染控制技术信息的,由省级以上人民政府生态环境主管部门责令改正,处五万元以上五十万元以下的罚款。

违反本法规定,机动车生产、进口企业未按照规定向社会公布其生产、进口机动车车型的有关维修技术信息的,由省级以上人民政府交通运输主管部门责令改正,处五万元以上五十万元以下的罚款。

第一百一十二条　【检验的法律责任】违反本法规定,伪造机动车、非道路移动机械排放检验结果或者出具虚假排放检验报告的,由县级以上人民政府生态环境主管部门没收违法所得,并处十万元以上五十万元以下的罚款;情节严重的,由负责资质认定的部门取消其检验资格。

违反本法规定,伪造船舶排放检验结果或者出具虚假排放检验报告的,由海事管理机构依法予以处罚。

违反本法规定,以临时更换机动车污染控制装置等弄虚作假的方式通过机动车排放检验或者破坏机动车车载排放诊断系统的,由县级以上人民政府生态环境主管部门责令改正,对机动车所有人处五千元的罚款;对机动车维修单位处每辆机动车五千元的罚款。

第一百一十三条　【机动车驾驶人的法律责任】违反本法规定,机动车驾驶人驾驶排放检验不合格的机动车上道路行驶的,由公安机关交通管理部门依法予以处罚。

第一百一十四条　【非道路移动机械、在用重型柴油车违法行为的法律责任】违反本法规定,使用排放不合格的非道路移动机械,或者在用重型柴油车、非道路移动机械未按照规定加装、更换污染控制装置的,由县级以上人民政府生态环境等主管部门按照职责责令改正,处五千元的罚款。

违反本法规定,在禁止使用高排放非道路移动机械的区域使用高排放非道路移动机械的,由城市人民政府生态环境等主管部门依法予以处罚。

第一百一十五条　【施工单位、建设单位未采取扬尘污染防治措施的法律责任】违反本法规定,施工单位有下列行为之一的,由县级以上人民政府住房城乡建设等主管部门按照职责责令改正,处一万元以上十万元以下的罚款;拒不改正的,责令停工整治:

(一)施工工地未设置硬质围挡,或者未采取覆盖、分段作业、择时施工、洒水抑尘、冲洗地面和车辆等有效防尘降尘措施的;

(二)建筑土方、工程渣土、建筑垃圾未及时清运,或者未采用密闭式防尘网遮盖的。

违反本法规定,建设单位未对暂时不能开工的建设用地的裸露地面进行覆盖,或者未对超过三个月不能开工的建设用地的裸露地面进行绿化、铺装或者遮盖的,由县级以上人民政府住房城乡建设等主管部门依照前款规定予以处罚。

第一百一十六条 【运输环节未采取防尘、降尘措施的法律责任】违反本法规定,运输煤炭、垃圾、渣土、砂石、土方、灰浆等散装、流体物料的车辆,未采取密闭或者其他措施防止物料遗撒的,由县级以上地方人民政府确定的监督管理部门责令改正,处二千元以上二万元以下的罚款;拒不改正的,车辆不得上道路行驶。

第一百一十七条 【料堆扬尘等的法律责任】违反本法规定,有下列行为之一的,由县级以上人民政府生态环境等主管部门按照职责责令改正,处一万元以上十万元以下的罚款;拒不改正的,责令停工整治或者停业整治:

(一)未密闭煤炭、煤矸石、煤渣、煤灰、水泥、石灰、石膏、砂土等易产生扬尘的物料的;

(二)对不能密闭的易产生扬尘的物料,未设置不低于堆放物高度的严密围挡,或者未采取有效覆盖措施防治扬尘污染的;

(三)装卸物料未采取密闭或者喷淋等方式控制扬尘排放的;

(四)存放煤炭、煤矸石、煤渣、煤灰等物料,未采取防燃措施的;

(五)码头、矿山、填埋场和消纳场未采取有效措施防治扬尘污染的;

(六)排放有毒有害大气污染物名录中所列有毒有害大气污染物的企业事业单位,未按照规定建设环境风险预警体系或者对排放口和周边环境进行定期监测、排查环境安全隐患并采取有效措施防范环境风险的;

(七)向大气排放持久性有机污染物的企业事业单位和其他生产经营者以及废弃物焚烧设施的运营单位,未按照国家有关规定采取有利于减少持久性有机污染物排放的技术方法和工艺,配备净化装置的;

(八)未采取措施防止排放恶臭气体的。

第一百一十八条 【餐饮服务业经营者的法律责任】违反本法规定,排放油烟的餐饮服务业经营者未安装油烟净化设施、不正常使用油烟净化设施或者未采取其他油烟净化措施,超过排放标准排放油烟的,由县级以上地方人民政府确定的监督管理部门责令改正,处五千元以上五万元以下的罚款;拒不改正的,责令停业整治。

违反本法规定,在居民住宅楼、未配套设立专用烟道的商住综合楼、商住综合楼内与居住层相邻的商业楼层内新建、改建、扩建产生油烟、异味、废气的餐饮服务项目的,由县级以上地方人民政府确定的监督管理部门责令改正;拒不改正的,予以关闭,并处一万元以上十万元以下的罚款。

违反本法规定,在当地人民政府禁止的时段和区域内露天烧烤食品或者为露天烧烤食品提供场地的,由县级以上地方人民政府确定的监督管理部门责令改正,没收烧烤工具和违法所得,并处五百元以上二万元以下的罚款。

第一百一十九条 【产生烟尘污染的物质的法律责任】违反本法规定,在人口集中地区对树木、花草喷洒剧毒、高毒农药,或者露天焚烧秸秆、落叶等产生烟尘污染的物质的,由县级以上地方人民政府确定的监督管理部门责令改正,并可以处五百元以上二千元以下的罚款。

违反本法规定,在人口集中地区和其他依法需要特殊保护的区域内,焚烧沥青、油毡、橡胶、塑料、皮革、垃圾以及其他产生有毒有害烟尘和恶臭气体的物质的,由县级人民政府确定的监督管理部门责令改正,对单位处一万元以上十万元以下的罚款,对个人处五百元以上二千元以下的罚款。

违反本法规定,在城市人民政府禁止的时段和区域内燃放烟花爆竹的,由县级以上地方人民政府确定的监督管理部门依法予以处罚。

第一百二十条 【从事服装干洗和机动车维修等服务活动的法律责任】违反本法规定,从事服装干洗和机动车维修等服务活动,未设置异味和废气处理装置等污染防治设施并保持正常使用,影响周边环境的,由县级以上地方人民政府生态环境主管部门责令改正,处二千元以上二万元以下的罚款;拒不改正的,责令停业整治。

第一百二十一条 【擅自向社会发布重污染天气预报预警信息,拒不执行重污染天气应急措施的法律责任】违反本法规定,擅自向社会发布重污染天气预报预警信息,构成违反治安管理行为的,由公安机关依法予以处罚。

违反本法规定,拒不执行停止工地土石方作业或者建筑物拆除施工等重污染天气应急措施的,由县级以上地方人民政府确定的监督管理部门处一万元以上十万元以下的罚款。

第一百二十二条 【造成大气污染事故的法律责任】违反本法规定,造成大气污染事故的,由县级以上人民政府生态环境主管部门依照本条第二款的规定处以罚款;对直接负责的主管人员和其他直接责任人员可以处上一年度从本企业事业单位取得收入百分之五十以下的罚款。

对造成一般或者较大大气污染事故的,按照污染事故造成直接损失的一倍以上三倍以下计算罚款;对造成重大或者特大大气污染事故的,按照污染事故造成的直接损失的三倍以上五倍以下计算罚款。

第一百二十三条 【按日连续处罚】违反本法规定,企业事业单位和其他生产经营者有下列行为之一,受到罚款处罚,被责令改正,拒不改正的,依法作出处罚决定的行政机关可以自责令改正之日的次日起,按照原处罚数额按日连续处罚:

(一)未依法取得排污许可证排放大气污染物的;

(二)超过大气污染物排放标准或者超过重点大气污染物排放总量控制指标排放大气污染物的;

(三)通过逃避监管的方式排放大气污染物的;

(四)建筑施工或者贮存易产生扬尘的物料未采取有效措施防治扬尘污染的。

第一百二十四条 【用人单位打击报复的法律责任】违反本法规定,对举报人以解除、变更劳动合同或者其他方式打击报复的,应当依照有关法律的规定承担责任。

第一百二十五条 【侵权责任】排放大气污染物造成损害的,应当依法承担侵权责任。

第一百二十六条 【监管部门及工作人员的法律责任】地方各级人民政府、县级以上人民政府生态环境主管部门和其他负有大气环境保护监督管理职责的部门及其工作人员滥用职权、玩忽职守、徇私舞弊、弄虚作假的,依法给予处分。

第一百二十七条 【刑事责任】违反本法规定,构成犯罪的,依法追究刑事责任。

第八章 附 则

第一百二十八条 【海洋工程大气污染防治】海洋工程的大气污染防治,依照《中华人民共和国海洋环境保护法》的有关规定执行。

第一百二十九条 【实施日期】本法自 2016 年 1 月 1 日起施行。

中华人民共和国土壤污染防治法

1. 2018年8月31日第十三届全国人民代表大会常务委员会第五次会议通过
2. 2018年8月31日中华人民共和国主席令第8号公布
3. 自2019年1月1日起施行

目 录

第一章 总 则
第二章 规划、标准、普查和监测
第三章 预防和保护
第四章 风险管控和修复
　第一节 一般规定
　第二节 农用地
　第三节 建设用地
第五章 保障和监督
第六章 法律责任
第七章 附 则

第一章 总 则

第一条　【立法目的】为了保护和改善生态环境,防治土壤污染,保障公众健康,推动土壤资源永续利用,推进生态文明建设,促进经济社会可持续发展,制定本法。

第二条　【适用范围、调整对象和基本定义】在中华人民共和国领域及管辖的其他海域从事土壤污染防治及相关活动,适用本法。

　　本法所称土壤污染,是指因人为因素导致某种物质进入陆地表层土壤,引起土壤化学、物理、生物等方面特性的改变,影响土壤功能和有效利用,危害公众健康或者破坏生态环境的现象。

第三条　【基本原则】土壤污染防治应当坚持预防为主、保护优先、分类管理、风险管控、污染担责、公众参与的原则。

第四条　【基本义务】任何组织和个人都有保护土壤、防止土壤污染的义务。

土地使用权人从事土地开发利用活动，企业事业单位和其他生产经营者从事生产经营活动，应当采取有效措施，防止、减少土壤污染，对所造成的土壤污染依法承担责任。

第五条　【地方政府责任和考核制度】地方各级人民政府应当对本行政区域土壤污染防治和安全利用负责。

国家实行土壤污染防治目标责任制和考核评价制度，将土壤污染防治目标完成情况作为考核评价地方各级人民政府及其负责人、县级以上人民政府负有土壤污染防治监督管理职责的部门及其负责人的内容。

第六条　【各级政府基本职责】各级人民政府应当加强对土壤污染防治工作的领导，组织、协调、督促有关部门依法履行土壤污染防治监督管理职责。

第七条　【土壤污染防治监管体制】国务院生态环境主管部门对全国土壤污染防治工作实施统一监督管理；国务院农业农村、自然资源、住房城乡建设、林业草原等主管部门在各自职责范围内对土壤污染防治工作实施监督管理。

地方人民政府生态环境主管部门对本行政区域土壤污染防治工作实施统一监督管理；地方人民政府农业农村、自然资源、住房城乡建设、林业草原等主管部门在各自职责范围内对土壤污染防治工作实施监督管理。

第八条　【土壤环境信息共享机制】国家建立土壤环境信息共享机制。

国务院生态环境主管部门应当会同国务院农业农村、自然资源、住房城乡建设、水利、卫生健康、林业草原等主管部门建立土壤环境基础数据库，构建全国土壤环境信息平台，实行数据动态更新和信息共享。

第九条　【支持科技研发和国际交流】国家支持土壤污染风险管控和修复、监测等污染防治科学技术研究开发、成果转化和推广应用，鼓励土壤污染防治产业发展，加强土壤污染防治专业技术人才培养，促进土壤污染防治科学技术进步。

国家支持土壤污染防治国际交流与合作。

第十条　【宣传教育和公众参与】各级人民政府及其有关部门、基层群众性自治组织和新闻媒体应当加强土壤污染防治宣传教育和科学普及,增强公众土壤污染防治意识,引导公众依法参与土壤污染防治工作。

第二章 规划、标准、普查和监测

第十一条 【土壤污染防治规划】县级以上人民政府应当将土壤污染防治工作纳入国民经济和社会发展规划、环境保护规划。

设区的市级以上地方人民政府生态环境主管部门应当会同发展改革、农业农村、自然资源、住房城乡建设、林业草原等主管部门,根据环境保护规划要求、土地用途、土壤污染状况普查和监测结果等,编制土壤污染防治规划,报本级人民政府批准后公布实施。

第十二条 【风险管控标准】国务院生态环境主管部门根据土壤污染状况、公众健康风险、生态风险和科学技术水平,并按照土地用途,制定国家土壤污染风险管控标准,加强土壤污染防治标准体系建设。

省级人民政府对国家土壤污染风险管控标准中未作规定的项目,可以制定地方土壤污染风险管控标准;对国家土壤污染风险管控标准中已作规定的项目,可以制定严于国家土壤污染风险管控标准的地方土壤污染风险管控标准。地方土壤污染风险管控标准应当报国务院生态环境主管部门备案。

土壤污染风险管控标准是强制性标准。

国家支持对土壤环境背景值和环境基准的研究。

第十三条 【标准制定】制定土壤污染风险管控标准,应当组织专家进行审查和论证,并征求有关部门、行业协会、企业事业单位和公众等方面的意见。

土壤污染风险管控标准的执行情况应当定期评估,并根据评估结果对标准适时修订。

省级以上人民政府生态环境主管部门应当在其网站上公布土壤污染风险管控标准,供公众免费查阅、下载。

第十四条 【土壤污染状况普查和详查】国务院统一领导全国土壤污染状况普查。国务院生态环境主管部门会同国务院农业农村、自然资源、住房城乡建设、林业草原等主管部门,每十年至少组织开展一次全国土壤污染状况普查。

国务院有关部门、设区的市级以上地方人民政府可以根据本行业、本行政区域实际情况组织开展土壤污染状况详查。

第十五条　【土壤环境监测制度】国家实行土壤环境监测制度。

国务院生态环境主管部门制定土壤环境监测规范，会同国务院农业农村、自然资源、住房城乡建设、水利、卫生健康、林业草原等主管部门组织监测网络，统一规划国家土壤环境监测站(点)的设置。

第十六条　【农用地地块重点监测】地方人民政府农业农村、林业草原主管部门应当会同生态环境、自然资源主管部门对下列农用地地块进行重点监测：

(一)产出的农产品污染物含量超标的；

(二)作为或者曾作为污水灌溉区的；

(三)用于或者曾用于规模化养殖、固体废物堆放、填埋的；

(四)曾作为工矿用地或者发生过重大、特大污染事故的；

(五)有毒有害物质生产、贮存、利用、处置设施周边的；

(六)国务院农业农村、林业草原、生态环境、自然资源主管部门规定的其他情形。

第十七条　【建设用地地块重点监测】地方人民政府生态环境主管部门应当会同自然资源主管部门对下列建设用地地块进行重点监测：

(一)曾用于生产、使用、贮存、回收、处置有毒有害物质的；

(二)曾用于固体废物堆放、填埋的；

(三)曾发生过重大、特大污染事故的；

(四)国务院生态环境、自然资源主管部门规定的其他情形。

第三章　预防和保护

第十八条　【规划和项目环境影响评价】各类涉及土地利用的规划和可能造成土壤污染的建设项目，应当依法进行环境影响评价。环境影响评价文件应当包括对土壤可能造成的不良影响及应当采取的相应预防措施等内容。

第十九条　【有毒有害物质经营单位义务】生产、使用、贮存、运输、回收、处置、排放有毒有害物质的单位和个人，应当采取有效措施，防止有毒有害物质渗漏、流失、扬散，避免土壤受到污染。

第二十条　【土壤有毒有害物质名录】国务院生态环境主管部门应当会同国务院卫生健康等主管部门，根据对公众健康、生态环境的危害和影响程度，对土壤中有毒有害物质进行筛查评估，公布重点控制的土壤有毒有害物质名录,并适时更新。

第二十一条 【土壤污染重点监管单位名录】设区的市级以上地方人民政府生态环境主管部门应当按照国务院生态环境主管部门的规定,根据有毒有害物质排放等情况,制定本行政区域土壤污染重点监管单位名录,向社会公开并适时更新。

土壤污染重点监管单位应当履行下列义务:

(一)严格控制有毒有害物质排放,并按年度向生态环境主管部门报告排放情况;

(二)建立土壤污染隐患排查制度,保证持续有效防止有毒有害物质渗漏、流失、扬散;

(三)制定、实施自行监测方案,并将监测数据报生态环境主管部门。

前款规定的义务应当在排污许可证中载明。

土壤污染重点监管单位应当对监测数据的真实性和准确性负责。生态环境主管部门发现土壤污染重点监管单位监测数据异常,应当及时进行调查。

设区的市级以上地方人民政府生态环境主管部门应当定期对土壤污染重点监管单位周边土壤进行监测。

第二十二条 【拆除设施的土壤污染防治】企业事业单位拆除设施、设备或者建筑物、构筑物的,应当采取相应的土壤污染防治措施。

土壤污染重点监管单位拆除设施、设备或者建筑物、构筑物的,应当制定包括应急措施在内的土壤污染防治工作方案,报地方人民政府生态环境、工业和信息化主管部门备案并实施。

第二十三条 【矿产资源开发防治土壤污染】各级人民政府生态环境、自然资源主管部门应当依法加强对矿产资源开发区域土壤污染防治的监督管理,按照相关标准和总量控制的要求,严格控制可能造成土壤污染的重点污染物排放。

尾矿库运营、管理单位应当按照规定,加强尾矿库的安全管理,采取措施防止土壤污染。危库、险库、病库以及其他需要重点监管的尾矿库的运营、管理单位应当按照规定,进行土壤污染状况监测和定期评估。

第二十四条 【鼓励使用新技术、新材料】国家鼓励在建筑、通信、电力、交通、水利等领域的信息、网络、防雷、接地等建设工程中采用新技术、新材料,防止土壤污染。

禁止在土壤中使用重金属含量超标的降阻产品。

第二十五条　【两类特殊设施的土壤污染防治】建设和运行污水集中处理设施、固体废物处置设施,应当依照法律法规和相关标准的要求,采取措施防止土壤污染。

地方人民政府生态环境主管部门应当定期对污水集中处理设施、固体废物处置设施周边土壤进行监测;对不符合法律法规和相关标准要求的,应当根据监测结果,要求污水集中处理设施、固体废物处置设施运营单位采取相应改进措施。

地方各级人民政府应当统筹规划、建设城乡生活污水和生活垃圾处理、处置设施,并保障其正常运行,防止土壤污染。

第二十六条　【农药、化肥的生产使用管理】国务院农业农村、林业草原主管部门应当制定规划,完善相关标准和措施,加强农用地农药、化肥使用指导和使用总量控制,加强农用薄膜使用控制。

国务院农业农村主管部门应当加强农药、肥料登记,组织开展农药、肥料对土壤环境影响的安全性评价。

制定农药、兽药、肥料、饲料、农用薄膜等农业投入品及其包装物标准和农田灌溉用水水质标准,应当适应土壤污染防治的要求。

第二十七条　【引导农民合理使用农业投入品】地方人民政府农业农村、林业草原主管部门应当开展农用地土壤污染防治宣传和技术培训活动,扶持农业生产专业化服务,指导农业生产者合理使用农药、兽药、肥料、饲料、农用薄膜等农业投入品,控制农药、兽药、化肥等的使用量。

地方人民政府农业农村主管部门应当鼓励农业生产者采取有利于防止土壤污染的种养结合、轮作休耕等农业耕作措施;支持采取土壤改良、土壤肥力提升等有利于土壤养护和培育的措施;支持畜禽粪便处理、利用设施的建设。

第二十八条　【向农用地排放污水、污泥的管理规定】禁止向农用地排放重金属或者其他有毒有害物质含量超标的污水、污泥,以及可能造成土壤污染的清淤底泥、尾矿、矿渣等。

县级以上人民政府有关部门应当加强对畜禽粪便、沼渣、沼液等收集、贮存、利用、处置的监督管理,防止土壤污染。

农田灌溉用水应当符合相应的水质标准,防止土壤、地下水和农产品污染。地方人民政府生态环境主管部门应当会同农业农村、水利主管部门加强对农田灌溉用水水质的管理,对农田灌溉用水水质进行监测和监督检查。

第二十九条 【农业投入品使用的鼓励性规定】 国家鼓励和支持农业生产者采取下列措施:

(一)使用低毒、低残留农药以及先进喷施技术;

(二)使用符合标准的有机肥、高效肥;

(三)采用测土配方施肥技术、生物防治等病虫害绿色防控技术;

(四)使用生物可降解农用薄膜;

(五)综合利用秸秆、移出高富集污染物秸秆;

(六)按照规定对酸性土壤等进行改良。

第三十条 【农业投入品废弃物的回收处理】 禁止生产、销售、使用国家明令禁止的农业投入品。

农业投入品生产者、销售者和使用者应当及时回收农药、肥料等农业投入品的包装废弃物和农用薄膜,并将农药包装废弃物交由专门的机构或者组织进行无害化处理。具体办法由国务院农业农村主管部门会同国务院生态环境等主管部门制定。

国家采取措施,鼓励、支持单位和个人回收农业投入品包装废弃物和农用薄膜。

第三十一条 【未污染土壤和未利用地保护】 国家加强对未污染土壤的保护。

地方各级人民政府应当重点保护未污染的耕地、林地、草地和饮用水水源地。

各级人民政府应当加强对国家公园等自然保护地的保护,维护其生态功能。

对未利用地应当予以保护,不得污染和破坏。

第三十二条 【居民区和学校等敏感单位的保护】 县级以上地方人民政府及其有关部门应当按照土地利用总体规划和城乡规划,严格执行相关行业企业布局选址要求,禁止在居民区和学校、医院、疗养院、养老院等单位周边新建、改建、扩建可能造成土壤污染的建设项目。

第三十三条 【土壤资源保护和合理利用】国家加强对土壤资源的保护和合理利用。对开发建设过程中剥离的表土,应当单独收集和存放,符合条件的应当优先用于土地复垦、土壤改良、造地和绿化等。

禁止将重金属或者其他有毒有害物质含量超标的工业固体废物、生活垃圾或者污染土壤用于土地复垦。

第三十四条 【进口土壤的检验检疫】因科学研究等特殊原因,需要进口土壤的,应当遵守国家出入境检验检疫的有关规定。

第四章 风险管控和修复
第一节 一般规定

第三十五条 【土壤风险管控和修复的主要环节】土壤污染风险管控和修复,包括土壤污染状况调查和土壤污染风险评估、风险管控、修复、风险管控效果评估、修复效果评估、后期管理等活动。

第三十六条 【土壤污染状况调查报告】实施土壤污染状况调查活动,应当编制土壤污染状况调查报告。

土壤污染状况调查报告应当主要包括地块基本信息、污染物含量是否超过土壤污染风险管控标准等内容。污染物含量超过土壤污染风险管控标准的,土壤污染状况调查报告还应当包括污染类型、污染来源以及地下水是否受到污染等内容。

第三十七条 【土壤污染状况风险评估报告】实施土壤污染风险评估活动,应当编制土壤污染风险评估报告。

土壤污染风险评估报告应当主要包括下列内容:

(一)主要污染物状况;
(二)土壤及地下水污染范围;
(三)农产品质量安全风险、公众健康风险或者生态风险;
(四)风险管控、修复的目标和基本要求等。

第三十八条 【对风险管控、修复活动的要求】实施风险管控、修复活动,应当因地制宜、科学合理,提高针对性和有效性。

实施风险管控、修复活动,不得对土壤和周边环境造成新的污染。

第三十九条 【实施风险管控、修复活动前的移除、防扩散措施】实施风险管控、修复活动前,地方人民政府有关部门有权根据实际情况,要求土壤污染责任人、土地使用权人采取移除污染源、防止污染扩散等措施。

第四十条 【风险管控、修复活动的环境保护要求】实施风险管控、修复活动中产生的废水、废气和固体废物,应当按照规定进行处理、处置,并达到相关环境保护标准。

实施风险管控、修复活动中产生的固体废物以及拆除的设施、设备或者建筑物、构筑物属于危险废物的,应当依照法律法规和相关标准的要求进行处置。

修复施工期间,应当设立公告牌,公开相关情况和环境保护措施。

第四十一条 【对异位修复活动的环境保护要求】修复施工单位转运污染土壤的,应当制定转运计划,将运输时间、方式、线路和污染土壤数量、去向、最终处置措施等,提前报所在地和接收地生态环境主管部门。

转运的污染土壤属于危险废物的,修复施工单位应当依照法律法规和相关标准的要求进行处置。

第四十二条 【效果评估报告】实施风险管控效果评估、修复效果评估活动,应当编制效果评估报告。

效果评估报告应当主要包括是否达到土壤污染风险评估报告确定的风险管控、修复目标等内容。

风险管控、修复活动完成后,需要实施后期管理的,土壤污染责任人应当按照要求实施后期管理。

第四十三条 【第三方服务单位的条件要求】从事土壤污染状况调查和土壤污染风险评估、风险管控、修复、风险管控效果评估、修复效果评估、后期管理等活动的单位,应当具备相应的专业能力。

受委托从事前款活动的单位对其出具的调查报告、风险评估报告、风险管控效果评估报告、修复效果评估报告的真实性、准确性、完整性负责,并按照约定对风险管控、修复、后期管理等活动结果负责。

第四十四条 【突发事件造成的土壤污染防治】发生突发事件可能造成土壤污染的,地方人民政府及其有关部门和相关企业事业单位以及其他生产经营者应当立即采取应急措施,防止土壤污染,并依照本法规定做好土壤污染状况监测、调查和土壤污染风险评估、风险管控、修复等工作。

第四十五条 【土壤污染责任的承担主体】土壤污染责任人负有实施土壤污染风险管控和修复的义务。土壤污染责任人无法认定的,土地使用权人应当实施土壤污染风险管控和修复。

地方人民政府及其有关部门可以根据实际情况组织实施土壤污染风险管控和修复。

国家鼓励和支持有关当事人自愿实施土壤污染风险管控和修复。

第四十六条　【污染担责】因实施或者组织实施土壤污染状况调查和土壤污染风险评估、风险管控、修复、风险管控效果评估、修复效果评估、后期管理等活动所支出的费用，由土壤污染责任人承担。

第四十七条　【土壤污染责任人变更的责任承担】土壤污染责任人变更的，由变更后承继其债权、债务的单位或者个人履行相关土壤污染风险管控和修复义务并承担相关费用。

第四十八条　【土壤污染责任人的认定】土壤污染责任人不明确或者存在争议的，农用地由地方人民政府农业农村、林业草原主管部门会同生态环境、自然资源主管部门认定，建设用地由地方人民政府生态环境主管部门会同自然资源主管部门认定。认定办法由国务院生态环境主管部门会同有关部门制定。

第二节　农用地

第四十九条　【农用地分类】国家建立农用地分类管理制度。按照土壤污染程度和相关标准，将农用地划分为优先保护类、安全利用类和严格管控类。

第五十条　【永久基本农田的划分和管理要求】县级以上地方人民政府应当依法将符合条件的优先保护类耕地划为永久基本农田，实行严格保护。

在永久基本农田集中区域，不得新建可能造成土壤污染的建设项目；已经建成的，应当限期关闭拆除。

第五十一条　【拟开垦为耕地的调查和分类管理】未利用地、复垦土地等拟开垦为耕地的，地方人民政府农业农村主管部门应当会同生态环境、自然资源主管部门进行土壤污染状况调查，依法进行分类管理。

第五十二条　【农用地土壤污染状况调查和风险评估】对土壤污染状况普查、详查和监测、现场检查表明有土壤污染风险的农用地地块，地方人民政府农业农村、林业草原主管部门应当会同生态环境、自然资源主管部门进行土壤污染状况调查。

对土壤污染状况调查表明污染物含量超过土壤污染风险管控标

准的农用地地块,地方人民政府农业农村、林业草原主管部门应当会同生态环境、自然资源主管部门组织进行土壤污染风险评估,并按照农用地分类管理制度管理。

第五十三条 【安全利用方案】对安全利用类农用地地块,地方人民政府农业农村、林业草原主管部门,应当结合主要作物品种和种植习惯等情况,制定并实施安全利用方案。

安全利用方案应当包括下列内容:

(一)农艺调控、替代种植;

(二)定期开展土壤和农产品协同监测与评价;

(三)对农民、农民专业合作社及其他农业生产经营主体进行技术指导和培训;

(四)其他风险管控措施。

第五十四条 【风险管控措施】对严格管控类农用地地块,地方人民政府农业农村、林业草原主管部门应当采取下列风险管控措施:

(一)提出划定特定农产品禁止生产区域的建议,报本级人民政府批准后实施;

(二)按照规定开展土壤和农产品协同监测与评价;

(三)对农民、农民专业合作社及其他农业生产经营主体进行技术指导和培训;

(四)其他风险管控措施。

各级人民政府及其有关部门应当鼓励对严格管控类农用地采取调整种植结构、退耕还林还草、退耕还湿、轮作休耕、轮牧休牧等风险管控措施,并给予相应的政策支持。

第五十五条 【地下水、饮用水水源污染防治】安全利用类和严格管控类农用地地块的土壤污染影响或者可能影响地下水、饮用水水源安全的,地方人民政府生态环境主管部门应当会同农业农村、林业草原等主管部门制定防治污染的方案,并采取相应的措施。

第五十六条 【农用地风险管控要求】对安全利用类和严格管控类农用地地块,土壤污染责任人应当按照国家有关规定以及土壤污染风险评估报告的要求,采取相应的风险管控措施,并定期向地方人民政府农业农村、林业草原主管部门报告。

第五十七条 【修复方案、效果评估】对产出的农产品污染物含量超标,需要实施修复的农用地地块,土壤污染责任人应当编制修复方案,报地方人民政府农业农村、林业草原主管部门备案并实施。修复方案应当包括地下水污染防治的内容。

修复活动应当优先采取不影响农业生产、不降低土壤生产功能的生物修复措施,阻断或者减少污染物进入农作物食用部分,确保农产品质量安全。

风险管控、修复活动完成后,土壤污染责任人应当另行委托有关单位对风险管控效果、修复效果进行评估,并将效果评估报告报地方人民政府农业农村、林业草原主管部门备案。

农村集体经济组织及其成员、农民专业合作社及其他农业生产经营主体等负有协助实施土壤污染风险管控和修复的义务。

第三节 建设用地

第五十八条 【建设用地风险管控和修复名录制度】 国家实行建设用地土壤污染风险管控和修复名录制度。

建设用地土壤污染风险管控和修复名录由省级人民政府生态环境主管部门会同自然资源等主管部门制定,按照规定向社会公开,并根据风险管控、修复情况适时更新。

第五十九条 【土壤污染状况调查】 对土壤污染状况普查、详查和监测、现场检查表明有土壤污染风险的建设用地地块,地方人民政府生态环境主管部门应当要求土地使用权人按照规定进行土壤污染状况调查。

用途变更为住宅、公共管理与公共服务用地的,变更前应当按照规定进行土壤污染状况调查。

前两款规定的土壤污染状况调查报告应当报地方人民政府生态环境主管部门,由地方人民政府生态环境主管部门会同自然资源主管部门组织评审。

第六十条 【土壤污染风险评估】 对土壤污染状况调查报告评审表明污染物含量超过土壤污染风险管控标准的建设用地地块,土壤污染责任人、土地使用权人应当按照国务院生态环境主管部门的规定进行土壤污染风险评估,并将土壤污染风险评估报告报省级人民政府生态环境主管部门。

第六十一条 【地块的确定和管理】 省级人民政府生态环境主管部门应当会同自然资源等主管部门按照国务院生态环境主管部门的规定,对土壤污染风险评估报告组织评审，及时将需要实施风险管控、修复的地块纳入建设用地土壤污染风险管控和修复名录，并定期向国务院生态环境主管部门报告。

列入建设用地土壤污染风险管控和修复名录的地块，不得作为住宅、公共管理与公共服务用地。

第六十二条 【风险管控措施】对建设用地土壤污染风险管控和修复名录中的地块，土壤污染责任人应当按照国家有关规定以及土壤污染风险评估报告的要求，采取相应的风险管控措施，并定期向地方人民政府生态环境主管部门报告。风险管控措施应当包括地下水污染防治的内容。

第六十三条 【地方生态环境部门的风险管控措施】对建设用地土壤污染风险管控和修复名录中的地块，地方人民政府生态环境主管部门可以根据实际情况采取下列风险管控措施：

（一）提出划定隔离区域的建议，报本级人民政府批准后实施；

（二）进行土壤及地下水污染状况监测；

（三）其他风险管控措施。

第六十四条 【地块治理修复】对建设用地土壤污染风险管控和修复名录中需要实施修复的地块，土壤污染责任人应当结合土地利用总体规划和城乡规划编制修复方案，报地方人民政府生态环境主管部门备案并实施。修复方案应当包括地下水污染防治的内容。

第六十五条 【风险管控效果、修复效果评估】风险管控、修复活动完成后，土壤污染责任人应当另行委托有关单位对风险管控效果、修复效果进行评估，并将效果评估报告报地方人民政府生态环境主管部门备案。

第六十六条 【地块移出的规定】对达到土壤污染风险评估报告确定的风险管控、修复目标的建设用地地块，土壤污染责任人、土地使用权人可以申请省级人民政府生态环境主管部门移出建设用地土壤污染风险管控和修复名录。

省级人民政府生态环境主管部门应当会同自然资源等主管部门对风险管控效果评估报告、修复效果评估报告组织评审，及时将达到土壤污染风险评估报告确定的风险管控、修复目标且可以安全利用的地块移出建设用地土壤污染风险管控和修复名录，按照规定向社会公开,并定期向国务院生态环境主管部门报告。

未达到土壤污染风险评估报告确定的风险管控、修复目标的建设用地地块,禁止开工建设任何与风险管控、修复无关的项目。

第六十七条 【土地使用权人的职责】土壤污染重点监管单位生产经营用地的用途变更或者在其土地使用权收回、转让前,应当由土地使用权人按照规定进行土壤污染状况调查。土壤污染状况调查报告应当作为不动产登记资料送交地方人民政府不动产登记机构,并报地方人民政府生态环境主管部门备案。

第六十八条 【收回土地使用权的风险管控和修复】土地使用权已经被地方人民政府收回,土壤污染责任人为原土地使用权人的,由地方人民政府组织实施土壤污染风险管控和修复。

第五章 保障和监督

第六十九条 【经济政策和措施】国家采取有利于土壤污染防治的财政、税收、价格、金融等经济政策和措施。

第七十条 【土壤污染防治资金安排】各级人民政府应当加强对土壤污染的防治,安排必要的资金用于下列事项:

(一)土壤污染防治的科学技术研究开发、示范工程和项目;

(二)各级人民政府及其有关部门组织实施的土壤污染状况普查、监测、调查和土壤污染责任人认定、风险评估、风险管控、修复等活动;

(三)各级人民政府及其有关部门对涉及土壤污染的突发事件的应急处置;

(四)各级人民政府规定的涉及土壤污染防治的其他事项。

使用资金应当加强绩效管理和审计监督,确保资金使用效益。

第七十一条 【土壤污染防治基金制度】国家加大土壤污染防治资金投入力度,建立土壤污染防治基金制度。设立中央土壤污染防治专项资金和省级土壤污染防治基金,主要用于农用地土壤污染防治和土壤污染责任人或者土地使用权人无法认定的土壤污染风险管控和修复以及政府规定的其他事项。

对本法实施之前产生的,并且土壤污染责任人无法认定的污染地块,土地使用权人实际承担土壤污染风险管控和修复的,可以申请土壤污染防治基金,集中用于土壤污染风险管控和修复。

土壤污染防治基金的具体管理办法,由国务院财政主管部门会同国务院生态环境、农业农村、自然资源、住房城乡建设、林业草原等主管部门制定。

第七十二条 【土壤污染防治金融措施】国家鼓励金融机构加大对土壤污染风险管控和修复项目的信贷投放。

国家鼓励金融机构在办理土地权利抵押业务时开展土壤污染状况调查。

第七十三条 【税收优惠】从事土壤污染风险管控和修复的单位依照法律、行政法规的规定,享受税收优惠。

第七十四条 【鼓励慈善捐赠】国家鼓励并提倡社会各界为防治土壤污染捐赠财产,并依照法律、行政法规的规定,给予税收优惠。

第七十五条 【政府报告和人大监督】县级以上人民政府应当将土壤污染防治情况纳入环境状况和环境保护目标完成情况年度报告,向本级人民代表大会或者人民代表大会常务委员会报告。

第七十六条 【约谈】省级以上人民政府生态环境主管部门应当会同有关部门对土壤污染问题突出、防治工作不力、群众反映强烈的地区,约谈设区的市级以上地方人民政府及其有关部门主要负责人,要求其采取措施及时整改。约谈整改情况应当向社会公开。

第七十七条 【现场检查】生态环境主管部门及其环境执法机构和其他负有土壤污染防治监督管理职责的部门,有权对从事可能造成土壤污染活动的企业事业单位和其他生产经营者进行现场检查、取样,要求被检查者提供有关资料、就有关问题作出说明。

被检查者应当配合检查工作,如实反映情况,提供必要的资料。

实施现场检查的部门、机构及其工作人员应当为被检查者保守商业秘密。

第七十八条 【行政强制措施】企业事业单位和其他生产经营者违反法律法规规定排放有毒有害物质,造成或者可能造成严重土壤污染的,或者有关证据可能灭失或者被隐匿的,生态环境主管部门和其他负有土壤污染防治监督管理职责的部门,可以查封、扣押有关设施、设备、物品。

第七十九条 【尾矿库和未利用地的监管】地方人民政府安全生产监督管理部门应当监督尾矿库运营、管理单位履行防治土壤污染的法定义务,防止其发生可能污染土壤的事故;地方人民政府生态环境主管部门应当加强对尾矿库土壤污染防治情况的监督检查和定期评估,发现风险隐患的,及时督促尾矿库运营、管理单位采取相应措施。

地方人民政府及其有关部门应当依法加强对向沙漠、滩涂、盐碱地、沼泽地等未利用地非法排放有毒有害物质等行为的监督检查。

第八十条　【相关单位和个人的监管】省级以上人民政府生态环境主管部门和其他负有土壤污染防治监督管理职责的部门应当将从事土壤污染状况调查和土壤污染风险评估、风险管控、修复、风险管控效果评估、修复效果评估、后期管理等活动的单位和个人的执业情况,纳入信用系统建立信用记录,将违法信息记入社会诚信档案,并纳入全国信用信息共享平台和国家企业信用信息公示系统向社会公布。

第八十一条　【土壤环境信息公开】生态环境主管部门和其他负有土壤污染防治监督管理职责的部门应当依法公开土壤污染状况和防治信息。

国务院生态环境主管部门负责统一发布全国土壤环境信息;省级人民政府生态环境主管部门负责统一发布本行政区域土壤环境信息。生态环境主管部门应当将涉及主要食用农产品生产区域的重大土壤环境信息,及时通报同级农业农村、卫生健康和食品安全主管部门。

公民、法人和其他组织享有依法获取土壤污染状况和防治信息、参与和监督土壤污染防治的权利。

第八十二条　【土壤环境信息平台】土壤污染状况普查报告、监测数据、调查报告和土壤污染风险评估报告、风险管控效果评估报告、修复效果评估报告等,应当及时上传全国土壤环境信息平台。

第八十三条　【新闻媒体舆论监督】新闻媒体对违反土壤污染防治法律法规的行为享有舆论监督的权利,受监督的单位和个人不得打击报复。

第八十四条　【举报制度】任何组织和个人对污染土壤的行为,均有向生态环境主管部门和其他负有土壤污染防治监督管理职责的部门报告或者举报的权利。

生态环境主管部门和其他负有土壤污染防治监督管理职责的部门应当将土壤污染防治举报方式向社会公布,方便公众举报。

接到举报的部门应当及时处理并对举报人的相关信息予以保密;

对实名举报并查证属实的,给予奖励。

举报人举报所在单位的,该单位不得以解除、变更劳动合同或者其他方式对举报人进行打击报复。

第六章 法 律 责 任

第八十五条 【行政机关的法律责任】 地方各级人民政府、生态环境主管部门或者其他负有土壤污染防治监督管理职责的部门未依照本法规定履行职责的,对直接负责的主管人员和其他直接责任人员依法给予处分。

依照本法规定应当作出行政处罚决定而未作出的,上级主管部门可以直接作出行政处罚决定。

第八十六条 【重点监管单位未履行义务的法律责任】 违反本法规定,有下列行为之一的,由地方人民政府生态环境主管部门或者其他负有土壤污染防治监督管理职责的部门责令改正,处以罚款;拒不改正的,责令停产整治:

(一)土壤污染重点监管单位未制定、实施自行监测方案,或者未将监测数据报生态环境主管部门的;

(二)土壤污染重点监管单位篡改、伪造监测数据的;

(三)土壤污染重点监管单位未按年度报告有毒有害物质排放情况,或者未建立土壤污染隐患排查制度的;

(四)拆除设施、设备或者建筑物、构筑物,企业事业单位未采取相应的土壤污染防治措施或者土壤污染重点监管单位未制定、实施土壤污染防治工作方案的;

(五)尾矿库运营、管理单位未按照规定采取措施防止土壤污染的;

(六)尾矿库运营、管理单位未按照规定进行土壤污染状况监测的;

(七)建设和运行污水集中处理设施、固体废物处置设施,未依照法律法规和相关标准的要求采取措施防止土壤污染的。

有前款规定行为之一的,处二万元以上二十万元以下的罚款;有前款第二项、第四项、第五项、第七项规定行为之一,造成严重后果的,处二十万元以上二百万元以下的罚款。

第八十七条 【向农用地违法排污的法律责任】 违反本法规定,向农用地排放重金属或者其他有毒有害物质含量超标的污水、污泥,以及可能造成土壤污染的清淤底泥、尾矿、矿渣等的,由地方人民政府生态环境主管部门责令改正,处十万元以上五十万元以下的罚款;情节严重的,处五十万元以上二百万元以下的罚款,并可以将案件移送公安机关,对直接负责的主管人员和其他直接责任人员处五日以上十五日以下的拘留;有违法所得的,没收违法所得。

第八十八条 【农业投入品违法行为的法律责任】违反本法规定,农业投入品生产者、销售者、使用者未按照规定及时回收肥料等农业投入品的包装废弃物或者农用薄膜,或者未按照规定及时回收农药包装废弃物交由专门的机构或者组织进行无害化处理的,由地方人民政府农业农村主管部门责令改正,处一万元以上十万元以下的罚款;农业投入品使用者为个人的,可以处二百元以上二千元以下的罚款。

第八十九条 【违法用于土地复垦的法律责任】违反本法规定,将重金属或者其他有毒有害物质含量超标的工业固体废物、生活垃圾或者污染土壤用于土地复垦的,由地方人民政府生态环境主管部门责令改正,处十万元以上一百万元以下的罚款;有违法所得的,没收违法所得。

第九十条 【第三方服务机构的法律责任】违反本法规定,受委托从事土壤污染状况调查和土壤污染风险评估、风险管控效果评估、修复效果评估活动的单位,出具虚假调查报告、风险评估报告、风险管控效果评估报告、修复效果评估报告的,由地方人民政府生态环境主管部门处十万元以上五十万元以下的罚款;情节严重的,禁止从事上述业务,并处五十万元以上一百万元以下的罚款;有违法所得的,没收违法所得。

前款规定的单位出具虚假报告的,由地方人民政府生态环境主管部门对直接负责的主管人员和其他直接责任人员处一万元以上五万元以下的罚款;情节严重的,十年内禁止从事前款规定的业务;构成犯罪的,终身禁止从事前款规定的业务。

本条第一款规定的单位和委托人恶意串通,出具虚假报告,造成他人人身或者财产损害的,还应当与委托人承担连带责任。

第九十一条 【风险管控和修复活动违法的法律责任】违反本法规定,有下列行为之一的,由地方人民政府生态环境主管部门责令改正,处十万元以上五十万元以下的罚款;情节严重的,处五十万元以上一百万元以下的罚款;有违法所得的,没收违法所得;对直接负责的主管人员和其他直接责任人员处五千元以上二万元以下的罚款:

(一)未单独收集、存放开发建设过程中剥离的表土的;

(二)实施风险管控、修复活动对土壤、周边环境造成新的污染的;

(三)转运污染土壤,未将运输时间、方式、线路和污染土壤数量、去向、最终处置措施等提前报所在地和接收地生态环境主管部门的;

(四)未达到土壤污染风险评估报告确定的风险管控、修复目标的建设用地地块,开工建设与风险管控、修复无关的项目的。

第九十二条 【未按规定实施后期管理的法律责任】违反本法规定,土壤污染责任人或者土地使用权人未按照规定实施后期管理的,由地方人民政府生态环境主管部门或者其他负有土壤污染防治监督管理职责的部门责令改正,处一万元以上五万元以下的罚款;情节严重的,处五万元以上五十万元以下的罚款。

第九十三条 【违反检查规定的法律责任】违反本法规定,被检查者拒不配合检查,或者在接受检查时弄虚作假的,由地方人民政府生态环境主管部门或者其他负有土壤污染防治监督管理职责的部门责令改正,处二万元以上二十万元以下的罚款;对直接负责的主管人员和其他直接责任人员处五千元以上二万元以下的罚款。

第九十四条 【对常见的不履行土壤污染风险管控和修复义务行为的处罚】违反本法规定,土壤污染责任人或者土地使用权人有下列行为之一的,由地方人民政府生态环境主管部门或者其他负有土壤污染防治监督管理职责的部门责令改正,处二万元以上二十万元以下的罚款;拒不改正的,处二十万元以上一百万元以下的罚款,并委托他人代为履行,所需费用由土壤污染责任人或者土地使用权人承担;对直接负责的主管人员和其他直接责任人员处五千元以上二万元以下的罚款:

(一)未按照规定进行土壤污染状况调查的;

(二)未按照规定进行土壤污染风险评估的;

(三)未按照规定采取风险管控措施的;

(四)未按照规定实施修复的;

(五)风险管控、修复活动完成后,未另行委托有关单位对风险管控效果、修复效果进行评估的。

土壤污染责任人或者土地使用权人有前款第三项、第四项规定行为之一,情节严重的,地方人民政府生态环境主管部门或者其他负有土壤污染防治监督管理职责的部门可以将案件移送公安机关,对直接负责的主管人员和其他直接责任人员处五日以上十五日以下的拘留。

第九十五条 【违反备案规定的法律责任】违反本法规定,有下列行为之一的,由地方人民政府有关部门责令改正;拒不改正的,处一万元以上五万元以下的罚款:

(一)土壤污染重点监管单位未按照规定将土壤污染防治工作方案报地方人民政府生态环境、工业和信息化主管部门备案的;

(二)土壤污染责任人或者土地使用权人未按照规定将修复方案、效果评估报告报地方人民政府生态环境、农业农村、林业草原主管部门备案的;

(三)土地使用权人未按照规定将土壤污染状况调查报告报地方人民政府生态环境主管部门备案的。

第九十六条 【侵权责任】污染土壤造成他人人身或者财产损害的,应当依法承担侵权责任。

土壤污染责任人无法认定,土地使用权人未依照本法规定履行土壤污染风险管控和修复义务,造成他人人身或者财产损害的,应当依法承担侵权责任。

土壤污染引起的民事纠纷,当事人可以向地方人民政府生态环境等主管部门申请调解处理,也可以向人民法院提起诉讼。

第九十七条 【提起诉讼】污染土壤损害国家利益、社会公共利益的,有关机关和组织可以依照《中华人民共和国环境保护法》《中华人民共和国民事诉讼法》《中华人民共和国行政诉讼法》等法律的规定向人民法院提起诉讼。

第九十八条 【治安管理处罚和刑法的衔接性规定】违反本法规定,构成违反治安管理行为的,由公安机关依法给予治安管理处罚;构成犯罪的,依法追究刑事责任。

第七章 附 则

第九十九条 【施行日期】本法自 2019 年 1 月 1 日起施行。

中华人民共和国
固体废物污染环境防治法

1. 1995 年 10 月 30 日第八届全国人民代表大会常务委员会第十六次会议通过
2. 2004 年 12 月 29 日第十届全国人民代表大会常务委员会第十三次会议第一次修订
3. 根据 2013 年 6 月 29 日第十二届全国人民代表大会常务委员会第三次会议《关于修改〈中华人民共和国文物保护法〉等十二部法律的决定》第一次修正
4. 根据 2015 年 4 月 24 日第十二届全国人民代表大会常务委员会第十四次会议《关于修改〈中华人民共和国港口法〉等七部法律的决定》第二次修正
5. 根据 2016 年 11 月 7 日第十二届全国人民代表大会常务委员会第二十四次会议《关于修改〈中华人民共和国对外贸易法〉等十二部法律的决定》第三次修正
6. 2020 年 4 月 29 日第十三届全国人民代表大会常务委员会第十七次会议第二次修订

目 录

第一章　总　　则
第二章　监督管理
第三章　工业固体废物
第四章　生活垃圾
第五章　建筑垃圾、农业固体废物等
第六章　危险废物
第七章　保障措施
第八章　法律责任
第九章　附　　则

第一章　总　　则

第一条　【立法目的】为了保护和改善生态环境,防治固体废物污染环境,保障公众健康,维护生态安全,推进生态文明建设,促进经济社会可持续发展,制定本法。

第二条 【适用范围】固体废物污染环境的防治适用本法。

固体废物污染海洋环境的防治和放射性固体废物污染环境的防治不适用本法。

第三条 【国家倡导绿色方式】国家推行绿色发展方式,促进清洁生产和循环经济发展。

国家倡导简约适度、绿色低碳的生活方式,引导公众积极参与固体废物污染环境防治。

第四条 【减量化、资源化和无害化原则】固体废物污染环境防治坚持减量化、资源化和无害化的原则。

任何单位和个人都应当采取措施,减少固体废物的产生量,促进固体废物的综合利用,降低固体废物的危害性。

第五条 【污染担责原则】固体废物污染环境防治坚持污染担责的原则。

产生、收集、贮存、运输、利用、处置固体废物的单位和个人,应当采取措施,防止或者减少固体废物对环境的污染,对所造成的环境污染依法承担责任。

第六条 【生活垃圾分类制度】国家推行生活垃圾分类制度。

生活垃圾分类坚持政府推动、全民参与、城乡统筹、因地制宜、简便易行的原则。

第七条 【目标责任制和考核评价制度】地方各级人民政府对本行政区域固体废物污染环境防治负责。

国家实行固体废物污染环境防治目标责任制和考核评价制度,将固体废物污染环境防治目标完成情况纳入考核评价的内容。

第八条 【政府的监管职责和联防联控机制】各级人民政府应当加强对固体废物污染环境防治工作的领导,组织、协调、督促有关部门依法履行固体废物污染环境防治监督管理职责。

省、自治区、直辖市之间可以协商建立跨行政区域固体废物污染环境的联防联控机制,统筹规划制定、设施建设、固体废物转移等工作。

第九条 【政府的监督管理职责】国务院生态环境主管部门对全国固体废物污染环境防治工作实施统一监督管理。国务院发展改革、工业和信息化、自然资源、住房城乡建设、交通运输、农业农村、商务、卫生健康、海关等主管部门在各自职责范围内负责固体废物污染环境防治的监督管理工作。

地方人民政府生态环境主管部门对本行政区域固体废物污染环境防治工作实施统一监督管理。地方人民政府发展改革、工业和信息化、自然资源、住房城乡建设、交通运输、农业农村、商务、卫生健康等主管部门在各自职责范围内负责固体废物污染环境防治的监督管理工作。

第十条 【国家政策支持】国家鼓励、支持固体废物污染环境防治的科学研究、技术开发、先进技术推广和科学普及，加强固体废物污染环境防治科技支撑。

第十一条 【宣传教育和科学普及】国家机关、社会团体、企业事业单位、基层群众性自治组织和新闻媒体应当加强固体废物污染环境防治宣传教育和科学普及，增强公众固体废物污染环境防治意识。

学校应当开展生活垃圾分类以及其他固体废物污染环境防治知识普及和教育。

第十二条 【政府表彰和奖励】各级人民政府对在固体废物污染环境防治工作以及相关的综合利用活动中做出显著成绩的单位和个人，按照国家有关规定给予表彰、奖励。

第二章 监督管理

第十三条 【纳入相关规划】县级以上人民政府应当将固体废物污染环境防治工作纳入国民经济和社会发展规划、生态环境保护规划，并采取有效措施减少固体废物的产生量、促进固体废物的综合利用、降低固体废物的危害性，最大限度降低固体废物填埋量。

第十四条 【制定鉴别标准、程序和防治技术标准】国务院生态环境主管部门应当会同国务院有关部门根据国家环境质量标准和国家经济、技术条件，制定固体废物鉴别标准、鉴别程序和国家固体废物污染环境防治技术标准。

第十五条 【固体废物综合利用标准】国务院标准化主管部门应当会同国务院发展改革、工业和信息化、生态环境、农业农村等主管部门，制定固体废物综合利用标准。

综合利用固体废物应当遵守生态环境法律法规，符合固体废物污染环境防治技术标准。使用固体废物综合利用产物应当符合国家规定的用途、标准。

第十六条 【建立全国固体废物污染环境防治信息平台】国务院生态环境主管部门应当会同国务院有关部门建立全国危险废物等固体废物污染环境防治信息平台，推进固体废物收集、转移、处置等全过程监控和信息化追溯。

第十七条 【依法进行环境影响评价】建设产生、贮存、利用、处置固体废物的项目，应当依法进行环境影响评价，并遵守国家有关建设项目环境保护管理的规定。

第十八条 【环境影响评价的实施】建设项目的环境影响评价文件确定需要配套建设的固体废物污染环境防治设施，应当与主体工程同时设计、同时施工、同时投入使用。建设项目的初步设计，应当按照环境保护设计规范的要求，将固体废物污染环境防治内容纳入环境影响评价文件，落实防治固体废物污染环境和破坏生态的措施以及固体废物污染环境防治设施投资概算。

建设单位应当依照有关法律法规的规定，对配套建设的固体废物污染环境防治设施进行验收，编制验收报告，并向社会公开。

第十九条 【生产经营者的管理和维护职责】收集、贮存、运输、利用、处置固体废物的单位和其他生产经营者，应当加强对相关设施、设备和场所的管理和维护，保证其正常运行和使用。

第二十条 【生产经营者应当采取的措施和禁止行为】产生、收集、贮存、运输、利用、处置固体废物的单位和其他生产经营者，应当采取防扬散、防流失、防渗漏或者其他防止污染环境的措施，不得擅自倾倒、堆放、丢弃、遗撒固体废物。

禁止任何单位或者个人向江河、湖泊、运河、渠道、水库及其最高水位线以下的滩地和岸坡以及法律法规规定的其他地点倾倒、堆放、贮存固体废物。

第二十一条 【特殊区域禁止行为】在生态保护红线区域、永久基本农田集中区域和其他需要特别保护的区域内，禁止建设工业固体废物、危险废物集中贮存、利用、处置的设施、场所和生活垃圾填埋场。

第二十二条 【固体废物转移出省级行政区域的申请和备案】转移固体废物出省、自治区、直辖市行政区域贮存、处置的，应当向固体废物移出地的省、自治区、直辖市人民政府生态环境主管部门提出申请。移出地的省、自治区、直辖市人民政府生态环境主管部门应当及时商经接受地的省、自治区、直辖市人民政府生态环境主管部门同意后,在规定期限内批准转移该固体废物出省、自治区、直辖市行政区域。未经批准的,不得转移。

转移固体废物出省、自治区、直辖市行政区域利用的,应当报固体废物移出地的省、自治区、直辖市人民政府生态环境主管部门备案。移出地的省、自治区、直辖市人民政府生态环境主管部门应当将备案信息通报接受地的省、自治区、直辖市人民政府生态环境主管部门。

第二十三条 【禁止境外固体废物进境行为】禁止中华人民共和国境外的固体废物进境倾倒、堆放、处置。

第二十四条 【逐步实现固体废物零进口】国家逐步实现固体废物零进口,由国务院生态环境主管部门会同国务院商务、发展改革、海关等主管部门组织实施。

第二十五条 【海关依法管理进口疑似固体废物】海关发现进口货物疑似固体废物的,可以委托专业机构开展属性鉴别,并根据鉴别结论依法管理。

第二十六条 【现场检查】生态环境主管部门及其环境执法机构和其他负有固体废物污染环境防治监督管理职责的部门,在各自职责范围内有权对从事产生、收集、贮存、运输、利用、处置固体废物等活动的单位和其他生产经营者进行现场检查。被检查者应当如实反映情况,并提供必要的资料。

实施现场检查,可以采取现场监测、采集样品、查阅或者复制与固体废物污染环境防治相关的资料等措施。检查人员进行现场检查,应当出示证件。对现场检查中知悉的商业秘密应当保密。

第二十七条 【相关部门的查封、扣押权限】有下列情形之一,生态环境主管部门和其他负有固体废物污染环境防治监督管理职责的部门,可以对违法收集、贮存、运输、利用、处置的固体废物及设施、设备、场所、工具、物品予以查封、扣押:

(一)可能造成证据灭失、被隐匿或者非法转移的;

(二)造成或者可能造成严重环境污染的。

第二十八条 【生产经营者信用记录制度】生态环境主管部门应当会同有关部门建立产生、收集、贮存、运输、利用、处置固体废物的单位和其他生产经营者信用记录制度,将相关信用记录纳入全国信用信息共享平台。

第二十九条 【定期发布信息】设区的市级人民政府生态环境主管部门应当会同住房城乡建设、农业农村、卫生健康等主管部门,定期向社会发布固体废物的种类、产生量、处置能力、利用处置状况等信息。

产生、收集、贮存、运输、利用、处置固体废物的单位,应当依法及时公开固体废物污染环境防治信息,主动接受社会监督。

利用、处置固体废物的单位,应当依法向公众开放设施、场所,提高公众环境保护意识和参与程度。

第三十条 【纳入年度报告】县级以上人民政府应当将工业固体废物、生活垃圾、危险废物等固体废物污染环境防治情况纳入环境状况和环境保护目标完成情况年度报告,向本级人民代表大会或者人民代表大会常务委员会报告。

第三十一条 【举报制度】任何单位和个人都有权对造成固体废物污染环境的单位和个人进行举报。

生态环境主管部门和其他负有固体废物污染环境防治监督管理职责的部门应当将固体废物污染环境防治举报方式向社会公布,方便公众举报。

接到举报的部门应当及时处理并对举报人的相关信息予以保密;对实名举报并查证属实的,给予奖励。

举报人举报所在单位的,该单位不得以解除、变更劳动合同或者其他方式对举报人进行打击报复。

第三章 工业固体废物

第三十二条 【制定技术政策】国务院生态环境主管部门应当会同国务院发展改革、工业和信息化等主管部门对工业固体废物对公众健康、生态环境的危害和影响程度等作出界定,制定防治工业固体废物污染环境的技术政策,组织推广先进的防治工业固体废物污染环境的生产工艺和设备。

第三十三条 【推广先进生产工艺和设备】国务院工业和信息化主管部门应当会同国务院有关部门组织研究开发、推广减少工业固体废物产生量和降低工业固体废物危害性的生产工艺和设备,公布限期淘汰产生严重污染环境的工业固体废物的落后生产工艺、设备的名录。

生产者、销售者、进口者、使用者应当在国务院工业和信息化主管部门会同国务院有关部门规定的期限内分别停止生产、销售、进口或者使用列入前款规定名录中的设备。生产工艺的采用者应当在国务院工业和信息化主管部门会同国务院有关部门规定的期限内停止采用列入前款规定名录中的工艺。

列入限期淘汰名录被淘汰的设备,不得转让给他人使用。

第三十四条 【定期发布工业固体废物相关目录】国务院工业和信息化主管部门应当会同国务院发展改革、生态环境等主管部门,定期发布工业固体废物综合利用技术、工艺、设备和产品导向目录,组织开展工业固体废物资源综合利用评价,推动工业固体废物综合利用。

第三十五条 【制定工业固体废物污染环境防治工作规划】县级以上地方人民政府应当制定工业固体废物污染环境防治工作规划,组织建设工业固体废物集中处置等设施,推动工业固体废物污染环境防治工作。

第三十六条 【产生废物的单位建立健全相关制度】产生工业固体废物的单位应当建立健全工业固体废物产生、收集、贮存、运输、利用、处置全过程的污染环境防治责任制度,建立工业固体废物管理台账,如实记录产生工业固体废物的种类、数量、流向、贮存、利用、处置等信息,实现工业固体废物可追溯、可查询,并采取防治工业固体废物污染环境的措施。

禁止向生活垃圾收集设施中投放工业固体废物。

第三十七条 【委托运输、利用、处置工业固体废物的要求】产生工业固体废物的单位委托他人运输、利用、处置工业固体废物的,应当对受托方的主体资格和技术能力进行核实,依法签订书面合同,在合同中约定污染防治要求。

受托方运输、利用、处置工业固体废物,应当依照有关法律法规的规定和合同约定履行污染防治要求,并将运输、利用、处置情况告知产生工业固体废物的单位。

产生工业固体废物的单位违反本条第一款规定的,除依照有关法律法规的规定予以处罚外,还应当与造成环境污染和生态破坏的受托方承担连带责任。

第三十八条 【清洁生产审核】产生工业固体废物的单位应当依法实施

清洁生产审核,合理选择和利用原材料、能源和其他资源,采用先进的生产工艺和设备,减少工业固体废物的产生量,降低工业固体废物的危害性。

第三十九条 【排污许可证】产生工业固体废物的单位应当取得排污许可证。排污许可的具体办法和实施步骤由国务院规定。

产生工业固体废物的单位应当向所在地生态环境主管部门提供工业固体废物的种类、数量、流向、贮存、利用、处置等有关资料,以及减少工业固体废物产生、促进综合利用的具体措施,并执行排污许可管理制度的相关规定。

第四十条 【利用工业固体废物应当符合标准】产生工业固体废物的单位应当根据经济、技术条件对工业固体废物加以利用;对暂时不利用或者不能利用的,应当按照国务院生态环境等主管部门的规定建设贮存设施、场所,安全分类存放,或者采取无害化处置措施。贮存工业固体废物应当采取符合国家环境保护标准的防护措施。

建设工业固体废物贮存、处置的设施、场所,应当符合国家环境保护标准。

第四十一条 【单位终止或变更后应当妥善处置工业固体废物】产生工业固体废物的单位终止的,应当在终止前对工业固体废物的贮存、处置的设施、场所采取污染防治措施,并对未处置的工业固体废物作出妥善处置,防止污染环境。

产生工业固体废物的单位发生变更的,变更后的单位应当按照国家有关环境保护的规定对未处置的工业固体废物及其贮存、处置的设施、场所进行安全处置或者采取有效措施保证该设施、场所安全运行。变更前当事人对工业固体废物及其贮存、处置的设施、场所的污染防治责任另有约定的,从其约定;但是,不得免除当事人的污染防治义务。

对2005年4月1日前已经终止的单位未处置的工业固体废物及其贮存、处置的设施、场所进行安全处置的费用,由有关人民政府承担;但是,该单位享有的土地使用权依法转让的,应当由土地使用权受让人承担处置费用。当事人另有约定的,从其约定;但是,不得免除当事人的污染防治义务。

第四十二条 【矿业固体废物的开采利用和处理】矿山企业应当采取科学的开采方法和选矿工艺,减少尾矿、煤矸石、废石等矿业固体废物的产生量和贮存量。

国家鼓励采取先进工艺对尾矿、煤矸石、废石等矿业固体废物进行综合利用。

尾矿、煤矸石、废石等矿业固体废物贮存设施停止使用后,矿山企业应当按照国家有关环境保护等规定进行封场,防止造成环境污染和生态破坏。

第四章 生活垃圾

第四十三条 【生活垃圾分类制度】县级以上地方人民政府应当加快建立分类投放、分类收集、分类运输、分类处理的生活垃圾管理系统,实现生活垃圾分类制度有效覆盖。

县级以上地方人民政府应当建立生活垃圾分类工作协调机制,加强和统筹生活垃圾分类管理能力建设。

各级人民政府及其有关部门应当组织开展生活垃圾分类宣传,教育引导公众养成生活垃圾分类习惯,督促和指导生活垃圾分类工作。

第四十四条 【减少固体废物和生活垃圾产生量】县级以上地方人民政府应当有计划地改进燃料结构,发展清洁能源,减少燃料废渣等固体废物的产生量。

县级以上地方人民政府有关部门应当加强产品生产和流通过程管理,避免过度包装,组织净菜上市,减少生活垃圾的产生量。

第四十五条 【处置和回收利用生活垃圾】县级以上人民政府应当统筹安排建设城乡生活垃圾收集、运输、处理设施,确定设施厂址,提高生活垃圾的综合利用和无害化处置水平,促进生活垃圾收集、处理的产业化发展,逐步建立和完善生活垃圾污染环境防治的社会服务体系。

县级以上地方人民政府有关部门应当统筹规划,合理安排回收、分拣、打包网点,促进生活垃圾的回收利用工作。

第四十六条 【妥善处理农村生活垃圾】地方各级人民政府应当加强农村生活垃圾污染环境的防治,保护和改善农村人居环境。

国家鼓励农村生活垃圾源头减量。城乡结合部、人口密集的农村地区和其他有条件的地方,应当建立城乡一体的生活垃圾管理系统;其他农村地区应当积极探索生活垃圾管理模式,因地制宜,就近就地利用或者妥善处理生活垃圾。

第四十七条 【主管部门的监督管理职责】设区的市级以上人民政府环

境卫生主管部门应当制定生活垃圾清扫、收集、贮存、运输和处理设施、场所建设运行规范，发布生活垃圾分类指导目录，加强监督管理。

第四十八条　【城乡生活垃圾的清扫、收集、运输和处理】县级以上地方人民政府环境卫生等主管部门应当组织对城乡生活垃圾进行清扫、收集、运输和处理，可以通过招标等方式选择具备条件的单位从事生活垃圾的清扫、收集、运输和处理。

第四十九条　【生活垃圾产生者责任】产生生活垃圾的单位、家庭和个人应当依法履行生活垃圾源头减量和分类投放义务，承担生活垃圾产生者责任。

任何单位和个人都应当依法在指定的地点分类投放生活垃圾。禁止随意倾倒、抛撒、堆放或者焚烧生活垃圾。

机关、事业单位等应当在生活垃圾分类工作中起示范带头作用。

已经分类投放的生活垃圾，应当按照规定分类收集、分类运输、分类处理。

第五十条　【处理城乡生活垃圾和有害垃圾】清扫、收集、运输、处理城乡生活垃圾，应当遵守国家有关环境保护和环境卫生管理的规定，防止污染环境。

从生活垃圾中分类并集中收集的有害垃圾，属于危险废物的，应当按照危险废物管理。

第五十一条　【处理运输过程中产生的生活垃圾】从事公共交通运输的经营单位，应当及时清扫、收集运输过程中产生的生活垃圾。

第五十二条　【农贸市场等应加强环境卫生管理】农贸市场、农产品批发市场等应当加强环境卫生管理，保持环境卫生清洁，对所产生的垃圾及时清扫、分类收集、妥善处理。

第五十三条　【生活垃圾收集设施及体系建设】从事城市新区开发、旧区改建和住宅小区开发建设、村镇建设的单位，以及机场、码头、车站、公园、商场、体育场馆等公共设施、场所的经营管理单位，应当按照国家有关环境卫生的规定，配套建设生活垃圾收集设施。

县级以上地方人民政府应当统筹生活垃圾公共转运、处理设施与前款规定的收集设施的有效衔接，并加强生活垃圾分类收运体系和再生资源回收体系在规划、建设、运营等方面的融合。

第五十四条　【按照规定使用从生活垃圾中回收的物质】从生活垃圾中

二、大气、土壤、固体废物、噪声、放射性污染防治　**187**

回收的物质应当按照国家规定的用途、标准使用,不得用于生产可能危害人体健康的产品。

第五十五条　【生活垃圾处理设施、场所的建设和管理】建设生活垃圾处理设施、场所,应当符合国务院生态环境主管部门和国务院住房城乡建设主管部门规定的环境保护和环境卫生标准。

鼓励相邻地区统筹生活垃圾处理设施建设,促进生活垃圾处理设施跨行政区域共建共享。

禁止擅自关闭、闲置或者拆除生活垃圾处理设施、场所;确有必要关闭、闲置或者拆除的,应当经所在地的市、县级人民政府环境卫生主管部门商所在地生态环境主管部门同意后核准,并采取防止污染环境的措施。

第五十六条　【监测污染物排放】生活垃圾处理单位应当按照国家有关规定,安装使用监测设备,实时监测污染物的排放情况,将污染排放数据实时公开。监测设备应当与所在地生态环境主管部门的监控设备联网。

第五十七条　【厨余垃圾资源化、无害化处理】县级以上地方人民政府环境卫生主管部门负责组织开展厨余垃圾资源化、无害化处理工作。

产生、收集厨余垃圾的单位和其他生产经营者,应当将厨余垃圾交由具备相应资质条件的单位进行无害化处理。

禁止畜禽养殖场、养殖小区利用未经无害化处理的厨余垃圾饲喂畜禽。

第五十八条　【生活垃圾处理收费制度】县级以上地方人民政府应当按照产生者付费原则,建立生活垃圾处理收费制度。

县级以上地方人民政府制定生活垃圾处理收费标准,应当根据本地实际,结合生活垃圾分类情况,体现分类计价、计量收费等差别化管理,并充分征求公众意见。生活垃圾处理收费标准应当向社会公布。

生活垃圾处理费应当专项用于生活垃圾的收集、运输和处理等,不得挪作他用。

第五十九条　【制定生活垃圾具体管理办法】省、自治区、直辖市和设区的市、自治州可以结合实际,制定本地方生活垃圾具体管理办法。

第五章　建筑垃圾、农业固体废物等

第六十条　【建筑垃圾分类处理制度】县级以上地方人民政府应当加强

建筑垃圾污染环境的防治,建立建筑垃圾分类处理制度。

县级以上地方人民政府应当制定包括源头减量、分类处理、消纳设施和场所布局及建设等在内的建筑垃圾污染环境防治工作规划。

第六十一条 【建筑垃圾回收利用体系】国家鼓励采用先进技术、工艺、设备和管理措施,推进建筑垃圾源头减量,建立建筑垃圾回收利用体系。

县级以上地方人民政府应当推动建筑垃圾综合利用产品应用。

第六十二条 【建筑垃圾全过程管理制度】县级以上地方人民政府环境卫生主管部门负责建筑垃圾污染环境防治工作,建立建筑垃圾全过程管理制度,规范建筑垃圾产生、收集、贮存、运输、利用、处置行为,推进综合利用,加强建筑垃圾处置设施、场所建设,保障处置安全,防止污染环境。

第六十三条 【工程施工单位的建筑垃圾处理责任】工程施工单位应当编制建筑垃圾处理方案,采取污染防治措施,并报县级以上地方人民政府环境卫生主管部门备案。

工程施工单位应当及时清运工程施工过程中产生的建筑垃圾等固体废物,并按照环境卫生主管部门的规定进行利用或者处置。

工程施工单位不得擅自倾倒、抛撒或者堆放工程施工过程中产生的建筑垃圾。

第六十四条 【主管部门指导农业固体废物回收利用体系建设】县级以上人民政府农业农村主管部门负责指导农业固体废物回收利用体系建设,鼓励和引导有关单位和其他生产经营者依法收集、贮存、运输、利用、处置农业固体废物,加强监督管理,防止污染环境。

第六十五条 【妥善处理农业固体废物】产生秸秆、废弃农用薄膜、农药包装废弃物等农业固体废物的单位和其他生产经营者,应当采取回收利用和其他防止污染环境的措施。

从事畜禽规模养殖应当及时收集、贮存、利用或者处置养殖过程中产生的畜禽粪污等固体废物,避免造成环境污染。

禁止在人口集中地区、机场周围、交通干线附近以及当地人民政府划定的其他区域露天焚烧秸秆。

国家鼓励研究开发、生产、销售、使用在环境中可降解且无害的农用薄膜。

第六十六条 【电器电子等废物的回收利用】国家建立电器电子、铅蓄电池、车用动力电池等产品的生产者责任延伸制度。

电器电子、铅蓄电池、车用动力电池等产品的生产者应当按照规定以自建或者委托等方式建立与产品销售量相匹配的废旧产品回收体系,并向社会公开,实现有效回收和利用。

国家鼓励产品的生产者开展生态设计,促进资源回收利用。

第六十七条 【废弃电器电子产品的处理】国家对废弃电器电子产品等实行多渠道回收和集中处理制度。

禁止将废弃机动车船等交由不符合规定条件的企业或者个人回收、拆解。

拆解、利用、处置废弃电器电子产品、废弃机动车船等,应当遵守有关法律法规的规定,采取防止污染环境的措施。

第六十八条 【避免过度包装】产品和包装物的设计、制造,应当遵守国家有关清洁生产的规定。国务院标准化主管部门应当根据国家经济和技术条件、固体废物污染环境防治状况以及产品的技术要求,组织制定有关标准,防止过度包装造成环境污染。

生产经营者应当遵守限制商品过度包装的强制性标准,避免过度包装。县级以上地方人民政府市场监督管理部门和有关部门应当按照各自职责,加强对过度包装的监督管理。

生产、销售、进口依法被列入强制回收目录的产品和包装物的企业,应当按照国家有关规定对该产品和包装物进行回收。

电子商务、快递、外卖等行业应当优先采用可重复使用、易回收利用的包装物,优化物品包装,减少包装物的使用,并积极回收利用包装物。县级以上地方人民政府商务、邮政等主管部门应当加强监督管理。

国家鼓励和引导消费者使用绿色包装和减量包装。

第六十九条 【一次性塑料制品的管理】国家依法禁止、限制生产、销售和使用不可降解塑料袋等一次性塑料制品。

商品零售场所开办单位、电子商务平台企业和快递企业、外卖企业应当按照国家有关规定向商务、邮政等主管部门报告塑料袋等一次性塑料制品的使用、回收情况。

国家鼓励和引导减少使用、积极回收塑料袋等一次性塑料制品,推广应用可循环、易回收、可降解的替代产品。

第七十条　【减少一次性用品的使用】旅游、住宿等行业应当按照国家有关规定推行不主动提供一次性用品。

机关、企业事业单位等的办公场所应当使用有利于保护环境的产品、设备和设施，减少使用一次性办公用品。

第七十一条　【安全处理污泥】城镇污水处理设施维护运营单位或者污泥处理单位应当安全处理污泥，保证处理后的污泥符合国家有关标准，对污泥的流向、用途、用量等进行跟踪、记录，并报告城镇排水主管部门、生态环境主管部门。

县级以上人民政府城镇排水主管部门应当将污泥处理设施纳入城镇排水与污水处理规划，推动同步建设污泥处理设施与污水处理设施，鼓励协同处理，污水处理费征收标准和补偿范围应当覆盖污泥处理成本和污水处理设施正常运营成本。

第七十二条　【按规定处理污泥】禁止擅自倾倒、堆放、丢弃、遗撒城镇污水处理设施产生的污泥和处理后的污泥。

禁止重金属或者其他有毒有害物质含量超标的污泥进入农用地。

从事水体清淤疏浚应当按照国家有关规定处理清淤疏浚过程中产生的底泥，防止污染环境。

第七十三条　【实验室产生的固体废物的管理】各级各类实验室及其设立单位应当加强对实验室产生的固体废物的管理，依法收集、贮存、运输、利用、处置实验室固体废物。实验室固体废物属于危险废物的，应当按照危险废物管理。

第六章　危　险　废　物

第七十四条　【适用规定】危险废物污染环境的防治，适用本章规定；本章未作规定的，适用本法其他有关规定。

第七十五条　【国家危险废物名录】国务院生态环境主管部门应当会同国务院有关部门制定国家危险废物名录，规定统一的危险废物鉴别标准、鉴别方法、识别标志和鉴别单位管理要求。国家危险废物名录应当动态调整。

国务院生态环境主管部门根据危险废物的危害特性和产生数量，科学评估其环境风险，实施分级分类管理，建立信息化监管体系，并通过信息化手段管理、共享危险废物转移数据和信息。

第七十六条 【编制危险废物集中处置设施和场所的建设规划】省、自治区、直辖市人民政府应当组织有关部门编制危险废物集中处置设施、场所的建设规划,科学评估危险废物处置需求,合理布局危险废物集中处置设施、场所,确保本行政区域的危险废物得到妥善处置。

编制危险废物集中处置设施、场所的建设规划,应当征求有关行业协会、企业事业单位、专家和公众等方面的意见。

相邻省、自治区、直辖市之间可以开展区域合作,统筹建设区域性危险废物集中处置设施、场所。

第七十七条 【设置危险废物识别标志】对危险废物的容器和包装物以及收集、贮存、运输、利用、处置危险废物的设施、场所,应当按照规定设置危险废物识别标志。

第七十八条 【危险废物管理计划】产生危险废物的单位,应当按照国家有关规定制定危险废物管理计划;建立危险废物管理台账,如实记录有关信息,并通过国家危险废物信息管理系统向所在地生态环境主管部门申报危险废物的种类、产生量、流向、贮存、处置等有关资料。

前款所称危险废物管理计划应当包括减少危险废物产生量和降低危险废物危害性的措施以及危险废物贮存、利用、处置措施。危险废物管理计划应当报产生危险废物的单位所在地生态环境主管部门备案。

产生危险废物的单位已经取得排污许可证的,执行排污许可管理制度的规定。

第七十九条 【按照规定贮存、利用、处置危险废物】产生危险废物的单位,应当按照国家有关规定和环境保护标准要求贮存、利用、处置危险废物,不得擅自倾倒、堆放。

第八十条 【许可证制度】从事收集、贮存、利用、处置危险废物经营活动的单位,应当按照国家有关规定申请取得许可证。许可证的具体管理办法由国务院制定。

禁止无许可证或者未按照许可证规定从事危险废物收集、贮存、利用、处置的经营活动。

禁止将危险废物提供或者委托给无许可证的单位或者其他生产经营者从事收集、贮存、利用、处置活动。

第八十一条 【收集、贮存危险废物的注意事项】收集、贮存危险废物,应当按照危险废物特性分类进行。禁止混合收集、贮存、运输、处置性质不相容而未经安全性处置的危险废物。

贮存危险废物应当采取符合国家环境保护标准的防护措施。禁止将危险废物混入非危险废物中贮存。

从事收集、贮存、利用、处置危险废物经营活动的单位,贮存危险废物不得超过一年;确需延长期限的,应当报经颁发许可证的生态环境主管部门批准;法律、行政法规另有规定的除外。

第八十二条 【转移危险废物】转移危险废物的,应当按照国家有关规定填写、运行危险废物电子或者纸质转移联单。

跨省、自治区、直辖市转移危险废物的,应当向危险废物移出地省、自治区、直辖市人民政府生态环境主管部门申请。移出地省、自治区、直辖市人民政府生态环境主管部门应当及时商经接受地省、自治区、直辖市人民政府生态环境主管部门同意后,在规定期限内批准转移该危险废物,并将批准信息通报相关省、自治区、直辖市人民政府生态环境主管部门和交通运输主管部门。未经批准的,不得转移。

危险废物转移管理应当全程管控、提高效率,具体办法由国务院生态环境主管部门会同国务院交通运输主管部门和公安部门制定。

第八十三条 【运输危险废物】运输危险废物,应当采取防止污染环境的措施,并遵守国家有关危险货物运输管理的规定。

禁止将危险废物与旅客在同一运输工具上载运。

第八十四条 【危险废物相关设施转作他用时的处理】收集、贮存、运输、利用、处置危险废物的场所、设施、设备和容器、包装物及其他物品转作他用时,应当按照国家有关规定经过消除污染处理,方可使用。

第八十五条 【意外事故的防范措施和应急预案】产生、收集、贮存、运输、利用、处置危险废物的单位,应当依法制定意外事故的防范措施和应急预案,并向所在地生态环境主管部门和其他负有固体废物污染环境防治监督管理职责的部门备案;生态环境主管部门和其他负有固体废物污染环境防治监督管理职责的部门应当进行检查。

第八十六条 【立即处理并报告制度】因发生事故或者其他突发性事件,造成危险废物严重污染环境的单位,应当立即采取有效措施消除或者减轻对环境的污染危害,及时通报可能受到污染危害的单位和居民,并向所在地生态环境主管部门和有关部门报告,接受调查处理。

第八十七条 【相关部门的报告职责】在发生或者有证据证明可能发生危险废物严重污染环境、威胁居民生命财产安全时,生态环境主管部门或者其他负有固体废物污染环境防治监督管理职责的部门应当立即向本级人民政府和上一级人民政府有关部门报告,由人民政府采取防止或者减轻危害的有效措施。有关人民政府可以根据需要责令停止导致或者可能导致环境污染事故的作业。

第八十八条 【重点危险废物集中处置设施、场所退役的处理】重点危险废物集中处置设施、场所退役前,运营单位应当按照国家有关规定对设施、场所采取污染防治措施。退役的费用应当预提,列入投资概算或者生产成本,专门用于重点危险废物集中处置设施、场所的退役。具体提取和管理办法,由国务院财政部门、价格主管部门会同国务院生态环境主管部门规定。

第八十九条 【禁止经我国过境转移危险废物】禁止经中华人民共和国过境转移危险废物。

第九十条 【医疗废物的处理】医疗废物按照国家危险废物名录管理。县级以上地方人民政府应当加强医疗废物集中处置能力建设。

县级以上人民政府卫生健康、生态环境等主管部门应当在各自职责范围内加强对医疗废物收集、贮存、运输、处置的监督管理,防止危害公众健康、污染环境。

医疗卫生机构应当依法分类收集本单位产生的医疗废物,交由医疗废物集中处置单位处置。医疗废物集中处置单位应当及时收集、运输和处置医疗废物。

医疗卫生机构和医疗废物集中处置单位,应当采取有效措施,防止医疗废物流失、泄漏、渗漏、扩散。

第九十一条 【应急处置突发事件】重大传染病疫情等突发事件发生时,县级以上人民政府应当统筹协调医疗废物等危险废物收集、贮存、运输、处置等工作,保障所需的车辆、场地、处置设施和防护物资。卫生健康、生态环境、环境卫生、交通运输等主管部门应当协同配合,依法履行应急处置职责。

第七章 保 障 措 施

第九十二条 【相关规划应当统筹固体废物处置设施建设需求】国务院有关部门、县级以上地方人民政府及其有关部门在编制国土空间规划和相关专项规划时,应当统筹生活垃圾、建筑垃圾、危险废物等固体废物转运、集中处置等设施建设需求,保障转运、集中处置等设施用地。

第九十三条 【国家支持固体废物污染环境防治产业专业化、规模化发展】国家采取有利于固体废物污染环境防治的经济、技术政策和措施,鼓励、支持有关方面采取有利于固体废物污染环境防治的措施,加强对从事固体废物污染环境防治工作人员的培训和指导,促进固体废物污染环境防治产业专业化、规模化发展。

第九十四条 【国家鼓励和支持研发固体废物处置新技术】国家鼓励和支持科研单位、固体废物产生单位、固体废物利用单位、固体废物处置单位等联合攻关,研究开发固体废物综合利用、集中处置等的新技术,推动固体废物污染环境防治技术进步。

第九十五条 【需安排必要资金的事项】各级人民政府应当加强固体废物污染环境的防治,按照事权划分的原则安排必要的资金用于下列事项:

(一)固体废物污染环境防治的科学研究、技术开发;

(二)生活垃圾分类;

(三)固体废物集中处置设施建设;

(四)重大传染病疫情等突发事件产生的医疗废物等危险废物应急处置;

(五)涉及固体废物污染环境防治的其他事项。

使用资金应当加强绩效管理和审计监督,确保资金使用效益。

第九十六条 【政策扶持】国家鼓励和支持社会力量参与固体废物污染环境防治工作,并按照国家有关规定给予政策扶持。

第九十七条 【绿色金融】国家发展绿色金融,鼓励金融机构加大对固体废物污染环境防治项目的信贷投放。

第九十八条 【税收优惠】从事固体废物综合利用等固体废物污染环境防治工作的,依照法律、行政法规的规定,享受税收优惠。

国家鼓励并提倡社会各界为防治固体废物污染环境捐赠财产,并依照法律、行政法规的规定,给予税收优惠。

第九十九条 【环境污染责任保险】收集、贮存、运输、利用、处置危险废物的单位,应当按照国家有关规定,投保环境污染责任保险。

第一百条 【综合利用和可重复使用产品的鼓励与支持】国家鼓励单位

和个人购买、使用综合利用产品和可重复使用产品。

县级以上人民政府及其有关部门在政府采购过程中,应当优先采购综合利用产品和可重复使用产品。

第八章　法 律 责 任

第一百零一条　【主管部门的违法责任】生态环境主管部门或者其他负有固体废物污染环境防治监督管理职责的部门违反本法规定,有下列行为之一,由本级人民政府或者上级人民政府有关部门责令改正,对直接负责的主管人员和其他直接责任人员依法给予处分:

(一)未依法作出行政许可或者办理批准文件的;

(二)对违法行为进行包庇的;

(三)未依法查封、扣押的;

(四)发现违法行为或者接到对违法行为的举报后未予查处的;

(五)有其他滥用职权、玩忽职守、徇私舞弊等违法行为的。

依照本法规定应当作出行政处罚决定而未作出的,上级主管部门可以直接作出行政处罚决定。

第一百零二条　【生产经营者的违法责任】违反本法规定,有下列行为之一,由生态环境主管部门责令改正,处以罚款,没收违法所得;情节严重的,报经有批准权的人民政府批准,可以责令停业或者关闭:

(一)产生、收集、贮存、运输、利用、处置固体废物的单位未依法及时公开固体废物污染环境防治信息的;

(二)生活垃圾处理单位未按照国家有关规定安装使用监测设备、实时监测污染物的排放情况并公开污染排放数据的;

(三)将列入限期淘汰名录被淘汰的设备转让给他人使用的;

(四)在生态保护红线区域、永久基本农田集中区域和其他需要特别保护的区域内,建设工业固体废物、危险废物集中贮存、利用、处置的设施、场所和生活垃圾填埋场的;

(五)转移固体废物出省、自治区、直辖市行政区域贮存、处置未经批准的;

(六)转移固体废物出省、自治区、直辖市行政区域利用未报备案的;

(七)擅自倾倒、堆放、丢弃、遗撒工业固体废物,或者未采取相应防范措施,造成工业固体废物扬散、流失、渗漏或者其他环境污染的;

(八)产生工业固体废物的单位未建立固体废物管理台账并如实记录的；

(九)产生工业固体废物的单位违反本法规定委托他人运输、利用、处置工业固体废物的；

(十)贮存工业固体废物未采取符合国家环境保护标准的防护措施的；

(十一)单位和其他生产经营者违反固体废物管理其他要求，污染环境、破坏生态的。

有前款第一项、第八项行为之一，处五万元以上二十万元以下的罚款；有前款第二项、第三项、第四项、第五项、第六项、第九项、第十项、第十一项行为之一，处十万元以上一百万元以下的罚款；有前款第七项行为，处所需处置费用一倍以上三倍以下的罚款，所需处置费用不足十万元的，按十万元计算。对前款第十一项行为的处罚，有关法律、行政法规另有规定的，适用其规定。

第一百零三条　【拒绝、阻挠监督检查及弄虚作假的违法责任】违反本法规定，以拖延、围堵、滞留执法人员等方式拒绝、阻挠监督检查，或者在接受监督检查时弄虚作假的，由生态环境主管部门或者其他负有固体废物污染环境防治监督管理职责的部门责令改正，处五万元以上二十万元以下的罚款；对直接负责的主管人员和其他直接责任人员，处二万元以上十万元以下的罚款。

第一百零四条　【未经许可排放工业固体废物的违法责任】违反本法规定，未依法取得排污许可证产生工业固体废物的，由生态环境主管部门责令改正或者限制生产、停产整治，处十万元以上一百万元以下的罚款；情节严重的，报经有批准权的人民政府批准，责令停业或者关闭。

第一百零五条　【未遵守限制商品过度包装的强制性标准的法律责任】违反本法规定，生产经营者未遵守限制商品过度包装的强制性标准的，由县级以上地方人民政府市场监督管理部门或者有关部门责令改正；拒不改正的，处二千元以上二万元以下的罚款；情节严重的，处二万元以上十万元以下的罚款。

第一百零六条　【未遵守有关一次性塑料制品的国家规定的法律责任】违反本法规定，未遵守国家有关禁止、限制使用不可降解塑料袋等一次性塑料制品的规定,或者未按照国家有关规定报告塑料袋等一次性塑料制品的使用情况的,由县级以上地方人民政府商务、邮政等主管部门责令改正,处一万元以上十万元以下的罚款。

第一百零七条 【未及时管理畜禽粪污等固体废物的违法责任】从事畜禽规模养殖未及时收集、贮存、利用或者处置养殖过程中产生的畜禽粪污等固体废物的,由生态环境主管部门责令改正,可以处十万元以下的罚款;情节严重的,报经有批准权的人民政府批准,责令停业或者关闭。

第一百零八条 【城镇污水处理设施维护运营单位与污泥处理单位的违法责任】违反本法规定,城镇污水处理设施维护运营单位或者污泥处理单位对污泥流向、用途、用量等未进行跟踪、记录,或者处理后的污泥不符合国家有关标准的,由城镇排水主管部门责令改正,给予警告;造成严重后果的,处十万元以上二十万元以下的罚款;拒不改正的,城镇排水主管部门可以指定有治理能力的单位代为治理,所需费用由违法者承担。

违反本法规定,擅自倾倒、堆放、丢弃、遗撒城镇污水处理设施产生的污泥和处理后的污泥的,由城镇排水主管部门责令改正,处二十万元以上二百万元以下的罚款,对直接负责的主管人员和其他直接责任人员处二万元以上十万元以下的罚款;造成严重后果的,处二百万元以上五百万元以下的罚款,对直接负责的主管人员和其他直接责任人员处五万元以上五十万元以下的罚款;拒不改正的,城镇排水主管部门可以指定有治理能力的单位代为治理,所需费用由违法者承担。

第一百零九条 【生产、销售、进口或者使用淘汰的设备和生产工艺的违法责任】违反本法规定,生产、销售、进口或者使用淘汰的设备,或者采用淘汰的生产工艺的,由县级以上地方人民政府指定的部门责令改正,处十万元以上一百万元以下的罚款,没收违法所得;情节严重的,由县级以上地方人民政府指定的部门提出意见,报经有批准权的人民政府批准,责令停业或者关闭。

第一百一十条 【矿业固体废物贮存设施停用后未封场的违法责任】尾矿、煤矸石、废石等矿业固体废物贮存设施停止使用后,未按照国家有关环境保护规定进行封场的,由生态环境主管部门责令改正,处二十万元以上一百万元以下的罚款。

第一百一十一条 【单位和个人的违法责任】违反本法规定,有下列行为之一,由县级以上地方人民政府环境卫生主管部门责令改正,处以罚款,没收违法所得:

(一)随意倾倒、抛撒、堆放或者焚烧生活垃圾的;

(二)擅自关闭、闲置或者拆除生活垃圾处理设施、场所的;

(三)工程施工单位未编制建筑垃圾处理方案报备案,或者未及时清运施工过程中产生的固体废物的;

(四)工程施工单位擅自倾倒、抛撒或者堆放工程施工过程中产生的建筑垃圾,或者未按照规定对施工过程中产生的固体废物进行利用或者处置的;

(五)产生、收集厨余垃圾的单位和其他生产经营者未将厨余垃圾交由具备相应资质条件的单位进行无害化处理的;

(六)畜禽养殖场、养殖小区利用未经无害化处理的厨余垃圾饲喂畜禽的;

(七)在运输过程中沿途丢弃、遗撒生活垃圾的。

单位有前款第一项、第七项行为之一,处五万元以上五十万元以下的罚款;单位有前款第二项、第三项、第四项、第五项、第六项行为之一,处十万元以上一百万元以下的罚款;个人有前款第一项、第五项、第七项行为之一,处一百元以上五百元以下的罚款。

违反本法规定,未在指定的地点分类投放生活垃圾的,由县级以上地方人民政府环境卫生主管部门责令改正;情节严重的,对单位处五万元以上五十万元以下的罚款,对个人依法处以罚款。

第一百一十二条 【未按规定管理危险废物的法律责任】违反本法规定,有下列行为之一,由生态环境主管部门责令改正,处以罚款,没收违法所得;情节严重的,报经有批准权的人民政府批准,可以责令停业或者关闭:

(一)未按照规定设置危险废物识别标志的;

(二)未按照国家有关规定制定危险废物管理计划或者申报危险废物有关资料的;

(三)擅自倾倒、堆放危险废物的;

(四)将危险废物提供或者委托给无许可证的单位或者其他生产经营者从事经营活动的;

二、大气、土壤、固体废物、噪声、放射性污染防治　　199

（五）未按照国家有关规定填写、运行危险废物转移联单或者未经批准擅自转移危险废物的；

（六）未按照国家环境保护标准贮存、利用、处置危险废物或者将危险废物混入非危险废物中贮存的；

（七）未经安全性处置，混合收集、贮存、运输、处置具有不相容性质的危险废物的；

（八）将危险废物与旅客在同一运输工具上载运的；

（九）未经消除污染处理，将收集、贮存、运输、处置危险废物的场所、设施、设备和容器、包装物及其他物品转作他用的；

（十）未采取相应防范措施，造成危险废物扬散、流失、渗漏或者其他环境污染的；

（十一）在运输过程中沿途丢弃、遗撒危险废物的；

（十二）未制定危险废物意外事故防范措施和应急预案的；

（十三）未按照国家有关规定建立危险废物管理台账并如实记录的。

有前款第一项、第二项、第五项、第六项、第七项、第八项、第九项、第十二项、第十三项行为之一，处十万元以上一百万元以下的罚款；有前款第三项、第四项、第十项、第十一项行为之一，处所需处置费用三倍以上五倍以下的罚款，所需处置费用不足二十万元的，按二十万元计算。

第一百一十三条　【危险废物的代为处置】违反本法规定，危险废物产生者未按照规定处置其产生的危险废物被责令改正后拒不改正的，由生态环境主管部门组织代为处置，处置费用由危险废物产生者承担；拒不承担代为处置费用的，处代为处置费用一倍以上三倍以下的罚款。

第一百一十四条　【未经许可及未按许可管理危险废物的法律责任】无许可证从事收集、贮存、利用、处置危险废物经营活动的，由生态环境主管部门责令改正，处一百万元以上五百万元以下的罚款，并报经有批准权的人民政府批准，责令停业或者关闭；对法定代表人、主要负责人、直接负责的主管人员和其他责任人员，处十万元以上一百万元以下的罚款。

未按照许可证规定从事收集、贮存、利用、处置危险废物经营活动的,由生态环境主管部门责令改正,限制生产、停产整治,处五十万元以上二百万元以下的罚款;对法定代表人、主要负责人、直接负责的主管人员和其他责任人员,处五万元以上五十万元以下的罚款;情节严重的,报经有批准权的人民政府批准,责令停业或者关闭,还可以由发证机关吊销许可证。

第一百一十五条 【固体废物违法入境的法律责任】违反本法规定,将中华人民共和国境外的固体废物输入境内的,由海关责令退运该固体废物,处五十万元以上五百万元以下的罚款。

承运人对前款规定的固体废物的退运、处置,与进口者承担连带责任。

第一百一十六条 【固体废物违法过境的法律责任】违反本法规定,经中华人民共和国过境转移危险废物的,由海关责令退运该危险废物,处五十万元以上五百万元以下的罚款。

第一百一十七条 【已非法入境的固体废物的法律责任】对已经非法入境的固体废物,由省级以上人民政府生态环境主管部门依法向海关提出处理意见,海关应当依照本法第一百一十五条的规定作出处罚决定;已经造成环境污染的,由省级以上人民政府生态环境主管部门责令进口者消除污染。

第一百一十八条 【固体废物污染环境事故的违法责任】违反本法规定,造成固体废物污染环境事故的,除依法承担赔偿责任外,由生态环境主管部门依照本条第二款的规定处以罚款,责令限期采取治理措施;造成重大或者特大固体废物污染环境事故的,还可以报经有批准权的人民政府批准,责令关闭。

造成一般或者较大固体废物污染环境事故的,按照事故造成的直接经济损失的一倍以上三倍以下计算罚款;造成重大或者特大固体废物污染环境事故的,按照事故造成的直接经济损失的三倍以上五倍以下计算罚款,并对法定代表人、主要负责人、直接负责的主管人员和其他责任人员处上一年度从本单位取得的收入百分之五十以下的罚款。

第一百一十九条 【继续实施违法行为的法律责任】单位和其他生产经营者违反本法规定排放固体废物,受到罚款处罚,被责令改正的,依法作出处罚决定的行政机关应当组织复查,发现其继续实施该违法行为的,依照《中华人民共和国环境保护法》的规定按日连续处罚。

第一百二十条 【尚不构成犯罪的违法行为的法律责任】违反本法规定,有下列行为之一,尚不构成犯罪的,由公安机关对法定代表人、主要负责人、直接负责的主管人员和其他责任人员处十日以上十五日以下的拘留;情节较轻的,处五日以上十日以下的拘留:

(一)擅自倾倒、堆放、丢弃、遗撒固体废物,造成严重后果的;

(二)在生态保护红线区域、永久基本农田集中区域和其他需要特别保护的区域内,建设工业固体废物、危险废物集中贮存、利用、处置的设施、场所和生活垃圾填埋场的;

(三)将危险废物提供或者委托给无许可证的单位或者其他生产经营者堆放、利用、处置的;

(四)无许可证或者未按照许可证规定从事收集、贮存、利用、处置危险废物经营活动的;

(五)未经批准擅自转移危险废物的;

(六)未采取防范措施,造成危险废物扬散、流失、渗漏或者其他严重后果的。

第一百二十一条 【固体废物污染环境的起诉】固体废物污染环境、破坏生态,损害国家利益、社会公共利益的,有关机关和组织可以依照《中华人民共和国环境保护法》、《中华人民共和国民事诉讼法》、《中华人民共和国行政诉讼法》等法律的规定向人民法院提起诉讼。

第一百二十二条 【固体废物污染环境的损害赔偿责任】固体废物污染环境、破坏生态给国家造成重大损失的,由设区的市级以上地方人民政府或者其指定的部门、机构组织与造成环境污染和生态破坏的单位和其他生产经营者进行磋商,要求其承担损害赔偿责任;磋商未达成一致的,可以向人民法院提起诉讼。

对于执法过程中查获的无法确定责任人或者无法退运的固体废物,由所在地县级以上地方人民政府组织处理。

第一百二十三条 【相关的行政、刑事和民事责任】违反本法规定,构成违反治安管理行为的,由公安机关依法给予治安管理处罚;构成犯罪的,依法追究刑事责任;造成人身、财产损害的,依法承担民事责任。

第九章 附　则

第一百二十四条 【术语含义】本法下列用语的含义:

(一)固体废物,是指在生产、生活和其他活动中产生的丧失原有利用价值或者虽未丧失利用价值但被抛弃或者放弃的固态、半固态和置于容器中的气态的物品、物质以及法律、行政法规规定纳入固体废物管理的物品、物质。经无害化加工处理,并且符合强制性国家产品质量标准,不会危害公众健康和生态安全,或者根据固体废物鉴别标准和鉴别程序认定为不属于固体废物的除外。

(二)工业固体废物,是指在工业生产活动中产生的固体废物。

(三)生活垃圾,是指在日常生活中或者为日常生活提供服务的活动中产生的固体废物,以及法律、行政法规规定视为生活垃圾的固体废物。

(四)建筑垃圾,是指建设单位、施工单位新建、改建、扩建和拆除各类建筑物、构筑物、管网等,以及居民装饰装修房屋过程中产生的弃土、弃料和其他固体废物。

(五)农业固体废物,是指在农业生产活动中产生的固体废物。

(六)危险废物,是指列入国家危险废物名录或者根据国家规定的危险废物鉴别标准和鉴别方法认定的具有危险特性的固体废物。

(七)贮存,是指将固体废物临时置于特定设施或者场所中的活动。

(八)利用,是指从固体废物中提取物质作为原材料或者燃料的活动。

(九)处置,是指将固体废物焚烧和用其他改变固体废物的物理、化学、生物特性的方法,达到减少已产生的固体废物数量、缩小固体废物体积、减少或者消除其危险成分的活动,或者将固体废物最终置于符合环境保护规定要求的填埋场的活动。

第一百二十五条 【法律适用】液态废物的污染防治,适用本法;但是,排入水体的废水的污染防治适用有关法律,不适用本法。

第一百二十六条 【施行日期】本法自2020年9月1日起施行。

中华人民共和国噪声污染防治法

1. 2021年12月24日第十三届全国人民代表大会常务委员会第三十二次会议通过
2. 2021年12月24日中华人民共和国主席令第104号公布
3. 自2022年6月5日起施行

目　　录

第一章　总　　则
第二章　噪声污染防治标准和规划
第三章　噪声污染防治的监督管理
第四章　工业噪声污染防治
第五章　建筑施工噪声污染防治
第六章　交通运输噪声污染防治
第七章　社会生活噪声污染防治
第八章　法律责任
第九章　附　　则

第一章　总　　则

第一条　【立法目的】为了防治噪声污染，保障公众健康，保护和改善生活环境，维护社会和谐，推进生态文明建设，促进经济社会可持续发展，制定本法。

第二条　【噪声及噪声污染的定义】本法所称噪声，是指在工业生产、建筑施工、交通运输和社会生活中产生的干扰周围生活环境的声音。

　　本法所称噪声污染，是指超过噪声排放标准或者未依法采取防控措施产生噪声，并干扰他人正常生活、工作和学习的现象。

第三条　【适用范围】噪声污染的防治，适用本法。

　　因从事本职生产经营工作受到噪声危害的防治，适用劳动保护等其他有关法律的规定。

第四条　【适用原则】噪声污染防治应当坚持统筹规划、源头防控、分类管理、社会共治、损害担责的原则。

第五条 【财政预算】县级以上人民政府应当将噪声污染防治工作纳入国民经济和社会发展规划、生态环境保护规划,将噪声污染防治工作经费纳入本级政府预算。

生态环境保护规划应当明确噪声污染防治目标、任务、保障措施等内容。

第六条 【防治目标责任制和考核评价制度】地方各级人民政府对本行政区域声环境质量负责,采取有效措施,改善声环境质量。

国家实行噪声污染防治目标责任制和考核评价制度,将噪声污染防治目标完成情况纳入考核评价内容。

第七条 【政府责任】县级以上地方人民政府应当依照本法和国务院的规定,明确有关部门的噪声污染防治监督管理职责,根据需要建立噪声污染防治工作协调联动机制,加强部门协同配合、信息共享,推进本行政区域噪声污染防治工作。

第八条 【国务院及各部门职责】国务院生态环境主管部门对全国噪声污染防治实施统一监督管理。

地方人民政府生态环境主管部门对本行政区域噪声污染防治实施统一监督管理。

各级住房和城乡建设、公安、交通运输、铁路监督管理、民用航空、海事等部门,在各自职责范围内,对建筑施工、交通运输和社会生活噪声污染防治实施监督管理。

基层群众性自治组织应当协助地方人民政府及其有关部门做好噪声污染防治工作。

第九条 【单位和个人的义务】任何单位和个人都有保护声环境的义务,同时依法享有获取声环境信息、参与和监督噪声污染防治的权利。

排放噪声的单位和个人应当采取有效措施,防止、减轻噪声污染。

第十条 【宣传教育】各级人民政府及其有关部门应当加强噪声污染防治法律法规和知识的宣传教育普及工作,增强公众噪声污染防治意识,引导公众依法参与噪声污染防治工作。

新闻媒体应当开展噪声污染防治法律法规和知识的公益宣传,对违反噪声污染防治法律法规的行为进行舆论监督。

国家鼓励基层群众性自治组织、社会组织、公共场所管理者、业主委员会、物业服务人、志愿者等开展噪声污染防治法律法规和知识的宣传。

第十一条 【人才培养】国家鼓励、支持噪声污染防治科学技术研究开发、成果转化和推广应用,加强噪声污染防治专业技术人才培养,促进噪声污染防治科学技术进步和产业发展。

第十二条 【表彰、奖励】对在噪声污染防治工作中做出显著成绩的单位和个人,按照国家规定给予表彰、奖励。

第二章 噪声污染防治标准和规划

第十三条 【标准体系建设】国家推进噪声污染防治标准体系建设。

国务院生态环境主管部门和国务院其他有关部门,在各自职责范围内,制定和完善噪声污染防治相关标准,加强标准之间的衔接协调。

第十四条 【声环境质量标准】国务院生态环境主管部门制定国家声环境质量标准。

县级以上地方人民政府根据国家声环境质量标准和国土空间规划以及用地现状,划定本行政区域各类声环境质量标准的适用区域;将以用于居住、科学研究、医疗卫生、文化教育、机关团体办公、社会福利等的建筑物为主的区域,划定为噪声敏感建筑物集中区域,加强噪声污染防治。

声环境质量标准适用区域范围和噪声敏感建筑物集中区域范围应当向社会公布。

第十五条 【环境振动控制标准】国务院生态环境主管部门根据国家声环境质量标准和国家经济、技术条件,制定国家噪声排放标准以及相关的环境振动控制标准。

省、自治区、直辖市人民政府对尚未制定国家噪声排放标准的,可以制定地方噪声排放标准;对已经制定国家噪声排放标准的,可以制定严于国家噪声排放标准的地方噪声排放标准。地方噪声排放标准应当报国务院生态环境主管部门备案。

第十六条 【噪声限值】国务院标准化主管部门会同国务院发展改革、生态环境、工业和信息化、住房和城乡建设、交通运输、铁路监督管理、民用航空、海事等部门,对可能产生噪声污染的工业设备、施工机械、机动车、铁路机车车辆、城市轨道交通车辆、民用航空器、机动船舶、电气电子产品、建筑附属设备等产品,根据声环境保护的要求和国家经济、技术条件,在其技术规范或者产品质量标准中规定噪声限值。

前款规定的产品使用时产生噪声的限值,应当在有关技术文件中注明。禁止生产、进口或者销售不符合噪声限值的产品。

县级以上人民政府市场监督管理等部门对生产、销售的有噪声限值的产品进行监督抽查,对电梯等特种设备使用时发出的噪声进行监督抽测,生态环境主管部门予以配合。

第十七条 【定期评估、修订】声环境质量标准、噪声排放标准和其他噪声污染防治相关标准应当定期评估,并根据评估结果适时修订。

第十八条 【环境影响评价】各级人民政府及其有关部门制定、修改国土空间规划和相关规划,应当依法进行环境影响评价,充分考虑城乡区域开发、改造和建设项目产生的噪声对周围生活环境的影响,统筹规划,合理安排土地用途和建设布局,防止、减轻噪声污染。有关环境影响篇章、说明或者报告书中应当包括噪声污染防治内容。

第十九条 【防噪声距离】确定建设布局,应当根据国家声环境质量标准和民用建筑隔声设计相关标准,合理划定建筑物与交通干线等的防噪声距离,并提出相应的规划设计要求。

第二十条 【声环境质量改善】未达到国家声环境质量标准的区域所在的设区的市、县级人民政府,应当及时编制声环境质量改善规划及其实施方案,采取有效措施,改善声环境质量。

声环境质量改善规划及其实施方案应当向社会公开。

第二十一条 【征求意见】编制声环境质量改善规划及其实施方案,制定、修订噪声污染防治相关标准,应当征求有关行业协会、企业事业单位、专家和公众等的意见。

第三章 噪声污染防治的监督管理

第二十二条 【排放噪声、产生振动应符合相关标准】排放噪声、产生振动,应当符合噪声排放标准以及相关的环境振动控制标准和有关法律、法规、规章的要求。

排放噪声的单位和公共场所管理者,应当建立噪声污染防治责任制度,明确负责人和相关人员的责任。

第二十三条 【声环境质量监测】国务院生态环境主管部门负责制定噪声监测和评价规范,会同国务院有关部门组织声环境质量监测网络,规划国家声环境质量监测站(点)的设置,组织开展全国声环境质量监测,推进监测自动化,统一发布全国声环境质量状况信息。

地方人民政府生态环境主管部门会同有关部门按照规定设置本行政区域声环境质量监测站(点)，组织开展本行政区域声环境质量监测，定期向社会公布声环境质量状况信息。

地方人民政府生态环境等部门应当加强对噪声敏感建筑物周边等重点区域噪声排放情况的调查、监测。

第二十四条 【可能产生噪声污染的建设项目应进行环境影响评价】新建、改建、扩建可能产生噪声污染的建设项目，应当依法进行环境影响评价。

第二十五条 【噪声污染防治设施的投产使用】建设项目的噪声污染防治设施应当与主体工程同时设计、同时施工、同时投产使用。

建设项目在投入生产或者使用之前，建设单位应当依照有关法律法规的规定，对配套建设的噪声污染防治设施进行验收，编制验收报告，并向社会公开。未经验收或者验收不合格的，该建设项目不得投入生产或者使用。

第二十六条 【噪声敏感建筑物应符合民用建筑隔声设计相关标准】建设噪声敏感建筑物，应当符合民用建筑隔声设计相关标准要求，不符合标准要求的，不得通过验收、交付使用；在交通干线两侧、工业企业周边等地方建设噪声敏感建筑物，还应当按照规定间隔一定距离，并采取减少振动、降低噪声的措施。

第二十七条 【鼓励、支持低噪声工艺和设备的研究开发和推广应用】国家鼓励、支持低噪声工艺和设备的研究开发和推广应用，实行噪声污染严重的落后工艺和设备淘汰制度。

国务院发展改革部门会同国务院有关部门确定噪声污染严重的工艺和设备淘汰期限，并纳入国家综合性产业政策目录。

生产者、进口者、销售者或者使用者应当在规定期限内停止生产、进口、销售或者使用列入前款规定目录的设备。工艺的采用者应当在规定期限内停止采用列入前款规定目录的工艺。

第二十八条 【约谈和整改】对未完成声环境质量改善规划设定目标的地区以及噪声污染问题突出、群众反映强烈的地区，省级以上人民政府生态环境主管部门会同其他负有噪声污染防治监督管理职责的部门约谈该地区人民政府及其有关部门的主要负责人，要求其采取有效措施及时整改。约谈和整改情况应当向社会公开。

第二十九条　【现场检查】生态环境主管部门和其他负有噪声污染防治监督管理职责的部门，有权对排放噪声的单位或者场所进行现场检查。被检查者应当如实反映情况，提供必要的资料，不得拒绝或者阻挠。实施检查的部门、人员对现场检查中知悉的商业秘密应当保密。

检查人员进行现场检查，不得少于两人，并应当主动出示执法证件。

第三十条　【查封、扣押】排放噪声造成严重污染，被责令改正拒不改正的，生态环境主管部门或者其他负有噪声污染防治监督管理职责的部门，可以查封、扣押排放噪声的场所、设施、设备、工具和物品。

第三十一条　【举报】任何单位和个人都有权向生态环境主管部门或者其他负有噪声污染防治监督管理职责的部门举报造成噪声污染的行为。

生态环境主管部门和其他负有噪声污染防治监督管理职责的部门应当公布举报电话、电子邮箱等，方便公众举报。

接到举报的部门应当及时处理并对举报人的相关信息保密。举报事项属于其他部门职责的，接到举报的部门应当及时移送相关部门并告知举报人。举报人要求答复并提供有效联系方式的，处理举报事项的部门应当反馈处理结果等情况。

第三十二条　【鼓励开展宁静区域创建活动】国家鼓励开展宁静小区、静音车厢等宁静区域创建活动，共同维护生活环境和谐安宁。

第三十三条　【考试期间限制性规定】在举行中等学校招生考试、高等学校招生统一考试等特殊活动期间，地方人民政府或者其指定的部门可以对可能产生噪声影响的活动，作出时间和区域的限制性规定，并提前向社会公告。

第四章　工业噪声污染防治

第三十四条　【工业噪声的定义】本法所称工业噪声，是指在工业生产活动中产生的干扰周围生活环境的声音。

第三十五条　【工业企业选址】工业企业选址应当符合国土空间规划以及相关规划要求，县级以上地方人民政府应当按照规划要求优化工业企业布局，防止工业噪声污染。

在噪声敏感建筑物集中区域，禁止新建排放噪声的工业企业，改建、扩建工业企业的，应当采取有效措施防止工业噪声污染。

第三十六条 【排污许可】排放工业噪声的企业事业单位和其他生产经营者,应当采取有效措施,减少振动、降低噪声,依法取得排污许可证或者填报排污登记表。

实行排污许可管理的单位,不得无排污许可证排放工业噪声,并应当按照排污许可证的要求进行噪声污染防治。

第三十七条 【噪声重点排污单位名录】设区的市级以上地方人民政府生态环境主管部门应当按照国务院生态环境主管部门的规定,根据噪声排放、声环境质量改善要求等情况,制定本行政区域噪声重点排污单位名录,向社会公开并适时更新。

第三十八条 【自行监测】实行排污许可管理的单位应当按照规定,对工业噪声开展自行监测,保存原始监测记录,向社会公开监测结果,对监测数据的真实性和准确性负责。

噪声重点排污单位应当按照国家规定,安装、使用、维护噪声自动监测设备,与生态环境主管部门的监控设备联网。

第五章 建筑施工噪声污染防治

第三十九条 【建筑施工噪声的定义】本法所称建筑施工噪声,是指在建筑施工过程中产生的干扰周围生活环境的声音。

第四十条 【建设单位的噪声污染防治责任】建设单位应当按照规定将噪声污染防治费用列入工程造价,在施工合同中明确施工单位的噪声污染防治责任。

施工单位应当按照规定制定噪声污染防治实施方案,采取有效措施,减少振动、降低噪声。建设单位应当监督施工单位落实噪声污染防治实施方案。

第四十一条 【使用低噪声施工工艺和设备】在噪声敏感建筑物集中区域施工作业,应当优先使用低噪声施工工艺和设备。

国务院工业和信息化主管部门会同国务院生态环境、住房和城乡建设、市场监督管理等部门,公布低噪声施工设备指导名录并适时更新。

第四十二条 【噪声监测】在噪声敏感建筑物集中区域施工作业,建设单位应当按照国家规定,设置噪声自动监测系统,与监督管理部门联网,保存原始监测记录,对监测数据的真实性和准确性负责。

第四十三条 【夜间作业及连续施工作业】在噪声敏感建筑物集中区

域,禁止夜间进行产生噪声的建筑施工作业,但抢修、抢险施工作业、因生产工艺要求或者其他特殊需要必须连续施工作业的除外。

因特殊需要必须连续施工作业的,应当取得地方人民政府住房和城乡建设、生态环境主管部门或者地方人民政府指定的部门的证明,并在施工现场显著位置公示或者以其他方式公告附近居民。

第六章 交通运输噪声污染防治

第四十四条 【交通运输噪声的定义】本法所称交通运输噪声,是指机动车、铁路机车车辆、城市轨道交通车辆、机动船舶、航空器等交通运输工具在运行时产生的干扰周围生活环境的声音。

第四十五条 【制定、修改国土空间规划和交通运输等相关规划】各级人民政府及其有关部门制定、修改国土空间规划和交通运输等相关规划,应当综合考虑公路、城市道路、铁路、城市轨道交通线路、水路、港口和民用机场及其起降航线对周围声环境的影响。

新建公路、铁路线路选线设计,应当尽量避开噪声敏感建筑物集中区域。

新建民用机场选址与噪声敏感建筑物集中区域的距离应当符合标准要求。

第四十六条 【明确噪声污染防治要求】制定交通基础设施工程技术规范,应当明确噪声污染防治要求。

新建、改建、扩建经过噪声敏感建筑物集中区域的高速公路、城市高架、铁路和城市轨道交通线路等的,建设单位应当在可能造成噪声污染的重点路段设置声屏障或者采取其他减少振动、降低噪声的措施,符合有关交通基础设施工程技术规范以及标准要求。

建设单位违反前款规定的,由县级以上人民政府指定的部门责令制定、实施治理方案。

第四十七条 【机动车的消声器和喇叭应符合国家规定】机动车的消声器和喇叭应当符合国家规定。禁止驾驶拆除或者损坏消声器、加装排气管等擅自改装的机动车以轰鸣、疾驶等方式造成噪声污染。

使用机动车音响器材,应当控制音量,防止噪声污染。

机动车应当加强维修和保养,保持性能良好,防止噪声污染。

第四十八条 【交通运输工具运行时应按规定使用声响装置】机动车、铁路机车车辆、城市轨道交通车辆、机动船舶等交通运输工具运行时,应当按照规定使用喇叭等声响装置。

警车、消防救援车、工程救险车、救护车等机动车安装、使用警报器,应当符合国务院公安等部门的规定;非执行紧急任务,不得使用警报器。

第四十九条 【设置相关标志、标线】地方人民政府生态环境主管部门会同公安机关根据声环境保护的需要,可以划定禁止机动车行驶和使用喇叭等声响装置的路段和时间,向社会公告,并由公安机关交通管理部门依法设置相关标志、标线。

第五十条 【指挥作业时控制音量】在车站、铁路站场、港口等地指挥作业时使用广播喇叭的,应当控制音量,减轻噪声污染。

第五十一条 【加强对公路、城市道路的维护和保养】公路养护管理单位、城市道路养护维修单位应当加强对公路、城市道路的维护和保养,保持减少振动、降低噪声设施正常运行。

城市轨道交通运营单位、铁路运输企业应当加强对城市轨道交通线路和城市轨道交通车辆、铁路线路和铁路机车车辆的维护和保养,保持减少振动、降低噪声设施正常运行,并按照国家规定进行监测,保存原始监测记录,对监测数据的真实性和准确性负责。

第五十二条 【划定噪声敏感建筑物禁止建设区域和限制建设区域】民用机场所在地人民政府,应当根据环境影响评价以及监测结果确定的民用航空器噪声对机场周围生活环境产生影响的范围和程度,划定噪声敏感建筑物禁止建设区域和限制建设区域,并实施控制。

在禁止建设区域禁止新建与航空无关的噪声敏感建筑物。

在限制建设区域确需建设噪声敏感建筑物的,建设单位应当对噪声敏感建筑物进行建筑隔声设计,符合民用建筑隔声设计相关标准要求。

第五十三条 【民用航空器应当符合适航标准中的有关噪声要求】民用航空器应当符合国务院民用航空主管部门规定的适航标准中的有关噪声要求。

第五十四条 【起降航空器噪声的管理】民用机场管理机构负责机场起降航空器噪声的管理,会同航空运输企业、通用航空企业、空中交通管理部门等单位,采取低噪声飞行程序、起降跑道优化、运行架次和时段控制、高噪声航空器运行限制或者周围噪声敏感建筑物隔声降噪等措施,防止、减轻民用航空器噪声污染。

民用机场管理机构应当按照国家规定,对机场周围民用航空器噪声进行监测,保存原始监测记录,对监测数据的真实性和准确性负责,监测结果定期向民用航空、生态环境主管部门报送。

第五十五条　【调查评估和责任认定】因公路、城市道路和城市轨道交通运行排放噪声造成严重污染的,设区的市、县级人民政府应当组织有关部门和其他有关单位对噪声污染情况进行调查评估和责任认定,制定噪声污染综合治理方案。

噪声污染责任单位应当按照噪声污染综合治理方案的要求采取管理或者工程措施,减轻噪声污染。

第五十六条　【铁路运行噪声污染综合治理方案】因铁路运行排放噪声造成严重污染的,铁路运输企业和设区的市、县级人民政府应当对噪声污染情况进行调查,制定噪声污染综合治理方案。

铁路运输企业和设区的市、县级人民政府有关部门和其他有关单位应当按照噪声污染综合治理方案的要求采取有效措施,减轻噪声污染。

第五十七条　【民用航空器起降噪声污染综合治理方案】因民用航空器起降排放噪声造成严重污染的,民用机场所在地人民政府应当组织有关部门和其他有关单位对噪声污染情况进行调查,综合考虑经济、技术和管理措施,制定噪声污染综合治理方案。

民用机场管理机构、地方各级人民政府和其他有关单位应当按照噪声污染综合治理方案的要求采取有效措施,减轻噪声污染。

第五十八条　【征求有关专家和公众等的意见】制定噪声污染综合治理方案,应当征求有关专家和公众等的意见。

第七章　社会生活噪声污染防治

第五十九条　【社会生活噪声的定义】本法所称社会生活噪声,是指人为活动产生的除工业噪声、建筑施工噪声和交通运输噪声之外的干扰周围生活环境的声音。

第六十条　【自觉减少社会生活噪声排放】全社会应当增强噪声污染防治意识,自觉减少社会生活噪声排放,积极开展噪声污染防治活动,形成人人有责、人人参与、人人受益的良好噪声污染防治氛围,共同维护生活环境和谐安宁。

第六十一条 【文娱场所管理者职责】文化娱乐、体育、餐饮等场所的经营管理者应当采取有效措施,防止、减轻噪声污染。

第六十二条 【使用噪声设备的单位的职责】使用空调器、冷却塔、水泵、油烟净化器、风机、发电机、变压器、锅炉、装卸设备等可能产生社会生活噪声污染的设备、设施的企业事业单位和其他经营管理者等,应当采取优化布局、集中排放等措施,防止、减轻噪声污染。

第六十三条 【商业经营者的职责】禁止在商业经营活动中使用高音广播喇叭或者采用其他持续反复发出高噪声的方法进行广告宣传。

对商业经营活动中产生的其他噪声,经营者应当采取有效措施,防止噪声污染。

第六十四条 【不同区域的音量控制】禁止在噪声敏感建筑物集中区域使用高音广播喇叭,但紧急情况以及地方人民政府规定的特殊情形除外。

在街道、广场、公园等公共场所组织或者开展娱乐、健身等活动,应当遵守公共场所管理者有关活动区域、时段、音量等规定,采取有效措施,防止噪声污染;不得违反规定使用音响器材产生过大音量。

公共场所管理者应当合理规定娱乐、健身等活动的区域、时段、音量,可以采取设置噪声自动监测和显示设施等措施加强管理。

第六十五条 【培养良好习惯】家庭及其成员应当培养形成减少噪声产生的良好习惯,乘坐公共交通工具、饲养宠物和其他日常活动尽量避免产生噪声对周围人员造成干扰,互谅互让解决噪声纠纷,共同维护声环境质量。

使用家用电器、乐器或者进行其他家庭场所活动,应当控制音量或者采取其他有效措施,防止噪声污染。

第六十六条 【装修活动限制】对已竣工交付使用的住宅楼、商铺、办公楼等建筑物进行室内装修活动,应当按照规定限定作业时间,采取有效措施,防止、减轻噪声污染。

第六十七条 【房地产开发经营者的职责】新建居民住房的房地产开发经营者应当在销售场所公示住房可能受到噪声影响的情况以及采取或者拟采取的防治措施,并纳入买卖合同。

新建居民住房的房地产开发经营者应当在买卖合同中明确住房的共用设施设备位置和建筑隔声情况。

第六十八条 【安装电梯、水泵、变压器等相关标准】居民住宅区安装电梯、水泵、变压器等共用设施设备的,建设单位应当合理设置,采取减少振动、降低噪声的措施,符合民用建筑隔声设计相关标准要求。

已建成使用的居民住宅区电梯、水泵、变压器等共用设施设备由专业运营单位负责维护管理,符合民用建筑隔声设计相关标准要求。

第六十九条 【基层群众性自治组织指导制定要求】基层群众性自治组织指导业主委员会、物业服务人、业主通过制定管理规约或者其他形式,约定本物业管理区域噪声污染防治要求,由业主共同遵守。

第七十条 【投诉】对噪声敏感建筑物集中区域的社会生活噪声扰民行为,基层群众性自治组织、业主委员会、物业服务人应当及时劝阻、调解;劝阻、调解无效的,可以向负有社会生活噪声污染防治监督管理职责的部门或者地方人民政府指定的部门报告或者投诉,接到报告或者投诉的部门应当依法处理。

第八章 法律责任

第七十一条 【拒绝、阻挠监督检查的法律责任】违反本法规定,拒绝、阻挠监督检查,或者在接受监督检查时弄虚作假的,由生态环境主管部门或者其他负有噪声污染防治监督管理职责的部门责令改正,处二万元以上二十万元以下的罚款。

第七十二条 【生产、进口、销售超过噪声限值的产品的法律责任】违反本法规定,生产、进口、销售超过噪声限值的产品的,由县级以上人民政府市场监督管理部门、海关按照职责责令改正,没收违法所得,并处货值金额一倍以上三倍以下的罚款;情节严重的,报经有批准权的人民政府批准,责令停业、关闭。

违反本法规定,生产、进口、销售、使用淘汰的设备,或者采用淘汰的工艺的,由县级以上人民政府指定的部门责令改正,没收违法所得,并处货值金额一倍以上三倍以下的罚款;情节严重的,报经有批准权的人民政府批准,责令停业、关闭。

第七十三条 【违规建设噪声敏感建筑物的法律责任】违反本法规定,建设单位建设噪声敏感建筑物不符合民用建筑隔声设计相关标准要求的,由县级以上地方人民政府住房和城乡建设主管部门责令改正,处建设工程合同价款百分之二以上百分之四以下的罚款。

违反本法规定,建设单位在噪声敏感建筑物禁止建设区域新建与航空无关的噪声敏感建筑物的,由地方人民政府指定的部门责令停止违法行为,处建设工程合同价款百分之二以上百分之十以下的罚款,并报经有批准权的人民政府批准,责令拆除。

第七十四条 【在噪声敏感建筑物集中区域新建排放噪声工业企业的法律责任】违反本法规定,在噪声敏感建筑物集中区域新建排放噪声的工业企业的,由生态环境主管部门责令停止违法行为,处十万元以上五十万元以下的罚款,并报经有批准权的人民政府批准,责令关闭。

违反本法规定,在噪声敏感建筑物集中区域改建、扩建工业企业,未采取有效措施防止工业噪声污染的,由生态环境主管部门责令改正,处十万元以上五十万元以下的罚款;拒不改正的,报经有批准权的人民政府批准,责令关闭。

第七十五条 【无排污许可证或者超过噪声排放标准排放工业噪声的法律责任】违反本法规定,无排污许可证或者超过噪声排放标准排放工业噪声的,由生态环境主管部门责令改正或者限制生产、停产整治,并处二万元以上二十万元以下的罚款;情节严重的,报经有批准权的人民政府批准,责令停业、关闭。

第七十六条 【违反噪声监测规定的法律责任】违反本法规定,有下列行为之一,由生态环境主管部门责令改正,处二万元以上二十万元以下的罚款;拒不改正的,责令限制生产、停产整治:

(一)实行排污许可管理的单位未按照规定对工业噪声开展自行监测,未保存原始监测记录,或者未向社会公开监测结果的;

(二)噪声重点排污单位未按照国家规定安装、使用、维护噪声自动监测设备,或者未与生态环境主管部门的监控设备联网的。

第七十七条 【超标排放噪声、违规夜间作业的法律责任】违反本法规定,建设单位、施工单位有下列行为之一,由工程所在地人民政府指定的部门责令改正,处一万元以上十万元以下的罚款;拒不改正的,可以责令暂停施工:

(一)超过噪声排放标准排放建筑施工噪声的;

(二)未按照规定取得证明,在噪声敏感建筑物集中区域夜间进行产生噪声的建筑施工作业的。

第七十八条 【违规产生建筑施工噪声污染的法律责任】违反本法规定,有下列行为之一,由工程所在地人民政府指定的部门责令改正,处五千元以上五万元以下的罚款；拒不改正的，处五万元以上二十万元以下的罚款：

（一）建设单位未按照规定将噪声污染防治费用列入工程造价的；

（二）施工单位未按照规定制定噪声污染防治实施方案，或者未采取有效措施减少振动、降低噪声的；

（三）在噪声敏感建筑物集中区域施工作业的建设单位未按照国家规定设置噪声自动监测系统，未与监督管理部门联网，或者未保存原始监测记录的；

（四）因特殊需要必须连续施工作业，建设单位未按照规定公告附近居民的。

第七十九条　【违规损坏消声器、使用声响装置的法律责任】违反本法规定，驾驶拆除或者损坏消声器、加装排气管等擅自改装的机动车轰鸣、疾驶，机动车运行时未按照规定使用声响装置，或者违反禁止机动车行驶和使用声响装置的路段和时间规定的，由县级以上地方人民政府公安机关交通管理部门依照有关道路交通安全的法律法规处罚。

违反本法规定，铁路机车车辆、城市轨道交通车辆、机动船舶等交通运输工具运行时未按照规定使用声响装置的，由交通运输、铁路监督管理、海事等部门或者地方人民政府指定的城市轨道交通有关部门按照职责责令改正，处五千元以上一万元以下的罚款。

第八十条　【违规产生交通运输噪声污染的法律责任】违反本法规定，有下列行为之一，由交通运输、铁路监督管理、民用航空等部门或者地方人民政府指定的城市道路、城市轨道交通有关部门，按照职责责令改正，处五千元以上五万元以下的罚款；拒不改正的，处五万元以上二十万元以下的罚款：

（一）公路养护管理单位、城市道路养护维修单位、城市轨道交通运营单位、铁路运输企业未履行维护和保养义务，未保持减少振动、降低噪声设施正常运行的；

（二）城市轨道交通运营单位、铁路运输企业未按照国家规定进行监测，或者未保存原始监测记录的；

（三）民用机场管理机构、航空运输企业、通用航空企业未采取措施防止、减轻民用航空器噪声污染的；

(四)民用机场管理机构未按照国家规定对机场周围民用航空器噪声进行监测,未保存原始监测记录,或者监测结果未定期报送的。

第八十一条 【违规产生社会生活噪声污染的法律责任一】违反本法规定,有下列行为之一,由地方人民政府指定的部门责令改正,处五千元以上五万元以下的罚款;拒不改正的,处五万元以上二十万元以下的罚款,并可以报经有批准权的人民政府批准,责令停业:

(一)超过噪声排放标准排放社会生活噪声的;

(二)在商业经营活动中使用高音广播喇叭或者采用其他持续反复发出高噪声的方法进行广告宣传的;

(三)未对商业经营活动中产生的其他噪声采取有效措施造成噪声污染的。

第八十二条 【违规产生社会生活噪声污染的法律责任二】违反本法规定,有下列行为之一,由地方人民政府指定的部门说服教育,责令改正;拒不改正的,给予警告,对个人可以处二百元以上一千元以下的罚款,对单位可以处二千元以上二万元以下的罚款:

(一)在噪声敏感建筑物集中区域使用高音广播喇叭的;

(二)在公共场所组织或者开展娱乐、健身等活动,未遵守公共场所管理者有关活动区域、时段、音量等规定,未采取有效措施造成噪声污染,或者违反规定使用音响器材产生过大音量的;

(三)对已竣工交付使用的建筑物进行室内装修活动,未按照规定在限定的作业时间内进行,或者未采取有效措施造成噪声污染的;

(四)其他违反法律规定造成社会生活噪声污染的。

第八十三条 【新建居民住房的房地产开发经营者违规的法律责任】违反本法规定,有下列行为之一,由县级以上地方人民政府房产管理部门责令改正,处一万元以上五万元以下的罚款;拒不改正的,责令暂停销售:

(一)新建居民住房的房地产开发经营者未在销售场所公示住房可能受到噪声影响的情况以及采取或者拟采取的防治措施,或者未纳入买卖合同的;

(二)新建居民住房的房地产开发经营者未在买卖合同中明确住房的共用设施设备位置或者建筑隔声情况的。

第八十四条 【居民住宅区噪音超标的法律责任】违反本法规定,有下列行为之一,由地方人民政府指定的部门责令改正,处五千元以上五万元以下的罚款;拒不改正的,处五万元以上二十万元以下的罚款:

(一)居民住宅区安装共用设施设备,设置不合理或者未采取减少振动、降低噪声的措施,不符合民用建筑隔声设计相关标准要求的;

(二)对已建成使用的居民住宅区共用设施设备,专业运营单位未进行维护管理,不符合民用建筑隔声设计相关标准要求的。

第八十五条 【渎职责任】噪声污染防治监督管理人员滥用职权、玩忽职守、徇私舞弊的,由监察机关或者任免机关、单位依法给予处分。

第八十六条 【民事责任】受到噪声侵害的单位和个人,有权要求侵权人依法承担民事责任。

对赔偿责任和赔偿金额纠纷,可以根据当事人的请求,由相应的负有噪声污染防治监督管理职责的部门、人民调解委员会调解处理。

国家鼓励排放噪声的单位、个人和公共场所管理者与受到噪声侵害的单位和个人友好协商,通过调整生产经营时间、施工作业时间,采取减少振动、降低噪声措施,支付补偿金、异地安置等方式,妥善解决噪声纠纷。

第八十七条 【治安管理处罚及刑事责任】违反本法规定,产生社会生活噪声,经劝阻、调解和处理未能制止,持续干扰他人正常生活、工作和学习,或者有其他扰乱公共秩序、妨害社会管理等违反治安管理行为的,由公安机关依法给予治安管理处罚。

违反本法规定,构成犯罪的,依法追究刑事责任。

第九章 附 则

第八十八条 【名词解释】本法中下列用语的含义:

(一)噪声排放,是指噪声源向周围生活环境辐射噪声;

(二)夜间,是指晚上十点至次日早晨六点之间的期间,设区的市级以上人民政府可以另行规定本行政区域夜间的起止时间,夜间时段长度为八小时;

(三)噪声敏感建筑物,是指用于居住、科学研究、医疗卫生、文化教育、机关团体办公、社会福利等需要保持安静的建筑物;

(四)交通干线,是指铁路、高速公路、一级公路、二级公路、城市快速路、城市主干路、城市次干路、城市轨道交通线路、内河高等级航道。

第八十九条 【地方制定具体办法】省、自治区、直辖市或者设区的市、自治州根据实际情况,制定本地方噪声污染防治具体办法。

第九十条 【施行日期】本法自 2022 年 6 月 5 日起施行。《中华人民共和国环境噪声污染防治法》同时废止。

中华人民共和国放射性污染防治法

1. 2003 年 6 月 28 日第十届全国人民代表大会常务委员会第三次会议通过
2. 2003 年 6 月 28 日中华人民共和国主席令第 6 号公布
3. 自 2003 年 10 月 1 日起施行

目　　录

第一章　总　　则
第二章　放射性污染防治的监督管理
第三章　核设施的放射性污染防治
第四章　核技术利用的放射性污染防治
第五章　铀(钍)矿和伴生放射性矿开发利用的放射性污染防治
第六章　放射性废物管理
第七章　法律责任
第八章　附　　则

第一章　总　　则

第一条 【立法目的】为了防治放射性污染,保护环境,保障人体健康,促进核能、核技术的开发与和平利用,制定本法。

第二条 【调整范围】本法适用于中华人民共和国领域和管辖的其他海域在核设施选址、建造、运行、退役和核技术、铀(钍)矿、伴生放射性矿开发利用过程中发生的放射性污染的防治活动。

第三条 【工作方针】国家对放射性污染的防治,实行预防为主、防治结合、严格管理、安全第一的方针。

第四条 【科技开发和国际合作】国家鼓励、支持放射性污染防治的科学研究和技术开发利用,推广先进的放射性污染防治技术。

国家支持开展放射性污染防治的国际交流与合作。

第五条　【环保规划和宣传教育】县级以上人民政府应当将放射性污染防治工作纳入环境保护规划。

县级以上人民政府应当组织开展有针对性的放射性污染防治宣传教育,使公众了解放射性污染防治的有关情况和科学知识。

第六条　【检举控告权】任何单位和个人有权对造成放射性污染的行为提出检举和控告。

第七条　【奖励】在放射性污染防治工作中做出显著成绩的单位和个人,由县级以上人民政府给予奖励。

第八条　【管理体制】国务院环境保护行政主管部门对全国放射性污染防治工作依法实施统一监督管理。

国务院卫生行政部门和其他有关部门依据国务院规定的职责,对有关的放射性污染防治工作依法实施监督管理。

第二章　放射性污染防治的监督管理

第九条　【防治标准】国家放射性污染防治标准由国务院环境保护行政主管部门根据环境安全要求、国家经济技术条件制定。国家放射性污染防治标准由国务院环境保护行政主管部门和国务院标准化行政主管部门联合发布。

第十条　【监测制度】国家建立放射性污染监测制度。国务院环境保护行政主管部门会同国务院其他有关部门组织环境监测网络,对放射性污染实施监测管理。

第十一条　【监督检查制度】国务院环境保护行政主管部门和国务院其他有关部门,按照职责分工,各负其责,互通信息,密切配合,对核设施、铀(钍)矿开发利用中的放射性污染防治进行监督检查。

县级以上地方人民政府环境保护行政主管部门和同级其他有关部门,按照职责分工,各负其责,互通信息,密切配合,对本行政区域内核技术利用、伴生放射性矿开发利用中的放射性污染防治进行监督检查。

监督检查人员进行现场检查时,应当出示证件。被检查的单位必须如实反映情况,提供必要的资料。监督检查人员应当为被检查单位保守技术秘密和业务秘密。对涉及国家秘密的单位和部位进行检查时,应当遵守国家有关保守国家秘密的规定,依法办理有关审批手续。

第十二条 【责任原则】核设施营运单位、核技术利用单位、铀(钍)矿和伴生放射性矿开发利用单位,负责本单位放射性污染的防治,接受环境保护行政主管部门和其他有关部门的监督管理,并依法对其造成的放射性污染承担责任。

第十三条 【安全与防护措施】核设施营运单位、核技术利用单位、铀(钍)矿和伴生放射性矿开发利用单位,必须采取安全与防护措施,预防发生可能导致放射性污染的各类事故,避免放射性污染危害。

核设施营运单位、核技术利用单位、铀(钍)矿和伴生放射性矿开发利用单位,应当对其工作人员进行放射性安全教育、培训,采取有效的防护安全措施。

第十四条 【资格与资质管理】国家对从事放射性污染防治的专业人员实行资格管理制度;对从事放射性污染监测工作的机构实行资质管理制度。

第十五条 【运输规定】运输放射性物质和含放射源的射线装置,应当采取有效措施,防止放射性污染。具体办法由国务院规定。

第十六条 【放射性标识和警示说明】放射性物质和射线装置应当设置明显的放射性标识和中文警示说明。生产、销售、使用、贮存、处置放射性物质和射线装置的场所,以及运输放射性物质和含放射源的射线装置的工具,应当设置明显的放射性标志。

第十七条 【达标规定】含有放射性物质的产品,应当符合国家放射性污染防治标准;不符合国家放射性污染防治标准的,不得出厂和销售。

使用伴生放射性矿渣和含有天然放射性物质的石材做建筑和装修材料,应当符合国家建筑材料放射性核素控制标准。

第三章 核设施的放射性污染防治

第十八条 【核设施选址】核设施选址,应当进行科学论证,并按照国家有关规定办理审批手续。在办理核设施选址审批手续前,应当编制环境影响报告书,报国务院环境保护行政主管部门审查批准;未经批准,有关部门不得办理核设施选址批准文件。

第十九条 【核设施安全许可】核设施营运单位在进行核设施建造、装料、运行、退役等活动前,必须按照国务院有关核设施安全监督管理的规定,申请领取核设施建造、运行许可证和办理装料、退役等审批手续。

核设施营运单位领取有关许可证或者批准文件后，方可进行相应的建造、装料、运行、退役等活动。

第二十条　【核设施环境影响评价】核设施营运单位应当在申请领取核设施建造、运行许可证和办理退役审批手续前编制环境影响报告书，报国务院环境保护行政主管部门审查批准；未经批准，有关部门不得颁发许可证和办理批准文件。

第二十一条　【防治设施建设及验收】与核设施相配套的放射性污染防治设施，应当与主体工程同时设计、同时施工、同时投入使用。

放射性污染防治设施应当与主体工程同时验收；验收合格的，主体工程方可投入生产或者使用。

第二十二条　【进口核设施标准】进口核设施，应当符合国家放射性污染防治标准；没有相应的国家放射性污染防治标准的，采用国务院环境保护行政主管部门指定的国外有关标准。

第二十三条　【核设施规划限制区制度】核动力厂等重要核设施外围地区应当划定规划限制区。规划限制区的划定和管理办法，由国务院规定。

第二十四条　【监测规定】核设施营运单位应当对核设施周围环境中所含的放射性核素的种类、浓度以及核设施流出物中的放射性核素总量实施监测，并定期向国务院环境保护行政主管部门和所在地省、自治区、直辖市人民政府环境保护行政主管部门报告监测结果。

国务院环境保护行政主管部门负责对核动力厂等重要核设施实施监督性监测，并根据需要对其他核设施的流出物实施监测。监督性监测系统的建设、运行和维护费用由财政预算安排。

第二十五条　【营运单位职责】核设施营运单位应当建立健全安全保卫制度，加强安全保卫工作，并接受公安部门的监督指导。

核设施营运单位应当按照核设施的规模和性质制定核事故场内应急计划，做好应急准备。

出现核事故应急状态时，核设施营运单位必须立即采取有效的应急措施控制事故，并向核设施主管部门和环境保护行政主管部门、卫生行政部门、公安部门以及其他有关部门报告。

第二十六条　【核事故应急制度】国家建立健全核事故应急制度。

核设施主管部门、环境保护行政主管部门、卫生行政部门、公安部门以及其他有关部门,在本级人民政府的组织领导下,按照各自的职责依法做好核事故应急工作。

中国人民解放军和中国人民武装警察部队按照国务院、中央军委员会的有关规定在核事故应急中实施有效的支援。

第二十七条　【核设施退役】核设施营运单位应当制定核设施退役计划。

核设施的退役费用和放射性废物处置费用应当预提,列入投资概算或者生产成本。核设施的退役费用和放射性废物处置费用的提取和管理办法,由国务院财政部门、价格主管部门会同国务院环境保护行政主管部门、核设施主管部门规定。

第四章　核技术利用的放射性污染防治

第二十八条　【许可登记制度】生产、销售、使用放射性同位素和射线装置的单位,应当按照国务院有关放射性同位素与射线装置放射防护的规定申请领取许可证,办理登记手续。

转让、进口放射性同位素和射线装置的单位以及装备有放射性同位素的仪表的单位,应当按照国务院有关放射性同位素与射线装置放射防护的规定办理有关手续。

第二十九条　【环境影响评价和放射性同位素备案制】生产、销售、使用放射性同位素和加速器、中子发生器以及含放射源的射线装置的单位,应当在申请领取许可证前编制环境影响评价文件,报省、自治区、直辖市人民政府环境保护行政主管部门审查批准;未经批准,有关部门不得颁发许可证。

国家建立放射性同位素备案制度。具体办法由国务院规定。

第三十条　【放射防护设施的建设】新建、改建、扩建放射工作场所的放射防护设施,应当与主体工程同时设计、同时施工、同时投入使用。

放射防护设施应当与主体工程同时验收;验收合格的,主体工程方可投入生产或者使用。

第三十一条　【放射性同位素存放要求】放射性同位素应当单独存放,不得与易燃、易爆、腐蚀性物品等一起存放,其贮存场所应当采取有效的防火、防盗、防射线泄漏的安全防护措施,并指定专人负责保管。贮存、领取、使用、归还放射性同位素时,应当进行登记、检查,做到账物相符。

第三十二条 【放射性废物和废旧放射源处理】生产、使用放射性同位素和射线装置的单位,应当按照国务院环境保护行政主管部门的规定对其产生的放射性废物进行收集、包装、贮存。

生产放射源的单位,应当按照国务院环境保护行政主管部门的规定回收和利用废旧放射源;使用放射源的单位,应当按照国务院环境保护行政主管部门的规定将废旧放射源交回生产放射源的单位或者送交专门从事放射性固体废物贮存、处置的单位。

第三十三条 【放射源的安全保护措施】生产、销售、使用、贮存放射源的单位,应当建立健全安全保卫制度,指定专人负责,落实安全责任制,制定必要的事故应急措施。发生放射源丢失、被盗和放射性污染事故时,有关单位和个人必须立即采取应急措施,并向公安部门、卫生行政部门和环境保护行政主管部门报告。

公安部门、卫生行政部门和环境保护行政主管部门接到放射源丢失、被盗和放射性污染事故报告后,应当报告本级人民政府,并按照各自的职责立即组织采取有效措施,防止放射性污染蔓延,减少事故损失。当地人民政府应当及时将有关情况告知公众,并做好事故的调查、处理工作。

第五章 铀(钍)矿和伴生放射性矿开发利用的放射性污染防治

第三十四条 【编制环境影响报告书及报批】开发利用或者关闭铀(钍)矿的单位,应当在申请领取采矿许可证或者办理退役审批手续前编制环境影响报告书,报国务院环境保护行政主管部门审查批准。

开发利用伴生放射性矿的单位,应当在申请领取采矿许可证前编制环境影响报告书,报省级以上人民政府环境保护行政主管部门审查批准。

第三十五条 【"三同时"要求和验收规定】与铀(钍)矿和伴生放射性矿开发利用建设项目相配套的放射性污染防治设施,应当与主体工程同时设计、同时施工、同时投入使用。

放射性污染防治设施应当与主体工程同时验收;验收合格的,主体工程方可投入生产或者使用。

第三十六条 【铀(钍)矿流出物和周围环境监测】铀(钍)矿开发利用单位应当对铀(钍)矿的流出物和周围的环境实施监测,并定期向国务院环境保护行政主管部门和所在地省、自治区、直辖市人民政府环境保护行政主管部门报告监测结果。

第三十七条　【尾矿处置】对铀(钍)矿和伴生放射性矿开发利用过程中产生的尾矿,应当建造尾矿库进行贮存、处置;建造的尾矿库应当符合放射性污染防治的要求。

第三十八条　【铀(钍)矿退役计划】铀(钍)矿开发利用单位应当制定铀(钍)矿退役计划。铀矿退役费用由国家财政预算安排。

第六章　放射性废物管理

第三十九条　【尽量减少废物排放】核设施营运单位、核技术利用单位、铀(钍)矿和伴生放射性矿开发利用单位,应当合理选择和利用原材料,采用先进的生产工艺和设备,尽量减少放射性废物的产生量。

第四十条　【排放须符合标准】向环境排放放射性废气、废液,必须符合国家放射性污染防治标准。

第四十一条　【申请、报告放射性核素排放量】产生放射性废气、废液的单位向环境排放符合国家放射性污染防治标准的放射性废气、废液,应当向审批环境影响评价文件的环境保护行政主管部门申请放射性核素排放量,并定期报告排放计量结果。

第四十二条　【放射性废液受控排放】产生放射性废液的单位,必须按照国家放射性污染防治标准的要求,对不得向环境排放的放射性废液进行处理或者贮存。

产生放射性废液的单位,向环境排放符合国家放射性污染防治标准的放射性废液,必须采用符合国务院环境保护行政主管部门规定的排放方式。

禁止利用渗井、渗坑、天然裂隙、溶洞或者国家禁止的其他方式排放放射性废液。

第四十三条　【放射性固体废物处置方式】低、中水平放射性固体废物在符合国家规定的区域实行近地表处置。

高水平放射性固体废物实行集中的深地质处置。

α放射性固体废物依照前款规定处置。

禁止在内河水域和海洋上处置放射性固体废物。

第四十四条　【处置场所选址规划和地方政府责任】国务院核设施主管部门会同国务院环境保护行政主管部门根据地质条件和放射性固体

废物处置的需要,在环境影响评价的基础上编制放射性固体废物处置场所选址规划,报国务院批准后实施。

有关地方人民政府应当根据放射性固体废物处置场所选址规划,提供放射性固体废物处置场所的建设用地,并采取有效措施支持放射性固体废物的处置。

第四十五条 【放射性固体废物处置的收费】产生放射性固体废物的单位,应当按照国务院环境保护行政主管部门的规定,对其产生的放射性固体废物进行处理后,送交放射性固体废物处置单位处置,并承担处置费用。

放射性固体废物处置费用收取和使用管理办法,由国务院财政部门、价格主管部门会同国务院环境保护行政主管部门规定。

第四十六条 【固体废物处置许可证制度】设立专门从事放射性固体废物贮存、处置的单位,必须经国务院环境保护行政主管部门审查批准,取得许可证。具体办法由国务院规定。

禁止未经许可或者不按照许可的有关规定从事贮存和处置放射性固体废物的活动。

禁止将放射性固体废物提供或者委托给无许可证的单位贮存和处置。

第四十七条 【禁止入境规定】禁止将放射性废物和被放射性污染的物品输入中华人民共和国境内或者经中华人民共和国境内转移。

第七章 法律责任

第四十八条 【监管人员违法责任】放射性污染防治监督管理人员违反法律规定,利用职务上的便利收受他人财物、谋取其他利益,或者玩忽职守,有下列行为之一的,依法给予行政处分;构成犯罪的,依法追究刑事责任:

(一)对不符合法定条件的单位颁发许可证和办理批准文件的;

(二)不依法履行监督管理职责的;

(三)发现违法行为不予查处的。

第四十九条 【对违规报告、拒绝检查的处罚】违反本法规定,有下列行为之一的,由县级以上人民政府环境保护行政主管部门或者其他有关部门依据职权责令限期改正,可以处二万元以下罚款:

(一)不按照规定报告有关环境监测结果的;

(二)拒绝环境保护行政主管部门和其他有关部门进行现场检查,或者被检查时不如实反映情况和提供必要资料的。

第五十条　【违反环境影响评价规定】违反本法规定,未编制环境影响评价文件,或者环境影响评价文件未经环境保护行政主管部门批准,擅自进行建造、运行、生产和使用等活动的,由审批环境影响评价文件的环境保护行政主管部门责令停止违法行为,限期补办手续或者恢复原状,并处一万元以上二十万元以下罚款。

第五十一条　【违反防治、防护设施建设规定】违反本法规定,未建造放射性污染防治设施、放射防护设施,或者防治防护设施未经验收合格,主体工程即投入生产或者使用的,由审批环境影响评价文件的环境保护行政主管部门责令停止违法行为,限期改正,并处五万元以上二十万元以下罚款。

第五十二条　【擅自进行核设施建造等活动】违反本法规定,未经许可或者批准,核设施营运单位擅自进行核设施的建造、装料、运行、退役等活动的,由国务院环境保护行政主管部门责令停止违法行为,限期改正,并处二十万元以上五十万元以下罚款;构成犯罪的,依法追究刑事责任。

第五十三条　【违反放射性同位素和射线装置规定】违反本法规定,生产、销售、使用、转让、进口、贮存放射性同位素和射线装置以及装备有放射性同位素的仪表的,由县级以上人民政府环境保护行政主管部门或者其他有关部门依据职权责令停止违法行为,限期改正;逾期不改正的,责令停产停业或者吊销许可证;有违法所得的,没收违法所得;违法所得十万元以上的,并处违法所得一倍以上五倍以下罚款;没有违法所得或者违法所得不足十万元的,并处一万元以上十万元以下罚款;构成犯罪的,依法追究刑事责任。

第五十四条　【产生放射性废物单位的违规责任】违反本法规定,有下列行为之一的,由县级以上人民政府环境保护行政主管部门责令停止违法行为,限期改正,处以罚款;构成犯罪的,依法追究刑事责任:

(一)未建造尾矿库或者不按照放射性污染防治的要求建造尾矿库,贮存、处置铀(钍)矿和伴生放射性矿的尾矿的;

(二)向环境排放不得排放的放射性废气、废液的;

(三)不按照规定的方式排放放射性废液,利用渗井、渗坑、天然裂隙、溶洞或者国家禁止的其他方式排放放射性废液的；

（四）不按照规定处理或者贮存不得向环境排放的放射性废液的；

（五）将放射性固体废物提供或者委托给无许可证的单位贮存和处置的。

有前款第（一）项、第（二）项、第（三）项、第（五）项行为之一的，处十万元以上二十万元以下罚款；有前款第（四）项行为的，处一万元以上十万元以下罚款。

第五十五条 【违反放射性标识规定安全保卫、报告制度】违反本法规定，有下列行为之一的，由县级以上人民政府环境保护行政主管部门或者其他有关部门依据职权责令限期改正；逾期不改正的，责令停产停业，并处二万元以上十万元以下罚款；构成犯罪的，依法追究刑事责任：

（一）不按照规定设置放射性标识、标志、中文警示说明的；

（二）不按照规定建立健全安全保卫制度和制定事故应急计划或者应急措施的；

（三）不按照规定报告放射源丢失、被盗情况或者放射性污染事故的。

第五十六条 【产生放射性固体废物单位的违规责任】产生放射性固体废物的单位，不按照本法第四十五条的规定对其产生的放射性固体废物进行处置的，由审批该单位立项环境影响评价文件的环境保护行政主管部门责令停止违法行为，限期改正；逾期不改正的，指定有处置能力的单位代为处置，所需费用由产生放射性固体废物的单位承担，可以并处二十万元以下罚款；构成犯罪的，依法追究刑事责任。

第五十七条 【违法从事放射性固体废物贮存和处置】违反本法规定，有下列行为之一的，由省级以上人民政府环境保护行政主管部门责令停产停业或者吊销许可证；有违法所得的，没收违法所得；违法所得十万元以上的，并处违法所得一倍以上五倍以下罚款；没有违法所得或者违法所得不足十万元的，并处五万元以上十万元以下罚款；构成犯罪的，依法追究刑事责任：

（一）未经许可，擅自从事贮存和处置放射性固体废物活动的；

（二）不按照许可的有关规定从事贮存和处置放射性固体废物活

动的。

第五十八条 【放射性废物和被放射性污染的物品非法入境】向中华人民共和国境内输入放射性废物和被放射性污染的物品,或者经中华人民共和国境内转移放射性废物和被放射性污染的物品的,由海关责令退运该放射性废物和被放射性污染的物品,并处五十万元以上一百万元以下罚款;构成犯罪的,依法追究刑事责任。

第五十九条 【放射性污染损害民事责任】因放射性污染造成他人损害的,应当依法承担民事责任。

第八章 附 则

第六十条 【军用设施、装备的放射性污染防治】军用设施、装备的放射性污染防治,由国务院和军队的有关主管部门依照本法规定的原则和国务院、中央军事委员会规定的职责实施监督管理。

第六十一条 【相关职业病防治】劳动者在职业活动中接触放射性物质造成的职业病的防治,依照《中华人民共和国职业病防治法》的规定执行。

第六十二条 【用语含义】本法中下列用语的含义:

(一)放射性污染,是指由于人类活动造成物料、人体、场所、环境介质表面或者内部出现超过国家标准的放射性物质或者射线。

(二)核设施,是指核动力厂(核电厂、核热电厂、核供汽供热厂等)和其他反应堆(研究堆、实验堆、临界装置等);核燃料生产、加工、贮存和后处理设施;放射性废物的处理和处置设施等。

(三)核技术利用,是指密封放射源、非密封放射源和射线装置在医疗、工业、农业、地质调查、科学研究和教学等领域中的使用。

(四)放射性同位素,是指某种发生放射性衰变的元素中具有相同原子序数但质量不同的核素。

(五)放射源,是指除研究堆和动力堆核燃料循环范畴的材料以外,永久密封在容器中或者有严密包层并呈固态的放射性材料。

(六)射线装置,是指 X 线机、加速器、中子发生器以及含放射源的装置。

(七)伴生放射性矿,是指含有较高水平天然放射性核素浓度的非铀矿(如稀土矿和磷酸盐矿等)。

(八)放射性废物,是指含有放射性核素或者被放射性核素污染,其浓度或者比活度大于国家确定的清洁解控水平,预期不再使用的废弃物。

第六十三条 【施行日期】本法自 2003 年 10 月 1 日起施行。

放射性废物安全管理条例

1. 2011 年 11 月 30 日国务院第 183 次常务会议通过
2. 2011 年 12 月 20 日国务院令第 612 号公布
3. 自 2012 年 3 月 1 日起施行

第一章 总 则

第一条 为了加强对放射性废物的安全管理,保护环境,保障人体健康,根据《中华人民共和国放射性污染防治法》,制定本条例。

第二条 本条例所称放射性废物,是指含有放射性核素或者被放射性核素污染,其放射性核素浓度或者比活度大于国家确定的清洁解控水平,预期不再使用的废弃物。

第三条 放射性废物的处理、贮存和处置及其监督管理等活动,适用本条例。

本条例所称处理,是指为了能够安全和经济地运输、贮存、处置放射性废物,通过净化、浓缩、固化、压缩和包装等手段,改变放射性废物的属性、形态和体积的活动。

本条例所称贮存,是指将废旧放射源和其他放射性固体废物临时放置于专门建造的设施内进行保管的活动。

本条例所称处置,是指将废旧放射源和其他放射性固体废物最终放置于专门建造的设施内并不再回取的活动。

第四条 放射性废物的安全管理,应当坚持减量化、无害化和妥善处置、永久安全的原则。

第五条 国务院环境保护主管部门统一负责全国放射性废物的安全监督管理工作。

国务院核工业行业主管部门和其他有关部门,依照本条例的规定和各自的职责负责放射性废物的有关管理工作。

县级以上地方人民政府环境保护主管部门和其他有关部门依照本条例的规定和各自的职责负责本行政区域放射性废物的有关管理工作。

第六条　国家对放射性废物实行分类管理。

根据放射性废物的特性及其对人体健康和环境的潜在危害程度，将放射性废物分为高水平放射性废物、中水平放射性废物和低水平放射性废物。

第七条　放射性废物的处理、贮存和处置活动，应当遵守国家有关放射性污染防治标准和国务院环境保护主管部门的规定。

第八条　国务院环境保护主管部门会同国务院核工业行业主管部门和其他有关部门建立全国放射性废物管理信息系统，实现信息共享。

国家鼓励、支持放射性废物安全管理的科学研究和技术开发利用，推广先进的放射性废物安全管理技术。

第九条　任何单位和个人对违反本条例规定的行为，有权向县级以上人民政府环境保护主管部门或者其他有关部门举报。接到举报的部门应当及时调查处理，并为举报人保密；经调查情况属实的，对举报人给予奖励。

第二章　放射性废物的处理和贮存

第十条　核设施营运单位应当将其产生的不能回收利用并不能返回原生产单位或者出口方的废旧放射源(以下简称废旧放射源)，送交取得相应许可证的放射性固体废物贮存单位集中贮存，或者直接送交取得相应许可证的放射性固体废物处置单位处置。

核设施营运单位应当对其产生的除废旧放射源以外的放射性固体废物和不能经净化排放的放射性废液进行处理，使其转变为稳定的、标准化的固体废物后自行贮存，并及时送交取得相应许可证的放射性固体废物处置单位处置。

第十一条　核技术利用单位应当对其产生的不能经净化排放的放射性废液进行处理，转变为放射性固体废物。

核技术利用单位应当及时将其产生的废旧放射源和其他放射性固体废物，送交取得相应许可证的放射性固体废物贮存单位集中贮存，或者直接送交取得相应许可证的放射性固体废物处置单位处置。

第十二条　专门从事放射性固体废物贮存活动的单位，应当符合下列条

件,并依照本条例的规定申请领取放射性固体废物贮存许可证:

(一)有法人资格;

(二)有能保证贮存设施安全运行的组织机构和3名以上放射性废物管理、辐射防护、环境监测方面的专业技术人员,其中至少有1名注册核安全工程师;

(三)有符合国家有关放射性污染防治标准和国务院环境保护主管部门规定的放射性固体废物接收、贮存设施和场所,以及放射性检测、辐射防护与环境监测设备;

(四)有健全的管理制度以及符合核安全监督管理要求的质量保证体系,包括质量保证大纲、贮存设施运行监测计划、辐射环境监测计划和应急方案等。

核设施营运单位利用与核设施配套建设的贮存设施,贮存本单位产生的放射性固体废物的,不需要申请领取贮存许可证;贮存其他单位产生的放射性固体废物的,应当依照本条例的规定申请领取贮存许可证。

第十三条 申请领取放射性固体废物贮存许可证的单位,应当向国务院环境保护主管部门提出书面申请,并提交其符合本条例第十二条规定条件的证明材料。

国务院环境保护主管部门应当自受理申请之日起20个工作日内完成审查,对符合条件的颁发许可证,予以公告;对不符合条件的,书面通知申请单位并说明理由。

国务院环境保护主管部门在审查过程中,应当组织专家进行技术评审,并征求国务院其他有关部门的意见。技术评审所需时间应当书面告知申请单位。

第十四条 放射性固体废物贮存许可证应当载明下列内容:

(一)单位的名称、地址和法定代表人;

(二)准予从事的活动种类、范围和规模;

(三)有效期限;

(四)发证机关、发证日期和证书编号。

第十五条 放射性固体废物贮存单位变更单位名称、地址、法定代表人的,应当自变更登记之日起20日内,向国务院环境保护主管部门申请办理许可证变更手续。

放射性固体废物贮存单位需要变更许可证规定的活动种类、范围和规模的，应当按照原申请程序向国务院环境保护主管部门重新申请领取许可证。

第十六条 放射性固体废物贮存许可证的有效期为10年。

许可证有效期届满，放射性固体废物贮存单位需要继续从事贮存活动的，应当于许可证有效期届满90日前，向国务院环境保护主管部门提出延续申请。

国务院环境保护主管部门应当在许可证有效期届满前完成审查，对符合条件的准予延续；对不符合条件的，书面通知申请单位并说明理由。

第十七条 放射性固体废物贮存单位应当按照国家有关放射性污染防治标准和国务院环境保护主管部门的规定，对其接收的废旧放射源和其他放射性固体废物进行分类存放和清理，及时予以清洁解控或者送交取得相应许可证的放射性固体废物处置单位处置。

放射性固体废物贮存单位应当建立放射性固体废物贮存情况记录档案，如实完整地记录贮存的放射性固体废物的来源、数量、特征、贮存位置、清洁解控、送交处置等与贮存活动有关的事项。

放射性固体废物贮存单位应当根据贮存设施的自然环境和放射性固体废物特性采取必要的防护措施，保证在规定的贮存期限内贮存设施、容器的完好和放射性固体废物的安全，并确保放射性固体废物能够安全回取。

第十八条 放射性固体废物贮存单位应当根据贮存设施运行监测计划和辐射环境监测计划，对贮存设施进行安全性检查，并对贮存设施周围的地下水、地表水、土壤和空气进行放射性监测。

放射性固体废物贮存单位应当如实记录监测数据，发现安全隐患或者周围环境中放射性核素超过国家规定的标准的，应当立即查找原因，采取相应的防范措施，并向所在地省、自治区、直辖市人民政府环境保护主管部门报告。构成辐射事故的，应当立即启动本单位的应急方案，并依照《中华人民共和国放射性污染防治法》、《放射性同位素与射线装置安全和防护条例》的规定进行报告，开展有关事故应急工作。

第十九条 将废旧放射源和其他放射性固体废物送交放射性固体废物

贮存、处置单位贮存、处置时,送交方应当一并提供放射性固体废物的种类、数量、活度等资料和废旧放射源的原始档案,并按照规定承担贮存、处置的费用。

第三章 放射性废物的处置

第二十条 国务院核工业行业主管部门会同国务院环境保护主管部门根据地质、环境、社会经济条件和放射性固体废物处置的需要,在征求国务院有关部门意见并进行环境影响评价的基础上编制放射性固体废物处置场所选址规划,报国务院批准后实施。

有关地方人民政府应当根据放射性固体废物处置场所选址规划,提供放射性固体废物处置场所的建设用地,并采取有效措施支持放射性固体废物的处置。

第二十一条 建造放射性固体废物处置设施,应当按照放射性固体废物处置场所选址技术导则和标准的要求,与居住区、水源保护区、交通干道、工厂和企业等场所保持严格的安全防护距离,并对场址的地质构造、水文地质等自然条件以及社会经济条件进行充分研究论证。

第二十二条 建造放射性固体废物处置设施,应当符合放射性固体废物处置场所选址规划,并依法办理选址批准手续和建造许可证。不符合选址规划或者选址技术导则、标准的,不得批准选址或者建造。

高水平放射性固体废物和 α 放射性固体废物深地质处置设施的工程和安全技术研究、地下实验、选址和建造,由国务院核工业行业主管部门组织实施。

第二十三条 专门从事放射性固体废物处置活动的单位,应当符合下列条件,并依照本条例的规定申请领取放射性固体废物处置许可证:

(一)有国有或者国有控股的企业法人资格。

(二)有能保证处置设施安全运行的组织机构和专业技术人员。低、中水平放射性固体废物处置单位应当具有 10 名以上放射性废物管理、辐射防护、环境监测方面的专业技术人员,其中至少有 3 名注册核安全工程师;高水平放射性固体废物和 α 放射性固体废物处置单位应当具有 20 名以上放射性废物管理、辐射防护、环境监测方面的专业技术人员,其中至少有 5 名注册核安全工程师。

(三)有符合国家有关放射性污染防治标准和国务院环境保护主管部门规定的放射性固体废物接收、处置设施和场所,以及放射性检测、辐射防护与环境监测设备。低、中水平放射性固体废物处置设施关闭后应满足300年以上的安全隔离要求;高水平放射性固体废物和α放射性固体废物深地质处置设施关闭后应满足1万年以上的安全隔离要求。

（四）有相应数额的注册资金。低、中水平放射性固体废物处置单位的注册资金应不少于3000万元;高水平放射性固体废物和α放射性固体废物处置单位的注册资金应不少于1亿元。

（五）有能保证其处置活动持续进行直至安全监护期满的财务担保。

（六）有健全的管理制度以及符合核安全监督管理要求的质量保证体系,包括质量保证大纲、处置设施运行监测计划、辐射环境监测计划和应急方案等。

第二十四条　放射性固体废物处置许可证的申请、变更、延续的审批权限和程序,以及许可证的内容、有效期限,依照本条例第十三条至第十六条的规定执行。

第二十五条　放射性固体废物处置单位应当按照国家有关放射性污染防治标准和国务院环境保护主管部门的规定,对其接收的放射性固体废物进行处置。

放射性固体废物处置单位应当建立放射性固体废物处置情况记录档案,如实记录处置的放射性固体废物的来源、数量、特征、存放位置等与处置活动有关的事项。放射性固体废物处置情况记录档案应当永久保存。

第二十六条　放射性固体废物处置单位应当根据处置设施运行监测计划和辐射环境监测计划,对处置设施进行安全性检查,并对处置设施周围的地下水、地表水、土壤和空气进行放射性监测。

放射性固体废物处置单位应当如实记录监测数据,发现安全隐患或者周围环境中放射性核素超过国家规定的标准的,应当立即查找原因,采取相应的防范措施,并向国务院环境保护主管部门和核工业行业主管部门报告。构成辐射事故的,应当立即启动本单位的应急方案,并依照《中华人民共和国放射性污染防治法》、《放射性同位素与射线装置安全和防护条例》的规定进行报告,开展有关事故应急工作。

第二十七条　放射性固体废物处置设施设计服役期届满,或者处置的放射性固体废物已达到该设施的设计容量,或者所在地区的地质构造或者水文地质等条件发生重大变化导致处置设施不适宜继续处置放射性固体废物的,应当依法办理关闭手续,并在划定的区域设置永久性标记。

关闭放射性固体废物处置设施的,处置单位应当编制处置设施安全监护计划,报国务院环境保护主管部门批准。

放射性固体废物处置设施依法关闭后,处置单位应当按照经批准的安全监护计划,对关闭后的处置设施进行安全监护。放射性固体废物处置单位因破产、吊销许可证等原因终止的,处置设施关闭和安全监护所需费用由提供财务担保的单位承担。

第四章 监督管理

第二十八条 县级以上人民政府环境保护主管部门和其他有关部门,依照《中华人民共和国放射性污染防治法》和本条例的规定,对放射性废物处理、贮存和处置等活动的安全性进行监督检查。

第二十九条 县级以上人民政府环境保护主管部门和其他有关部门进行监督检查时,有权采取下列措施:

(一)向被检查单位的法定代表人和其他有关人员调查、了解情况;

(二)进入被检查单位进行现场监测、检查或者核查;

(三)查阅、复制相关文件、记录以及其他有关资料;

(四)要求被检查单位提交有关情况说明或者后续处理报告。

被检查单位应当予以配合,如实反映情况,提供必要的资料,不得拒绝和阻碍。

县级以上人民政府环境保护主管部门和其他有关部门的监督检查人员依法进行监督检查时,应当出示证件,并为被检查单位保守技术秘密和业务秘密。

第三十条 核设施营运单位、核技术利用单位和放射性固体废物贮存、处置单位,应当按照放射性废物危害的大小,建立健全相应级别的安全保卫制度,采取相应的技术防范措施和人员防范措施,并适时开展放射性废物污染事故应急演练。

第三十一条 核设施营运单位、核技术利用单位和放射性固体废物贮存、处置单位,应当对其直接从事放射性废物处理、贮存和处置活动的工作人员进行核与辐射安全知识以及专业操作技术的培训,并进行考核;考核合格的,方可从事该项工作。

第三十二条 核设施营运单位、核技术利用单位和放射性固体废物贮存单位应当按照国务院环境保护主管部门的规定定期如实报告放射性废物产生、排放、处理、贮存、清洁解控和送交处置等情况。

放射性固体废物处置单位应当于每年 3 月 31 日前,向国务院环境保护主管部门和核工业行业主管部门如实报告上一年度放射性固体废物接收、处置和设施运行等情况。

第三十三条 禁止将废旧放射源和其他放射性固体废物送交无相应许可证的单位贮存、处置或者擅自处置。

禁止无许可证或者不按照许可证规定的活动种类、范围、规模和期限从事放射性固体废物贮存、处置活动。

第三十四条 禁止将放射性废物和被放射性污染的物品输入中华人民共和国境内或者经中华人民共和国境内转移。具体办法由国务院环境保护主管部门会同国务院商务主管部门、海关总署、国家出入境检验检疫主管部门制定。

第五章 法 律 责 任

第三十五条 负有放射性废物安全监督管理职责的部门及其工作人员违反本条例规定,有下列行为之一的,对直接负责的主管人员和其他直接责任人员,依法给予处分;直接负责的主管人员和其他直接责任人员构成犯罪的,依法追究刑事责任:

(一)违反本条例规定核发放射性固体废物贮存、处置许可证的;

(二)违反本条例规定批准不符合选址规划或者选址技术导则、标准的处置设施选址或者建造的;

(三)对发现的违反本条例的行为不依法查处的;

(四)在办理放射性固体废物贮存、处置许可证以及实施监督检查过程中,索取、收受他人财物或者谋取其他利益的;

(五)其他徇私舞弊、滥用职权、玩忽职守行为。

第三十六条 违反本条例规定,核设施营运单位、核技术利用单位有下列行为之一的,由审批该单位立项环境影响评价文件的环境保护主管部门责令停止违法行为,限期改正;逾期不改正的,指定有相应许可证的单位代为贮存或者处置,所需费用由核设施营运单位、核技术利用

单位承担,可以处20万元以下的罚款;构成犯罪的,依法追究刑事责任:

(一)核设施营运单位未按照规定,将其产生的废旧放射源送交贮存、处置,或者将其产生的其他放射性固体废物送交处置的;

(二)核技术利用单位未按照规定,将其产生的废旧放射源或者其他放射性固体废物送交贮存、处置的。

第三十七条 违反本条例规定,有下列行为之一的,由县级以上人民政府环境保护主管部门责令停止违法行为,限期改正,处10万元以上20万元以下的罚款;造成环境污染的,责令限期采取治理措施消除污染,逾期不采取治理措施,经催告仍不治理的,可以指定有治理能力的单位代为治理,所需费用由违法者承担;构成犯罪的,依法追究刑事责任:

(一)核设施营运单位将废旧放射源送交无相应许可证的单位贮存、处置,或者将其他放射性固体废物送交无相应许可证的单位处置,或者擅自处置的;

(二)核技术利用单位将废旧放射源或者其他放射性固体废物送交无相应许可证的单位贮存、处置,或者擅自处置的;

(三)放射性固体废物贮存单位将废旧放射源或者其他放射性固体废物送交无相应许可证的单位处置,或者擅自处置的。

第三十八条 违反本条例规定,有下列行为之一的,由省级以上人民政府环境保护主管部门责令停产停业或者吊销许可证;有违法所得的,没收违法所得;违法所得10万元以上的,并处违法所得1倍以上5倍以下的罚款;没有违法所得或者违法所得不足10万元的,并处5万元以上10万元以下的罚款;造成环境污染的,责令限期采取治理措施消除污染,逾期不采取治理措施,经催告仍不治理的,可以指定有治理能力的单位代为治理,所需费用由违法者承担;构成犯罪的,依法追究刑事责任:

(一)未经许可,擅自从事废旧放射源或者其他放射性固体废物的贮存、处置活动的;

(二)放射性固体废物贮存、处置单位未按照许可证规定的活动种类、范围、规模、期限从事废旧放射源或者其他放射性固体废物的贮存、处置活动的;

(三)放射性固体废物贮存、处置单位未按照国家有关放射性污染防治标准和国务院环境保护主管部门的规定贮存、处置废旧放射源或者其他放射性固体废物的。

第三十九条　放射性固体废物贮存、处置单位未按照规定建立情况记录档案，或者未按照规定进行如实记录的，由省级以上人民政府环境保护主管部门责令限期改正，处1万元以上5万元以下的罚款；逾期不改正的，处5万元以上10万元以下的罚款。

第四十条　核设施营运单位、核技术利用单位或者放射性固体废物贮存、处置单位未按照本条例第三十二条的规定如实报告有关情况的，由县级以上人民政府环境保护主管部门责令限期改正，处1万元以上5万元以下的罚款；逾期不改正的，处5万元以上10万元以下的罚款。

第四十一条　违反本条例规定，拒绝、阻碍环境保护主管部门或者其他有关部门的监督检查，或者在接受监督检查时弄虚作假的，由监督检查部门责令改正，处2万元以下的罚款；构成违反治安管理行为的，由公安机关依法给予治安管理处罚；构成犯罪的，依法追究刑事责任。

第四十二条　核设施营运单位、核技术利用单位或者放射性固体废物贮存、处置单位未按照规定对有关工作人员进行技术培训和考核的，由县级以上人民政府环境保护主管部门责令限期改正，处1万元以上5万元以下的罚款；逾期不改正的，处5万元以上10万元以下的罚款。

第四十三条　违反本条例规定，向中华人民共和国境内输入放射性废物或者被放射性污染的物品，或者经中华人民共和国境内转移放射性废物或者被放射性污染的物品的，由海关责令退运该放射性废物或者被放射性污染的物品，并处50万元以上100万元以下的罚款；构成犯罪的，依法追究刑事责任。

第六章　附　　则

第四十四条　军用设施、装备所产生的放射性废物的安全管理，依照《中华人民共和国放射性污染防治法》第六十条的规定执行。

第四十五条　放射性废物运输的安全管理、放射性废物造成污染事故的应急处理，以及劳动者在职业活动中接触放射性废物造成的职业病防治，依照有关法律、行政法规的规定执行。

第四十六条　本条例自2012年3月1日起施行。

三、生态保护与治理

中华人民共和国野生动物保护法

1. 1988年11月8日第七届全国人民代表大会常务委员会第四次会议通过
2. 根据2004年8月28日第十届全国人民代表大会常务委员会第十一次会议《关于修改〈中华人民共和国野生动物保护法〉的决定》第一次修正
3. 根据2009年8月27日第十一届全国人民代表大会常务委员会第十次会议《关于修改部分法律的决定》第二次修正
4. 2016年7月2日第十二届全国人民代表大会常务委员会第二十一次会议第一次修订
5. 根据2018年10月26日第十三届全国人民代表大会常务委员会第六次会议《关于修改〈中华人民共和国野生动物保护法〉等十五部法律的决定》第三次修正
6. 2022年12月30日第十三届全国人民代表大会常务委员会第三十八次会议第二次修订
7. 自2023年5月1日起施行

目 录

第一章 总 则
第二章 野生动物及其栖息地保护
第三章 野生动物管理
第四章 法律责任
第五章 附 则

第一章 总 则

第一条 【立法目的】为了保护野生动物,拯救珍贵、濒危野生动物,维护生物多样性和生态平衡,推进生态文明建设,促进人与自然和谐共生,制定本法。

第二条 【适用范围】在中华人民共和国领域及管辖的其他海域,从事野生动物保护及相关活动,适用本法。

本法规定保护的野生动物,是指珍贵、濒危的陆生、水生野生动物和有重要生态、科学、社会价值的陆生野生动物。

本法规定的野生动物及其制品,是指野生动物的整体(含卵、蛋)、部分及衍生物。

珍贵、濒危的水生野生动物以外的其他水生野生动物的保护,适用《中华人民共和国渔业法》等有关法律的规定。

第三条　【野生动物资源权属】野生动物资源属于国家所有。

国家保障依法从事野生动物科学研究、人工繁育等保护及相关活动的组织和个人的合法权益。

第四条　【野生动物保护原则】国家加强重要生态系统保护和修复,对野生动物实行保护优先、规范利用、严格监管的原则,鼓励和支持开展野生动物科学研究与应用,秉持生态文明理念,推动绿色发展。

第五条　【保护野生动物及其栖息地】国家保护野生动物及其栖息地。县级以上人民政府应当制定野生动物及其栖息地相关保护规划和措施,并将野生动物保护经费纳入预算。

国家鼓励公民、法人和其他组织依法通过捐赠、资助、志愿服务等方式参与野生动物保护活动,支持野生动物保护公益事业。

本法规定的野生动物栖息地,是指野生动物野外种群生息繁衍的重要区域。

第六条　【组织和个人的保护义务】任何组织和个人有保护野生动物及其栖息地的义务。禁止违法猎捕、运输、交易野生动物,禁止破坏野生动物栖息地。

社会公众应当增强保护野生动物和维护公共卫生安全的意识,防止野生动物源性传染病传播,抵制违法食用野生动物,养成文明健康的生活方式。

任何组织和个人有权举报违反本法的行为,接到举报的县级以上人民政府野生动物保护主管部门和其他有关部门应当及时依法处理。

第七条　【主管部门】国务院林业草原、渔业主管部门分别主管全国陆生、水生野生动物保护工作。

县级以上地方人民政府对本行政区域内野生动物保护工作负责,其林业草原、渔业主管部门分别主管本行政区域内陆生、水生野生动物保护工作。

县级以上人民政府有关部门按照职责分工,负责野生动物保护相关工作。

第八条　【宣传教育和科学知识普及】各级人民政府应当加强野生动物保护的宣传教育和科学知识普及工作,鼓励和支持基层群众性自治组织、社会组织、企业事业单位、志愿者开展野生动物保护法律法规、生态保护等知识的宣传活动;组织开展对相关从业人员法律法规和专业知识培训;依法公开野生动物保护和管理信息。

教育行政部门、学校应当对学生进行野生动物保护知识教育。

新闻媒体应当开展野生动物保护法律法规和保护知识的宣传,并依法对违法行为进行舆论监督。

第九条　【表彰和奖励】在野生动物保护和科学研究方面成绩显著的组织和个人,由县级以上人民政府按照国家有关规定给予表彰和奖励。

第二章　野生动物及其栖息地保护

第十条　【分类分级保护】国家对野生动物实行分类分级保护。

国家对珍贵、濒危的野生动物实行重点保护。国家重点保护的野生动物分为一级保护野生动物和二级保护野生动物。国家重点保护野生动物名录,由国务院野生动物保护主管部门组织科学论证评估后,报国务院批准公布。

有重要生态、科学、社会价值的陆生野生动物名录,由国务院野生动物保护主管部门征求国务院农业农村、自然资源、科学技术、生态环境、卫生健康等部门意见,组织科学论证评估后制定并公布。

地方重点保护野生动物,是指国家重点保护野生动物以外,由省、自治区、直辖市重点保护的野生动物。地方重点保护野生动物名录,由省、自治区、直辖市人民政府组织科学论证评估,征求国务院野生动物保护主管部门意见后制定、公布。

对本条规定的名录,应当每五年组织科学论证评估,根据论证评估情况进行调整,也可以根据野生动物保护的实际需要及时进行调整。

第十一条　【调查、监测和评估】县级以上人民政府野生动物保护主管部门应当加强信息技术应用,定期组织或者委托有关科学研究机构对野生动物及其栖息地状况进行调查、监测和评估,建立健全野生动物及其栖息地档案。

对野生动物及其栖息地状况的调查、监测和评估应当包括下列内容：

（一）野生动物野外分布区域、种群数量及结构；

（二）野生动物栖息地的面积、生态状况；

（三）野生动物及其栖息地的主要威胁因素；

（四）野生动物人工繁育情况等其他需要调查、监测和评估的内容。

第十二条 【野生动物重要栖息地名录】国务院野生动物保护主管部门应当会同国务院有关部门，根据野生动物及其栖息地状况的调查、监测和评估结果，确定并发布野生动物重要栖息地名录。

省级以上人民政府依法将野生动物重要栖息地划入国家公园、自然保护区等自然保护地，保护、恢复和改善野生动物生存环境。对不具备划定自然保护地条件的，县级以上人民政府可以采取划定禁猎（渔）区、规定禁猎（渔）期等措施予以保护。

禁止或者限制在自然保护地内引入外来物种、营造单一纯林、过量施洒农药等人为干扰、威胁野生动物生息繁衍的行为。

自然保护地依照有关法律法规的规定划定和管理，野生动物保护主管部门依法加强对野生动物及其栖息地的保护。

第十三条 【建设项目限制】县级以上人民政府及其有关部门在编制有关开发利用规划时，应当充分考虑野生动物及其栖息地保护的需要，分析、预测和评估规划实施可能对野生动物及其栖息地保护产生的整体影响，避免或者减少规划实施可能造成的不利后果。

禁止在自然保护地建设法律法规规定不得建设的项目。机场、铁路、公路、航道、水利水电、风电、光伏发电、围堰、围填海等建设项目的选址选线，应当避让自然保护地以及其他野生动物重要栖息地、迁徙洄游通道；确实无法避让的，应当采取修建野生动物通道、过鱼设施等措施，消除或者减少对野生动物的不利影响。

建设项目可能对自然保护地以及其他野生动物重要栖息地、迁徙洄游通道产生影响的，环境影响评价文件的审批部门在审批环境影响评价文件时，涉及国家重点保护野生动物的，应当征求国务院野生动物保护主管部门意见；涉及地方重点保护野生动物的，应当征求省、自治区、直辖市人民政府野生动物保护主管部门意见。

第十四条　【主管部门职责】各级野生动物保护主管部门应当监测环境对野生动物的影响,发现环境影响对野生动物造成危害时,应当会同有关部门及时进行调查处理。

第十五条　【应急救助、收容救护】国家重点保护野生动物和有重要生态、科学、社会价值的陆生野生动物或者地方重点保护野生动物受到自然灾害、重大环境污染事故等突发事件威胁时,当地人民政府应当及时采取应急救助措施。

　　国家加强野生动物收容救护能力建设。县级以上人民政府野生动物保护主管部门应当按照国家有关规定组织开展野生动物收容救护工作,加强对社会组织开展野生动物收容救护工作的规范和指导。

　　收容救护机构应当根据野生动物收容救护的实际需要,建立收容救护场所,配备相应的专业技术人员、救护工具、设备和药品等。

　　禁止以野生动物收容救护为名买卖野生动物及其制品。

第十六条　【疫源疫病监测、检疫等法律适用】野生动物疫源疫病监测、检疫和与人畜共患传染病有关的动物传染病的防治管理,适用《中华人民共和国动物防疫法》等有关法律法规的规定。

第十七条　【野生动物遗传资源保护】国家加强对野生动物遗传资源的保护,对濒危野生动物实施抢救性保护。

　　国务院野生动物保护主管部门应当会同国务院有关部门制定有关野生动物遗传资源保护和利用规划,建立国家野生动物遗传资源基因库,对原产我国的珍贵、濒危野生动物遗传资源实行重点保护。

第十八条　【种群调控措施】有关地方人民政府应当根据实际情况和需要建设隔离防护设施、设置安全警示标志等,预防野生动物可能造成的危害。

　　县级以上人民政府野生动物保护主管部门根据野生动物及其栖息地调查、监测和评估情况,对种群数量明显超过环境容量的物种,可以采取迁地保护、猎捕等种群调控措施,保障人身财产安全、生态安全和农业生产。对种群调控猎捕的野生动物按照国家有关规定进行处理和综合利用。种群调控的具体办法由国务院野生动物保护主管部门会同国务院有关部门制定。

第十九条　【损失补偿责任】因保护本法规定保护的野生动物,造成人员伤亡、农作物或者其他财产损失的,由当地人民政府给予补偿。具体办法由省、自治区、直辖市人民政府制定。有关地方人民政府可以推动保险机构开展野生动物致害赔偿保险业务。

有关地方人民政府采取预防、控制国家重点保护野生动物和其他致害严重的陆生野生动物造成危害的措施以及实行补偿所需经费,由中央财政予以补助。具体办法由国务院财政部门会同国务院野生动物保护主管部门制定。

在野生动物危及人身安全的紧急情况下,采取措施造成野生动物损害的,依法不承担法律责任。

第三章 野生动物管理

第二十条 【禁止妨碍野生动物生息繁衍活动】 在自然保护地和禁猎(渔)区、禁猎(渔)期内,禁止猎捕以及其他妨碍野生动物生息繁衍的活动,但法律法规另有规定的除外。

野生动物迁徙洄游期间,在前款规定区域外的迁徙洄游通道内,禁止猎捕并严格限制其他妨碍野生动物生息繁衍的活动。县级以上人民政府或者其野生动物保护主管部门应当规定并公布迁徙洄游通道的范围以及妨碍野生动物生息繁衍活动的内容。

第二十一条 【猎捕管理】 禁止猎捕、杀害国家重点保护野生动物。

因科学研究、种群调控、疫源疫病监测或者其他特殊情况,需要猎捕国家一级保护野生动物的,应当向国务院野生动物保护主管部门申请特许猎捕证;需要猎捕国家二级保护野生动物的,应当向省、自治区、直辖市人民政府野生动物保护主管部门申请特许猎捕证。

第二十二条 【狩猎证及猎捕量限额管理】 猎捕有重要生态、科学、社会价值的陆生野生动物和地方重点保护野生动物的,应当依法取得县级以上地方人民政府野生动物保护主管部门核发的狩猎证,并服从猎捕量限额管理。

第二十三条 【猎捕者管理】 猎捕者应当严格按照特许猎捕证、狩猎证规定的种类、数量或者限额、地点、工具、方法和期限进行猎捕。猎捕作业完成后,应当将猎捕情况向核发特许猎捕证、狩猎证的野生动物保护主管部门备案。具体办法由国务院野生动物保护主管部门制定。猎捕国家重点保护野生动物应当由专业机构和人员承担;猎捕有重要生态、科学、社会价值的陆生野生动物,有条件的地方可以由专业机构有组织开展。

持枪猎捕的,应当依法取得公安机关核发的持枪证。

第二十四条 【猎捕工具和方法限制】禁止使用毒药、爆炸物、电击或者电子诱捕装置以及猎套、猎夹、捕鸟网、地枪、排铳等工具进行猎捕,禁止使用夜间照明行猎、歼灭性围猎、捣毁巢穴、火攻、烟熏、网捕等方法进行猎捕,但因物种保护、科学研究确需网捕、电子诱捕以及植保作业等除外。

前款规定以外的禁止使用的猎捕工具和方法,由县级以上地方人民政府规定并公布。

第二十五条 【人工繁育野生动物一】人工繁育野生动物实行分类分级管理,严格保护和科学利用野生动物资源。国家支持有关科学研究机构因物种保护目的人工繁育国家重点保护野生动物。

人工繁育国家重点保护野生动物实行许可制度。人工繁育国家重点保护野生动物的,应当经省、自治区、直辖市人民政府野生动物保护主管部门批准,取得人工繁育许可证,但国务院对批准机关另有规定的除外。

人工繁育有重要生态、科学、社会价值的陆生野生动物的,应当向县级人民政府野生动物保护主管部门备案。

人工繁育野生动物应当使用人工繁育子代种源,建立物种系谱、繁育档案和个体数据。因物种保护目的确需采用野外种源的,应当遵守本法有关猎捕野生动物的规定。

本法所称人工繁育子代,是指人工控制条件下繁殖出生的子代个体且其亲本也在人工控制条件下出生。

人工繁育野生动物的具体管理办法由国务院野生动物保护主管部门制定。

第二十六条 【人工繁育野生动物二】人工繁育野生动物应当有利于物种保护及其科学研究,不得违法猎捕野生动物,破坏野外种群资源,并根据野生动物习性确保其具有必要的活动空间和生息繁衍、卫生健康条件,具备与其繁育目的、种类、发展规模相适应的场所、设施、技术,符合有关技术标准和防疫要求,不得虐待野生动物。

省级以上人民政府野生动物保护主管部门可以根据保护国家重点保护野生动物的需要,组织开展国家重点保护野生动物放归野外环境工作。

前款规定以外的人工繁育的野生动物放归野外环境的,适用本法有关放生野生动物管理的规定。

第二十七条 【人工繁育野生动物的法律责任】人工繁育野生动物应当采取安全措施,防止野生动物伤人和逃逸。人工繁育的野生动物造成他人损害、危害公共安全或者破坏生态的,饲养人、管理人等应当依法承担法律责任。

第二十八条 【野生动物及其制品的出售、购买、利用限制】禁止出售、购买、利用国家重点保护野生动物及其制品。

因科学研究、人工繁育、公众展示展演、文物保护或者其他特殊情况,需要出售、购买、利用国家重点保护野生动物及其制品的,应当经省、自治区、直辖市人民政府野生动物保护主管部门批准,并按照规定取得和使用专用标识,保证可追溯,但国务院对批准机关另有规定的除外。

出售、利用有重要生态、科学、社会价值的陆生野生动物和地方重点保护野生动物及其制品的,应当提供狩猎、人工繁育、进出口等合法来源证明。

实行国家重点保护野生动物和有重要生态、科学、社会价值的陆生野生动物及其制品专用标识的范围和管理办法,由国务院野生动物保护主管部门规定。

出售本条第二款、第三款规定的野生动物的,还应当依法附有检疫证明。

利用野生动物进行公众展示展演应当采取安全管理措施,并保障野生动物健康状态,具体管理办法由国务院野生动物保护主管部门会同国务院有关部门制定。

第二十九条 【野生动物名录管理】对人工繁育技术成熟稳定的国家重点保护野生动物或者有重要生态、科学、社会价值的陆生野生动物,经科学论证评估,纳入国务院野生动物保护主管部门制定的人工繁育国家重点保护野生动物名录或者有重要生态、科学、社会价值的陆生野生动物名录,并适时调整。对列入名录的野生动物及其制品,可以凭人工繁育许可证或者备案,按省、自治区、直辖市人民政府野生动物保护主管部门或者其授权的部门核验的年度生产数量直接取得专用标识，凭专用标识出售和利用，保证可追溯。

对本法第十条规定的国家重点保护野生动物名录和有重要生态、科学、社会价值的陆生野生动物名录进行调整时，根据有关野外种群保护情况，可以对前款规定的有关人工繁育技术成熟稳定野生动物的人工种群，不再列入国家重点保护野生动物名录和有重要生态、科学、社会价值的陆生野生动物名录，实行与野外种群不同的管理措施，但应当依照本法第二十五条第二款、第三款和本条第一款的规定取得人工繁育许可证或者备案和专用标识。

对符合《中华人民共和国畜牧法》第十二条第二款规定的陆生野生动物人工繁育种群，经科学论证评估，可以列入畜禽遗传资源目录。

第三十条　【利用野生动物及其制品的原则】利用野生动物及其制品的，应当以人工繁育种群为主，有利于野外种群养护，符合生态文明建设的要求，尊重社会公德，遵守法律法规和国家有关规定。

野生动物及其制品作为药品等经营和利用的，还应当遵守《中华人民共和国药品管理法》等有关法律法规的规定。

第三十一条　【禁止食用国家重点保护野生动物及其制品】禁止食用国家重点保护野生动物和国家保护的有重要生态、科学、社会价值的陆生野生动物以及其他陆生野生动物。

禁止以食用为目的猎捕、交易、运输在野外环境自然生长繁殖的前款规定的野生动物。

禁止生产、经营使用本条第一款规定的野生动物及其制品制作的食品。

禁止为食用非法购买本条第一款规定的野生动物及其制品。

第三十二条　【广告禁止】禁止为出售、购买、利用野生动物或者禁止使用的猎捕工具发布广告。禁止为违法出售、购买、利用野生动物制品发布广告。

第三十三条　【服务禁止】禁止网络平台、商品交易市场、餐饮场所等，为违法出售、购买、食用及利用野生动物及其制品或者禁止使用的猎捕工具提供展示、交易、消费服务。

第三十四条　【运输、寄递等限制】运输、携带、寄递国家重点保护野生动物及其制品，或者依照本法第二十九条第二款规定调出国家重点保护野生动物名录的野生动物及其制品出县境的，应当持有或者附有本法第二十一条、第二十五条、第二十八条或者第二十九条规定的许可证、批准文件的副本或者专用标识。

运输、携带、寄递有重要生态、科学、社会价值的陆生野生动物和地方重点保护野生动物,或者依照本法第二十九条第二款规定调出有重要生态、科学、社会价值的陆生野生动物名录的野生动物出县境的,应当持有狩猎、人工繁育、进出口等合法来源证明或者专用标识。

运输、携带、寄递前两款规定的野生动物出县境的,还应当依照《中华人民共和国动物防疫法》的规定附有检疫证明。

铁路、道路、水运、民航、邮政、快递等企业对托运、携带、交寄野生动物及其制品的,应当查验其相关证件、文件副本或者专用标识,对不符合规定的,不得承运、寄递。

第三十五条 【监督管理及联合执法】县级以上人民政府野生动物保护主管部门应当对科学研究、人工繁育、公众展示展演等利用野生动物及其制品的活动进行规范和监督管理。

市场监督管理、海关、铁路、道路、水运、民航、邮政等部门应当按照职责分工对野生动物及其制品交易、利用、运输、携带、寄递等活动进行监督检查。

国家建立由国务院林业草原、渔业主管部门牵头,各相关部门配合的野生动物联合执法工作协调机制。地方人民政府建立相应联合执法工作协调机制。

县级以上人民政府野生动物保护主管部门和其他负有野生动物保护职责的部门发现违法事实涉嫌犯罪的,应当将犯罪线索移送具有侦查、调查职权的机关。

公安机关、人民检察院、人民法院在办理野生动物保护犯罪案件过程中认为没有犯罪事实,或者犯罪事实显著轻微,不需要追究刑事责任,但应当予以行政处罚的,应当及时将案件移送县级以上人民政府野生动物保护主管部门和其他负有野生动物保护职责的部门,有关部门应当依法处理。

第三十六条 【监管、追责措施】县级以上人民政府野生动物保护主管部门和其他负有野生动物保护职责的部门,在履行本法规定的职责时,可以采取下列措施:

(一)进入与违反野生动物保护管理行为有关的场所进行现场检

查、调查；

（二）对野生动物进行检验、检测、抽样取证；

（三）查封、复制有关文件、资料，对可能被转移、销毁、隐匿或者篡改的文件、资料予以封存；

（四）查封、扣押无合法来源证明的野生动物及其制品，查封、扣押涉嫌非法猎捕野生动物或者非法收购、出售、加工、运输猎捕野生动物及其制品的工具、设备或者财物。

第三十七条　【禁止或者限制贸易的野生动物或者其制品名录管理】中华人民共和国缔结或者参加的国际公约禁止或者限制贸易的野生动物或其制品名录，由国家濒危物种进出口管理机构制定、调整并公布。

进出口列入前款名录的野生动物或者其制品，或者出口国家重点保护野生动物或者其制品的，应当经国务院野生动物保护主管部门或者国务院批准，并取得国家濒危物种进出口管理机构核发的允许进出口证明书。海关凭允许进出口证明书办理进出境检疫，并依法办理其他海关手续。

涉及科学技术保密的野生动物物种的出口，按照国务院有关规定办理。

列入本条第一款名录的野生动物，经国务院野生动物保护主管部门核准，按照本法有关规定进行管理。

第三十八条　【禁止向境外机构或者人员提供我国特有的野生动物遗传资源】禁止向境外机构或者人员提供我国特有的野生动物遗传资源。开展国际科学研究合作的，应当依法取得批准，有我国科研机构、高等学校、企业及其研究人员实质性参与研究，按照规定提出国家共享惠益的方案，并遵守我国法律、行政法规的规定。

第三十九条　【国际合作与交流】国家组织开展野生动物保护及相关执法活动的国际合作与交流，加强与毗邻国家的协作，保护野生动物迁徙通道；建立防范、打击野生动物及其制品的走私和非法贸易的部门协调机制，开展防范、打击走私和非法贸易行动。

第四十条　【引进野生动物物种】从境外引进野生动物物种的，应当经国务院野生动物保护主管部门批准。从境外引进列入本法第三十七条第一款名录的野生动物，还应当依法取得允许进出口证明书。海关凭进口批准文件或者允许进出口证明书办理进境检疫,并依法办理其他海关手续。

　　从境外引进野生动物物种的,应当采取安全可靠的防范措施,防止其进入野外环境,避免对生态系统造成危害;不得违法放生、丢弃,确需将其放生至野外环境的,应当遵守有关法律法规的规定。

　　发现来自境外的野生动物对生态系统造成危害的,县级以上人民政府野生动物保护等有关部门应当采取相应的安全控制措施。

第四十一条　【放生野生动物】国务院野生动物保护主管部门应当会同国务院有关部门加强对放生野生动物活动的规范、引导。任何组织和个人将野生动物放生至野外环境,应当选择适合放生地野外生存的当地物种,不得干扰当地居民的正常生活、生产,避免对生态系统造成危害。具体办法由国务院野生动物保护主管部门制定。随意放生野生动物,造成他人人身、财产损害或者危害生态系统的,依法承担法律责任。

第四十二条　【禁止伪造、变造、买卖、转让、租借有关许可证书、专用标识、批准文件】禁止伪造、变造、买卖、转让、租借特许猎捕证、狩猎证、人工繁育许可证及专用标识,出售、购买、利用国家重点保护野生动物及其制品的批准文件,或者允许进出口证明书、进出口等批准文件。

　　前款规定的有关许可证书、专用标识、批准文件的发放有关情况,应当依法公开。

第四十三条　【外国人限制】外国人在我国对国家重点保护野生动物进行野外考察或者在野外拍摄电影、录像,应当经省、自治区、直辖市人民政府野生动物保护主管部门或者其授权的单位批准,并遵守有关法律法规的规定。

第四十四条　【地方管理办法的制定】省、自治区、直辖市人民代表大会或者其常务委员会可以根据地方实际情况制定对地方重点保护野生动物等的管理办法。

第四章　法律责任

第四十五条　【野生动物保护主管部门或其他有关部门的法律责任】野生动物保护主管部门或者其他有关部门不依法作出行政许可决定,发现违法行为或者接到对违法行为的举报不依法处理,或者有其他滥用职权、玩忽职守、徇私舞弊等不依法履行职责的行为的,对直接负责的主管人员和其他直接责任人员依法给予处分;构成犯罪的,依法追究刑事责任。

第四十六条 【违反关于野生动物重要栖息地相关规定的法律责任】违反本法第十二条第三款、第十三条第二款规定的,依照有关法律法规的规定处罚。

第四十七条 【以收容救护为名买卖野生动物及其制品的法律责任】违反本法第十五条第四款规定,以收容救护为名买卖野生动物及其制品的,由县级以上人民政府野生动物保护主管部门没收野生动物及其制品、违法所得,并处野生动物及其制品价值二倍以上二十倍以下罚款,将有关违法信息记入社会信用记录,并向社会公布;构成犯罪的,依法追究刑事责任。

第四十八条 【违反猎捕相关规定的法律责任一】违反本法第二十条、第二十一条、第二十三条第一款、第二十四条第一款规定,有下列行为之一的,由县级以上人民政府野生动物保护主管部门、海警机构和有关自然保护地管理机构按照职责分工没收猎获物、猎捕工具和违法所得,吊销特许猎捕证,并处猎获物价值二倍以上二十倍以下罚款;没有猎获物或者猎获物价值不足五千元的,并处一万元以上十万元以下罚款;构成犯罪的,依法追究刑事责任:

(一)在自然保护地、禁猎(渔)区、禁猎(渔)期猎捕国家重点保护野生动物;

(二)未取得特许猎捕证、未按照特许猎捕证规定猎捕、杀害国家重点保护野生动物;

(三)使用禁用的工具、方法猎捕国家重点保护野生动物。

违反本法第二十三条第一款规定,未将猎捕情况向野生动物保护主管部门备案的,由核发特许猎捕证、狩猎证的野生动物保护主管部门责令限期改正;逾期不改正的,处一万元以上十万元以下罚款;情节严重的,吊销特许猎捕证、狩猎证。

第四十九条 【违反猎捕相关规定的法律责任二】违反本法第二十条、第二十二条、第二十三条第一款、第二十四条第一款规定,有下列行为之一的,由县级以上地方人民政府野生动物保护主管部门和有关自然保护地管理机构按照职责分工没收猎获物、猎捕工具和违法所得,吊销狩猎证,并处猎获物价值一倍以上十倍以下罚款;没有猎获物或者

猎获物价值不足二千元的,并处二千元以上二万元以下罚款;构成犯罪的,依法追究刑事责任:

(一)在自然保护地、禁猎(渔)区、禁猎(渔)期猎捕有重要生态、科学、社会价值的陆生野生动物或者地方重点保护野生动物;

(二)未取得狩猎证、未按照狩猎证规定猎捕有重要生态、科学、社会价值的陆生野生动物或者地方重点保护野生动物;

(三)使用禁用的工具、方法猎捕有重要生态、科学、社会价值的陆生野生动物或者地方重点保护野生动物。

违反本法第二十条、第二十四条第一款规定,在自然保护地、禁猎区、禁猎期或者使用禁用的工具、方法猎捕其他陆生野生动物,破坏生态的,由县级以上地方人民政府野生动物保护主管部门和有关自然保护地管理机构按照职责分工没收猎获物、猎捕工具和违法所得,并处猎获物价值一倍以上三倍以下罚款;没有猎获物或者猎获物价值不足一千元的,并处一千元以上三千元以下罚款;构成犯罪的,依法追究刑事责任。

违反本法第二十三条第二款规定,未取得持枪证持枪猎捕野生动物,构成违反治安管理行为的,还应当由公安机关依法给予治安管理处罚;构成犯罪的,依法追究刑事责任。

第五十条 【以食用为目的猎捕、交易、运输野生动物的法律责任】违反本法第三十一条第二款规定,以食用为目的猎捕、交易、运输在野外环境自然生长繁殖的国家重点保护野生动物或者有重要生态、科学、社会价值的陆生野生动物的,依照本法第四十八条、第四十九条、第五十二条的规定从重处罚。

违反本法第三十一条第二款规定,以食用为目的猎捕在野外环境自然生长繁殖的其他陆生野生动物的,由县级以上地方人民政府野生动物保护主管部门和有关自然保护地管理机构按照职责分工没收猎获物、猎捕工具和违法所得;情节严重的,并处猎获物价值一倍以上五倍以下罚款,没有猎获物或者猎获物价值不足二千元的,并处二千元以上一万元以下罚款;构成犯罪的,依法追究刑事责任。

违反本法第三十一条第二款规定,以食用为目的的交易、运输在野外环境自然生长繁殖的其他陆生野生动物的,由县级以上地方人民政府野生动物保护主管部门和市场监督管理部门按照职责分工没收野生动物;情节严重的,并处野生动物价值一倍以上五倍以下罚款;构成犯罪的,依法追究刑事责任。

第五十一条 【违反人工繁育野生动物相关规定的法律责任】违反本法第二十五条第二款规定,未取得人工繁育许可证,繁育国家重点保护野生动物或者依照本法第二十九条第二款规定调出国家重点保护野生动物名录的野生动物的,由县级以上人民政府野生动物保护主管部门没收野生动物及其制品,并处野生动物及其制品价值一倍以上十倍以下罚款。

违反本法第二十五条第三款规定,人工繁育有重要生态、科学、社会价值的陆生野生动物或者依照本法第二十九条第二款规定调出有重要生态、科学、社会价值的陆生野生动物名录的野生动物未备案的,由县级人民政府野生动物保护主管部门责令限期改正;逾期不改正的,处五百元以上二千元以下罚款。

第五十二条 【违反有关许可证书、专用标识、批准文件相关规定的法律责任】违反本法第二十八条第一款和第二款、第二十九条第一款、第三十四条第一款规定,未经批准、未取得或者未按照规定使用专用标识,或者未持有、未附有人工繁育许可证、批准文件的副本或者专用标识出售、购买、利用、运输、携带、寄递国家重点保护野生动物及其制品或者依照本法第二十九条第二款规定调出国家重点保护野生动物名录的野生动物及其制品的,由县级以上人民政府野生动物保护主管部门和市场监督管理部门按照职责分工没收野生动物及其制品和违法所得,责令关闭违法经营场所,并处野生动物及其制品价值二倍以上二十倍以下罚款;情节严重的,吊销人工繁育许可证、撤销批准文件、收回专用标识;构成犯罪的,依法追究刑事责任。

违反本法第二十八条第三款、第二十九条第一款、第三十四条第二款规定,未持有合法来源证明或者专用标识出售、利用、运输、携带、寄递有重要生态、科学、社会价值的陆生野生动物、地方重点保护野生动物或者依照本法第二十九条第二款规定调出有重要生态、科学、社会价值的陆生野生动物名录的野生动物及其制品的,由县级以上地方人民政府野生动物保护主管部门和市场监督管理部门按照职责分工没收野生动物,并处野生动物价值一倍以上十倍以下罚款;构成犯罪的,依法追究刑事责任。

违反本法第三十四条第四款规定,铁路、道路、水运、民航、邮政、快递等企业未按照规定查验或者承运、寄递野生动物及其制品的,由交通运输、铁路监督管理、民用航空、邮政管理等相关主管部门按照职责分工没收违法所得,并处违法所得一倍以上五倍以下罚款;情节严重的,吊销经营许可证。

第五十三条 【食用或者为食用非法购买本法规定保护的野生动物及其制品的法律责任】违反本法第三十一条第一款、第四款规定,食用或者为食用非法购买本法规定保护的野生动物及其制品的,由县级以上人民政府野生动物保护主管部门和市场监督管理部门按照职责分工责令停止违法行为,没收野生动物及其制品,并处野生动物及其制品价值二倍以上二十倍以下罚款;食用或者为食用非法购买其他陆生野生动物及其制品的,责令停止违法行为,给予批评教育,没收野生动物及其制品,情节严重的,并处野生动物及其制品价值一倍以上五倍以下罚款;构成犯罪的,依法追究刑事责任。

违反本法第三十一条第三款规定,生产、经营使用本法规定保护的野生动物及其制品制作的食品的,由县级以上人民政府野生动物保护主管部门和市场监督管理部门按照职责分工责令停止违法行为,没收野生动物及其制品和违法所得,责令关闭违法经营场所,并处违法所得十五倍以上三十倍以下罚款;生产、经营使用其他陆生野生动物及其制品制作的食品的,给予批评教育,没收野生动物及其制品和违法所得,情节严重的,并处违法所得一倍以上十倍以下罚款;构成犯罪的,依法追究刑事责任。

第五十四条 【违反广告禁止的法律责任】违反本法第三十二条规定,为出售、购买、利用野生动物及其制品或者禁止使用的猎捕工具发布广告的,依照《中华人民共和国广告法》的规定处罚。

第五十五条 【违反服务禁止的法律责任】违反本法第三十三条规定,为违法出售、购买、食用及利用野生动物及其制品或者禁止使用的猎捕工具提供展示、交易、消费服务的,由县级以上人民政府市场监督管理部门责令停止违法行为,限期改正,没收违法所得,并处违法所得二倍以上十倍以下罚款;没有违法所得或者违法所得不足五千元的,处一万元以上十万元以下罚款;构成犯罪的,依法追究刑事责任。

第五十六条 【非法进出口野生动物及其制品的法律责任】违反本法第

三十七条规定,进出口野生动物及其制品的,由海关、公安机关、海警机构依照法律、行政法规和国家有关规定处罚;构成犯罪的,依法追究刑事责任。

第五十七条　【非法向境外机构或者人员提供我国特有的野生动物遗传资源的法律责任】违反本法第三十八条规定,向境外机构或者人员提供我国特有的野生动物遗传资源的,由县级以上地方人民政府野生动物保护主管部门没收野生动物及其制品和违法所得,并处野生动物及其制品价值或者违法所得一倍以上五倍以下罚款;构成犯罪的,依法追究刑事责任。

第五十八条　【非法引进野生动物物种的法律责任】违反本法第四十条第一款规定,从境外引进野生动物物种的,由县级以上人民政府野生动物保护主管部门没收所引进的野生动物,并处五万元以上五十万元以下罚款;未依法实施进境检疫的,依照《中华人民共和国进出境动植物检疫法》的规定处罚;构成犯罪的,依法追究刑事责任。

第五十九条　【将从境外引进的野生动物放生、丢弃的法律责任】违反本法第四十条第二款规定,将从境外引进的野生动物放生、丢弃的,由县级以上人民政府野生动物保护主管部门责令限期捕回,处一万元以上十万元以下罚款;逾期不捕回的,由有关野生动物保护主管部门代为捕回或者采取降低影响的措施,所需费用由被责令限期捕回者承担;构成犯罪的,依法追究刑事责任。

第六十条　【伪造、变造、买卖、转让、租借有关证件、专用标识或者有关批准文件的法律责任】违反本法第四十二条第一款规定,伪造、变造、买卖、转让、租借有关证件、专用标识或者有关批准文件的,由县级以上人民政府野生动物保护主管部门没收违法证件、专用标识、有关批准文件和违法所得,并处五万元以上五十万元以下罚款;构成违反治安管理行为的,由公安机关依法给予治安管理处罚;构成犯罪的,依法追究刑事责任。

第六十一条　【处理罚没的具体办法】县级以上人民政府野生动物保护主管部门和其他负有野生动物保护职责的部门、机构应当按照有关规定处理罚没的野生动物及其制品,具体办法由国务院野生动物保护主管部门会同国务院有关部门制定。

第六十二条　【野生动物及其制品价值评估标准和方法的制定】县级以

上人民政府野生动物保护主管部门应当加强对野生动物及其制品鉴定、价值评估工作的规范、指导。本法规定的猎获物价值、野生动物及其制品价值的评估标准和方法,由国务院野生动物保护主管部门制定。

第六十三条 【诉讼依据】对违反本法规定破坏野生动物资源、生态环境,损害社会公共利益的行为,可以依照《中华人民共和国环境保护法》《中华人民共和国民事诉讼法》《中华人民共和国行政诉讼法》等法律的规定向人民法院提起诉讼。

第五章 附 则

第六十四条 【施行日期】本法自2023年5月1日起施行。

中华人民共和国湿地保护法

1. 2021年12月24日第十三届全国人民代表大会常务委员会第三十二次会议通过
2. 2021年12月24日中华人民共和国主席令第102号公布
3. 自2022年6月1日起施行

目 录

第一章 总 则
第二章 湿地资源管理
第三章 湿地保护与利用
第四章 湿地修复
第五章 监督检查
第六章 法律责任
第七章 附 则

第一章 总 则

第一条 【立法目的】为了加强湿地保护,维护湿地生态功能及生物多样性,保障生态安全,促进生态文明建设,实现人与自然和谐共生,制定本法。

第二条　【适用范围】 在中华人民共和国领域及管辖的其他海域内从事湿地保护、利用、修复及相关管理活动，适用本法。

本法所称湿地，是指具有显著生态功能的自然或者人工的、常年或者季节性积水地带、水域，包括低潮时水深不超过六米的海域，但是水田以及用于养殖的人工的水域和滩涂除外。国家对湿地实行分级管理及名录制度。

江河、湖泊、海域等的湿地保护、利用及相关管理活动还应当适用《中华人民共和国水法》、《中华人民共和国防洪法》、《中华人民共和国水污染防治法》、《中华人民共和国海洋环境保护法》、《中华人民共和国长江保护法》、《中华人民共和国渔业法》、《中华人民共和国海域使用管理法》等有关法律的规定。

第三条　【保护原则】 湿地保护应当坚持保护优先、严格管理、系统治理、科学修复、合理利用的原则，发挥湿地涵养水源、调节气候、改善环境、维护生物多样性等多种生态功能。

第四条　【地方保护】 县级以上人民政府应当将湿地保护纳入国民经济和社会发展规划，并将开展湿地保护工作所需经费按照事权划分原则列入预算。

县级以上地方人民政府对本行政区域内的湿地保护负责，采取措施保持湿地面积稳定，提升湿地生态功能。

乡镇人民政府组织群众做好湿地保护相关工作，村民委员会予以协助。

第五条　【湿地保护协作和信息通报机制】 国务院林业草原主管部门负责湿地资源的监督管理，负责湿地保护规划和相关国家标准拟定、湿地开发利用的监督管理、湿地生态保护修复工作。国务院自然资源、水行政、住房城乡建设、生态环境、农业农村等其他有关部门，按照职责分工承担湿地保护、修复、管理有关工作。

国务院林业草原主管部门会同国务院自然资源、水行政、住房城乡建设、生态环境、农业农村等主管部门建立湿地保护协作和信息通报机制。

第六条　【湿地保护协调工作】 县级以上地方人民政府应当加强湿地保护协调工作。县级以上地方人民政府有关部门按照职责分工负责湿地保护、修复、管理有关工作。

第七条 【湿地保护宣传工作】各级人民政府应当加强湿地保护宣传教育和科学知识普及工作,通过湿地保护日、湿地保护宣传周等开展宣传教育活动,增强全社会湿地保护意识;鼓励基层群众性自治组织、社会组织、志愿者开展湿地保护法律法规和湿地保护知识宣传活动,营造保护湿地的良好氛围。

教育主管部门、学校应当在教育教学活动中注重培养学生的湿地保护意识。

新闻媒体应当开展湿地保护法律法规和湿地保护知识的公益宣传,对破坏湿地的行为进行舆论监督。

第八条 【鼓励参与湿地保护活动】国家鼓励单位和个人依法通过捐赠、资助、志愿服务等方式参与湿地保护活动。

对在湿地保护方面成绩显著的单位和个人,按照国家有关规定给予表彰、奖励。

第九条 【增强湿地保护的科学化】国家支持开展湿地保护科学技术研究开发和应用推广,加强湿地保护专业技术人才培养,提高湿地保护科学技术水平。

第十条 【国际合作与交流】国家支持开展湿地保护科学技术、生物多样性、候鸟迁徙等方面的国际合作与交流。

第十一条 【湿地保护义务】任何单位和个人都有保护湿地的义务,对破坏湿地的行为有权举报或者控告,接到举报或者控告的机关应当及时处理,并依法保护举报人、控告人的合法权益。

第二章 湿地资源管理

第十二条 【湿地资源调查评价制度】国家建立湿地资源调查评价制度。

国务院自然资源主管部门应当会同国务院林业草原等有关部门定期开展全国湿地资源调查评价工作,对湿地类型、分布、面积、生物多样性、保护与利用情况等进行调查,建立统一的信息发布和共享机制。

第十三条 【湿地面积总量管控制度】国家实行湿地面积总量管控制度,将湿地面积总量管控目标纳入湿地保护目标责任制。

国务院林业草原、自然资源主管部门会同国务院有关部门根据全国湿地资源状况、自然变化情况和湿地面积总量管控要求,确定全国和各省、自治区、直辖市湿地面积总量管控目标,报国务院批准。地方各级人民政府应当采取有效措施,落实湿地面积总量管控目标的要求。

第十四条 【分级管理】国家对湿地实行分级管理,按照生态区位、面积以及维护生态功能、生物多样性的重要程度,将湿地分为重要湿地和一般湿地。重要湿地包括国家重要湿地和省级重要湿地,重要湿地以外的湿地为一般湿地。重要湿地依法划入生态保护红线。

国务院林业草原主管部门会同国务院自然资源、水行政、住房城乡建设、生态环境、农业农村等有关部门发布国家重要湿地名录及范围,并设立保护标志。国际重要湿地应当列入国家重要湿地名录。

省、自治区、直辖市人民政府或者其授权的部门负责发布省级重要湿地名录及范围,并向国务院林业草原主管部门备案。

一般湿地的名录及范围由县级以上地方人民政府或者其授权的部门发布。

第十五条 【湿地保护规划】国务院林业草原主管部门应当会同国务院有关部门,依据国民经济和社会发展规划、国土空间规划和生态环境保护规划编制全国湿地保护规划,报国务院或者其授权的部门批准后组织实施。

县级以上地方人民政府林业草原主管部门应当会同有关部门,依据本级国土空间规划和上一级湿地保护规划编制本行政区域内的湿地保护规划,报同级人民政府批准后组织实施。

湿地保护规划应当明确湿地保护的目标任务、总体布局、保护修复重点和保障措施等内容。经批准的湿地保护规划需要调整的,按照原批准程序办理。

编制湿地保护规划应当与流域综合规划、防洪规划等规划相衔接。

第十六条 【湿地分级分类、监测预警、生态修复等国家标准与地方标准】国务院林业草原、标准化主管部门会同国务院自然资源、水行政、住房城乡建设、生态环境、农业农村主管部门组织制定湿地分级分类、监测预警、生态修复等国家标准;国家标准未作规定的,可以依法制定地方标准并备案。

第十七条 【湿地保护专家咨询机制】县级以上人民政府林业草原主管

部门建立湿地保护专家咨询机制,为编制湿地保护规划、制定湿地名录、制定相关标准等提供评估论证等服务。

第十八条 【涉及湿地的自然资源权属登记】办理自然资源权属登记涉及湿地的,应当按照规定记载湿地的地理坐标、空间范围、类型、面积等信息。

第十九条 【严格控制占用湿地】国家严格控制占用湿地。

禁止占用国家重要湿地,国家重大项目、防灾减灾项目、重要水利及保护设施项目、湿地保护项目等除外。

建设项目选址、选线应当避让湿地,无法避让的应当尽量减少占用,并采取必要措施减轻对湿地生态功能的不利影响。

建设项目规划选址、选线审批或者核准时,涉及国家重要湿地的,应当征求国务院林业草原主管部门的意见;涉及省级重要湿地或者一般湿地的,应当按照管理权限,征求县级以上地方人民政府授权的部门的意见。

第二十条 【临时占用湿地的法律依据及限制】建设项目确需临时占用湿地的,应当依照《中华人民共和国土地管理法》、《中华人民共和国水法》、《中华人民共和国森林法》、《中华人民共和国草原法》、《中华人民共和国海域使用管理法》等有关法律法规的规定办理。临时占用湿地的期限一般不得超过二年,并不得在临时占用的湿地上修建永久性建筑物。

临时占用湿地期满后一年内,用地单位或者个人应当恢复湿地面积和生态条件。

第二十一条 【湿地的恢复或重建】除因防洪、航道、港口或者其他水工程占用河道管理范围及蓄滞洪区内的湿地外,经依法批准占用重要湿地的单位应当根据当地自然条件恢复或者重建与所占用湿地面积和质量相当的湿地;没有条件恢复、重建的,应当缴纳湿地恢复费。缴纳湿地恢复费的,不再缴纳其他相同性质的恢复费用。

湿地恢复费缴纳和使用管理办法由国务院财政部门会同国务院林业草原等有关部门制定。

第二十二条 【湿地的动态监测】国务院林业草原主管部门应当按照监测技术规范开展国家重要湿地动态监测,及时掌握湿地分布、面积、水量、生物多样性、受威胁状况等变化信息。

国务院林业草原主管部门应当依据监测数据,对国家重要湿地生态状况进行评估,并按照规定发布预警信息。

省、自治区、直辖市人民政府林业草原主管部门应当按照监测技术规范开展省级重要湿地动态监测、评估和预警工作。

县级以上地方人民政府林业草原主管部门应当加强对一般湿地的动态监测。

第三章 湿地保护与利用

第二十三条 【湿地保护与利用的原则】国家坚持生态优先、绿色发展,完善湿地保护制度,健全湿地保护政策支持和科技支撑机制,保障湿地生态功能和永续利用,实现生态效益、社会效益、经济效益相统一。

第二十四条 【湿地入园】省级以上人民政府及其有关部门根据湿地保护规划和湿地保护需要,依法将湿地纳入国家公园、自然保护区或者自然公园。

第二十五条 【合理控制湿地利用活动】地方各级人民政府及其有关部门应当采取措施,预防和控制人为活动对湿地及其生物多样性的不利影响,加强湿地污染防治,减缓人为因素和自然因素导致的湿地退化,维护湿地生态功能稳定。

在湿地范围内从事旅游、种植、畜牧、水产养殖、航运等利用活动,应当避免改变湿地的自然状况,并采取措施减轻对湿地生态功能的不利影响。

县级以上人民政府有关部门在办理环境影响评价、国土空间规划、海域使用、养殖、防洪等相关行政许可时,应当加强对有关湿地利用活动的必要性、合理性以及湿地保护措施等内容的审查。

第二十六条 【湿地利用活动的分类指导】地方各级人民政府对省级重要湿地和一般湿地利用活动进行分类指导,鼓励单位和个人开展符合湿地保护要求的生态旅游、生态农业、生态教育、自然体验等活动,适度控制种植养殖等湿地利用规模。

地方各级人民政府应当鼓励有关单位优先安排当地居民参与湿地管护。

第二十七条 【合理发展湿地周边产业】县级以上地方人民政府应当充分考虑保障重要湿地生态功能的需要,优化重要湿地周边产业布局。

县级以上地方人民政府可以采取定向扶持、产业转移、吸引社会资金、社区共建等方式,推动湿地周边地区绿色发展,促进经济发展与湿地保护相协调。

第二十八条 【禁止行为】禁止下列破坏湿地及其生态功能的行为:

(一)开(围)垦、排干自然湿地,永久性截断自然湿地水源;

(二)擅自填埋自然湿地,擅自采砂、采矿、取土;

(三)排放不符合水污染物排放标准的工业废水、生活污水及其他污染湿地的废水、污水,倾倒、堆放、丢弃、遗撒固体废物;

(四)过度放牧或者滥采野生植物,过度捕捞或者灭绝式捕捞,过度施肥、投药、投放饵料等污染湿地的种植养殖行为;

(五)其他破坏湿地及其生态功能的行为。

第二十九条 【有害生物监测】县级以上人民政府有关部门应当按照职责分工,开展湿地有害生物监测工作,及时采取有效措施预防、控制、消除有害生物对湿地生态系统的危害。

第三十条 【国家重点保护野生动植物集中分布湿地的保护】县级以上人民政府应当加强对国家重点保护野生动植物集中分布湿地的保护。任何单位和个人不得破坏鸟类和水生生物的生存环境。

禁止在以水鸟为保护对象的自然保护地及其他重要栖息地从事捕鱼、挖捕底栖生物、捡拾鸟蛋、破坏鸟巢等危及水鸟生存、繁衍的活动。开展观鸟、科学研究以及科普活动等应当保持安全距离,避免影响鸟类正常觅食和繁殖。

在重要水生生物产卵场、索饵场、越冬场和洄游通道等重要栖息地应当实施保护措施。经依法批准在洄游通道建闸、筑坝,可能对水生生物洄游产生影响的,建设单位应当建造过鱼设施或者采取其他补救措施。

禁止向湿地引进和放生外来物种,确需引进的应当进行科学评估,并依法取得批准。

第三十一条 【河流、湖泊范围内湿地的管理和保护】国务院水行政主管部门和地方各级人民政府应当加强对河流、湖泊范围内湿地的管理和保护,因地制宜采取水系连通、清淤疏浚、水源涵养与水土保持等治理修复措施,严格控制河流源头和蓄滞洪区、水土流失严重区等区域的湿地开发利用活动,减轻对湿地及其生物多样性的不利影响。

第三十二条 【滨海湿地的管理和保护】国务院自然资源主管部门和沿

海地方各级人民政府应当加强对滨海湿地的管理和保护,严格管控围填滨海湿地。经依法批准的项目,应当同步实施生态保护修复,减轻对滨海湿地生态功能的不利影响。

第三十三条　【城市湿地的管理和保护】国务院住房城乡建设主管部门和地方各级人民政府应当加强对城市湿地的管理和保护,采取城市水系治理和生态修复等措施,提升城市湿地生态质量,发挥城市湿地雨洪调蓄、净化水质、休闲游憩、科普教育等功能。

第三十四条　【红树林湿地保护专项规划】红树林湿地所在地县级以上地方人民政府应当组织编制红树林湿地保护专项规划,采取有效措施保护红树林湿地。

红树林湿地应当列入重要湿地名录;符合国家重要湿地标准的,应当优先列入国家重要湿地名录。

禁止占用红树林湿地。经省级以上人民政府有关部门评估,确因国家重大项目、防灾减灾等需要占用的,应当依照有关法律规定办理,并做好保护和修复工作。相关建设项目改变红树林所在河口水文情势、对红树林生长产生较大影响的,应当采取有效措施减轻不利影响。

禁止在红树林湿地挖塘,禁止采伐、采挖、移植红树林或者过度采摘红树林种子,禁止投放、种植危害红树林生长的物种。因科研、医药或者红树林湿地保护等需要采伐、采挖、移植、采摘的,应当依照有关法律法规办理。

第三十五条　【泥炭沼泽湿地保护专项规划】泥炭沼泽湿地所在地县级以上地方人民政府应当制定泥炭沼泽湿地保护专项规划,采取有效措施保护泥炭沼泽湿地。

符合重要湿地标准的泥炭沼泽湿地,应当列入重要湿地名录。

禁止在泥炭沼泽湿地开采泥炭或者擅自开采地下水;禁止将泥炭沼泽湿地蓄水向外排放,因防灾减灾需要的除外。

第三十六条　【湿地生态保护补偿制度】国家建立湿地生态保护补偿制度。

国务院和省级人民政府应当按照事权划分原则加大对重要湿地保护的财政投入,加大对重要湿地所在地区的财政转移支付力度。

国家鼓励湿地生态保护地区与湿地生态受益地区人民政府通过协商或者市场机制进行地区间生态保护补偿。

因生态保护等公共利益需要,造成湿地所有者或者使用者合法权益受到损害的,县级以上人民政府应当给予补偿。

第四章 湿 地 修 复

第三十七条 【湿地修复原则】县级以上人民政府应当坚持自然恢复为主、自然恢复和人工修复相结合的原则,加强湿地修复工作,恢复湿地面积,提高湿地生态系统质量。

县级以上人民政府对破碎化严重或者功能退化的自然湿地进行综合整治和修复,优先修复生态功能严重退化的重要湿地。

第三十八条 【湿地的保护与修复需与水资源条件相协调】县级以上人民政府组织开展湿地保护与修复,应当充分考虑水资源禀赋条件和承载能力,合理配置水资源,保障湿地基本生态用水需求,维护湿地生态功能。

第三十九条 【科学恢复湿地生态功能】县级以上地方人民政府应当科学论证,对具备恢复条件的原有湿地、退化湿地、盐碱化湿地等,因地制宜采取措施,恢复湿地生态功能。

县级以上地方人民政府应当按照湿地保护规划,因地制宜采取水体治理、土地整治、植被恢复、动物保护等措施,增强湿地生态功能和碳汇功能。

禁止违法占用耕地等建设人工湿地。

第四十条 【优先修复与抢救性修复】红树林湿地所在地县级以上地方人民政府应当对生态功能重要区域、海洋灾害风险等级较高地区、濒危物种保护区域或者造林条件较好地区的红树林湿地优先实施修复,对严重退化的红树林湿地进行抢救性修复,修复应当尽量采用本地树种。

第四十一条 【泥炭沼泽湿地的修复】泥炭沼泽湿地所在地县级以上地方人民政府应当因地制宜,组织对退化泥炭沼泽湿地进行修复,并根据泥炭沼泽湿地的类型、发育状况和退化程度等,采取相应的修复措施。

第四十二条 【湿地修复方案】修复重要湿地应当编制湿地修复方案。

重要湿地的修复方案应当报省级以上人民政府林业草原主管部门批准。林业草原主管部门在批准修复方案前,应当征求同级人民政府自然资源、水行政、住房城乡建设、生态环境、农业农村等有关部门的意见。

第四十三条 【验收、后期管理和动态监测】修复重要湿地应当按照经批准的湿地修复方案进行修复。

重要湿地修复完成后,应当经省级以上人民政府林业草原主管部门验收合格,依法公开修复情况。省级以上人民政府林业草原主管部门应当加强修复湿地后期管理和动态监测,并根据需要开展修复效果后期评估。

第四十四条 【湿地修复的主体】因违法占用、开采、开垦、填埋、排污等活动,导致湿地破坏的,违法行为人应当负责修复。违法行为人变更的,由承继其债权、债务的主体负责修复。

因重大自然灾害造成湿地破坏,以及湿地修复责任主体灭失或者无法确定的,由县级以上人民政府组织实施修复。

第五章 监督检查

第四十五条 【监督检查的主体】县级以上人民政府林业草原、自然资源、水行政、住房城乡建设、生态环境、农业农村主管部门应当依照本法规定,按照职责分工对湿地的保护、修复、利用等活动进行监督检查,依法查处破坏湿地的违法行为。

第四十六条 【监督检查措施】县级以上人民政府林业草原、自然资源、水行政、住房城乡建设、生态环境、农业农村主管部门进行监督检查,有权采取下列措施:

(一)询问被检查单位或者个人,要求其对与监督检查事项有关的情况作出说明;

(二)进行现场检查;

(三)查阅、复制有关文件、资料,对可能被转移、销毁、隐匿或者篡改的文件、资料予以封存;

(四)查封、扣押涉嫌违法活动的场所、设施或者财物。

第四十七条 【积极配合监督检查】县级以上人民政府林业草原、自然资源、水行政、住房城乡建设、生态环境、农业农村主管部门依法履行监督检查职责,有关单位和个人应当予以配合,不得拒绝、阻碍。

第四十八条 【加强湿地保护与实现湿地保护的信息公开】国务院林业草原主管部门应当加强对国家重要湿地保护情况的监督检查。省、自治区、直辖市人民政府林业草原主管部门应当加强对省级重要湿地保护情况的监督检查。

县级人民政府林业草原主管部门和有关部门应当充分利用信息化手段,对湿地保护情况进行监督检查。

各级人民政府及其有关部门应当依法公开湿地保护相关信息,接受社会监督。

第四十九条 【湿地保护目标责任制】国家实行湿地保护目标责任制,将湿地保护纳入地方人民政府综合绩效评价内容。

对破坏湿地问题突出、保护工作不力、群众反映强烈的地区,省级以上人民政府林业草原主管部门应当会同有关部门约谈该地区人民政府的主要负责人。

第五十条 【领导干部自然资源资产离任审计】湿地的保护、修复和管理情况,应当纳入领导干部自然资源资产离任审计。

第六章 法 律 责 任

第五十一条 【监管人员不履行职责的法律后果】县级以上人民政府有关部门发现破坏湿地的违法行为或者接到对违法行为的举报,不予查处或者不依法查处,或者有其他玩忽职守、滥用职权、徇私舞弊行为的,对直接负责的主管人员和其他直接责任人员依法给予处分。

第五十二条 【建设项目擅自占用国家重要湿地的法律后果】违反本法规定,建设项目擅自占用国家重要湿地的,由县级以上人民政府林业草原等有关主管部门按照职责分工责令停止违法行为,限期拆除在非法占用的湿地上新建的建筑物、构筑物和其他设施,修复湿地或者采取其他补救措施,按照违法占用湿地的面积,处每平方米一千元以上一万元以下罚款;违法行为人不停止建设或者逾期不拆除的,由作出行政处罚决定的部门依法申请人民法院强制执行。

第五十三条 【建设项目占用重要湿地且未依照本法规定恢复、重建湿地的法律后果】建设项目占用重要湿地,未依照本法规定恢复、重建湿地的,由县级以上人民政府林业草原主管部门责令限期恢复、重建湿地;逾期未改正的,由县级以上人民政府林业草原主管部门委托他人代为履行,所需费用由违法行为人承担,按照占用湿地的面积,处每平方米五百元以上二千元以下罚款。

第五十四条 【开(围)垦、填埋自然湿地与排干自然湿地或者永久性截断自然湿地水源行为的法律后果】违反本法规定,开(围)垦、填埋自然湿地的,由县级以上人民政府林业草原等有关主管部门按照职责分工责令停止违法行为,限期修复湿地或者采取其他补救措施,没收违法所得,并按照破坏湿地面积,处每平方米五百元以上五千元以下罚款;破坏国家重要湿地的,并按照破坏湿地面积,处每平方米一千元以上一万元以下罚款。

违反本法规定,排干自然湿地或者永久性截断自然湿地水源的,由县级以上人民政府林业草原主管部门责令停止违法行为,限期修复湿地或者采取其他补救措施,没收违法所得,并处五万元以上五十万元以下罚款;造成严重后果的,并处五十万元以上一百万元以下罚款。

第五十五条　【对向湿地引进或者放生外来物种行为的处理】违反本法规定,向湿地引进或者放生外来物种的,依照《中华人民共和国生物安全法》等有关法律法规的规定处理、处罚。

第五十六条　【实施破坏红树林沼泽行为的法律后果】违反本法规定,在红树林湿地内挖塘的,由县级以上人民政府林业草原等有关主管部门按照职责分工责令停止违法行为,限期修复湿地或者采取其他补救措施,按照破坏湿地面积,处每平方米一千元以上一万元以下罚款;对树木造成毁坏的,责令限期补种成活毁坏株数一倍以上三倍以下的树木,无法确定毁坏株数的,按照相同区域同类树种生长密度计算株数。

违反本法规定,在红树林湿地内投放、种植妨碍红树林生长物种的,由县级以上人民政府林业草原主管部门责令停止违法行为,限期清理,处二万元以上十万元以下罚款;造成严重后果的,处十万元以上一百万元以下罚款。

第五十七条　【实施破坏泥炭沼泽行为的法律后果】违反本法规定开采泥炭的,由县级以上人民政府林业草原等有关主管部门按照职责分工责令停止违法行为,限期修复湿地或者采取其他补救措施,没收违法所得,并按照采挖泥炭体积,处每立方米二千元以上一万元以下罚款。

违反本法规定,从泥炭沼泽湿地向外排水的,由县级以上人民政府林业草原主管部门责令停止违法行为,限期修复湿地或者采取其他补救措施,没收违法所得,并处一万元以上十万元以下罚款;情节严重的,并处十万元以上一百万元以下罚款。

第五十八条　【未编制修复方案修复湿地或者未按照修复方案修复湿地的法律后果】违反本法规定,未编制修复方案修复湿地或者未按照修复方案修复湿地,造成湿地破坏的,由省级以上人民政府林业草原主管部门责令改正,处十万元以上一百万元以下罚款。

第五十九条 【代履行】破坏湿地的违法行为人未按照规定期限或者未按照修复方案修复湿地的,由县级以上人民政府林业草原主管部门委托他人代为履行,所需费用由违法行为人承担;违法行为人因被宣告破产等原因丧失修复能力的,由县级以上人民政府组织实施修复。

第六十条 【拒绝、阻碍监督检查的法律后果】违反本法规定,拒绝、阻碍县级以上人民政府有关部门依法进行的监督检查的,处二万元以上二十万元以下罚款;情节严重的,可以责令停产停业整顿。

第六十一条 【修复责任、赔偿损失和费用】违反本法规定,造成生态环境损害的,国家规定的机关或者法律规定的组织有权依法请求违法行为人承担修复责任、赔偿损失和有关费用。

第六十二条 【治安管理处罚与刑事责任】违反本法规定,构成违反治安管理行为的,由公安机关依法给予治安管理处罚;构成犯罪的,依法追究刑事责任。

第七章 附 则

第六十三条 【含义】本法下列用语的含义:

(一)红树林湿地,是指由红树植物为主组成的近海和海岸潮间湿地;

(二)泥炭沼泽湿地,是指有泥炭发育的沼泽湿地。

第六十四条 【因地制宜】省、自治区、直辖市和设区的市、自治州可以根据本地实际,制定湿地保护具体办法。

第六十五条 【施行日期】本法自2022年6月1日起施行。

中华人民共和国黑土地保护法

1. 2022年6月24日第十三届全国人民代表大会常务委员会第三十五次会议通过
2. 2022年6月24日中华人民共和国主席令第115号公布
3. 自2022年8月1日起施行

第一条 【立法目的】为了保护黑土地资源,稳步恢复提升黑土地基础地力,促进资源可持续利用,维护生态平衡,保障国家粮食安全,制定本法。

第二条 【适用范围】从事黑土地保护、利用和相关治理、修复等活动，适用本法。本法没有规定的，适用土地管理等有关法律的规定。

本法所称黑土地，是指黑龙江省、吉林省、辽宁省、内蒙古自治区（以下简称四省区）的相关区域范围内具有黑色或者暗黑色腐殖质表土层，性状好、肥力高的耕地。

第三条 【国家保护政策】国家实行科学、有效的黑土地保护政策，保障黑土地保护财政投入，综合采取工程、农艺、农机、生物等措施，保护黑土地的优良生产能力，确保黑土地总量不减少、功能不退化、质量有提升、产能可持续。

第四条 【黑土地保护原则】黑土地保护应当坚持统筹规划、因地制宜、用养结合、近期目标与远期目标结合、突出重点、综合施策的原则，建立健全政府主导、农业生产经营者实施、社会参与的保护机制。

国务院农业农村主管部门会同自然资源、水行政等有关部门，综合考虑黑土地开垦历史和利用现状，以及黑土层厚度、土壤性状、土壤类型等，按照最有利于全面保护、综合治理和系统修复的原则，科学合理确定黑土地保护范围并适时调整，有计划、分步骤、分类别地推进黑土地保护工作。历史上属黑土地的，除确无法修复的外，原则上都应列入黑土地保护范围进行修复恢复。

第五条 【黑土地的用途】黑土地应当用于粮食和油料作物、糖料作物、蔬菜等农产品生产。

黑土层深厚、土壤性状良好的黑土地应当按照规定的标准划入永久基本农田，重点用于粮食生产，实行严格保护，确保数量和质量长期稳定。

第六条 【各级政府职责】国务院和四省区人民政府加强对黑土地保护工作的领导、组织、协调、监督管理，统筹制定黑土地保护政策。四省区人民政府对本行政区域内的黑土地数量、质量、生态环境负责。

县级以上地方人民政府应当建立农业农村、自然资源、水行政、发展改革、财政、生态环境等有关部门组成的黑土地保护协调机制，加强协调指导，明确工作责任，推动黑土地保护工作落实。

乡镇人民政府应当协助组织实施黑土地保护工作，向农业生产经营者推广适宜其所经营耕地的保护、治理、修复和利用措施，督促农业生产经营者履行黑土地保护义务。

第七条 【宣传教育与奖励】各级人民政府应当加强黑土地保护宣传教育,提高全社会的黑土地保护意识。

对在黑土地保护工作中做出突出贡献的单位和个人,按照国家有关规定给予表彰和奖励。

第八条 【黑土地质量和其他保护标准的制定部门】国务院标准化主管部门和农业农村、自然资源、水行政等主管部门按照职责分工,制定和完善黑土地质量和其他保护标准。

第九条 【调查和监测制度】国家建立健全黑土地调查和监测制度。

县级以上人民政府自然资源主管部门会同有关部门开展土地调查时,同步开展黑土地类型、分布、数量、质量、保护和利用状况等情况的调查,建立黑土地档案。

国务院农业农村、水行政等主管部门会同四省区人民政府建立健全黑土地质量监测网络,加强对黑土地土壤性状、黑土层厚度、水蚀、风蚀等情况的常态化监测,建立黑土地质量动态变化数据库,并做好信息共享工作。

第十条 【黑土地保护与国民经济和社会发展规划的衔接】县级以上人民政府应当将黑土地保护工作纳入国民经济和社会发展规划。

国土空间规划应当充分考虑保护黑土地及其周边生态环境,合理布局各类用途土地,以利于黑土地水蚀、风蚀等的预防和治理。

县级以上人民政府农业农村主管部门会同有关部门以调查和监测为基础、体现整体集中连片治理,编制黑土地保护规划,明确保护范围、目标任务、技术模式、保障措施等,遏制黑土地退化趋势,提升黑土地质量,改善黑土地生态环境。县级黑土地保护规划应当与国土空间规划相衔接,落实到黑土地具体地块,并向社会公布。

第十一条 【黑土地保护的科技支持】国家采取措施加强黑土地保护的科技支撑能力建设,将黑土地保护、治理、修复和利用的科技创新作为重点支持领域;鼓励高等学校、科研机构和农业技术推广机构等协同开展科技攻关。县级以上人民政府应当鼓励和支持水土保持、防风固沙、土壤改良、地力培肥、生态保护等科学研究和科研成果推广应用。

有关耕地质量监测保护和农业技术推广机构应当对农业生产经营者保护黑土地进行技术培训、提供指导服务。

国家鼓励企业、高等学校、职业学校、科研机构、科学技术社会团体、农民专业合作社、农业社会化服务组织、农业科技人员等开展黑土地保护相关技术服务。

国家支持开展黑土地保护国际合作与交流。

第十二条 【加强农田基础设施建设的措施】县级以上人民政府应当采取以下措施加强黑土地农田基础设施建设：

（一）加强农田水利工程建设，完善水田、旱地灌排体系；

（二）加强田块整治，修复沟毁耕地，合理划分适宜耕作田块；

（三）加强坡耕地、侵蚀沟水土保持工程建设；

（四）合理规划修建机耕路、生产路；

（五）建设农田防护林网；

（六）其他黑土地保护措施。

第十三条 【提高黑土地产量的措施】县级以上人民政府应当推广科学的耕作制度，采取以下措施提高黑土地质量：

（一）因地制宜实行轮作等用地养地相结合的种植制度，按照国家有关规定推广适度休耕；

（二）因地制宜推广免（少）耕、深松等保护性耕作技术，推广适宜的农业机械；

（三）因地制宜推广秸秆覆盖、粉碎深（翻）埋、过腹转化等还田方式；

（四）组织实施测土配方施肥，科学减少化肥施用量，鼓励增施有机肥料，推广土壤生物改良等技术；

（五）推广生物技术或者生物制剂防治病虫害等绿色防控技术，科学减少化学农药、除草剂使用量，合理使用农用薄膜等农业生产资料；

（六）其他黑土地质量提升措施。

第十四条 【黑土地治理】国家鼓励采取综合性措施，预防和治理水土流失，防止黑土地土壤侵蚀、土地沙化和盐渍化，改善和修复农田生态环境。

县级以上人民政府应当开展侵蚀沟治理，实施沟头沟坡沟底加固防护，因地制宜组织在侵蚀沟的沟坡和沟岸、黑土地周边河流两岸、湖泊和水库周边等区域营造植物保护带或者采取其他措施，防止侵蚀沟变宽变深变长。

县级以上人民政府应当按照因害设防、合理管护、科学布局的原则,制定农田防护林建设计划,组织沿农田道路、沟渠等种植农田防护林,防止违背自然规律造林绿化。农田防护林只能进行抚育、更新性质的采伐,确保防护林功能不减退。

县级以上人民政府应当组织开展防沙治沙,加强黑土地周边的沙漠和沙化土地治理,防止黑土地沙化。

第十五条 【黑土地生态保护与周边林地等的保护修复】县级以上人民政府应当加强黑土地生态保护和黑土地周边林地、草原、湿地的保护修复,推动荒山荒坡治理,提升自然生态系统涵养水源、保持水土、防风固沙、维护生物多样性等生态功能,维持有利于黑土地保护的自然生态环境。

第十六条 【因地制宜提升黑土地质量】县级人民政府应当依据黑土地调查和监测数据,并结合土壤类型和质量等级、气候特点、环境状况等实际情况,对本行政区域内的黑土地进行科学分区,制定并组织实施黑土地质量提升计划,因地制宜合理采取保护、治理、修复和利用的精细化措施。

第十七条 【黑土地的经营者及发包方的职责】国有农场应当对其经营管理范围内的黑土地加强保护,充分发挥示范作用,并依法接受监督检查。

农村集体经济组织、村民委员会和村民小组应当依法发包农村土地,监督承包方依照承包合同约定的用途合理利用和保护黑土地,制止承包方损害黑土地等行为。

农村集体经济组织、农业企业、农民专业合作社、农户等应当十分珍惜和合理利用黑土地,加强农田基础设施建设,因地制宜应用保护性耕作等技术,积极采取提升黑土地质量和改善农田生态环境的养护措施,依法保护黑土地。

第十八条 【包装物、废弃物的回收和处理】农业投入品生产者、经营者和使用者应当依法对农药、肥料、农用薄膜等农业投入品的包装物、废弃物进行回收以及资源化利用或者无害化处理,不得随意丢弃,防止黑土地污染。

县级人民政府应当采取措施,支持农药、肥料、农用薄膜等农业投入品包装物、废弃物的回收以及资源化利用或者无害化处理。

第十九条 【畜禽粪污的处理和利用】从事畜禽养殖的单位和个人,应当科学开展畜禽粪污无害化处理和资源化利用,以畜禽粪污就地就近还田利用为重点,促进黑土地绿色种养循环农业发展。

县级以上人民政府应当支持开展畜禽粪污无害化处理和资源化利用。

第二十条 【黑土地资源和生态环境保护】任何组织和个人不得破坏黑土地资源和生态环境。禁止盗挖、滥挖和非法买卖黑土。国务院自然资源主管部门会同农业农村、水行政、公安、交通运输、市场监督管理等部门应当建立健全保护黑土地资源监督管理制度,提高对盗挖、滥挖、非法买卖黑土和其他破坏黑土地资源、生态环境行为的综合治理能力。

第二十一条 【建设项目占用黑土地的审批】建设项目不得占用黑土地;确需占用的,应当依法严格审批,并补充数量和质量相当的耕地。

建设项目占用黑土地的,应当按照规定的标准对耕作层的土壤进行剥离。剥离的黑土应当就近用于新开垦耕地和劣质耕地改良、被污染耕地的治理、高标准农田建设、土地复垦等。建设项目主体应当制定剥离黑土的再利用方案,报自然资源主管部门备案。具体办法由四省区人民政府分别制定。

第二十二条 【财政投入保障制度】国家建立健全黑土地保护财政投入保障制度。县级以上人民政府应当将黑土地保护资金纳入本级预算。

国家加大对黑土地保护措施奖补资金的倾斜力度,建立长期稳定的奖励补助机制。

县级以上地方人民政府应当将黑土地保护作为土地使用权出让收入用于农业农村投入的重点领域,并加大投入力度。

国家组织开展高标准农田、农田水利、水土保持、防沙治沙、农田防护林、土地复垦等建设活动,在项目资金安排上积极支持黑土地保护需要。县级人民政府可以按照国家有关规定统筹使用涉农资金用于黑土地保护,提高财政资金使用效益。

第二十三条 【激励政策】国家实行用养结合、保护效果导向的激励政策,对采取黑土地保护和治理修复措施的农业生产经营者按照国家有关规定给予奖励补助。

第二十四条 【跨区域投入保护机制】国家鼓励粮食主销区通过资金支持、与四省区建立稳定粮食购销关系等经济合作方式参与黑土地保护,建立健全黑土地跨区域投入保护机制。

第二十五条 【国家鼓励和支持】国家按照政策支持、社会参与、市场化运作的原则,鼓励社会资本投入黑土地保护活动,并保护投资者的合法权益。

国家鼓励保险机构开展黑土地保护相关保险业务。

国家支持农民专业合作社、企业等以多种方式与农户建立利益联结机制和社会化服务机制,发展适度规模经营,推动农产品品质提升、品牌打造和标准化生产,提高黑土地产出效益。

第二十六条 【责任考核】国务院对四省区人民政府黑土地保护责任落实情况进行考核,将黑土地保护情况纳入耕地保护责任目标。

第二十七条 【监督检查】县级以上人民政府自然资源、农业农村、水行政等有关部门按照职责,依法对黑土地保护和质量建设情况联合开展监督检查。

第二十八条 【县级以上人民政府的报告职责】县级以上人民政府应当向本级人民代表大会或者其常务委员会报告黑土地保护情况,依法接受监督。

第二十九条 【违法人员的法律责任】违反本法规定,国务院农业农村、自然资源等有关部门、县级以上地方人民政府及其有关部门有下列行为之一的,对直接负责的主管人员和其他直接责任人员给予警告、记过或者记大过处分;情节较重的,给予降级或者撤职处分;情节严重的,给予开除处分:

(一)截留、挪用或者未按照规定使用黑土地保护资金;

(二)对破坏黑土地的行为,发现或者接到举报未及时查处;

(三)其他不依法履行黑土地保护职责导致黑土地资源和生态环境遭受破坏的行为。

第三十条 【非法占用或者损毁黑土地农田基础设施的法律后果】非法占用或者损毁黑土地农田基础设施的,由县级以上地方人民政府农业农村、水行政等部门责令停止违法行为,限期恢复原状,处恢复费用一倍以上三倍以下罚款。

第三十一条 【违法将黑土地用于非农业建设的法律责任】违法将黑土

地用于非农建设的,依照土地管理等有关法律法规的规定从重处罚。

违反法律法规规定,造成黑土地面积减少、质量下降、功能退化或者生态环境损害的,应当依法治理修复、赔偿损失。

农业生产经营者未尽到黑土地保护义务,经批评教育仍不改正的,可以不予发放耕地保护相关补贴。

第三十二条 【盗挖、滥挖黑土的法律后果】违反本法第二十条规定,盗挖、滥挖黑土的,依照土地管理等有关法律法规的规定从重处罚。

非法出售黑土的,由县级以上地方人民政府市场监督管理、农业农村、自然资源等部门按照职责分工没收非法出售的黑土和违法所得,并处每立方米五百元以上五千元以下罚款;明知是非法出售的黑土而购买的,没收非法购买的黑土,并处货值金额一倍以上三倍以下罚款。

第三十三条 【建设项目占用黑土地未对耕作层土壤实施剥离的法律后果】违反本法第二十一条规定,建设项目占用黑土地未对耕作层的土壤实施剥离的,由县级以上地方人民政府自然资源主管部门处每平方米一百元以上二百元以下罚款;未按照规定的标准对耕作层的土壤实施剥离的,处每平方米五十元以上一百元以下罚款。

第三十四条 【拒绝、阻碍监督检查的法律后果】拒绝、阻碍对黑土地保护情况依法进行监督检查的,由县级以上地方人民政府有关部门责令改正;拒不改正的,处二千元以上二万元以下罚款。

第三十五条 【从重处罚的情形】造成黑土地污染、水土流失的,分别依照污染防治、水土保持等有关法律法规的规定从重处罚。

第三十六条 【刑事责任】违反本法规定,构成犯罪的,依法追究刑事责任。

第三十七条 【法律适用】林地、草原、湿地、河湖等范围内黑土的保护,适用《中华人民共和国森林法》《中华人民共和国草原法》《中华人民共和国湿地保护法》《中华人民共和国水法》等有关法律;有关法律对盗挖、滥挖、非法买卖黑土未作规定的,参照本法第三十二条的规定处罚。

第三十八条 【施行日期】本法自 2022 年 8 月 1 日起施行。

中华人民共和国青藏高原生态保护法

1. 2023年4月26日第十四届全国人民代表大会常务委员会第二次会议通过
2. 2023年4月26日中华人民共和国主席令第5号公布
3. 自2023年9月1日起施行

目　　录

第一章　总　　则
第二章　生态安全布局
第三章　生态保护修复
第四章　生态风险防控
第五章　保障与监督
第六章　法律责任
第七章　附　　则

第一章　总　　则

第一条　【立法目的】为了加强青藏高原生态保护,防控生态风险,保障生态安全,建设国家生态文明高地,促进经济社会可持续发展,实现人与自然和谐共生,制定本法。

第二条　【适用范围】从事或者涉及青藏高原生态保护相关活动,适用本法;本法未作规定的,适用其他有关法律的规定。

本法所称青藏高原,是指西藏自治区、青海省的全部行政区域和新疆维吾尔自治区、四川省、甘肃省、云南省的相关县级行政区域。

第三条　【青藏高原生态保护原则】青藏高原生态保护应当尊重自然、顺应自然、保护自然;坚持生态保护第一,自然恢复为主,守住自然生态安全边界;坚持统筹协调、分类施策、科学防控、系统治理。

第四条　【青藏高原生态保护协调机制】国家建立青藏高原生态保护协调机制,统筹指导、综合协调青藏高原生态保护工作,审议青藏高原生态保护重大政策、重大规划、重大项目,协调跨地区跨部门重大问题,督促检查相关重要工作的落实情况。

国务院有关部门按照职责分工,负责青藏高原生态保护相关工作。

第五条 【地方各级人民政府的职责】青藏高原地方各级人民政府应当落实本行政区域的生态保护修复、生态风险防控、优化产业结构和布局、维护青藏高原生态安全等责任。

青藏高原相关地方根据需要在地方性法规和地方政府规章制定、规划编制、监督执法等方面加强协作,协同推进青藏高原生态保护。

第六条 【纳入国民经济和社会发展规划与编制相关专项规划】国务院和青藏高原县级以上地方人民政府应当将青藏高原生态保护工作纳入国民经济和社会发展规划。

国务院有关部门按照职责分工,组织编制青藏高原生态保护修复等相关专项规划,组织实施重大生态修复等工程,统筹推进青藏高原生态保护修复等工作。青藏高原县级以上地方人民政府按照国家有关规定,在本行政区域组织实施青藏高原生态保护修复等相关专项规划。编制青藏高原生态保护修复等相关专项规划,应当进行科学论证评估。

第七条 【调查、评价、监测及信息共享】国家加强青藏高原土地、森林、草原、河流、湖泊、湿地、冰川、荒漠、野生动植物等自然资源状况和生态环境状况调查,开展区域资源环境承载能力和国土空间开发适宜性评价,健全青藏高原生态环境、自然资源、生物多样性、水文、气象、地质、水土保持、自然灾害等监测网络体系,推进综合监测、协同监测和常态化监测。调查、评价和监测信息应当按照国家有关规定共享。

第八条 【青藏高原科学考察与研究】国家鼓励和支持开展青藏高原科学考察与研究,加强青藏高原气候变化、生物多样性、生态保护修复、水文水资源、雪山冰川冻土、水土保持、荒漠化防治、河湖演变、地质环境、自然灾害监测预警与防治、能源和气候资源开发利用与保护、生态系统碳汇等领域的重大科技问题研究和重大科技基础设施建设,推动长期研究工作,掌握青藏高原生态本底及其变化。

国家统筹布局青藏高原生态保护科技创新平台,加大科技专业人才培养力度,充分运用青藏高原科学考察与研究成果,推广应用先进适用技术,促进科技成果转化,发挥科技在青藏高原生态保护中的支撑作用。

第九条　【保护青藏高原传统生态文化遗产】国务院有关部门和地方各级人民政府应当采取有效措施,保护青藏高原传统生态文化遗产,弘扬青藏高原优秀生态文化。

国务院有关部门和地方各级人民政府应当加强青藏高原生态保护宣传教育和科学普及,传播生态文明理念,倡导绿色低碳生活方式,提高全民生态文明素养,鼓励和支持单位和个人参与青藏高原生态保护相关活动。

新闻媒体应当采取多种形式开展青藏高原生态保护宣传报道,并依法对违法行为进行舆论监督。

第十条　【表彰和奖励】对在青藏高原生态保护工作中做出突出贡献的单位和个人,按照国家有关规定予以表彰和奖励。

第二章　生态安全布局

第十一条　【国家统筹青藏高原生态安全布局】国家统筹青藏高原生态安全布局,推进山水林田湖草沙冰综合治理、系统治理、源头治理,实施重要生态系统保护修复重大工程,优化以水源涵养、生物多样性保护、水土保持、防风固沙、生态系统碳汇等为主要生态功能的青藏高原生态安全屏障体系,提升生态系统质量和多样性、稳定性、持续性,增强生态产品供给能力和生态系统服务功能,建设国家生态安全屏障战略地。

第十二条　【编制国土空间规划】青藏高原县级以上地方人民政府组织编制本行政区域的国土空间规划,应当落实国家对青藏高原国土空间开发保护的有关要求,细化安排农业、生态、城镇等功能空间,统筹划定耕地和永久基本农田、生态保护红线、城镇开发边界。涉及青藏高原国土空间利用的专项规划应当与国土空间规划相衔接。

第十三条　【国土空间开发利用】青藏高原国土空间开发利用活动应当符合国土空间用途管制要求。青藏高原生态空间内的用途转换,应当有利于增强森林、草原、河流、湖泊、湿地、冰川、荒漠等生态系统的生态功能。

青藏高原省级人民政府应当加强对生态保护红线内人类活动的监督管理,定期评估生态保护成效。

第十四条　【生态环境分区管控方案和生态环境准入清单】青藏高原省级人民政府根据本行政区域的生态环境和资源利用状况,按照生态保护红线、环境质量底线、资源利用上线的要求,从严制定生态环境分区管控方案和生态环境准入清单,报国务院生态环境主管部门备案后实施。生态环境分区管控方案和生态环境准入清单应当与国土空间规划相衔接。

第十五条　【保护重点生态功能区的生态功能】国家加强对青藏高原森林、高寒草甸、草原、河流、湖泊、湿地、雪山冰川、高原冻土、荒漠、泉域等生态系统的保护,巩固提升三江源(长江、黄河、澜沧江发源地)草原草甸湿地生态功能区、若尔盖草原湿地生态功能区、甘南黄河重要水源补给生态功能区、祁连山冰川与水源涵养生态功能区、阿尔金草原荒漠化防治生态功能区、川滇森林及生物多样性生态功能区、藏东南高原边缘森林生态功能区、藏西北羌塘高原荒漠生态功能区、珠穆朗玛峰生物多样性保护与水源涵养生态功能区等国家重点生态功能区的水源涵养、生物多样性保护、水土保持、防风固沙等生态功能。

第十六条　【青藏高原自然保护地体系建设】国家支持青藏高原自然保护地体系建设。国务院和青藏高原省级人民政府在青藏高原重要典型生态系统的完整分布区、生态环境敏感区以及珍贵濒危或者特有野生动植物天然集中分布区和重要栖息地、重要自然遗迹、重要自然景观分布区等区域,依法设立国家公园、自然保护区、自然公园等自然保护地,推进三江源、祁连山、羌塘、珠穆朗玛峰、高黎贡山、贡嘎山等自然保护地建设,保持重要自然生态系统原真性和完整性。

第十七条　【青藏高原产业结构和布局】青藏高原产业结构和布局应当与青藏高原生态系统和资源环境承载能力相适应。国务院有关部门和青藏高原县级以上地方人民政府应当按照国土空间规划要求,调整产业结构,优化生产力布局,优先发展资源节约型、环境友好型产业,适度发展生态旅游、特色文化、特色农牧业、民族特色手工业等区域特色生态产业,建立健全绿色、低碳、循环经济体系。

在青藏高原新建、扩建产业项目应当符合区域主体功能定位和国家产业政策要求,严格执行自然资源开发、产业准入及退出规定。

第三章　生态保护修复

第十八条　【加强青藏高原生态保护修复】国家加强青藏高原生态保护修复,坚持山水林田湖草沙冰一体化保护修复,实行自然恢复为主、自然恢复与人工修复相结合的系统治理。

第十九条 【三江源地区的生态保护修复】国务院有关部门和有关地方人民政府加强三江源地区的生态保护修复工作,对依法设立的国家公园进行系统保护和分区分类管理,科学采取禁牧封育等措施,加大退化草原、退化湿地、沙化土地治理和水土流失防治的力度,综合整治重度退化土地;严格禁止破坏生态功能或者不符合差别化管控要求的各类资源开发利用活动。

第二十条 【青藏高原雪山冰川冻土保护制度】国务院有关部门和青藏高原县级以上地方人民政府应当建立健全青藏高原雪山冰川冻土保护制度,加强对雪山冰川冻土的监测预警和系统保护。

青藏高原省级人民政府应当将大型冰帽冰川、小规模冰川群等划入生态保护红线,对重要雪山冰川实施封禁保护,采取有效措施,严格控制人为扰动。

青藏高原省级人民政府应当划定冻土区保护范围,加强对多年冻土区和中深季节冻土区的保护,严格控制多年冻土区资源开发,严格审批多年冻土区城镇规划和交通、管线、输变电等重大工程项目。

青藏高原省级人民政府应当开展雪山冰川冻土与周边生态系统的协同保护,维持有利于雪山冰川冻土保护的自然生态环境。

第二十一条 【青藏高原江河、湖泊管理和保护制度】国务院有关部门和青藏高原地方各级人民政府建立健全青藏高原江河、湖泊管理和保护制度,完善河湖长制,加大对长江、黄河、澜沧江、雅鲁藏布江、怒江等重点河流和青海湖、扎陵湖、鄂陵湖、色林错、纳木错、羊卓雍错、玛旁雍错等重点湖泊的保护力度。

青藏高原河道、湖泊管理范围由有关县级以上地方人民政府依法科学划定并公布。禁止违法利用、占用青藏高原河道、湖泊水域和岸线。

第二十二条 【青藏高原水资源开发利用】青藏高原水资源开发利用,应当符合流域综合规划,坚持科学开发、合理利用,统筹各类用水需求,兼顾上下游、干支流、左右岸利益,充分发挥水资源的综合效益,保障用水安全和生态安全。

第二十三条 【保护青藏高原重要生态区位的天然草原】国家严格保护青藏高原大江大河源头等重要生态区位的天然草原,依法将维护国家生态安全、保障草原畜牧业健康发展发挥最基本、最重要作用的草原划为基本草原。青藏高原县级以上地方人民政府应当加强青藏高原草原保护，对基本草原实施更加严格的保护和管理，确保面积不减少、质量不下降、用途不改变。

国家加强青藏高原高寒草甸、草原生态保护修复。青藏高原县级以上地方人民政府应当优化草原围栏建设，采取有效措施保护草原原生植被，科学推进退化草原生态修复工作，实施黑土滩等退化草原综合治理。

第二十四条　【统筹协调草原生态保护和畜牧业发展】青藏高原县级以上地方人民政府及其有关部门应当统筹协调草原生态保护和畜牧业发展，结合当地实际情况，定期核定草原载畜量，落实草畜平衡，科学划定禁牧区，防止超载过牧。对严重退化、沙化、盐碱化、石漠化的草原和生态脆弱区的草原，实行禁牧、休牧制度。

草原承包经营者应当合理利用草原，不得超过核定的草原载畜量；采取种植和储备饲草饲料、增加饲草饲料供应量、调剂处理牲畜、优化畜群结构等措施，保持草畜平衡。

第二十五条　【青藏高原天然林保护】国家全面加强青藏高原天然林保护，严格限制采伐天然林，加强原生地带性植被保护，优化森林生态系统结构，健全重要流域防护林体系。国务院和青藏高原省级人民政府应当依法在青藏高原重要生态区、生态状况脆弱区划定公益林，实施严格管理。

青藏高原县级以上地方人民政府及其有关部门应当科学实施国土绿化，因地制宜，合理配置乔灌草植被，优先使用乡土树种草种，提升绿化质量，加强有害生物防治和森林草原火灾防范。

第二十六条　【青藏高原湿地保护修复】国家加强青藏高原湿地保护修复，增强湿地水源涵养、气候调节、生物多样性保护等生态功能，提升湿地固碳能力。

青藏高原县级以上地方人民政府应当加强湿地保护协调工作，采取有效措施，落实湿地面积总量管控目标的要求，优化湿地保护空间布局，强化江河源头、上中游和泥炭沼泽湿地整体保护，对生态功能严重退化的湿地进行综合整治和修复。

禁止在星宿海、扎陵湖、鄂陵湖、若尔盖等泥炭沼泽湿地开采泥炭。禁止开(围)垦、排干自然湿地等破坏湿地及其生态功能的行为。

第二十七条 【青藏高原耕地保护】青藏高原地方各级人民政府及其有关部门应当落实最严格耕地保护制度,采取有效措施提升耕地基础地力,增强耕地生态功能,保护和改善耕地生态环境;鼓励和支持农业生产经营者采取养用结合、盐碱地改良、生态循环、废弃物综合利用等方式,科学利用耕地,推广使用绿色、高效农业生产技术,严格控制化肥、农药施用,科学处置农用薄膜、农作物秸秆等农业废弃物。

第二十八条 【青藏高原野生动植物物种保护】国务院林业草原、农业农村主管部门会同国务院有关部门和青藏高原省级人民政府按照职责分工,开展野生动植物物种调查,根据调查情况提出实施保护措施的意见,完善相关名录制度,加强野生动物重要栖息地、迁徙洄游通道和野生植物原生境保护,对野牦牛、藏羚、普氏原羚、雪豹、大熊猫、高黎贡白眉长臂猿、黑颈鹤、川陕哲罗鲑、骨唇黄河鱼、黑斑原鮡、扁吻鱼、尖裸鲤和大花红景天、西藏杓兰、雪兔子等青藏高原珍贵濒危或者特有野生动植物物种实行重点保护。

国家支持开展野生动物救护繁育野化基地以及植物园、高原生物种质资源库建设,加强对青藏高原珍贵濒危或者特有野生动植物物种的救护和迁地保护。

青藏高原县级以上地方人民政府应当组织有关单位和个人积极开展野生动物致害综合防控。对野生动物造成人员伤亡,牲畜、农作物或者其他财产损失的,依法给予补偿。

第二十九条 【青藏高原生物多样性保护】国家加强青藏高原生物多样性保护,实施生物多样性保护重大工程,防止对生物多样性的破坏。

国务院有关部门和青藏高原地方各级人民政府应当采取有效措施,建立完善生态廊道,提升生态系统完整性和连通性。

第三十条 【荒漠生态保护与荒漠化土地综合治理】青藏高原县级以上地方人民政府及其林业草原主管部门,应当采取荒漠化土地封禁保护、植被保护与恢复等措施,加强荒漠生态保护与荒漠化土地综合治理。

第三十一条 【提升水土保持功能】青藏高原省级人民政府应当采取封禁抚育、轮封轮牧、移民搬迁等措施,实施高原山地以及农田风沙地带、河岸地带、生态防护带等重点治理工程,提升水土保持功能。

第三十二条 【水土流失防治】国务院水行政主管部门和青藏高原省级

人民政府应当采取有效措施,加强对三江源、祁连山黑河流域、金沙江和岷江上游、雅鲁藏布江以及金沙江、澜沧江、怒江三江并流地区等重要江河源头区和水土流失重点预防区、治理区,人口相对密集高原河谷区的水土流失防治。

禁止在青藏高原水土流失严重、生态脆弱的区域开展可能造成水土流失的生产建设活动。确因国家发展战略和国计民生需要建设的,应当经科学论证,并依法办理审批手续,严格控制扰动范围。

第三十三条 【规范采砂、采矿、矿产资源勘查等活动】在青藏高原设立探矿权、采矿权应当符合国土空间规划和矿产资源规划要求。依法禁止在长江、黄河、澜沧江、雅鲁藏布江、怒江等江河源头自然保护地内从事不符合生态保护管控要求的采砂、采矿活动。

在青藏高原从事矿产资源勘查、开采活动,探矿权人、采矿权人应当采用先进适用的工艺、设备和产品,选择环保、安全的勘探、开采技术和方法,避免或者减少对矿产资源和生态环境的破坏;禁止使用国家明令淘汰的工艺、设备和产品。在生态环境敏感区从事矿产资源勘查、开采活动,应当符合相关管控要求,采取避让、减缓和及时修复重建等保护措施,防止造成环境污染和生态破坏。

第三十四条 【矿山生态修复工作】青藏高原县级以上地方人民政府应当因地制宜采取消除地质灾害隐患、土地复垦、恢复植被、防治污染等措施,加快历史遗留矿山生态修复工作,加强对在建和运行中矿山的监督管理,督促采矿权人依法履行矿山污染防治和生态修复责任。

在青藏高原开采矿产资源应当科学编制矿产资源开采方案和矿区生态修复方案。新建矿山应当严格按照绿色矿山建设标准规划设计、建设和运营管理。生产矿山应当实施绿色化升级改造,加强尾矿库运行管理,防范和化解环境和安全风险。

第四章 生态风险防控

第三十五条 【青藏高原生态风险防控体系】国家建立健全青藏高原生态风险防控体系,采取有效措施提高自然灾害防治、气候变化应对等生态风险防控能力和水平,保障青藏高原生态安全。

第三十六条 【自然灾害调查评价和监测预警】国家加强青藏高原自然灾害调查评价和监测预警。

国务院有关部门和青藏高原县级以上地方人民政府及其有关部

门应当加强对地震、雪崩、冰崩、山洪、山体崩塌、滑坡、泥石流、冰湖溃决、冻土消融、森林草原火灾、暴雨(雪)、干旱等自然灾害的调查评价和监测预警。

在地质灾害易发区进行工程建设时,应当按照有关规定进行地质灾害危险性评估,及时采取工程治理或者搬迁避让等措施。

第三十七条 【自然灾害防治工程和非工程体系】国务院有关部门和青藏高原县级以上地方人民政府应当加强自然灾害综合治理,提高地震、山洪、冰湖溃决、地质灾害等自然灾害防御工程标准,建立与青藏高原生态保护相适应的自然灾害防治工程和非工程体系。

交通、水利、电力、市政、边境口岸等基础设施工程建设、运营单位应当依法承担自然灾害防治义务,采取综合治理措施,加强工程建设、运营期间的自然灾害防治,保障人民群众生命财产安全。

第三十八条 【重大工程建设沿线生态和地质环境监测】重大工程建设可能造成生态和地质环境影响的,建设单位应当根据工程沿线生态和地质环境敏感脆弱区域状况,制定沿线生态和地质环境监测方案,开展生态和地质环境影响的全生命周期监测,包括工程开工前的本底监测、工程建设中的生态和地质环境影响监测、工程运营期的生态和地质环境变化与保护修复跟踪监测。

重大工程建设应当避让野生动物重要栖息地、迁徙洄游通道和国家重点保护野生植物的天然集中分布区;无法避让的,应当采取修建野生动物通道、迁地保护等措施,避免或者减少对自然生态系统与野生动植物的影响。

第三十九条 【青藏高原种质资源的保护和管理】青藏高原县级以上地方人民政府应当加强对青藏高原种质资源的保护和管理,组织开展种质资源调查与收集,完善相关资源保护设施和数据库。

禁止在青藏高原采集或者采伐国家重点保护的天然种质资源。因科研、有害生物防治、自然灾害防治等需要采集或者采伐的,应当依法取得批准。

第四十条 【外来入侵物种防控】国务院有关部门和青藏高原省级人民政府按照职责分工,统筹推进区域外来入侵物种防控,实行外来物种引入审批管理,强化入侵物种口岸防控,加强外来入侵物种调查、监测、预警、控制、评估、清除、生态修复等工作。

任何单位和个人未经批准,不得擅自引进、释放或者丢弃外来物种。

第四十一条 【气候变化及自然灾害的预测和评估】国家加强对气候变化及其综合影响的监测,建立气候变化对青藏高原生态系统、气候系统、水资源、珍贵濒危或者特有野生动植物、雪山冰川冻土和自然灾害影响的预测体系,完善生态风险报告和预警机制,强化气候变化对青藏高原影响和高原生态系统演变的评估。

青藏高原省级人民政府应当开展雪山冰川冻土消融退化对区域生态系统影响的监测与风险评估。

第五章 保障与监督

第四十二条 【财政支持青藏高原生态保护修复】国家加大对青藏高原生态保护修复的财政投入,中央财政安排专项资金用于青藏高原生态保护修复、生态风险防控等。中央预算内投资对青藏高原基础设施和基本公共服务设施建设予以倾斜。

青藏高原县级以上地方人民政府应当加大资金投入力度,重点支持青藏高原生态保护修复工程建设。

第四十三条 【生态保护补偿及自然资源确权登记】国家加大财政转移支付力度,通过提高转移支付系数、加计生态环保支出等方式,对青藏高原生态功能重要区域予以补偿。青藏高原省级人民政府应当将生态功能重要区域全面纳入省级对下生态保护补偿转移支付范围,促进生态保护同民生改善相结合。

国家通过开展自然资源统一确权登记,探索确定青藏高原生态产品权责归属,健全生态产品经营开发机制,鼓励青藏高原特色生态产品区域公用品牌创建,形成多元化的生态产品价值实现路径。

第四十四条 【金融、税收政策支持及公益组织、社会资本参与青藏高原生态保护修复工作】国家为青藏高原生态保护提供支持,实行有利于节水、节能、水土保持、环境保护和资源综合利用的金融、税收政策,鼓励发展绿色信贷、绿色债券、绿色保险等金融产品。

国家鼓励和支持公益组织、社会资本参与青藏高原生态保护修复工作,开展生态产品开发、产业发展、科技创新、技术服务等活动。

第四十五条 【清洁能源体系建设】国家支持在青藏高原因地制宜建设以风电、光伏发电、水电、水风光互补发电、光热、地热等清洁能源为主体的能源体系,加强清洁能源输送通道建设,推进能源绿色低碳转型。

除保障居民用电和巩固边防需要外,禁止在青藏高原新建小水电项目。

第四十六条 【保护和合理利用旅游资源】在青藏高原发展生态旅游应当符合资源和生态保护要求,尊重和维护当地传统文化和习俗,保护和合理利用旅游资源。

地方各级人民政府及其有关部门应当按照国家有关规定,科学开发青藏高原生态旅游产品、设计旅游路线,合理控制游客数量和相关基础设施建设规模。

组织或者参加青藏高原旅游、山地户外运动等活动,应当遵守安全规定和文明行为规范,符合区域生态旅游、山地户外运动等管控和规范要求;禁止破坏自然景观和草原植被、猎捕和采集野生动植物。

组织或者参加青藏高原旅游、山地户外运动等活动,应当自行带走产生的垃圾或者在指定地点投放;禁止随意倾倒、抛撒生活垃圾。

第四十七条 【污水、垃圾收集处理等环境基础设施建设】青藏高原县级以上地方人民政府应当根据区域资源环境承载能力,统筹推进交通、水利、能源等重大基础设施建设和生活污水、垃圾收集处理等环境基础设施建设,加强城市内部以及周边毗邻地带生态保护修复,统筹规划城乡社区综合服务设施建设,加快推进基本公共服务均等化。

青藏高原地方各级人民政府应当采取有效措施,推进农村生活污水和垃圾治理,推进农村卫生厕所改造和乡村绿化,持续改善农村人居环境,塑造乡村风貌,建设生态宜居美丽乡村。

第四十八条 【监督检查】国务院有关部门和青藏高原县级以上地方人民政府有关部门按照职责分工,对青藏高原生态保护各类活动进行监督检查,查处违法行为,依法公开青藏高原生态保护工作相关信息,完善公众参与程序。

单位和个人有权依法举报和控告污染青藏高原环境、破坏青藏高原生态的违法行为。

第四十九条 【执法协调机制】国务院有关部门和青藏高原县级以上地方人民政府及其有关部门应当加强青藏高原生态保护监督管理能力建设,提高科技化、信息化水平,建立执法协调机制,对重大违法案件和跨行政区域、生态敏感区域的违法案件,依法开展联合执法。

第五十条　【绩效评价考核制度】国家实行青藏高原生态保护绩效评价考核制度,将环境质量提升、生态保护成效、生态产品供给能力等纳入指标体系。

第五十一条　【司法保障】国家加强青藏高原生态保护司法保障建设,鼓励有关单位为青藏高原生态保护提供法律服务。

青藏高原各级行政执法机关、人民法院、人民检察院在依法查处青藏高原生态保护违法行为或者办理自然资源与生态环境损害赔偿诉讼、公益诉讼等过程中,发现存在涉嫌犯罪行为的,应当将犯罪线索移送具有侦查、调查职权的机关。

第五十二条　【定期报告生态保护工作情况】青藏高原县级以上地方人民政府应当定期向本级人民代表大会或者其常务委员会报告本级人民政府青藏高原生态保护工作情况。

第六章　法　律　责　任

第五十三条　【玩忽职守、滥用职权、徇私舞弊的法律责任】国务院有关部门和地方各级人民政府及其有关部门违反本法规定,在履行相关职责中有玩忽职守、滥用职权、徇私舞弊行为的,对直接负责的主管人员和其他直接责任人员依法给予警告、记过、记大过或者降级处分;造成严重后果的,给予撤职或者开除处分,其主要负责人应当引咎辞职。

第五十四条　【违法从事资源开发利用活动造成生态破坏等行为的法律责任】违反本法规定,在青藏高原有下列行为之一的,依照有关法律法规的规定从重处罚:

(一)在国家公园内从事资源开发利用活动造成生态破坏;

(二)在星宿海、扎陵湖、鄂陵湖、若尔盖等泥炭沼泽湿地开采泥炭或者开(围)垦、排干自然湿地;

(三)在水土流失严重、生态脆弱的区域开展可能造成水土流失的生产建设活动;

(四)采集或者采伐国家重点保护的天然种质资源;

(五)擅自引进、释放或者丢弃外来物种;

(六)破坏自然景观或者草原植被;

(七)猎捕、采集国家或者地方重点保护野生动植物。

第五十五条　【违法利用、占用青藏高原河道、湖泊水域和岸线的法律责任】违反本法规定,利用、占用青藏高原河道、湖泊水域和岸线的,由县级以上人民政府水行政主管部门责令停止违法行为,限期拆除并恢复原状,处五万元以上五十万元以下罚款;逾期不拆除或者不恢复原状的,强制拆除或者代为恢复原状,所需费用由违法者承担。

第五十六条 【违法在重点江河源头自然保护地内从事采矿活动的法律责任】违反本法规定,在长江、黄河、澜沧江、雅鲁藏布江、怒江等江河源头自然保护地内从事不符合生态保护管控要求的采矿活动的,由自然资源、生态环境主管部门按照职责分工,责令改正,没收违法所得和直接用于违法开采的设备、工具;违法所得十万元以上的,并处违法所得十倍以上二十倍以下罚款;违法所得不足十万元的,并处十万元以上一百万元以下罚款。

第五十七条 【违法新建小水电项目的法律责任】违反本法规定,建设单位新建小水电项目的,由县级以上地方人民政府责令停止建设,根据违法情节和危害后果,责令恢复原状,处建设项目总投资额百分之一以上百分之五以下罚款。

第五十八条 【随意倾倒、抛撒生活垃圾的法律责任】违反本法规定,在旅游、山地户外运动中随意倾倒、抛撒生活垃圾的,由环境卫生主管部门或者县级以上地方人民政府指定的部门责令改正,对个人处一百元以上五百元以下罚款,情节严重的,处五百元以上一万元以下罚款;对单位处五万元以上五十万元以下罚款。

第五十九条 【侵权责任】污染青藏高原环境、破坏青藏高原生态造成他人损害的,侵权人应当承担侵权责任。

违反国家规定造成青藏高原生态环境损害的,国家规定的机关或者法律规定的组织有权请求侵权人承担修复责任、赔偿损失和相关费用。

第六十条 【治安处罚及刑事责任】违反本法规定,构成违反治安管理行为的,依法给予治安管理处罚;构成犯罪的,依法追究刑事责任。

第七章 附 则

第六十一条 【相关县级行政区域的确定】本法第二条第二款规定的相关县级行政区域,由国务院授权的部门确定。

第六十二条 【制定地方法规】青藏高原省、自治区和设区的市、自治州可以结合本地实际,制定青藏高原生态保护具体办法。

第六十三条 【施行日期】本法自2023年9月1日起施行。

中华人民共和国长江保护法

1. 2020 年 12 月 26 日第十三届全国人民代表大会常务委员会第二十四次会议通过
2. 2020 年 12 月 26 日中华人民共和国主席令第 65 号公布
3. 自 2021 年 3 月 1 日起施行

目　录

第一章　总　　则
第二章　规划与管控
第三章　资源保护
第四章　水污染防治
第五章　生态环境修复
第六章　绿色发展
第七章　保障与监督
第八章　法律责任
第九章　附　　则

第一章　总　　则

第一条　【立法目的】为了加强长江流域生态环境保护和修复,促进资源合理高效利用,保障生态安全,实现人与自然和谐共生、中华民族永续发展,制定本法。

第二条　【适用范围】在长江流域开展生态环境保护和修复以及长江流域各类生产生活、开发建设活动,应当遵守本法。

本法所称长江流域,是指由长江干流、支流和湖泊形成的集水区域所涉及的青海省、四川省、西藏自治区、云南省、重庆市、湖北省、湖南省、江西省、安徽省、江苏省、上海市,以及甘肃省、陕西省、河南省、贵州省、广西壮族自治区、广东省、浙江省、福建省的相关县级行政区域。

第三条　【长江流域经济社会发展与保护原则】长江流域经济社会发展,应当坚持生态优先、绿色发展,共抓大保护、不搞大开发;长江保应当坚持统筹协调、科学规划、创新驱动、系统治理。

第四条 【长江流域协调机制】国家建立长江流域协调机制,统一指导、统筹协调长江保护工作,审议长江保护重大政策、重大规划,协调跨地区跨部门重大事项,督促检查长江保护重要工作的落实情况。

第五条 【相关责任部门】国务院有关部门和长江流域省级人民政府负责落实国家长江流域协调机制的决策,按照职责分工负责长江保护相关工作。

长江流域地方各级人民政府应当落实本行政区域的生态环境保护和修复、促进资源合理高效利用、优化产业结构和布局、维护长江流域生态安全的责任。

长江流域各级河湖长负责长江保护相关工作。

第六条 【协作机制】长江流域相关地方根据需要在地方性法规和政府规章制定、规划编制、监督执法等方面建立协作机制,协同推进长江流域生态环境保护和修复。

第七条 【各主管部门建立健全相关标准体系】国务院生态环境、自然资源、水行政、农业农村和标准化等有关主管部门按照职责分工,建立健全长江流域水环境质量和污染物排放、生态环境修复、水资源节约集约利用、生态流量、生物多样性保护、水产养殖、防灾减灾等标准体系。

第八条 【自然资源主管部门职责】国务院自然资源主管部门会同国务院有关部门定期组织长江流域土地、矿产、水流、森林、草原、湿地等自然资源状况调查,建立资源基础数据库,开展资源环境承载能力评价,并向社会公布长江流域自然资源状况。

【野生动物保护主管部门职责】国务院野生动物保护主管部门应当每十年组织一次野生动物及其栖息地状况普查,或者根据需要组织开展专项调查,建立野生动物资源档案,并向社会公布长江流域野生动物资源状况。

【农业农村主管部门职责】长江流域县级以上地方人民政府农业农村主管部门会同本级人民政府有关部门对水生生物产卵场、索饵场、越冬场和洄游通道等重要栖息地开展生物多样性调查。

第九条 【监测网络体系和监测信息共享机制】国家长江流域协调机制应当统筹协调国务院有关部门在已经建立的台站和监测项目基础上,

健全长江流域生态环境、资源、水文、气象、航运、自然灾害等监测网络体系和监测信息共享机制。

【生态环境风险报告和预警机制】国务院有关部门和长江流域县级以上地方人民政府及其有关部门按照职责分工,组织完善生态环境风险报告和预警机制。

第十条 【应急联动工作机制】国务院生态环境主管部门会同国务院有关部门和长江流域省级人民政府建立健全长江流域突发生态环境事件应急联动工作机制,与国家突发事件应急体系相衔接,加强对长江流域船舶、港口、矿山、化工厂、尾矿库等发生的突发生态环境事件的应急管理。

第十一条 【加强灾害监测】国家加强长江流域洪涝干旱、森林草原火灾、地质灾害、地震等灾害的监测预报预警、防御、应急处置与恢复重建体系建设,提高防灾、减灾、抗灾、救灾能力。

第十二条 【专家咨询委员会】国家长江流域协调机制设立专家咨询委员会,组织专业机构和人员对长江流域重大发展战略、政策、规划等开展科学技术等专业咨询。

国务院有关部门和长江流域省级人民政府及其有关部门按照职责分工,组织开展长江流域建设项目、重要基础设施和产业布局相关规划等对长江流域生态系统影响的第三方评估、分析、论证等工作。

第十三条 【全长江流域信息共享系统】国家长江流域协调机制统筹协调国务院有关部门和长江流域省级人民政府建立健全长江流域信息共享系统。国务院有关部门和长江流域省级人民政府及其有关部门应当按照规定,共享长江流域生态环境、自然资源以及管理执法等信息。

第十四条 【加强绿色宣传教育】国务院有关部门和长江流域县级以上地方人民政府及其有关部门应当加强长江流域生态环境保护和绿色发展的宣传教育。

新闻媒体应当采取多种形式开展长江流域生态环境保护和绿色发展的宣传教育,并依法对违法行为进行舆论监督。

第十五条 【长江流域文化遗产保护】国务院有关部门和长江流域县级以上地方人民政府及其有关部门应当采取措施,保护长江流域历史文化名城名镇名村,加强长江流域文化遗产保护工作,继承和弘扬长江流域优秀特色文化。

第十六条 【国家鼓励、支持单位和个人参与长江流域生态环境保护】国家鼓励、支持单位和个人参与长江流域生态环境保护和修复、资源合理利用、促进绿色发展的活动。

对在长江保护工作中做出突出贡献的单位和个人,县级以上人民政府及其有关部门应当按照国家有关规定予以表彰和奖励。

第二章 规划与管控

第十七条 【国家发展规划】国家建立以国家发展规划为统领,以空间规划为基础,以专项规划、区域规划为支撑的长江流域规划体系,充分发挥规划对推进长江流域生态环境保护和绿色发展的引领、指导和约束作用。

第十八条 【将长江保护工作纳入国民经济和社会发展规划】国务院和长江流域县级以上地方人民政府应当将长江保护工作纳入国民经济和社会发展规划。

国务院发展改革部门会同国务院有关部门编制长江流域发展规划,科学统筹长江流域上下游、左右岸、干支流生态环境保护和绿色发展,报国务院批准后实施。

长江流域水资源规划、生态环境保护规划等依照有关法律、行政法规的规定编制。

第十九条 【长江流域国土空间规划】国务院自然资源主管部门会同国务院有关部门组织编制长江流域国土空间规划,科学有序统筹安排长江流域生态、农业、城镇等功能空间,划定生态保护红线、永久基本农田、城镇开发边界,优化国土空间结构和布局,统领长江流域国土空间利用任务,报国务院批准后实施。涉及长江流域国土空间利用的专项规划应当与长江流域国土空间规划相衔接。

长江流域县级以上地方人民政府组织编制本行政区域的国土空间规划,按照规定的程序报经批准后实施。

第二十条 【国家对长江流域国土空间实施用途管制】国家对长江流域国土空间实施用途管制。长江流域县级以上地方人民政府自然资源主管部门依照国土空间规划,对所辖长江流域国土空间实施分区、分类用途管制。

【依法取得规划许可】长江流域国土空间开发利用活动应当符合

国土空间用途管制要求,并依法取得规划许可。对不符合国土空间用途管制要求的,县级以上人民政府自然资源主管部门不得办理规划许可。

第二十一条　【取用水总量控制和消耗强度控制】国务院水行政主管部门统筹长江流域水资源合理配置、统一调度和高效利用,组织实施取用水总量控制和消耗强度控制管理制度。

【污染物排放总量控制】国务院生态环境主管部门根据水环境质量改善目标和水污染防治要求,确定长江流域各省级行政区域重点污染物排放总量控制指标。长江流域水质超标的水功能区,应当实施更严格的污染物排放总量削减要求。企业事业单位应当按照要求,采取污染物排放总量控制措施。

【建设用地总量控制】国务院自然资源主管部门负责统筹长江流域新增建设用地总量控制和计划安排。

第二十二条　【生态环境分区管控方案和生态环境准入清单】长江流域省级人民政府根据本行政区域的生态环境和资源利用状况,制定生态环境分区管控方案和生态环境准入清单,报国务院生态环境主管部门备案后实施。生态环境分区管控方案和生态环境准入清单应当与国土空间规划相衔接。

长江流域产业结构和布局应当与长江流域生态系统和资源环境承载能力相适应。禁止在长江流域重点生态功能区布局对生态系统有严重影响的产业。禁止重污染企业和项目向长江中上游转移。

第二十三条　【水电工程】国家加强对长江流域水能资源开发利用的管理。因国家发展战略和国计民生需要,在长江流域新建大中型水电工程,应当经科学论证,并报国务院或者国务院授权的部门批准。

对长江流域已建小水电工程,不符合生态保护要求的,县级以上地方人民政府应当组织分类整改或者采取措施逐步退出。

第二十四条　【设立国家公园等自然保护地】国家对长江干流和重要支流源头实行严格保护,设立国家公园等自然保护地,保护国家生态安全屏障。

第二十五条　【河湖保护】国务院水行政主管部门加强长江流域河道、湖泊保护工作。长江流域县级以上地方人民政府负责划定河道、湖泊管理范围,并向社会公告,实行严格的河湖保护,禁止非法侵占河湖水域。

第二十六条　【河湖岸线保护】国家对长江流域河湖岸线实施特殊管制。国家长江流域协调机制统筹协调国务院自然资源、水行政、生态环境、住房和城乡建设、农业农村、交通运输、林业和草原等部门和长江流域省级人民政府划定河湖岸线保护范围,制定河湖岸线保护规划,严格控制岸线开发建设,促进岸线合理高效利用。

禁止在长江干支流岸线一公里范围内新建、扩建化工园区和化工项目。

禁止在长江干流岸线三公里范围内和重要支流岸线一公里范围内新建、改建、扩建尾矿库;但是以提升安全、生态环境保护水平为目的的改建除外。

第二十七条　【划定禁止航行区域和限制航行区域】国务院交通运输主管部门会同国务院自然资源、水行政、生态环境、农业农村、林业和草原主管部门在长江流域水生生物重要栖息地科学划定禁止航行区域和限制航行区域。

禁止船舶在划定的禁止航行区域内航行。因国家发展战略和国计民生需要,在水生生物重要栖息地禁止航行区域内航行的,应当由国务院交通运输主管部门商国务院农业农村主管部门同意,并应当采取必要措施,减少对重要水生生物的干扰。

严格限制在长江流域生态保护红线、自然保护地、水生生物重要栖息地水域实施航道整治工程;确需整治的,应当经科学论证,并依法办理相关手续。

第二十八条　【长江流域河道采砂规划和许可制度】国家建立长江流域河道采砂规划和许可制度。长江流域河道采砂应当依法取得国务院水行政主管部门有关流域管理机构或者县级以上地方人民政府水行政主管部门的许可。

国务院水行政主管部门有关流域管理机构和长江流域县级以上地方人民政府依法划定禁止采砂区和禁止采砂期,严格控制采砂区域、采砂总量和采砂区域内的采砂船舶数量。禁止在长江流域禁止采砂区和禁止采砂期从事采砂活动。

国务院水行政主管部门会同国务院有关部门组织长江流域有关地方人民政府及其有关部门开展长江流域河道非法采砂联合执法工作。

第三章 资源保护

第二十九条 【水资源保护与利用】长江流域水资源保护与利用,应当根据流域综合规划,优先满足城乡居民生活用水,保障基本生态用水,并统筹农业、工业用水以及航运等需要。

第三十条 【河流水量分配方案】国务院水行政主管部门有关流域管理机构商长江流域省级人民政府依法制定跨省河流水量分配方案,报国务院或者国务院授权的部门批准后实施。制定长江流域跨省河流水量分配方案应当征求国务院有关部门的意见。长江流域省级人民政府水行政主管部门制定本行政区域的长江流域水量分配方案,报本级人民政府批准后实施。

国务院水行政主管部门有关流域管理机构或者长江流域县级以上地方人民政府水行政主管部门依据批准的水量分配方案,编制年度水量分配方案和调度计划,明确相关河段和控制断面流量水量、水位管控要求。

第三十一条 【长江流域生态用水保障】国家加强长江流域生态用水保障。国务院水行政主管部门会同国务院有关部门提出长江干流、重要支流和重要湖泊控制断面的生态流量管控指标。其他河湖生态流量管控指标由长江流域县级以上地方人民政府水行政主管部门会同本级人民政府有关部门确定。

国务院水行政主管部门有关流域管理机构应当将生态水量纳入年度水量调度计划,保证河湖基本生态用水需求,保障枯水期和鱼类产卵期生态流量、重要湖泊的水量和水位,保障长江河口咸淡水平衡。

长江干流、重要支流和重要湖泊上游的水利水电、航运枢纽等工程应当将生态用水调度纳入日常运行调度规程,建立常规生态调度机制,保证河湖生态流量;其下泄流量不符合生态流量泄放要求的,由县级以上人民政府水行政主管部门提出整改措施并监督实施。

第三十二条 【防御水旱灾害】国务院有关部门和长江流域地方各级人民政府应当采取措施,加快病险水库除险加固,推进堤防和蓄滞洪区建设,提升洪涝灾害防御工程标准,加强水工程联合调度,开展河道泥沙观测和河势调查,建立与经济社会发展相适应的防洪减灾工程和非工程体系,提高防御水旱灾害的整体能力。

第三十三条 【跨长江流域调水】国家对跨长江流域调水实行科学论

证,加强控制和管理。实施跨长江流域调水应当优先保障调出区域及其下游区域的用水安全和生态安全,统筹调出区域和调入区域用水需求。

第三十四条 【饮用水水源地保护】国家加强长江流域饮用水水源地保护。国务院水行政主管部门会同国务院有关部门制定长江流域饮用水水源地名录。长江流域省级人民政府水行政主管部门会同本级人民政府有关部门制定本行政区域的其他饮用水水源地名录。

长江流域省级人民政府组织划定饮用水水源保护区,加强饮用水水源保护,保障饮用水安全。

第三十五条 【饮用水安全】长江流域县级以上地方人民政府及其有关部门应当合理布局饮用水水源取水口,制定饮用水安全突发事件应急预案,加强饮用水备用应急水源建设,对饮用水水源的水环境质量进行实时监测。

第三十六条 【保障水质稳定达标】丹江口库区及其上游所在地县级以上地方人民政府应当按照饮用水水源地安全保障区、水质影响控制区、水源涵养生态建设区管理要求,加强山水林田湖草整体保护,增强水源涵养能力,保障水质稳定达标。

第三十七条 【地下水资源保护】国家加强长江流域地下水资源保护。长江流域县级以上地方人民政府及其有关部门应当定期调查评估地下水资源状况,监测地下水水量、水位、水环境质量,并采取相应风险防范措施,保障地下水资源安全。

第三十八条 【合理用水】国务院水行政主管部门会同国务院有关部门确定长江流域农业、工业用水效率目标,加强用水计量和监测设施建设;完善规划和建设项目水资源论证制度;加强对高耗水行业、重点用水单位的用水定额管理,严格控制高耗水项目建设。

第三十九条 【长江流域自然保护地体系建设】国家统筹长江流域自然保护地体系建设。国务院和长江流域省级人民政府在长江流域重要典型生态系统的完整分布区、生态环境敏感区以及珍贵野生动植物天然集中分布区和重要栖息地、重要自然遗迹分布区等区域,依法设立国家公园、自然保护区、自然公园等自然保护地。

第四十条 【生态保护】国务院和长江流域省级人民政府应当依法在长江流域重要生态区、生态状况脆弱区划定公益林,实施严格管理。国家对长江流域天然林实施严格保护,科学划定天然林保护重点区域。

长江流域县级以上地方人民政府应当加强对长江流域草原资源的保护,对具有调节气候、涵养水源、保持水土、防风固沙等特殊作用的基本草原实施严格管理。

国务院林业和草原主管部门和长江流域省级人民政府林业和草原主管部门会同本级人民政府有关部门,根据不同生态区位、生态系统功能和生物多样性保护的需要,发布长江流域国家重要湿地、地方重要湿地名录及保护范围,加强对长江流域湿地的保护和管理,维护湿地生态功能和生物多样性。

第四十一条　【水生生物完整性指数评价体系】国务院农业农村主管部门会同国务院有关部门和长江流域省级人民政府建立长江流域水生生物完整性指数评价体系,组织开展长江流域水生生物完整性评价,并将结果作为评估长江流域生态系统总体状况的重要依据。长江流域水生生物完整性指数应当与长江流域水环境质量标准相衔接。

第四十二条　【长江流域珍贵、濒危水生野生动植物保护计划】国务院农业农村主管部门和长江流域县级以上地方人民政府应当制定长江流域珍贵、濒危水生野生动植物保护计划,对长江流域珍贵、濒危水生野生动植物实行重点保护。

国家鼓励有条件的单位开展对长江流域江豚、白鱀豚、白鲟、中华鲟、长江鲟、鯮、鲥、四川白甲鱼、川陕哲罗鲑、胭脂鱼、鳜、圆口铜鱼、多鳞白甲鱼、华鲮、鲈鲤和葛仙米、弧形藻、眼子菜、水菜花等水生野生动植物生境特征和种群动态的研究,建设人工繁育和科普教育基地,组织开展水生生物救护。

禁止在长江流域开放水域养殖、投放外来物种或者其他非本地物种种质资源。

第四章　水污染防治

第四十三条　【加强水污染防治】国务院生态环境主管部门和长江流域地方各级人民政府应当采取有效措施,加大对长江流域的水污染防治、监管力度,预防、控制和减少水环境污染。

第四十四条　【长江流域水环境质量标准】国务院生态环境主管部门负责制定长江流域水环境质量标准,对国家水环境质量标准中未作规定的项目可以补充规定;对国家水环境质量标准中已经规定的项目,可以作出更加严格的规定。制定长江流域水环境质量标准应当征求国务院有关部门和有关省级人民政府的意见。长江流域省级人民政府可以制定严于长江流域水环境质量标准的地方水环境质量标准,报国务院生态环境主管部门备案。

第四十五条　【水污染物排放标准】长江流域省级人民政府应当对没有国家水污染物排放标准的特色产业、特有污染物,或者国家有明确要求的特定水污染源或者水污染物,补充制定地方水污染物排放标准,报国务院生态环境主管部门备案。

有下列情形之一的,长江流域省级人民政府应当制定严于国家水污染物排放标准的地方水污染物排放标准,报国务院生态环境主管部门备案:

(一)产业密集、水环境问题突出的;

(二)现有水污染物排放标准不能满足所辖长江流域水环境质量要求的;

(三)流域或者区域水环境形势复杂,无法适用统一的水污染物排放标准的。

第四十六条　【磷污染控制】长江流域省级人民政府制定本行政区域的总磷污染控制方案,并组织实施。对磷矿、磷肥生产集中的长江干支流,有关省级人民政府应当制定更加严格的总磷排放管控要求,有效控制总磷排放总量。

磷矿开采加工、磷肥和含磷农药制造等企业,应当按照排污许可要求,采取有效措施控制总磷排放浓度和排放总量;对排污口和周边环境进行总磷监测,依法公开监测信息。

第四十七条　【城乡污水集中处理】长江流域县级以上地方人民政府应当统筹长江流域城乡污水集中处理设施及配套管网建设,并保障其正常运行,提高城乡污水收集处理能力。

长江流域县级以上地方人民政府应当组织对本行政区域的江河、湖泊排污口开展排查整治,明确责任主体,实施分类管理。

在长江流域江河、湖泊新设、改设或者扩大排污口,应当按照国家有关规定报经有管辖权的生态环境主管部门或者长江流域生态环境监督管理机构同意。对未达到水质目标的水功能区,除污水集中处理设施排污口外,应当严格控制新设、改设或者扩大排污口。

第四十八条 【农业面源污染防治】国家加强长江流域农业面源污染防治。长江流域农业生产应当科学使用农业投入品，减少化肥、农药施用，推广有机肥使用，科学处置农用薄膜、农作物秸秆等农业废弃物。

第四十九条 【固体废物防治】禁止在长江流域河湖管理范围内倾倒、填埋、堆放、弃置、处理固体废物。长江流域县级以上地方人民政府应当加强对固体废物非法转移和倾倒的联防联控。

第五十条 【对垃圾填埋场等污染场所、产业的管理和整治】长江流域县级以上地方人民政府应当组织对沿河湖垃圾填埋场、加油站、矿山、尾矿库、危险废物处置场、化工园区和化工项目等地下水重点污染源及周边地下水环境风险隐患开展调查评估，并采取相应风险防范和整治措施。

第五十一条 【危险货物运输船舶污染防治】国家建立长江流域危险货物运输船舶污染责任保险与财务担保相结合机制。具体办法由国务院交通运输主管部门会同国务院有关部门制定。

　　禁止在长江流域水上运输剧毒化学品和国家规定禁止通过内河运输的其他危险化学品。长江流域县级以上地方人民政府交通运输主管部门会同本级人民政府有关部门加强对长江流域危险化学品运输的管控。

第五章　生态环境修复

第五十二条 【自然恢复为主、自然恢复与人工修复相结合】国家对长江流域生态系统实行自然恢复为主、自然恢复与人工修复相结合的系统治理。国务院自然资源主管部门会同国务院有关部门编制长江流域生态环境修复规划，组织实施重大生态环境修复工程，统筹推进长江流域各项生态环境修复工作。

第五十三条 【国家对长江流域重点水域实行严格捕捞管理】国家对长江流域重点水域实行严格捕捞管理。在长江流域水生生物保护区全面禁止生产性捕捞；在国家规定的期限内，长江干流和重要支流、大型通江湖泊、长江河口规定区域等重点水域全面禁止天然渔业资源的生产性捕捞。具体办法由国务院农业农村主管部门会同国务院有关部门制定。

　　国务院农业农村主管部门会同国务院有关部门和长江流域省级人民政府加强长江流域禁捕执法工作，严厉查处电鱼、毒鱼、炸鱼等破坏渔业资源和生态环境的捕捞行为。

长江流域县级以上地方人民政府应当按照国家有关规定做好长江流域重点水域退捕渔民的补偿、转产和社会保障工作。

长江流域其他水域禁捕、限捕管理办法由县级以上地方人民政府制定。

第五十四条 【连通修复方案】国务院水行政主管部门会同国务院有关部门制定并组织实施长江干流和重要支流的河湖水系连通修复方案，长江流域省级人民政府制定并组织实施本行政区域的长江流域河湖水系连通修复方案，逐步改善长江流域河湖连通状况，恢复河湖生态流量，维护河湖水系生态功能。

第五十五条 【岸线修复与保护】国家长江流域协调机制统筹协调国务院自然资源、水行政、生态环境、住房和城乡建设、农业农村、交通运输、林业和草原等部门和长江流域省级人民政府制定长江流域河湖岸线修复规范，确定岸线修复指标。

长江流域县级以上地方人民政府按照长江流域河湖岸线保护规划、修复规范和指标要求，制定并组织实施河湖岸线修复计划，保障自然岸线比例，恢复河湖岸线生态功能。

禁止违法利用、占用长江流域河湖岸线。

第五十六条 【加强对三峡库区、丹江口库区等重点库区消落区的生态环境保护和修复】国务院有关部门会同长江流域有关省级人民政府加强对三峡库区、丹江口库区等重点库区消落区的生态环境保护和修复，因地制宜实施退耕还林还草还湿，禁止施用化肥、农药，科学调控水库水位，加强库区水土保持和地质灾害防治工作，保障消落区良好生态功能。

第五十七条 【长江流域森林、草原、湿地修复计划】长江流域县级以上地方人民政府林业和草原主管部门负责组织实施长江流域森林、草原、湿地修复计划，科学推进森林、草原、湿地修复工作，加大退化天然林、草原和受损湿地修复力度。

第五十八条 【对重点湖泊的生态环境修复】国家加大对太湖、鄱阳湖、洞庭湖、巢湖、滇池等重点湖泊实施生态环境修复的支持力度。

长江流域县级以上地方人民政府应当组织开展富营养化湖泊的生态环境修复，采取调整产业布局规模、实施控制性水工程统一调度、生态补水、河湖连通等综合措施,改善和恢复湖泊生态系统的质量和功能;对氮磷浓度严重超标的湖泊,应当在影响湖泊水质的汇水区,采取措施削减化肥用量,禁止使用含磷洗涤剂,全面清理投饵、投肥养殖。

第五十九条 【对濒危野生动植物的生态保护】国务院林业和草原、农业农村主管部门应当对长江流域数量急剧下降或者极度濒危的野生动植物和受到严重破坏的栖息地、天然集中分布区、破碎化的典型生态系统制定修复方案和行动计划,修建迁地保护设施,建立野生动植物遗传资源基因库,进行抢救性修复。

【对水生生物的生态保护】在长江流域水生生物产卵场、索饵场、越冬场和洄游通道等重要栖息地应当实施生态环境修复和其他保护措施。对鱼类等水生生物洄游产生阻隔的涉水工程应当结合实际采取建设过鱼设施、河湖连通、生态调度、灌江纳苗、基因保存、增殖放流、人工繁育等多种措施,充分满足水生生物的生态需求。

第六十条 【修复和保护长江河口生态环境】国务院水行政主管部门会同国务院有关部门和长江河口所在地人民政府按照陆海统筹、河海联动的要求,制定实施长江河口生态环境修复和其他保护措施方案,加强对水、沙、盐、潮滩、生物种群的综合监测,采取有效措施防止海水入侵和倒灌,维护长江河口良好生态功能。

第六十一条 【水土流失防治】长江流域水土流失重点预防区和重点治理区的县级以上地方人民政府应当采取措施,防治水土流失。生态保护红线范围内的水土流失地块,以自然恢复为主,按照规定有计划地实施退耕还林还草还湿;划入自然保护地核心保护区的永久基本农田,依法有序退出并予以补划。

禁止在长江流域水土流失严重、生态脆弱的区域开展可能造成水土流失的生产建设活动。确因国家发展战略和国计民生需要建设的,应当经科学论证,并依法办理审批手续。

长江流域县级以上地方人民政府应当对石漠化的土地因地制宜采取综合治理措施,修复生态系统,防止土地石漠化蔓延。

第六十二条 【地质灾害防治】长江流域县级以上地方人民政府应当因地制宜采取消除地质灾害隐患、土地复垦、恢复植被、防治污染等措施,加快历史遗留矿山生态环境修复工作,并加强对在建和运行中矿山的监督管理,督促采矿权人切实履行矿山污染防治和生态环境修复责任。

第六十三条 【与长江流域生态环境修复相关的政策】长江流域中下游地区县级以上地方人民政府应当因地制宜在项目、资金、人才、管理等方面,对长江流域江河源头和上游地区实施生态环境修复和其他保护措施给予支持,提升长江流域生态脆弱区实施生态环境修复和其他保护措施的能力。

国家按照政策支持、企业和社会参与、市场化运作的原则,鼓励社会资本投入长江流域生态环境修复。

第六章 绿色发展

第六十四条 【推进长江流域绿色发展】国务院有关部门和长江流域地方各级人民政府应当按照长江流域发展规划、国土空间规划的要求,调整产业结构,优化产业布局,推进长江流域绿色发展。

第六十五条 【建立健全基本公共服务体系】国务院和长江流域地方各级人民政府及其有关部门应当协同推进乡村振兴战略和新型城镇化战略的实施,统筹城乡基础设施建设和产业发展,建立健全全民覆盖、普惠共享、城乡一体的基本公共服务体系,促进长江流域城乡融合发展。

第六十六条 【企业的清洁化改造】长江流域县级以上地方人民政府应当推动钢铁、石油、化工、有色金属、建材、船舶等产业升级改造,提升技术装备水平;推动造纸、制革、电镀、印染、有色金属、农药、氮肥、焦化、原料药制造等企业实施清洁化改造。企业应当通过技术创新减少资源消耗和污染物排放。

长江流域县级以上地方人民政府应当采取措施加快重点地区危险化学品生产企业搬迁改造。

第六十七条 【资源能源节约集约利用】国务院有关部门会同长江流域省级人民政府建立开发区绿色发展评估机制,并组织对各类开发区的资源能源节约集约利用、生态环境保护等情况开展定期评估。

长江流域县级以上地方人民政府应当根据评估结果对开发区产业产品、节能减排措施等进行优化调整。

第六十八条 【提高水资源利用效率】国家鼓励和支持在长江流域实施重点行业和重点用水单位节水技术改造,提高水资源利用效率。

长江流域县级以上地方人民政府应当加强节水型城市和节水型园区建设，促进节水型行业产业和企业发展，并加快建设雨水自然积存、自然渗透、自然净化的海绵城市。

第六十九条 【提升城乡人居环境质量】长江流域县级以上地方人民政府应当按照绿色发展的要求，统筹规划、建设与管理，提升城乡人居环境质量，建设美丽城镇和美丽乡村。

长江流域县级以上地方人民政府应当按照生态、环保、经济、实用的原则因地制宜组织实施厕所改造。

【鼓励使用节能环保、性能高的建筑材料】国务院有关部门和长江流域县级以上地方人民政府及其有关部门应当加强对城市新区、各类开发区等使用建筑材料的管理，鼓励使用节能环保、性能高的建筑材料，建设地下综合管廊和管网。

【对生产建设活动废弃土石渣收集、清运、集中堆放的管理】长江流域县级以上地方人民政府应当建设废弃土石渣综合利用信息平台，加强对生产建设活动废弃土石渣收集、清运、集中堆放的管理，鼓励开展综合利用。

第七十条 【养殖水域滩涂规划】长江流域县级以上地方人民政府应当编制并组织实施养殖水域滩涂规划，合理划定禁养区、限养区、养殖区，科学确定养殖规模和养殖密度；强化水产养殖投入品管理，指导和规范水产养殖、增殖活动。

第七十一条 【综合立体交通体系建设】国家加强长江流域综合立体交通体系建设，完善港口、航道等水运基础设施，推动交通设施互联互通，实现水陆有机衔接、江海直达联运，提升长江黄金水道功能。

第七十二条 【统筹建设船舶设施】长江流域县级以上地方人民政府应当统筹建设船舶污染物接收转运处置设施、船舶液化天然气加注站，制定港口岸电设施、船舶受电设施建设和改造计划，并组织实施。具备岸电使用条件的船舶靠港应当按照国家有关规定使用岸电，但使用清洁能源的除外。

第七十三条 【对长江流域港口、航道和船舶升级改造】国务院和长江流域县级以上地方人民政府对长江流域港口、航道和船舶升级改造，液化天然气动力船舶等清洁能源或者新能源动力船舶建造，港口绿色设计等按照规定给予资金支持或者政策扶持。

国务院和长江流域县级以上地方人民政府对长江流域港口岸电设施、船舶受电设施的改造和使用按照规定给予资金补贴、电价优惠等政策扶持。

第七十四条　【绿色消费】长江流域地方各级人民政府加强对城乡居民绿色消费的宣传教育,并采取有效措施,支持、引导居民绿色消费。

长江流域地方各级人民政府按照系统推进、广泛参与、突出重点、分类施策的原则,采取回收押金、限制使用易污染不易降解塑料用品、绿色设计、发展公共交通等措施,提倡简约适度、绿色低碳的生活方式。

第七章　保障与监督

第七十五条　【加大长江流域生态环境保护和修复的财政投入】国务院和长江流域县级以上地方人民政府应当加大长江流域生态环境保护和修复的财政投入。

国务院和长江流域省级人民政府按照中央与地方财政事权和支出责任划分原则,专项安排长江流域生态环境保护资金,用于长江流域生态环境保护和修复。国务院自然资源主管部门会同国务院财政、生态环境等有关部门制定合理利用社会资金促进长江流域生态环境修复的政策措施。

国家鼓励和支持长江流域生态环境保护和修复等方面的科学技术研究开发和推广应用。

国家鼓励金融机构发展绿色信贷、绿色债券、绿色保险等金融产品,为长江流域生态环境保护和绿色发展提供金融支持。

第七十六条　【生态保护补偿制度】国家建立长江流域生态保护补偿制度。

国家加大财政转移支付力度,对长江干流及重要支流源头和上游的水源涵养地等生态功能重要区域予以补偿。具体办法由国务院财政部门会同国务院有关部门制定。

国家鼓励长江流域上下游、左右岸、干支流地方人民政府之间开展横向生态保护补偿。

国家鼓励社会资金建立市场化运作的长江流域生态保护补偿基金;鼓励相关主体之间采取自愿协商等方式开展生态保护补偿。

第七十七条　【司法保障】国家加强长江流域司法保障建设,鼓励有关单位为长江流域生态环境保护提供法律服务。

长江流域各级行政执法机关、人民法院、人民检察院在依法查处长江保护违法行为或者办理相关案件过程中,发现存在涉嫌犯罪行为的,应当将犯罪线索移送具有侦查、调查职权的机关。

第七十八条 【生态环境保护责任制和考核评价制度】国家实行长江流域生态环境保护责任制和考核评价制度。上级人民政府应当对下级人民政府生态环境保护和修复目标完成情况等进行考核。

第七十九条 【依法查处违法行为】国务院有关部门和长江流域县级以上地方人民政府有关部门应当依照本法规定和职责分工,对长江流域各类保护、开发、建设活动进行监督检查,依法查处破坏长江流域自然资源、污染长江流域环境、损害长江流域生态系统等违法行为。

【举报和控告】公民、法人和非法人组织有权依法获取长江流域生态环境保护相关信息,举报和控告破坏长江流域自然资源、污染长江流域环境、损害长江流域生态系统等违法行为。

国务院有关部门和长江流域地方各级人民政府及其有关部门应当依法公开长江流域生态环境保护相关信息,完善公众参与程序,为公民、法人和非法人组织参与和监督长江流域生态环境保护提供便利。

第八十条 【联合执法】国务院有关部门和长江流域地方各级人民政府及其有关部门对长江流域跨行政区域、生态敏感区域和生态环境违法案件高发区域以及重大违法案件,依法开展联合执法。

第八十一条 【约谈】国务院有关部门和长江流域省级人民政府对长江保护工作不力、问题突出、群众反映集中的地区,可以约谈所在地区县级以上地方人民政府及其有关部门主要负责人,要求其采取措施及时整改。

第八十二条 【定期报告长江流域生态环境状况及保护和修复工作等情况】国务院应当定期向全国人民代表大会常务委员会报告长江流域生态环境状况及保护和修复工作等情况。

长江流域县级以上地方人民政府应当定期向本级人民代表大会或者其常务委员会报告本级人民政府长江流域生态环境保护和修复工作等情况。

第八章 法 律 责 任

第八十三条 【国务院有关部门和长江流域地方各级人民政府及其有关

部门违反本法规定的法律责任】国务院有关部门和长江流域地方各级人民政府及其有关部门违反本法规定,有下列行为之一的,对直接负责的主管人员和其他直接责任人员依法给予警告、记过、记大过或者降级处分;造成严重后果的,给予撤职或者开除处分,其主要负责人应当引咎辞职:

(一)不符合行政许可条件准予行政许可的;
(二)依法应当作出责令停业、关闭等决定而未作出的;
(三)发现违法行为或者接到举报不依法查处的;
(四)有其他玩忽职守、滥用职权、徇私舞弊行为的。

第八十四条 【船舶违反本法规定航行、停泊等的法律责任】违反本法规定,有下列行为之一的,由有关主管部门按照职责分工,责令停止违法行为,给予警告,并处一万元以上十万元以下罚款;情节严重的,并处十万元以上五十万元以下罚款:

(一)船舶在禁止航行区域内航行的;
(二)经同意在水生生物重要栖息地禁止航行区域内航行,未采取必要措施减少对重要水生生物干扰的;
(三)水利水电、航运枢纽等工程未将生态用水调度纳入日常运行调度规程的;
(四)具备岸电使用条件的船舶未按照国家有关规定使用岸电的。

第八十五条 【违反本法规定养殖、投放外来物种等的法律责任】违反本法规定,在长江流域开放水域养殖、投放外来物种或者其他非本地物种种质资源的,由县级以上人民政府农业农村主管部门责令限期捕回,处十万元以下罚款;造成严重后果的,处十万元以上一百万元以下罚款;逾期不捕回的,由有关人民政府农业农村主管部门代为捕回或者采取降低负面影响的措施,所需费用由违法者承担。

第八十六条 【违反本法规定进行捕捞的法律责任】违反本法规定,在长江流域水生生物保护区内从事生产性捕捞,或者在长江干流和重要支流、大型通江湖泊、长江河口规定区域等重点水域禁捕期间从事天然渔业资源的生产性捕捞的,由县级以上人民政府农业农村主管部门没收渔获物、违法所得以及用于违法活动的渔船、渔具和其他工具,并处一万元以上五万元以下罚款;采取电鱼、毒鱼、炸鱼等方式捕捞,或者有其他严重情节的,并处五万元以上五十万元以下罚款。

收购、加工、销售前款规定的渔获物的,由县级以上人民政府农业农村、市场监督管理等部门按照职责分工,没收渔获物及其制品和违法所得,并处货值金额十倍以上二十倍以下罚款;情节严重的,吊销相关生产经营许可证或者责令关闭。

第八十七条 【非法侵占长江流域河湖水域,或者违法利用、占用河湖岸线的法律责任】违反本法规定,非法侵占长江流域河湖水域,或者违法利用、占用河湖岸线的,由县级以上人民政府水行政、自然资源等主管部门按照职责分工,责令停止违法行为,限期拆除并恢复原状,所需费用由违法者承担,没收违法所得,并处五万元以上五十万元以下罚款。

第八十八条 【违反本法规定进行新建、改建、扩建等的法律责任】违反本法规定,有下列行为之一的,由县级以上人民政府生态环境、自然资源等主管部门按照职责分工,责令停止违法行为,限期拆除并恢复原状,所需费用由违法者承担,没收违法所得,并处五十万元以上五百万元以下罚款,对直接负责的主管人员和其他直接责任人员处五万元以上十万元以下罚款;情节严重的,报经有批准权的人民政府批准,责令关闭:

(一)在长江干支流岸线一公里范围内新建、扩建化工园区和化工项目的;

(二)在长江干流岸线三公里范围内和重要支流岸线一公里范围内新建、改建、扩建尾矿库的;

(三)违反生态环境准入清单的规定进行生产建设活动的。

第八十九条 【超过排放标准或者总量控制指标排放含磷水污染物的企业的法律责任】长江流域磷矿开采加工、磷肥和含磷农药制造等企业违反本法规定,超过排放标准或者总量控制指标排放含磷水污染物的,由县级以上人民政府生态环境主管部门责令停止违法行为,并处二十万元以上二百万元以下罚款,对直接负责的主管人员和其他直接责任人员处五万元以上十万元以下罚款;情节严重的,责令停产整顿,或者报经有批准权的人民政府批准,责令关闭。

第九十条 【违反本法规定在长江流域水上运输剧毒化学品等的法律责任】违反本法规定,在长江流域水上运输剧毒化学品和国家规定禁止通过内河运输的其他危险化学品的,由县级以上人民政府交通运输主管部门或者海事管理机构责令改正,没收违法所得,并处二十万元以上二百万元以下罚款,对直接负责的主管人员和其他直接责任人员处五万元以上十万元以下罚款;情节严重的,责令停业整顿,或者吊销相关许可证。

第九十一条 【违反本法规定从事采砂活动的法律责任】违反本法规定,在长江流域未依法取得许可从事采砂活动,或者在禁止采砂区和禁止采砂期从事采砂活动的,由国务院水行政主管部门有关流域管理机构或者县级以上地方人民政府水行政主管部门责令停止违法行为,没收违法所得以及用于违法活动的船舶、设备、工具,并处货值金额二倍以上二十倍以下罚款;货值金额不足十万元的,并处二十万元以上二百万元以下罚款;已经取得河道采砂许可证的,吊销河道采砂许可证。

第九十二条 【适用有关法律、行政法规】对破坏长江流域自然资源、污染长江流域环境、损害长江流域生态系统等违法行为,本法未作行政处罚规定的,适用有关法律、行政法规的规定。

第九十三条 【侵权责任】因污染长江流域环境、破坏长江流域生态造成他人损害的,侵权人应当承担侵权责任。

违反国家规定造成长江流域生态环境损害的,国家规定的机关或者法律规定的组织有权请求侵权人承担修复责任、赔偿损失和有关费用。

第九十四条 【刑事责任】违反本法规定,构成犯罪的,依法追究刑事责任。

第九章 附 则

第九十五条 【法律术语解释】本法下列用语的含义:

(一)本法所称长江干流,是指长江源头至长江河口,流经青海省、四川省、西藏自治区、云南省、重庆市、湖北省、湖南省、江西省、安徽省、江苏省、上海市的长江主河段;

(二)本法所称长江支流,是指直接或者间接流入长江干流的河流,支流可以分为一级支流、二级支流等;

(三)本法所称长江重要支流,是指流域面积一万平方公里以上的支流,其中流域面积八万平方公里以上的一级支流包括雅砻江、岷江、嘉陵江、乌江、湘江、沅江、汉江和赣江等。

第九十六条 【施行日期】本法自 2021 年 3 月 1 日起施行。

长江水生生物保护管理规定

1. 2021 年 12 月 21 日农业农村部令 2021 年第 5 号公布
2. 自 2022 年 2 月 1 日起施行

第一章 总 则

第一条 为了加强长江流域水生生物保护和管理,维护生物多样性,保障流域生态安全,根据《中华人民共和国长江保护法》《中华人民共和国渔业法》《中华人民共和国野生动物保护法》等有关法律、行政法规,制定本规定。

第二条 长江流域水生生物及其栖息地的监测调查、保护修复、捕捞利用等活动及其监督管理,适用本规定。

本规定所称长江流域,是指由长江干流、支流和湖泊形成的集水区域所涉及的青海省、四川省、西藏自治区、云南省、重庆市、湖北省、湖南省、江西省、安徽省、江苏省、上海市,以及甘肃省、陕西省、河南省、贵州省、广西壮族自治区、广东省、浙江省、福建省的相关县级行政区域。

第三条 长江流域水生生物保护和管理应当坚持统筹协调、科学规划,实行自然恢复为主、自然恢复与人工修复相结合的系统治理。

第四条 农业农村部主管长江流域水生生物保护和管理工作。

农业农村部成立长江水生生物科学委员会,对长江水生生物保护和管理的重大政策、规划、措施等,开展专业咨询和评估论证。

长江流域县级以上地方人民政府农业农村主管部门负责本行政区域水生生物保护和管理工作。

第五条 长江流域县级以上地方人民政府农业农村主管部门应当按规定统筹使用相关生态补偿资金,加强水生生物及其栖息地的保护修复、宣传教育和科普培训。

支持单位和个人参与长江流域水生生物及其栖息地保护,鼓励对破坏水生生物资源和水域生态环境的行为进行监督举报。

第六条 对在长江水生生物保护管理工作中作出突出贡献的单位或个人,按照有关规定予以表彰和奖励。

农业农村部和长江流域省级人民政府农业农村主管部门对长江水生生物保护管理工作不力、问题突出、群众反映集中的地区,依法约谈所在地县级以上地方人民政府及其有关部门主要负责人,要求其采取措施及时整改。

第二章 监测和调查

第七条 农业农村部制定长江水生生物及其栖息地调查监测的技术标准和程序规范,健全长江流域水生生物监测网络体系,建立调查监测信息共享平台。

长江流域省级人民政府农业农村主管部门应当定期对本行政区域内的水生生物分布区域、种群数量、结构及栖息地生态状况等开展调查监测,并及时将调查监测信息报农业农村部。

第八条 农业农村部每十年组织一次长江水生野生动物及其栖息地状况普查,根据需要组织开展专项调查,建立水生野生动物资源档案,并向社会公布长江流域水生野生动物资源状况。

第九条 对中华鲟、长江鲟、长江江豚等国家一级保护水生野生动物及其栖息地的专项调查监测,由农业农村部组织实施;其他重点保护水生野生动物及其栖息地的专项调查监测,由长江流域省级人民政府农业农村主管部门组织实施。

第十条 长江流域县级以上地方人民政府农业农村主管部门会同本级人民政府有关部门定期对水生生物产卵场、索饵场、越冬场和洄游通道等重要栖息地开展生物多样性调查。

第十一条 因科研、教学、环境影响评价等需要在禁渔期、禁渔区进行捕捞的,应当制定年度捕捞计划,并按规定申请专项(特许)渔业捕捞许可证;确需使用禁用渔具渔法的,长江流域省级人民政府农业农村主管部门应当组织论证。

在禁渔期、禁渔区开展调查监测的渔获物,不得进行市场交易或抵扣费用。

第十二条 发生渔业水域污染、外来物种入侵等事件,对长江流域水生生物及其栖息地造成或可能造成严重损害的,发生地或受损地的地方人民政府农业农村主管部门应当及时开展应急调查、预警监测和评估,并按有关规定向同级人民政府或上级农业农村主管部门报告。

第十三条 农业农村部会同国务院有关部门和长江流域省级人民政府建立长江流域水生生物完整性指数评价体系,组织开展评价工作,并将结果作为评估长江流域生态系统总体状况和水生生物保护责任落实情况的重要依据。长江流域水生生物完整性指数应当与长江流域水环境质量标准相衔接。

长江流域省级人民政府农业农村主管部门应当根据长江流域水生生物完整性指数评价体系,结合实际开展水生生物完整性指数评价工作。

第三章 保护措施

第十四条 农业农村部制定长江流域珍贵、濒危水生野生动植物保护计划,对长江流域珍贵、濒危水生野生动植物实行重点保护。

鼓励有条件的单位开展对长江流域江豚、白鱀豚、白鲟、中华鲟、长江鲟、鯮、鲥、四川白甲鱼、川陕哲罗鲑、胭脂鱼、鳤、圆口铜鱼、多鳞白甲鱼、华鲮、鲈鲤和葛仙米、弧形藻、眼子菜、水菜花等水生野生动植物生境特征和种群动态的研究,建设人工繁育和科普教育基地。

第十五条 长江流域省级人民政府农业农村主管部门和农业农村部根据长江流域水生生物及其产卵场、索饵场、越冬场和洄游通道等栖息地状况的调查、监测和评估结果,发布水生生物重要栖息地名录及其范围,明确保护措施,实行严格的保护和管理。

对长江流域数量急剧下降或者极度濒危的水生野生动植物和受到严重破坏的栖息地、天然集中分布区、破碎化的典型生态系统,长江流域省级人民政府农业农村主管部门和农业农村部应当制定修复方案和行动计划,修建迁地保护设施,建立水生野生动植物遗传资源基因库,进行抢救性修复。

第十六条 在长江流域水生生物重要栖息地应当实施生态环境修复和其他保护措施。

对鱼类等水生生物洄游或种质交流产生阻隔的涉水工程,建设或运行单位应当结合实际采取建设过鱼设施、河湖连通、生态调度、灌江纳苗、基因保存、增殖放流、人工繁育等多种措施,充分满足水生生物洄游、繁殖、种质交流等生态需求。

第十七条 在长江流域水生生物重要栖息地依法科学划定限制航行区

和禁止航行区域。

因国家发展战略和国计民生需要,在水生生物重要栖息地禁止航行区域内设置航道或进行临时航行的,应当依法征得农业农村部同意,并采取降速、降噪、限排、限鸣等必要措施,减少对重要水生生物的干扰。

严格限制在长江流域水生生物重要栖息地水域实施航道整治工程;确需整治的,应当经科学论证,并依法办理相关手续。

第十八条 长江流域涉水开发规划或建设项目应当充分考虑水生生物及其栖息地的保护需求,涉及或可能对其造成影响的,建设单位在编制环境影响评价文件和开展公众参与调查时,应当书面征求农业农村主管部门的意见,并按有关要求进行专题论证。

涉及珍贵、濒危水生野生动植物及其重要栖息地、水产种质资源保护区的,由长江流域省级人民政府农业农村主管部门组织专题论证;涉及国家一级重点保护水生野生动植物及其重要栖息地或国家级水产种质资源保护区的,由农业农村部组织专题论证。

第十九条 建设项目对水生生物及其栖息地造成不利影响的,建设单位应当编制专题报告,根据批准的环境影响评价文件及批复要求,落实避让、减缓、补偿、重建等措施,与主体工程同时设计、同时施工、同时投产使用,并在稳定运行一定时期后对其有效性进行周期性监测和回顾性评价,提出补救方案或者改进措施。

建设项目所在地县级以上地方人民政府农业农村主管部门应当对生态补偿措施的实施进展和落实效果进行跟踪监督。

第二十条 长江流域省级人民政府农业农村主管部门和农业农村部建立中华鲟、长江鲟、长江江豚等重点保护水生野生动植物的应急救护体系。

重点保护水生野生动植物的野外物种或人工保种物种生存安全受到威胁的,所在地县级以上人民政府农业农村主管部门应当及时开展应急救护,并根据物种特性和受威胁程度,落实就地保护、迁地保护或种质资源保护等措施。

第二十一条 长江流域县级以上地方人民政府农业农村主管部门应当根据农业农村部制定的水生生物增殖放流规划、计划或意见,制定本行政区域的增殖放流方案,并报上一级农业农村主管部门备案。长江流域省级农业农村主管部门应当制定中华鲟、长江鲟等国家一级重点保护水生野生动物的增殖放流年度计划并报农业农村部备案。

长江流域县级以上地方人民政府农业农村主管部门负责本行政区域内的水生生物增殖放流的组织、协调与监督管理,并采取措施加强增殖资源保护、跟踪监测和效果评估。

第二十二条 禁止在长江流域开放水域养殖、投放外来物种或者其他非本地物种。

养殖外来物种或其他非本地物种的,应当采取有效隔离措施,防止逃逸进入开放水域。

发生外来物种或者其他非本地物种逃逸的,有关单位和个人应当采取捕回或其他紧急补救措施降低负面影响,并及时向所在地人民政府农业农村主管部门报告。

第四章 禁捕管理

第二十三条 长江流域水生生物保护区禁止生产性捕捞。在国家规定的期限内,长江干流和重要支流、大型通江湖泊、长江口禁捕管理区等重点水域禁止天然渔业资源的生产性捕捞。农业农村部根据长江流域水生生物资源状况,对长江流域重点水域禁捕管理制度进行适应性调整。

长江流域其他水域禁捕、限捕管理办法由县级以上地方人民政府制定。

第二十四条 农业农村部和长江流域省级人民政府农业农村主管部门制定并发布长江流域重点水域禁用渔具渔法目录。

禁止在禁渔期携带禁用渔具进入禁渔区。

第二十五条 禁止在长江流域以水生生物为主要保护对象的自然保护区、水产种质资源保护区核心区和水生生物重要栖息地垂钓。

倡导正确、健康、文明的休闲垂钓行为,禁止一人多杆、多线多钩、钓获物买卖等违规垂钓行为。

第二十六条 因人工繁育、维持生态系统平衡或者特定物种种群调控等特殊原因,需要在禁渔期、禁渔区捕捞天然渔业资源的,应当按照《渔业捕捞许可管理规定》申请专项(特许)渔业捕捞许可证,并严格按照许可的技术标准、规范要求进行作业,严禁擅自更改作业范围、时间和捕捞工具、方法等。

县级以上地方人民政府农业农村主管部门应当加强对专项(特许)渔业捕捞行为的监督和管理。

第二十七条 在长江流域发展大水面生态渔业应当科学规划,按照"一水一策"原则合理选择大水面生态渔业发展方式。开展增殖渔业的,按照水域承载力确定适宜的增殖种类、增殖数量、增殖方式、放捕比例和起捕时间、方式、规格、数量等。

严格区分增殖渔业的起捕活动与传统的非增殖渔业资源捕捞生产,增殖渔业起捕应当使用专门的渔具渔法,避免对非增殖渔业资源和重点保护水生野生动植物造成损害。

第二十八条 长江流域县级以上地方人民政府农业农村主管部门应当加强执法队伍建设,落实执法经费,配备执法力量,组建协助巡护队伍,加强网格化管理,开展动态巡航巡查。

第二十九条 长江流域县级以上地方人民政府农业农村主管部门应当加强长江流域禁捕执法工作,严厉打击电鱼、毒鱼、炸鱼及使用禁用渔具等非法捕捞行为,并会同有关部门按照职责分工依法查处收购、运输、加工、销售非法渔获物等违法违规行为;涉嫌构成犯罪的,应当依法移送公安机关查处。

第三十条 违反本规定,在长江流域重点水域进行增殖放流、垂钓或者在禁渔期携带禁用渔具进入禁渔区的,责令改正,可以处警告或一千元以下罚款;构成其他违法行为的,按照《中华人民共和国长江保护法》《中华人民共和国渔业法》等法律或者行政法规予以处罚。

第五章 附 则

第三十一条 本规定下列用语的含义是:

(一)重点水域是指长江干流和重要支流、大型通江湖泊、长江河口规定区域等水域。

(二)水生生物保护区是指以水生生物为主要保护对象的自然保护区、水产种质资源保护区。

(三)重要栖息地是指水生生物野外种群的产卵场、索饵场、越冬场和洄游通道。

(四)开放水域是指水生生物通过水的自然流通能够到达长江流域重点水域的水域。

第三十二条 本规定自2022年2月1日起施行。原农业部1995年9

月28日发布、2004年7月1日修订的《长江渔业资源管理规定》同时废止。

中华人民共和国黄河保护法

1. 2022年10月30日第十三届全国人民代表大会常务委员会第三十七次会议通过
2. 2022年10月30日中华人民共和国主席令第123号公布
3. 自2023年4月1日起施行

目　录

第一章　总　　则
第二章　规划与管控
第三章　生态保护与修复
第四章　水资源节约集约利用
第五章　水沙调控与防洪安全
第六章　污染防治
第七章　促进高质量发展
第八章　黄河文化保护传承弘扬
第九章　保障与监督
第十章　法律责任
第十一章　附　则

第一章　总　　则

第一条　【立法目的】为了加强黄河流域生态环境保护，保障黄河安澜，推进水资源节约集约利用，推动高质量发展，保护传承弘扬黄河文化，实现人与自然和谐共生、中华民族永续发展，制定本法。

第二条　【适用范围】黄河流域生态保护和高质量发展各类活动，适用本法；本法未作规定的，适用其他有关法律的规定。

本法所称黄河流域，是指黄河干流、支流和湖泊的集水区域所涉及的青海省、四川省、甘肃省、宁夏回族自治区、内蒙古自治区、山西省、陕西省、河南省、山东省的相关县级行政区域。

三、生态保护与治理　317

第三条　【保护原则】黄河流域生态保护和高质量发展,坚持中国共产党的领导,落实重在保护、要在治理的要求,加强污染防治,贯彻生态优先、绿色发展,量水而行、节水为重,因地制宜、分类施策,统筹谋划、协同推进的原则。

第四条　【黄河流域统筹协调机制】国家建立黄河流域生态保护和高质量发展统筹协调机制(以下简称黄河流域统筹协调机制),全面指导、统筹协调黄河流域生态保护和高质量发展工作,审议黄河流域重大政策、重大规划、重大项目等,协调跨地区跨部门重大事项,督促检查相关重要工作的落实情况。

黄河流域省、自治区可以根据需要,建立省级协调机制,组织、协调推进本行政区域黄河流域生态保护和高质量发展工作。

第五条　【国务院有关部门职责分工】国务院有关部门按照职责分工,负责黄河流域生态保护和高质量发展相关工作。

国务院水行政主管部门黄河水利委员会(以下简称黄河流域管理机构)及其所属管理机构,依法行使流域水行政监督管理职责,为黄河流域统筹协调机制相关工作提供支撑保障。

国务院生态环境主管部门黄河流域生态环境监督管理机构(以下简称黄河流域生态环境监督管理机构)依法开展流域生态环境监督管理相关工作。

第六条　【地方政府职责分工】黄河流域县级以上地方人民政府负责本行政区域黄河流域生态保护和高质量发展工作。

黄河流域县级以上地方人民政府有关部门按照职责分工,负责本行政区域黄河流域生态保护和高质量发展相关工作。

黄河流域相关地方根据需要在地方性法规和地方政府规章制定、规划编制、监督执法等方面加强协作,协同推进黄河流域生态保护和高质量发展。

黄河流域建立省际河湖长联席会议制度。各级河湖长负责河道、湖泊管理和保护相关工作。

第七条　【建立各标准体系】国务院水行政、生态环境、自然资源、住房和城乡建设、农业农村、发展改革、应急管理、林业和草原、文化和旅游、标准化等主管部门按照职责分工,建立健全黄河流域水资源节约集约利用、水沙调控、防汛抗旱、水土保持、水文、水环境质量和污染物排放、生态保护与修复、自然资源调查监测评价、生物多样性保护、文化遗产保护等标准体系。

第八条　【水资源刚性约束制度】国家在黄河流域实行水资源刚性约束制度,坚持以水定城、以水定地、以水定人、以水定产,优化国土空间开发保护格局,促进人口和城市科学合理布局,构建与水资源承载能力相适应的现代产业体系。

黄河流域县级以上地方人民政府按照国家有关规定,在本行政区域组织实施水资源刚性约束制度。

第九条　【鼓励、推广先进节水技术】国家在黄河流域强化农业节水增效、工业节水减排和城镇节水降损措施,鼓励、推广使用先进节水技术,加快形成节水型生产、生活方式,有效实现水资源节约集约利用,推进节水型社会建设。

第十条　【干支流防洪体系】国家统筹黄河干支流防洪体系建设,加强流域及流域间防洪体系协同,推进黄河上中下游防汛抗旱、防凌联动,构建科学高效的综合性防洪减灾体系,并适时组织评估,有效提升黄河流域防治洪涝等灾害的能力。

第十一条　【定期调查与评估】国务院自然资源主管部门应当会同国务院有关部门定期组织开展黄河流域土地、矿产、水流、森林、草原、湿地等自然资源状况调查,建立资源基础数据库,开展资源环境承载能力评价,并向社会公布黄河流域自然资源状况。

国务院野生动物保护主管部门应当定期组织开展黄河流域野生动物及其栖息地状况普查,或者根据需要组织开展专项调查,建立野生动物资源档案,并向社会公布黄河流域野生动物资源状况。

国务院生态环境主管部门应当定期组织开展黄河流域生态状况评估,并向社会公布黄河流域生态状况。

国务院林业和草原主管部门应当会同国务院有关部门组织开展黄河流域土地荒漠化、沙化调查监测,并定期向社会公布调查监测结果。

国务院水行政主管部门应当组织开展黄河流域水土流失调查监测,并定期向社会公布调查监测结果。

第十二条　【监测网络体系、风险报告和预警机制】黄河流域统筹协调机制统筹协调国务院有关部门和黄河流域省级人民政府,在已经建立的台站和监测项目基础上,健全黄河流域生态环境、自然资源、水文、泥沙、荒漠化和沙化、水土保持、自然灾害、气象等监测网络体系。

国务院有关部门和黄河流域县级以上地方人民政府及其有关部门按照职责分工,健全完善生态环境风险报告和预警机制。

第十三条 【应急管理】国家加强黄河流域自然灾害的预防与应急准备、监测与预警、应急处置与救援、事后恢复与重建体系建设,维护相关工程和设施安全,控制、减轻和消除自然灾害引起的危害。

国务院生态环境主管部门应当会同国务院有关部门和黄河流域省级人民政府,建立健全黄河流域突发生态环境事件应急联动工作机制,与国家突发事件应急体系相衔接,加强对黄河流域突发生态环境事件的应对管理。

出现严重干旱、省际或者重要控制断面流量降至预警流量、水库运行故障、重大水污染事故等情形,可能造成供水危机、黄河断流时,黄河流域管理机构应当组织实施应急调度。

第十四条 【专家咨询委员会】黄河流域统筹协调机制设立黄河流域生态保护和高质量发展专家咨询委员会,对黄河流域重大政策、重大规划、重大项目和重大科技问题等提供专业咨询。

国务院有关部门和黄河流域省级人民政府及其有关部门按照职责分工,组织开展黄河流域建设项目、重要基础设施和产业布局相关规划等对黄河流域生态系统影响的第三方评估、分析、论证等工作。

第十五条 【黄河流域信息共享系统】黄河流域统筹协调机制统筹协调国务院有关部门和黄河流域省级人民政府,建立健全黄河流域信息共享系统,组织建立智慧黄河信息共享平台,提高科学化水平。国务院有关部门和黄河流域省级人民政府及其有关部门应当按照国家有关规定,共享黄河流域生态环境、自然资源、水土保持、防洪安全以及管理执法等信息。

第十六条 【国家鼓励、支持重大科技问题研究】国家鼓励、支持开展黄河流域生态保护与修复、水资源节约集约利用、水沙运动与调控、防沙治沙、泥沙综合利用、河流动力与河床演变、水土保持、水文、气候、污染防治等方面的重大科技问题研究,加强协同创新,推动关键性技术研究,推广应用先进适用技术,提升科技创新支撑能力。

第十七条 【黄河文化保护传承弘扬】国家加强黄河文化保护传承弘

扬,系统保护黄河文化遗产,研究黄河文化发展脉络,阐发黄河文化精神内涵和时代价值,铸牢中华民族共同体意识。

第十八条　【宣传教育】国务院有关部门和黄河流域县级以上地方人民政府及其有关部门应当加强黄河流域生态保护和高质量发展的宣传教育。

新闻媒体应当采取多种形式开展黄河流域生态保护和高质量发展的宣传报道,并依法对违法行为进行舆论监督。

第十九条　【表彰和奖励】国家鼓励、支持单位和个人参与黄河流域生态保护和高质量发展相关活动。

对在黄河流域生态保护和高质量发展工作中做出突出贡献的单位和个人,按照国家有关规定予以表彰和奖励。

第二章　规划与管控

第二十条　【黄河流域规划体系】国家建立以国家发展规划为统领,以空间规划为基础,以专项规划、区域规划为支撑的黄河流域规划体系,发挥规划对推进黄河流域生态保护和高质量发展的引领、指导和约束作用。

第二十一条　【生态保护和高质量发展规划】国务院和黄河流域县级以上地方人民政府应当将黄河流域生态保护和高质量发展工作纳入国民经济和社会发展规划。

国务院发展改革部门应当会同国务院有关部门编制黄河流域生态保护和高质量发展规划,报国务院批准后实施。

第二十二条　【国土空间规划】国务院自然资源主管部门应当会同国务院有关部门组织编制黄河流域国土空间规划,科学有序统筹安排黄河流域农业、生态、城镇等功能空间,划定永久基本农田、生态保护红线、城镇开发边界,优化国土空间结构和布局,统领黄河流域国土空间利用任务,报国务院批准后实施。涉及黄河流域国土空间利用的专项规划应当与黄河流域国土空间规划相衔接。

黄河流域县级以上地方人民政府组织编制本行政区域的国土空间规划,按照规定的程序报经批准后实施。

第二十三条　【规划原则】国务院水行政主管部门应当会同国务院有关部门和黄河流域省级人民政府,按照统一规划、统一管理、统一调度的原则,依法编制黄河流域综合规划、水资源规划、防洪规划等,对节约、保护、开发、利用水资源和防治水害作出部署。

黄河流域生态环境保护等规划依照有关法律、行政法规的规定编制。

第二十四条 【科学论证】国民经济和社会发展规划、国土空间总体规划的编制以及重大产业政策的制定,应当与黄河流域水资源条件和防洪要求相适应,并进行科学论证。

黄河流域工业、农业、畜牧业、林草业、能源、交通运输、旅游、自然资源开发等专项规划和开发区、新区规划等,涉及水资源开发利用的,应当进行规划水资源论证。未经论证或者经论证不符合水资源强制性约束控制指标的,规划审批机关不得批准该规划。

第二十五条 【国土空间用途管制】国家对黄河流域国土空间严格实行用途管制。黄河流域县级以上地方人民政府自然资源主管部门依据国土空间规划,对本行政区域黄河流域国土空间实行分区、分类用途管制。

黄河流域国土空间开发利用活动应当符合国土空间用途管制要求,并依法取得规划许可。

禁止违反国家有关规定、未经国务院批准,占用永久基本农田。禁止擅自占用耕地进行非农业建设,严格控制耕地转为林地、草地、园地等其他农用地。

黄河流域县级以上地方人民政府应当严格控制黄河流域以人工湖、人工湿地等形式新建人造水景观,黄河流域统筹协调机制应当组织有关部门加强监督管理。

第二十六条 【准入清单】黄河流域省级人民政府根据本行政区域的生态环境和资源利用状况,按照生态保护红线、环境质量底线、资源利用上线的要求,制定生态环境分区管控方案和生态环境准入清单,报国务院生态环境主管部门备案后实施。生态环境分区管控方案和生态环境准入清单应当与国土空间规划相衔接。

禁止在黄河干支流岸线管控范围内新建、扩建化工园区和化工项目。禁止在黄河干流岸线和重要支流岸线的管控范围内新建、改建、扩建尾矿库;但是以提升安全水平、生态环境保护水平为目的的改建除外。

干支流目录、岸线管控范围由国务院水行政、自然资源、生态环境主管部门按照职责分工,会同黄河流域省级人民政府确定并公布。

第二十七条　【水电开发】黄河流域水电开发,应当进行科学论证,符合国家发展规划、流域综合规划和生态保护要求。对黄河流域已建小水电工程,不符合生态保护要求的,县级以上地方人民政府应当组织分类整改或者采取措施逐步退出。

第二十八条　【统筹保障流域水安全】黄河流域管理机构统筹防洪减淤、城乡供水、生态保护、灌溉用水、水力发电等目标,建立水资源、水沙、防洪防凌综合调度体系,实施黄河干支流控制性水工程统一调度,保障流域水安全,发挥水资源综合效益。

第三章　生态保护与修复

第二十九条　【保护与修复】国家加强黄河流域生态保护与修复,坚持山水林田湖草沙一体化保护与修复,实行自然恢复为主、自然恢复与人工修复相结合的系统治理。

国务院自然资源主管部门应当会同国务院有关部门编制黄河流域国土空间生态修复规划,组织实施重大生态修复工程,统筹推进黄河流域生态保护与修复工作。

第三十条　【保护黄河水源涵养区】国家加强对黄河水源涵养区的保护,加大对黄河干流和支流源头、水源涵养区的雪山冰川、高原冻土、高寒草甸、草原、湿地、荒漠、泉域等的保护力度。

禁止在黄河上游约古宗列曲、扎陵湖、鄂陵湖、玛多河湖群等河道、湖泊管理范围内从事采矿、采砂、渔猎等活动,维持河道、湖泊天然状态。

第三十一条　【防沙治沙】国务院和黄河流域省级人民政府应当依法在重要生态功能区域、生态脆弱区域划定公益林,实施严格管护;需要补充灌溉的,在水资源承载能力范围内合理安排灌溉用水。

国务院林业和草原主管部门应当会同国务院有关部门、黄河流域省级人民政府,加强对黄河流域重要生态功能区域天然林、湿地、草原保护与修复和荒漠化、沙化土地治理工作的指导。

黄河流域县级以上地方人民政府应当采取防护林建设、禁牧封育、锁边防风固沙工程、沙化土地封禁保护、鼠害防治等措施,加强黄河流域重要生态功能区域天然林、湿地、草原保护与修复,开展规模化防沙治沙,科学治理荒漠化、沙化土地,在河套平原区、内蒙古高原湖泊萎缩退化区、黄土高原土地沙化区、汾渭平原区等重点区域实施生态修复工程。

第三十二条　【水土流失防治】国家加强对黄河流域子午岭—六盘山、秦岭北麓、贺兰山、白于山、陇中等水土流失重点预防区、治理区和渭河、洮河、汾河、伊洛河等重要支流源头区的水土流失防治。水土流失防治应当根据实际情况,科学采取生物措施和工程措施。

禁止在二十五度以上陡坡地开垦种植农作物。黄河流域省级人民政府根据本行政区域的实际情况,可以规定小于二十五度的禁止开垦坡度。禁止开垦的陡坡地范围由所在地县级人民政府划定并公布。

第三十三条　【生态脆弱区域的保护和治理】国务院水行政主管部门应当会同国务院有关部门加强黄河流域砒砂岩区、多沙粗沙区、水蚀风蚀交错区和沙漠入河区等生态脆弱区域保护和治理,开展土壤侵蚀和水土流失状况评估,实施重点防治工程。

黄河流域县级以上地方人民政府应当组织推进小流域综合治理、坡耕地综合整治、黄土高原塬面治理保护、适地植被建设等水土保持重点工程,采取塬面、沟头、沟坡、沟道防护等措施,加强多沙粗沙区治理,开展生态清洁流域建设。

国家支持在黄河流域上中游开展整沟治理。整沟治理应当坚持规划先行、系统修复、整体保护、因地制宜、综合治理、一体推进。

第三十四条　【淤地坝建设】国务院水行政主管部门应当会同国务院有关部门制定淤地坝建设、养护标准或者技术规范,健全淤地坝建设、管理、安全运行制度。

黄河流域县级以上地方人民政府应当因地制宜组织开展淤地坝建设,加快病险淤地坝除险加固和老旧淤地坝提升改造,建设安全监测和预警设施,将淤地坝工程防汛纳入地方防汛责任体系,落实管护责任,提高养护水平,减少下游河道淤积。

禁止损坏、擅自占用淤地坝。

第三十五条　【生产建设活动限制】禁止在黄河流域水土流失严重、生态脆弱区域开展可能造成水土流失的生产建设活动。确因国家发展战略和国计民生需要建设的,应当进行科学论证,并依法办理审批手续。

生产建设单位应当依法编制并严格执行经批准的水土保持方案。

从事生产建设活动造成水土流失的,应当按照国家规定的水土流失防治相关标准进行治理。

第三十六条　【黄河入海河口整治规划】国务院水行政主管部门应当会同国务院有关部门和山东省人民政府,编制并实施黄河入海河口整治规划,合理布局黄河入海流路,加强河口治理,保障入海河道畅通和河口防洪防凌安全,实施清水沟、刁口河生态补水,维护河口生态功能。

国务院自然资源、林业和草原主管部门应当会同国务院有关部门和山东省人民政府,组织开展黄河三角洲湿地生态保护与修复,有序推进退塘还河、退耕还湿、退田还滩,加强外来入侵物种防治,减少油气开采、围垦养殖、港口航运等活动对河口生态系统的影响。

禁止侵占刁口河等黄河备用入海流路。

第三十七条　【管控指标】国务院水行政主管部门确定黄河干流、重要支流控制断面生态流量和重要湖泊生态水位的管控指标,应当征求并研究国务院生态环境、自然资源等主管部门的意见。黄河流域省级人民政府水行政主管部门确定其他河流生态流量和其他湖泊生态水位的管控指标,应当征求并研究同级人民政府生态环境、自然资源等主管部门的意见,报黄河流域管理机构、黄河流域生态环境监督管理机构备案。确定生态流量和生态水位的管控指标,应当进行科学论证,综合考虑水资源条件、气候状况、生态环境保护要求、生活生产用水状况等因素。

黄河流域管理机构和黄河流域省级人民政府水行政主管部门按照职责分工,组织编制和实施生态流量和生态水位保障实施方案。

黄河干流、重要支流水工程应当将生态用水调度纳入日常运行调度规程。

第三十八条　【自然保护地体系】国家统筹黄河流域自然保护地体系建设。国务院和黄河流域省级人民政府在黄河流域重要典型生态系统的完整分布区、生态环境敏感区以及珍贵濒危野生动植物天然集中分布区和重要栖息地、重要自然遗迹分布区等区域,依法设立国家公园、自然保护区、自然公园等自然保护地。

自然保护地建设、管理涉及河道、湖泊管理范围的,应当统筹考虑河道、湖泊保护需要,满足防洪要求,并保障防洪工程建设和管理活动的开展。

第三十九条 【生物多样性保护】国务院林业和草原、农业农村主管部门应当会同国务院有关部门和黄河流域省级人民政府按照职责分工,对黄河流域数量急剧下降或者极度濒危的野生动植物和受到严重破坏的栖息地、天然集中分布区、破碎化的典型生态系统开展保护与修复,修建迁地保护设施,建立野生动植物遗传资源基因库,进行抢救性修复。

国务院生态环境主管部门和黄河流域县级以上地方人民政府组织开展黄河流域生物多样性保护管理,定期评估生物受威胁状况以及生物多样性恢复成效。

第四十条 【水生生物完整性评价】国务院农业农村主管部门应当会同国务院有关部门和黄河流域省级人民政府,建立黄河流域水生生物完整性指数评价体系,组织开展黄河流域水生生物完整性评价,并将评价结果作为评估黄河流域生态系统总体状况的重要依据。黄河流域水生生物完整性指数应当与黄河流域水环境质量标准相衔接。

第四十一条 【水产种质资源保护】国家保护黄河流域水产种质资源和珍贵濒危物种,支持开展水产种质资源保护区、国家重点保护野生动物人工繁育基地建设。

禁止在黄河流域开放水域养殖、投放外来物种和其他非本地物种种质资源。

第四十二条 【水生生物重要栖息地的保护与修复】国家加强黄河流域水生生物产卵场、索饵场、越冬场、洄游通道等重要栖息地的生态保护与修复。对鱼类等水生生物洄游产生阻隔的涉水工程应当结合实际采取建设过鱼设施、河湖连通、增殖放流、人工繁育等多种措施,满足水生生物的生态需求。

国家实行黄河流域重点水域禁渔期制度,禁渔期内禁止在黄河流域重点水域从事天然渔业资源生产性捕捞,具体办法由国务院农业农村主管部门制定。黄河流域县级以上地方人民政府应当按照国家有关规定做好禁渔期渔民的生活保障工作。

禁止电鱼、毒鱼、炸鱼等破坏渔业资源和水域生态的捕捞行为。

第四十三条 【地下水超采综合治理】国务院水行政主管部门应当会同国务院自然资源主管部门组织划定并公布黄河流域地下水超采区。

黄河流域省级人民政府水行政主管部门应当会同本级人民政府

有关部门编制本行政区域地下水超采综合治理方案,经省级人民政府批准后,报国务院水行政主管部门备案。

第四十四条　【农田综合整治】黄河流域县级以上地方人民政府应当组织开展退化农用地生态修复,实施农田综合整治。

黄河流域生产建设活动损毁的土地,由生产建设者负责复垦。因历史原因无法确定土地复垦义务人以及因自然灾害损毁的土地,由黄河流域县级以上地方人民政府负责组织复垦。

黄河流域县级以上地方人民政府应当加强对矿山的监督管理,督促采矿权人履行矿山污染防治和生态修复责任,并因地制宜采取消除地质灾害隐患、土地复垦、恢复植被、防治污染等措施,组织开展历史遗留矿山生态修复工作。

第四章　水资源节约集约利用

第四十五条　【节约生活用水】黄河流域水资源利用,应当坚持节水优先、统筹兼顾、集约使用、精打细算,优先满足城乡居民生活用水,保障基本生态用水,统筹生产用水。

第四十六条　【黄河水量统一配置】国家对黄河水量实行统一配置。制定和调整黄河水量分配方案,应当充分考虑黄河流域水资源条件、生态环境状况、区域用水状况、节水水平、洪水资源化利用等,统筹当地水和外调水、常规水和非常规水,科学确定水资源可利用总量和河道输沙入海水量,分配区域地表水取用水总量。

黄河流域管理机构商黄河流域省级人民政府制定和调整黄河水量分配方案和跨省支流水量分配方案。黄河水量分配方案经国务院发展改革部门、水行政主管部门审查后,报国务院批准。跨省支流水量分配方案报国务院授权的部门批准。

黄河流域省级人民政府水行政主管部门根据黄河水量分配方案和跨省支流水量分配方案,制定和调整本行政区域水量分配方案,经省级人民政府批准后,报黄河流域管理机构备案。

第四十七条　【黄河流域水资源统一调度】国家对黄河流域水资源实行统一调度,遵循总量控制、断面流量控制、分级管理、分级负责的原则,根据水情变化进行动态调整。

国务院水行政主管部门依法组织黄河流域水资源统一调度的实施和监督管理。

第四十八条 【地下水取水总量及水位控制指标】国务院水行政主管部门应当会同国务院自然资源主管部门制定黄河流域省级行政区域地下水取水总量控制指标。

黄河流域省级人民政府水行政主管部门应当会同本级人民政府有关部门,根据本行政区域地下水取水总量控制指标,制定设区的市、县级行政区域地下水取水总量控制指标和地下水水位控制指标,经省级人民政府批准后,报国务院水行政主管部门或者黄河流域管理机构备案。

第四十九条 【遵守管控指标】黄河流域县级以上行政区域的地表水取用水总量不得超过水量分配方案确定的控制指标,并符合生态流量和生态水位的管控指标要求;地下水取水总量不得超过本行政区域地下水取水总量控制指标,并符合地下水水位控制指标要求。

黄河流域县级以上地方人民政府应当根据本行政区域取用水总量控制指标,统筹考虑经济社会发展用水需求、节水标准和产业政策,制定本行政区域农业、工业、生活及河道外生态等用水量控制指标。

第五十条 【取水许可】在黄河流域取用水资源,应当依法取得取水许可。

黄河干流取水,以及跨省重要支流指定河段限额以上取水,由黄河流域管理机构负责审批取水申请,审批时应当研究取水口所在地的省级人民政府水行政主管部门的意见;其他取水由黄河流域县级以上地方人民政府水行政主管部门负责审批取水申请。指定河段和限额标准由国务院水行政主管部门确定公布、适时调整。

第五十一条 【水资源差别化管理】国家在黄河流域实行水资源差别化管理。国务院水行政主管部门应当会同国务院自然资源主管部门定期组织开展黄河流域水资源评价和承载能力调查评估。评估结果作为划定水资源超载地区、临界超载地区、不超载地区的依据。

水资源超载地区县级以上地方人民政府应当制定水资源超载治理方案,采取产业结构调整、强化节水等措施,实施综合治理。水资源临界超载地区县级以上地方人民政府应当采取限制性措施,防止水资源超载。

除生活用水等民生保障用水外,黄河流域水资源超载地区不得新增取水许可;水资源临界超载地区应当严格限制新增取水许可。

第五十二条 【强制性用水定额管理制度】国家在黄河流域实行强制性用水定额管理制度。国务院水行政、标准化主管部门应当会同国务院发展改革部门组织制定黄河流域高耗水工业和服务业强制性用水定额。制定强制性用水定额应当征求国务院有关部门、黄河流域省级人民政府、企业事业单位和社会公众等方面的意见,并依照《中华人民共和国标准化法》的有关规定执行。

黄河流域省级人民政府按照深度节水控水要求,可以制定严于国家用水定额的地方用水定额;国家用水定额未作规定的,可以补充制定地方用水定额。

黄河流域以及黄河流经省、自治区其他黄河供水区相关县级行政区域的用水单位,应当严格执行强制性用水定额;超过强制性用水定额的,应当限期实施节水技术改造。

第五十三条 【核定取水量】黄河流域以及黄河流经省、自治区其他黄河供水区相关县级行政区域的县级以上地方人民政府水行政主管部门和黄河流域管理机构核定取水单位的取水量,应当符合用水定额的要求。

黄河流域以及黄河流经省、自治区其他黄河供水区相关县级行政区域取水量达到取水规模以上的单位,应当安装合格的在线计量设施,保证设施正常运行,并将计量数据传输至有管理权限的水行政主管部门或者黄河流域管理机构。取水规模标准由国务院水行政主管部门制定。

第五十四条 【高耗水产业准入负面清单和淘汰类高耗水产业目录制度】国家在黄河流域实行高耗水产业准入负面清单和淘汰类高耗水产业目录制度。列入高耗水产业准入负面清单和淘汰类高耗水产业目录的建设项目,取水申请不予批准。高耗水产业准入负面清单和淘汰类高耗水产业目录由国务院发展改革部门会同国务院水行政主管部门制定并发布。

严格限制从黄河流域向外流域扩大供水量,严格限制新增引黄灌溉用水量。因实施国家重大战略确需新增用水量的,应当严格进行水资源论证,并取得黄河流域管理机构批准的取水许可。

第五十五条 【发展节水农业及工艺】黄河流域县级以上地方人民政府应当组织发展高效节水农业,加强农业节水设施和农业用水计量设施建设,选育推广低耗水、高耐旱农作物,降低农业耗水量。禁止取用深层地下水用于农业灌溉。

黄河流域工业企业应当优先使用国家鼓励的节水工艺、技术和装备。国家鼓励的工业节水工艺、技术和装备目录由国务院工业和信息化主管部门会同国务院有关部门制定并发布。

黄河流域县级以上地方人民政府应当组织推广应用先进适用的节水工艺、技术、装备、产品和材料,推进工业废水资源化利用,支持企业用水计量和节水技术改造,支持工业园区企业发展串联用水系统和循环用水系统,促进能源、化工、建材等高耗水产业节水。高耗水工业企业应当实施用水计量和节水技术改造。

黄河流域县级以上地方人民政府应当组织实施城乡老旧供水设施和管网改造,推广普及节水型器具,开展公共机构节水技术改造,控制高耗水服务业用水,完善农村集中供水和节水配套设施。

黄河流域县级以上地方人民政府及其有关部门应当加强节水宣传教育和科学普及,提高公众节水意识,营造良好节水氛围。

第五十六条 【水价体系】国家在黄河流域建立促进节约用水的水价体系。城镇居民生活用水和具备条件的农村居民生活用水实行阶梯水价,高耗水工业和服务业水价实行高额累进加价,非居民用水水价实行超定额累进加价,推进农业水价综合改革。

国家在黄河流域对节水潜力大、使用面广的用水产品实行水效标识管理,限期淘汰水效等级较低的用水产品,培育合同节水等节水市场。

第五十七条 【饮用水水源地名录】国务院水行政主管部门应当会同国务院有关部门制定黄河流域重要饮用水水源地名录。黄河流域省级人民政府水行政主管部门应当会同本级人民政府有关部门制定本行政区域的其他饮用水水源地名录。

黄河流域省级人民政府组织划定饮用水水源保护区,加强饮用水水源保护,保障饮用水安全。黄河流域县级以上地方人民政府及其有关部门应当合理布局饮用水水源取水口,加强饮用水应急水源、备用水源建设。

第五十八条 【跨流域调水和重大水源工程】国家综合考虑黄河流域水资源条件、经济社会发展需要和生态环境保护要求,统筹调出区和调入区供水安全和生态安全,科学论证、规划和建设跨流域调水和重大水源工程,加快构建国家水网,优化水资源配置,提高水资源承载能力。

黄河流域县级以上地方人民政府应当组织实施区域水资源配置工程建设,提高城乡供水保障程度。

第五十九条　【再生水】黄河流域县级以上地方人民政府应当推进污水资源化利用,国家对相关设施建设予以支持。

黄河流域县级以上地方人民政府应当将再生水、雨水、苦咸水、矿井水等非常规水纳入水资源统一配置,提高非常规水利用比例。景观绿化、工业生产、建筑施工等用水,应当优先使用符合要求的再生水。

第五章　水沙调控与防洪安全

第六十条　【水沙调控和防洪减灾工程体系】国家依据黄河流域综合规划、防洪规划,在黄河流域组织建设水沙调控和防洪减灾工程体系,完善水沙调控和防洪防凌调度机制,加强水文和气象监测预报预警、水沙观测和河势调查,实施重点水库和河段清淤疏浚、滩区放淤,提高河道行洪输沙能力,塑造河道主槽,维持河势稳定,保障防洪安全。

第六十一条　【拦沙输沙及防洪管理】国家完善以骨干水库等重大水工程为主的水沙调控体系,采取联合调水调沙、泥沙综合处理利用等措施,提高拦沙输沙能力。纳入水沙调控体系的工程名录由国务院水行政主管部门制定。

国务院有关部门和黄河流域省级人民政府应当加强黄河干支流控制性水工程、标准化堤防、控制引导河水流向工程等防洪工程体系建设和管理,实施病险水库除险加固和山洪、泥石流灾害防治。

黄河流域管理机构及其所属管理机构和黄河流域县级以上地方人民政府应当加强防洪工程的运行管护,保障工程安全稳定运行。

第六十二条　【水沙统一调度制度】国家实行黄河流域水沙统一调度制度。黄河流域管理机构应当组织实施黄河干支流水库群统一调度,编制水沙调控方案,确定重点水库水沙调控运用指标、运用方式、调控起止时间,下达调度指令。水沙调控应当采取措施尽量减少对水生生物及其栖息地的影响。

黄河流域县级以上地方人民政府、水库主管部门和管理单位应当执行黄河流域管理机构的调度指令。

第六十三条 【防御洪水方案】国务院水行政主管部门组织编制黄河防御洪水方案,经国家防汛抗旱指挥机构审核后,报国务院批准。

黄河流域管理机构应当会同黄河流域省级人民政府根据批准的黄河防御洪水方案,编制黄河干流和重要支流、重要水工程的洪水调度方案,报国务院水行政主管部门批准并抄送国家防汛抗旱指挥机构和国务院应急管理部门,按照职责组织实施。

黄河流域县级以上地方人民政府组织编制和实施黄河其他支流、水工程的洪水调度方案,并报上一级人民政府防汛抗旱指挥机构和有关主管部门备案。

第六十四条 【防凌调度方案】黄河流域管理机构制定年度防凌调度方案,报国务院水行政主管部门备案,按照职责组织实施。

黄河流域有防凌任务的县级以上地方人民政府应当把防御凌汛纳入本行政区域的防洪规划。

第六十五条 【防汛抗旱】黄河防汛抗旱指挥机构负责指挥黄河流域防汛抗旱工作,其办事机构设在黄河流域管理机构,承担黄河防汛抗旱指挥机构的日常工作。

第六十六条 【滩区名录】黄河流域管理机构应当会同黄河流域省级人民政府依据黄河流域防洪规划,制定黄河滩区名录,报国务院水行政主管部门批准。黄河流域省级人民政府应当有序安排滩区居民迁建,严格控制向滩区迁入常住人口,实施滩区综合提升治理工程。

黄河滩区土地利用、基础设施建设和生态保护与修复应当满足河道行洪需要,发挥滩区滞洪、沉沙功能。

在黄河滩区内,不得新规划城镇建设用地、设立新的村镇,已经规划和设立的,不得扩大范围;不得新划定永久基本农田,已经划定为永久基本农田、影响防洪安全的,应当逐步退出;不得新开垦荒地、新建生产堤,已建生产堤影响防洪安全的应当及时拆除,其他生产堤应当逐步拆除。

因黄河滩区自然行洪、蓄滞洪水等导致受淹造成损失的,按照国家有关规定予以补偿。

第六十七条 【河道、湖泊管理和保护】国家加强黄河流域河道、湖泊管理和保护。禁止在河道、湖泊管理范围内建设妨碍行洪的建筑物、构筑物以及从事影响河势稳定、危害河岸堤防安全和其他妨碍河道行洪的活动。禁止违法利用、占用河道、湖泊水域和岸线。河道、湖泊管理范围由黄河流域管理机构和有关县级以上地方人民政府依法科学划定并公布。

建设跨河、穿河、穿堤、临河的工程设施,应当符合防洪标准等要求,不得威胁堤防安全、影响河势稳定、擅自改变水域和滩地用途、降低行洪和调蓄能力、缩小水域面积;确实无法避免降低行洪和调蓄能力、缩小水域面积的,应当同时建设等效替代工程或者采取其他功能补救措施。

第六十八条 【河道治理】黄河流域河道治理,应当因地制宜采取河道清障、清淤疏浚、岸坡整治、堤防加固、水源涵养与水土保持、河湖管护等治理措施,加强悬河和游荡性河道整治,增强河道、湖泊、水库防御洪水能力。

国家支持黄河流域有关地方人民政府以稳定河势、规范流路、保障行洪能力为前提,统筹河道岸线保护修复、退耕还湿,建设集防洪、生态保护等功能于一体的绿色生态走廊。

第六十九条 【河道采砂规划和许可制度】国家实行黄河流域河道采砂规划和许可制度。黄河流域河道采砂应当依法取得采砂许可。

黄河流域管理机构和黄河流域县级以上地方人民政府依法划定禁采区,规定禁采期,并向社会公布。禁止在黄河流域禁采区和禁采期从事河道采砂活动。

第七十条 【水库库区管理】国务院有关部门应当会同黄河流域省级人民政府加强对龙羊峡、刘家峡、三门峡、小浪底、故县、陆浑、河口村等干支流骨干水库库区的管理,科学调控水库水位,加强库区水土保持、生态保护和地质灾害防治工作。

在三门峡、小浪底、故县、陆浑、河口村水库库区养殖,应当满足水沙调控和防洪要求,禁止采用网箱、围网和拦河拉网方式养殖。

第七十一条 【洪涝灾害防御】黄河流域城市人民政府应当统筹城市防洪和排涝工作,加强城市防洪排涝设施建设和管理,完善城市洪涝灾害监测预警机制,健全城市防灾减灾体系,提升城市洪涝灾害防御和应对能力。

黄河流域城市人民政府及其有关部门应当加强洪涝灾害防御宣传教育和社会动员,定期组织开展应急演练,增强社会防范意识。

第六章 污 染 防 治

第七十二条 【河湖环境综合整治】国家加强黄河流域农业面源污染、工业污染、城乡生活污染等的综合治理、系统治理、源头治理,推进重点河湖环境综合整治。

第七十三条 【水环境质量标准】国务院生态环境主管部门制定黄河流域水环境质量标准,对国家水环境质量标准中未作规定的项目,可以作出补充规定;对国家水环境质量标准中已经规定的项目,可以作出更加严格的规定。制定黄河流域水环境质量标准应当征求国务院有关部门和有关省级人民政府的意见。

黄河流域省级人民政府可以制定严于黄河流域水环境质量标准的地方水环境质量标准,报国务院生态环境主管部门备案。

第七十四条 【地方水污染物排放标准】对没有国家水污染物排放标准的特色产业、特有污染物,以及国家有明确要求的特定水污染源或者水污染物,黄河流域省级人民政府应当补充制定地方水污染物排放标准,报国务院生态环境主管部门备案。

有下列情形之一的,黄河流域省级人民政府应当制定严于国家水污染物排放标准的地方水污染物排放标准,报国务院生态环境主管部门备案:

(一)产业密集、水环境问题突出;

(二)现有水污染物排放标准不能满足黄河流域水环境质量要求;

(三)流域或者区域水环境形势复杂,无法适用统一的水污染物排放标准。

第七十五条 【水污染物排放总量控制】国务院生态环境主管部门根据水环境质量改善目标和水污染防治要求,确定黄河流域各省级行政区域重点水污染物排放总量控制指标。黄河流域水环境质量不达标的水功能区,省级人民政府生态环境主管部门应当实施更加严格的水污染物排放总量削减措施,限期实现水环境质量达标。排放水污染物的企业事业单位应当按照要求,采取水污染物排放总量控制措施。

黄河流域县级以上地方人民政府应当加强和统筹污水、固体废物收集处理处置等环境基础设施建设,保障设施正常运行,因地制宜推进农村厕所改造、生活垃圾处理和污水治理,消除黑臭水体。

第七十六条　【排污口管控】在黄河流域河道、湖泊新设、改设或者扩大排污口，应当报经有管辖权的生态环境主管部门或者黄河流域生态环境监督管理机构批准。新设、改设或者扩大可能影响防洪、供水、堤防安全、河势稳定的排污口的，审批时应当征求县级以上地方人民政府水行政主管部门或者黄河流域管理机构的意见。

黄河流域水环境质量不达标的水功能区，除城乡污水集中处理设施等重要民生工程的排污口外，应当严格控制新设、改设或者扩大排污口。

黄河流域县级以上地方人民政府应当对本行政区域河道、湖泊的排污口组织开展排查整治，明确责任主体，实施分类管理。

第七十七条　【地下水污染防治一】黄河流域县级以上地方人民政府应当对沿河道、湖泊的垃圾填埋场、加油站、储油库、矿山、尾矿库、危险废物处置场、化工园区和化工项目等地下水重点污染源及周边地下水环境风险隐患组织开展调查评估，采取风险防范和整治措施。

黄河流域设区的市级以上地方人民政府生态环境主管部门商本级人民政府有关部门，制定并发布地下水污染防治重点排污单位名录。地下水污染防治重点排污单位应当依法安装水污染物排放自动监测设备，与生态环境主管部门的监控设备联网，并保证监测设备正常运行。

第七十八条　【地下水污染防治二】黄河流域省级人民政府生态环境主管部门应当会同本级人民政府水行政、自然资源等主管部门，根据本行政区域地下水污染防治需要，划定地下水污染防治重点区，明确环境准入、隐患排查、风险管控等管理要求。

黄河流域县级以上地方人民政府应当加强油气开采区等地下水污染防治监督管理。在黄河流域开发煤层气、致密气等非常规天然气的，应当对其产生的压裂液、采出水进行处理处置，不得污染土壤和地下水。

第七十九条　【土壤生态环境保护】黄河流域县级以上地方人民政府应当加强黄河流域土壤生态环境保护，防止新增土壤污染，因地制宜分类推进土壤污染风险管控与修复。

黄河流域县级以上地方人民政府应当加强黄河流域固体废物污染环境防治，组织开展固体废物非法转移和倾倒的联防联控。

第八十条 【污染物质调查监测、管控、治理】国务院生态环境主管部门应当在黄河流域定期组织开展大气、水体、土壤、生物中有毒有害化学物质调查监测,并会同国务院卫生健康等主管部门开展黄河流域有毒有害化学物质环境风险评估与管控。

国务院生态环境等主管部门和黄河流域县级以上地方人民政府及其有关部门应当加强对持久性有机污染物等新污染物的管控、治理。

第八十一条 【农业污染防治】黄河流域县级以上地方人民政府及其有关部门应当加强农药、化肥等农业投入品使用总量控制、使用指导和技术服务,推广病虫害绿色防控等先进适用技术,实施灌区农田退水循环利用,加强对农业污染源的监测预警。

黄河流域农业生产经营者应当科学合理使用农药、化肥、兽药等农业投入品,科学处理、处置农业投入品包装废弃物、农用薄膜等农业废弃物,综合利用农作物秸秆,加强畜禽、水产养殖污染防治。

第七章 促进高质量发展

第八十二条 【绿色转型】促进黄河流域高质量发展应当坚持新发展理念,加快发展方式绿色转型,以生态保护为前提优化调整区域经济和生产力布局。

第八十三条 【协同推进黄河流域生态保护和城乡融合发展】国务院有关部门和黄河流域县级以上地方人民政府及其有关部门应当协同推进黄河流域生态保护和高质量发展战略与乡村振兴战略、新型城镇化战略和中部崛起、西部大开发等区域协调发展战略的实施,统筹城乡基础设施建设和产业发展,改善城乡人居环境,健全基本公共服务体系,促进城乡融合发展。

第八十四条 【城市建设】国务院有关部门和黄河流域县级以上地方人民政府应当强化生态环境、水资源等约束和城镇开发边界管控,严格控制黄河流域上中游地区新建各类开发区,推进节水型城市、海绵城市建设,提升城市综合承载能力和公共服务能力。

第八十五条 【乡村建设】国务院有关部门和黄河流域县级以上地方人民政府应当科学规划乡村布局,统筹生态保护与乡村发展,加强农村基础设施建设,推进农村产业融合发展,鼓励使用绿色低碳能源,加快推进农房和村庄建设现代化,塑造乡村风貌,建设生态宜居美丽乡村。

第八十六条 【清洁生产】黄河流域产业结构和布局应当与黄河流域生态系统和资源环境承载能力相适应。严格限制在黄河流域布局高耗水、高污染或者高耗能项目。

黄河流域煤炭、火电、钢铁、焦化、化工、有色金属等行业应当开展清洁生产，依法实施强制性清洁生产审核。

黄河流域县级以上地方人民政府应当采取措施，推动企业实施清洁化改造，组织推广应用工业节能、资源综合利用等先进适用的技术装备，完善绿色制造体系。

第八十七条 【新型基础设施建设】国家鼓励黄河流域开展新型基础设施建设，完善交通运输、水利、能源、防灾减灾等基础设施网络。

黄河流域县级以上地方人民政府应当推动制造业高质量发展和资源型产业转型，因地制宜发展特色优势现代产业和清洁低碳能源，推动产业结构、能源结构、交通运输结构等优化调整，推进碳达峰碳中和工作。

第八十八条 【现代农业服务业】国家鼓励、支持黄河流域建设高标准农田、现代畜牧业生产基地以及种质资源和制种基地，因地制宜开展盐碱地农业技术研究、开发和应用，支持地方品种申请地理标志产品保护，发展现代农业服务业。

国务院有关部门和黄河流域县级以上地方人民政府应当组织调整农业产业结构，优化农业产业布局，发展区域优势农业产业，服务国家粮食安全战略。

第八十九条 【科技创新】国务院有关部门和黄河流域县级以上地方人民政府应当鼓励、支持黄河流域科技创新，引导社会资金参与科技成果开发和推广应用，提升黄河流域科技创新能力。

国家支持社会资金设立黄河流域科技成果转化基金，完善科技投融资体系，综合运用政府采购、技术标准、激励机制等促进科技成果转化。

第九十条 【引导居民绿色低碳生活】黄河流域县级以上地方人民政府及其有关部门应当采取有效措施，提高城乡居民对本行政区域生态环境、资源禀赋的认识，支持、引导居民形成绿色低碳的生活方式。

第八章 黄河文化保护传承弘扬

第九十一条 【黄河文化体系建设】国务院文化和旅游主管部门应当会

同国务院有关部门编制并实施黄河文化保护传承弘扬规划,加强统筹协调,推动黄河文化体系建设。

黄河流域县级以上地方人民政府及其文化和旅游等主管部门应当加强黄河文化保护传承弘扬,提供优质公共文化服务,丰富城乡居民精神文化生活。

第九十二条 【文化创造性转化和创新性发展】国务院文化和旅游主管部门应当会同国务院有关部门和黄河流域省级人民政府,组织开展黄河文化和治河历史研究,推动黄河文化创造性转化和创新性发展。

第九十三条 【黄河文化资源基础数据库】国务院文化和旅游主管部门应当会同国务院有关部门组织指导黄河文化资源调查和认定,对文物古迹、非物质文化遗产、古籍文献等重要文化遗产进行记录、建档,建立黄河文化资源基础数据库,推动黄河文化资源整合利用和公共数据开放共享。

第九十四条 【保护水文化遗产、农耕文化遗产、地名文化遗产】国家加强黄河流域历史文化名城名镇名村、历史文化街区、文物、历史建筑、传统村落、少数民族特色村寨和古河道、古堤防、古灌溉工程等水文化遗产以及农耕文化遗产、地名文化遗产等的保护。国务院住房和城乡建设、文化和旅游、文物等主管部门和黄河流域县级以上地方人民政府有关部门按照职责分工和分级保护、分类实施的原则,加强监督管理。

国家加强黄河流域非物质文化遗产保护。国务院文化和旅游等主管部门和黄河流域县级以上地方人民政府有关部门应当完善黄河流域非物质文化遗产代表性项目名录体系,推进传承体验设施建设,加强代表性项目保护传承。

第九十五条 【弘扬黄河红色文化】国家加强黄河流域具有革命纪念意义的文物和遗迹保护,建设革命传统教育、爱国主义教育基地,传承弘扬黄河红色文化。

第九十六条 【黄河国家文化公园】国家建设黄河国家文化公园,统筹利用文化遗产地以及博物馆、纪念馆、展览馆、教育基地、水工程等资源,综合运用信息化手段,系统展示黄河文化。

国务院发展改革部门、文化和旅游主管部门组织开展黄河国家文化公园建设。

第九十七条 【支持单位和个人参与弘扬黄河文化】国家采取政府购买服务等措施,支持单位和个人参与提供反映黄河流域特色、体现黄河文化精神、适宜普及推广的公共文化服务。

黄河流域县级以上地方人民政府及其有关部门应当组织将黄河文化融入城乡建设和水利工程等基础设施建设。

第九十八条 【文化产业发展】黄河流域县级以上地方人民政府应当以保护传承弘扬黄河文化为重点,推动文化产业发展,促进文化产业与农业、水利、制造业、交通运输业、服务业等深度融合。

国务院文化和旅游主管部门应当会同国务院有关部门统筹黄河文化、流域水景观和水工程等资源,建设黄河文化旅游带。黄河流域县级以上地方人民政府文化和旅游主管部门应当结合当地实际,推动本行政区域旅游业发展,展示和弘扬黄河文化。

黄河流域旅游活动应当符合黄河防洪和河道、湖泊管理要求,避免破坏生态环境和文化遗产。

第九十九条 【文艺作品创作】国家鼓励开展黄河题材文艺作品创作。黄河流域县级以上地方人民政府应当加强对黄河题材文艺作品创作的支持和保护。

国家加强黄河文化宣传,促进黄河文化国际传播,鼓励、支持举办黄河文化交流、合作等活动,提高黄河文化影响力。

第九章 保障与监督

第一百条 【财政投入】国务院和黄河流域县级以上地方人民政府应当加大对黄河流域生态保护和高质量发展的财政投入。

国务院和黄河流域省级人民政府按照中央与地方财政事权和支出责任划分原则,安排资金用于黄河流域生态保护和高质量发展。

国家支持设立黄河流域生态保护和高质量发展基金,专项用于黄河流域生态保护与修复、资源能源节约集约利用、战略性新兴产业培育、黄河文化保护传承弘扬等。

第一百零一条 【税收政策】国家实行有利于节水、节能、生态环境保护和资源综合利用的税收政策,鼓励发展绿色信贷、绿色债券、绿色保险等金融产品,为黄河流域生态保护和高质量发展提供支持。

国家在黄河流域建立有利于水、电、气等资源性产品节约集约利用的价格机制,对资源高消耗行业中的限制类项目,实行限制性价格政策。

第一百零二条 【黄河流域生态保护补偿制度】国家建立健全黄河流域生态保护补偿制度。

国家加大财政转移支付力度,对黄河流域生态功能重要区域予以补偿。具体办法由国务院财政部门会同国务院有关部门制定。

国家加强对黄河流域行政区域间生态保护补偿的统筹指导、协调,引导和支持黄河流域上下游、左右岸、干支流地方人民政府之间通过协商或者按照市场规则,采用资金补偿、产业扶持等多种形式开展横向生态保护补偿。

国家鼓励社会资金设立市场化运作的黄河流域生态保护补偿基金。国家支持在黄河流域开展用水权市场化交易。

第一百零三条 【黄河流域生态保护和高质量发展责任制和考核评价制度】国家实行黄河流域生态保护和高质量发展责任制和考核评价制度。上级人民政府应当对下级人民政府水资源、水土保持强制性约束控制指标落实情况等生态保护和高质量发展目标完成情况进行考核。

第一百零四条 【各部门按照职责分工监督检查和个人举报】国务院有关部门、黄河流域县级以上地方人民政府有关部门、黄河流域管理机构及其所属管理机构、黄河流域生态环境监督管理机构按照职责分工,对黄河流域各类生产生活、开发建设等活动进行监督检查,依法查处违法行为,公开黄河保护工作相关信息,完善公众参与程序,为单位和个人参与和监督黄河保护工作提供便利。

单位和个人有权依法获取黄河保护工作相关信息,举报和控告违法行为。

第一百零五条 【执法协调机制】国务院有关部门、黄河流域县级以上地方人民政府及其有关部门、黄河流域管理机构及其所属管理机构、黄河流域生态环境监督管理机构应当加强黄河保护监督管理能力建设,提高科技化、信息化水平,建立执法协调机制,对跨行政区域、生态敏感区域以及重大违法案件,依法开展联合执法。

国家加强黄河流域司法保障建设,组织开展黄河流域司法协作,推进行政执法机关与司法机关协同配合,鼓励有关单位为黄河流域生态环境保护提供法律服务。

第一百零六条 【约谈】国务院有关部门和黄河流域省级人民政府对黄

河保护不力、问题突出、群众反映集中的地区,可以约谈该地区县级以上地方人民政府及其有关部门主要负责人,要求其采取措施及时整改。约谈和整改情况应当向社会公布。

第一百零七条　【报告发展工作情况】国务院应当定期向全国人民代表大会常务委员会报告黄河流域生态保护和高质量发展工作情况。

黄河流域县级以上地方人民政府应当定期向本级人民代表大会或者其常务委员会报告本级人民政府黄河流域生态保护和高质量发展工作情况。

第十章　法　律　责　任

第一百零八条　【责任部门及主管人员的违法责任】国务院有关部门、黄河流域县级以上地方人民政府及其有关部门、黄河流域管理机构及其所属管理机构、黄河流域生态环境监督管理机构违反本法规定,有下列行为之一的,对直接负责的主管人员和其他直接责任人员依法给予警告、记过、记大过或者降级处分;造成严重后果的,给予撤职或者开除处分,其主要负责人应当引咎辞职:

(一)不符合行政许可条件准予行政许可;

(二)依法应当作出责令停业、关闭等决定而未作出;

(三)发现违法行为或者接到举报不依法查处;

(四)有其他玩忽职守、滥用职权、徇私舞弊行为。

第一百零九条　【违规进行生产建设活动的法律责任】违反本法规定,有下列行为之一的,由地方人民政府生态环境、自然资源等主管部门按照职责分工,责令停止违法行为,限期拆除或者恢复原状,处五十万元以上五百万元以下罚款,对直接负责的主管人员和其他直接责任人员处五万元以上十万元以下罚款;逾期不拆除或者不恢复原状的,强制拆除或者代为恢复原状,所需费用由违法者承担;情节严重的,报经有批准权的人民政府批准,责令关闭:

(一)在黄河干支流岸线管控范围内新建、扩建化工园区或者化工项目;

(二)在黄河干流岸线或者重要支流岸线的管控范围内新建、改建、扩建尾矿库;

(三)违反生态环境准入清单规定进行生产建设活动。

第一百一十条　【违规开垦陡坡地及损坏、擅自占用淤地坝的法律责

任】违反本法规定,在黄河流域禁止开垦坡度以上陡坡地开垦种植农作物的,由县级以上地方人民政府水行政主管部门或者黄河流域管理机构及其所属管理机构责令停止违法行为,采取退耕、恢复植被等补救措施;按照开垦面积,可以对单位处每平方米一百元以下罚款、对个人处每平方米二十元以下罚款。

违反本法规定,在黄河流域损坏、擅自占用淤地坝的,由县级以上地方人民政府水行政主管部门或者黄河流域管理机构及其所属管理机构责令停止违法行为,限期治理或者采取补救措施,处十万元以上一百万元以下罚款;逾期不治理或者不采取补救措施的,代为治理或者采取补救措施,所需费用由违法者承担。

违反本法规定,在黄河流域从事生产建设活动造成水土流失未进行治理,或者治理不符合国家规定的相关标准的,由县级以上地方人民政府水行政主管部门或者黄河流域管理机构及其所属管理机构责令限期治理,对单位处二万元以上二十万元以下罚款,对个人可以处二万元以下罚款;逾期不治理的,代为治理,所需费用由违法者承担。

第一百一十一条 【未将生态用水调度纳入日常运行调度规程的法律责任】违反本法规定,黄河干流、重要支流水工程未将生态用水调度纳入日常运行调度规程的,由有关主管部门按照职责分工,责令改正,给予警告,并处一万元以上十万元以下罚款;情节严重的,并处十万元以上五十万元以下罚款。

第一百一十二条 【违反禁渔及养殖规定的法律责任】违反本法规定,禁渔期内在黄河流域重点水域从事天然渔业资源生产性捕捞的,由县级以上地方人民政府农业农村主管部门没收渔获物、违法所得以及用于违法活动的渔船、渔具和其他工具,并处一万元以上五万元以下罚款;采用电鱼、毒鱼、炸鱼等方式捕捞,或者有其他严重情节的,并处五万元以上五十万元以下罚款。

违反本法规定,在黄河流域开放水域养殖、投放外来物种或者其他非本地物种种质资源的,由县级以上地方人民政府农业农村主管部门责令限期捕回,处十万元以下罚款;造成严重后果的,处十万元以上一百万元以下罚款;逾期不捕回的,代为捕回或者采取降低负面影响的措施,所需费用由违法者承担。

违反本法规定,在三门峡、小浪底、故县、陆浑、河口村水库库区采用网箱、围网或者拦河拉网方式养殖，妨碍水沙调控和防洪的，由县级以上地方人民政府农业农村主管部门责令停止违法行为，拆除网箱、围网或者拦河拉网，处十万元以下罚款；造成严重后果的，处十万元以上一百万元以下罚款。

第一百一十三条　【违规取水的法律责任】违反本法规定，未经批准擅自取水，或者未依照批准的取水许可规定条件取水的，由县级以上地方人民政府水行政主管部门或者黄河流域管理机构及其所属管理机构责令停止违法行为，限期采取补救措施，处五万元以上五十万元以下罚款；情节严重的，吊销取水许可证。

第一百一十四条　【超过强制性用水定额的法律责任】违反本法规定，黄河流域以及黄河流经省、自治区其他黄河供水区相关县级行政区域的用水单位用水超过强制性用水定额，未按照规定期限实施节水技术改造的，由县级以上地方人民政府水行政主管部门或者黄河流域管理机构及其所属管理机构责令限期整改，可以处十万元以下罚款；情节严重的，处十万元以上五十万元以下罚款，吊销取水许可证。

第一百一十五条　【未安装在线计量设施的法律责任】违反本法规定，黄河流域以及黄河流经省、自治区其他黄河供水区相关县级行政区域取水量达到取水规模以上的单位未安装在线计量设施的，由县级以上地方人民政府水行政主管部门或者黄河流域管理机构及其所属管理机构责令限期安装，并按照日最大取水能力计算的取水量计征相关费用，处二万元以上十万元以下罚款；情节严重的，处十万元以上五十万元以下罚款，吊销取水许可证。

违反本法规定，在线计量设施不合格或者运行不正常的，由县级以上地方人民政府水行政主管部门或者黄河流域管理机构及其所属管理机构责令限期更换或者修复，逾期不更换或者不修复的，按照日最大取水能力计算的取水量计征相关费用，处五万元以下罚款；情节严重的，吊销取水许可证。

第一百一十六条　【违规取用深层地下水的法律责任】违反本法规定，黄河流域农业灌溉取用深层地下水的，由县级以上地方人民政府水行政主管部门或者黄河流域管理机构及其所属管理机构责令限期整改，可以处十万元以下罚款；情节严重的，处十万元以上五十万元以下罚款，吊销取水许可证。

第一百一十七条 【不执行水沙调度指令的法律责任】违反本法规定，黄河流域水库管理单位不执行黄河流域管理机构的水沙调度指令的，由黄河流域管理机构及其所属管理机构责令改正，给予警告，并处二万元以上十万元以下罚款；情节严重的，并处十万元以上五十万元以下罚款；对直接负责的主管人员和其他直接责任人员依法给予处分。

第一百一十八条 【违规建设、占用的法律责任】违反本法规定，有下列行为之一的，由县级以上地方人民政府水行政主管部门或者黄河流域管理机构及其所属管理机构责令停止违法行为，限期拆除违法建筑物、构筑物或者恢复原状，处五万元以上五十万元以下罚款；逾期不拆除或者不恢复原状的，强制拆除或者代为恢复原状，所需费用由违法者承担：

（一）在河道、湖泊管理范围内建设妨碍行洪的建筑物、构筑物或者从事影响河势稳定、危害河岸堤防安全和其他妨碍河道行洪的活动；

（二）违法利用、占用黄河流域河道、湖泊水域和岸线；

（三）建设跨河、穿河、穿堤、临河的工程设施，降低行洪和调蓄能力或者缩小水域面积，未建设等效替代工程或者采取其他功能补救措施；

（四）侵占黄河备用入海流路。

第一百一十九条 【侵权责任】违反本法规定，在黄河流域破坏自然资源和生态、污染环境、妨碍防洪安全、破坏文化遗产等造成他人损害的，侵权人应当依法承担侵权责任。

违反本法规定，造成黄河流域生态环境损害的，国家规定的机关或者法律规定的组织有权请求侵权人承担修复责任、赔偿损失和相关费用。

第一百二十条 【刑事责任】违反本法规定，构成犯罪的，依法追究刑事责任。

第十一章 附 则

第一百二十一条 【名词解释】本法下列用语的含义：

（一）黄河干流，是指黄河源头至黄河河口，流经青海省、四川省、甘肃省、宁夏回族自治区、内蒙古自治区、山西省、陕西省、河南省、山东省的黄河主河段(含入海流路)；

（二）黄河支流，是指直接或者间接流入黄河干流的河流，支流可以分为一级支流、二级支流等；

（三）黄河重要支流，是指湟水、洮河、祖厉河、清水河、大黑河、皇甫川、窟野河、无定河、汾河、渭河、伊洛河、沁河、大汶河等一级支流；

（四）黄河滩区，是指黄河流域河道管理范围内具有行洪、滞洪、沉沙功能，由于历史原因形成的有群众居住、耕种的滩地。

第一百二十二条 【施行日期】本法自 2023 年 4 月 1 日起施行。

中华人民共和国森林法

1. 1984 年 9 月 20 日第六届全国人民代表大会常务委员会第七次会议通过
2. 根据 1998 年 4 月 29 日第九届全国人民代表大会常务委员会第二次会议《关于修改〈中华人民共和国森林法〉的决定》第一次修正
3. 根据 2009 年 8 月 27 日第十一届全国人民代表大会常务委员会第十次会议《关于修改部分法律的决定》第二次修正
4. 2019 年 12 月 28 日第十三届全国人民代表大会常务委员会第十五次会议修订

目　录

第一章　总　　则
第二章　森林权属
第三章　发展规划
第四章　森林保护
第五章　造林绿化
第六章　经营管理
第七章　监督检查
第八章　法律责任
第九章　附　　则

第一章　总　　则

第一条 【立法目的】为了践行绿水青山就是金山银山理念，保护、培育和合理利用森林资源，加快国土绿化，保障森林生态安全，建设生态文明,实现人与自然和谐共生,制定本法。

第二条　【空间效力及调整对象】在中华人民共和国领域内从事森林、林木的保护、培育、利用和森林、林木、林地的经营管理活动,适用本法。

第三条　【基本原则】保护、培育、利用森林资源应当尊重自然、顺应自然,坚持生态优先、保护优先、保育结合、可持续发展的原则。

第四条　【目标责任制、考核评价制度及林长制】国家实行森林资源保护发展目标责任制和考核评价制度。上级人民政府对下级人民政府完成森林资源保护发展目标和森林防火、重大林业有害生物防治工作的情况进行考核,并公开考核结果。

地方人民政府可以根据本行政区域森林资源保护发展的需要,建立林长制。

第五条　【扶持措施】国家采取财政、税收、金融等方面的措施,支持森林资源保护发展。各级人民政府应当保障森林生态保护修复的投入,促进林业发展。

第六条　【森林经营管理】国家以培育稳定、健康、优质、高效的森林生态系统为目标,对公益林和商品林实行分类经营管理,突出主导功能,发挥多种功能,实现森林资源永续利用。

第七条　【森林生态效益补偿制度】国家建立森林生态效益补偿制度,加大公益林保护支持力度,完善重点生态功能区转移支付政策,指导受益地区和森林生态保护地区人民政府通过协商等方式进行生态效益补偿。

第八条　【对民族自治地方的优惠政策】国务院和省、自治区、直辖市人民政府可以依照国家对民族自治地方自治权的规定,对民族自治地方的森林保护和林业发展实行更加优惠的政策。

第九条　【林业主管部门】国务院林业主管部门主管全国林业工作。县级以上地方人民政府林业主管部门,主管本行政区域的林业工作。

乡镇人民政府可以确定相关机构或者设置专职、兼职人员承担林业相关工作。

第十条　【义务植树】植树造林、保护森林,是公民应尽的义务。各级人民政府应当组织开展全民义务植树活动。

每年三月十二日为植树节。

第十一条 【科学研究和技术推广】国家采取措施,鼓励和支持林业科学研究,推广先进适用的林业技术,提高林业科学技术水平。

第十二条 【宣传教育】各级人民政府应当加强森林资源保护的宣传教育和知识普及工作,鼓励和支持基层群众性自治组织、新闻媒体、林业企业事业单位、志愿者等开展森林资源保护宣传活动。

教育行政部门、学校应当对学生进行森林资源保护教育。

第十三条 【表彰和奖励】对在造林绿化、森林保护、森林经营管理以及林业科学研究等方面成绩显著的组织或者个人,按照国家有关规定给予表彰、奖励。

第二章 森 林 权 属

第十四条 【国有森林资源所有权的行使】森林资源属于国家所有,由法律规定属于集体所有的除外。

国家所有的森林资源的所有权由国务院代表国家行使。国务院可以授权国务院自然资源主管部门统一履行国有森林资源所有者职责。

第十五条 【权属证书核发和权益保护】林地和林地上的森林、林木的所有权、使用权,由不动产登记机构统一登记造册,核发证书。国务院确定的国家重点林区(以下简称重点林区)的森林、林木和林地,由国务院自然资源主管部门负责登记。

森林、林木、林地的所有者和使用者的合法权益受法律保护,任何组织和个人不得侵犯。

森林、林木、林地的所有者和使用者应当依法保护和合理利用森林、林木、林地,不得非法改变林地用途和毁坏森林、林木、林地。

第十六条 【国有森林、林木、林地使用权的流转】国家所有的林地和林地上的森林、林木可以依法确定给林业经营者使用。林业经营者依法取得的国有林地和林地上的森林、林木的使用权,经批准可以转让、出租、作价出资等。具体办法由国务院制定。

林业经营者应当履行保护、培育森林资源的义务,保证国有森林资源稳定增长,提高森林生态功能。

第十七条 【林地承包经营】集体所有和国家所有依法由农民集体使用的林地(以下简称集体林地)实行承包经营的,承包方享有林地承包经营权和承包林地上的林木所有权,合同另有约定的从其约定。承包

三、生态保护与治理 **347**

方可以依法采取出租(转包)、入股、转让等方式流转林地经营权、林木所有权和使用权。

第十八条 【集体统一经营的林地、林木的经营及流转】未实行承包经营的集体林地以及林地上的林木,由农村集体经济组织统一经营。经本集体经济组织成员的村民会议三分之二以上成员或者三分之二以上村民代表同意并公示,可以通过招标、拍卖、公开协商等方式依法流转林地经营权、林木所有权和使用权。

第十九条 【林地经营权流转合同】集体林地经营权流转应当签订书面合同。林地经营权流转合同一般包括流转双方的权利义务、流转期限、流转价款及支付方式、流转期限届满林地上的林木和固定生产设施的处置、违约责任等内容。

受让方违反法律规定或者合同约定造成森林、林木、林地严重毁坏的,发包方或者承包方有权收回林地经营权。

第二十条 【营造林木的所有权归属】国有企业事业单位、机关、团体、部队营造的林木,由营造单位管护并按照国家规定支配林木收益。

农村居民在房前屋后、自留地、自留山种植的林木,归个人所有。城镇居民在自有房屋的庭院内种植的林木,归个人所有。

集体或者个人承包国家所有和集体所有的宜林荒山荒地荒滩营造的林木,归承包的集体或者个人所有;合同另有约定的从其约定。

其他组织或者个人营造的林木,依法由营造者所有并享有林木收益;合同另有约定的从其约定。

第二十一条 【征收和征用】为了生态保护、基础设施建设等公共利益的需要,确需征收、征用林地、林木的,应当依照《中华人民共和国土地管理法》等法律、行政法规的规定办理审批手续,并给予公平、合理的补偿。

第二十二条 【权属争议处理】单位之间发生的林木、林地所有权和使用权争议,由县级以上人民政府依法处理。

个人之间、个人与单位之间发生的林木所有权和林地使用权争议,由乡镇人民政府或者县级以上人民政府依法处理。

当事人对有关人民政府的处理决定不服的,可以自接到处理决定通知之日起三十日内,向人民法院起诉。

在林木、林地权属争议解决前,除因森林防火、林业有害生物防治、国家重大基础设施建设等需要外,当事人任何一方不得砍伐有争议的林木或者改变林地现状。

第三章 发展规划

第二十三条 【纳入国民经济和社会发展规划】县级以上人民政府应当将森林资源保护和林业发展纳入国民经济和社会发展规划。

第二十四条 【森林资源保护发展目标】县级以上人民政府应当落实国土空间开发保护要求,合理规划森林资源保护利用结构和布局,制定森林资源保护发展目标,提高森林覆盖率、森林蓄积量,提升森林生态系统质量和稳定性。

第二十五条 【林业发展规划】县级以上人民政府林业主管部门应当根据森林资源保护发展目标,编制林业发展规划。下级林业发展规划依据上级林业发展规划编制。

第二十六条 【专项规划】县级以上人民政府林业主管部门可以结合本地实际,编制林地保护利用、造林绿化、森林经营、天然林保护等相关专项规划。

第二十七条 【森林资源调查监测制度】国家建立森林资源调查监测制度,对全国森林资源现状及变化情况进行调查、监测和评价,并定期公布。

第四章 森林保护

第二十八条 【森林功能】国家加强森林资源保护,发挥森林蓄水保土、调节气候、改善环境、维护生物多样性和提供林产品等多种功能。

第二十九条 【公益林补偿】中央和地方财政分别安排资金,用于公益林的营造、抚育、保护、管理和非国有公益林权利人的经济补偿等,实行专款专用。具体办法由国务院财政部门会同林业主管部门制定。

第三十条 【对重点林区的支持】国家支持重点林区的转型发展和森林资源保护修复,改善生产生活条件,促进所在地区经济社会发展。重点林区按照规定享受国家重点生态功能区转移支付等政策。

第三十一条 【森林资源保护】国家在不同自然地带的典型森林生态地区、珍贵动物和植物生长繁殖的林区、天然热带雨林区和具有特殊保护价值的其他天然林区,建立以国家公园为主体的自然保护地体系,加强保护管理。

国家支持生态脆弱地区森林资源的保护修复。

县级以上人民政府应当采取措施对具有特殊价值的野生植物资源予以保护。

第三十二条 【天然林全面保护制度】国家实行天然林全面保护制度,严格限制天然林采伐,加强天然林管护能力建设,保护和修复天然林资源,逐步提高天然林生态功能。具体办法由国务院规定。

第三十三条 【地方政府和护林员的职责】地方各级人民政府应当组织有关部门建立护林组织,负责护林工作;根据实际需要建设护林设施,加强森林资源保护;督促相关组织订立护林公约、组织群众护林、划定护林责任区、配备专职或者兼职护林员。

县级或者乡镇人民政府可以聘用护林员,其主要职责是巡护森林,发现火情、林业有害生物以及破坏森林资源的行为,应当及时处理并向当地林业等有关部门报告。

第三十四条 【森林火灾的预防、扑救和处置】地方各级人民政府负责本行政区域的森林防火工作,发挥群防作用;县级以上人民政府组织领导应急管理、林业、公安等部门按照职责分工密切配合做好森林火灾的科学预防、扑救和处置工作:

(一)组织开展森林防火宣传活动,普及森林防火知识;

(二)划定森林防火区,规定森林防火期;

(三)设置防火设施,配备防灭火装备和物资;

(四)建立森林火灾监测预警体系,及时消除隐患;

(五)制定森林火灾应急预案,发生森林火灾,立即组织扑救;

(六)保障预防和扑救森林火灾所需费用。

国家综合性消防救援队伍承担国家规定的森林火灾扑救任务和预防相关工作。

第三十五条 【林业有害生物的监测、检疫和防治】县级以上人民政府林业主管部门负责本行政区域的林业有害生物的监测、检疫和防治。

省级以上人民政府林业主管部门负责确定林业植物及其产品的检疫性有害生物,划定疫区和保护区。

重大林业有害生物灾害防治实行地方人民政府负责制。发生暴发性、危险性等重大林业有害生物灾害时,当地人民政府应当及时组织除治。

林业经营者在政府支持引导下,对其经营管理范围内的林业有害生物进行防治。

第三十六条　【林地总量控制】国家保护林地,严格控制林地转为非林地,实行占用林地总量控制,确保林地保有量不减少。各类建设项目占用林地不得超过本行政区域的占用林地总量控制指标。

第三十七条　【占用林地审批】矿藏勘查、开采以及其他各类工程建设,应当不占或者少占林地;确需占用林地的,应当经县级以上人民政府林业主管部门审核同意,依法办理建设用地审批手续。

占用林地的单位应当缴纳森林植被恢复费。森林植被恢复费征收使用管理办法由国务院财政部门会同林业主管部门制定。

县级以上人民政府林业主管部门应当按照规定安排植树造林,恢复森林植被,植树造林面积不得少于因占用林地而减少的森林植被面积。上级林业主管部门应当定期督促下级林业主管部门组织植树造林、恢复森林植被,并进行检查。

第三十八条　【临时使用林地】需要临时使用林地的,应当经县级以上人民政府林业主管部门批准;临时使用林地的期限一般不超过二年,并不得在临时使用的林地上修建永久性建筑物。

临时使用林地期满后一年内,用地单位或者个人应当恢复植被和林业生产条件。

第三十九条　【禁止毁坏林木、林地和森林保护标志】禁止毁林开垦、采石、采砂、采土以及其他毁坏林木和林地的行为。

禁止向林地排放重金属或者其他有毒有害物质含量超标的污水、污泥,以及可能造成林地污染的清淤底泥、尾矿、矿渣等。

禁止在幼林地砍柴、毁苗、放牧。

禁止擅自移动或者损坏森林保护标志。

第四十条　【古树名木和珍贵树木的保护】国家保护古树名木和珍贵树木。禁止破坏古树名木和珍贵树木及其生存的自然环境。

第四十一条　【林业基础设施和管护能力建设】各级人民政府应当加强林业基础设施建设,应用先进适用的科技手段,提高森林防火、林业有害生物防治等森林管护能力。

各有关单位应当加强森林管护。国有林业企业事业单位应当加大投入,加强森林防火、林业有害生物防治,预防和制止破坏森林资源的行为。

第五章 造林绿化

第四十二条 【造林绿化】国家统筹城乡造林绿化,开展大规模国土绿化行动,绿化美化城乡,推动森林城市建设,促进乡村振兴,建设美丽家园。

第四十三条 【造林绿化主体】各级人民政府应当组织各行各业和城乡居民造林绿化。

宜林荒山荒地荒滩,属于国家所有的,由县级以上人民政府林业主管部门和其他有关主管部门组织开展造林绿化;属于集体所有的,由集体经济组织组织开展造林绿化。

城市规划区内、铁路公路两侧、江河两侧、湖泊水库周围,由各有关主管部门按照有关规定因地制宜组织开展造林绿化;工矿区、工业园区、机关、学校用地,部队营区以及农场、牧场、渔场经营地区,由各该单位负责造林绿化。组织开展城市造林绿化的具体办法由国务院制定。

国家所有和集体所有的宜林荒山荒地荒滩可以由单位或者个人承包造林绿化。

第四十四条 【公民参与造林绿化】国家鼓励公民通过植树造林、抚育管护、认建认养等方式参与造林绿化。

第四十五条 【造林绿化遵循的原则】各级人民政府组织造林绿化,应当科学规划、因地制宜,优化林种、树种结构,鼓励使用乡土树种和林木良种、营造混交林,提高造林绿化质量。

国家投资或者以国家投资为主的造林绿化项目,应当按照国家规定使用林木良种。

第四十六条 【森林生态系统修复】各级人民政府应当采取以自然恢复为主、自然恢复和人工修复相结合的措施,科学保护修复森林生态系统。新造幼林地和其他应当封山育林的地方,由当地人民政府组织封山育林。

各级人民政府应当对国务院确定的坡耕地、严重沙化耕地、严重石漠化耕地、严重污染耕地等需要生态修复的耕地,有计划地组织实施退耕还林还草。

各级人民政府应当对自然因素等导致的荒废和受损山体、退化林地以及宜林荒山荒地荒滩,因地制宜实施森林生态修复工程,恢复植被。

第六章 经营管理

第四十七条 【公益林和商品林的划定】国家根据生态保护的需要,将森林生态区位重要或者生态状况脆弱,以发挥生态效益为主要目的的林地和林地上的森林划定为公益林。未划定为公益林的林地和林地上的森林属于商品林。

第四十八条 【公益林的划定】公益林由国务院和省、自治区、直辖市人民政府划定并公布。

下列区域的林地和林地上的森林,应当划定为公益林:
(一)重要江河源头汇水区域;
(二)重要江河干流及支流两岸、饮用水水源地保护区;
(三)重要湿地和重要水库周围;
(四)森林和陆生野生动物类型的自然保护区;
(五)荒漠化和水土流失严重地区的防风固沙林基干林带;
(六)沿海防护林基干林带;
(七)未开发利用的原始林地区;
(八)需要划定的其他区域。

公益林划定涉及非国有林地的,应当与权利人签订书面协议,并给予合理补偿。

公益林进行调整的,应当经原划定机关同意,并予以公布。

国家级公益林划定和管理的办法由国务院制定;地方级公益林划定和管理的办法由省、自治区、直辖市人民政府制定。

第四十九条 【公益林的经营管理】国家对公益林实施严格保护。

县级以上人民政府林业主管部门应当有计划地组织公益林经营者对公益林中生态功能低下的疏林、残次林等低质低效林,采取林分改造、森林抚育等措施,提高公益林的质量和生态保护功能。

在符合公益林生态区位保护要求和不影响公益林生态功能的前提下,经科学论证,可以合理利用公益林林地资源和森林景观资源,适度开展林下经济、森林旅游等。利用公益林开展上述活动应当严格遵守国家有关规定。

第五十条 【鼓励发展商品林】国家鼓励发展下列商品林:

（一）以生产木材为主要目的的森林；

（二）以生产果品、油料、饮料、调料、工业原料和药材等林产品为主要目的的森林；

（三）以生产燃料和其他生物质能源为主要目的的森林；

（四）其他以发挥经济效益为主要目的的森林。

在保障生态安全的前提下，国家鼓励建设速生丰产、珍贵树种和大径级用材林，增加林木储备，保障木材供给安全。

第五十一条　【商品林的经营管理】商品林由林业经营者依法自主经营。在不破坏生态的前提下，可以采取集约化经营措施，合理利用森林、林木、林地，提高商品林经济效益。

第五十二条　【直接为林业生产经营服务的工程设施占用林地】在林地上修筑下列直接为林业生产经营服务的工程设施，符合国家有关部门规定的标准的，由县级以上人民政府林业主管部门批准，不需要办理建设用地审批手续；超出标准需要占用林地的，应当依法办理建设用地审批手续：

（一）培育、生产种子、苗木的设施；

（二）贮存种子、苗木、木材的设施；

（三）集材道、运材道、防火巡护道、森林步道；

（四）林业科研、科普教育设施；

（五）野生动植物保护、护林、林业有害生物防治、森林防火、木材检疫的设施；

（六）供水、供电、供热、供气、通讯基础设施；

（七）其他直接为林业生产服务的工程设施。

第五十三条　【森林经营方案】国有林业企业事业单位应当编制森林经营方案，明确森林培育和管护的经营措施，报县级以上人民政府林业主管部门批准后实施。重点林区的森林经营方案由国务院林业主管部门批准后实施。

国家支持、引导其他林业经营者编制森林经营方案。

编制森林经营方案的具体办法由国务院林业主管部门制定。

第五十四条　【森林年采伐量和采伐限额】国家严格控制森林年采伐量。省、自治区、直辖市人民政府林业主管部门根据消耗量低于生长量和森林分类经营管理的原则，编制本行政区域的年采伐限额，经征求国务院林业主管部门意见,报本级人民政府批准后公布实施,并报国务院备案。重点林区的年采伐限额,由国务院林业主管部门编制,报国务院批准后公布实施。

第五十五条 【森林、林木的采伐】采伐森林、林木应当遵守下列规定:

(一)公益林只能进行抚育、更新和低质低效林改造性质的采伐。但是,因科研或者实验、防治林业有害生物、建设护林防火设施、营造生物防火隔离带、遭受自然灾害等需要采伐的除外。

(二)商品林应当根据不同情况,采取不同采伐方式,严格控制皆伐面积,伐育同步规划实施。

(三)自然保护区的林木,禁止采伐。但是,因防治林业有害生物、森林防火、维护主要保护对象生存环境、遭受自然灾害等特殊情况必须采伐的和实验区的竹林除外。

省级以上人民政府林业主管部门应当根据前款规定,按照森林分类经营管理、保护优先、注重效率和效益等原则,制定相应的林木采伐技术规程。

第五十六条 【采伐许可证】采伐林地上的林木应当申请采伐许可证,并按照采伐许可证的规定进行采伐;采伐自然保护区以外的竹林,不需要申请采伐许可证,但应当符合林木采伐技术规程。

农村居民采伐自留地和房前屋后个人所有的零星林木,不需要申请采伐许可证。

非林地上的农田防护林、防风固沙林、护路林、护岸护堤林和城镇林木等的更新采伐,由有关主管部门按照有关规定管理。

采挖移植林木按照采伐林木管理。具体办法由国务院林业主管部门制定。

禁止伪造、变造、买卖、租借采伐许可证。

第五十七条 【采伐许可证的核发机关】采伐许可证由县级以上人民政府林业主管部门核发。

县级以上人民政府林业主管部门应当采取措施,方便申请人办理采伐许可证。

农村居民采伐自留山和个人承包集体林地上的林木,由县级人民政府林业主管部门或者其委托的乡镇人民政府核发采伐许可证。

第五十八条 【采伐许可证的申请】申请采伐许可证,应当提交有关采伐的地点、林种、树种、面积、蓄积、方式、更新措施和林木权属等内容的材料。超过省级以上人民政府林业主管部门规定面积或者蓄积量的,还应当提交伐区调查设计材料。

第五十九条　【采伐许可证的核发要求】符合林木采伐技术规程的,审核发放采伐许可证的部门应当及时核发采伐许可证。但是,审核发放采伐许可证的部门不得超过年采伐限额发放采伐许可证。

第六十条　【不予核发采伐许可证的情形】有下列情形之一的,不得核发采伐许可证：

（一）采伐封山育林期、封山育林区内的林木；

（二）上年度采伐后未按照规定完成更新造林任务；

（三）上年度发生重大滥伐案件、森林火灾或者林业有害生物灾害,未采取预防和改进措施；

（四）法律法规和国务院林业主管部门规定的禁止采伐的其他情形。

第六十一条　【更新造林任务】采伐林木的组织和个人应当按照有关规定完成更新造林。更新造林的面积不得少于采伐的面积,更新造林应当达到相关技术规程规定的标准。

第六十二条　【林业信贷】国家通过贴息、林权收储担保补助等措施,鼓励和引导金融机构开展涉林抵押贷款、林农信用贷款等符合林业特点的信贷业务,扶持林权收储机构进行市场化收储担保。

第六十三条　【森林保险】国家支持发展森林保险。县级以上人民政府依法对森林保险提供保险费补贴。

第六十四条　【森林认证】林业经营者可以自愿申请森林认证,促进森林经营水平提高和可持续经营。

第六十五条　【木材流通可追溯性和木材来源合法性】木材经营加工企业应当建立原料和产品出入库台账。任何单位和个人不得收购、加工、运输明知是盗伐、滥伐等非法来源的林木。

第七章　监督检查

第六十六条　【监督检查】县级以上人民政府林业主管部门依照本法规定,对森林资源的保护、修复、利用、更新等进行监督检查,依法查处破坏森林资源等违法行为。

第六十七条　【监督检查措施】县级以上人民政府林业主管部门履行森

林资源保护监督检查职责,有权采取下列措施:

(一)进入生产经营场所进行现场检查;

(二)查阅、复制有关文件、资料,对可能被转移、销毁、隐匿或者篡改的文件、资料予以封存;

(三)查封、扣押有证据证明来源非法的林木以及从事破坏森林资源活动的工具、设备或者财物;

(四)查封与破坏森林资源活动有关的场所。

省级以上人民政府林业主管部门对森林资源保护发展工作不力、问题突出、群众反映强烈的地区,可以约谈所在地区县级以上地方人民政府及其有关部门主要负责人,要求其采取措施及时整改。约谈整改情况应当向社会公开。

第六十八条　【森林资源损害赔偿】破坏森林资源造成生态环境损害的,县级以上人民政府自然资源主管部门、林业主管部门可以依法向人民法院提起诉讼,对侵权人提出损害赔偿要求。

第六十九条　【审计监督】审计机关按照国家有关规定对国有森林资源资产进行审计监督。

第八章　法 律 责 任

第七十条　【国家机关未依法履职的法律责任】县级以上人民政府林业主管部门或者其他有关国家机关未依照本法规定履行职责的,对直接负责的主管人员和其他直接责任人员依法给予处分。

依照本法规定应当作出行政处罚决定而未作出的,上级主管部门有权责令下级主管部门作出行政处罚决定或者直接给予行政处罚。

第七十一条　【侵害森林、林木、林地所有者或使用者权益的法律责任】违反本法规定,侵害森林、林木、林地的所有者或者使用者的合法权益的,依法承担侵权责任。

第七十二条　【国有林业企业事业单位未编制森林经营方案等的法律责任】违反本法规定,国有林业企业事业单位未履行保护培育森林资源义务、未编制森林经营方案或者未按照批准的森林经营方案开展森林经营活动的,由县级以上人民政府林业主管部门责令限期改正,对直接负责的主管人员和其他直接责任人员依法给予处分。

第七十三条　【擅自改变林地用途或者占用林地的法律责任】违反本法规定,未经县级以上人民政府林业主管部门审核同意,擅自改变林地用途的,由县级以上人民政府林业主管部门责令限期恢复植被和林业生产条件,可以处恢复植被和林业生产条件所需费用三倍以下的罚款。

虽经县级以上人民政府林业主管部门审核同意,但未办理建设用地审批手续擅自占用林地的,依照《中华人民共和国土地管理法》的有关规定处罚。

在临时使用的林地上修建永久性建筑物,或者临时使用林地期满后一年内未恢复植被或者林业生产条件的,依照本条第一款规定处罚。

第七十四条 【毁坏林木、林地的法律责任】违反本法规定,进行开垦、采石、采砂、采土或者其他活动,造成林木毁坏的,由县级以上人民政府林业主管部门责令停止违法行为,限期在原地或者异地补种毁坏株数一倍以上三倍以下的树木,可以处毁坏林木价值五倍以下的罚款;造成林地毁坏的,由县级以上人民政府林业主管部门责令停止违法行为,限期恢复植被和林业生产条件,可以处恢复植被和林业生产条件所需费用三倍以下的罚款。

违反本法规定,在幼林地砍柴、毁苗、放牧造成林木毁坏的,由县级以上人民政府林业主管部门责令停止违法行为,限期在原地或者异地补种毁坏株数一倍以上三倍以下的树木。

向林地排放重金属或者其他有毒有害物质含量超标的污水、污泥,以及可能造成林地污染的清淤底泥、尾矿、矿渣等的,依照《中华人民共和国土壤污染防治法》的有关规定处罚。

第七十五条 【擅自移动或毁坏森林保护标志的法律责任】违反本法规定,擅自移动或者毁坏森林保护标志的,由县级以上人民政府林业主管部门恢复森林保护标志,所需费用由违法者承担。

第七十六条 【盗伐、滥伐林木的法律责任】盗伐林木的,由县级以上人民政府林业主管部门责令限期在原地或者异地补种盗伐株数一倍以上五倍以下的树木,并处盗伐林木价值五倍以上十倍以下的罚款。

滥伐林木的,由县级以上人民政府林业主管部门责令限期在原地或者异地补种滥伐株数一倍以上三倍以下的树木,可以处滥伐林木价值三倍以上五倍以下的罚款。

第七十七条 【伪造、变造、买卖、租借采伐许可证的法律责任】违反本法规定,伪造、变造、买卖、租借采伐许可证的,由县级以上人民政府林业主管部门没收证件和违法所得,并处违法所得一倍以上三倍以下的罚款;没有违法所得的,可以处二万元以下的罚款。

第七十八条 【收购、加工、运输非法来源林木的法律责任】违反本法规定,收购、加工、运输明知是盗伐、滥伐等非法来源的林木的,由县级以上人民政府林业主管部门责令停止违法行为,没收违法收购、加工、运输的林木或者变卖所得,可以处违法收购、加工、运输林木价款三倍以下的罚款。

第七十九条 【未完成更新造林任务的法律责任】违反本法规定,未完成更新造林任务的,由县级以上人民政府林业主管部门责令限期完成;逾期未完成的,可以处未完成造林任务所需费用二倍以下的罚款;对直接负责的主管人员和其他直接责任人员,依法给予处分。

第八十条 【拒绝、阻碍监督检查的法律责任】违反本法规定,拒绝、阻碍县级以上人民政府林业主管部门依法实施监督检查的,可以处五万元以下的罚款,情节严重的,可以责令停产停业整顿。

第八十一条 【代为履行】违反本法规定,有下列情形之一的,由县级以上人民政府林业主管部门依法组织代为履行,代为履行所需费用由违法者承担:

(一)拒不恢复植被和林业生产条件,或者恢复植被和林业生产条件不符合国家有关规定;

(二)拒不补种树木,或者补种不符合国家有关规定。

恢复植被和林业生产条件、树木补种的标准,由省级以上人民政府林业主管部门制定。

第八十二条 【公安机关的行政处罚权】公安机关按照国家有关规定,可以依法行使本法第七十四条第一款、第七十六条、第七十七条、第七十八条规定的行政处罚权。

违反本法规定,构成违反治安管理行为的,依法给予治安管理处罚;构成犯罪的,依法追究刑事责任。

第九章 附　　则

第八十三条 【用语含义】本法下列用语的含义是:

(一)森林,包括乔木林、竹林和国家特别规定的灌木林。按照用途可以分为防护林、特种用途林、用材林、经济林和能源林。

（二）林木，包括树木和竹子。

（三）林地，是指县级以上人民政府规划确定的用于发展林业的土地。包括郁闭度0.2以上的乔木林地以及竹林地、灌木林地、疏林地、采伐迹地、火烧迹地、未成林造林地、苗圃地等。

第八十四条　【施行日期】本法自2020年7月1日起施行。

中华人民共和国森林法实施条例

1. 2000年1月29日国务院令第278号发布
2. 根据2011年1月8日国务院令第588号《关于废止和修改部分行政法规的决定》第一次修订
3. 根据2016年2月6日国务院令第666号《关于修改部分行政法规的决定》第二次修订
4. 根据2018年3月19日国务院令第698号《关于修改和废止部分行政法规的决定》第三次修订

第一章　总　　则

第一条　根据《中华人民共和国森林法》（以下简称森林法），制定本条例。

第二条　森林资源，包括森林、林木、林地以及依托森林、林木、林地生存的野生动物、植物和微生物。

森林，包括乔木林和竹林。

林木，包括树木和竹子。

林地，包括郁闭度0.2以上的乔木林地以及竹林地、灌木林地、疏林地、采伐迹地、火烧迹地、未成林造林地、苗圃地和县级以上人民政府规划的宜林地。

第三条　国家依法实行森林、林木和林地登记发证制度。依法登记的森林、林木和林地的所有权、使用权受法律保护，任何单位和个人不得侵犯。

森林、林木和林地的权属证书式样由国务院林业主管部门规定。

第四条　依法使用的国家所有的森林、林木和林地，按照下列规定登记：

(一)使用国务院确定的国家所有的重点林区(以下简称重点林区)的森林、林木和林地的单位,应当向国务院林业主管部门提出登记申请,由国务院林业主管部门登记造册,核发证书,确认森林、林木和林地使用权以及由使用者所有的林木所有权;

(二)使用国家所有的跨行政区域的森林、林木和林地的单位和个人,应当向共同的上一级人民政府林业主管部门提出登记申请,由该人民政府登记造册,核发证书,确认森林、林木和林地使用权以及由使用者所有的林木所有权;

(三)使用国家所有的其他森林、林木和林地的单位和个人,应当向县级以上地方人民政府林业主管部门提出登记申请,由县级以上地方人民政府登记造册,核发证书,确认森林、林木和林地使用权以及由使用者所有的林木所有权。

未确定使用权的国家所有的森林、林木和林地,由县级以上人民政府登记造册,负责保护管理。

第五条 集体所有的森林、林木和林地,由所有者向所在地的县级人民政府林业主管部门提出登记申请,由该县级人民政府登记造册,核发证书,确认所有权。

单位和个人所有的林木,由所有者向所在地的县级人民政府林业主管部门提出登记申请,由该县级人民政府登记造册,核发证书,确认林木所有权。

使用集体所有的森林、林木和林地的单位和个人,应当向所在地的县级人民政府林业主管部门提出登记申请,由该县级人民政府登记造册,核发证书,确认森林、林木和林地使用权。

第六条 改变森林、林木和林地所有权、使用权的,应当依法办理变更登记手续。

第七条 县级以上人民政府林业主管部门应当建立森林、林木和林地权属管理档案。

第八条 国家重点防护林和特种用途林,由国务院林业主管部门提出意见,报国务院批准公布;地方重点防护林和特种用途林,由省、自治区、直辖市人民政府林业主管部门提出意见,报本级人民政府批准公布;其他防护林、用材林、特种用途林以及经济林、薪炭林,由县级人民政府林业主管部门根据国家关于林种划分的规定和本级人民政府的部署组织划定,报本级人民政府批准公布。

省、自治区、直辖市行政区域内的重点防护林和特种用途林的面积,不得少于本行政区域森林总面积的30%。

经批准公布的林种改变为其他林种的,应当报原批准公布机关批准。

第九条 依照森林法第八条第一款第(五)项规定提取的资金,必须专门用于营造坑木、造纸等用材林,不得挪作他用。审计机关和林业主管部门应当加强监督。

第十条 国务院林业主管部门向重点林区派驻的森林资源监督机构,应当加强对重点林区内森林资源保护管理的监督检查。

第二章 森林经营管理

第十一条 国务院林业主管部门应当定期监测全国森林资源消长和森林生态环境变化的情况。

重点林区森林资源调查、建立档案和编制森林经营方案等项工作,由国务院林业主管部门组织实施;其他森林资源调查、建立档案和编制森林经营方案等项工作,由县级以上地方人民政府林业主管部门组织实施。

第十二条 制定林业长远规划,应当遵循下列原则:

(一)保护生态环境和促进经济的可持续发展;

(二)以现有的森林资源为基础;

(三)与土地利用总体规划、水土保持规划、城市规划、村庄和集镇规划相协调。

第十三条 林业长远规划应当包括下列内容:

(一)林业发展目标;

(二)林种比例;

(三)林地保护利用规划;

(四)植树造林规划。

第十四条 全国林业长远规划由国务院林业主管部门会同其他有关部门编制,报国务院批准后施行。

地方各级林业长远规划由县级以上地方人民政府林业主管部门会同其他有关部门编制,报本级人民政府批准后施行。

下级林业长远规划应当根据上一级林业长远规划编制。

林业长远规划的调整、修改,应当报经原批准机关批准。

第十五条 国家依法保护森林、林木和林地经营者的合法权益。任何单位和个人不得侵占经营者依法所有的林木和使用的林地。

用材林、经济林和薪炭林的经营者,依法享有经营权、收益权和其他合法权益。

防护林和特种用途林的经营者,有获得森林生态效益补偿的权利。

第十六条 勘查、开采矿藏和修建道路、水利、电力、通讯等工程,需要占用或者征收、征用林地的,必须遵守下列规定:

(一)用地单位应当向县级以上人民政府林业主管部门提出用地申请,经审核同意后,按照国家规定的标准预交森林植被恢复费,领取使用林地审核同意书。用地单位凭使用林地审核同意书依法办理建设用地审批手续。占用或者征收、征用林地未经林业主管部门审核同意的,土地行政主管部门不得受理建设用地申请。

(二)占用或者征收、征用防护林林地或者特种用途林林地面积10公顷以上的,用材林、经济林、薪炭林林地及其采伐迹地面积35公顷以上的,其他林地面积70公顷以上的,由国务院林业主管部门审核;占用或者征收、征用林地面积低于上述规定数量的,由省、自治区、直辖市人民政府林业主管部门审核。占用或者征收、征用重点林区的林地的,由国务院林业主管部门审核。

(三)用地单位需要采伐已经批准占用或者征收、征用的林地上的林木时,应当向林地所在地的县级以上地方人民政府林业主管部门或者国务院林业主管部门申请林木采伐许可证。

(四)占用或者征收、征用林地未被批准的,有关林业主管部门应当自接到不予批准通知之日起7日内将收取的森林植被恢复费如数退还。

第十七条 需要临时占用林地的,应当经县级以上人民政府林业主管部门批准。

临时占用林地的期限不得超过两年,并不得在临时占用的林地上修筑永久性建筑物;占用期满后,用地单位必须恢复林业生产条件。

第十八条 森林经营单位在所经营的林地范围内修筑直接为林业生产服务的工程设施,需要占用林地的,由县级以上人民政府林业主管部门批准；修筑其他工程设施，需要将林地转为非林业建设用地的，必须依法办理建设用地审批手续。

前款所称直接为林业生产服务的工程设施是指：

（一）培育、生产种子、苗木的设施；

（二）贮存种子、苗木、木材的设施；

（三）集材道、运材道；

（四）林业科研、试验、示范基地；

（五）野生动植物保护、护林、森林病虫害防治、森林防火、木材检疫的设施；

（六）供水、供电、供热、供气、通讯基础设施。

第三章 森 林 保 护

第十九条 县级以上人民政府林业主管部门应当根据森林病虫害测报中心和测报点对测报对象的调查和监测情况，定期发布长期、中期、短期森林病虫害预报，并及时提出防治方案。

森林经营者应当选用良种，营造混交林，实行科学育林，提高防御森林病虫害的能力。

发生森林病虫害时，有关部门、森林经营者应当采取综合防治措施，及时进行除治。

发生严重森林病虫害时，当地人民政府应当采取紧急除治措施，防止蔓延，消除隐患。

第二十条 国务院林业主管部门负责确定全国林木种苗检疫对象。省、自治区、直辖市人民政府林业主管部门根据本地区的需要，可以确定本省、自治区、直辖市的林木种苗补充检疫对象，报国务院林业主管部门备案。

第二十一条 禁止毁林开垦、毁林采种和违反操作技术规程采脂、挖笋、掘根、剥树皮及过度修枝的毁林行为。

第二十二条 25度以上的坡地应当用于植树、种草。25度以上的坡耕地应当按照当地人民政府制定的规划，逐步退耕，植树和种草。

第二十三条 发生森林火灾时，当地人民政府必须立即组织军民扑救；有关部门应当积极做好扑救火灾物资的供应、运输和通讯、医疗等工作。

第四章 植树造林

第二十四条 森林法所称森林覆盖率,是指以行政区域为单位森林面积与土地面积的百分比。森林面积,包括郁闭度0.2以上的乔木林地面积和竹林地面积、国家特别规定的灌木林地面积、农田林网以及村旁、路旁、水旁、宅旁林木的覆盖面积。

县级以上地方人民政府应当按照国务院确定的森林覆盖率奋斗目标,确定本行政区域森林覆盖率的奋斗目标,并组织实施。

第二十五条 植树造林应当遵守造林技术规程,实行科学造林,提高林木的成活率。

县级人民政府对本行政区域内当年造林的情况应当组织检查验收,除国家特别规定的干旱、半干旱地区外,成活率不足85%的,不得计入年度造林完成面积。

第二十六条 国家对造林绿化实行部门和单位负责制。

铁路公路两旁、江河两岸、湖泊水库周围,各有关主管单位是造林绿化的责任单位。工矿区,机关、学校用地,部队营区以及农场、牧场、渔场经营地区,各该单位是造林绿化的责任单位。

责任单位的造林绿化任务,由所在地的县级人民政府下达责任通知书,予以确认。

第二十七条 国家保护承包造林者依法享有的林木所有权和其他合法权益。未经发包方和承包方协商一致,不得随意变更或者解除承包造林合同。

第五章 森林采伐

第二十八条 国家所有的森林和林木以国有林业企业事业单位、农场、厂矿为单位,集体所有的森林和林木、个人所有的林木以县为单位,制定年森林采伐限额,由省、自治区、直辖市人民政府林业主管部门汇总、平衡,经本级人民政府审核后,报国务院批准;其中,重点林区的年森林采伐限额,由国务院林业主管部门报国务院批准。

国务院批准的年森林采伐限额,每5年核定一次。

第二十九条 采伐森林、林木作为商品销售的,必须纳入国家年度木材生产计划;但是,农村居民采伐自留山上个人所有的薪炭林和自留地、房前屋后个人所有的零星林木除外。

第三十条 申请林木采伐许可证,除应当提交申请采伐林木的所有权证

书或者使用权证书外,还应当按照下列规定提交其他有关证明文件:

(一)国有林业企业事业单位还应当提交采伐区调查设计文件和上年度采伐更新验收证明;

(二)其他单位还应当提交包括采伐林木的目的、地点、林种、林况、面积、蓄积量、方式和更新措施等内容的文件;

(三)个人还应当提交包括采伐林木的地点、面积、树种、株数、蓄积量、更新时间等内容的文件。

因扑救森林火灾、防洪抢险等紧急情况需要采伐林木的,组织抢险的单位或者部门应当自紧急情况结束之日起30日内,将采伐林木的情况报告当地县级以上人民政府林业主管部门。

第三十一条 有下列情形之一的,不得核发林木采伐许可证:

(一)防护林和特种用途林进行非抚育或者非更新性质的采伐的,或者采伐封山育林期、封山育林区内的林木的;

(二)上年度采伐后未完成更新造林任务的;

(三)上年度发生重大滥伐案件、森林火灾或者大面积严重森林病虫害,未采取预防和改进措施的。

林木采伐许可证的式样由国务院林业主管部门规定,由省、自治区、直辖市人民政府林业主管部门印制。

第三十二条 除森林法已有明确规定的外,林木采伐许可证按照下列规定权限核发:

(一)县属国有林场,由所在地的县级人民政府林业主管部门核发;

(二)省、自治区、直辖市和设区的市、自治州所属的国有林业企业事业单位、其他国有企业事业单位,由所在地的省、自治区、直辖市人民政府林业主管部门核发;

(三)重点林区的国有林业企业事业单位,由国务院林业主管部门核发。

第三十三条 利用外资营造的用材林达到一定规模需要采伐的,应当在国务院批准的年森林采伐限额内,由省、自治区、直辖市人民政府林业主管部门批准,实行采伐限额单列。

第三十四条 木材收购单位和个人不得收购没有林木采伐许可证或者其他合法来源证明的木材。

前款所称木材,是指原木、锯材、竹材、木片和省、自治区、直辖市规定的其他木材。

第三十五条 从林区运出非国家统一调拨的木材,必须持有县级以上人民政府林业主管部门核发的木材运输证。

重点林区的木材运输证,由省、自治区、直辖市人民政府林业主管部门核发;其他木材运输证,由县级以上地方人民政府林业主管部门核发。

木材运输证自木材起运点到终点全程有效,必须随货同行。没有木材运输证的,承运单位和个人不得承运。

木材运输证的式样由国务院林业主管部门规定。

第三十六条 申请木材运输证,应当提交下列证明文件:

(一)林木采伐许可证或者其他合法来源证明;

(二)检疫证明;

(三)省、自治区、直辖市人民政府林业主管部门规定的其他文件。

符合前款条件的,受理木材运输证申请的县级以上人民政府林业主管部门应当自接到申请之日起3日内发给木材运输证。

依法发放的木材运输证所准运的木材运输总量,不得超过当地年度木材生产计划规定可以运出销售的木材总量。

第三十七条 经省、自治区、直辖市人民政府批准在林区设立的木材检查站,负责检查木材运输;无证运输木材的,木材检查站应当予以制止,可以暂扣无证运输的木材,并立即报请县级以上人民政府林业主管部门依法处理。

第六章 法　律　责　任

第三十八条 盗伐森林或者其他林木,以立木材积计算不足0.5立方米或者幼树不足20株的,由县级以上人民政府林业主管部门责令补种盗伐株数10倍的树木,没收盗伐的林木或者变卖所得,并处盗伐林木价值3倍至5倍的罚款。

盗伐森林或者其他林木,以立木材积计算0.5立方米以上或者幼树20株以上的,由县级以上人民政府林业主管部门责令补种盗伐株数10倍的树木,没收盗伐的林木或者变卖所得,并处盗伐林木价值5倍至10倍的罚款。

第三十九条 滥伐森林或者其他林木,以立木材积计算不足 2 立方米或者幼树不足 50 株的,由县级以上人民政府林业主管部门责令补种滥伐株数 5 倍的树木,并处滥伐林木价值 2 倍至 3 倍的罚款。

滥伐森林或者其他林木,以立木材积计算 2 立方米以上或者幼树 50 株以上的,由县级以上人民政府林业主管部门责令补种滥伐株数 5 倍的树木,并处滥伐林木价值 3 倍至 5 倍的罚款。

超过木材生产计划采伐森林或者其他林木的,依照前两款规定处罚。

第四十条 违反本条例规定,收购没有林木采伐许可证或者其他合法来源证明的木材的,由县级以上人民政府林业主管部门没收非法经营的木材和违法所得,并处违法所得 2 倍以下的罚款。

第四十一条 违反本条例规定,毁林采种或者违反操作技术规程采脂、挖笋、掘根、剥树皮及过度修枝,致使森林、林木受到毁坏的,依法赔偿损失,由县级以上人民政府林业主管部门责令停止违法行为,补种毁坏株数 1 倍至 3 倍的树木,可以处毁坏林木价值 1 倍至 5 倍的罚款;拒不补种树木或者补种不符合国家有关规定的,由县级以上人民政府林业主管部门组织代为补种,所需费用由违法者支付。

违反森林法和本条例规定,擅自开垦林地,致使森林、林木受到毁坏的,依照森林法第四十四条的规定予以处罚;对森林、林木未造成毁坏或者被开垦的林地上没有森林、林木的,由县级以上人民政府林业主管部门责令停止违法行为,限期恢复原状,可以处非法开垦林地每平方米 10 元以下的罚款。

第四十二条 有下列情形之一的,由县级以上人民政府林业主管部门责令限期完成造林任务;逾期未完成的,可以处应完成而未完成造林任务所需费用 2 倍以下的罚款;对直接负责的主管人员和其他直接责任人员,依法给予行政处分:

(一)连续两年未完成更新造林任务的;

(二)当年更新造林面积未达到应更新造林面积 50% 的;

(三)除国家特别规定的干旱、半干旱地区外,更新造林当年成活率未达到 85% 的;

(四)植树造林责任单位未按照所在地县级人民政府的要求按时完成造林任务的。

第四十三条 未经县级以上人民政府林业主管部门审核同意,擅自改变林地用途的,由县级以上人民政府林业主管部门责令限期恢复原状,并处非法改变用途林地每平方米 10 元至 30 元的罚款。

临时占用林地,逾期不归还的,依照前款规定处罚。

第四十四条 无木材运输证运输木材的,由县级以上人民政府林业主管部门没收非法运输的木材,对货主可以并处非法运输木材价款 30%以下的罚款。

运输的木材数量超出木材运输证所准运的运输数量的,由县级以上人民政府林业主管部门没收超出部分的木材;运输的木材树种、材种、规格与木材运输证规定不符又无正当理由的,没收其不相符部分的木材。

使用伪造、涂改的木材运输证运输木材的,由县级以上人民政府林业主管部门没收非法运输的木材,并处没收木材价款 10%至 50%的罚款。

承运无木材运输证的木材的,由县级以上人民政府林业主管部门没收运费,并处运费 1 倍至 3 倍的罚款。

第四十五条 擅自移动或者毁坏林业服务标志的,由县级以上人民政府林业主管部门责令限期恢复原状;逾期不恢复原状的,由县级以上人民政府林业主管部门代为恢复,所需费用由违法者支付。

第四十六条 违反本条例规定,未经批准,擅自将防护林和特种用途林改变为其他林种的,由县级以上人民政府林业主管部门收回经营者所获取的森林生态效益补偿,并处所获取森林生态效益补偿 3 倍以下的罚款。

第七章 附 则

第四十七条 本条例中县级以上地方人民政府林业主管部门职责权限的划分,由国务院林业主管部门具体规定。

第四十八条 本条例自发布之日起施行。1986 年 4 月 28 日国务院批准、1986 年 5 月 10 日林业部发布的《中华人民共和国森林法实施细则》同时废止。

中华人民共和国防沙治沙法

1. 2001年8月31日第九届全国人民代表大会常务委员会第二十三次会议通过
2. 根据2018年10月26日第十三届全国人民代表大会常务委员会第六次会议《关于修改〈中华人民共和国野生动物保护法〉等十五部法律的决定》修正

目　　录

第一章　总　　则
第二章　防沙治沙规划
第三章　土地沙化的预防
第四章　沙化土地的治理
第五章　保障措施
第六章　法律责任
第七章　附　　则

第一章　总　　则

第一条　【立法目的】为预防土地沙化，治理沙化土地，维护生态安全，促进经济和社会的可持续发展，制定本法。

第二条　【适用范围】在中华人民共和国境内，从事土地沙化的预防、沙化土地的治理和开发利用活动，必须遵守本法。

土地沙化是指因气候变化和人类活动所导致的天然沙漠扩张和沙质土壤上植被破坏、沙土裸露的过程。

本法所称土地沙化，是指主要因人类不合理活动所导致的天然沙漠扩张和沙质土壤上植被及覆盖物被破坏，形成流沙及沙土裸露的过程。

本法所称沙化土地，包括已经沙化的土地和具有明显沙化趋势的土地。具体范围，由国务院批准的全国防沙治沙规划确定。

第三条　【防治原则】防沙治沙工作应当遵循以下原则：

（一）统一规划，因地制宜，分步实施，坚持区域防治与重点防治相结合；

(二)预防为主,防治结合,综合治理;
(三)保护和恢复植被与合理利用自然资源相结合;
(四)遵循生态规律,依靠科技进步;
(五)改善生态环境与帮助农牧民脱贫致富相结合;
(六)国家支持与地方自力更生相结合,政府组织与社会各界参与相结合,鼓励单位、个人承包防治;
(七)保障防沙治沙者的合法权益。

第四条 【国务院及地方政府的防治工作】国务院和沙化土地所在地区的县级以上地方人民政府,应当将防沙治沙纳入国民经济和社会发展计划,保障和支持防沙治沙工作的开展。

沙化土地所在地区的地方各级人民政府,应当采取有效措施,预防土地沙化,治理沙化土地,保护和改善本行政区域的生态质量。

国家在沙化土地所在地区,建立政府行政领导防沙治沙任期目标责任考核奖惩制度。沙化土地所在地区的县级以上地方人民政府,应当向同级人民代表大会及其常务委员会报告防沙治沙工作情况。

第五条 【防治职责的分工】在国务院领导下,国务院林业草原行政主管部门负责组织、协调、指导全国防沙治沙工作。

国务院林业草原、农业、水利、土地、生态环境等行政主管部门和气象主管机构,按照有关法律规定的职责和国务院确定的职责分工,各负其责,密切配合,共同做好防沙治沙工作。

县级以上地方人民政府组织、领导所属有关部门,按照职责分工,各负其责,密切配合,共同做好本行政区域的防沙治沙工作。

第六条 【防治义务】使用土地的单位和个人,有防止该土地沙化的义务。

使用已经沙化的土地的单位和个人,有治理该沙化土地的义务。

第七条 【推广科技防治】国家支持防沙治沙的科学研究和技术推广工作,发挥科研部门、机构在防沙治沙工作中的作用,培养防沙治沙专门技术人员,提高防沙治沙的科学技术水平。

国家支持开展防沙治沙的国际合作。

第八条 【奖励防治】在防沙治沙工作中作出显著成绩的单位和个人,由人民政府给予表彰和奖励;对保护和改善生态质量作出突出贡献的应当给予重奖。

第九条 【防治的宣传教育】沙化土地所在地区的各级人民政府应当组织有关部门开展防沙治沙知识的宣传教育,增强公民的防沙治沙意识,提高公民防沙治沙的能力。

第二章 防沙治沙规划

第十条 【统一规划原则】防沙治沙实行统一规划。从事防沙治沙活动,以及在沙化土地范围内从事开发利用活动,必须遵循防沙治沙规划。

防沙治沙规划应当对遏制土地沙化扩展趋势,逐步减少沙化土地的时限、步骤、措施等作出明确规定,并将具体实施方案纳入国民经济和社会发展五年计划和年度计划。

第十一条 【编制各级防治规划】国务院林业草原行政主管部门会同国务院农业、水利、土地、生态环境等有关部门编制全国防沙治沙规划,报国务院批准后实施。

省、自治区、直辖市人民政府依据全国防沙治沙规划,编制本行政区域的防沙治沙规划,报国务院或者国务院指定的有关部门批准后实施。

沙化土地所在地区的市、县人民政府,应当依据上一级人民政府的防沙治沙规划,组织编制本行政区域的防沙治沙规划,报上一级人民政府批准后实施。

防沙治沙规划的修改,须经原批准机关批准;未经批准,任何单位和个人不得改变防沙治沙规划。

第十二条 【规划依据及土地封禁区】编制防沙治沙规划,应当根据沙化土地所处的地理位置、土地类型、植被状况、气候和水资源状况、土地沙化程度等自然条件及其所发挥的生态、经济功能,对沙化土地实行分类保护、综合治理和合理利用。

在规划期内不具备治理条件的以及因保护生态的需要不宜开发利用的连片沙化土地,应当规划为沙化土地封禁保护区,实行封禁保护。沙化土地封禁保护区的范围,由全国防沙治沙规划以及省、自治区、直辖市防沙治沙规划确定。

第十三条 【规划与土地利用衔接】防沙治沙规划应当与土地利用总体规划相衔接;防沙治沙规划中确定的沙化土地用途,应当符合本级人民政府的土地利用总体规划。

第三章　土地沙化的预防

第十四条　【沙化监测】国务院林业草原行政主管部门组织其他有关行政主管部门对全国土地沙化情况进行监测、统计和分析,并定期公布监测结果。

县级以上地方人民政府林业草原或者其他有关行政主管部门,应当按照土地沙化监测技术规程,对沙化土地进行监测,并将监测结果向本级人民政府及上一级林业草原或者其他有关行政主管部门报告。

第十五条　【防治沙化及沙尘暴】县级以上地方人民政府林业草原或者其他有关行政主管部门,在土地沙化监测过程中,发现土地发生沙化或者沙化程度加重的,应当及时报告本级人民政府。收到报告的人民政府应当责成有关行政主管部门制止导致土地沙化的行为,并采取有效措施进行治理。

各级气象主管机构应当组织对气象干旱和沙尘暴天气进行监测、预报,发现气象干旱或者沙尘暴天气征兆时,应当及时报告当地人民政府。收到报告的人民政府应当采取预防措施,必要时公布灾情预报,并组织林业草原、农(牧)业等有关部门采取应急措施,避免或者减轻风沙危害。

第十六条　【防护林种植与保护】沙化土地所在地区的县级以上地方人民政府应当按照防沙治沙规划,划出一定比例的土地,因地制宜地营造防风固沙林网、林带,种植多年生灌木和草本植物。由林业草原行政主管部门负责确定植树造林的成活率、保存率的标准和具体任务,并逐片组织实施,明确责任,确保完成。

除了抚育更新性质的采伐外,不得批准对防风固沙林网、林带进行采伐。在对防风固沙林网、林带进行抚育更新性质的采伐之前,必须在其附近预先形成接替林网和林带。

对林木更新困难地区已有的防风固沙林网、林带,不得批准采伐。

第十七条　【沙化土地植被管护】禁止在沙化土地上砍挖灌木、药材及其他固沙植物。

沙化土地所在地区的县级人民政府,应当制定植被管护制度,严格保护植被,并根据需要在乡(镇)、村建立植被管护组织,确定管护人员。

在沙化土地范围内,各类土地承包合同应当包括植被保护责任的内容。

第十八条 【草原保护】草原地区的地方各级人民政府,应当加强草原的管理和建设,由林业草原行政主管部门会同畜牧业行政主管部门负责指导、组织农牧民建设人工草场,控制载畜量,调整牲畜结构,改良牲畜品种,推行牲畜圈养和草场轮牧,消灭草原鼠害、虫害,保护草原植被,防止草原退化和沙化。

草原实行以产草量确定载畜量的制度。由林业草原行政主管部门会同畜牧业行政主管部门负责制定载畜量的标准和有关规定,并逐级组织实施,明确责任,确保完成。

第十九条 【水资源保护】沙化土地所在地区的县级以上地方人民政府水行政主管部门,应当加强流域和区域水资源的统一调配和管理,在编制流域和区域水资源开发利用规划和供水计划时,必须考虑整个流域和区域植被保护的用水需求,防止因地下水和上游水资源的过度开发利用,导致植被破坏和土地沙化。该规划和计划经批准后,必须严格实施。

沙化土地所在地区的地方各级人民政府应当节约用水,发展节水型农牧业和其他产业。

第二十条 【开垦限制及退耕还林】沙化土地所在地区的县级以上地方人民政府,不得批准在沙漠边缘地带和林地、草原开垦耕地;已经开垦并对生态产生不良影响的,应当有计划地组织退耕还林还草。

第二十一条 【沙化土地建设活动前提】在沙化土地范围内从事开发建设活动的,必须事先就该项目可能对当地及相关地区生态产生的影响进行环境影响评价,依法提交环境影响报告;环境影响报告应当包括有关防沙治沙的内容。

第二十二条 【对封禁保护区内活动的限制】在沙化土地封禁保护区范围内,禁止一切破坏植被的活动。

禁止在沙化土地封禁保护区范围内安置移民。对沙化土地封禁保护区范围内的农牧民,县级以上地方人民政府应当有计划地组织迁出,并妥善安置。沙化土地封禁保护区范围内尚未迁出的农牧民的生产生活,由沙化土地封禁保护区主管部门妥善安排。

未经国务院或者国务院指定的部门同意,不得在沙化土地封禁保护区范围内进行修建铁路、公路等建设活动。

第四章　沙化土地的治理

第二十三条　【治理措施】沙化土地所在地区的地方各级人民政府,应当按照防沙治沙规划,组织有关部门、单位和个人,因地制宜地采取人工造林种草、飞机播种造林种草、封沙育林育草和合理调配生态用水等措施,恢复和增加植被,治理已经沙化的土地。

第二十四条　【公益治沙】国家鼓励单位和个人在自愿的前提下,捐资或者以其他形式开展公益性的治沙活动。

县级以上地方人民政府林业草原或者其他有关行政主管部门,应当为公益性治沙活动提供治理地点和无偿技术指导。

从事公益性治沙的单位和个人,应当按照县级以上地方人民政府林业草原或者其他有关行政主管部门的技术要求进行治理,并可以将所种植的林、草委托他人管护或者交由当地人民政府有关行政主管部门管护。

第二十五条　【沙化土地使用人、承包人的权利义务】使用已经沙化的国有土地的使用权人和农民集体所有土地的承包经营权人,必须采取治理措施,改善土地质量;确实无能力完成治理任务的,可以委托他人治理或者与他人合作治理。委托或者合作治理的,应当签订协议,明确各方的权利和义务。

沙化土地所在地区的地方各级人民政府及其有关行政主管部门、技术推广单位,应当为土地使用权人和承包经营权人的治沙活动提供技术指导。

采取退耕还林还草、植树种草或者封育措施治沙的土地使用权人和承包经营权人,按照国家有关规定,享受人民政府提供的政策优惠。

第二十六条　【营利性治沙活动的前提】不具有土地所有权或者使用权的单位和个人从事营利性治沙活动的,应当先与土地所有权人或者使用权人签订协议,依法取得土地使用权。

在治理活动开始之前,从事营利性治沙活动的单位和个人应当向治理项目所在地的县级以上地方人民政府林业草原行政主管部门或者县级以上地方人民政府指定的其他行政主管部门提出治理申请,并附具下列文件:

(一)被治理土地权属的合法证明文件和治理协议;

(二)符合防沙治沙规划的治理方案;

（三）治理所需的资金证明。

第二十七条　【治理方案的必要内容】本法第二十六条第二款第二项所称治理方案,应当包括以下内容：
　　（一）治理范围界限；
　　（二）分阶段治理目标和治理期限；
　　（三）主要治理措施；
　　（四）经当地水行政主管部门同意的用水来源和用水量指标；
　　（五）治理后的土地用途和植被管护措施；
　　（六）其他需要载明的事项。

第二十八条　【治理者权益】从事营利性治沙活动的单位和个人,必须按照治理方案进行治理。
　　国家保护沙化土地治理者的合法权益。在治理者取得合法土地权属的治理范围内,未经治理者同意,其他任何单位和个人不得从事治理或者开发利用活动。

第二十九条　【治理验收】治理者完成治理任务后,应当向县级以上地方人民政府受理治理申请的行政主管部门提出验收申请。经验收合格的,受理治理申请的行政主管部门应当发给治理合格证明文件；经验收不合格的,治理者应当继续治理。

第三十条　【单位治理责任制】已经沙化的土地范围内的铁路、公路、河流和水渠两侧,城镇、村庄、厂矿和水库周围,实行单位治理责任制,由县级以上地方人民政府下达治理责任书,由责任单位负责组织造林种草或者采取其他治理措施。

第三十一条　【自愿治理的补偿】沙化土地所在地区的地方各级人民政府,可以组织当地农村集体经济组织及其成员在自愿的前提下,对已经沙化的土地进行集中治理。农村集体经济组织及其成员投入的资金和劳力,可以折算为治理项目的股份、资本金,也可以采取其他形式给予补偿。

第五章　保障措施

第三十二条　【政府资金及项目保障】国务院和沙化土地所在地区的地方各级人民政府应当在本级财政预算中按照防沙治沙规划通过项目预算安排资金,用于本级人民政府确定的防沙治沙工程。在安排扶贫、农业、水利、道路、矿产、能源、农业综合开发等项目时,应当根据具体情况,设立若干防沙治沙子项目。

第三十三条 【政策、资金及税收优惠保障】国务院和省、自治区、直辖市人民政府应当制定优惠政策,鼓励和支持单位和个人防沙治沙。

县级以上地方人民政府应当按照国家有关规定,根据防沙治沙的面积和难易程度,给予从事防沙治沙活动的单位和个人资金补助、财政贴息以及税费减免等政策优惠。

单位和个人投资进行防沙治沙的,在投资阶段免征各种税收;取得一定收益后,可以免征或者减征有关税收。

第三十四条 【使用、承包沙化土地】使用已经沙化的国有土地从事治沙活动的,经县级以上人民政府依法批准,可以享有不超过七十年的土地使用权。具体年限和管理办法,由国务院规定。

使用已经沙化的集体所有土地从事治沙活动的,治理者应当与土地所有人签订土地承包合同。具体承包期限和当事人的其他权利、义务由承包合同双方依法在土地承包合同中约定。县级人民政府依法根据土地承包合同向治理者颁发土地使用权证书,保护集体所有沙化土地治理者的土地使用权。

第三十五条 【治理后及封禁保护补偿】因保护生态的特殊要求,将治理后的土地批准划为自然保护区或者沙化土地封禁保护区的,批准机关应当给予治理者合理的经济补偿。

第三十六条 【治沙科研项目推广及政策优惠】国家根据防沙治沙的需要,组织设立防沙治沙重点科研项目和示范、推广项目,并对防沙治沙、沙区能源、沙生经济作物、节水灌溉、防止草原退化、沙地旱作农业等方面的科学研究与技术推广给予资金补助、税费减免等政策优惠。

第三十七条 【防治资金监督】任何单位和个人不得截留、挪用防沙治沙资金。

县级以上人民政府审计机关,应当依法对防沙治沙资金使用情况实施审计监督。

第六章 法 律 责 任

第三十八条 【对封禁区植被破坏的处罚】违反本法第二十二条第一款规定,在沙化土地封禁保护区范围内从事破坏植被活动的,由县级以上地方人民政府林业草原行政主管部门责令停止违法行为;有违法所得的,没收其违法所得;构成犯罪的,依法追究刑事责任。

第三十九条 【使用人、承包人造成土地沙化的责任】违反本法第二十五条第一款规定,国有土地使用权人和农民集体所有土地承包经营权人未采取防沙治沙措施,造成土地严重沙化的,由县级以上地方人民政府林业草原行政主管部门责令限期治理;造成国有土地严重沙化的,县级以上人民政府可以收回国有土地使用权。

第四十条 【违法治沙的处罚(一)】违反本法规定,进行营利性治沙活动,造成土地沙化加重的,由县级以上地方人民政府负责受理营利性治沙申请的行政主管部门责令停止违法行为,可以并处每公顷五千元以上五万元以下的罚款。

第四十一条 【违法治沙的处罚(二)】违反本法第二十八条第一款规定,不按照治理方案进行治理的,或者违反本法第二十九条规定,经验收不合格又不按要求继续治理的,由县级以上地方人民政府负责受理营利性治沙申请的行政主管部门责令停止违法行为,限期改正,可以并处相当于治理费用一倍以上三倍以下的罚款。

第四十二条 【擅自治理的处罚】违反本法第二十八条第二款规定,未经治理者同意,擅自在他人的治理范围内从事治理或者开发利用活动的,由县级以上地方人民政府负责受理营利性治沙申请的行政主管部门责令停止违法行为;给治理者造成损失的,应当赔偿损失。

第四十三条 【予以行政处分的行为】违反本法规定,有下列情形之一的,对直接负责的主管人员和其他直接责任人员,由所在单位、监察机关或者上级行政主管部门依法给予行政处分:

(一)违反本法第十五条第一款规定,发现土地发生沙化或者沙化程度加重不及时报告的,或者收到报告后不责成有关行政主管部门采取措施的;

(二)违反本法第十六条第二款、第三款规定,批准采伐防风固沙林网、林带的;

(三)违反本法第二十条规定,批准在沙漠边缘地带和林地、草原开垦耕地的;

(四)违反本法第二十二条第二款规定,在沙化土地封禁保护区范围内安置移民的;

(五)违反本法第二十二条第三款规定,未经批准在沙化土地封禁保护区范围内进行修建铁路、公路等建设活动的。

第四十四条 【截挪治沙资金的处罚】违反本法第三十七条第一款规定，截留、挪用防沙治沙资金的，对直接负责的主管人员和其他直接责任人员，由监察机关或者上级行政主管部门依法给予行政处分；构成犯罪的，依法追究刑事责任。

第四十五条 【对监管人违法行为的处罚】防沙治沙监督管理人员滥用职权、玩忽职守、徇私舞弊，构成犯罪的，依法追究刑事责任。

第七章 附　则

第四十六条 【相关法律】本法第五条第二款中所称的有关法律，是指《中华人民共和国森林法》《中华人民共和国草原法》《中华人民共和国水土保持法》《中华人民共和国土地管理法》《中华人民共和国环境保护法》和《中华人民共和国气象法》。

第四十七条 【施行日期】本法自2002年1月1日起施行。

中华人民共和国自然保护区条例

1. 1994年9月2日国务院第24次常务会议通过
2. 1994年10月9日国务院令第167号发布
3. 根据2011年1月8日国务院令第588号《关于废止和修改部分行政法规的决定》第一次修订
4. 根据2017年10月7日国务院令第687号《关于修改部分行政法规的决定》第二次修订

第一章 总　则

第一条　为了加强自然保护区的建设和管理，保护自然环境和自然资源，制定本条例。

第二条　本条例所称自然保护区，是指对有代表性的自然生态系统、珍稀濒危野生动植物物种的天然集中分布区、有特殊意义的自然遗迹等保护对象所在的陆地、陆地水体或者海域，依法划出一定面积予以特殊保护和管理的区域。

第三条　凡在中华人民共和国领域和中华人民共和国管辖的其他海域内建设和管理自然保护区，必须遵守本条例。

第四条 国家采取有利于发展自然保护区的经济、技术政策和措施,将自然保护区的发展规划纳入国民经济和社会发展计划。

第五条 建设和管理自然保护区,应当妥善处理与当地经济建设和居民生产、生活的关系。

第六条 自然保护区管理机构或者其行政主管部门可以接受国内外组织和个人的捐赠,用于自然保护区的建设和管理。

第七条 县级以上人民政府应当加强对自然保护区工作的领导。

一切单位和个人都有保护自然保护区内自然环境和自然资源的义务,并有权对破坏、侵占自然保护区的单位和个人进行检举、控告。

第八条 国家对自然保护区实行综合管理与分部门管理相结合的管理体制。

国务院环境保护行政主管部门负责全国自然保护区的综合管理。

国务院林业、农业、地质矿产、水利、海洋等有关行政主管部门在各自的职责范围内,主管有关的自然保护区。

县级以上地方人民政府负责自然保护区管理的部门的设置和职责,由省、自治区、直辖市人民政府根据当地具体情况确定。

第九条 对建设、管理自然保护区以及在有关的科学研究中做出显著成绩的单位和个人,由人民政府给予奖励。

第二章 自然保护区的建设

第十条 凡具有下列条件之一的,应当建立自然保护区:

(一)典型的自然地理区域、有代表性的自然生态系统区域以及已经遭受破坏但经保护能够恢复的同类自然生态系统区域;

(二)珍稀、濒危野生动植物物种的天然集中分布区域;

(三)具有特殊保护价值的海域、海岸、岛屿、湿地、内陆水域、森林、草原和荒漠;

(四)具有重大科学文化价值的地质构造、著名溶洞、化石分布区、冰川、火山、温泉等自然遗迹;

(五)经国务院或者省、自治区、直辖市人民政府批准,需要予以特殊保护的其他自然区域。

第十一条 自然保护区分为国家级自然保护区和地方级自然保护区。

在国内外有典型意义、在科学上有重大国际影响或者有特殊科学研究价值的自然保护区,列为国家级自然保护区。

除列为国家级自然保护区的外,其他具有典型意义或者重要科学研究价值的自然保护区列为地方级自然保护区。地方级自然保护区可以分级管理,具体办法由国务院有关自然保护区行政主管部门或者省、自治区、直辖市人民政府根据实际情况规定,报国务院环境保护行政主管部门备案。

第十二条　国家级自然保护区的建立,由自然保护区所在的省、自治区、直辖市人民政府或者国务院有关自然保护区行政主管部门提出申请,经国家级自然保护区评审委员会评审后,由国务院环境保护行政主管部门进行协调并提出审批建议,报国务院批准。

地方级自然保护区的建立,由自然保护区所在的县、自治县、市、自治州人民政府或者省、自治区、直辖市人民政府有关自然保护区行政主管部门提出申请,经地方级自然保护区评审委员会评审后,由省、自治区、直辖市人民政府环境保护行政主管部门进行协调并提出审批建议,报省、自治区、直辖市人民政府批准,并报国务院环境保护行政主管部门和国务院有关自然保护区行政主管部门备案。

跨两个以上行政区域的自然保护区的建立,由有关行政区域的人民政府协商一致后提出申请,并按照前两款规定的程序审批。

建立海上自然保护区,须经国务院批准。

第十三条　申请建立自然保护区,应当按照国家有关规定填报建立自然保护区申报书。

第十四条　自然保护区的范围和界线由批准建立自然保护区的人民政府确定,并标明区界,予以公告。

确定自然保护区的范围和界线,应当兼顾保护对象的完整性和适度性,以及当地经济建设和居民生产、生活的需要。

第十五条　自然保护区的撤销及其性质、范围、界线的调整或者改变,应当经原批准建立自然保护区的人民政府批准。

任何单位和个人,不得擅自移动自然保护区的界标。

第十六条　自然保护区按照下列方法命名:

国家级自然保护区:自然保护区所在地地名加"国家级自然保护区"。

地方级自然保护区:自然保护区所在地地名加"地方级自然保护区"。

有特殊保护对象的自然保护区,可以在自然保护区所在地地名后加特殊保护对象的名称。

第十七条　国务院环境保护行政主管部门应当会同国务院有关自然保护区行政主管部门,在对全国自然环境和自然资源状况进行调查和评价的基础上,拟订国家自然保护区发展规划,经国务院计划部门综合平衡后,报国务院批准实施。

自然保护区管理机构或者该自然保护区行政主管部门应当组织编制自然保护区的建设规划,按照规定的程序纳入国家的、地方的或者部门的投资计划,并组织实施。

第十八条　自然保护区可以分为核心区、缓冲区和实验区。

自然保护区内保存完好的天然状态的生态系统以及珍稀、濒危动植物的集中分布地,应当划为核心区,禁止任何单位和个人进入;除依照本条例第二十七条的规定经批准外,也不允许进入从事科学研究活动。

核心区外围可以划定一定面积的缓冲区,只准进入从事科学研究观测活动。

缓冲区外围划为实验区,可以进入从事科学试验、教学实习、参观考察、旅游以及驯化、繁殖珍稀、濒危野生动植物等活动。

原批准建立自然保护区的人民政府认为必要时,可以在自然保护区的外围划定一定面积的外围保护地带。

第三章　自然保护区的管理

第十九条　全国自然保护区管理的技术规范和标准,由国务院环境保护行政主管部门组织国务院有关自然保护区行政主管部门制定。

国务院有关自然保护区行政主管部门可以按照职责分工,制定有关类型自然保护区管理的技术规范,报国务院环境保护行政主管部门备案。

第二十条　县级以上人民政府环境保护行政主管部门有权对本行政区域内各类自然保护区的管理进行监督检查;县级以上人民政府有关自然保护区行政主管部门有权对其主管的自然保护区的管理进行监督检查。被检查的单位应当如实反映情况,提供必要的资料。检查者应当为被检查的单位保守技术秘密和业务秘密。

第二十一条　国家级自然保护区,由其所在地的省、自治区、直辖市人民政府有关自然保护区行政主管部门或者国务院有关自然保护区行政主管部门管理。地方级自然保护区,由其所在地的县级以上地方人民政府有关自然保护区行政主管部门管理。

有关自然保护区行政主管部门应当在自然保护区内设立专门的管理机构,配备专业技术人员,负责自然保护区的具体管理工作。

第二十二条　自然保护区管理机构的主要职责是:

(一)贯彻执行国家有关自然保护的法律、法规和方针、政策;

(二)制定自然保护区的各项管理制度,统一管理自然保护区;

(三)调查自然资源并建立档案,组织环境监测,保护自然保护区内的自然环境和自然资源;

(四)组织或者协助有关部门开展自然保护区的科学研究工作;

(五)进行自然保护的宣传教育;

(六)在不影响保护自然保护区的自然环境和自然资源的前提下,组织开展参观、旅游等活动。

第二十三条　管理自然保护区所需经费,由自然保护区所在地的县级以上地方人民政府安排。国家对国家级自然保护区的管理,给予适当的资金补助。

第二十四条　自然保护区所在地的公安机关,可以根据需要在自然保护区设置公安派出机构,维护自然保护区内的治安秩序。

第二十五条　在自然保护区内的单位、居民和经批准进入自然保护区的人员,必须遵守自然保护区的各项管理制度,接受自然保护区管理机构的管理。

第二十六条　禁止在自然保护区内进行砍伐、放牧、狩猎、捕捞、采药、开垦、烧荒、开矿、采石、挖沙等活动;但是,法律、行政法规另有规定的除外。

第二十七条　禁止任何人进入自然保护区的核心区。因科学研究的需要,必须进入核心区从事科学研究观测、调查活动的,应当事先向自然保护区管理机构提交申请和活动计划,并经自然保护区管理机构批准;其中,进入国家级自然保护区核心区的,应当经省、自治区、直辖市人民政府有关自然保护区行政主管部门批准。

自然保护区核心区内原有居民确有必要迁出的,由自然保护区所在地的地方人民政府予以妥善安置。

第二十八条 禁止在自然保护区的缓冲区开展旅游和生产经营活动。因教学科研的目的,需要进入自然保护区的缓冲区从事非破坏性的科学研究、教学实习和标本采集活动的,应当事先向自然保护区管理机构提交申请和活动计划,经自然保护区管理机构批准。

从事前款活动的单位和个人,应当将其活动成果的副本提交自然保护区管理机构。

第二十九条 在自然保护区的实验区内开展参观、旅游活动的,由自然保护区管理机构编制方案,方案应当符合自然保护区管理目标。

在自然保护区组织参观、旅游活动的,应当严格按照前款规定的方案进行,并加强管理;进入自然保护区参观、旅游的单位和个人,应当服从自然保护区管理机构的管理。

严禁开设与自然保护区保护方向不一致的参观、旅游项目。

第三十条 自然保护区的内部未分区的,依照本条例有关核心区和缓冲区的规定管理。

第三十一条 外国人进入自然保护区,应当事先向自然保护区管理机构提交活动计划,并经自然保护区管理机构批准;其中,进入国家级自然保护区的,应当经省、自治区、直辖市环境保护、海洋、渔业等有关自然保护区行政主管部门按照各自职责批准。

进入自然保护区的外国人,应当遵守有关自然保护区的法律、法规和规定,未经批准,不得在自然保护区内从事采集标本等活动。

第三十二条 在自然保护区的核心区和缓冲区内,不得建设任何生产设施。在自然保护区的实验区内,不得建设污染环境、破坏资源或者景观的生产设施;建设其他项目,其污染物排放不得超过国家和地方规定的污染物排放标准。在自然保护区的实验区内已经建成的设施,其污染物排放超过国家和地方规定的排放标准的,应当限期治理;造成损害的,必须采取补救措施。

在自然保护区的外围保护地带建设的项目,不得损害自然保护区内的环境质量;已造成损害的,应当限期治理。

限期治理决定由法律、法规规定的机关作出,被限期治理的企业事业单位必须按期完成治理任务。

第三十三条 因发生事故或者其他突然性事件,造成或者可能造成自然保护区污染或者破坏的单位和个人,必须立即采取措施处理,及时通报可能受到危害的单位和居民,并向自然保护区管理机构、当地环境保护行政主管部门和自然保护区行政主管部门报告,接受调查处理。

第四章 法律责任

第三十四条 违反本条例规定,有下列行为之一的单位和个人,由自然保护区管理机构责令其改正,并可以根据不同情节处以 100 元以上 5000 元以下的罚款:

（一）擅自移动或者破坏自然保护区界标的;

（二）未经批准进入自然保护区或者在自然保护区内不服从管理机构管理的;

（三）经批准在自然保护区的缓冲区内从事科学研究、教学实习和标本采集的单位和个人,不向自然保护区管理机构提交活动成果副本的。

第三十五条 违反本条例规定,在自然保护区进行砍伐、放牧、狩猎、捕捞、采药、开垦、烧荒、开矿、采石、挖沙等活动的单位和个人,除可以依照有关法律、行政法规规定给予处罚的以外,由县级以上人民政府有关自然保护区行政主管部门或者其授权的自然保护区管理机构没收违法所得,责令停止违法行为,限期恢复原状或者采取其他补救措施;对自然保护区造成破坏的,可以处以 300 元以上 10000 元以下的罚款。

第三十六条 自然保护区管理机构违反本条例规定,拒绝环境保护行政主管部门或者有关自然保护区行政主管部门监督检查,或者在被检查时弄虚作假的,由县级以上人民政府环境保护行政主管部门或者有关自然保护区行政主管部门给予 300 元以上 3000 元以下的罚款。

第三十七条 自然保护区管理机构违反本条例规定,有下列行为之一的,由县级以上人民政府有关自然保护区行政主管部门责令限期改正;对直接责任人员,由其所在单位或者上级机关给予行政处分:

（一）开展参观、旅游活动未编制方案或者编制的方案不符合自然保护区管理目标的;

（二）开设与自然保护区保护方向不一致的参观、旅游项目的;

（三）不按照编制的方案开展参观、旅游活动的;

（四）违法批准人员进入自然保护区的核心区,或者违法批准外国人进入自然保护区的;

（五）有其他滥用职权、玩忽职守、徇私舞弊行为的。

第三十八条 违反本条例规定,给自然保护区造成损失的,由县级以上人民政府有关自然保护区行政主管部门责令赔偿损失。

第三十九条 妨碍自然保护区管理人员执行公务的,由公安机关依照《中华人民共和国治安管理处罚法》的规定给予处罚;情节严重,构成犯罪的,依法追究刑事责任。

第四十条 违反本条例规定,造成自然保护区重大污染或者破坏事故,导致公私财产重大损失或者人身伤亡的严重后果,构成犯罪的,对直接负责的主管人员和其他直接责任人员依法追究刑事责任。

第四十一条 自然保护区管理人员滥用职权、玩忽职守、徇私舞弊,构成犯罪的,依法追究刑事责任;情节轻微,尚不构成犯罪的,由其所在单位或者上级机关给予行政处分。

第五章 附 则

第四十二条 国务院有关自然保护区行政主管部门可以根据本条例,制定有关类型自然保护区的管理办法。

第四十三条 各省、自治区、直辖市人民政府可以根据本条例,制定实施办法。

第四十四条 本条例自1994年12月1日起施行。

畜禽规模养殖污染防治条例

1. 2013年10月8日国务院第26次常务会议通过
2. 2013年11月11日国务院令第643号公布
3. 自2014年1月1日起施行

第一章 总 则

第一条 为了防治畜禽养殖污染,推进畜禽养殖废弃物的综合利用和无害化处理,保护和改善环境,保障公众身体健康,促进畜牧业持续健康发展,制定本条例。

第二条 本条例适用于畜禽养殖场、养殖小区的养殖污染防治。

畜禽养殖场、养殖小区的规模标准根据畜牧业发展状况和畜禽养殖污染防治要求确定。

牧区放牧养殖污染防治,不适用本条例。

第三条 畜禽养殖污染防治,应当统筹考虑保护环境与促进畜牧业发展的需要,坚持预防为主、防治结合的原则,实行统筹规划、合理布局、综合利用、激励引导。

第四条 各级人民政府应当加强对畜禽养殖污染防治工作的组织领导,采取有效措施,加大资金投入,扶持畜禽养殖污染防治以及畜禽养殖废弃物综合利用。

第五条 县级以上人民政府环境保护主管部门负责畜禽养殖污染防治的统一监督管理。

县级以上人民政府农牧主管部门负责畜禽养殖废弃物综合利用的指导和服务。

县级以上人民政府循环经济发展综合管理部门负责畜禽养殖循环经济工作的组织协调。

县级以上人民政府其他有关部门依照本条例规定和各自职责,负责畜禽养殖污染防治相关工作。

乡镇人民政府应当协助有关部门做好本行政区域的畜禽养殖污染防治工作。

第六条 从事畜禽养殖以及畜禽养殖废弃物综合利用和无害化处理活动,应当符合国家有关畜禽养殖污染防治的要求,并依法接受有关主管部门的监督检查。

第七条 国家鼓励和支持畜禽养殖污染防治以及畜禽养殖废弃物综合利用和无害化处理的科学技术研究和装备研发。各级人民政府应当支持先进适用技术的推广,促进畜禽养殖污染防治水平的提高。

第八条 任何单位和个人对违反本条例规定的行为,有权向县级以上人民政府环境保护等有关部门举报。接到举报的部门应当及时调查处理。

对在畜禽养殖污染防治中作出突出贡献的单位和个人,按照国家有关规定给予表彰和奖励。

第二章 预 防

第九条 县级以上人民政府农牧主管部门编制畜牧业发展规划,报本级人民政府或者其授权的部门批准实施。畜牧业发展规划应当统筹考虑环境承载能力以及畜禽养殖污染防治要求,合理布局,科学确定畜禽养殖的品种、规模、总量。

第十条 县级以上人民政府环境保护主管部门会同农牧主管部门编制畜禽养殖污染防治规划,报本级人民政府或者其授权的部门批准实施。畜禽养殖污染防治规划应当与畜牧业发展规划相衔接,统筹考虑畜禽养殖生产布局,明确畜禽养殖污染防治目标、任务、重点区域,明确污染治理重点设施建设,以及废弃物综合利用等污染防治措施。

第十一条 禁止在下列区域内建设畜禽养殖场、养殖小区:

(一)饮用水水源保护区,风景名胜区;

(二)自然保护区的核心区和缓冲区;

(三)城镇居民区、文化教育科学研究区等人口集中区域;

(四)法律、法规规定的其他禁止养殖区域。

第十二条 新建、改建、扩建畜禽养殖场、养殖小区,应当符合畜牧业发展规划、畜禽养殖污染防治规划,满足动物防疫条件,并进行环境影响评价。对环境可能造成重大影响的大型畜禽养殖场、养殖小区,应当编制环境影响报告书;其他畜禽养殖场、养殖小区应当填报环境影响登记表。大型畜禽养殖场、养殖小区的管理目录,由国务院环境保护主管部门商国务院农牧主管部门确定。

环境影响评价的重点应当包括:畜禽养殖产生的废弃物种类和数量,废弃物综合利用和无害化处理方案和措施,废弃物的消纳和处理情况以及向环境直接排放的情况,最终可能对水体、土壤等环境和人体健康产生的影响以及控制和减少影响的方案和措施等。

第十三条 畜禽养殖场、养殖小区应当根据养殖规模和污染防治需要,建设相应的畜禽粪便、污水与雨水分流设施,畜禽粪便、污水的贮存设施,粪污厌氧消化和堆沤、有机肥加工、制取沼气、沼渣沼液分离和输送、污水处理、畜禽尸体处理等综合利用和无害化处理设施。已经委托他人对畜禽养殖废弃物代为综合利用和无害化处理的,可以不自行建设综合利用和无害化处理设施。

未建设污染防治配套设施、自行建设的配套设施不合格,或者未委托他人对畜禽养殖废弃物进行综合利用和无害化处理的,畜禽养殖场、养殖小区不得投入生产或者使用。

畜禽养殖场、养殖小区自行建设污染防治配套设施的,应当确保其正常运行。

第十四条 从事畜禽养殖活动,应当采取科学的饲养方式和废弃物处理工艺等有效措施,减少畜禽养殖废弃物的产生量和向环境的排放量。

第三章 综合利用与治理

第十五条 国家鼓励和支持采取粪肥还田、制取沼气、制造有机肥等方法,对畜禽养殖废弃物进行综合利用。

第十六条 国家鼓励和支持采取种植和养殖相结合的方式消纳利用畜禽养殖废弃物,促进畜禽粪便、污水等废弃物就地就近利用。

第十七条 国家鼓励和支持沼气制取、有机肥生产等废弃物综合利用以及沼渣沼液输送和施用、沼气发电等相关配套设施建设。

第十八条 将畜禽粪便、污水、沼渣、沼液等用作肥料的,应当与土地的消纳能力相适应,并采取有效措施,消除可能引起传染病的微生物,防止污染环境和传播疫病。

第十九条 从事畜禽养殖活动和畜禽养殖废弃物处理活动,应当及时对畜禽粪便、畜禽尸体、污水等进行收集、贮存、清运,防止恶臭和畜禽养殖废弃物渗出、泄漏。

第二十条 向环境排放经过处理的畜禽养殖废弃物,应当符合国家和地方规定的污染物排放标准和总量控制指标。畜禽养殖废弃物未经处理,不得直接向环境排放。

第二十一条 染疫畜禽以及染疫畜禽排泄物、染疫畜禽产品、病死或者死因不明的畜禽尸体等病害畜禽养殖废弃物,应当按照有关法律、法规和国务院农牧主管部门的规定,进行深埋、化制、焚烧等无害化处理,不得随意处置。

第二十二条 畜禽养殖场、养殖小区应当定期将畜禽养殖品种、规模以及畜禽养殖废弃物的产生、排放和综合利用等情况,报县级人民政府环境保护主管部门备案。环境保护主管部门应当定期将备案情况抄送同级农牧主管部门。

第二十三条 县级以上人民政府环境保护主管部门应当依据职责对畜禽养殖污染防治情况进行监督检查,并加强对畜禽养殖环境污染的监测。

乡镇人民政府、基层群众自治组织发现畜禽养殖环境污染行为的,应当及时制止和报告。

第二十四条　对污染严重的畜禽养殖密集区域,市、县人民政府应当制定综合整治方案,采取组织建设畜禽养殖废弃物综合利用和无害化处理设施、有计划搬迁或者关闭畜禽养殖场所等措施,对畜禽养殖污染进行治理。

第二十五条　因畜牧业发展规划、土地利用总体规划、城乡规划调整以及划定禁止养殖区域,或者因对污染严重的畜禽养殖密集区域进行综合整治,确需关闭或者搬迁现有畜禽养殖场所,致使畜禽养殖者遭受经济损失的,由县级以上地方人民政府依法予以补偿。

第四章　激励措施

第二十六条　县级以上人民政府应当采取示范奖励等措施,扶持规模化、标准化畜禽养殖,支持畜禽养殖场、养殖小区进行标准化改造和污染防治设施建设与改造,鼓励分散饲养向集约饲养方式转变。

第二十七条　县级以上地方人民政府在组织编制土地利用总体规划过程中,应当统筹安排,将规模化畜禽养殖用地纳入规划,落实养殖用地。

国家鼓励利用废弃地和荒山、荒沟、荒丘、荒滩等未利用地开展规模化、标准化畜禽养殖。

畜禽养殖用地按农用地管理,并按照国家有关规定确定生产设施用地和必要的污染防治等附属设施用地。

第二十八条　建设和改造畜禽养殖污染防治设施,可以按照国家规定申请包括污染治理贷款贴息补助在内的环境保护等相关资金支持。

第二十九条　进行畜禽养殖污染防治,从事利用畜禽养殖废弃物进行有机肥产品生产经营等畜禽养殖废弃物综合利用活动的,享受国家规定的相关税收优惠政策。

第三十条　利用畜禽养殖废弃物生产有机肥产品的,享受国家关于化肥运力安排等支持政策;购买使用有机肥产品的,享受不低于国家关于化肥的使用补贴等优惠政策。

畜禽养殖场、养殖小区的畜禽养殖污染防治设施运行用电执行农业用电价格。

第三十一条　国家鼓励和支持利用畜禽养殖废弃物进行沼气发电,自发自用、多余电量接入电网。电网企业应当依照法律和国家有关规定为沼气发电提供无歧视的电网接入服务,并全额收购其电网覆盖范围内符合并网技术标准的多余电量。

利用畜禽养殖废弃物进行沼气发电的,依法享受国家规定的上网电价优惠政策。利用畜禽养殖废弃物制取沼气或进而制取天然气的,依法享受新能源优惠政策。

第三十二条 地方各级人民政府可以根据本地区实际,对畜禽养殖场、养殖小区支出的建设项目环境影响咨询费用给予补助。

第三十三条 国家鼓励和支持对染疫畜禽、病死或者死因不明畜禽尸体进行集中无害化处理,并按照国家有关规定对处理费用、养殖损失给予适当补助。

第三十四条 畜禽养殖场、养殖小区排放污染物符合国家和地方规定的污染物排放标准和总量控制指标,自愿与环境保护主管部门签订进一步削减污染物排放量协议的,由县级人民政府按照国家有关规定给予奖励,并优先列入县级以上人民政府安排的环境保护和畜禽养殖发展相关财政资金扶持范围。

第三十五条 畜禽养殖户自愿建设综合利用和无害化处理设施、采取措施减少污染物排放的,可以依照本条例规定享受相关激励和扶持政策。

第五章 法 律 责 任

第三十六条 各级人民政府环境保护主管部门、农牧主管部门以及其他有关部门未依照本条例规定履行职责的,对直接负责的主管人员和其他直接责任人员依法给予处分;直接负责的主管人员和其他直接责任人员构成犯罪的,依法追究刑事责任。

第三十七条 违反本条例规定,在禁止养殖区域内建设畜禽养殖场、养殖小区的,由县级以上地方人民政府环境保护主管部门责令停止违法行为;拒不停止违法行为的,处3万元以上10万元以下的罚款,并报县级以上人民政府责令拆除或者关闭。在饮用水水源保护区建设畜禽养殖场、养殖小区的,由县级以上地方人民政府环境保护主管部门责令停止违法行为,处10万元以上50万元以下的罚款,并报经有批准权的人民政府批准,责令拆除或者关闭。

第三十八条 违反本条例规定,畜禽养殖场、养殖小区依法应当进行环境影响评价而未进行的,由有权审批该项目环境影响评价文件的环境保护主管部门责令停止建设,限期补办手续;逾期不补办手续的,处5

万元以上 20 万元以下的罚款。

第三十九条　违反本条例规定，未建设污染防治配套设施或者自行建设的配套设施不合格，也未委托他人对畜禽养殖废弃物进行综合利用和无害化处理，畜禽养殖场、养殖小区即投入生产、使用，或者建设的污染防治配套设施未正常运行的，由县级以上人民政府环境保护主管部门责令停止生产或者使用，可以处 10 万元以下的罚款。

第四十条　违反本条例规定，有下列行为之一的，由县级以上地方人民政府环境保护主管部门责令停止违法行为，限期采取治理措施消除污染，依照《中华人民共和国水污染防治法》、《中华人民共和国固体废物污染环境防治法》的有关规定予以处罚：

（一）将畜禽养殖废弃物用作肥料，超出土地消纳能力，造成环境污染的；

（二）从事畜禽养殖活动或者畜禽养殖废弃物处理活动，未采取有效措施，导致畜禽养殖废弃物渗出、泄漏的。

第四十一条　排放畜禽养殖废弃物不符合国家或者地方规定的污染物排放标准或者总量控制指标，或者未经无害化处理直接向环境排放畜禽养殖废弃物的，由县级以上地方人民政府环境保护主管部门责令限期治理，可以处 5 万元以下的罚款。县级以上地方人民政府环境保护主管部门作出限期治理决定后，应当会同同级人民政府农牧等有关部门对整改措施的落实情况及时进行核查，并向社会公布核查结果。

第四十二条　未按照规定对染疫畜禽和病害畜禽养殖废弃物进行无害化处理的，由动物卫生监督机构责令无害化处理，所需处理费用由违法行为人承担，可以处 3000 元以下的罚款。

第六章　附　　则

第四十三条　畜禽养殖场、养殖小区的具体规模标准由省级人民政府确定，并报国务院环境保护主管部门和国务院农牧主管部门备案。

第四十四条　本条例自 2014 年 1 月 1 日起施行。

生态保护补偿条例

1. 2024年3月23日国务院第26次常务会议通过
2. 2024年4月6日国务院令第779号公布
3. 自2024年6月1日起施行

第一章 总　　则

第一条　为了保护和改善生态环境，加强和规范生态保护补偿，调动各方参与生态保护积极性，推动生态文明建设，根据有关法律，制定本条例。

第二条　在中华人民共和国领域及管辖的其他海域开展生态保护补偿及其相关活动，适用本条例。法律、行政法规另有规定的，依照其规定。

本条例所称生态保护补偿，是指通过财政纵向补偿、地区间横向补偿、市场机制补偿等机制，对按照规定或者约定开展生态保护的单位和个人予以补偿的激励性制度安排。生态保护补偿可以采取资金补偿、对口协作、产业转移、人才培训、共建园区、购买生态产品和服务等多种补偿方式。

前款所称单位和个人，包括地方各级人民政府、村民委员会、居民委员会、农村集体经济组织及其成员以及其他应当获得补偿的单位和个人。

第三条　生态保护补偿工作坚持中国共产党的领导，坚持政府主导、社会参与、市场调节相结合，坚持激励与约束并重，坚持统筹协同推进，坚持生态效益与经济效益、社会效益相统一。

第四条　县级以上人民政府应当加强对生态保护补偿工作的组织领导，将生态保护补偿工作纳入国民经济和社会发展规划，构建稳定的生态保护补偿资金投入机制。

县级以上人民政府依法可以通过多种方式拓宽生态保护补偿资金渠道。

第五条　国务院发展改革、财政、自然资源、生态环境、水行政、住房城乡建设、农业农村、林业草原等部门依据各自职责，负责生态保护补偿相关工作。

第六条 县级以上地方人民政府应当建立健全生态保护补偿工作的相关机制,督促所属部门和下级人民政府开展生态保护补偿工作。县级以上地方人民政府有关部门依据各自职责,负责生态保护补偿相关工作。

第七条 对在生态保护补偿工作中作出显著成绩的单位和个人,按照国家有关规定给予表彰和奖励。

第二章 财政纵向补偿

第八条 国家通过财政转移支付等方式,对开展重要生态环境要素保护的单位和个人,以及在依法划定的重点生态功能区、生态保护红线、自然保护地等生态功能重要区域开展生态保护的单位和个人,予以补偿。

第九条 对开展重要生态环境要素保护的单位和个人,中央财政按照下列分类实施补偿(以下称分类补偿):

(一)森林;

(二)草原;

(三)湿地;

(四)荒漠;

(五)海洋;

(六)水流;

(七)耕地;

(八)法律、行政法规和国家规定的水生生物资源、陆生野生动植物资源等其他重要生态环境要素。

前款规定的补偿的具体范围、补偿方式应当统筹考虑地区经济社会发展水平、财政承受能力、生态保护成效等因素分类确定,并连同补偿资金的使用及其监督管理等事项依法向社会公布。中央财政分类补偿的具体办法由国务院主管部门会同其他有关部门分领域制定。

第十条 在中央财政分类补偿的基础上,按照中央与地方财政事权和支出责任划分原则,有关地方人民政府可以结合本地区实际建立分类补偿制度,对开展重要生态环境要素保护的单位和个人加大补偿力度。

法律、行政法规或者国务院规定要求由中央财政和地方财政共同出资实施分类补偿或者由地方财政出资实施分类补偿的,有关地方人民政府应当按照规定及时落实资金。

第十一条 中央财政安排重点生态功能区转移支付,结合财力状况逐步增加转移支付规模。根据生态效益外溢性、生态功能重要性、生态环境敏感性和脆弱性等特点,在重点生态功能区转移支付中实施差异化补偿,加大对生态保护红线覆盖比例较高地区支持力度。

国务院财政部门制定重点生态功能区转移支付管理办法,明确转移支付的范围和转移支付资金的分配方式。

第十二条 国家建立健全以国家公园为主体的自然保护地体系生态保护补偿机制。中央财政和地方财政对开展自然保护地保护的单位和个人分类分级予以补偿,根据自然保护地类型、级别、规模和管护成效等合理确定转移支付规模。

第十三条 地方人民政府及其有关部门获得的生态保护补偿资金应当按照规定用途使用。

地方人民政府及其有关部门应当按照规定将生态保护补偿资金及时补偿给开展生态保护的单位和个人,不得截留、占用、挪用或者拖欠。

由地方人民政府统筹使用的生态保护补偿资金,应当优先用于自然资源保护、生态环境治理和修复等。

生态保护地区所在地有关地方人民政府应当按照国家有关规定,稳步推进不同渠道生态保护补偿资金统筹使用,提高生态保护整体效益。

第三章　地区间横向补偿

第十四条 国家鼓励、指导、推动生态受益地区与生态保护地区人民政府通过协商等方式建立生态保护补偿机制,开展地区间横向生态保护补偿。

根据生态保护实际需要,上级人民政府可以组织、协调下级人民政府之间开展地区间横向生态保护补偿。

第十五条 地区间横向生态保护补偿针对下列区域开展:

(一)江河流域上下游、左右岸、干支流所在区域;

(二)重要生态环境要素所在区域以及其他生态功能重要区域;

(三)重大引调水工程水源地以及沿线保护区;

(四)其他按照协议开展生态保护补偿的区域。

第十六条 对在生态功能特别重要的跨省、自治区、直辖市和跨自治州、设区的市重点区域开展地区间横向生态保护补偿的,中央财政和省级财政可以给予引导支持。

对开展地区间横向生态保护补偿取得显著成效的,国务院发展改革、财政等部门可以在规划、资金、项目安排等方面给予适当支持。

第十七条　开展地区间横向生态保护补偿,有关地方人民政府应当签订书面协议(以下称补偿协议),明确下列事项:

(一)补偿的具体范围;

(二)生态保护预期目标及其监测、评判指标;

(三)生态保护地区的生态保护责任;

(四)补偿方式以及落实补偿的相关安排;

(五)协议期限;

(六)违反协议的处理;

(七)其他事项。

确定补偿协议的内容,应当综合考虑生态保护现状、生态保护成本、生态保护成效以及地区经济社会发展水平、财政承受能力等因素。

生态保护地区获得的生态保护补偿资金,应当用于本地区自然资源保护、生态环境治理和修复、经济社会发展和民生改善等。需要直接补偿给单位和个人的,应当按照规定及时补偿,不得截留、占用、挪用或者拖欠。

第十八条　有关地方人民政府应当严格履行所签订的补偿协议。生态保护地区应当按照协议落实生态保护措施,生态受益地区应当按照约定积极主动履行补偿责任。

因补偿协议履行产生争议的,有关地方人民政府应当协商解决;协商不成的,报请共同的上一级人民政府协调解决,必要时共同的上一级人民政府可以作出决定,有关地方人民政府应当执行。

第十九条　有关地方人民政府在补偿协议期限届满后,根据实际需要续签补偿协议,续签补偿协议时可以对有关事项重新协商。

第四章　市场机制补偿

第二十条　国家充分发挥市场机制在生态保护补偿中的作用,推进生态保护补偿市场化发展,拓展生态产品价值实现模式。

第二十一条　国家鼓励企业、公益组织等社会力量以及地方人民政府按照市场规则,通过购买生态产品和服务等方式开展生态保护补偿。

第二十二条 国家建立健全碳排放权、排污权、用水权、碳汇权益等交易机制,推动交易市场建设,完善交易规则。

第二十三条 国家鼓励、支持生态保护与生态产业发展有机融合,在保障生态效益前提下,采取多种方式发展生态产业,推动生态优势转化为产业优势,提高生态产品价值。

发展生态产业应当完善农村集体经济组织和农村居民参与方式,建立持续性惠益分享机制,促进生态保护主体利益得到有效补偿。

地方各级人民政府应当根据实际需要,加快培育生态产品市场经营开发主体,充分发挥其在整合生态资源、统筹实施生态保护、提供专业技术支撑、推进生态产品供需对接等方面的优势和作用。

第二十四条 国家鼓励、引导社会资金建立市场化运作的生态保护补偿基金,依法有序参与生态保护补偿。

第五章 保障和监督管理

第二十五条 政府及其有关部门应当按照规定及时下达和核拨生态保护补偿资金,确保补偿资金落实到位。

政府及其有关部门应当加强对资金用途的监督管理,按照规定实施生态保护补偿资金预算绩效管理,完善生态保护责任落实的激励约束机制。

第二十六条 国家推进自然资源统一确权登记,完善生态保护补偿监测支撑体系,建立生态保护补偿统计体系,完善生态保护补偿标准体系,为生态保护补偿工作提供技术支撑。

第二十七条 国家完善与生态保护补偿相配套的财政、金融等政策措施,发挥财政税收政策调节功能,完善绿色金融体系。

第二十八条 国家建立健全统一的绿色产品标准、认证、标识体系,推进绿色产品市场建设,实施政府绿色采购政策,建立绿色采购引导机制。

第二十九条 政府和有关部门应当通过多种形式,加强对生态保护补偿政策和实施效果的宣传,为生态保护补偿工作营造良好社会氛围。

第三十条 政府和有关部门应当依法及时公开生态保护补偿工作情况,接受社会监督和舆论监督。

审计机关对生态保护补偿资金的管理使用情况依法进行审计监督。

第三十一条 截留、占用、挪用、拖欠或者未按照规定使用生态保护补偿资金的,政府和有关主管部门应当责令改正;逾期未改正的,可以缓拨、减拨、停拨或者追回生态保护补偿资金。

以虚假手段骗取生态保护补偿资金的,由政府和有关主管部门依法依规处理、处罚;构成犯罪的,依法追究刑事责任。

第三十二条 政府和有关部门及其工作人员在生态保护补偿工作中有失职、渎职行为的,依法依规追究责任。

第六章 附 则

第三十三条 本条例自2024年6月1日起施行。

生态环境损害赔偿管理规定

1. 2022年4月26日生态环境部、最高人民法院、最高人民检察院科技部、公安部、司法部、财政部、自然资源部、住房和城乡建设部、水利部、农业农村部、卫生健康委、市场监管总局、林草局发布施行
2. 环法规〔2022〕31号

第一章 总 则

第一条 为规范生态环境损害赔偿工作,推进生态文明建设,建设美丽中国,根据《生态环境损害赔偿制度改革方案》和《中华人民共和国民法典》《中华人民共和国环境保护法》等法律法规的要求,制定本规定。

第二条 以习近平新时代中国特色社会主义思想为指导,全面贯彻党的十九大和十九届历次全会精神,深入贯彻习近平生态文明思想,坚持党的全面领导,坚持以人民为中心的发展思想,坚持依法治国、依法行政,以构建责任明确、途径畅通、技术规范、保障有力、赔偿到位、修复有效的生态环境损害赔偿制度为目标,持续改善环境质量,维护国家生态安全,不断满足人民群众日益增长的美好生活需要,建设人与自然和谐共生的美丽中国。

第三条 生态环境损害赔偿工作坚持依法推进、鼓励创新,环境有价、损害担责,主动磋商、司法保障,信息共享、公众监督的原则。

第四条 本规定所称生态环境损害,是指因污染环境、破坏生态造成大气、地表水、地下水、土壤、森林等环境要素和植物、动物、微生物等生

物要素的不利改变,以及上述要素构成的生态系统功能退化。

违反国家规定造成生态环境损害的,按照《生态环境损害赔偿制度改革方案》和本规定要求,依法追究生态环境损害赔偿责任。

以下情形不适用本规定:

(一)涉及人身伤害、个人和集体财产损失要求赔偿的,适用《中华人民共和国民法典》等法律有关侵权责任的规定;

(二)涉及海洋生态环境损害赔偿的,适用海洋环境保护法等法律及相关规定。

第五条　生态环境损害赔偿范围包括:

(一)生态环境受到损害至修复完成期间服务功能丧失导致的损失;

(二)生态环境功能永久性损害造成的损失;

(三)生态环境损害调查、鉴定评估等费用;

(四)清除污染、修复生态环境费用;

(五)防止损害的发生和扩大所支出的合理费用。

第六条　国务院授权的省级、市地级政府(包括直辖市所辖的区县级政府,下同)作为本行政区域内生态环境损害赔偿权利人。赔偿权利人可以根据有关职责分工,指定有关部门或机构负责具体工作。

第七条　赔偿权利人及其指定的部门或机构开展以下工作:

(一)定期组织筛查案件线索,及时启动案件办理程序;

(二)委托鉴定评估,开展索赔磋商和作为原告提起诉讼;

(三)引导赔偿义务人自行或委托社会第三方机构修复受损生态环境,或者根据国家有关规定组织开展修复或替代修复;

(四)组织对生态环境修复效果进行评估;

(五)其他相关工作。

第八条　违反国家规定,造成生态环境损害的单位或者个人,应当按照国家规定的要求和范围,承担生态环境损害赔偿责任,做到应赔尽赔。民事法律和资源环境保护等法律有相关免除或者减轻生态环境损害赔偿责任规定的,按相应规定执行。

赔偿义务人应当依法积极配合生态环境损害赔偿调查、鉴定评估等工作,参与索赔磋商,实施修复,全面履行赔偿义务。

第九条　赔偿权利人及其指定的部门或机构,有权请求赔偿义务人在合理期限内承担生态环境损害赔偿责任。

生态环境损害可以修复的,应当修复至生态环境受损前的基线水平或者生态环境风险可接受水平。赔偿义务人根据赔偿协议或者生效判决要求,自行或者委托开展修复的,应当依法赔偿生态环境受到损害至修复完成期间服务功能丧失导致的损失和生态环境损害赔偿范围内的相关费用。

生态环境损害无法修复的,赔偿义务人应当依法赔偿相关损失和生态环境损害赔偿范围内的相关费用,或者在符合有关生态环境修复法规政策和规划的前提下,开展替代修复,实现生态环境及其服务功能等量恢复。

第十条 赔偿义务人因同一生态环境损害行为需要承担行政责任或者刑事责任的,不影响其依法承担生态环境损害赔偿责任。赔偿义务人的财产不足以同时承担生态环境损害赔偿责任和缴纳罚款、罚金时,优先用于承担生态环境损害赔偿责任。

各地可根据案件实际情况,统筹考虑社会稳定、群众利益,根据赔偿义务人主观过错、经营状况等因素分类处置,探索分期赔付等多样化责任承担方式。

有关国家机关应当依法履行职责,不得以罚代赔,也不得以赔代罚。

第十一条 赔偿义务人积极履行生态环境损害赔偿责任的,相关行政机关和司法机关,依法将其作为从轻、减轻或者免予处理的情节。

对生效判决和经司法确认的赔偿协议,赔偿义务人不履行或者不完全履行义务的,依法列入失信被执行人名单。

第十二条 对公民、法人和其他组织举报要求提起生态环境损害赔偿的,赔偿权利人及其指定的部门或机构应当及时研究处理和答复。

第二章 任务分工

第十三条 生态环境部牵头指导实施生态环境损害赔偿制度,会同自然资源部、住房和城乡建设部、水利部、农业农村部、国家林草局等相关部门负责指导生态环境损害的调查、鉴定评估、修复方案编制、修复效果评估等业务工作。科技部负责指导有关生态环境损害鉴定评估技术研究工作。公安部负责指导公安机关依法办理涉及生态环境损害赔偿的刑事案件。司法部负责指导有关环境损害司法鉴定管理工作。

财政部负责指导有关生态环境损害赔偿资金管理工作。国家卫生健康委会同生态环境部开展环境健康问题调查研究、环境与健康综合监测与风险评估。市场监管总局负责指导生态环境损害鉴定评估相关的计量和标准化工作。

最高人民法院、最高人民检察院分别负责指导生态环境损害赔偿案件的审判和检察工作。

第十四条　省级、市地级党委和政府对本地区的生态环境损害赔偿工作负总责，应当加强组织领导，狠抓责任落实，推进生态环境损害赔偿工作稳妥、有序进行。党委和政府主要负责人应当履行生态环境损害赔偿工作第一责任人职责；党委和政府领导班子其他成员应当根据工作分工，领导、督促有关部门和单位开展生态环境损害赔偿工作。

各省级、市地级党委和政府每年应当至少听取一次生态环境损害赔偿工作情况的汇报，督促推进生态环境损害赔偿工作，建立严考核、硬约束的工作机制。

第三章　工作程序

第十五条　赔偿权利人应当建立线索筛查和移送机制。

赔偿权利人指定的部门或机构，应当根据本地区实施方案规定的任务分工，重点通过以下渠道定期组织筛查发现生态环境损害赔偿案件线索：

（一）中央和省级生态环境保护督察发现的案件线索；

（二）突发生态环境事件；

（三）资源与环境行政处罚案件；

（四）涉嫌构成破坏环境资源保护犯罪的案件；

（五）在生态保护红线等禁止开发区域、国家和省级国土空间规划中确定的重点生态功能区发生的环境污染、生态破坏事件；

（六）日常监管、执法巡查、各项资源与环境专项行动发现的案件线索；

（七）信访投诉、举报和媒体曝光涉及的案件线索；

（八）上级机关交办的案件线索；

（九）检察机关移送的案件线索；

（十）赔偿权利人确定的其他线索渠道。

第十六条　在全国有重大影响或者生态环境损害范围在省域内跨市地

的案件由省级政府管辖;省域内其他案件管辖由省级政府确定。

生态环境损害范围跨省域的,由损害地相关省级政府共同管辖。相关省级政府应加强沟通联系,协商开展赔偿工作。

第十七条　赔偿权利人及其指定的部门或机构在发现或者接到生态环境损害赔偿案件线索后,应当在三十日内就是否造成生态环境损害进行初步核查。对已造成生态环境损害的,应当及时立案启动索赔程序。

第十八条　经核查,存在以下情形之一的,赔偿权利人及其指定的部门或机构可以不启动索赔程序:

（一）赔偿义务人已经履行赔偿义务的;

（二）人民法院已就同一生态环境损害形成生效裁判文书,赔偿权利人的索赔请求已被得到支持的诉讼请求所全部涵盖的;

（三）环境污染或者生态破坏行为造成的生态环境损害显著轻微,且不需要赔偿的;

（四）承担赔偿义务的法人终止、非法人组织解散或者自然人死亡,且无财产可供执行的;

（五）赔偿义务人依法持证排污,符合国家规定的;

（六）其他可以不启动索赔程序的情形。

赔偿权利人及其指定的部门或机构在启动索赔程序后,发现存在以上情形之一的,可以终止索赔程序。

第十九条　生态环境损害索赔启动后,赔偿权利人及其指定的部门或机构,应当及时进行损害调查。调查应当围绕生态环境损害是否存在、受损范围、受损程度、是否有相对明确的赔偿义务人等问题开展。调查结束应当形成调查结论,并提出启动索赔磋商或者终止索赔程序的意见。

公安机关在办理涉嫌破坏环境资源保护犯罪案件时,为查明生态环境损害程度和损害事实,委托相关机构或者专家出具的鉴定意见、鉴定评估报告、专家意见等,可以用于生态环境损害调查。

第二十条　调查期间,赔偿权利人及其指定的部门或机构,可以根据相关规定委托符合条件的环境损害司法鉴定机构或者生态环境、自然资源、住房和城乡建设、水利、农业农村、林业和草原等国务院相关主管部门推荐的机构出具鉴定意见或者鉴定评估报告,也可以与赔偿义务人协商共同委托上述机构出具鉴定意见或者鉴定评估报告。

对损害事实简单、责任认定无争议、损害较小的案件,可以采用委托专家评估的方式,出具专家意见;也可以根据与案件相关的法律文书、监测报告等资料,综合作出认定。专家可以从市地级及以上政府及其部门、人民法院、检察机关成立的相关领域专家库或者专家委员会中选取。鉴定机构和专家应当对其出具的鉴定意见、鉴定评估报告、专家意见等负责。

第二十一条 赔偿权利人及其指定的部门或机构应当在合理期限内制作生态环境损害索赔磋商告知书,并送达赔偿义务人。

赔偿义务人收到磋商告知书后在答复期限内表示同意磋商的,赔偿权利人及其指定的部门或机构应当及时召开磋商会议。

第二十二条 赔偿权利人及其指定的部门或机构,应当就修复方案、修复启动时间和期限、赔偿的责任承担方式和期限等具体问题与赔偿义务人进行磋商。磋商依据鉴定意见、鉴定评估报告或者专家意见开展,防止久磋不决。

磋商过程中,应当充分考虑修复方案可行性和科学性、成本效益优化、赔偿义务人赔偿能力、社会第三方治理可行性等因素。磋商过程应当依法公开透明。

第二十三条 经磋商达成一致意见的,赔偿权利人及其指定的部门或机构,应当与赔偿义务人签署生态环境损害赔偿协议。

第二十四条 赔偿权利人及其指定的部门或机构和赔偿义务人,可以就赔偿协议向有管辖权的人民法院申请司法确认。

对生效判决和经司法确认的赔偿协议,赔偿义务人不履行或不完全履行的,赔偿权利人及其指定的部门或机构可以向人民法院申请强制执行。

第二十五条 对未经司法确认的赔偿协议,赔偿义务人不履行或者不完全履行的,赔偿权利人及其指定的部门或机构,可以向人民法院提起诉讼。

第二十六条 磋商未达成一致的,赔偿权利人及其指定的部门或机构,应当及时向人民法院提起诉讼。

第二十七条 赔偿权利人及其指定的部门或机构,应当组织对受损生态环境修复的效果进行评估,确保生态环境得到及时有效修复。

修复效果未达到赔偿协议或者生效判决规定修复目标的,赔偿权利人及其指定的部门或机构,应当要求赔偿义务人继续开展修复,直至达到赔偿协议或者生效判决的要求。

第四章　保　障　机　制

第二十八条　完善从事生态环境损害鉴定评估活动机构的管理制度,健全信用评价、监督惩罚、准入退出等机制,提升鉴定评估工作质量。

省级、市地级党委和政府根据本地区生态环境损害赔偿工作实际,统筹推进本地区生态环境损害鉴定评估专业力量建设,满足生态环境损害赔偿工作需求。

第二十九条　国家建立健全统一的生态环境损害鉴定评估技术标准体系。

科技部会同相关部门组织开展生态环境损害鉴定评估关键技术方法研究。生态环境部会同相关部门构建并完善生态环境损害鉴定评估技术标准体系框架,充分依托现有平台建立完善服务于生态环境损害鉴定评估的数据平台。

生态环境部负责制定生态环境损害鉴定评估技术总纲和关键技术环节、基本生态环境要素、基础方法等基础性技术标准,商国务院有关主管部门后,与市场监管总局联合发布。

国务院相关主管部门可以根据职责或者工作需要,制定生态环境损害鉴定评估的专项技术规范。

第三十条　赔偿义务人造成的生态环境损害无法修复的,生态环境损害赔偿资金作为政府非税收入,实行国库集中收缴,全额上缴本级国库,纳入一般公共预算管理。赔偿权利人及其指定的部门或机构根据磋商协议或生效判决要求,结合本区域生态环境损害情况开展替代修复。

第三十一条　赔偿权利人及其指定的部门或机构可以积极创新公众参与方式,邀请相关部门、专家和利益相关的公民、法人、其他组织参加索赔磋商、索赔诉讼或者生态环境修复,接受公众监督。

生态环境损害调查、鉴定评估、修复方案编制等工作中涉及公共利益的重大事项,生态环境损害赔偿协议、诉讼裁判文书、赔偿资金使用情况和生态环境修复效果等信息应当依法向社会公开,保障公众知情权。

第三十二条　建立生态环境损害赔偿工作信息和重大案件信息的报告机制。

省级生态环境损害赔偿制度改革工作领导小组办公室于每年1月底前,将本地区上年度工作情况报送生态环境部。生态环境部于每年3月底前,将上年度全国生态环境损害赔偿工作情况汇总后,向党中央、国务院报告。

第三十三条　生态环境损害赔偿工作纳入污染防治攻坚战成效考核以及环境保护相关考核。

生态环境损害赔偿的突出问题纳入中央和省级生态环境保护督察范围。中央和省级生态环境保护督察发现需要开展生态环境损害赔偿工作的,移送有关地方政府依照本规定以及相关法律法规组织开展索赔。

建立重大案件督办机制。赔偿权利人及其指定的部门或机构应当对重大案件建立台账,排出时间表,加快推进。

第三十四条　赔偿权利人及其指定的部门或机构的负责人、工作人员,在生态环境损害赔偿过程中存在滥用职权、玩忽职守、徇私舞弊等情形的,按照有关规定交由纪检监察机关依纪依法处理,涉嫌犯罪的,移送司法机关,依法追究刑事责任。

第三十五条　对在生态环境损害赔偿工作中有显著成绩,守护好人民群众优美生态环境的单位和个人,按规定给予表彰奖励。

第五章　附　　则

第三十六条　本规定由生态环境部会同相关部门负责解释。

第三十七条　本规定中的期限按自然日计算。

第三十八条　本规定自印发之日起施行。法律、法规对生态环境损害赔偿有明确规定的,从其规定。

四、环境监察与应急处理

环境监察办法

1. 2012 年 7 月 25 日环境保护部令第 21 号公布
2. 自 2012 年 9 月 1 日起施行

目　录

第一章　总　　则
第二章　环境监察机构和人员
第三章　环境监察工作
第四章　附　　则

第一章　总　　则

第一条　为加强和规范环境监察工作,加强环境监察队伍建设,提升环境监察效能,根据《中华人民共和国环境保护法》等有关法律、法规,结合环境监察工作实际,制定本办法。

第二条　本办法所称环境监察,是指环境保护主管部门依据环境保护法律、法规、规章和其他规范性文件实施的行政执法活动。

第三条　环境监察应当遵循以下原则:
　　(一)教育和惩戒相结合;
　　(二)严格执法和引导自觉守法相结合;
　　(三)证据确凿,程序合法,定性准确,处理恰当;
　　(四)公正、公开、高效。

第四条　环境保护部对全国环境监察工作实施统一监督管理。
　　县级以上地方环境保护主管部门负责本行政区域的环境监察工作。
　　各级环境保护主管部门所属的环境监察机构(以下简称"环境监

察机构"),负责具体实施环境监察工作。

第五条 环境监察机构对本级环境保护主管部门负责,并接受上级环境监察机构的业务指导和监督。

各级环境保护主管部门应当加强对环境监察机构的领导,建立健全工作协调机制,并为环境监察机构提供必要的工作条件。

第六条 环境监察机构的主要任务包括:

(一)监督环境保护法律、法规、规章和其他规范性文件的执行;

(二)现场监督检查污染源的污染物排放情况、污染防治设施运行情况、环境保护行政许可执行情况、建设项目环境保护法律法规的执行情况等;

(三)现场监督检查自然保护区、畜禽养殖污染防治等生态和农村环境保护法律法规执行情况;

(四)具体负责排放污染物申报登记、排污费核定和征收;

(五)查处环境违法行为;

(六)查办、转办、督办对环境污染和生态破坏的投诉、举报,并按照环境保护主管部门确定的职责分工,具体负责环境污染和生态破坏纠纷的调解处理;

(七)参与突发环境事件的应急处置;

(八)对严重污染环境和破坏生态问题进行督查;

(九)依照职责,具体负责环境稽查工作;

(十)法律、法规、规章和规范性文件规定的其他职责。

第二章 环境监察机构和人员

第七条 各级环境监察机构可以命名为环境监察局。省级、设区的市级、县级环境监察机构,也可以分别以环境监察总队、环境监察支队、环境监察大队命名。

县级环境监察机构的分支(派出)机构和乡镇级环境监察机构的名称,可以命名为环境监察中队或者环境监察所。

第八条 环境监察机构的设置和人员构成,应当根据本行政区域范围大小、经济社会发展水平、人口规模、污染源数量和分布、生态保护和环境执法任务量等因素科学确定。

第九条 环境监察机构的工作经费,应当按照国家有关规定列入环境保护主管部门预算,由本级财政予以保障。

第十条 环境监察机构的办公用房、执法业务用房及执法车辆、调查取证器材等执法装备,应当符合国家环境监察标准化建设及验收要求。

环境监察机构的执法车辆应当喷涂统一的环境监察执法标识。

第十一条 录用环境监察机构的工作人员(以下简称"环境监察人员"),应当符合《中华人民共和国公务员法》的有关规定。

第十二条 环境保护主管部门应当根据工作需要,制定环境监察培训五年规划和年度计划,组织开展分级分类培训。

设区的市级、县级环境监察机构的主要负责人和省级以上环境监察人员的岗位培训,由环境保护部统一组织。其他环境监察人员的岗位培训,由省级环境保护主管部门组织。

环境监察人员参加培训的情况,应当作为环境监察人员考核、任职的主要依据。

第十三条 从事现场执法工作的环境监察人员进行现场检查时,有权依法采取以下措施:

(一)进入有关场所进行勘察、采样、监测、拍照、录音、录像、制作笔录;

(二)查阅、复制相关资料;

(三)约见、询问有关人员,要求说明相关事项,提供相关材料;

(四)责令停止或者纠正违法行为;

(五)适用行政处罚简易程序,当场作出行政处罚决定;

(六)法律、法规、规章规定的其他措施。

实施现场检查时,从事现场执法工作的环境监察人员不得少于两人,并出示《中国环境监察执法证》等行政执法证件,表明身份,说明执法事项。

第十四条 从事现场执法工作的环境监察人员,应当持有《中国环境监察执法证》。

对参加岗位培训,并经考试取得培训合格证书的环境监察人员,经核准后颁发《中国环境监察执法证》。《中国环境监察执法证》颁发、使用、管理的具体办法,由环境保护部另行制定。

第十五条 各级环境监察机构应当建立健全保密制度,完善保密措施,落实保密责任,指定专人管理保密的日常工作。

第十六条 环境监察人员应当严格遵守有关廉政纪律和要求。

第十七条　各级环境保护主管部门应当建立健全对环境监察人员的考核制度。

对工作表现突出、有显著成绩的环境监察人员,给予表彰和奖励。对在环境监察工作中违法违纪的环境监察人员,依法给予处分,可以暂扣、收回《中国环境监察执法证》;涉嫌构成犯罪的,依法移送司法机关追究刑事责任。

第三章　环境监察工作

第十八条　环境监察机构应当根据本行政区域环境保护工作任务、污染源数量、类型、管理权限等,制定环境监察工作年度计划。

环境监察工作年度计划报同级环境保护主管部门批准后实施,并抄送上一级环境监察机构。

第十九条　环境监察机构应当根据环境监察工作年度计划,组织现场检查。现场检查可以采取例行检查或者重点检查的方式进行。

第二十条　对排污者申报的排放污染物的种类、数量,环境监察机构负责依法进行核定。

第二十一条　环境监察机构应当按照排污费征收标准和核定的污染物种类、数量,负责向排污者征收排污费。

对减缴、免缴、缓缴排污费的申请,环境监察机构应当依法审核。

第二十二条　违反环境保护法律、法规和规章规定的,环境保护主管部门应当责令违法行为人改正或者限期改正,并依法实施行政处罚。

第二十三条　对违反环境保护法律、法规,严重污染环境或者造成重大社会影响的环境违法案件,环境保护主管部门可以提出明确要求,督促有关部门限期办理,并向社会公开办理结果。

第二十四条　环境监察机构负责组织实施环境行政执法后督察,监督环境行政处罚、行政命令等具体行政行为的执行。

第二十五条　企业事业单位严重污染环境或者造成严重生态破坏的,环境保护主管部门或者环境监察机构可以约谈单位负责人,督促其限期整改。

对未完成环境保护目标任务或者发生重大、特大突发环境事件的,环境保护主管部门或者环境监察机构可以约谈下级地方人民政府负责人,要求地方人民政府依法履行职责,落实整改措施,并可以提出改进工作的建议。

第二十六条 对依法受理的案件,属于本机关管辖的,环境保护主管部门应当按照规定的时限和程序依法处理;属于环境保护主管部门管辖但不属于本机关管辖的,受理案件的环境保护主管部门应当移送有管辖权的环境保护主管部门处理;不属于环境保护主管部门管辖的,受理案件的环境保护主管部门应当移送有管辖权的机关处理。

环境保护主管部门应当加强与司法机关的配合和协作,并可以根据工作需要,联合其他部门共同执法。

第二十七条 相邻行政区域的环境保护主管部门应当相互通报环境监察执法信息,加强沟通、协调和配合。

同一区域、流域内的环境保护主管部门应当加强信息共享,开展联合检查和执法活动。

环境监察机构应当加强信息统计,并以专题报告、定期报告、统计报表等形式,向同级环境保护主管部门和上级环境监察机构报告本行政区域的环境监察工作情况。

环境保护主管部门应当依法公开环境监察的有关信息。

第二十八条 上级环境保护主管部门应当对下级环境保护主管部门在环境监察工作中依法履行职责、行使职权和遵守纪律的情况进行稽查。

第二十九条 对环境监察工作中形成的污染源监察、建设项目检查、排放污染物申报登记、排污费征收、行政处罚等材料,应当及时进行整理,立卷归档。

第三十条 上级环境监察机构应当对下一级环境保护主管部门的环境监察工作进行年度考核。

第四章 附 则

第三十一条 环境保护主管部门所属的其他机构,可以按照环境保护主管部门确定的职责分工,参照本办法,具体实施其职责范围内的环境监察工作。

第三十二条 本办法由环境保护部负责解释。

第三十三条 本办法自2012年9月1日起施行。《环境监理工作暂行办法》(〔91〕环监字第338号)、《环境监理工作制度(试行)》(环监〔1996〕888号)、《环境监理工作程序(试行)》(环监〔1996〕888号)、《环境监理政务公开制度》(环发〔1999〕15号)同时废止。

突发环境事件应急管理办法

1. 2015 年 4 月 16 日环境保护部令第 34 号公布
2. 自 2015 年 6 月 5 日起施行

第一章 总　　则

第一条　为预防和减少突发环境事件的发生,控制、减轻和消除突发环境事件引起的危害,规范突发环境事件应急管理工作,保障公众生命安全、环境安全和财产安全,根据《中华人民共和国环境保护法》《中华人民共和国突发事件应对法》《国家突发环境事件应急预案》及相关法律法规,制定本办法。

第二条　各级环境保护主管部门和企业事业单位组织开展的突发环境事件风险控制、应急准备、应急处置、事后恢复等工作,适用本办法。

本办法所称突发环境事件,是指由于污染物排放或者自然灾害、生产安全事故等因素,导致污染物或者放射性物质等有毒有害物质进入大气、水体、土壤等环境介质,突然造成或者可能造成环境质量下降,危及公众身体健康和财产安全,或者造成生态环境破坏,或者造成重大社会影响,需要采取紧急措施予以应对的事件。

突发环境事件按照事件严重程度,分为特别重大、重大、较大和一般四级。

核设施及有关核活动发生的核与辐射事故造成的辐射污染事件按照核与辐射相关规定执行。重污染天气应对工作按照《大气污染防治行动计划》等有关规定执行。

造成国际环境影响的突发环境事件的涉外应急通报和处置工作,按照国家有关国际合作的相关规定执行。

第三条　突发环境事件应急管理工作坚持预防为主、预防与应急相结合的原则。

第四条　突发环境事件应对,应当在县级以上地方人民政府的统一领导下,建立分类管理、分级负责、属地管理为主的应急管理体制。

县级以上环境保护主管部门应当在本级人民政府的统一领导下,

对突发环境事件应急管理日常工作实施监督管理,指导、协助、督促下级人民政府及其有关部门做好突发环境事件应对工作。

第五条 县级以上地方环境保护主管部门应当按照本级人民政府的要求,会同有关部门建立健全突发环境事件应急联动机制,加强突发环境事件应急管理。

相邻区域地方环境保护主管部门应当开展跨行政区域的突发环境事件应急合作,共同防范、互通信息,协力应对突发环境事件。

第六条 企业事业单位应当按照相关法律法规和标准规范的要求,履行下列义务:

(一)开展突发环境事件风险评估;

(二)完善突发环境事件风险防控措施;

(三)排查治理环境安全隐患;

(四)制定突发环境事件应急预案并备案、演练;

(五)加强环境应急能力保障建设。

发生或者可能发生突发环境事件时,企业事业单位应当依法进行处理,并对所造成的损害承担责任。

第七条 环境保护主管部门和企业事业单位应当加强突发环境事件应急管理的宣传和教育,鼓励公众参与,增强防范和应对突发环境事件的知识和意识。

第二章 风 险 控 制

第八条 企业事业单位应当按照国务院环境保护主管部门的有关规定开展突发环境事件风险评估,确定环境风险防范和环境安全隐患排查治理措施。

第九条 企业事业单位应当按照环境保护主管部门的有关要求和技术规范,完善突发环境事件风险防控措施。

前款所指的突发环境事件风险防控措施,应当包括有效防止泄漏物质、消防水、污染雨水等扩散至外环境的收集、导流、拦截、降污等措施。

第十条 企业事业单位应当按照有关规定建立健全环境安全隐患排查治理制度,建立隐患排查治理档案,及时发现并消除环境安全隐患。

对于发现后能够立即治理的环境安全隐患,企业事业单位应当立即采取措施,消除环境安全隐患。对于情况复杂、短期内难以完成治理,可能产生较大环境危害的环境安全隐患,应当制定隐患治理方案,落实整改措施、责任、资金、时限和现场应急预案,及时消除隐患。

第十一条　县级以上地方环境保护主管部门应当按照本级人民政府的统一要求,开展本行政区域突发环境事件风险评估工作,分析可能发生的突发环境事件,提高区域环境风险防范能力。

第十二条　县级以上地方环境保护主管部门应当对企业事业单位环境风险防范和环境安全隐患排查治理工作进行抽查或者突击检查,将存在重大环境安全隐患且整治不力的企业信息纳入社会诚信档案,并可以通报行业主管部门、投资主管部门、证券监督管理机构以及有关金融机构。

第三章　应急准备

第十三条　企业事业单位应当按照国务院环境保护主管部门的规定,在开展突发环境事件风险评估和应急资源调查的基础上制定突发环境事件应急预案,并按照分类分级管理的原则,报县级以上环境保护主管部门备案。

第十四条　县级以上地方环境保护主管部门应当根据本级人民政府突发环境事件专项应急预案,制定本部门的应急预案,报本级人民政府和上级环境保护主管部门备案。

第十五条　突发环境事件应急预案制定单位应当定期开展应急演练,撰写演练评估报告,分析存在问题,并根据演练情况及时修改完善应急预案。

第十六条　环境污染可能影响公众健康和环境安全时,县级以上地方环境保护主管部门可以建议本级人民政府依法及时公布环境污染公共监测预警信息,启动应急措施。

第十七条　县级以上地方环境保护主管部门应当建立本行政区域突发环境事件信息收集系统,通过"12369"环保举报热线、新闻媒体等多种途径收集突发环境事件信息,并加强跨区域、跨部门突发环境事件信息交流与合作。

第十八条　县级以上地方环境保护主管部门应当建立健全环境应急值守制度,确定应急值守负责人和应急联络员并报上级环境保护主管部门。

第十九条　企业事业单位应当将突发环境事件应急培训纳入单位工作

计划,对从业人员定期进行突发环境事件应急知识和技能培训,并建立培训档案,如实记录培训的时间、内容、参加人员等信息。

第二十条　县级以上环境保护主管部门应当定期对从事突发环境事件应急管理工作的人员进行培训。

省级环境保护主管部门以及具备条件的市、县级环境保护主管部门应当设立环境应急专家库。

县级以上地方环境保护主管部门和企业事业单位应当加强环境应急处置救援能力建设。

第二十一条　县级以上地方环境保护主管部门应当加强环境应急能力标准化建设,配备应急监测仪器设备和装备,提高重点流域区域水、大气突发环境事件预警能力。

第二十二条　县级以上地方环境保护主管部门可以根据本行政区域的实际情况,建立环境应急物资储备信息库,有条件的地区可以设立环境应急物资储备库。

企业事业单位应当储备必要的环境应急装备和物资,并建立完善相关管理制度。

第四章　应急处置

第二十三条　企业事业单位造成或者可能造成突发环境事件时,应当立即启动突发环境事件应急预案,采取切断或者控制污染源以及其他防止危害扩大的必要措施,及时通报可能受到危害的单位和居民,并向事发地县级以上环境保护主管部门报告,接受调查处理。

应急处置期间,企业事业单位应当服从统一指挥,全面、准确地提供本单位与应急处置相关的技术资料,协助维护应急现场秩序,保护与突发环境事件相关的各项证据。

第二十四条　获知突发环境事件信息后,事件发生地县级以上地方环境保护主管部门应当按照《突发环境事件信息报告办法》规定的时限、程序和要求,向同级人民政府和上级环境保护主管部门报告。

第二十五条　突发环境事件已经或者可能涉及相邻行政区域的,事件发生地环境保护主管部门应当及时通报相邻区域同级环境保护主管部门,并向本级人民政府提出向相邻区域人民政府通报的建议。

第二十六条　获知突发环境事件信息后,县级以上地方环境保护主管部门应当立即组织排查污染源,初步查明事件发生的时间、地点、原因、污染物质及数量、周边环境敏感区等情况。

第二十七条　获知突发环境事件信息后,县级以上地方环境保护主管部门应当按照《突发环境事件应急监测技术规范》开展应急监测,及时向本级人民政府和上级环境保护主管部门报告监测结果。

第二十八条　应急处置期间,事发地县级以上地方环境保护主管部门应当组织开展事件信息的分析、评估,提出应急处置方案和建议报本级人民政府。

第二十九条　突发环境事件的威胁和危害得到控制或者消除后,事发地县级以上地方环境保护主管部门应当根据本级人民政府的统一部署,停止应急处置措施。

第五章　事后恢复

第三十条　应急处置工作结束后,县级以上地方环境保护主管部门应当及时总结、评估应急处置工作情况,提出改进措施,并向上级环境保护主管部门报告。

第三十一条　县级以上地方环境保护主管部门应当在本级人民政府的统一部署下,组织开展突发环境事件环境影响和损失等评估工作,并依法向有关人民政府报告。

第三十二条　县级以上环境保护主管部门应当按照有关规定开展事件调查,查清突发环境事件原因,确认事件性质,认定事件责任,提出整改措施和处理意见。

第三十三条　县级以上地方环境保护主管部门应当在本级人民政府的统一领导下,参与制定环境恢复工作方案,推动环境恢复工作。

第六章　信息公开

第三十四条　企业事业单位应当按照有关规定,采取便于公众知晓和查询的方式公开本单位环境风险防范工作开展情况、突发环境事件应急预案及演练情况、突发环境事件发生及处置情况,以及落实整改要求情况等环境信息。

第三十五条　突发环境事件发生后,县级以上地方环境保护主管部门应当认真研判事件影响和等级,及时向本级人民政府提出信息发布建议。履行统一领导职责或者组织处置突发事件的人民政府,应当按照有关规定统一、准确、及时发布有关突发事件事态发展和应急处置工作的信息。

第三十六条　县级以上环境保护主管部门应当在职责范围内向社会公开有关突发环境事件应急管理的规定和要求,以及突发环境事件应急预案及演练情况等环境信息。

县级以上地方环境保护主管部门应当对本行政区域内突发环境事件进行汇总分析,定期向社会公开突发环境事件的数量、级别,以及事件发生的时间、地点、应急处置概况等信息。

第七章　罚　则

第三十七条　企业事业单位违反本办法规定,导致发生突发环境事件,《中华人民共和国突发事件应对法》《中华人民共和国水污染防治法》《中华人民共和国大气污染防治法》《中华人民共和国固体废物污染环境防治法》等法律法规已有相关处罚规定的,依照有关法律法规执行。

较大、重大和特别重大突发环境事件发生后,企业事业单位未按要求执行停产、停排措施,继续违反法律法规规定排放污染物的,环境保护主管部门应当依法对造成污染物排放的设施、设备实施查封、扣押。

第三十八条　企业事业单位有下列情形之一的,由县级以上环境保护主管部门责令改正,可以处一万元以上三万元以下罚款:

(一)未按规定开展突发环境事件风险评估工作,确定风险等级的;

(二)未按规定开展环境安全隐患排查治理工作,建立隐患排查治理档案的;

(三)未按规定将突发环境事件应急预案备案的;

(四)未按规定开展突发环境事件应急培训,如实记录培训情况的;

(五)未按规定储备必要的环境应急装备和物资;

(六)未按规定公开突发环境事件相关信息的。

第八章　附　则

第三十九条　本办法由国务院环境保护主管部门负责解释。

第四十条　本办法自2015年6月5日起施行。

突发环境事件调查处理办法

1. 2014年12月19日环境保护部令第32号公布
2. 自2015年3月1日起施行

第一条 为规范突发环境事件调查处理工作,依照《中华人民共和国环境保护法》、《中华人民共和国突发事件应对法》等法律法规,制定本办法。

第二条 本办法适用于对突发环境事件的原因、性质、责任的调查处理。

核与辐射突发事件的调查处理,依照核与辐射安全有关法律法规执行。

第三条 突发环境事件调查应当遵循实事求是、客观公正、权责一致的原则,及时、准确查明事件原因,确认事件性质,认定事件责任,总结事件教训,提出防范和整改措施建议以及处理意见。

第四条 环境保护部负责组织重大和特别重大突发环境事件的调查处理;省级环境保护主管部门负责组织较大突发环境事件的调查处理;事发地设区的市级环境保护主管部门视情况组织一般突发环境事件的调查处理。

上级环境保护主管部门可以视情况委托下级环境保护主管部门开展突发环境事件调查处理,也可以对由下级环境保护主管部门负责的突发环境事件直接组织调查处理,并及时通知下级环境保护主管部门。

下级环境保护主管部门对其负责的突发环境事件,认为需要由上一级环境保护主管部门调查处理的,可以报请上一级环境保护主管部门决定。

第五条 突发环境事件调查应当成立调查组,由环境保护主管部门主要负责人或者主管环境应急管理工作的负责人担任组长,应急管理、环境监测、环境影响评价管理、环境监察等相关机构的有关人员参加。

环境保护主管部门可以聘请环境应急专家库内专家和其他专业技术人员协助调查。

环境保护主管部门可以根据突发环境事件的实际情况邀请公安、

交通运输、水利、农业、卫生、安全监管、林业、地震等有关部门或者机构参加调查工作。

调查组可以根据实际情况分为若干工作小组开展调查工作。工作小组负责人由调查组组长确定。

第六条 调查组成员和受聘请协助调查的人员不得与被调查的突发环境事件有利害关系。

调查组成员和受聘请协助调查的人员应当遵守工作纪律，客观公正地调查处理突发环境事件，并在调查处理过程中恪尽职守，保守秘密。未经调查组组长同意，不得擅自发布突发环境事件调查的相关信息。

第七条 开展突发环境事件调查，应当制定调查方案，明确职责分工、方法步骤、时间安排等内容。

第八条 开展突发环境事件调查，应当对突发环境事件现场进行勘查，并可以采取以下措施：

（一）通过取样监测、拍照、录像、制作现场勘查笔录等方法记录现场情况，提取相关证据材料；

（二）进入突发环境事件发生单位、突发环境事件涉及的相关单位或者工作场所，调取和复制相关文件、资料、数据、记录等；

（三）根据调查需要，对突发环境事件发生单位有关人员、参与应急处置工作的知情人员进行询问，并制作询问笔录。

进行现场勘查、检查或者询问，不得少于两人。

突发环境事件发生单位的负责人和有关人员在调查期间应当依法配合调查工作，接受调查组的询问，并如实提供相关文件、资料、数据、记录等。因客观原因确实无法提供的，可以提供相关复印件、复制品或者证明该原件、原物的照片、录像等其他证据，并由有关人员签字确认。

现场勘查笔录、检查笔录、询问笔录等，应当由调查人员、勘查现场有关人员、被询问人员签名。

开展突发环境事件调查，应当制作调查案卷，并由组织突发环境事件调查的环境保护主管部门归档保存。

第九条 突发环境事件调查应当查明下列情况：

（一）突发环境事件发生单位基本情况；

（二）突发环境事件发生的时间、地点、原因和事件经过；

（三）突发环境事件造成的人身伤亡、直接经济损失情况，环境污染和生态破坏情况；

（四）突发环境事件发生单位、地方人民政府和有关部门日常监管和事件应对情况；

（五）其他需要查明的事项。

第十条　环境保护主管部门应当按照所在地人民政府的要求，根据突发环境事件应急处置阶段污染损害评估工作的有关规定，开展应急处置阶段污染损害评估。

应急处置阶段污染损害评估报告或者结论是编写突发环境事件调查报告的重要依据。

第十一条　开展突发环境事件调查，应当查明突发环境事件发生单位的下列情况：

（一）建立环境应急管理制度、明确责任人和职责的情况；

（二）环境风险防范设施建设及运行的情况；

（三）定期排查环境安全隐患并及时落实环境风险防控措施的情况；

（四）环境应急预案的编制、备案、管理及实施情况；

（五）突发环境事件发生后的信息报告或者通报情况；

（六）突发环境事件发生后，启动环境应急预案，并采取控制或者切断污染源防止污染扩散的情况；

（七）突发环境事件发生后，服从应急指挥机构统一指挥，并按要求采取预防、处置措施的情况；

（八）生产安全事故、交通事故、自然灾害等其他突发事件发生后，采取预防次生突发环境事件措施的情况；

（九）突发环境事件发生后，是否存在伪造、故意破坏事发现场，或者销毁证据阻碍调查的情况。

第十二条　开展突发环境事件调查，应当查明有关环境保护主管部门环境应急管理方面的下列情况：

（一）按规定编制环境应急预案和对预案进行评估、备案、演练等的情况，以及按规定对突发环境事件发生单位环境应急预案实施备案管理的情况；

(二)按规定赶赴现场并及时报告的情况;

(三)按规定组织开展环境应急监测的情况;

(四)按职责向履行统一领导职责的人民政府提出突发环境事件处置或者信息发布建议的情况;

(五)突发环境事件已经或者可能涉及相邻行政区域时,事发地环境保护主管部门向相邻行政区域环境保护主管部门的通报情况;

(六)接到相邻行政区域突发环境事件信息后,相关环境保护主管部门按规定调查了解并报告的情况;

(七)按规定开展突发环境事件污染损害评估的情况。

第十三条　开展突发环境事件调查,应当收集地方人民政府和有关部门在突发环境事件发生单位建设项目立项、审批、验收、执法等日常监管过程中和突发环境事件应对、组织开展突发环境事件污染损害评估等环节履职情况的证据材料。

第十四条　开展突发环境事件调查,应当在查明突发环境事件基本情况后,编写突发环境事件调查报告。

第十五条　突发环境事件调查报告应当包括下列内容:

(一)突发环境事件发生单位的概况和突发环境事件发生经过;

(二)突发环境事件造成的人身伤亡、直接经济损失,环境污染和生态破坏的情况;

(三)突发环境事件发生的原因和性质;

(四)突发环境事件发生单位对环境风险的防范、隐患整改和应急处置情况;

(五)地方政府和相关部门日常监管和应急处置情况;

(六)责任认定和对突发环境事件发生单位、责任人的处理建议;

(七)突发环境事件防范和整改措施建议;

(八)其他有必要报告的内容。

第十六条　特别重大突发环境事件、重大突发环境事件的调查期限为六十日;较大突发环境事件和一般突发环境事件的调查期限为三十日。突发环境事件污染损害评估所需时间不计入调查期限。

调查组应当按照前款规定的期限完成调查工作,并向同级人民政府和上一级环境保护主管部门提交调查报告。

调查期限从突发环境事件应急状态终止之日起计算。

第十七条　环境保护主管部门应当依法向社会公开突发环境事件的调查结论、环境影响和损失的评估结果等信息。

第十八条　突发环境事件调查过程中发现突发环境事件发生单位涉及环境违法行为的,调查组应当及时向相关环境保护主管部门提出处罚建议。相关环境保护主管部门应当依法对事发单位及责任人员予以行政处罚;涉嫌构成犯罪的,依法移送司法机关追究刑事责任。发现其他违法行为的,环境保护主管部门应当及时向有关部门移送。

发现国家行政机关及其工作人员、突发环境事件发生单位中由国家行政机关任命的人员涉嫌违法违纪的,环境保护主管部门应当依法及时向监察机关或者有关部门提出处分建议。

第十九条　对于连续发生突发环境事件,或者突发环境事件造成严重后果的地区,有关环境保护主管部门可以约谈下级地方人民政府主要领导。

第二十条　环境保护主管部门应当将突发环境事件发生单位的环境违法信息记入社会诚信档案,并及时向社会公布。

第二十一条　环境保护主管部门可以根据调查报告,对下级人民政府、下级环境保护主管部门下达督促落实突发环境事件调查报告有关防范和整改措施建议的督办通知,并明确责任单位、工作任务和完成时限。

接到督办通知的有关人民政府、环境保护主管部门应当在规定时限内,书面报送事件防范和整改措施建议的落实情况。

第二十二条　本办法由环境保护部负责解释。

第二十三条　本办法自 2015 年 3 月 1 日起施行。

突发环境事件信息报告办法

1. 2011 年 4 月 18 日环境保护部令第 17 号公布
2. 自 2011 年 5 月 1 日起施行

第一条　为了规范突发环境事件信息报告工作,提高环境保护主管部门应对突发环境事件的能力,依据《中华人民共和国突发事件应对法》、

《国家突发公共事件总体应急预案》、《国家突发环境事件应急预案》及相关法律法规的规定,制定本办法。

第二条　本办法适用于环境保护主管部门对突发环境事件的信息报告。

突发环境事件分为特别重大(Ⅰ级)、重大(Ⅱ级)、较大(Ⅲ级)和一般(Ⅳ级)四级。

核与辐射突发环境事件的信息报告按照核安全有关法律法规执行。

第三条　突发环境事件发生地设区的市级或者县级人民政府环境保护主管部门在发现或者得知突发环境事件信息后,应当立即进行核实,对突发环境事件的性质和类别做出初步认定。

对初步认定为一般(Ⅳ级)或者较大(Ⅲ级)突发环境事件的,事件发生地设区的市级或者县级人民政府环境保护主管部门应当在四小时内向本级人民政府和上一级人民政府环境保护主管部门报告。

对初步认定为重大(Ⅱ级)或者特别重大(Ⅰ级)突发环境事件的,事件发生地设区的市级或者县级人民政府环境保护主管部门应当在两小时内向本级人民政府和省级人民政府环境保护主管部门报告,同时上报环境保护部。省级人民政府环境保护主管部门接到报告后,应当进行核实并在一小时内报告环境保护部。

突发环境事件处置过程中事件级别发生变化的,应当按照变化后的级别报告信息。

第四条　发生下列一时无法判明等级的突发环境事件,事件发生地设区的市级或者县级人民政府环境保护主管部门应当按照重大(Ⅱ级)或者特别重大(Ⅰ级)突发环境事件的报告程序上报:

(一)对饮用水水源保护区造成或者可能造成影响的;

(二)涉及居民聚居区、学校、医院等敏感区域和敏感人群的;

(三)涉及重金属或者类金属污染的;

(四)有可能产生跨省或者跨国影响的;

(五)因环境污染引发群体性事件,或者社会影响较大的;

(六)地方人民政府环境保护主管部门认为有必要报告的其他突发环境事件。

第五条　上级人民政府环境保护主管部门先于下级人民政府环境保护主管部门获悉突发环境事件信息的,可以要求下级人民政府环境保主管部门核实并报告相应信息。下级人民政府环境保护主管部门应当依照本办法的规定报告信息。

第六条 向环境保护部报告突发环境事件有关信息的,应当报告总值班室,同时报告环境保护部环境应急指挥领导小组办公室。环境保护部环境应急指挥领导小组办公室应当根据情况向部内相关司局通报有关信息。

第七条 环境保护部在接到下级人民政府环境保护主管部门重大(Ⅱ级)或者特别重大(Ⅰ级)突发环境事件以及其他有必要报告的突发环境事件信息后,应当及时向国务院总值班室和中共中央办公厅秘书局报告。

第八条 突发环境事件已经或者可能涉及相邻行政区域的,事件发生地环境保护主管部门应当及时通报相邻区域同级人民政府环境保护主管部门,并向本级人民政府提出向相邻区域人民政府通报的建议。接到通报的环境保护主管部门应当及时调查了解情况,并按照本办法第三条、第四条的规定报告突发环境事件信息。

第九条 上级人民政府环境保护主管部门接到下级人民政府环境保护主管部门以电话形式报告的突发环境事件信息后,应当如实、准确做好记录,并要求下级人民政府环境保护主管部门及时报告书面信息。

对于情况不够清楚、要素不全的突发环境事件信息,上级人民政府环境保护主管部门应当要求下级人民政府环境保护主管部门及时核实补充信息。

第十条 县级以上人民政府环境保护主管部门应当建立突发环境事件信息档案,并按照有关规定向上一级人民政府环境保护主管部门报送本行政区域突发环境事件的月度、季度、半年度和年度报告以及统计情况。上一级人民政府环境保护主管部门定期对报告及统计情况进行通报。

第十一条 报告涉及国家秘密的突发环境事件信息,应当遵守国家有关保密的规定。

第十二条 突发环境事件的报告分为初报、续报和处理结果报告。

初报在发现或者得知突发环境事件后首次上报;续报在查清有关基本情况、事件发展情况后随时上报;处理结果报告在突发环境事件处理完毕后上报。

第十三条 初报应当报告突发环境事件的发生时间、地点、信息来源、事件起因和性质、基本过程、主要污染物和数量、监测数据、人员受害情况、饮用水水源地等环境敏感点受影响情况、事件发展趋势、处置情况、拟采取的措施以及下一步工作建议等初步情况,并提供可能受到突发环境事件影响的环境敏感点的分布示意图。

续报应当在初报的基础上,报告有关处置进展情况。

处理结果报告应当在初报和续报的基础上,报告处理突发环境事件的措施、过程和结果,突发环境事件潜在或者间接危害以及损失、社会影响、处理后的遗留问题、责任追究等详细情况。

第十四条 突发环境事件信息应当采用传真、网络、邮寄和面呈等方式书面报告;情况紧急时,初报可通过电话报告,但应当及时补充书面报告。

书面报告中应当载明突发环境事件报告单位、报告签发人、联系人及联系方式等内容,并尽可能提供地图、图片以及相关的多媒体资料。

第十五条 在突发环境事件信息报告工作中迟报、谎报、瞒报、漏报有关突发环境事件信息的,给予通报批评;造成后果的,对直接负责的主管人员和其他直接责任人员依法依纪给予处分;构成犯罪的,移送司法机关依法追究刑事责任。

第十六条 本办法由环境保护部解释。

第十七条 本办法自2011年5月1日起施行。《环境保护行政主管部门突发环境事件信息报告办法(试行)》(环发〔2006〕50号)同时废止。

附录:

突发环境事件分级标准

按照突发事件严重性和紧急程度,突发环境事件分为特别重大(Ⅰ级)、重大(Ⅱ级)、较大(Ⅲ级)和一般(Ⅳ级)四级。

1. 特别重大(Ⅰ级)突发环境事件。

凡符合下列情形之一的,为特别重大突发环境事件:

(1)因环境污染直接导致10人以上死亡或100人以上中毒的;

(2)因环境污染需疏散、转移群众5万人以上的;

(3)因环境污染造成直接经济损失1亿元以上的;

(4)因环境污染造成区域生态功能丧失或国家重点保护物种灭绝的;

(5)因环境污染造成地市级以上城市集中式饮用水水源地取水中断的;

(6)1、2类放射源失控造成大范围严重辐射污染后果的;核设施发生需要进入场外应急的严重核事故,或事故辐射后果可能影响邻省和境外的,或按照"国际核事件分级(INES)标准"属于3级以上的核事件;台湾核设施中发生的按照"国际核事件分级(INES)标准"属于4级以上的核事故;周边国家核设施中发生的按照"国际核事件分级(INES)标准"属于4级以上的核事故;

(7)跨国界突发环境事件。

2.重大(Ⅱ级)突发环境事件。

凡符合下列情形之一的,为重大突发环境事件:

(1)因环境污染直接导致3人以上10人以下死亡或50人以上100人以下中毒的;

(2)因环境污染需疏散、转移群众1万人以上5万人以下的;

(3)因环境污染造成直接经济损失2000万元以上1亿元以下的;

(4)因环境污染造成区域生态功能部分丧失或国家重点保护野生动植物种群大批死亡的;

(5)因环境污染造成县级城市集中式饮用水水源地取水中断的;

(6)重金属污染或危险化学品生产、贮运、使用过程中发生爆炸、泄漏等事件,或因倾倒、堆放、丢弃、遗撒危险废物等造成的突发环境事件发生在国家重点流域、国家级自然保护区、风景名胜区或居民聚集区、医院、学校等敏感区域的;

(7)1、2类放射源丢失、被盗、失控造成环境影响,或核设施和铀矿冶炼设施发生的达到进入场区应急状态标准的,或进口货物严重辐射超标的事件;

(8)跨省(区、市)界突发环境事件。

3.较大(Ⅲ级)突发环境事件。

凡符合下列情形之一的,为较大突发环境事件:

(1) 因环境污染直接导致 3 人以下死亡或 10 人以上 50 人以下中毒的;

(2) 因环境污染需疏散、转移群众 5000 人以上 1 万人以下的;

(3) 因环境污染造成直接经济损失 500 万元以上 2000 万元以下的;

(4) 因环境污染造成国家重点保护的动植物物种受到破坏的;

(5) 因环境污染造成乡镇集中式饮用水水源地取水中断的;

(6) 3 类放射源丢失、被盗或失控,造成环境影响的;

(7) 跨地市界突发环境事件。

4. 一般(Ⅳ级)突发环境事件。

除特别重大突发环境事件、重大突发环境事件、较大突发环境事件以外的突发环境事件。

五、法律责任

1. 民事责任

最高人民法院关于审理生态环境侵权责任纠纷案件适用法律若干问题的解释

1. 2023年6月5日最高人民法院审判委员会第1890次会议通过
2. 2023年8月14日公布
3. 法释〔2023〕5号
4. 自2023年9月1日起施行

为正确审理生态环境侵权责任纠纷案件,依法保护当事人合法权益,根据《中华人民共和国民法典》《中华人民共和国民事诉讼法》《中华人民共和国环境保护法》等法律的规定,结合审判实践,制定本解释。

第一条 侵权人因实施下列污染环境、破坏生态行为造成他人人身、财产损害,被侵权人请求侵权人承担生态环境侵权责任的,人民法院应予支持:

(一)排放废气、废水、废渣、医疗废物、粉尘、恶臭气体、放射性物质等污染环境的;

(二)排放噪声、振动、光辐射、电磁辐射等污染环境的;

(三)不合理开发利用自然资源的;

(四)违反国家规定,未经批准,擅自引进、释放、丢弃外来物种的;

(五)其他污染环境、破坏生态的行为。

第二条 因下列污染环境、破坏生态引发的民事纠纷,不作为生态环境侵权案件处理:

（一）未经由大气、水、土壤等生态环境介质，直接造成损害的；

（二）在室内、车内等封闭空间内造成损害的；

（三）不动产权利人在日常生活中造成相邻不动产权利人损害的；

（四）劳动者在职业活动中受到损害的。

前款规定的情形，依照相关法律规定确定民事责任。

第三条 不动产权利人因经营活动污染环境、破坏生态造成相邻不动产权利人损害，被侵权人请求其承担生态环境侵权责任的，人民法院应予支持。

第四条 污染环境、破坏生态造成他人损害，行为人不论有无过错，都应当承担侵权责任。

行为人以外的其他责任人对损害发生有过错的，应当承担侵权责任。

第五条 两个以上侵权人分别污染环境、破坏生态造成同一损害，每一个侵权人的行为都足以造成全部损害，被侵权人根据民法典第一千一百七十一条的规定请求侵权人承担连带责任的，人民法院应予支持。

第六条 两个以上侵权人分别污染环境、破坏生态，每一个侵权人的行为都不足以造成全部损害，被侵权人根据民法典第一千一百七十二条的规定请求侵权人承担责任的，人民法院应予支持。

侵权人主张其污染环境、破坏生态行为不足以造成全部损害的，应当承担相应举证责任。

第七条 两个以上侵权人分别污染环境、破坏生态，部分侵权人的行为足以造成全部损害，部分侵权人的行为只造成部分损害，被侵权人请求足以造成全部损害的侵权人对全部损害承担责任，并与其他侵权人就共同造成的损害部分承担连带责任的，人民法院应予支持。

被侵权人依照前款规定请求足以造成全部损害的侵权人与其他侵权人承担责任的，受偿范围应以侵权行为造成的全部损害为限。

第八条 两个以上侵权人分别污染环境、破坏生态，部分侵权人能够证明其他侵权人的侵权行为已先行造成全部或者部分损害，并请求在相应范围内不承担责任或者减轻责任的，人民法院应予支持。

第九条 两个以上侵权人分别排放的物质相互作用产生污染物造成他人损害，被侵权人请求侵权人承担连带责任的，人民法院应予支持。

第十条 为侵权人污染环境、破坏生态提供场地或者储存、运输等帮助,被侵权人根据民法典第一千一百六十九条的规定请求行为人与侵权人承担连带责任的,人民法院应予支持。

第十一条 过失为侵权人污染环境、破坏生态提供场地或者储存、运输等便利条件,被侵权人请求行为人承担与过错相适应责任的,人民法院应予支持。

前款规定的行为人存在重大过失的,依照本解释第十条的规定处理。

第十二条 排污单位将所属的环保设施委托第三方治理机构运营,第三方治理机构在合同履行过程中污染环境造成他人损害,被侵权人请求排污单位承担侵权责任的,人民法院应予支持。

排污单位依照前款规定承担责任后向有过错的第三方治理机构追偿的,人民法院应予支持。

第十三条 排污单位将污染物交由第三方治理机构集中处置,第三方治理机构在合同履行过程中污染环境造成他人损害,被侵权人请求第三方治理机构承担侵权责任的,人民法院应予支持。

排污单位在选任、指示第三方治理机构中有过错,被侵权人请求排污单位承担相应责任的,人民法院应予支持。

第十四条 存在下列情形之一的,排污单位与第三方治理机构应当根据民法典第一千一百六十八条的规定承担连带责任:

(一)第三方治理机构按照排污单位的指示,违反污染防治相关规定排放污染物的;

(二)排污单位将明显存在缺陷的环保设施交由第三方治理机构运营,第三方治理机构利用该设施违反污染防治相关规定排放污染物的;

(三)排污单位以明显不合理的价格将污染物交由第三方治理机构处置,第三方治理机构违反污染防治相关规定排放污染物的;

(四)其他应当承担连带责任的情形。

第十五条 公司污染环境、破坏生态,被侵权人请求股东承担责任,符合公司法第二十条规定情形的,人民法院应予支持。

第十六条 侵权人污染环境、破坏生态造成他人损害,被侵权人请求未尽到安全保障义务的经营场所、公共场所的经营者、管理者或者群众性活动的组织者承担相应补充责任的,人民法院应予支持。

第十七条　依照法律规定应当履行生态环境风险管控和修复义务的民事主体,未履行法定义务造成他人损害,被侵权人请求其承担相应责任的,人民法院应予支持。

第十八条　因第三人的过错污染环境、破坏生态造成他人损害,被侵权人请求侵权人或者第三人承担责任的,人民法院应予支持。

　　侵权人以损害是由第三人过错造成的为由,主张不承担责任或者减轻责任的,人民法院不予支持。

第十九条　因第三人的过错污染环境、破坏生态造成他人损害,被侵权人同时起诉侵权人和第三人承担责任,侵权人对损害的发生没有过错的,人民法院应当判令侵权人、第三人就全部损害承担责任。侵权人承担责任后有权向第三人追偿。

　　侵权人对损害的发生有过错的,人民法院应当判令侵权人就全部损害承担责任,第三人承担与其过错相适应的责任。侵权人承担责任后有权就第三人应当承担的责任份额向其追偿。

第二十条　被侵权人起诉第三人承担责任的,人民法院应当向被侵权人释明是否同时起诉侵权人。被侵权人不起诉侵权人的,人民法院应当根据民事诉讼法第五十九条的规定通知侵权人参加诉讼。

　　被侵权人仅请求第三人承担责任,侵权人对损害的发生也有过错的,人民法院应当判令第三人承担与其过错相适应的责任。

第二十一条　环境影响评价机构、环境监测机构以及从事环境监测设备和防治污染设施维护、运营的机构存在下列情形之一,被侵权人请求其与造成环境污染、生态破坏的其他责任人根据环境保护法第六十五条的规定承担连带责任的,人民法院应予支持:

　　(一)故意出具失实评价文件的;

　　(二)隐瞒委托人超过污染物排放标准或者超过重点污染物排放总量控制指标的事实的;

　　(三)故意不运行或者不正常运行环境监测设备或者防治污染设施的;

　　(四)其他根据法律规定应当承担连带责任的情形。

第二十二条　被侵权人请求侵权人赔偿因污染环境、破坏生态造成的人身、财产损害,以及为防止损害发生和扩大而采取必要措施所支出的合理费用的,人民法院应予支持。

被侵权人同时请求侵权人根据民法典第一千二百三十五条的规定承担生态环境损害赔偿责任的,人民法院不予支持。

第二十三条　因污染环境、破坏生态影响他人取水、捕捞、狩猎、采集等日常生活并造成经济损失,同时符合下列情形,请求人主张行为人承担责任的,人民法院应予支持:

（一）请求人的活动位于或者接近生态环境受损区域;

（二）请求人的活动依赖受损害生态环境;

（三）请求人的活动不具有可替代性或者替代成本过高;

（四）请求人的活动具有稳定性和公开性。

根据国家规定须经相关行政主管部门许可的活动,请求人在污染环境、破坏生态发生时未取得许可的,人民法院对其请求不予支持。

第二十四条　两个以上侵权人就污染环境、破坏生态造成的损害承担连带责任,实际承担责任超过自己责任份额的侵权人根据民法典第一百七十八条的规定向其他侵权人追偿的,人民法院应予支持。侵权人就惩罚性赔偿责任向其他侵权人追偿的,人民法院不予支持。

第二十五条　两个以上侵权人污染环境、破坏生态造成他人损害,人民法院应当根据行为有无许可,污染物的种类、浓度、排放量、危害性,破坏生态的方式、范围、程度,以及行为对损害后果所起的作用等因素确定各侵权人的责任份额。

两个以上侵权人污染环境、破坏生态承担连带责任,实际承担责任的侵权人向其他侵权人追偿的,依照前款规定处理。

第二十六条　被侵权人对同一污染环境、破坏生态行为造成损害的发生或者扩大有重大过失,侵权人请求减轻责任的,人民法院可以予以支持。

第二十七条　被侵权人请求侵权人承担生态环境侵权责任的诉讼时效期间,以被侵权人知道或者应当知道权利受到损害以及侵权人、其他责任人之日起计算。

被侵权人知道或者应当知道权利受到损害以及侵权人、其他责任人之日,侵权行为仍持续的,诉讼时效期间自行为结束之日起计算。

第二十八条　被侵权人以向负有环境资源监管职能的行政机关请求处理因污染环境、破坏生态造成的损害为由,主张诉讼时效中断的,人民法院应予支持。

第二十九条 本解释自 2023 年 9 月 1 日起施行。

本解释公布施行后,《最高人民法院关于审理环境侵权责任纠纷案件适用法律若干问题的解释》(法释〔2015〕12 号)同时废止。

最高人民法院关于生态环境侵权民事诉讼证据的若干规定

1. 2023 年 4 月 17 日最高人民法院审判委员会第 1885 次会议通过
2. 2023 年 8 月 14 日公布
3. 法释〔2023〕6 号
4. 自 2023 年 9 月 1 日起施行

为保证人民法院正确认定案件事实,公正、及时审理生态环境侵权责任纠纷案件,保障和便利当事人依法行使诉讼权利,保护生态环境,根据《中华人民共和国民法典》《中华人民共和国民事诉讼法》《中华人民共和国环境保护法》等有关法律规定,结合生态环境侵权民事案件审判经验和实际情况,制定本规定。

第一条 人民法院审理环境污染责任纠纷案件、生态破坏责任纠纷案件和生态环境保护民事公益诉讼案件,适用本规定。

生态环境保护民事公益诉讼案件,包括环境污染民事公益诉讼案件、生态破坏民事公益诉讼案件和生态环境损害赔偿诉讼案件。

第二条 环境污染责任纠纷案件、生态破坏责任纠纷案件的原告应当就以下事实承担举证责任:

(一)被告实施了污染环境或者破坏生态的行为;

(二)原告人身、财产受到损害或者有遭受损害的危险。

第三条 生态环境保护民事公益诉讼案件的原告应当就以下事实承担举证责任:

(一)被告实施了污染环境或者破坏生态的行为,且该行为违反国家规定;

(二)生态环境受到损害或者有遭受损害的重大风险。

第四条　原告请求被告就其污染环境、破坏生态行为支付人身、财产损害赔偿费用,或者支付民法典第一千二百三十五条规定的损失、费用的,应当就其主张的损失、费用的数额承担举证责任。

第五条　原告起诉请求被告承担环境污染、生态破坏责任的,应当提供被告行为与损害之间具有关联性的证据。

人民法院应当根据当事人提交的证据,结合污染环境、破坏生态的行为方式、污染物的性质、环境介质的类型、生态因素的特征、时间顺序、空间距离等因素,综合判断被告行为与损害之间的关联性是否成立。

第六条　被告应当就其行为与损害之间不存在因果关系承担举证责任。

被告主张不承担责任或者减轻责任的,应当就法律规定的不承担责任或者减轻责任的情形承担举证责任。

第七条　被告证明其排放的污染物、释放的生态因素、产生的生态影响未到达损害发生地,或者其行为在损害发生后才实施且未加重损害后果,或者存在其行为不可能导致损害发生的其他情形的,人民法院应当认定被告行为与损害之间不存在因果关系。

第八条　对于发生法律效力的刑事裁判、行政裁判因未达到证明标准未予认定的事实,在因同一污染环境、破坏生态行为提起的生态环境侵权民事诉讼中,人民法院根据有关事实和证据确信待证事实的存在具有高度可能性的,应当认定该事实存在。

第九条　对于人民法院在生态环境保护民事公益诉讼生效裁判中确认的基本事实,当事人在因同一污染环境、破坏生态行为提起的人身、财产损害赔偿诉讼中无需举证证明,但有相反证据足以推翻的除外。

第十条　对于可能损害国家利益、社会公共利益的事实,双方当事人未主张或者无争议,人民法院认为可能影响裁判结果的,可以责令当事人提供有关证据。

前款规定的证据,当事人申请人民法院调查收集,符合《最高人民法院关于适用〈中华人民共和国民事诉讼法〉的解释》第九十四条规定情形的,人民法院应当准许;人民法院认为有必要的,可以依职权调查收集。

第十一条　实行环境资源案件集中管辖的法院,可以委托侵权行为实施地、侵权结果发生地、被告住所地等人民法院调查收集证据。受委托法院应当在收到委托函次日起三十日内完成委托事项,并将调查收集的证据及有关笔录移送委托法院。

受委托法院未能完成委托事项的,应当向委托法院书面告知有关情况及未能完成的原因。

第十二条 当事人或者利害关系人申请保全环境污染、生态破坏相关证据的,人民法院应当结合下列因素进行审查,确定是否采取保全措施：

(一)证据灭失或者以后难以取得的可能性；

(二)证据对证明待证事实有无必要；

(三)申请人自行收集证据是否存在困难；

(四)有必要采取证据保全措施的其他因素。

第十三条 在符合证据保全目的的情况下,人民法院应当选择对证据持有人利益影响最小的保全措施,尽量减少对保全标的物价值的损害和对证据持有人生产、生活的影响。

确需采取查封、扣押等限制保全标的物使用的保全措施的,人民法院应当及时组织当事人对保全的证据进行质证。

第十四条 人民法院调查收集、保全或者勘验涉及环境污染、生态破坏专门性问题的证据,应当遵守相关技术规范。必要时,可以通知鉴定人到场,或者邀请负有环境资源保护监督管理职责的部门派员协助。

第十五条 当事人向人民法院提交证据后申请撤回该证据,或者声明不以该证据证明案件事实的,不影响其他当事人援引该证据证明案件事实以及人民法院对该证据进行审查认定。

当事人放弃使用人民法院依其申请调查收集或者保全的证据的,按照前款规定处理。

第十六条 对于查明环境污染、生态破坏案件事实的专门性问题,人民法院经审查认为有必要的,应当根据当事人的申请或者依职权委托具有相应资格的机构、人员出具鉴定意见。

第十七条 对于法律适用、当事人责任划分等非专门性问题,或者虽然属于专门性问题,但可以通过法庭调查、勘验等其他方式查明的,人民法院不予委托鉴定。

第十八条 鉴定人需要邀请其他机构、人员完成部分鉴定事项的,应当向人民法院提出申请。

人民法院经审查认为确有必要的,在听取双方当事人意见后,可以准许,并告知鉴定人对最终鉴定意见承担法律责任;主要鉴定事项由其他机构、人员实施的,人民法院不予准许。

第十九条 未经人民法院准许,鉴定人邀请其他机构、人员完成部分鉴定事项的,鉴定意见不得作为认定案件事实的根据。

前款情形,当事人申请退还鉴定费用的,人民法院应当在三日内作出裁定,责令鉴定人退还;拒不退还的,由人民法院依法执行。

第二十条 鉴定人提供虚假鉴定意见的,该鉴定意见不得作为认定案件事实的根据。人民法院可以依照民事诉讼法第一百一十四条的规定进行处理。

鉴定事项由其他机构、人员完成,其他机构、人员提供虚假鉴定意见的,按照前款规定处理。

第二十一条 因没有鉴定标准、成熟的鉴定方法、相应资格的鉴定人等原因无法进行鉴定,或者鉴定周期过长、费用过高的,人民法院可以结合案件有关事实、当事人申请的有专门知识的人的意见和其他证据,对涉及专门性问题的事实作出认定。

第二十二条 当事人申请有专门知识的人出庭,就鉴定意见或者污染物认定、损害结果、因果关系、生态环境修复方案、生态环境修复费用、生态环境受到损害至修复完成期间服务功能丧失导致的损失、生态环境功能永久性损害造成的损失等专业问题提出意见的,人民法院可以准许。

对方当事人以有专门知识的人不具备相应资格为由提出异议的,人民法院对该异议不予支持。

第二十三条 当事人就环境污染、生态破坏的专门性问题自行委托有关机构、人员出具的意见,人民法院应当结合本案的其他证据,审查确定能否作为认定案件事实的根据。

对方当事人对该意见有异议的,人民法院应当告知提供意见的当事人可以申请出具意见的机构或者人员出庭陈述意见;未出庭的,该意见不得作为认定案件事实的根据。

第二十四条 负有环境资源保护监督管理职责的部门在其职权范围内制作的处罚决定等文书所记载的事项推定为真实,但有相反证据足以推翻的除外。

人民法院认为有必要的,可以依职权对上述文书的真实性进行调查核实。

第二十五条 负有环境资源保护监督管理职责的部门及其所属或者委托的监测机构在行政执法过程中收集的监测数据、形成的事件调查报告、检验检测报告、评估报告等材料,以及公安机关单独或者会同负有环境资源保护监督管理职责的部门提取样品进行检测获取的数据,经当事人质证,可以作为认定案件事实的根据。

第二十六条 对于证明环境污染、生态破坏案件事实有重要意义的书面文件、数据信息或者录音、录像等证据在对方当事人控制之下的,承担举证责任的当事人可以根据《最高人民法院关于适用〈中华人民共和国民事诉讼法〉的解释》第一百一十二条的规定,书面申请人民法院责令对方当事人提交。

第二十七条 承担举证责任的当事人申请人民法院责令对方当事人提交证据的,应当提供有关证据的名称、主要内容、制作人、制作时间或者其他可以将有关证据特定化的信息。根据申请人提供的信息不能使证据特定化的,人民法院不予准许。

人民法院应当结合申请人是否参与证据形成过程、是否接触过该证据等因素,综合判断其提供的信息是否达到证据特定化的要求。

第二十八条 承担举证责任的当事人申请人民法院责令对方当事人提交证据的,应当提出证据由对方当事人控制的依据。对方当事人否认控制有关证据的,人民法院应当根据法律规定、当事人约定、交易习惯等因素,结合案件的事实、证据作出判断。

有关证据虽未由对方当事人直接持有,但在其控制范围之内,其获取不存在客观障碍的,人民法院应当认定有关证据由其控制。

第二十九条 法律、法规、规章规定当事人应当披露或者持有的关于其排放的主要污染物名称、排放方式、排放浓度和总量、超标排放情况、防治污染设施的建设和运行情况、生态环境开发利用情况、生态环境违法信息等环境信息,属于《最高人民法院关于民事诉讼证据的若干规定》第四十七条第一款第三项规定的"对方当事人依照法律规定有权查阅、获取的书证"。

第三十条 在环境污染责任纠纷、生态破坏责任纠纷案件中,损害事实成立,但人身、财产损害赔偿数额难以确定的,人民法院可以结合侵权行为对原告造成损害的程度、被告因侵权行为获得的利益以及过错程度等因素,并可以参考负有环境资源保护监督管理职责的部门的意见等,合理确定。

第三十一条　在生态环境保护民事公益诉讼案件中,损害事实成立,但生态环境修复费用、生态环境受到损害至修复完成期间服务功能丧失导致的损失、生态环境功能永久性损害造成的损失等数额难以确定的,人民法院可以根据污染环境、破坏生态的范围和程度等已查明的案件事实,结合生态环境及其要素的稀缺性、生态环境恢复的难易程度、防治污染设备的运行成本、被告因侵权行为获得的利益以及过错程度等因素,并可以参考负有环境资源保护监督管理职责的部门的意见等,合理确定。

第三十二条　本规定未作规定的,适用《最高人民法院关于民事诉讼证据的若干规定》。

第三十三条　人民法院审理人民检察院提起的环境污染民事公益诉讼案件、生态破坏民事公益诉讼案件,参照适用本规定。

第三十四条　本规定自2023年9月1日起施行。

本规定公布施行后,最高人民法院以前发布的司法解释与本规定不一致的,不再适用。

最高人民法院关于审理生态环境
损害赔偿案件的若干规定(试行)

1. 2019年5月20日最高人民法院审判委员会第1769次会议通过、2019年6月4日公布、自2019年6月5日起施行(法释〔2019〕8号)
2. 根据2020年12月23日最高人民法院审判委员会第1823次会议通过、2020年12月29日公布、自2021年1月1日起施行的《最高人民法院关于修改〈最高人民法院关于在民事审判工作中适用《中华人民共和国工会法》若干问题的解释〉等二十七件民事类司法解释的决定》(法释〔2020〕17号)修正

为正确审理生态环境损害赔偿案件,严格保护生态环境,依法追究损害生态环境责任者的赔偿责任,依据《中华人民共和国民法典》《中华人民共和国环境保护法》《中华人民共和国民事诉讼法》等法律

的规定,结合审判工作实际,制定本规定。

第一条 具有下列情形之一,省级、市地级人民政府及其指定的相关部门、机构,或者受国务院委托行使全民所有自然资源资产所有权的部门,因与造成生态环境损害的自然人、法人或者其他组织经磋商未达成一致或者无法进行磋商的,可以作为原告提起生态环境损害赔偿诉讼:

(一)发生较大、重大、特别重大突发环境事件的;

(二)在国家和省级主体功能区规划中划定的重点生态功能区、禁止开发区发生环境污染、生态破坏事件的;

(三)发生其他严重影响生态环境后果的。

前款规定的市地级人民政府包括设区的市,自治州、盟、地区,不设区的地级市,直辖市的区、县人民政府。

第二条 下列情形不适用本规定:

(一)因污染环境、破坏生态造成人身损害、个人和集体财产损失要求赔偿的;

(二)因海洋生态环境损害要求赔偿的。

第三条 第一审生态环境损害赔偿诉讼案件由生态环境损害行为实施地、损害结果发生地或者被告住所地的中级以上人民法院管辖。

经最高人民法院批准,高级人民法院可以在辖区内确定部分中级人民法院集中管辖第一审生态环境损害赔偿诉讼案件。

中级人民法院认为确有必要的,可以在报请高级人民法院批准后,裁定将本院管辖的第一审生态环境损害赔偿诉讼案件交由具备审理条件的基层人民法院审理。

生态环境损害赔偿诉讼案件由人民法院环境资源审判庭或者指定的专门法庭审理。

第四条 人民法院审理第一审生态环境损害赔偿诉讼案件,应当由法官和人民陪审员组成合议庭进行。

第五条 原告提起生态环境损害赔偿诉讼,符合民事诉讼法和本规定并提交下列材料的,人民法院应当登记立案:

(一)证明具备提起生态环境损害赔偿诉讼原告资格的材料;

(二)符合本规定第一条规定情形之一的证明材料;

（三）与被告进行磋商但未达成一致或者因客观原因无法与被告进行磋商的说明；

（四）符合法律规定的起诉状，并按照被告人数提出副本。

第六条 原告主张被告承担生态环境损害赔偿责任的，应当就以下事实承担举证责任：

（一）被告实施了污染环境、破坏生态的行为或者具有其他应当依法承担责任的情形；

（二）生态环境受到损害，以及所需修复费用、损害赔偿等具体数额；

（三）被告污染环境、破坏生态的行为与生态环境损害之间具有关联性。

第七条 被告反驳原告主张的，应当提供证据加以证明。被告主张具有法律规定的不承担责任或者减轻责任情形的，应当承担举证责任。

第八条 已为发生法律效力的刑事裁判所确认的事实，当事人在生态环境损害赔偿诉讼案件中无须举证证明，但有相反证据足以推翻的除外。

对刑事裁判未予确认的事实，当事人提供的证据达到民事诉讼证明标准的，人民法院应当予以认定。

第九条 负有相关环境资源保护监督管理职责的部门或者其委托的机构在行政执法过程中形成的事件调查报告、检验报告、检测报告、评估报告、监测数据等，经当事人质证并符合证据标准的，可以作为认定案件事实的根据。

第十条 当事人在诉前委托具备环境司法鉴定资质的鉴定机构出具的鉴定意见，以及委托国务院环境资源保护监督管理相关主管部门推荐的机构出具的检验报告、检测报告、评估报告、监测数据等，经当事人质证并符合证据标准的，可以作为认定案件事实的根据。

第十一条 被告违反国家规定造成生态环境损害的，人民法院应当根据原告的诉讼请求以及具体案情，合理判决被告承担修复生态环境、赔偿损失、停止侵害、排除妨碍、消除危险、赔礼道歉等民事责任。

第十二条 受损生态环境能够修复的，人民法院应当依法判决被告承担修复责任，并同时确定被告不履行修复义务时应承担的生态环境修复费用。

生态环境修复费用包括制定、实施修复方案的费用，修复期间的监测、监管费用，以及修复完成后的验收费用、修复效果后评估费用等。

原告请求被告赔偿生态环境受到损害至修复完成期间服务功能损失的，人民法院根据具体案情予以判决。

第十三条 受损生态环境无法修复或者无法完全修复，原告请求被告赔偿生态环境功能永久性损害造成的损失的，人民法院根据具体案情予以判决。

第十四条 原告请求被告承担下列费用的，人民法院根据具体案情予以判决：

（一）实施应急方案、清除污染以及为防止损害的发生和扩大所支出的合理费用；

（二）为生态环境损害赔偿磋商和诉讼支出的调查、检验、鉴定、评估等费用；

（三）合理的律师费以及其他为诉讼支出的合理费用。

第十五条 人民法院判决被告承担的生态环境服务功能损失赔偿资金、生态环境功能永久性损害造成的损失赔偿资金，以及被告不履行生态环境修复义务时所应承担的修复费用，应当依照法律、法规、规章予以缴纳、管理和使用。

第十六条 在生态环境损害赔偿诉讼案件审理过程中，同一损害生态环境行为又被提起民事公益诉讼，符合起诉条件的，应当由受理生态环境损害赔偿诉讼案件的人民法院受理并由同一审判组织审理。

第十七条 人民法院受理因同一损害生态环境行为提起的生态环境损害赔偿诉讼案件和民事公益诉讼案件，应先中止民事公益诉讼案件的审理，待生态环境损害赔偿诉讼案件审理完毕后，就民事公益诉讼案件未被涵盖的诉讼请求依法作出裁判。

第十八条 生态环境损害赔偿诉讼案件的裁判生效后，有权提起民事公益诉讼的国家规定的机关或者法律规定的组织就同一损害生态环境行为有证据证明存在前案审理时未发现的损害，并提起民事公益诉讼的，人民法院应予受理。

民事公益诉讼案件的裁判生效后,有权提起生态环境损害赔偿诉讼的主体就同一损害生态环境行为有证据证明存在前案审理时未发现的损害,并提起生态环境损害赔偿诉讼的,人民法院应予受理。

第十九条 实际支出应急处置费用的机关提起诉讼主张该费用的,人民法院应予受理,但人民法院已经受理就同一损害生态环境行为提起的生态环境损害赔偿诉讼案件且该案原告已经主张应急处置费用的除外。

生态环境损害赔偿诉讼案件原告未主张应急处置费用,因同一损害生态环境行为实际支出应急处置费用的机关提起诉讼主张该费用的,由受理生态环境损害赔偿诉讼案件的人民法院受理并由同一审判组织审理。

第二十条 经磋商达成生态环境损害赔偿协议的,当事人可以向人民法院申请司法确认。

人民法院受理申请后,应当公告协议内容,公告期间不少于三十日。公告期满后,人民法院经审查认为协议的内容不违反法律法规强制性规定且不损害国家利益、社会公共利益的,裁定确认协议有效。裁定书应当写明案件的基本事实和协议内容,并向社会公开。

第二十一条 一方当事人在期限内未履行或者未全部履行发生法律效力的生态环境损害赔偿诉讼案件裁判或者经司法确认的生态环境损害赔偿协议的,对方当事人可以向人民法院申请强制执行。需要修复生态环境的,依法由省级、市地级人民政府及其指定的相关部门、机构组织实施。

第二十二条 人民法院审理生态环境损害赔偿案件,本规定没有规定的,参照适用《最高人民法院关于审理环境民事公益诉讼案件适用法律若干问题的解释》《最高人民法院关于审理环境侵权责任纠纷案件适用法律若干问题的解释》等相关司法解释的规定。

第二十三条 本规定自 2019 年 6 月 5 日起施行。

最高人民法院关于审理
海洋自然资源与生态环境损害
赔偿纠纷案件若干问题的规定

1. 2017年11月20日最高人民法院审判委员会第1727次会议通过
2. 2017年12月29日公布
3. 法释〔2017〕23号
4. 自2018年1月15日起施行

为正确审理海洋自然资源与生态环境损害赔偿纠纷案件,根据《中华人民共和国海洋环境保护法》《中华人民共和国民事诉讼法》《中华人民共和国海事诉讼特别程序法》等法律的规定,结合审判实践,制定本规定。

第一条 人民法院审理为请求赔偿海洋环境保护法第八十九条第二款规定的海洋自然资源与生态环境损害而提起的诉讼,适用本规定。

第二条 在海上或者沿海陆域内从事活动,对中华人民共和国管辖海域内海洋自然资源与生态环境造成损害,由此提起的海洋自然资源与生态环境损害赔偿诉讼,由损害行为发生地、损害结果地或者采取预防措施地海事法院管辖。

第三条 海洋环境保护法第五条规定的行使海洋环境监督管理权的机关,根据其职能分工提起海洋自然资源与生态环境损害赔偿诉讼,人民法院应予受理。

第四条 人民法院受理海洋自然资源与生态环境损害赔偿诉讼,应当在立案之日起五日内公告案件受理情况。

人民法院在审理中发现可能存在下列情形之一的,可以书面告知其他依法行使海洋环境监督管理权的机关:

（一）同一损害涉及不同区域或者不同部门;

（二）不同损害应由其他依法行使海洋环境监督管理权的机关索赔。

本规定所称不同损害,包括海洋自然资源与生态环境损害中不同种类和同种类但可以明确区分属不同机关索赔范围的损害。

第五条 在人民法院依照本规定第四条的规定发布公告之日起三十日内,或者书面告知之日起七日内,对同一损害有权提起诉讼的其他机关申请参加诉讼,经审查符合法定条件的,人民法院应当将其列为共同原告;逾期申请的,人民法院不予准许。裁判生效后另行起诉的,人民法院参照《最高人民法院关于审理环境民事公益诉讼案件适用法律若干问题的解释》第二十八条的规定处理。

对于不同损害,可以由各依法行使海洋环境监督管理权的机关分别提起诉讼;索赔人共同起诉或者在规定期限内申请参加诉讼的,人民法院依照民事诉讼法第五十二条第一款的规定决定是否按共同诉讼进行审理。

第六条 依法行使海洋环境监督管理权的机关请求造成海洋自然资源与生态环境损害的责任者承担停止侵害、排除妨碍、消除危险、恢复原状、赔礼道歉、赔偿损失等民事责任的,人民法院应当根据诉讼请求以及具体案情,合理判定责任者承担民事责任。

第七条 海洋自然资源与生态环境损失赔偿范围包括:

(一)预防措施费用,即为减轻或者防止海洋环境污染、生态恶化、自然资源减少所采取合理应急处置措施而发生的费用;

(二)恢复费用,即采取或者将要采取措施恢复或者部分恢复受损害海洋自然资源与生态环境功能所需费用;

(三)恢复期间损失,即受损害的海洋自然资源与生态环境功能部分或者完全恢复前的海洋自然资源损失、生态环境服务功能损失;

(四)调查评估费用,即调查、勘查、监测污染区域和评估污染等损害风险与实际损害所发生的费用。

第八条 恢复费用,限于现实修复实际发生和未来修复必然发生的合理费用,包括制定和实施修复方案和监测、监管产生的费用。

未来修复必然发生的合理费用和恢复期间损失,可以根据有资格的鉴定评估机构依据法律法规、国家主管部门颁布的鉴定评估技术规范作出的鉴定意见予以确定,但当事人有相反证据足以反驳的除外。

预防措施费用和调查评估费用,以实际发生和未来必然发生的合理费用计算。

责任者已经采取合理预防、恢复措施,其主张相应减少损失赔偿数额的,人民法院应予支持。

第九条 依照本规定第八条的规定难以确定恢复费用和恢复期间损失的,人民法院可以根据责任者因损害行为所获得的收益或者所减少支付的污染防治费用,合理确定损失赔偿数额。

前款规定的收益或者费用无法认定的,可以参照政府部门相关统计资料或者其他证据所证明的同区域同类生产经营者同期平均收入、同期平均污染防治费用,合理酌定。

第十条 人民法院判决责任者赔偿海洋自然资源与生态环境损失的,可以一并写明依法行使海洋环境监督管理权的机关受领赔款后向国库账户交纳。

发生法律效力的裁判需要采取强制执行措施的,应当移送执行。

第十一条 海洋自然资源与生态环境损害赔偿诉讼当事人达成调解协议或者自行达成和解协议的,人民法院依照《最高人民法院关于审理环境民事公益诉讼案件适用法律若干问题的解释》第二十五条的规定处理。

第十二条 人民法院审理海洋自然资源与生态环境损害赔偿纠纷案件,本规定没有规定的,适用《最高人民法院关于审理环境侵权责任纠纷案件适用法律若干问题的解释》《最高人民法院关于审理环境民事公益诉讼案件适用法律若干问题的解释》等相关司法解释的规定。

在海上或者沿海陆域内从事活动,对中华人民共和国管辖海域内海洋自然资源与生态环境形成损害威胁,人民法院审理由此引起的赔偿纠纷案件,参照适用本规定。

人民法院审理因船舶引起的海洋自然资源与生态环境损害赔偿纠纷案件,法律、行政法规、司法解释另有特别规定的,依照其规定。

第十三条 本规定自2018年1月15日起施行,人民法院尚未审结的一审、二审案件适用本规定;本规定施行前已经作出生效裁判的案件,本规定施行后依法再审的,不适用本规定。

本规定施行后,最高人民法院以前颁布的司法解释与本规定不一致的,以本规定为准。

最高人民法院关于审理环境民事公益
诉讼案件适用法律若干问题的解释

1. 2014年12月8日最高人民法院审判委员会第1631次会议通过、2015年1月6日公布、自2015年1月7日起施行(法释〔2015〕1号)

2. 根据2020年12月23日最高人民法院审判委员会第1823次会议通过、2020年12月29日公布、自2021年1月1日起施行的《最高人民法院关于修改〈最高人民法院关于人民法院民事调解工作若干问题的规定〉等十九件民事诉讼类司法解释的决定》(法释〔2020〕20号)修正

为正确审理环境民事公益诉讼案件,根据《中华人民共和国民法典》《中华人民共和国环境保护法》《中华人民共和国民事诉讼法》等法律的规定,结合审判实践,制定本解释。

第一条 法律规定的机关和有关组织依据民事诉讼法第五十五条、环境保护法第五十八条等法律的规定,对已经损害社会公共利益或者具有损害社会公共利益重大风险的污染环境、破坏生态的行为提起诉讼,符合民事诉讼法第一百一十九条第二项、第三项、第四项规定的,人民法院应予受理。

第二条 依照法律、法规的规定,在设区的市级以上人民政府民政部门登记的社会团体、基金会以及社会服务机构等,可以认定为环境保护法第五十八条规定的社会组织。

第三条 设区的市、自治州、盟、地区、不设区的地级市,直辖市的区以上人民政府民政部门,可以认定为环境保护法第五十八条规定的"设区的市级以上人民政府民政部门"。

第四条 社会组织章程确定的宗旨和主要业务范围是维护社会公共利益,且从事环境保护公益活动的,可以认定为环境保护法第五十八条规定的"专门从事环境保护公益活动"。

社会组织提起的诉讼所涉及的社会公共利益,应与其宗旨和业务范围具有关联性。

第五条 社会组织在提起诉讼前五年内未因从事业务活动违反法律、法规的规定受过行政、刑事处罚的,可以认定为环境保护法第五十八条规定的"无违法记录"。

第六条 第一审环境民事公益诉讼案件由污染环境、破坏生态行为发生地、损害结果地或者被告住所地的中级以上人民法院管辖。

中级人民法院认为确有必要的,可以在报请高级人民法院批准后,裁定将本院管辖的第一审环境民事公益诉讼案件交由基层人民法院审理。

同一原告或者不同原告对同一污染环境、破坏生态行为分别向两个以上有管辖权的人民法院提起环境民事公益诉讼的,由最先立案的人民法院管辖,必要时由共同上级人民法院指定管辖。

第七条 经最高人民法院批准,高级人民法院可以根据本辖区环境和生态保护的实际情况,在辖区内确定部分中级人民法院受理第一审环境民事公益诉讼案件。

中级人民法院管辖环境民事公益诉讼案件的区域由高级人民法院确定。

第八条 提起环境民事公益诉讼应当提交下列材料:

(一)符合民事诉讼法第一百二十一条规定的起诉状,并按照被告人数提出副本;

(二)被告的行为已经损害社会公共利益或者具有损害社会公共利益重大风险的初步证明材料;

(三)社会组织提起诉讼的,应当提交社会组织登记证书、章程、起诉前连续五年的年度工作报告书或者年检报告书,以及由其法定代表人或者负责人签字并加盖公章的无违法记录的声明。

第九条 人民法院认为原告提出的诉讼请求不足以保护社会公共利益的,可以向其释明变更或者增加停止侵害、修复生态环境等诉讼请求。

第十条 人民法院受理环境民事公益诉讼后,应当在立案之日起五日内将起诉状副本发送被告,并公告案件受理情况。

有权提起诉讼的其他机关和社会组织在公告之日起三十日内申请参加诉讼,经审查符合法定条件的,人民法院应当将其列为共同原告;逾期申请的,不予准许。

公民、法人和其他组织以人身、财产受到损害为由申请参加诉讼的,告知其另行起诉。

第十一条　检察机关、负有环境资源保护监督管理职责的部门及其他机关、社会组织、企业事业单位依据民事诉讼法第十五条的规定,可以通过提供法律咨询、提交书面意见、协助调查取证等方式支持社会组织依法提起环境民事公益诉讼。

第十二条　人民法院受理环境民事公益诉讼后,应当在十日内告知对被告行为负有环境资源保护监督管理职责的部门。

第十三条　原告请求被告提供其排放的主要污染物名称、排放方式、排放浓度和总量、超标排放情况以及防治污染设施的建设和运行情况等环境信息,法律、法规、规章规定被告应当持有或者有证据证明被告持有而拒不提供,如果原告主张相关事实不利于被告的,人民法院可以推定该主张成立。

第十四条　对于审理环境民事公益诉讼案件需要的证据,人民法院认为必要的,应当调查收集。

　　对于应当由原告承担举证责任且为维护社会公共利益所必要的专门性问题,人民法院可以委托具备资格的鉴定人进行鉴定。

第十五条　当事人申请通知有专门知识的人出庭,就鉴定人作出的鉴定意见或者就因果关系、生态环境修复方式、生态环境修复费用以及生态环境受到损害至修复完成期间服务功能丧失导致的损失等专门性问题提出意见的,人民法院可以准许。

　　前款规定的专家意见经质证,可以作为认定事实的根据。

第十六条　原告在诉讼过程中承认的对己方不利的事实和认可的证据,人民法院认为损害社会公共利益的,应当不予确认。

第十七条　环境民事公益诉讼案件审理过程中,被告以反诉方式提出诉讼请求的,人民法院不予受理。

第十八条　对污染环境、破坏生态,已经损害社会公共利益或者具有损害社会公共利益重大风险的行为,原告可以请求被告承担停止侵害、排除妨碍、消除危险、修复生态环境、赔偿损失、赔礼道歉等民事责任。

第十九条　原告为防止生态环境损害的发生和扩大,请求被告停止侵害、排除妨碍、消除危险的,人民法院可以依法予以支持。

　　原告为停止侵害、排除妨碍、消除危险采取合理预防、处置措施而发生的费用,请求被告承担的,人民法院可以依法予以支持。

第二十条　原告请求修复生态环境的,人民法院可以依法判决被告将生态环境修复到损害发生之前的状态和功能。无法完全修复的,可以准许采用替代性修复方式。

人民法院可以在判决被告修复生态环境的同时,确定被告不履行修复义务时应承担的生态环境修复费用;也可以直接判决被告承担生态环境修复费用。

生态环境修复费用包括制定、实施修复方案的费用,修复期间的监测、监管费用,以及修复完成后的验收费用、修复效果后评估费用等。

第二十一条　原告请求被告赔偿生态环境受到损害至修复完成期间服务功能丧失导致的损失、生态环境功能永久性损害造成的损失的,人民法院可以依法予以支持。

第二十二条　原告请求被告承担以下费用的,人民法院可以依法予以支持:

(一)生态环境损害调查、鉴定评估等费用;

(二)清除污染以及防止损害的发生和扩大所支出的合理费用;

(三)合理的律师费以及为诉讼支出的其他合理费用。

第二十三条　生态环境修复费用难以确定或者确定具体数额所需鉴定费用明显过高的,人民法院可以结合污染环境、破坏生态的范围和程度,生态环境的稀缺性,生态环境恢复的难易程度,防治污染设备的运行成本,被告因侵害行为所获得的利益以及过错程度等因素,并可以参考负有环境资源保护监督管理职责的部门的意见、专家意见等,予以合理确定。

第二十四条　人民法院判决被告承担的生态环境修复费用、生态环境受到损害至修复完成期间服务功能丧失导致的损失、生态环境功能永久性损害造成的损失等款项,应当用于修复被损害的生态环境。

其他环境民事公益诉讼中败诉原告所需承担的调查取证、专家咨询、检验、鉴定等必要费用,可以酌情从上述款项中支付。

第二十五条　环境民事公益诉讼当事人达成调解协议或者自行达成和解协议后,人民法院应当将协议内容公告,公告期间不少于三十日。

公告期满后,人民法院审查认为调解协议或者和解协议的内容不损害社会公共利益的,应当出具调解书。当事人以达成和解协议为由申请撤诉的,不予准许。

调解书应当写明诉讼请求、案件的基本事实和协议内容,并应当公开。

第二十六条 负有环境资源保护监督管理职责的部门依法履行监管职责而使原告诉讼请求全部实现,原告申请撤诉的,人民法院应予准许。

第二十七条 法庭辩论终结后,原告申请撤诉的,人民法院不予准许,但本解释第二十六条规定的情形除外。

第二十八条 环境民事公益诉讼案件的裁判生效后,有权提起诉讼的其他机关和社会组织就同一污染环境、破坏生态行为另行起诉,有下列情形之一的,人民法院应予受理:

(一)前案原告的起诉被裁定驳回的;

(二)前案原告申请撤诉被裁定准许的,但本解释第二十六条规定的情形除外。

环境民事公益诉讼案件的裁判生效后,有证据证明存在前案审理时未发现的损害,有权提起诉讼的机关和社会组织另行起诉的,人民法院应予受理。

第二十九条 法律规定的机关和社会组织提起环境民事公益诉讼的,不影响因同一污染环境、破坏生态行为受到人身、财产损害的公民、法人和其他组织依据民事诉讼法第一百一十九条的规定提起诉讼。

第三十条 已为环境民事公益诉讼生效裁判认定的事实,因同一污染环境、破坏生态行为依据民事诉讼法第一百一十九条规定提起诉讼的原告、被告均无需举证证明,但原告对该事实有异议并有相反证据足以推翻的除外。

对于环境民事公益诉讼生效裁判就被告是否存在法律规定的不承担责任或者减轻责任的情形、行为与损害之间是否存在因果关系、被告承担责任的大小等所作的认定,因同一污染环境、破坏生态行为依据民事诉讼法第一百一十九条规定提起诉讼的原告主张适用的,人民法院应予支持,但被告有相反证据足以推翻的除外。被告主张直接适用对其有利的认定的,人民法院不予支持,被告仍应举证证明。

第三十一条 被告因污染环境、破坏生态在环境民事公益诉讼和其他民事诉讼中均承担责任,其财产不足以履行全部义务的,应当先履行其他民事诉讼生效裁判所确定的义务,但法律另有规定的除外。

第三十二条 发生法律效力的环境民事公益诉讼案件的裁判,需要采取强制执行措施的,应当移送执行。

第三十三条　原告交纳诉讼费用确有困难,依法申请缓交的,人民法院应予准许。

败诉或者部分败诉的原告申请减交或者免交诉讼费用的,人民法院应当依照《诉讼费用交纳办法》的规定,视原告的经济状况和案件的审理情况决定是否准许。

第三十四条　社会组织有通过诉讼违法收受财物等牟取经济利益行为的,人民法院可以根据情节轻重依法收缴其非法所得、予以罚款;涉嫌犯罪的,依法移送有关机关处理。

社会组织通过诉讼牟取经济利益的,人民法院应当向登记管理机关或者有关机关发送司法建议,由其依法处理。

第三十五条　本解释施行前最高人民法院发布的司法解释和规范性文件,与本解释不一致的,以本解释为准。

最高人民法院关于生态环境侵权案件适用禁止令保全措施的若干规定

1. 2021年11月29日最高人民法院审判委员会第1854次会议通过
2. 2021年12月27日公布
3. 法释〔2021〕22号
4. 自2022年1月1日起施行

为妥善审理生态环境侵权案件,及时有效保护生态环境,维护民事主体合法权益,落实保护优先、预防为主原则,根据《中华人民共和国民法典》《中华人民共和国环境保护法》《中华人民共和国民事诉讼法》等有关法律规定,结合审判实践,制定本规定。

第一条　申请人以被申请人正在实施或者即将实施污染环境、破坏生态行为,不及时制止将使申请人合法权益或者生态环境受到难以弥补的损害为由,依照民事诉讼法第一百条、第一百零一条规定,向人民法院申请采取禁止令保全措施,责令被申请人立即停止一定行为的,人民法院应予受理。

第二条　因污染环境、破坏生态行为受到损害的自然人、法人或者非法人组织,以及民法典第一千二百三十四条、第一千二百三十五条规定的"国家规定的机关或者法律规定的组织",可以向人民法院申请作出禁止令。

第三条　申请人提起生态环境侵权诉讼时或者诉讼过程中,向人民法院申请作出禁止令的,人民法院应当在接受申请后五日内裁定是否准予。情况紧急的,人民法院应当在接受申请后四十八小时内作出。

因情况紧急,申请人可在提起诉讼前向污染环境、破坏生态行为实施地、损害结果发生地或者被申请人住所地等对案件有管辖权的人民法院申请作出禁止令,人民法院应当在接受申请后四十八小时内裁定是否准予。

第四条　申请人向人民法院申请作出禁止令的,应当提交申请书和相应的证明材料。

申请书应当载明下列事项:

(一)申请人与被申请人的身份、送达地址、联系方式等基本情况;

(二)申请禁止的内容、范围;

(三)被申请人正在实施或者即将实施污染环境、破坏生态行为,以及如不及时制止将使申请人合法权益或者生态环境受到难以弥补损害的情形;

(四)提供担保的财产信息,或者不需要提供担保的理由。

第五条　被申请人污染环境、破坏生态行为具有现实而紧迫的重大风险,如不及时制止将对申请人合法权益或者生态环境造成难以弥补损害的,人民法院应当综合考量以下因素决定是否作出禁止令:

(一)被申请人污染环境、破坏生态行为被行政主管机关依法处理后仍继续实施;

(二)被申请人污染环境、破坏生态行为对申请人合法权益或者生态环境造成的损害超过禁止被申请人一定行为对其合法权益造成的损害;

(三)禁止被申请人一定行为对国家利益、社会公共利益或者他人合法权益产生的不利影响;

(四)其他应当考量的因素。

第六条　人民法院审查申请人禁止令申请,应当听取被申请人的意见。必要时,可进行现场勘查。

　　情况紧急无法询问或者现场勘查的,人民法院应当在裁定准予申请人禁止令申请后四十八小时内听取被申请人的意见。被申请人意见成立的,人民法院应当裁定解除禁止令。

第七条　申请人在提起诉讼时或者诉讼过程中申请禁止令的,人民法院可以责令申请人提供担保,不提供担保的,裁定驳回申请。

　　申请人提起诉讼前申请禁止令的,人民法院应当责令申请人提供担保,不提供担保的,裁定驳回申请。

第八条　人民法院裁定准予申请人禁止令申请的,应当根据申请人的请求和案件具体情况确定禁止令的效力期间。

第九条　人民法院准予或者不准予申请人禁止令申请的,应当制作民事裁定书,并送达当事人,裁定书自送达之日起生效。

　　人民法院裁定准予申请人禁止令申请的,可以根据裁定内容制作禁止令张贴在被申请人住所地,污染环境、破坏生态行为实施地、损害结果发生地等相关场所,并可通过新闻媒体等方式向社会公开。

第十条　当事人、利害关系人对人民法院裁定准予或者不准予申请人禁止令申请不服的,可在收到裁定书之日起五日内向作出裁定的人民法院申请复议一次。人民法院应当在收到复议申请后十日内审查并作出裁定。复议期间不停止裁定的执行。

第十一条　申请人在人民法院作出诉前禁止令后三十日内不依法提起诉讼的,人民法院应当在三十日届满后五日内裁定解除禁止令。

　　禁止令效力期间内,申请人、被申请人或者利害关系人以据以作出裁定的事由发生变化为由,申请解除禁止令的,人民法院应当在收到申请后五日内裁定是否解除。

第十二条　被申请人不履行禁止令的,人民法院可依照民事诉讼法第一百一十一条的规定追究其相应法律责任。

第十三条　侵权行为实施地、损害结果发生地在中华人民共和国管辖海域内的海洋生态环境侵权案件中,申请人向人民法院申请责令被申请人立即停止一定行为的,适用海洋环境保护法、海事诉讼特别程序法等法律和司法解释的相关规定。

第十四条　本规定自 2022 年 1 月 1 日起施行。

附件:1. 民事裁定书(诉中禁止令用)样式(略)
      2. 民事裁定书(诉前禁止令用)样式(略)
      3. 民事裁定书(解除禁止令用)样式(略)
      4. 禁止令(张贴公示用)样式(略)

最高人民法院关于审理生态环境侵权纠纷案件适用惩罚性赔偿的解释

1. 2021年12月27日最高人民法院审判委员会第1858次会议通过
2. 2022年1月12日公布
3. 法释〔2022〕1号
4. 自2022年1月20日起施行

　　为妥善审理生态环境侵权纠纷案件,全面加强生态环境保护,正确适用惩罚性赔偿,根据《中华人民共和国民法典》《中华人民共和国环境保护法》《中华人民共和国民事诉讼法》等相关法律规定,结合审判实践,制定本解释。

第一条　人民法院审理生态环境侵权纠纷案件适用惩罚性赔偿,应当严格审慎,注重公平公正,依法保护民事主体合法权益,统筹生态环境保护和经济社会发展。

第二条　因环境污染、生态破坏受到损害的自然人、法人或者非法人组织,依据民法典第一千二百三十二条的规定,请求判令侵权人承担惩罚性赔偿责任的,适用本解释。

第三条　被侵权人在生态环境侵权纠纷案件中请求惩罚性赔偿的,应当在起诉时明确赔偿数额以及所依据的事实和理由。

　　被侵权人在生态环境侵权纠纷案件中没有提出惩罚性赔偿的诉讼请求,诉讼终结后又基于同一污染环境、破坏生态事实另行起诉请求惩罚性赔偿的,人民法院不予受理。

第四条　被侵权人主张侵权人承担惩罚性赔偿责任的,应当提供证据证明以下事实:

　　(一)侵权人污染环境、破坏生态的行为违反法律规定;

(二)侵权人具有污染环境、破坏生态的故意；

(三)侵权人污染环境、破坏生态的行为造成严重后果。

第五条 人民法院认定侵权人污染环境、破坏生态的行为是否违反法律规定,应当以法律、法规为依据,可以参照规章的规定。

第六条 人民法院认定侵权人是否具有污染环境、破坏生态的故意,应当根据侵权人的职业经历、专业背景或者经营范围,因同一或者同类行为受到行政处罚或者刑事追究的情况,以及污染物的种类,污染环境、破坏生态行为的方式等因素综合判断。

第七条 具有下列情形之一的,人民法院应当认定侵权人具有污染环境、破坏生态的故意：

(一)因同一污染环境、破坏生态行为,已被人民法院认定构成破坏环境资源保护犯罪的；

(二)建设项目未依法进行环境影响评价,或者提供虚假材料导致环境影响评价文件严重失实,被行政主管部门责令停止建设后拒不执行的；

(三)未取得排污许可证排放污染物,被行政主管部门责令停止排污后拒不执行,或者超过污染物排放标准或者重点污染物排放总量控制指标排放污染物,经行政主管机关责令限制生产、停产整治或者给予其他行政处罚后仍不改正的；

(四)生产、使用国家明令禁止生产、使用的农药,被行政主管部门责令改正后拒不改正的；

(五)无危险废物经营许可证而从事收集、贮存、利用、处置危险废物经营活动,或者知道或者应当知道他人无许可证而将危险废物提供或者委托给其从事收集、贮存、利用、处置等活动的；

(六)将未经处理的废水、废气、废渣直接排放或者倾倒的；

(七)通过暗管、渗井、渗坑、灌注,篡改、伪造监测数据,或者以不正常运行防治污染设施等逃避监管的方式,违法排放污染物的；

(八)在相关自然保护区域、禁猎(渔)区、禁猎(渔)期使用禁止使用的猎捕工具、方法猎捕、杀害国家重点保护野生动物、破坏野生动物栖息地的；

(九)未取得勘查许可证、采矿许可证,或者采取破坏性方法勘查开采矿产资源的；

（十）其他故意情形。

第八条 人民法院认定侵权人污染环境、破坏生态行为是否造成严重后果，应当根据污染环境、破坏生态行为的持续时间、地域范围，造成环境污染、生态破坏的范围和程度，以及造成的社会影响等因素综合判断。

侵权人污染环境、破坏生态行为造成他人死亡、健康严重损害，重大财产损失，生态环境严重损害或者重大不良社会影响的，人民法院应当认定为造成严重后果。

第九条 人民法院确定惩罚性赔偿金数额，应当以环境污染、生态破坏造成的人身损害赔偿金、财产损失数额作为计算基数。

前款所称人身损害赔偿金、财产损失数额，依照民法典第一千一百七十九条、第一千一百八十四条规定予以确定。法律另有规定的，依照其规定。

第十条 人民法院确定惩罚性赔偿金数额，应当综合考虑侵权人的恶意程度、侵权后果的严重程度、侵权人因污染环境、破坏生态行为所获得的利益或者侵权人所采取的修复措施及其效果等因素，但一般不超过人身损害赔偿金、财产损失数额的二倍。

因同一污染环境、破坏生态行为已经被行政机关给予罚款或者被人民法院判处罚金，侵权人主张免除惩罚性赔偿责任的，人民法院不予支持，但在确定惩罚性赔偿金数额时可以综合考虑。

第十一条 侵权人因同一污染环境、破坏生态行为，应当承担包括惩罚性赔偿在内的民事责任、行政责任和刑事责任，其财产不足以支付的，应当优先用于承担民事责任。

侵权人因同一污染环境、破坏生态行为，应当承担包括惩罚性赔偿在内的民事责任，其财产不足以支付的，应当优先用于承担惩罚性赔偿以外的其他责任。

第十二条 国家规定的机关或者法律规定的组织作为被侵权人代表，请求判令侵权人承担惩罚性赔偿责任的，人民法院可以参照前述规定予以处理。但惩罚性赔偿金数额的确定，应当以生态环境受到损害至修复完成期间服务功能丧失导致的损失、生态环境功能永久性损害造成的损失数额作为计算基数。

第十三条 侵权行为实施地、损害结果发生地在中华人民共和国管辖海域内的海洋生态环境侵权纠纷案件惩罚性赔偿问题,另行规定。

第十四条 本规定自 2022 年 1 月 20 日起施行。

最高人民法院关于审理森林资源民事纠纷案件适用法律若干问题的解释

1. 2022 年 4 月 25 日最高人民法院审判委员会第 1869 次会议通过
2. 2022 年 6 月 13 日公布
3. 法释〔2022〕16 号
4. 自 2022 年 6 月 15 日起施行

为妥善审理森林资源民事纠纷案件,依法保护生态环境和当事人合法权益,根据《中华人民共和国民法典》《中华人民共和国环境保护法》《中华人民共和国森林法》《中华人民共和国农村土地承包法》《中华人民共和国民事诉讼法》等法律规定,结合审判实践,制定本解释。

第一条 人民法院审理涉及森林、林木、林地等森林资源的民事纠纷案件,应当贯彻民法典绿色原则,尊重自然、尊重历史、尊重习惯,依法推动森林资源保护和利用的生态效益、经济效益、社会效益相统一,促进人与自然和谐共生。

第二条 当事人因下列行为,对林地、林木的物权归属、内容产生争议,依据民法典第二百三十四条的规定提起民事诉讼,请求确认权利的,人民法院应当依法受理:

(一)林地承包;
(二)林地承包经营权互换、转让;
(三)林地经营权流转;
(四)林木流转;
(五)林地、林木担保;
(六)林地、林木继承;
(七)其他引起林地、林木物权变动的行为。

当事人因对行政机关作出的林地、林木确权、登记行为产生争议,提起民事诉讼的,人民法院告知其依法通过行政复议、行政诉讼程序解决。

第三条 当事人以未办理批准、登记、备案、审查、审核等手续为由，主张林地承包、林地承包经营权互换或者转让、林地经营权流转、林木流转、森林资源担保等合同无效的，人民法院不予支持。

因前款原因，不能取得相关权利的当事人请求解除合同、由违约方承担违约责任的，人民法院依法予以支持。

第四条 当事人一方未依法经林权证等权利证书载明的共有人同意，擅自处分林地、林木，另一方主张取得相关权利的，人民法院不予支持。但符合民法典第三百一十一条关于善意取得规定的除外。

第五条 当事人以违反法律规定的民主议定程序为由，主张集体林地承包合同无效的，人民法院应予支持。但下列情形除外：

（一）合同订立时，法律、行政法规没有关于民主议定程序的强制性规定的；

（二）合同订立未经民主议定程序讨论决定，或者民主议定程序存在瑕疵，一审法庭辩论终结前已经依法补正的；

（三）承包方对村民会议或者村民代表会议决议进行了合理审查，不知道且不应当知道决议系伪造、变造，并已经对林地大量投入的。

第六条 家庭承包林地的承包方转让林地承包经营权未经发包方同意，或者受让方不是本集体经济组织成员，受让方主张取得林地承包经营权的，人民法院不予支持。但发包方无法定理由不同意或者拖延表态的除外。

第七条 当事人就同一集体林地订立多个经营权流转合同，在合同有效的情况下，受让方均主张取得林地经营权的，由具有下列情形的受让方取得：

（一）林地经营权已经依法登记的；

（二）林地经营权均未依法登记，争议发生前已经合法占有使用林地并大量投入的；

（三）无前两项规定情形，合同生效在先的。

未取得林地经营权的一方请求解除合同、由违约方承担违约责任的，人民法院依法予以支持。

第八条　家庭承包林地的承包方以林地经营权人擅自再流转林地经营权为由,请求解除林地经营权流转合同、收回林地的,人民法院应予支持。但林地经营权人能够证明林地经营权再流转已经承包方书面同意的除外。

第九条　本集体经济组织成员以其在同等条件下享有的优先权受到侵害为由,主张家庭承包林地经营权流转合同无效的,人民法院不予支持;其请求赔偿损失的,依法予以支持。

第十条　林地承包期内,因林地承包经营权互换、转让、继承等原因,承包方发生变动,林地经营权人请求新的承包方继续履行原林地经营权流转合同的,人民法院应予支持。但当事人另有约定的除外。

第十一条　林地经营权流转合同约定的流转期限超过承包期的剩余期限,或者林地经营权再流转合同约定的流转期限超过原林地经营权流转合同的剩余期限,林地经营权流转、再流转合同当事人主张超过部分无效的,人民法院不予支持。

第十二条　林地经营权流转合同约定的流转期限超过承包期的剩余期限,发包方主张超过部分的约定对其不具有法律约束力的,人民法院应予支持。但发包方对此知道或者应当知道的除外。

林地经营权再流转合同约定的流转期限超过原林地经营权流转合同的剩余期限,承包方主张超过部分的约定对其不具有法律约束力的,人民法院应予支持。但承包方对此知道或者应当知道的除外。

因前两款原因,致使林地经营权流转合同、再流转合同不能履行,当事人请求解除合同、由违约方承担违约责任的,人民法院依法予以支持。

第十三条　林地经营权流转合同终止时,对于林地经营权人种植的地上林木,按照下列情形处理:

（一）合同有约定的,按照约定处理,但该约定依据民法典第一百五十三条的规定应当认定无效的除外;

（二）合同没有约定或者约定不明,当事人协商一致延长合同期限至轮伐期或者其他合理期限届满,承包方请求由林地经营权人承担林地使用费的,对其合理部分予以支持;

（三）合同没有约定或者约定不明,当事人未能就延长合同期限协商一致，林地经营权人请求对林木价值进行补偿的，对其合理部分予以支持。

林地承包合同终止时，承包方种植的地上林木的处理，参照适用前款规定。

第十四条 人民法院对于当事人为利用公益林林地资源和森林景观资源开展林下经济、森林旅游、森林康养等经营活动订立的合同，应当综合考虑公益林生态区位保护要求、公益林生态功能及是否经科学论证的合理利用等因素，依法认定合同效力。

当事人仅以涉公益林为由主张经营合同无效的，人民法院不予支持。

第十五条 以林地经营权、林木所有权等法律、行政法规未禁止抵押的森林资源资产设定抵押，债务人不履行到期债务或者发生当事人约定的实现抵押权的情形，抵押权人与抵押人协议以抵押的森林资源资产折价，并据此请求接管经营抵押财产的，人民法院依法予以支持。

抵押权人与抵押人未就森林资源资产抵押权的实现方式达成协议，抵押权人依据民事诉讼法第二百零三条、第二百零四条的规定申请实现抵押权的，人民法院依法裁定拍卖、变卖抵押财产。

第十六条 以森林生态效益补偿收益、林业碳汇等提供担保，债务人不履行到期债务或者发生当事人约定的实现担保物权的情形，担保物权人请求就担保财产优先受偿的，人民法院依法予以支持。

第十七条 违反国家规定造成森林生态环境损害，生态环境能够修复的，国家规定的机关或者法律规定的组织依据民法典第一千二百三十四条的规定，请求侵权人在合理期限内以补种树木、恢复植被、恢复林地土壤性状、投放相应生物种群等方式承担修复责任的，人民法院依法予以支持。

人民法院判决侵权人承担修复责任的，可以同时确定其在期限内不履行修复义务时应承担的森林生态环境修复费用。

第十八条 人民法院判决侵权人承担森林生态环境修复责任的，可以根据鉴定意见，或者参考林业主管部门、林业调查规划设计单位、相关科研机构和人员出具的专业意见，合理确定森林生态环境修复方案，明确侵权人履行修复义务的具体要求。

第十九条　人民法院依据民法典第一千二百三十五条的规定确定侵权人承担的森林生态环境损害赔偿金额,应当综合考虑受损森林资源在调节气候、固碳增汇、保护生物多样性、涵养水源、保持水土、防风固沙等方面的生态环境服务功能,予以合理认定。

第二十条　当事人请求以认购经核证的林业碳汇方式替代履行森林生态环境损害赔偿责任的,人民法院可以综合考虑各方当事人意见、不同责任方式的合理性等因素,依法予以准许。

第二十一条　当事人请求以森林管护、野生动植物保护、社区服务等劳务方式替代履行森林生态环境损害赔偿责任的,人民法院可以综合考虑侵权人的代偿意愿、经济能力、劳动能力、赔偿金额、当地相应工资标准等因素,决定是否予以准许,并合理确定劳务代偿方案。

第二十二条　侵权人自愿交纳保证金作为履行森林生态环境修复义务担保的,在其不履行修复义务时,人民法院可以将保证金用于支付森林生态环境修复费用。

第二十三条　本解释自 2022 年 6 月 15 日起施行。施行前本院公布的司法解释与本解释不一致的,以本解释为准。

最高人民法院、最高人民检察院关于办理海洋自然资源与生态环境公益诉讼案件若干问题的规定

1. 2021 年 12 月 27 日最高人民法院审判委员会第 1858 次会议、2022 年 3 月 16 日最高人民检察院第十三届检察委员会第九十三次会议通过
2. 2022 年 5 月 10 日公布
3. 法释〔2022〕15 号
4. 自 2022 年 5 月 15 日起施行

为依法办理海洋自然资源与生态环境公益诉讼案件,根据《中华人民共和国海洋环境保护法》《中华人民共和国民事诉讼法》《中华人民共和国刑事诉讼法》《中华人民共和国行政诉讼法》《中华人民共和

国海事诉讼特别程序法》等法律规定,结合审判、检察工作实际,制定本规定。

第一条　本规定适用于损害行为发生地、损害结果地或者采取预防措施地在海洋环境保护法第二条第一款规定的海域内,因破坏海洋生态、海洋水产资源、海洋保护区而提起的民事公益诉讼、刑事附带民事公益诉讼和行政公益诉讼。

第二条　依据海洋环境保护法第八十九条第二款规定,对破坏海洋生态、海洋水产资源、海洋保护区,给国家造成重大损失的,应当由依照海洋环境保护法规定行使海洋环境监督管理权的部门,在有管辖权的海事法院对侵权人提起海洋自然资源与生态环境损害赔偿诉讼。

有关部门根据职能分工提起海洋自然资源与生态环境损害赔偿诉讼的,人民检察院可以支持起诉。

第三条　人民检察院在履行职责中发现破坏海洋生态、海洋水产资源、海洋保护区的行为,可以告知行使海洋环境监督管理权的部门依据本规定第二条提起诉讼。在有关部门仍不提起诉讼的情况下,人民检察院就海洋自然资源与生态环境损害,向有管辖权的海事法院提起民事公益诉讼的,海事法院应予受理。

第四条　破坏海洋生态、海洋水产资源、海洋保护区,涉嫌犯罪的,在行使海洋环境监督管理权的部门没有另行提起海洋自然资源与生态环境损害赔偿诉讼的情况下,人民检察院可以在提起刑事公诉时一并提起附带民事公益诉讼,也可以单独提起民事公益诉讼。

第五条　人民检察院在履行职责中发现对破坏海洋生态、海洋水产资源、海洋保护区的行为负有监督管理职责的部门违法行使职权或者不作为,致使国家利益或者社会公共利益受到侵害的,应当向有关部门提出检察建议,督促其依法履行职责。

有关部门不依法履行职责的,人民检察院依法向被诉行政机关所在地的海事法院提起行政公益诉讼。

第六条　本规定自 2022 年 5 月 15 日起施行。

2. 刑事责任

中华人民共和国刑法(节录)

1. 1979年7月1日第五届全国人民代表大会第二次会议通过
2. 1997年3月14日第八届全国人民代表大会第五次会议修订
3. 根据1998年12月29日第九届全国人民代表大会常务委员会第六次会议通过的《关于惩治骗购外汇、逃汇和非法买卖外汇犯罪的决定》第一次修正
4. 根据1999年12月25日第九届全国人民代表大会常务委员会第十三次会议通过的《中华人民共和国刑法修正案》第二次修正
5. 根据2001年8月31日第九届全国人民代表大会常务委员会第二十三次会议通过的《中华人民共和国刑法修正案(二)》第三次修正
6. 根据2001年12月29日第九届全国人民代表大会常务委员会第二十五次会议通过的《中华人民共和国刑法修正案(三)》第四次修正
7. 根据2002年12月28日第九届全国人民代表大会常务委员会第三十一次会议通过的《中华人民共和国刑法修正案(四)》第五次修正
8. 根据2005年2月28日第十届全国人民代表大会常务委员会第十四次会议通过的《中华人民共和国刑法修正案(五)》第六次修正
9. 根据2006年6月29日第十届全国人民代表大会常务委员会第二十二次会议通过的《中华人民共和国刑法修正案(六)》第七次修正
10. 根据2009年2月28日第十一届全国人民代表大会常务委员会第七次会议通过的《中华人民共和国刑法修正案(七)》第八次修正
11. 根据2009年8月27日第十一届全国人民代表大会常务委员会第十次会议通过的《关于修改部分法律的决定》第九次修正
12. 根据2011年2月25日第十一届全国人民代表大会常务委员会第十九次会议通过的《中华人民共和国刑法修正案(八)》第十次修正
13. 根据2015年8月29日第十二届全国人民代表大会常务委员会第十六次会议通过的《中华人民共和国刑法修正案(九)》第十一次修正
14. 根据2017年11月4日第十二届全国人民代表大会常务委员会第三十次会议通过的《中华人民共和国刑法修正案(十)》第十二次修正
15. 根据2020年12月26日第十三届全国人民代表大会常务委员会第二十四次会议通过的《中华人民共和国刑法修正案(十一)》第十三次修正

16. 根据2023年12月29日第十四届全国人民代表大会常务委员会第七次会议通过的《中华人民共和国刑法修正案(十二)》第十四次修正

第一百五十五条 【以走私罪论处的间接走私行为】下列行为,以走私罪论处,依照本节的有关规定处罚:

(一)直接向走私人非法收购国家禁止进口物品的,或者直接向走私人非法收购走私进口的其他货物、物品,数额较大的;

(二)在内海、领海、界河、界湖运输、收购、贩卖国家禁止进出口物品的,或者运输、收购、贩卖国家限制进出口货物、物品,数额较大,没有合法证明的。

第二百二十九条 【提供虚假证明文件罪】承担资产评估、验资、验证、会计、审计、法律服务、保荐、安全评价、环境影响评价、环境监测等职责的中介组织的人员故意提供虚假证明文件,情节严重的,处五年以下有期徒刑或者拘役,并处罚金;有下列情形之一的,处五年以上十年以下有期徒刑,并处罚金:

(一)提供与证券发行相关的虚假的资产评估、会计、审计、法律服务、保荐等证明文件,情节特别严重的;

(二)提供与重大资产交易相关的虚假的资产评估、会计、审计等证明文件,情节特别严重的;

(三)在涉及公共安全的重大工程、项目中提供虚假的安全评价、环境影响评价等证明文件,致使公共财产、国家和人民利益遭受特别重大损失的。

有前款行为,同时索取他人财物或者非法收受他人财物构成犯罪的,依照处罚较重的规定定罪处罚。

【出具证明文件重大失实罪】第一款规定的人员,严重不负责任,出具的证明文件有重大失实,造成严重后果的,处三年以下有期徒刑或者拘役,并处或者单处罚金。

第三百三十条 【妨害传染病防治罪】违反传染病防治法的规定,有下列情形之一,引起甲类传染病以及依法确定采取甲类传染病预防、控制措施的传染病传播或者有传播严重危险的,处三年以下有期徒刑或者拘役;后果特别严重的,处三年以上七年以下有期徒刑:

(一)供水单位供应的饮用水不符合国家规定的卫生标准的;

(二)拒绝按照疾病预防控制机构提出的卫生要求,对传染病病原体污染的污水、污物、场所和物品进行消毒处理的;

(三)准许或者纵容传染病病人、病原携带者和疑似传染病病人从事国务院卫生行政部门规定禁止从事的易使该传染病扩散的工作的;

(四)出售、运输疫区中被传染病病原体污染或者可能被传染病病原体污染的物品,未进行消毒处理的;

(五)拒绝执行县级以上人民政府、疾病预防控制机构依照传染病防治法提出的预防、控制措施的。

单位犯前款罪的,对单位判处罚金,并对其直接负责的主管人员和其他直接责任人员,依照前款的规定处罚。

甲类传染病的范围,依照《中华人民共和国传染病防治法》和国务院有关规定确定。

第三百三十八条 【污染环境罪】违反国家规定,排放、倾倒或者处置有放射性的废物、含传染病病原体的废物、有毒物质或者其他有害物质,严重污染环境的,处三年以下有期徒刑或者拘役,并处或者单处罚金;情节严重的,处三年以上七年以下有期徒刑,并处罚金;有下列情形之一的,处七年以上有期徒刑,并处罚金:

(一)在饮用水水源保护区、自然保护地核心保护区等依法确定的重点保护区域排放、倾倒、处置有放射性的废物、含传染病病原体的废物、有毒物质,情节特别严重的;

(二)向国家确定的重要江河、湖泊水域排放、倾倒、处置有放射性的废物、含传染病病原体的废物、有毒物质,情节特别严重的;

(三)致使大量永久基本农田基本功能丧失或者遭受永久性破坏的;

(四)致使多人重伤、严重疾病,或者致人严重残疾、死亡的。

有前款行为,同时构成其他犯罪的,依照处罚较重的规定定罪处罚。

第三百三十九条 【非法处置进口的固体废物罪】违反国家规定,将境外的固体废物进境倾倒、堆放、处置的,处五年以下有期徒刑或者拘役,并处罚金;造成重大环境污染事故,致使公私财产遭受重大损失或者严重危害人体健康的,处五年以上十年以下有期徒刑,并处罚金;后果特别严重的,处十年以上有期徒刑,并处罚金。

【擅自进口固体废物罪】未经国务院有关主管部门许可,擅自进口固体废物用作原料,造成重大环境污染事故,致使公私财产遭受重大损失或者严重危害人体健康的,处五年以下有期徒刑或者拘役,并处罚金;后果特别严重的,处五年以上十年以下有期徒刑,并处罚金。

以原料利用为名,进口不能用作原料的固体废物、液态废物和气态废物的,依照本法第一百五十二条第二款、第三款的规定定罪处罚。

第三百四十条　【非法捕捞水产品罪】违反保护水产资源法规,在禁渔区、禁渔期或者使用禁用的工具、方法捕捞水产品,情节严重的,处三年以下有期徒刑、拘役、管制或者罚金。

第三百四十一条　【危害珍贵、濒危野生动物罪】非法猎捕、杀害国家重点保护的珍贵、濒危野生动物的,或者非法收购、运输、出售国家重点保护的珍贵、濒危野生动物及其制品的,处五年以下有期徒刑或者拘役,并处罚金;情节严重的,处五年以上十年以下有期徒刑,并处罚金;情节特别严重的,处十年以上有期徒刑,并处罚金或者没收财产。

【非法狩猎罪】违反狩猎法规,在禁猎区、禁猎期或者使用禁用的工具、方法进行狩猎,破坏野生动物资源,情节严重的,处三年以下有期徒刑、拘役、管制或者罚金。

【非法猎捕、收购、运输、出售陆生野生动物罪】违反野生动物保护管理法规,以食用为目的非法猎捕、收购、运输、出售第一款规定以外的在野外环境自然生长繁殖的陆生野生动物,情节严重的,依照前款的规定处罚。

第三百四十二条　【非法占用农用地罪】违反土地管理法规,非法占用耕地、林地等农用地,改变被占用土地用途,数量较大,造成耕地、林地等农用地大量毁坏的,处五年以下有期徒刑或者拘役,并处或者单处罚金。

第三百四十二条之一　【破坏自然保护地罪】违反自然保护地管理法规,在国家公园、国家级自然保护区进行开垦、开发活动或者修建建筑物,造成严重后果或者有其他恶劣情节的,处五年以下有期徒刑或者拘役,并处或者单处罚金。

有前款行为,同时构成其他犯罪的,依照处罚较重的规定定罪处罚。

第三百四十三条 【非法采矿罪】违反矿产资源法的规定,未取得采矿许可证擅自采矿,擅自进入国家规划矿区、对国民经济具有重要价值的矿区和他人矿区范围采矿,或者擅自开采国家规定实行保护性开采的特定矿种,情节严重的,处三年以下有期徒刑、拘役或者管制,并处或者单处罚金;情节特别严重的,处三年以上七年以下有期徒刑,并处罚金。

【破坏性采矿罪】违反矿产资源法的规定,采取破坏性的开采方法开采矿产资源,造成矿产资源严重破坏的,处五年以下有期徒刑或者拘役,并处罚金。

第三百四十四条 【危害国家重点保护植物罪】违反国家规定,非法采伐、毁坏珍贵树木或者国家重点保护的其他植物的,或者非法收购、运输、加工、出售珍贵树木或者国家重点保护的其他植物及其制品的,处三年以下有期徒刑、拘役或者管制,并处罚金;情节严重的,处三年以上七年以下有期徒刑,并处罚金。

第三百四十四条之一 【非法引进、释放、丢弃外来入侵物种罪】违反国家规定,非法引进、释放或者丢弃外来入侵物种,情节严重的,处三年以下有期徒刑或者拘役,并处或者单处罚金。

第三百四十五条 【盗伐林木罪】盗伐森林或者其他林木,数量较大的,处三年以下有期徒刑、拘役或者管制,并处或者单处罚金;数量巨大的,处三年以上七年以下有期徒刑,并处罚金;数量特别巨大的,处七年以上有期徒刑,并处罚金。

【滥伐林木罪】违反森林法的规定,滥伐森林或者其他林木,数量较大的,处三年以下有期徒刑、拘役或者管制,并处或者单处罚金;数量巨大的,处三年以上七年以下有期徒刑,并处罚金。

【非法收购、运输盗伐、滥伐的林木罪】非法收购、运输明知是盗伐、滥伐的林木,情节严重的,处三年以下有期徒刑、拘役或者管制,并处或者单处罚金;情节特别严重的,处三年以上七年以下有期徒刑,并处罚金。

盗伐、滥伐国家级自然保护区内的森林或者其他林木的,从重处罚。

第三百四十六条 【单位犯破坏环境资源保护罪的处罚规定】单位犯本节第三百三十八条至第三百四十五条规定之罪的,对单位判处罚金,并对其直接负责的主管人员和其他直接责任人员,依照本节各该条的规定处罚。

第四百零八条 【环境监管失职罪】负有环境保护监督管理职责的国家机关工作人员严重不负责任,导致发生重大环境污染事故,致使公私财产遭受重大损失或者造成人身伤亡的严重后果的,处三年以下有期徒刑或者拘役。

最高人民法院、最高人民检察院
关于办理环境污染刑事案件
适用法律若干问题的解释

1. 2023年3月27日最高人民法院审判委员会第1882次会议、2023年7月27日最高人民检察院第十四届检察委员会第十次会议通过
2. 2023年8月8日公布
3. 法释〔2023〕7号
4. 自2023年8月15日起施行

为依法惩治环境污染犯罪,根据《中华人民共和国刑法》《中华人民共和国刑事诉讼法》《中华人民共和国环境保护法》等法律的有关规定,现就办理此类刑事案件适用法律的若干问题解释如下:

第一条 实施刑法第三百三十八条规定的行为,具有下列情形之一的,应当认定为"严重污染环境":

(一)在饮用水水源保护区、自然保护地核心保护区等依法确定的重点保护区域排放、倾倒、处置有放射性的废物、含传染病病原体的废物、有毒物质的;

(二)非法排放、倾倒、处置危险废物三吨以上的;

(三)排放、倾倒、处置含铅、汞、镉、铬、砷、铊、锑的污染物,超过国家或者地方污染物排放标准三倍以上的;

(四)排放、倾倒、处置含镍、铜、锌、银、钒、锰、钴的污染物,超过国家或者地方污染物排放标准十倍以上的;

(五)通过暗管、渗井、渗坑、裂隙、溶洞、灌注、非紧急情况下开启

大气应急排放通道等逃避监管的方式排放、倾倒、处置有放射性的废物、含传染病病原体的废物、有毒物质的；

（六）二年内曾因在重污染天气预警期间，违反国家规定，超标排放二氧化硫、氮氧化物等实行排放总量控制的大气污染物受过二次以上行政处罚，又实施此类行为的；

（七）重点排污单位、实行排污许可重点管理的单位篡改、伪造自动监测数据或者干扰自动监测设施，排放化学需氧量、氨氮、二氧化硫、氮氧化物等污染物的；

（八）二年内曾因违反国家规定，排放、倾倒、处置有放射性的废物、含传染病病原体的废物、有毒物质受过二次以上行政处罚，又实施此类行为的；

（九）违法所得或者致使公私财产损失三十万元以上的；

（十）致使乡镇集中式饮用水水源取水中断十二小时以上的；

（十一）其他严重污染环境的情形。

第二条 实施刑法第三百三十八条规定的行为，具有下列情形之一的，应当认定为"情节严重"：

（一）在饮用水水源保护区、自然保护地核心保护区等依法确定的重点保护区域排放、倾倒、处置有放射性的废物、含传染病病原体的废物、有毒物质，造成相关区域的生态功能退化或者野生生物资源严重破坏的；

（二）向国家确定的重要江河、湖泊水域排放、倾倒、处置有放射性的废物、含传染病病原体的废物、有毒物质，造成相关水域的生态功能退化或者水生生物资源严重破坏的；

（三）非法排放、倾倒、处置危险废物一百吨以上的；

（四）违法所得或者致使公私财产损失一百万元以上的；

（五）致使县级城区集中式饮用水水源取水中断十二小时以上的；

（六）致使永久基本农田、公益林地十亩以上，其他农用地二十亩以上，其他土地五十亩以上基本功能丧失或者遭受永久性破坏的；

（七）致使森林或者其他林木死亡五十立方米以上，或者幼树死亡二千五百株以上的；

（八）致使疏散、转移群众五千人以上的；

（九）致使三十人以上中毒的；

（十）致使一人以上重伤、严重疾病或者三人以上轻伤的；

（十一）其他情节严重的情形。

第三条 实施刑法第三百三十八条规定的行为，具有下列情形之一的，应当处七年以上有期徒刑，并处罚金：

（一）在饮用水水源保护区、自然保护地核心保护区等依法确定的重点保护区域排放、倾倒、处置有放射性的废物、含传染病病原体的废物、有毒物质，具有下列情形之一的：

1. 致使设区的市级城区集中式饮用水水源取水中断十二小时以上的；

2. 造成自然保护地主要保护的生态系统严重退化，或者主要保护的自然景观损毁的；

3. 造成国家重点保护的野生动植物资源或者国家重点保护物种栖息地、生长环境严重破坏的；

4. 其他情节特别严重的情形。

（二）向国家确定的重要江河、湖泊水域排放、倾倒、处置有放射性的废物、含传染病病原体的废物、有毒物质，具有下列情形之一的：

1. 造成国家确定的重要江河、湖泊水域生态系统严重退化的；

2. 造成国家重点保护的野生动植物资源严重破坏的；

3. 其他情节特别严重的情形。

（三）致使永久基本农田五十亩以上基本功能丧失或者遭受永久性破坏的；

（四）致使三人以上重伤、严重疾病，或者一人以上严重残疾、死亡的。

第四条 实施刑法第三百三十九条第一款规定的行为，具有下列情形之一的，应当认定为"致使公私财产遭受重大损失或者严重危害人体健康"：

（一）致使公私财产损失一百万元以上的；

（二）具有本解释第二条第五项至第十项规定情形之一的；

（三）其他致使公私财产遭受重大损失或者严重危害人体健康的情形。

第五条 实施刑法第三百三十八条、第三百三十九条规定的犯罪行为，

具有下列情形之一的,应当从重处罚:

(一)阻挠环境监督检查或者突发环境事件调查,尚不构成妨害公务等犯罪的;

(二)在医院、学校、居民区等人口集中地区及其附近,违反国家规定排放、倾倒、处置有放射性的废物、含传染病病原体的废物、有毒物质或者其他有害物质的;

(三)在突发环境事件处置期间或者被责令限期整改期间,违反国家规定排放、倾倒、处置有放射性的废物、含传染病病原体的废物、有毒物质或者其他有害物质的;

(四)具有危险废物经营许可证的企业违反国家规定排放、倾倒、处置有放射性的废物、含传染病病原体的废物、有毒物质或者其他有害物质的;

(五)实行排污许可重点管理的企业事业单位和其他生产经营者未依法取得排污许可证,排放、倾倒、处置有放射性的废物、含传染病病原体的废物、有毒物质或者其他有害物质的。

第六条 实施刑法第三百三十八条规定的行为,行为人认罪认罚,积极修复生态环境,有效合规整改的,可以从宽处罚;犯罪情节轻微的,可以不起诉或者免予刑事处罚;情节显著轻微危害不大的,不作为犯罪处理。

第七条 无危险废物经营许可证从事收集、贮存、利用、处置危险废物经营活动,严重污染环境的,按照污染环境罪定罪处罚;同时构成非法经营罪的,依照处罚较重的规定定罪处罚。

实施前款规定的行为,不具有超标排放污染物、非法倾倒污染物或者其他违法造成环境污染的情形的,可以认定为非法经营情节显著轻微危害不大,不认为是犯罪;构成生产、销售伪劣产品等其他犯罪的,以其他犯罪论处。

第八条 明知他人无危险废物经营许可证,向其提供或者委托其收集、贮存、利用、处置危险废物,严重污染环境的,以共同犯罪论处。

第九条 违反国家规定,排放、倾倒、处置含有毒害性、放射性、传染病病原体等物质的污染物,同时构成污染环境罪、非法处置进口的固体废物罪、投放危险物质罪等犯罪的,依照处罚较重的规定定罪处罚。

第十条 承担环境影响评价、环境监测、温室气体排放检验检测、排放报告编制或者核查等职责的中介组织的人员故意提供虚假证明文件,具有下列情形之一的,应当认定为刑法第二百二十九条第一款规定的"情节严重":

(一)违法所得三十万元以上的;

(二)二年内曾因提供虚假证明文件受过二次以上行政处罚,又提供虚假证明文件的;

(三)其他情节严重的情形。

实施前款规定的行为,在涉及公共安全的重大工程、项目中提供虚假的环境影响评价等证明文件,致使公共财产、国家和人民利益遭受特别重大损失的,应当依照刑法第二百二十九条第一款的规定,处五年以上十年以下有期徒刑,并处罚金。

实施前两款规定的行为,同时索取他人财物或者非法收受他人财物构成犯罪的,依照处罚较重的规定定罪处罚。

第十一条　违反国家规定,针对环境质量监测系统实施下列行为,或者强令、指使、授意他人实施下列行为,后果严重的,应当依照刑法第二百八十六条的规定,以破坏计算机信息系统罪定罪处罚:

(一)修改系统参数或者系统中存储、处理、传输的监测数据的;

(二)干扰系统采样,致使监测数据因系统不能正常运行而严重失真的;

(三)其他破坏环境质量监测系统的行为。

重点排污单位、实行排污许可重点管理的单位篡改、伪造自动监测数据或者干扰自动监测设施,排放化学需氧量、氨氮、二氧化硫、氮氧化物等污染物,同时构成污染环境罪和破坏计算机信息系统罪的,依照处罚较重的规定定罪处罚。

从事环境监测设施维护、运营的人员实施或者参与实施篡改、伪造自动监测数据、干扰自动监测设施、破坏环境质量监测系统等行为的,依法从重处罚。

第十二条　对于实施本解释规定的相关行为被不起诉或者免予刑事处罚的行为人,需要给予行政处罚、政务处分或者其他处分的,依法移送有关主管机关处理。有关主管机关应当将处理结果及时通知人民检察院、人民法院。

第十三条　单位实施本解释规定的犯罪的,依照本解释规定的定罪量刑标准,对直接负责的主管人员和其他直接责任人员定罪处罚,并对单位判处罚金。

第十四条 环境保护主管部门及其所属监测机构在行政执法过程中收集的监测数据,在刑事诉讼中可以作为证据使用。

公安机关单独或者会同环境保护主管部门,提取污染物样品进行检测获取的数据,在刑事诉讼中可以作为证据使用。

第十五条 对国家危险废物名录所列的废物,可以依据涉案物质的来源、产生过程、被告人供述、证人证言以及经批准或者备案的环境影响评价文件、排污许可证、排污登记表等证据,结合环境保护主管部门、公安机关等出具的书面意见作出认定。

对于危险废物的数量,依据案件事实,综合被告人供述,涉案企业的生产工艺、物耗、能耗情况,以及经批准或者备案的环境影响评价文件等证据作出认定。

第十六条 对案件所涉的环境污染专门性问题难以确定的,依据鉴定机构出具的鉴定意见,或者国务院环境保护主管部门、公安部门指定的机构出具的报告,结合其他证据作出认定。

第十七条 下列物质应当认定为刑法第三百三十八条规定的"有毒物质":

(一)危险废物,是指列入国家危险废物名录,或者根据国家规定的危险废物鉴别标准和鉴别方法认定的,具有危险特性的固体废物;

(二)《关于持久性有机污染物的斯德哥尔摩公约》附件所列物质;

(三)重金属含量超过国家或者地方污染物排放标准的污染物;

(四)其他具有毒性,可能污染环境的物质。

第十八条 无危险废物经营许可证,以营利为目的,从危险废物中提取物质作为原材料或者燃料,并具有超标排放污染物、非法倾倒污染物或者其他违法造成环境污染的情形的行为,应当认定为"非法处置危险废物"。

第十九条 本解释所称"二年内",以第一次违法行为受到行政处罚的生效之日与又实施相应行为之日的时间间隔计算确定。

本解释所称"重点排污单位",是指设区的市级以上人民政府环境保护主管部门依法确定的应当安装、使用污染物排放自动监测设备的重点监控企业及其他单位。

本解释所称"违法所得",是指实施刑法第二百二十九条、第三百三十八条、第三百三十九条规定的行为所得和可得的全部违法收入。

本解释所称"公私财产损失",包括实施刑法第三百三十八条、第三百三十九条规定的行为直接造成财产损毁、减少的实际价值,为防止污染扩大、消除污染而采取必要合理措施所产生的费用,以及处置突发环境事件的应急监测费用。

本解释所称"无危险废物经营许可证",是指未取得危险废物经营许可证,或者超出危险废物经营许可证的经营范围。

第二十条 本解释自2023年8月15日起施行。本解释施行后,《最高人民法院、最高人民检察院关于办理环境污染刑事案件适用法律若干问题的解释》(法释〔2016〕29号)同时废止;之前发布的司法解释与本解释不一致的,以本解释为准。

最高人民检察院关于渎职侵权犯罪案件立案标准的规定(节录)

1. 2005年12月29日最高人民检察院第十届检察委员会第四十九次会议通过
2. 2006年7月26日公布施行
3. 高检发释字〔2006〕2号

根据《中华人民共和国刑法》、《中华人民共和国刑事诉讼法》和其他法律的有关规定,对国家机关工作人员渎职和利用职权实施的侵犯公民人身权利、民主权利犯罪案件的立案标准规定如下:

一、渎职犯罪案件

(一)滥用职权案(第三百九十七条)

滥用职权罪是指国家机关工作人员超越职权,违法决定、处理其无权决定、处理的事项,或者违反规定处理公务,致使公共财产、国家和人民利益遭受重大损失的行为。

涉嫌下列情形之一的,应予立案:

1. 造成死亡1人以上,或者重伤2人以上,或者重伤1人、轻伤3人

以上,或者轻伤 5 人以上的;

2. 导致 10 人以上严重中毒的;

3. 造成个人财产直接经济损失 10 万元以上,或者直接经济损失不满 10 万元,但间接经济损失 50 万元以上的;

4. 造成公共财产或者法人、其他组织财产直接经济损失 20 万元以上,或者直接经济损失不满 20 万元,但间接经济损失 100 万元以上的;

5. 虽未达到 3、4 两项数额标准,但 3、4 两项合计直接经济损失 20 万元以上,或者合计直接经济损失不满 20 万元,但合计间接经济损失 100 万元以上的;

6. 造成公司、企业等单位停业、停产 6 个月以上,或者破产的;

7. 弄虚作假,不报、缓报、谎报或者授意、指使、强令他人不报、缓报、谎报情况,导致重特大事故危害结果继续、扩大,或者致使抢救、调查、处理工作延误的;

8. 严重损害国家声誉,或者造成恶劣社会影响的;

9. 其他致使公共财产、国家和人民利益遭受重大损失的情形。

国家机关工作人员滥用职权,符合刑法第九章所规定的特殊渎职罪构成要件的,按照该特殊规定追究刑事责任;主体不符合刑法第九章所规定的特殊渎职罪的主体要件,但滥用职权涉嫌前款第 1 项至第 9 项规定情形之一的,按照刑法第 397 条的规定以滥用职权罪追究刑事责任。

(二)玩忽职守案(第三百九十七条)

玩忽职守罪是指国家机关工作人员严重不负责任,不履行或者不认真履行职责,致使公共财产、国家和人民利益遭受重大损失的行为。

涉嫌下列情形之一的,应予立案:

1. 造成死亡 1 人以上,或者重伤 3 人以上,或者重伤 2 人、轻伤 4 人以上,或者重伤 1 人、轻伤 7 人以上,或者轻伤 10 人以上的;

2. 导致 20 人以上严重中毒的;

3. 造成个人财产直接经济损失 15 万元以上,或者直接经济损失不满 15 万元,但间接经济损失 75 万元以上的;

4. 造成公共财产或者法人、其他组织财产直接经济损失 30 万元以上,或者直接经济损失不满 30 万元,但间接经济损失 150 万元以上的;

5. 虽未达到 3、4 两项数额标准,但 3、4 两项合计直接经济损失 30 万元以上,或者合计直接经济损失不满 30 万元,但合计间接经济损失

150万元以上的；

  6. 造成公司、企业等单位停业、停产 1 年以上，或者破产的；

  7. 海关、外汇管理部门的工作人员严重不负责任，造成 100 万美元以上外汇被骗购或者逃汇 1000 万美元以上的；

  8. 严重损害国家声誉，或者造成恶劣社会影响的；

  9. 其他致使公共财产、国家和人民利益遭受重大损失的情形。

  国家机关工作人员玩忽职守，符合刑法第九章所规定的特殊渎职罪构成要件的，按照该特殊规定追究刑事责任；主体不符合刑法第九章所规定的特殊渎职罪的主体要件，但玩忽职守涉嫌前款第 1 项至第 9 项规定情形之一的，按照刑法第三百九十七条的规定以玩忽职守罪追究刑事责任。

  (三)故意泄露国家秘密案(第三百九十八条)

  故意泄露国家秘密罪是指国家机关工作人员或者非国家机关工作人员违反保守国家秘密法，故意使国家秘密被不应知悉者知悉，或者故意使国家秘密超出了限定的接触范围，情节严重的行为。

  涉嫌下列情形之一的，应予立案：

  1. 泄露绝密级国家秘密 1 项(件)以上的；

  2. 泄露机密级国家秘密 2 项(件)以上的；

  3. 泄露秘密级国家秘密 3 项(件)以上的；

  4. 向非境外机构、组织、人员泄露国家秘密，造成或者可能造成危害社会稳定、经济发展、国防安全或者其他严重危害后果的；

  5. 通过口头、书面或者网络等方式向公众散布、传播国家秘密的；

  6. 利用职权指使或者强迫他人违反国家保守秘密法的规定泄露国家秘密的；

  7. 以牟取私利为目的泄露国家秘密的；

  8. 其他情节严重的情形。

  (四)过失泄露国家秘密案(第三百九十八条)

  过失泄露国家秘密罪是指国家机关工作人员或者非国家机关工作人员违反保守国家秘密法，过失泄露国家秘密，或者遗失国家秘密载体，致使国家秘密被不应知悉者知悉或者超出了限定的接触范围，情节严重的行为。

  涉嫌下列情形之一的，应予立案：

1. 泄露绝密级国家秘密1项(件)以上的;
2. 泄露机密级国家秘密3项(件)以上的;
3. 泄露秘密级国家秘密4项(件)以上的;
4. 违反保密规定,将涉及国家秘密的计算机或者计算机信息系统与互联网相连接,泄露国家秘密的;
5. 泄露国家秘密或者遗失国家秘密载体,隐瞒不报、不如实提供有关情况或者不采取补救措施的;
6. 其他情节严重的情形。

(十七)国家机关工作人员签订、履行合同失职被骗案(第四百零六条)

国家机关工作人员签订、履行合同失职被骗罪是指国家机关工作人员在签订、履行合同过程中,因严重不负责任,不履行或者不认真履行职责被诈骗,致使国家利益遭受重大损失的行为。

涉嫌下列情形之一的,应予立案:

1. 造成直接经济损失30万元以上,或者直接经济损失不满30万元,但间接经济损失150万元以上的;
2. 其他致使国家利益遭受重大损失的情形。

(十八)违法发放林木采伐许可证案(第四百零七条)

违法发放林木采伐许可证罪是指林业主管部门的工作人员违反森林法的规定,超过批准的年采伐限额发放林木采伐许可证或者违反规定滥发林木采伐许可证,情节严重,致使森林遭受严重破坏的行为。

涉嫌下列情形之一的,应予立案:

1. 发放林木采伐许可证允许采伐数量累计超过批准的年采伐限额,导致林木被超限额采伐10立方米以上的;
2. 滥发林木采伐许可证,导致林木被滥伐20立方米以上,或者导致幼树被滥伐1000株以上的;
3. 滥发林木采伐许可证,导致防护林、特种用途林被滥伐5立方米以上,或者幼树被滥伐200株以上的;
4. 滥发林木采伐许可证,导致珍贵树木或者国家重点保护的其他树木被滥伐的;
5. 滥发林木采伐许可证,导致国家禁止采伐的林木被采伐的;
6. 其他情节严重,致使森林遭受严重破坏的情形。

林业主管部门工作人员之外的国家机关工作人员,违反森林法的规定,滥用职权或者玩忽职守,致使林木被滥伐 40 立方米以上或者幼树被滥伐 2000 株以上,或者致使防护林、特种用途林被滥伐 10 立方米以上或者幼树被滥伐 400 株以上,或者致使珍贵树木被采伐、毁坏 4 立方米或者 4 株以上,或者致使国家重点保护的其他植物被采伐、毁坏后果严重的,或者致使国家严禁采伐的林木被采伐、毁坏情节恶劣的,按照刑法第三百九十七条的规定以滥用职权罪或者玩忽职守罪追究刑事责任。

(十九)环境监管失职案(第四百零八条)

环境监管失职罪是指负有环境保护监督管理职责的国家机关工作人员严重不负责任,不履行或者不认真履行环境保护监管职责导致发生重大环境污染事故,致使公私财产遭受重大损失或者造成人身伤亡的严重后果的行为。

涉嫌下列情形之一的,应予立案:

1. 造成死亡 1 人以上,或者重伤 3 人以上,或者重伤 2 人、轻伤 4 人以上,或者重伤 1 人、轻伤 7 人以上,或者轻伤 10 人以上的;

2. 导致 30 人以上严重中毒的;

3. 造成个人财产直接经济损失 15 万元以上,或者直接经济损失不满 15 万元,但间接经济损失 75 万元以上的;

4. 造成公共财产、法人或者其他组织财产直接经济损失 30 万元以上,或者直接经济损失不满 30 万元,但间接经济损失 150 万元以上的;

5. 虽未达到 3、4 两项数额标准,但 3、4 两项合计直接经济损失 30 万元以上,或者合计直接经济损失不满 30 万元,但合计间接经济损失 150 万元以上的;

6. 造成基本农田或者防护林地、特种用途林地 10 亩以上,或者基本农田以外的耕地 50 亩以上,或者其他土地 70 亩以上被严重毁坏的;

7. 造成生活饮用水地表水源和地下水源严重污染的;

8. 其他致使公私财产遭受重大损失或者造成人身伤亡严重后果的情形。

三、附　　则

(一)本规定中每个罪案名称后所注明的法律条款系《中华人民共和国刑法》的有关条款。

(二)本规定所称"以上"包括本数;有关犯罪数额"不满",是指已达到该数额百分之八十以上的。

(三)本规定中的"国家机关工作人员",是指在国家机关中从事公务的人员,包括在各级国家权力机关、行政机关、司法机关和军事机关中从事公务的人员。在依照法律、法规规定行使国家行政管理职权的组织中从事公务的人员,或者在受国家机关委托代表国家行使职权的组织中从事公务的人员,或者虽未列入国家机关人员编制但在国家机关中从事公务的人员,在代表国家机关行使职权时,视为国家机关工作人员。在乡(镇)以上中国共产党机关、人民政协机关中从事公务的人员,视为国家机关工作人员。

(四)本规定中的"直接经济损失",是指与行为有直接因果关系而造成的财产损毁、减少的实际价值;"间接经济损失",是指由直接经济损失引起和牵连的其他损失,包括失去的在正常情况下可以获得的利益和为恢复正常的管理活动或者挽回所造成的损失所支付的各种开支、费用等。

有下列情形之一的,虽然有债权存在,但已无法实现债权的,可以认定为已经造成了经济损失:(1)债务人已经法定程序被宣告破产,且无法清偿债务;(2)债务人潜逃,去向不明;(3)因行为人责任,致使超过诉讼时效;(4)有证据证明债权无法实现的其他情况。

直接经济损失和间接经济损失,是指立案时确已造成的经济损失。移送审查起诉前,犯罪嫌疑人及其亲友自行挽回的经济损失,以及由司法机关或者犯罪嫌疑人所在单位及其上级主管部门挽回的经济损失,不予扣减,但可作为对犯罪嫌疑人从轻处理的情节考虑。

(五)本规定中的"徇私舞弊",是指国家机关工作人员为徇私情、私利,故意违背事实和法律,伪造材料,隐瞒情况,弄虚作假的行为。

(六)本规定自公布之日起施行。本规定发布前有关人民检察院直接受理立案侦查的国家机关工作人员渎职和利用职权实施的侵犯公民人身权利、民主权利犯罪案件的立案标准,与本规定有重复或者不一致的,适用本规定。

对于本规定施行前发生的国家机关工作人员渎职和利用职权实施的侵犯公民人身权利、民主权利犯罪案件,按照《最高人民法院、最高人民检察院关于适用刑事司法解释时间效力问题的规定》办理。

最高人民法院关于审理破坏草原资源
刑事案件应用法律若干问题的解释

1. 2012 年 10 月 22 日最高人民法院审判委员会第 1558 次会议通过
2. 2012 年 11 月 2 日公布
3. 法释〔2012〕15 号
4. 自 2012 年 11 月 22 日起施行

为依法惩处破坏草原资源犯罪活动,依照《中华人民共和国刑法》的有关规定,现就审理此类刑事案件应用法律的若干问题解释如下:

第一条 违反草原法等土地管理法规,非法占用草原,改变被占用草原用途,数量较大,造成草原大量毁坏的,依照刑法第三百四十二条的规定,以非法占用农用地罪定罪处罚。

第二条 非法占用草原,改变被占用草原用途,数量在二十亩以上的,或者曾因非法占用草原受过行政处罚,在三年内又非法占用草原,改变被占用草原用途,数量在十亩以上的,应当认定为刑法第三百四十二条规定的"数量较大"。

非法占用草原,改变被占用草原用途,数量较大,具有下列情形之一的,应当认定为刑法第三百四十二条规定的"造成耕地、林地等农用地大量毁坏":

(一)开垦草原种植粮食作物、经济作物、林木的;

(二)在草原上建窑、建房、修路、挖砂、采石、采矿、取土、剥取草皮的;

(三)在草原上堆放或者排放废弃物,造成草原的原有植被严重毁坏或者严重污染的;

(四)违反草原保护、建设、利用规划种植牧草和饲料作物,造成草原沙化或者水土严重流失的;

(五)其他造成草原严重毁坏的情形。

第三条 国家机关工作人员徇私舞弊,违反草原法等土地管理法规,具

有下列情形之一的,应当认定为刑法第四百一十条规定的"情节严重":

(一)非法批准征收、征用、占用草原四十亩以上的;

(二)非法批准征收、征用、占用草原,造成二十亩以上草原被毁坏的;

(三)非法批准征收、征用、占用草原,造成直接经济损失三十万元以上,或者具有其他恶劣情节的。

具有下列情形之一,应当认定为刑法第四百一十条规定的"致使国家或者集体利益遭受特别重大损失":

(一)非法批准征收、征用、占用草原八十亩以上的;

(二)非法批准征收、征用、占用草原,造成四十亩以上草原被毁坏的;

(三)非法批准征收、征用、占用草原,造成直接经济损失六十万元以上,或者具有其他特别恶劣情节的。

第四条 以暴力、威胁方法阻碍草原监督检查人员依法执行职务,构成犯罪的,依照刑法第二百七十七条的规定,以妨害公务罪追究刑事责任。

煽动群众暴力抗拒草原法律、行政法规实施,构成犯罪的,依照刑法第二百七十八条的规定,以煽动暴力抗拒法律实施罪追究刑事责任。

第五条 单位实施刑法第三百四十二条规定的行为,对单位判处罚金,并对其直接负责的主管人员和其他直接责任人员,依照本解释规定的定罪量刑标准定罪处罚。

第六条 多次实施破坏草原资源的违法犯罪行为,未经处理,应当依法追究刑事责任的,按照累计的数量、数额定罪处罚。

第七条 本解释所称"草原",是指天然草原和人工草地,天然草原包括草地、草山和草坡,人工草地包括改良草地和退耕还草地,不包括城镇草地。

最高人民法院、最高人民检察院
关于办理破坏野生动物资源刑事案件适用法律若干问题的解释

1. 2021年12月13日最高人民法院审判委员会第1856次会议、2022年2月9日最高人民检察院第十三届检察委员会第八十九次会议通过
2. 2022年4月6日公布
3. 法释〔2022〕12号
4. 自2022年4月9日起施行

为依法惩治破坏野生动物资源犯罪,保护生态环境,维护生物多样性和生态平衡,根据《中华人民共和国刑法》《中华人民共和国刑事诉讼法》《中华人民共和国野生动物保护法》等法律的有关规定,现就办理此类刑事案件适用法律的若干问题解释如下:

第一条 具有下列情形之一的,应当认定为刑法第一百五十一条第二款规定的走私国家禁止进出口的珍贵动物及其制品:

(一)未经批准擅自进出口列入经国家濒危物种进出口管理机构公布的《濒危野生动植物种国际贸易公约》附录一、附录二的野生动物及其制品;

(二)未经批准擅自出口列入《国家重点保护野生动物名录》的野生动物及其制品。

第二条 走私国家禁止进出口的珍贵动物及其制品,价值二十万元以上不满二百万元的,应当依照刑法第一百五十一条第二款的规定,以走私珍贵动物、珍贵动物制品罪处五年以上十年以下有期徒刑,并处罚金;价值二百万元以上的,应当认定为"情节特别严重",处十年以上有期徒刑或者无期徒刑,并处没收财产;价值二万元以上不满二十万元的,应当认定为"情节较轻",处五年以下有期徒刑,并处罚金。

实施前款规定的行为,具有下列情形之一的,从重处罚:

(一)属于犯罪集团的首要分子的;

(二)为逃避监管,使用特种交通工具实施的;

(三)二年内曾因破坏野生动物资源受过行政处罚的。

实施第一款规定的行为,不具有第二款规定的情形,且未造成动物死亡或者动物、动物制品无法追回,行为人全部退赃退赔,确有悔罪表现的,按照下列规定处理:

(一)珍贵动物及其制品价值二百万元以上的,可以处五年以上十年以下有期徒刑,并处罚金;

(二)珍贵动物及其制品价值二十万元以上不满二百万元的,可以认定为"情节较轻",处五年以下有期徒刑,并处罚金;

(三)珍贵动物及其制品价值二万元以上不满二十万元的,可以认定为犯罪情节轻微,不起诉或者免予刑事处罚;情节显著轻微危害不大的,不作为犯罪处理。

第三条 在内陆水域,违反保护水产资源法规,在禁渔区、禁渔期或者使用禁用的工具、方法捕捞水产品,具有下列情形之一的,应当认定为刑法第三百四十条规定的"情节严重",以非法捕捞水产品罪定罪处罚:

(一)非法捕捞水产品五百公斤以上或者价值一万元以上的;

(二)非法捕捞有重要经济价值的水生动物苗种、怀卵亲体或者在水产种质资源保护区内捕捞水产品五十公斤以上或者价值一千元以上的;

(三)在禁渔区使用电鱼、毒鱼、炸鱼等严重破坏渔业资源的禁用方法或者禁用工具捕捞的;

(四)在禁渔期使用电鱼、毒鱼、炸鱼等严重破坏渔业资源的禁用方法或者禁用工具捕捞的;

(五)其他情节严重的情形。

实施前款规定的行为,具有下列情形之一的,从重处罚:

(一)暴力抗拒、阻碍国家机关工作人员依法履行职务,尚未构成妨害公务罪、袭警罪的;

(二)二年内曾因破坏野生动物资源受过行政处罚的;

(三)对水生生物资源或者水域生态造成严重损害的;

(四)纠集多条船只非法捕捞的;

(五)以非法捕捞为业的。

实施第一款规定的行为,根据渔获物的数量、价值和捕捞方法、工具等,认为对水生生物资源危害明显较轻的,综合考虑行为人自愿接受行政处罚、积极修复生态环境等情节,可以认定为犯罪情节轻微,不起诉或者免予刑事处罚;情节显著轻微危害不大的,不作为犯罪处理。

第四条 刑法第三百四十一条第一款规定的"国家重点保护的珍贵、濒危野生动物"包括:

(一)列入《国家重点保护野生动物名录》的野生动物;

(二)经国务院野生动物保护主管部门核准按照国家重点保护的野生动物管理的野生动物。

第五条 刑法第三百四十一条第一款规定的"收购"包括以营利、自用等为目的的购买行为;"运输"包括采用携带、邮寄、利用他人、使用交通工具等方法进行运送的行为;"出售"包括出卖和以营利为目的的加工利用行为。

刑法第三百四十一条第三款规定的"收购""运输""出售",是指以食用为目的,实施前款规定的相应行为。

第六条 非法猎捕、杀害国家重点保护的珍贵、濒危野生动物,或者非法收购、运输、出售国家重点保护的珍贵、濒危野生动物及其制品,价值二万元以上不满二十万元的,应当依照刑法第三百四十一条第一款的规定,以危害珍贵、濒危野生动物罪处五年以下有期徒刑或者拘役,并处罚金;价值二十万元以上不满二百万元的,应当认定为"情节严重",处五年以上十年以下有期徒刑,并处罚金;价值二百万元以上的,应当认定为"情节特别严重",处十年以上有期徒刑,并处罚金或者没收财产。

实施前款规定的行为,具有下列情形之一的,从重处罚:

(一)属于犯罪集团的首要分子的;

(二)为逃避监管,使用特种交通工具实施的;

(三)严重影响野生动物科研工作的;

(四)二年内曾因破坏野生动物资源受过行政处罚的。

实施第一款规定的行为,不具有第二款规定的情形,且未造成动物死亡或者动物、动物制品无法追回,行为人全部退赃退赔,确有悔罪表现的,按照下列规定处理:

(一)珍贵、濒危野生动物及其制品价值二百万元以上的,可以认定为"情节严重",处五年以上十年以下有期徒刑,并处罚金;

(二)珍贵、濒危野生动物及其制品价值二十万元以上不满二百

万元的,可以处五年以下有期徒刑或者拘役,并处罚金;

(三)珍贵、濒危野生动物及其制品价值二万元以上不满二十万元的,可以认定为犯罪情节轻微,不起诉或者免予刑事处罚;情节显著轻微危害不大的,不作为犯罪处理。

第七条 违反狩猎法规,在禁猎区、禁猎期或者使用禁用的工具、方法进行狩猎,破坏野生动物资源,具有下列情形之一的,应当认定为刑法第三百四十一条第二款规定的"情节严重",以非法狩猎罪定罪处罚:

(一)非法猎捕野生动物价值一万元以上的;

(二)在禁猎区使用禁用的工具或者方法狩猎的;

(三)在禁猎期使用禁用的工具或者方法狩猎的;

(四)其他情节严重的情形。

实施前款规定的行为,具有下列情形之一的,从重处罚:

(一)暴力抗拒、阻碍国家机关工作人员依法履行职务,尚未构成妨害公务罪、袭警罪的;

(二)对野生动物资源或者栖息地生态造成严重损害的;

(三)二年内曾因破坏野生动物资源受过行政处罚的。

实施第一款规定的行为,根据猎获物的数量、价值和狩猎方法、工具等,认为对野生动物资源危害明显较轻的,综合考虑猎捕的动机、目的、行为人自愿接受行政处罚、积极修复生态环境等情节,可以认定为犯罪情节轻微,不起诉或者免予刑事处罚;情节显著轻微危害不大的,不作为犯罪处理。

第八条 违反野生动物保护管理法规,以食用为目的,非法猎捕、收购、运输、出售刑法第三百四十一条第一款规定以外的在野外环境自然生长繁殖的陆生野生动物,具有下列情形之一的,应当认定为刑法第三百四十一条第三款规定的"情节严重",以非法猎捕、收购、运输、出售陆生野生动物罪定罪处罚:

(一)非法猎捕、收购、运输、出售有重要生态、科学、社会价值的陆生野生动物或者地方重点保护陆生野生动物价值一万元以上的;

(二)非法猎捕、收购、运输、出售第一项规定以外的其他陆生野生动物价值五万元以上的;

(三)其他情节严重的情形。

实施前款规定的行为,同时构成非法狩猎罪的,应当依照刑法第三百四十一条第三款的规定,以非法猎捕陆生野生动物罪定罪处罚。

第九条 明知是非法捕捞犯罪所得的水产品、非法狩猎犯罪所得的猎获物而收购、贩卖或者以其他方法掩饰、隐瞒,符合刑法第三百一十二条规定的,以掩饰、隐瞒犯罪所得罪定罪处罚。

第十条 负有野生动物保护和进出口监督管理职责的国家机关工作人员,滥用职权或者玩忽职守,致使公共财产、国家和人民利益遭受重大损失的,应当依照刑法第三百九十七条的规定,以滥用职权罪或者玩忽职守罪追究刑事责任。

负有查禁破坏野生动物资源犯罪活动职责的国家机关工作人员,向犯罪分子通风报信、提供便利,帮助犯罪分子逃避处罚的,应当依照刑法第四百一十七条的规定,以帮助犯罪分子逃避处罚罪追究刑事责任。

第十一条 对于"以食用为目的",应当综合涉案动物及其制品的特征、被查获的地点、加工、包装情况,以及可以证明来源、用途的标识、证明等证据作出认定。

实施本解释规定的相关行为,具有下列情形之一的,可以认定为"以食用为目的":

(一)将相关野生动物及其制品在餐饮单位、饮食摊点、超市等场所作为食品销售或者运往上述场所的;

(二)通过包装、说明书、广告等介绍相关野生动物及其制品的食用价值或者方法的;

(三)其他足以认定以食用为目的的情形。

第十二条 二次以上实施本解释规定的行为构成犯罪,依法应当追诉的,或者二年内实施本解释规定的行为未经处理的,数量、数额累计计算。

第十三条 实施本解释规定的相关行为,在认定是否构成犯罪以及裁量刑罚时,应当考虑涉案动物是否系人工繁育、物种的濒危程度、野外存活状况、人工繁育情况、是否列入人工繁育国家重点保护野生动物名录,行为手段、对野生动物资源的损害程度,以及对野生动物及其制品的认知程度等情节,综合评估社会危害性,准确认定是否构成犯罪,妥当裁量刑罚,确保罪责刑相适应;根据本解释的规定定罪量刑明显过重的,可以根据案件的事实、情节和社会危害程度,依法作出妥当处理。

涉案动物系人工繁育,具有下列情形之一的,对所涉案件一般不作为犯罪处理;需要追究刑事责任的,应当依法从宽处理:

(一)列入人工繁育国家重点保护野生动物名录的;

(二)人工繁育技术成熟、已成规模,作为宠物买卖、运输的。

第十四条 对于实施本解释规定的相关行为被不起诉或者免予刑事处罚的行为人,依法应当给予行政处罚、政务处分或者其他处分的,依法移送有关主管机关处理。

第十五条 对于涉案动物及其制品的价值,应当根据下列方法确定:

(一)对于国家禁止进出口的珍贵动物及其制品、国家重点保护的珍贵、濒危野生动物及其制品的价值,根据国务院野生动物保护主管部门制定的评估标准和方法核算;

(二)对于有重要生态、科学、社会价值的陆生野生动物、地方重点保护野生动物、其他野生动物及其制品的价值,根据销赃数额认定;无销赃数额、销赃数额难以查证或者根据销赃数额认定明显偏低的,根据市场价格核算,必要时,也可以参照相关评估标准和方法核算。

第十六条 根据本解释第十五条规定难以确定涉案动物及其制品价值的,依据司法鉴定机构出具的鉴定意见,或者下列机构出具的报告,结合其他证据作出认定:

(一)价格认证机构出具的报告;

(二)国务院野生动物保护主管部门、国家濒危物种进出口管理机构或者海关总署等指定的机构出具的报告;

(三)地、市级以上人民政府野生动物保护主管部门、国家濒危物种进出口管理机构的派出机构或者直属海关等出具的报告。

第十七条 对于涉案动物的种属类别、是否系人工繁育,非法捕捞、狩猎的工具、方法,以及对野生动物资源的损害程度等专门性问题,可以由野生动物保护主管部门、侦查机关依据现场勘验、检查笔录等出具认定意见;难以确定的,依据司法鉴定机构出具的鉴定意见、本解释第十六条所列机构出具的报告,被告人及其辩护人提供的证据材料,结合其他证据材料综合审查,依法作出认定。

第十八条 餐饮公司、渔业公司等单位实施破坏野生动物资源犯罪的,依照本解释规定的相应自然人犯罪的定罪量刑标准,对直接负责的主管人员和其他直接责任人员定罪处罚,并对单位判处罚金。

第十九条 在海洋水域,非法捕捞水产品,非法采捕珊瑚、砗磲或者其他珍贵、濒危水生野生动物,或者非法收购、运输、出售珊瑚、砗磲或者其他珍贵、濒危水生野生动物及其制品的,定罪量刑标准适用《最高人民法院关于审理发生在我国管辖海域相关案件若干问题的规定(二)》(法释〔2016〕17号)的相关规定。

第二十条 本解释自2022年4月9日起施行。本解释公布施行后,《最高人民法院关于审理破坏野生动物资源刑事案件具体应用法律若干问题的解释》(法释〔2000〕37号)同时废止;之前发布的司法解释与本解释不一致的,以本解释为准。

最高人民法院关于审理破坏森林资源刑事案件适用法律若干问题的解释

1. 2023年6月19日最高人民法院审判委员会第1891次会议通过
2. 2023年8月13日公布
3. 法释〔2023〕8号
4. 2023年8月15日起施行

为依法惩治破坏森林资源犯罪,保护生态环境,根据《中华人民共和国刑法》、《中华人民共和国刑事诉讼法》、《中华人民共和国森林法》等法律的有关规定,现就审理此类刑事案件适用法律的若干问题解释如下:

第一条 违反土地管理法规,非法占用林地,改变被占用林地用途,具有下列情形之一的,应当认定为刑法第三百四十二条规定的造成林地"毁坏":

(一)在林地上实施建窑、建坟、建房、修路、硬化等工程建设的;

(二)在林地上实施采石、采砂、采土、采矿等活动的;

(三)在林地上排放污染物、堆放废弃物或者进行非林业生产、建设,造成林地被严重污染或者原有植被、林业生产条件被严重破坏的。

实施前款规定的行为,具有下列情形之一的,应当认定为刑法第三百四十二条规定的"数量较大,造成耕地、林地等农用地大量毁坏":

(一)非法占用并毁坏公益林地五亩以上的;
(二)非法占用并毁坏商品林地十亩以上的;
(三)非法占用并毁坏的公益林地、商品林地数量虽未分别达到第一项、第二项规定标准,但按相应比例折算合计达到有关标准的;
(四)二年内曾因非法占用农用地受过二次以上行政处罚,又非法占用林地,数量达到第一项至第三项规定标准一半以上的。

第二条 违反国家规定,非法采伐、毁坏列入《国家重点保护野生植物名录》的野生植物,或者非法收购、运输、加工、出售明知是非法采伐、毁坏的上述植物及其制品,具有下列情形之一的,应当依照刑法第三百四十四条的规定,以危害国家重点保护植物罪定罪处罚:

(一)危害国家一级保护野生植物一株以上或者立木蓄积一立方米以上的;
(二)危害国家二级保护野生植物二株以上或者立木蓄积二立方米以上的;
(三)危害国家重点保护野生植物,数量虽未分别达到第一项、第二项规定标准,但按相应比例折算合计达到有关标准的;
(四)涉案国家重点保护野生植物及其制品价值二万元以上的。

实施前款规定的行为,具有下列情形之一的,应当认定为刑法第三百四十四条规定的"情节严重":

(一)危害国家一级保护野生植物五株以上或者立木蓄积五立方米以上的;
(二)危害国家二级保护野生植物十株以上或者立木蓄积十立方米以上的;
(三)危害国家重点保护野生植物,数量虽未分别达到第一项、第二项规定标准,但按相应比例折算合计达到有关标准的;
(四)涉案国家重点保护野生植物及其制品价值二十万元以上的;
(五)其他情节严重的情形。

违反国家规定,非法采伐、毁坏古树名木,或者非法收购、运输、加工、出售明知是非法采伐、毁坏的古树名木及其制品,涉案树木未列入《国家重点保护野生植物名录》的,根据涉案树木的树种、树龄以及历史、文化价值等因素,综合评估社会危害性,依法定罪处罚。

第三条 以非法占有为目的,具有下列情形之一的,应当认定为刑法第三百四十五条第一款规定的"盗伐森林或者其他林木":

（一）未取得采伐许可证,擅自采伐国家、集体或者他人所有的林木的;

（二）违反森林法第五十六条第三款的规定,擅自采伐国家、集体或者他人所有的林木的;

（三）在采伐许可证规定的地点以外采伐国家、集体或者他人所有的林木的。

不以非法占有为目的,违反森林法的规定,进行开垦、采石、采砂、采土或者其他活动,造成国家、集体或者他人所有的林木毁坏,符合刑法第二百七十五条规定的,以故意毁坏财物罪定罪处罚。

第四条 盗伐森林或者其他林木,涉案林木具有下列情形之一的,应当认定为刑法第三百四十五条第一款规定的"数量较大":

（一）立木蓄积五立方米以上的;

（二）幼树二百株以上的;

（三）数量虽未分别达到第一项、第二项规定标准,但按相应比例折算合计达到有关标准的;

（四）价值二万元以上的。

实施前款规定的行为,达到第一项至第四项规定标准十倍、五十倍以上的,应当分别认定为刑法第三百四十五条第一款规定的"数量巨大"、"数量特别巨大"。

实施盗伐林木的行为,所涉林木系风倒、火烧、水毁或者林业有害生物等自然原因死亡或者严重毁损的,在决定应否追究刑事责任和裁量刑罚时,应当从严把握;情节显著轻微危害不大的,不作为犯罪处理。

第五条 具有下列情形之一的,应当认定为刑法第三百四十五条第二款规定的"滥伐森林或者其他林木":

（一）未取得采伐许可证,或者违反采伐许可证规定的时间、地点、数量、树种、方式,任意采伐本单位或者本人所有的林木的;

（二）违反森林法第五十六条第三款的规定,任意采伐本单位或者本人所有的林木的;

（三）在采伐许可证规定的地点,超过规定的数量采伐国家、集体或者他人所有的林木的。

林木权属存在争议,一方未取得采伐许可证擅自砍伐的,以滥伐林木论处。

第六条 滥伐森林或者其他林木,涉案林木具有下列情形之一的,应当认定为刑法第三百四十五条第二款规定的"数量较大":

(一)立木蓄积二十立方米以上的;

(二)幼树一千株以上的;

(三)数量虽未分别达到第一项、第二项规定标准,但按相应比例折算合计达到有关标准的;

(四)价值五万元以上的。

实施前款规定的行为,达到第一项至第四项规定标准五倍以上的,应当认定为刑法第三百四十五条第二款规定的"数量巨大"。

实施滥伐林木的行为,所涉林木系风倒、火烧、水毁或者林业有害生物等自然原因死亡或者严重毁损的,一般不以犯罪论处;确有必要追究刑事责任的,应当从宽处理。

第七条 认定刑法第三百四十五条第三款规定的"明知是盗伐、滥伐的林木",应当根据涉案林木的销售价格、来源以及收购、运输行为违反有关规定等情节,结合行为人的职业要求、经历经验、前科情况等作出综合判断。

具有下列情形之一的,可以认定行为人明知是盗伐、滥伐的林木,但有相反证据或者能够作出合理解释的除外:

(一)收购明显低于市场价格出售的林木的;

(二)木材经营加工企业伪造、涂改产品或者原料出入库台账的;

(三)交易方式明显不符合正常习惯的;

(四)逃避、抗拒执法检查的;

(五)其他足以认定行为人明知的情形。

第八条 非法收购、运输明知是盗伐、滥伐的林木,具有下列情形之一的,应当认定为刑法第三百四十五条第三款规定的"情节严重":

(一)涉案林木立木蓄积二十立方米以上的;

(二)涉案幼树一千株以上的;

(三)涉案林木数量虽未分别达到第一项、第二项规定标准,但按相应比例折算合计达到有关标准的;

（四）涉案林木价值五万元以上的；

（五）其他情节严重的情形。

实施前款规定的行为，达到第一项至第四项规定标准五倍以上或者具有其他特别严重情节的，应当认定为刑法第三百四十五条第三款规定的"情节特别严重"。

第九条 多次实施本解释规定的行为，未经处理，且依法应当追诉的，数量、数额累计计算。

第十条 伪造、变造、买卖采伐许可证，森林、林地、林木权属证书以及占用或者征用林地审核同意书等国家机关批准的林业证件、文件构成犯罪的，依照刑法第二百八十条第一款的规定，以伪造、变造、买卖国家机关公文、证件罪定罪处罚。

买卖允许进出口证明书等经营许可证明，同时构成刑法第二百二十五条、第二百八十条规定之罪的，依照处罚较重的规定定罪处罚。

第十一条 下列行为，符合刑法第二百六十四条规定的，以盗窃罪定罪处罚：

（一）盗窃国家、集体或者他人所有并已经伐倒的树木的；

（二）偷砍他人在自留地或者房前屋后种植的零星树木的。

非法实施采种、采脂、掘根、剥树皮等行为，符合刑法第二百六十四条规定的，以盗窃罪论处。在决定应否追究刑事责任和裁量刑罚时，应当综合考虑对涉案林木资源的损害程度以及行为人获利数额、行为动机、前科情况等情节；认为情节显著轻微危害不大的，不作为犯罪处理。

第十二条 实施破坏森林资源犯罪，具有下列情形之一的，从重处罚：

（一）造成林地或者其他农用地基本功能丧失或者遭受永久性破坏的；

（二）非法占用自然保护地核心保护区内的林地或者其他农用地的；

（三）非法采伐国家公园、国家级自然保护区内的林木的；

（四）暴力抗拒、阻碍国家机关工作人员依法执行职务，尚不构成妨害公务罪、袭警罪的；

（五）经行政主管部门责令停止违法行为后，继续实施相关行为的。

实施本解释规定的破坏森林资源行为,行为人系初犯,认罪认罚,积极通过补种树木、恢复植被和林业生产条件等方式修复生态环境,综合考虑涉案林地的类型、数量、生态区位或者涉案植物的种类、数量、价值,以及行为人获利数额、行为手段等因素,认为犯罪情节轻微的,可以免予刑事处罚;认为情节显著轻微危害不大的,不作为犯罪处理。

第十三条 单位犯刑法第三百四十二条、第三百四十四条、第三百四十五条规定之罪的,依照本解释规定的相应自然人犯罪的定罪量刑标准,对直接负责的主管人员和其他直接责任人员定罪处罚,并对单位判处罚金。

第十四条 针对国家、集体或者他人所有的国家重点保护植物和其他林木实施犯罪的违法所得及其收益,应当依法追缴或者责令退赔。

第十五条 组织他人实施本解释规定的破坏森林资源犯罪的,应当按照其组织实施的全部罪行处罚。

对于受雇佣为破坏森林资源犯罪提供劳务的人员,除参与利润分成或者领取高额固定工资的以外,一般不以犯罪论处,但曾因破坏林资源受过处罚的除外。

第十六条 对于实施本解释规定的相关行为未被追究刑事责任的行为人,依法应当给予行政处罚、政务处分或者其他处分的,移送有关主管机关处理。

第十七条 涉案国家重点保护植物或者其他林木的价值,可以根据销赃数额认定;无销赃数额,销赃数额难以查证,或者根据销赃数额认定明显不合理的,根据市场价格认定。

第十八条 对于涉案农用地类型、面积,国家重点保护植物或者其他林木的种类、立木蓄积、株数、价值,以及涉案行为对森林资源的损害程度等问题,可以由林业主管部门、侦查机关依据现场勘验、检查笔录等出具认定意见;难以确定的,依据鉴定机构出具的鉴定意见或者下列机构出具的报告,结合其他证据作出认定:

(一)价格认证机构出具的报告;
(二)国务院林业主管部门指定的机构出具的报告;
(三)地、市级以上人民政府林业主管部门出具的报告。

第十九条 本解释所称"立木蓄积"的计算方法为:原木材积除以该树

种的出材率。

本解释所称"幼树",是指胸径五厘米以下的树木。

滥伐林木的数量,应当在伐区调查设计允许的误差额以上计算。

第二十条 本解释自 2023 年 8 月 15 日起施行。本解释施行后,《最高人民法院关于滥伐自己所有权的林木其林木应如何处理的问题的批复》(法复〔1993〕5 号)、《最高人民法院关于审理破坏森林资源刑事案件具体应用法律若干问题的解释》(法释〔2000〕36 号)、《最高人民法院关于在林木采伐许可证规定的地点以外采伐本单位或者本人所有的森林或者其他林木的行为如何适用法律问题的批复》(法释〔2004〕3 号)、《最高人民法院关于审理破坏林地资源刑事案件具体应用法律若干问题的解释》(法释〔2005〕15 号)同时废止;之前发布的司法解释与本解释不一致的,以本解释为准。

六、其他相关法律文件

中华人民共和国环境影响评价法

1. 2002年10月28日第九届全国人民代表大会常务委员会第三十次会议通过
2. 根据2016年7月2日第十二届全国人民代表大会常务委员会第二十一次会议《关于修改〈中华人民共和国节约能源法〉等六部法律的决定》第一次修正
3. 根据2018年12月29日第十三届全国人民代表大会常务委员会第七次会议《关于修改〈中华人民共和国劳动法〉等七部法律的决定》第二次修正

目 录

第一章 总 则
第二章 规划的环境影响评价
第三章 建设项目的环境影响评价
第四章 法律责任
第五章 附 则

第一章 总 则

第一条 【立法目的】为了实施可持续发展战略,预防因规划和建设项目实施后对环境造成不良影响,促进经济、社会和环境的协调发展,制定本法。

第二条 【环境影响评价】本法所称环境影响评价,是指对规划和建设项目实施后可能造成的环境影响进行分析、预测和评估,提出预防或者减轻不良环境影响的对策和措施,进行跟踪监测的方法与制度。

第三条 【适用范围】编制本法第九条所规定的范围内的规划,在中华人民共和国领域和中华人民共和国管辖的其他海域内建设对环境有影响的项目,应当依照本法进行环境影响评价。

第四条 【基本原则】环境影响评价必须客观、公开、公正,综合考虑规划或者建设项目实施后对各种环境因素及其所构成的生态系统可能造成的影响，为决策提供科学依据。

第五条 【国家鼓励】国家鼓励有关单位、专家和公众以适当方式参与环境影响评价。

第六条 【科学性方针】国家加强环境影响评价的基础数据库和评价指标体系建设，鼓励和支持对环境影响评价的方法、技术规范进行科学研究，建立必要的环境影响评价信息共享制度，提高环境影响评价的科学性。

国务院生态环境主管部门应当会同国务院有关部门，组织建立和完善环境影响评价的基础数据库和评价指标体系。

第二章　规划的环境影响评价

第七条 【一般规划的环境影响评价】国务院有关部门、设区的市级以上地方人民政府及其有关部门，对其组织编制的土地利用的有关规划，区域、流域、海域的建设、开发利用规划，应当在规划编制过程中组织进行环境影响评价，编写该规划有关环境影响的篇章或者说明。

规划有关环境影响的篇章或者说明，应当对规划实施后可能造成的环境影响作出分析、预测和评估，提出预防或者减轻不良环境影响的对策和措施，作为规划草案的组成部分一并报送规划审批机关。

未编写有关环境影响的篇章或者说明的规划草案，审批机关不予审批。

第八条 【专项规划的环境影响评价】国务院有关部门、设区的市级以上地方人民政府及其有关部门，对其组织编制的工业、农业、畜牧业、林业、能源、水利、交通、城市建设、旅游、自然资源开发的有关专项规划（以下简称专项规划），应当在该专项规划草案上报审批前，组织进行环境影响评价，并向审批该专项规划的机关提出环境影响报告书。

前款所列专项规划中的指导性规划，按照本法第七条的规定进行环境影响评价。

第九条 【规划具体范围的确定】依照本法第七条、第八条的规定进行环境影响评价的规划的具体范围，由国务院生态环境主管部门会同国务院有关部门规定，报国务院批准。

第十条 【专项规划环境影响报告书的内容】专项规划的环境影响报告书应当包括下列内容：

（一）实施该规划对环境可能造成影响的分析、预测和评估；

(二)预防或者减轻不良环境影响的对策和措施;

(三)环境影响评价的结论。

第十一条 【专项规划环境影响评价的公开原则】专项规划的编制机关对可能造成不良环境影响并直接涉及公众环境权益的规划,应当在该规划草案报送审批前,举行论证会、听证会,或者采取其他形式,征求有关单位、专家和公众对环境影响报告书草案的意见。但是,国家规定需要保密的情形除外。

编制机关应当认真考虑有关单位、专家和公众对环境影响报告书草案的意见,并应当在报送审查的环境影响报告书中附具对意见采纳或者不采纳的说明。

第十二条 【专项规划环境影响报告书的送审】专项规划的编制机关在报批规划草案时,应当将环境影响报告书一并附送审批机关审查;未附送环境影响报告书的,审批机关不予审批。

第十三条 【专项规划环境影响报告书的审查】设区的市级以上人民政府在审批专项规划草案,作出决策前,应当先由人民政府指定的生态环境主管部门或者其他部门召集有关部门代表和专家组成审查小组,对环境影响报告书进行审查。审查小组应当提出书面审查意见。

参加前款规定的审查小组的专家,应当从按照国务院生态环境主管部门的规定设立的专家库内的相关专业的专家名单中,以随机抽取的方式确定。

由省级以上人民政府有关部门负责审批的专项规划,其环境影响报告书的审查办法,由国务院生态环境主管部门会同国务院有关部门制定。

第十四条 【环境影响报告书对专项规划的影响】审查小组提出修改意见的,专项规划的编制机关应当根据环境影响报告书结论和审查意见对规划草案进行修改完善,并对环境影响报告书结论和审查意见的采纳情况作出说明;不采纳的,应当说明理由。

设区的市级以上人民政府或者省级以上人民政府有关部门在审批专项规划草案时,应当将环境影响报告书结论以及审查意见作为决策的重要依据。

在审批中未采纳环境影响报告书结论以及审查意见的,应当作出说明,并存档备查。

第十五条　【跟踪评价】对环境有重大影响的规划实施后,编制机关应当及时组织环境影响的跟踪评价,并将评价结果报告审批机关;发现有明显不良环境影响的,应当及时提出改进措施。

第三章　建设项目的环境影响评价

第十六条　【分类管理】国家根据建设项目对环境的影响程度,对建设项目的环境影响评价实行分类管理。

建设单位应当按照下列规定组织编制环境影响报告书、环境影响报告表或者填报环境影响登记表(以下统称环境影响评价文件):

(一)可能造成重大环境影响的,应当编制环境影响报告书,对产生的环境影响进行全面评价;

(二)可能造成轻度环境影响的,应当编制环境影响报告表,对产生的环境影响进行分析或者专项评价;

(三)对环境影响很小、不需要进行环境影响评价的,应当填报环境影响登记表。

建设项目的环境影响评价分类管理名录,由国务院生态环境主管部门制定并公布。

第十七条　【建设项目环境影响报告书的内容】建设项目的环境影响报告书应当包括下列内容:

(一)建设项目概况;

(二)建设项目周围环境现状;

(三)建设项目对环境可能造成影响的分析、预测和评估;

(四)建设项目环境保护措施及其技术、经济论证;

(五)建设项目对环境影响的经济损益分析;

(六)对建设项目实施环境监测的建议;

(七)环境影响评价的结论。

环境影响报告表和环境影响登记表的内容和格式,由国务院生态环境主管部门制定。

第十八条　【建设项目评价与规划评价的区别】建设项目的环境影响评价,应当避免与规划的环境影响评价相重复。

作为一项整体建设项目的规划,按照建设项目进行环境影响评价,不进行规划的环境影响评价。

已经进行了环境影响评价的规划包含具体建设项目的,规划的环境影响评价结论应当作为建设项目环境影响评价的重要依据,建设项目环境影响评价的内容应当根据规划的环境影响评价审查意见予以简化。

第十九条 【编制环境影响报告书、报告表的要求】建设单位可以委托技术单位对其建设项目开展环境影响评价,编制建设项目环境影响报告书、环境影响报告表;建设单位具备环境影响评价技术能力的,可以自行对其建设项目开展环境影响评价,编制建设项目环境影响报告书、环境影响报告表。

编制建设项目环境影响报告书、环境影响报告表应当遵守国家有关环境影响评价标准、技术规范等规定。

国务院生态环境主管部门应当制定建设项目环境影响报告书、环境影响报告表编制的能力建设指南和监管办法。

接受委托为建设单位编制建设项目环境影响报告书、环境影响报告表的技术单位,不得与负责审批建设项目环境影响报告书、环境影响报告表的生态环境主管部门或者其他有关审批部门存在任何利益关系。

第二十条 【对报告书、报告表的内容负责】建设单位应当对建设项目环境影响报告书、环境影响报告表的内容和结论负责,接受委托编制建设项目环境影响报告书、环境影响报告表的技术单位对其编制的建设项目环境影响报告书、环境影响报告表承担相应责任。

设区的市级以上人民政府生态环境主管部门应当加强对建设项目环境影响报告书、环境影响报告表编制单位的监督管理和质量考核。

负责审批建设项目环境影响报告书、环境影响报告表的生态环境主管部门应当将编制单位、编制主持人和主要编制人员的相关违法信息记入社会诚信档案,并纳入全国信用信息共享平台和国家企业信用信息公示系统向社会公布。

任何单位和个人不得为建设单位指定编制建设项目环境影响报告书、环境影响报告表的技术单位。

第二十一条 【专项规划环境影响评价的公开原则】除国家规定需要保密的情形外,对环境可能造成重大影响、应当编制环境影响报告书的建设项目,建设单位应当在报批建设项目环境影响报告书前,举行论证会、听证会,或者采取其他形式,征求有关单位、专家和公众的意见。

建设单位报批的环境影响报告书应当附具对有关单位、专家和公众的意见采纳或者不采纳的说明。

第二十二条 【建设项目环境影响报告书的审批】建设项目的环境影响报告书、报告表,由建设单位按照国务院的规定报有审批权的生态环境主管部门审批。

海洋工程建设项目的海洋环境影响报告书的审批,依照《中华人民共和国海洋环境保护法》的规定办理。

审批部门应当自收到环境影响报告书之日起六十日内,收到环境影响报告表之日起三十日内,分别作出审批决定并书面通知建设单位。

国家对环境影响登记表实行备案管理。

审核、审批建设项目环境影响报告书、报告表以及备案环境影响登记表,不得收取任何费用。

第二十三条 【审批的部门】国务院生态环境主管部门负责审批下列建设项目的环境影响评价文件:

(一)核设施、绝密工程等特殊性质的建设项目;

(二)跨省、自治区、直辖市行政区域的建设项目;

(三)由国务院审批的或者由国务院授权有关部门审批的建设项目。

前款规定以外的建设项目的环境影响评价文件的审批权限,由省、自治区、直辖市人民政府规定。

建设项目可能造成跨行政区域的不良环境影响,有关生态环境主管部门对该项目的环境影响评价结论有争议的,其环境影响评价文件由共同的上一级生态环境主管部门审批。

第二十四条 【环境影响评价文件的重新审核】建设项目的环境影响评价文件经批准后,建设项目的性质、规模、地点、采用的生产工艺或者防治污染、防止生态破坏的措施发生重大变动的,建设单位应当重新报批建设项目的环境影响评价文件。

建设项目的环境影响评价文件自批准之日起超过五年,方决定该项目开工建设的,其环境影响评价文件应当报原审批部门重新审核;原审批部门应当自收到建设项目环境影响评价文件之日起十日内,将审核意见书面通知建设单位。

第二十五条 【环评文件未经审查或未获批准的建设项目不得开工】建设项目的环境影响评价文件未依法经审批部门审查或者审查后未予批准的,建设单位不得开工建设。

第二十六条 【环保对策的实施】建设项目建设过程中,建设单位应当同时实施环境影响报告书、环境影响报告表以及环境影响评价文件审批部门审批意见中提出的环境保护对策措施。

第二十七条 【后评价】在项目建设、运行过程中产生不符合经审批的环境影响评价文件的情形的,建设单位应当组织环境影响的后评价,采取改进措施,并报原环境影响评价文件审批部门和建设项目审批部门备案;原环境影响评价文件审批部门也可以责成建设单位进行环境影响的后评价,采取改进措施。

第二十八条 【跟踪检查】生态环境主管部门应当对建设项目投入生产或者使用后所产生的环境影响进行跟踪检查,对造成严重环境污染或者生态破坏的,应当查清原因、查明责任。对属于建设项目环境影响报告书、环境影响报告表存在基础资料明显不实,内容存在重大缺陷、遗漏或者虚假,环境影响评价结论不正确或者不合理等严重质量问题的,依照本法第三十二条的规定追究建设单位及其相关责任人员和接受委托编制建设项目环境影响报告书、环境影响报告表的技术单位及其相关人员的法律责任;属于审批部门工作人员失职、渎职,对依法不应批准的建设项目环境影响报告书、环境影响报告表予以批准的,依照本法第三十四条的规定追究其法律责任。

第四章 法 律 责 任

第二十九条 【规划编制机关违法】规划编制机关违反本法规定,未组织环境影响评价,或者组织环境影响评价时弄虚作假或者有失职行为,造成环境影响评价严重失实的,对直接负责的主管人员和其他直接责任人员,由上级机关或者监察机关依法给予行政处分。

第三十条 【规划审批机关违法】规划审批机关对依法应当编写有关环境影响的篇章或者说明而未编写的规划草案,依法应当附送环境影响报告书而未附送的专项规划草案,违法予以批准的,对直接负责的主管人员和其他直接责任人员,由上级机关或者监察机关依法给予行政处分。

第三十一条 【建设单位违法】建设单位未依法报批建设项目环境影响报告书、报告表，或者未依照本法第二十四条的规定重新报批或者报请重新审核环境影响报告书、报告表，擅自开工建设的，由县级以上生态环境主管部门责令停止建设，根据违法情节和危害后果，处建设项目总投资额百分之一以上百分之五以下的罚款，并可以责令恢复原状；对建设单位直接负责的主管人员和其他直接责任人员，依法给予行政处分。

建设项目环境影响报告书、报告表未经批准或者未经原审批部门重新审核同意，建设单位擅自开工建设的，依照前款的规定处罚、处分。

建设单位未依法备案建设项目环境影响登记表的，由县级以上生态环境主管部门责令备案，处五万元以下的罚款。

海洋工程建设项目的建设单位有本条所列违法行为的，依照《中华人民共和国海洋环境保护法》的规定处罚。

第三十二条 【技术单位违法】建设项目环境影响报告书、环境影响报告表存在基础资料明显不实，内容存在重大缺陷、遗漏或者虚假，环境影响评价结论不正确或者不合理等严重质量问题的，由设区的市级以上人民政府生态环境主管部门对建设单位处五十万元以上二百万元以下的罚款，并对建设单位的法定代表人、主要负责人、直接负责的主管人员和其他直接责任人员，处五万元以上二十万元以下的罚款。

接受委托编制建设项目环境影响报告书、环境影响报告表的技术单位违反国家有关环境影响评价标准和技术规范等规定，致使其编制的建设项目环境影响报告书、环境影响报告表存在基础资料明显不实，内容存在重大缺陷、遗漏或者虚假，环境影响评价结论不正确或者不合理等严重质量问题的，由设区的市级以上人民政府生态环境主管部门对技术单位处所收费用三倍以上五倍以下的罚款；情节严重的，禁止从事环境影响报告书、环境影响报告表编制工作；有违法所得的，没收违法所得。

编制单位有本条第一款、第二款规定的违法行为的，编制主持人和主要编制人员五年内禁止从事环境影响报告书、环境影响报告表编制工作；构成犯罪的，依法追究刑事责任，并终身禁止从事环境影响报告书、环境影响报告表编制工作。

第三十三条 【违法收费】负责审核、审批、备案建设项目环境影响评价文件的部门在审批、备案中收取费用的,由其上级机关或者监察机关责令退还;情节严重的,对直接负责的主管人员和其他直接责任人员依法给予行政处分。

第三十四条 【环保主管部门渎职行为】生态环境主管部门或者其他部门的工作人员徇私舞弊,滥用职权,玩忽职守,违法批准建设项目环境影响评价文件的,依法给予行政处分;构成犯罪的,依法追究刑事责任。

第五章 附 则

第三十五条 【县级规划评价】省、自治区、直辖市人民政府可以根据本地的实际情况,要求对本辖区的县级人民政府编制的规划进行环境影响评价。具体办法由省、自治区、直辖市参照本法第二章的规定制定。

第三十六条 【军事设施建设项目的规定】军事设施建设项目的环境影响评价办法,由中央军事委员会依照本法的原则制定。

第三十七条 【施行日期】本法自2003年9月1日起施行。

规划环境影响评价条例

1. 2009年8月12日国务院第76次常务会议通过
2. 2009年8月17日国务院令第559号公布
3. 自2009年10月1日起施行

第一章 总 则

第一条 为了加强对规划的环境影响评价工作,提高规划的科学性,从源头预防环境污染和生态破坏,促进经济、社会和环境的全面协调可持续发展,根据《中华人民共和国环境影响评价法》,制定本条例。

第二条 国务院有关部门、设区的市级以上地方人民政府及其有关部门,对其组织编制的土地利用的有关规划和区域、流域、海域的建设、开发利用规划(以下称综合性规划),以及工业、农业、畜牧业、林业、能源、水利、交通、城市建设、旅游、自然资源开发的有关专项规划(以下称专项规划),应当进行环境影响评价。

依照本条第一款规定应当进行环境影响评价的规划的具体范围,由国务院环境保护主管部门会同国务院有关部门拟订,报国务院批准后执行。

第三条 对规划进行环境影响评价,应当遵循客观、公开、公正的原则。

第四条 国家建立规划环境影响评价信息共享制度。

县级以上人民政府及其有关部门应当对规划环境影响评价所需资料实行信息共享。

第五条 规划环境影响评价所需的费用应当按照预算管理的规定纳入财政预算,严格支出管理,接受审计监督。

第六条 任何单位和个人对违反本条例规定的行为或者对规划实施过程中产生的重大不良环境影响,有权向规划审批机关、规划编制机关或者环境保护主管部门举报。有关部门接到举报后,应当依法调查处理。

第二章 评 价

第七条 规划编制机关应当在规划编制过程中对规划组织进行环境影响评价。

第八条 对规划进行环境影响评价,应当分析、预测和评估以下内容:

(一)规划实施可能对相关区域、流域、海域生态系统产生的整体影响;

(二)规划实施可能对环境和人群健康产生的长远影响;

(三)规划实施的经济效益、社会效益与环境效益之间以及当前利益与长远利益之间的关系。

第九条 对规划进行环境影响评价,应当遵守有关环境保护标准以及环境影响评价技术导则和技术规范。

规划环境影响评价技术导则由国务院环境保护主管部门会同国务院有关部门制定;规划环境影响评价技术规范由国务院有关部门根据规划环境影响评价技术导则制定,并抄送国务院环境保护主管部门备案。

第十条 编制综合性规划,应当根据规划实施后可能对环境造成的影响,编写环境影响篇章或者说明。

编制专项规划,应当在规划草案报送审批前编制环境影响报告书。编制专项规划中的指导性规划,应当依照本条第一款规定编写环境影响篇章或者说明。

本条第二款所称指导性规划是指以发展战略为主要内容的专项规划。

第十一条 环境影响篇章或者说明应当包括下列内容：

（一）规划实施对环境可能造成影响的分析、预测和评估。主要包括资源环境承载能力分析、不良环境影响的分析和预测以及与相关规划的环境协调性分析。

（二）预防或者减轻不良环境影响的对策和措施。主要包括预防或者减轻不良环境影响的政策、管理或者技术等措施。

环境影响报告书除包括上述内容外，还应当包括环境影响评价结论。主要包括规划草案的环境合理性和可行性，预防或者减轻不良环境影响的对策和措施的合理性和有效性，以及规划草案的调整建议。

第十二条 环境影响篇章或者说明、环境影响报告书（以下称环境影响评价文件），由规划编制机关编制或者组织规划环境影响评价技术机构编制。规划编制机关应当对环境影响评价文件的质量负责。

第十三条 规划编制机关对可能造成不良环境影响并直接涉及公众环境权益的专项规划，应当在规划草案报送审批前，采取调查问卷、座谈会、论证会、听证会等形式，公开征求有关单位、专家和公众对环境影响报告书的意见。但是，依法需要保密的除外。

有关单位、专家和公众的意见与环境影响评价结论有重大分歧的，规划编制机关应当采取论证会、听证会等形式进一步论证。

规划编制机关应当在报送审查的环境影响报告书中附具对公众意见采纳与不采纳情况及其理由的说明。

第十四条 对已经批准的规划在实施范围、适用期限、规模、结构和布局等方面进行重大调整或者修订的，规划编制机关应当依照本条例的规定重新或者补充进行环境影响评价。

第三章 审 查

第十五条 规划编制机关在报送审批综合性规划草案和专项规划中的指导性规划草案时，应当将环境影响篇章或者说明作为规划草案的组成部分一并报送规划审批机关。未编写环境影响篇章或者说明的，规划审批机关应当要求其补充；未补充的，规划审批机关不予审批。

第十六条 规划编制机关在报送审批专项规划草案时，应当将环境影响报告书一并附送规划审批机关审查;未附送环境影响报告书的,规划审批机关应当要求其补充;未补充的,规划审批机关不予审批。

第十七条　设区的市级以上人民政府审批的专项规划,在审批前由其环境保护主管部门召集有关部门代表和专家组成审查小组,对环境影响报告书进行审查。审查小组应当提交书面审查意见。

省级以上人民政府有关部门审批的专项规划,其环境影响报告书的审查办法,由国务院环境保护主管部门会同国务院有关部门制定。

第十八条　审查小组的专家应当从依法设立的专家库内相关专业的专家名单中随机抽取。但是,参与环境影响报告书编制的专家,不得作为该环境影响报告书审查小组的成员。

审查小组中专家人数不得少于审查小组总人数的二分之一;少于二分之一的,审查小组的审查意见无效。

第十九条　审查小组的成员应当客观、公正、独立地对环境影响报告书提出书面审查意见,规划审批机关、规划编制机关、审查小组的召集部门不得干预。

审查意见应当包括下列内容:

(一)基础资料、数据的真实性;

(二)评价方法的适当性;

(三)环境影响分析、预测和评估的可靠性;

(四)预防或者减轻不良环境影响的对策和措施的合理性和有效性;

(五)公众意见采纳与不采纳情况及其理由的说明的合理性;

(六)环境影响评价结论的科学性。

审查意见应当经审查小组四分之三以上成员签字同意。审查小组成员有不同意见的,应当如实记录和反映。

第二十条　有下列情形之一的,审查小组应当提出对环境影响报告书进行修改并重新审查的意见:

(一)基础资料、数据失实的;

(二)评价方法选择不当的;

(三)对不良环境影响的分析、预测和评估不准确、不深入,需要进一步论证的;

(四)预防或者减轻不良环境影响的对策和措施存在严重缺陷的;

(五)环境影响评价结论不明确、不合理或者错误的;

(六)未附具对公众意见采纳与不采纳情况及其理由的说明,或者不采纳公众意见的理由明显不合理的;

(七)内容存在其他重大缺陷或者遗漏的。

第二十一条 有下列情形之一的,审查小组应当提出不予通过环境影响报告书的意见:

(一)依据现有知识水平和技术条件,对规划实施可能产生的不良环境影响的程度或者范围不能作出科学判断的;

(二)规划实施可能造成重大不良环境影响,并且无法提出切实可行的预防或者减轻对策和措施的。

第二十二条 规划审批机关在审批专项规划草案时,应当将环境影响报告书结论以及审查意见作为决策的重要依据。

规划审批机关对环境影响报告书结论以及审查意见不予采纳的,应当逐项就不予采纳的理由作出书面说明,并存档备查。有关单位、专家和公众可以申请查阅;但是,依法需要保密的除外。

第二十三条 已经进行环境影响评价的规划包含具体建设项目的,规划的环境影响评价结论应当作为建设项目环境影响评价的重要依据,建设项目环境影响评价的内容可以根据规划环境影响评价的分析论证情况予以简化。

第四章 跟 踪 评 价

第二十四条 对环境有重大影响的规划实施后,规划编制机关应当及时组织规划环境影响的跟踪评价,将评价结果报告规划审批机关,并通报环境保护等有关部门。

第二十五条 规划环境影响的跟踪评价应当包括下列内容:

(一)规划实施后实际产生的环境影响与环境影响评价文件预测可能产生的环境影响之间的比较分析和评估;

(二)规划实施中所采取的预防或者减轻不良环境影响的对策和措施有效性的分析和评估;

(三)公众对规划实施所产生的环境影响的意见;

(四)跟踪评价的结论。

第二十六条 规划编制机关对规划环境影响进行跟踪评价,应当采取调查问卷、现场走访、座谈会等形式征求有关单位、专家和公众的意见。

第二十七条　规划实施过程中产生重大不良环境影响的,规划编制机关应当及时提出改进措施,向规划审批机关报告,并通报环境保护等有关部门。

第二十八条　环境保护主管部门发现规划实施过程中产生重大不良环境影响的,应当及时进行核查。经核查属实的,向规划审批机关提出采取改进措施或者修订规划的建议。

第二十九条　规划审批机关在接到规划编制机关的报告或者环境保护主管部门的建议后,应当及时组织论证,并根据论证结果采取改进措施或者对规划进行修订。

第三十条　规划实施区域的重点污染物排放总量超过国家或者地方规定的总量控制指标的,应当暂停审批该规划实施区域内新增该重点污染物排放总量的建设项目的环境影响评价文件。

第五章　法　律　责　任

第三十一条　规划编制机关在组织环境影响评价时弄虚作假或者有失职行为,造成环境影响评价严重失实的,对直接负责的主管人员和其他直接责任人员,依法给予处分。

第三十二条　规划审批机关有下列行为之一的,对直接负责的主管人员和其他直接责任人员,依法给予处分:

（一）对依法应当编写而未编写环境影响篇章或者说明的综合性规划草案和专项规划中的指导性规划草案,予以批准的;

（二）对依法应当附送而未附送环境影响报告书的专项规划草案,或者对环境影响报告书未经审查小组审查的专项规划草案,予以批准的。

第三十三条　审查小组的召集部门在组织环境影响报告书审查时弄虚作假或者滥用职权,造成环境影响评价严重失实的,对直接负责的主管人员和其他直接责任人员,依法给予处分。

审查小组的专家在环境影响报告书审查中弄虚作假或者有失职行为,造成环境影响评价严重失实的,由设立专家库的环境保护主管部门取消其入选专家库的资格并予以公告;审查小组的部门代表有上述行为的,依法给予处分。

第三十四条　规划环境影响评价技术机构弄虚作假或者有失职行为,造成环境影响评价文件严重失实的,由国务院环境保护主管部门予以通报,处所收费用1倍以上3倍以下的罚款;构成犯罪的,依法追究刑事责任。

第六章 附 则

第三十五条 省、自治区、直辖市人民政府可以根据本地的实际情况,要求本行政区域内的县级人民政府对其组织编制的规划进行环境影响评价。具体办法由省、自治区、直辖市参照《中华人民共和国环境影响评价法》和本条例的规定制定。

第三十六条 本条例自2009年10月1日起施行。

建设项目环境保护管理条例

1. 1998年11月18日国务院第10次常务会议通过
2. 1998年11月29日国务院令第253号发布
3. 根据2017年7月16日国务院令第682号《关于修改〈建设项目环境保护管理条例〉的决定》修订

第一章 总 则

第一条 为了防止建设项目产生新的污染、破坏生态环境,制定本条例。

第二条 在中华人民共和国领域和中华人民共和国管辖的其他海域内建设对环境有影响的建设项目,适用本条例。

第三条 建设产生污染的建设项目,必须遵守污染物排放的国家标准和地方标准;在实施重点污染物排放总量控制的区域内,还必须符合重点污染物排放总量控制的要求。

第四条 工业建设项目应当采用能耗物耗小、污染物产生量少的清洁生产工艺,合理利用自然资源,防止环境污染和生态破坏。

第五条 改建、扩建项目和技术改造项目必须采取措施,治理与该项目有关的原有环境污染和生态破坏。

第二章 环境影响评价

第六条 国家实行建设项目环境影响评价制度。

第七条 国家根据建设项目对环境的影响程度,按照下列规定对建设项目的环境保护实行分类管理：

（一）建设项目对环境可能造成重大影响的，应当编制环境影响报告书，对建设项目产生的污染和对环境的影响进行全面、详细的评价；

（二）建设项目对环境可能造成轻度影响的，应当编制环境影响报告表，对建设项目产生的污染和对环境的影响进行分析或者专项评价；

（三）建设项目对环境影响很小，不需要进行环境影响评价的，应当填报环境影响登记表。

建设项目环境影响评价分类管理名录，由国务院环境保护行政主管部门在组织专家进行论证和征求有关部门、行业协会、企事业单位、公众等意见的基础上制定并公布。

第八条 建设项目环境影响报告书，应当包括下列内容：

（一）建设项目概况；

（二）建设项目周围环境现状；

（三）建设项目对环境可能造成影响的分析和预测；

（四）环境保护措施及其经济、技术论证；

（五）环境影响经济损益分析；

（六）对建设项目实施环境监测的建议；

（七）环境影响评价结论。

建设项目环境影响报告表、环境影响登记表的内容和格式，由国务院环境保护行政主管部门规定。

第九条 依法应当编制环境影响报告书、环境影响报告表的建设项目，建设单位应当在开工建设前将环境影响报告书、环境影响报告表报有审批权的环境保护行政主管部门审批；建设项目的环境影响评价文件未依法经审批部门审查或者审查后未予批准的，建设单位不得开工建设。

环境保护行政主管部门审批环境影响报告书、环境影响报告表，应当重点审查建设项目的环境可行性、环境影响分析预测评估的可靠性、环境保护措施的有效性、环境影响评价结论的科学性等，并分别自收到环境影响报告书之日起60日内、收到环境影响报告表之日起30日内，作出审批决定并书面通知建设单位。

环境保护行政主管部门可以组织技术机构对建设项目环境影响报告书、环境影响报告表进行技术评估,并承担相应费用;技术机构应当对其提出的技术评估意见负责,不得向建设单位、从事环境影响评价工作的单位收取任何费用。

依法应当填报环境影响登记表的建设项目,建设单位应当按照国务院环境保护行政主管部门的规定将环境影响登记表报建设项目所在地县级环境保护行政主管部门备案。

环境保护行政主管部门应当开展环境影响评价文件网上审批、备案和信息公开。

第十条 国务院环境保护行政主管部门负责审批下列建设项目环境影响报告书、环境影响报告表:

(一)核设施、绝密工程等特殊性质的建设项目;

(二)跨省、自治区、直辖市行政区域的建设项目;

(三)国务院审批的或者国务院授权有关部门审批的建设项目。

前款规定以外的建设项目环境影响报告书、环境影响报告表的审批权限,由省、自治区、直辖市人民政府规定。

建设项目造成跨行政区域环境影响,有关环境保护行政主管部门对环境影响评价结论有争议的,其环境影响报告书或者环境影响报告表由共同上一级环境保护行政主管部门审批。

第十一条 建设项目有下列情形之一的,环境保护行政主管部门应当对环境影响报告书、环境影响报告表作出不予批准的决定:

(一)建设项目类型及其选址、布局、规模等不符合环境保护法律法规和相关法定规划;

(二)所在区域环境质量未达到国家或者地方环境质量标准,且建设项目拟采取的措施不能满足区域环境质量改善目标管理要求;

(三)建设项目采取的污染防治措施无法确保污染物排放达到国家和地方排放标准,或者未采取必要措施预防和控制生态破坏;

(四)改建、扩建和技术改造项目,未针对项目原有环境污染和生态破坏提出有效防治措施;

(五)建设项目的环境影响报告书、环境影响报告表的基础资料数据明显不实,内容存在重大缺陷、遗漏,或者环境影响评价结论不明确、不合理。

第十二条　建设项目环境影响报告书、环境影响报告表经批准后,建设项目的性质、规模、地点、采用的生产工艺或者防治污染、防止生态破坏的措施发生重大变动的,建设单位应当重新报批建设项目环境影响报告书、环境影响报告表。

建设项目环境影响报告书、环境影响报告表自批准之日起满5年,建设项目方开工建设的,其环境影响报告书、环境影响报告表应当报原审批部门重新审核。原审批部门应当自收到建设项目环境影响报告书、环境影响报告表之日起10日内,将审核意见书面通知建设单位;逾期未通知的,视为审核同意。

审核、审批建设项目环境影响报告书、环境影响报告表及备案环境影响登记表,不得收取任何费用。

第十三条　建设单位可以采取公开招标的方式,选择从事环境影响评价工作的单位,对建设项目进行环境影响评价。

任何行政机关不得为建设单位指定从事环境影响评价工作的单位,进行环境影响评价。

第十四条　建设单位编制环境影响报告书,应当依照有关法律规定,征求建设项目所在地有关单位和居民的意见。

第三章　环境保护设施建设

第十五条　建设项目需要配套建设的环境保护设施,必须与主体工程同时设计、同时施工、同时投产使用。

第十六条　建设项目的初步设计,应当按照环境保护设计规范的要求,编制环境保护篇章,落实防治环境污染和生态破坏的措施以及环境保护设施投资概算。

建设单位应当将环境保护设施建设纳入施工合同,保证环境保护设施建设进度和资金,并在项目建设过程中同时组织实施环境影响报告书、环境影响报告表及其审批部门审批决定中提出的环境保护对策措施。

第十七条　编制环境影响报告书、环境影响报告表的建设项目竣工后,建设单位应当按照国务院环境保护行政主管部门规定的标准和程序,对配套建设的环境保护设施进行验收,编制验收报告。

建设单位在环境保护设施验收过程中,应当如实查验、监测、记载建设项目环境保护设施的建设和调试情况,不得弄虚作假。

除按照国家规定需要保密的情形外,建设单位应当依法向社会公开验收报告。

第十八条 分期建设、分期投入生产或者使用的建设项目,其相应的环境保护设施应当分期验收。

第十九条 编制环境影响报告书、环境影响报告表的建设项目,其配套建设的环境保护设施经验收合格,方可投入生产或者使用;未经验收或者验收不合格的,不得投入生产或者使用。

前款规定的建设项目投入生产或者使用后,应当按照国务院环境保护行政主管部门的规定开展环境影响后评价。

第二十条 环境保护行政主管部门应当对建设项目环境保护设施设计、施工、验收、投入生产或者使用情况,以及有关环境影响评价文件确定的其他环境保护措施的落实情况,进行监督检查。

环境保护行政主管部门应当将建设项目有关环境违法信息记入社会诚信档案,及时向社会公开违法者名单。

第四章 法 律 责 任

第二十一条 建设单位有下列行为之一的,依照《中华人民共和国环境影响评价法》的规定处罚:

(一)建设项目环境影响报告书、环境影响报告表未依法报批或者报请重新审核,擅自开工建设;

(二)建设项目环境影响报告书、环境影响报告表未经批准或者重新审核同意,擅自开工建设;

(三)建设项目环境影响登记表未依法备案。

第二十二条 违反本条例规定,建设单位编制建设项目初步设计未落实防治环境污染和生态破坏的措施以及环境保护设施投资概算,未将环境保护设施建设纳入施工合同,或者未依法开展环境影响后评价的,由建设项目所在地县级以上环境保护行政主管部门责令限期改正,处5万元以上20万元以下的罚款;逾期不改正的,处20万元以上100万元以下的罚款。

违反本条例规定,建设单位在项目建设过程中未同时组织实施环境影响报告书、环境影响报告表及其审批部门审批决定中提出的环境保护对策措施的,由建设项目所在地县级以上环境保护行政主管部门责令限期改正,处20万元以上100万元以下的罚款;逾期不改正的,责令停止建设。

第二十三条　违反本条例规定,需要配套建设的环境保护设施未建成、未经验收或者验收不合格,建设项目即投入生产或者使用,或者在环境保护设施验收中弄虚作假的,由县级以上环境保护行政主管部门责令限期改正,处20万元以上100万元以下的罚款;逾期不改正的,处100万元以上200万元以下的罚款;对直接负责的主管人员和其他责任人员,处5万元以上20万元以下的罚款;造成重大环境污染或者生态破坏的,责令停止生产或者使用,或者报经有批准权的人民政府批准,责令关闭。

违反本条例规定,建设单位未依法向社会公开环境保护设施验收报告的,由县级以上环境保护行政主管部门责令公开,处5万元以上20万元以下的罚款,并予以公告。

第二十四条　违反本条例规定,技术机构向建设单位、从事环境影响评价工作的单位收取费用的,由县级以上环境保护行政主管部门责令退还所收费用,处所收费用1倍以上3倍以下的罚款。

第二十五条　从事建设项目环境影响评价工作的单位,在环境影响评价工作中弄虚作假的,由县级以上环境保护行政主管部门处所收费用1倍以上3倍以下的罚款。

第二十六条　环境保护行政主管部门的工作人员徇私舞弊、滥用职权、玩忽职守,构成犯罪的,依法追究刑事责任;尚不构成犯罪的,依法给予行政处分。

第五章　附　　则

第二十七条　流域开发、开发区建设、城市新区建设和旧区改建等区域性开发,编制建设规划时,应当进行环境影响评价。具体办法由国务院环境保护行政主管部门会同国务院有关部门另行规定。

第二十八条　海洋工程建设项目的环境保护管理,按照国务院关于海洋工程环境保护管理的规定执行。

第二十九条　军事设施建设项目的环境保护管理,按照中央军事委员会的有关规定执行。

第三十条　本条例自发布之日起施行。

中华人民共和国清洁生产促进法

1. 2002年6月29日第九届全国人民代表大会常务委员会第二十八次会议通过
2. 根据2012年2月29日第十一届全国人民代表大会常务委员会第二十五次会议《关于修改〈中华人民共和国清洁生产促进法〉的决定》修正

目　　录

第一章　总　　则
第二章　清洁生产的推行
第三章　清洁生产的实施
第四章　鼓励措施
第五章　法律责任
第六章　附　　则

第一章　总　　则

第一条　【立法目的】为了促进清洁生产,提高资源利用效率,减少和避免污染物的产生,保护和改善环境,保障人体健康,促进经济与社会可持续发展,制定本法。

第二条　【清洁生产】本法所称清洁生产,是指不断采取改进设计、使用清洁的能源和原料、采用先进的工艺技术与设备、改善管理、综合利用等措施,从源头削减污染,提高资源利用效率,减少或者避免生产、服务和产品使用过程中污染物的产生和排放,以减轻或者消除对人类健康和环境的危害。

第三条　【适用范围】在中华人民共和国领域内,从事生产和服务活动的单位以及从事相关管理活动的部门依照本法规定,组织、实施清洁生产。

第四条　【国家鼓励和促进清洁生产】国家鼓励和促进清洁生产。国务院和县级以上地方人民政府,应当将清洁生产促进工作纳入国民经济和社会发展规划、年度计划以及环境保护、资源利用、产业发展、区域开发等规划。

第五条 【管理部门】国务院清洁生产综合协调部门负责组织、协调全国的清洁生产促进工作。国务院环境保护、工业、科学技术、财政部门和其他有关部门,按照各自的职责,负责有关的清洁生产促进工作。

县级以上地方人民政府负责领导本行政区域内的清洁生产促进工作。县级以上地方人民政府确定的清洁生产综合协调部门负责组织、协调本行政区域内的清洁生产促进工作。县级以上地方人民政府其他有关部门,按照各自的职责,负责有关的清洁生产促进工作。

第六条 【基本方针】国家鼓励开展有关清洁生产的科学研究、技术开发和国际合作,组织宣传、普及清洁生产知识,推广清洁生产技术。

国家鼓励社会团体和公众参与清洁生产的宣传、教育、推广、实施及监督。

第二章 清洁生产的推行

第七条 【制定政策】国务院应当制定有利于实施清洁生产的财政税收政策。

国务院及其有关部门和省、自治区、直辖市人民政府,应当制定有利于实施清洁生产的产业政策、技术开发和推广政策。

第八条 【制定规划】国务院清洁生产综合协调部门会同国务院环境保护、工业、科学技术部门和其他有关部门,根据国民经济和社会发展规划及国家节约资源、降低能源消耗、减少重点污染物排放的要求,编制国家清洁生产推行规划,报经国务院批准后及时公布。

国家清洁生产推行规划应当包括:推行清洁生产的目标、主要任务和保障措施,按照资源能源消耗、污染物排放水平确定开展清洁生产的重点领域、重点行业和重点工程。

国务院有关行业主管部门根据国家清洁生产推行规划确定本行业清洁生产的重点项目,制定行业专项清洁生产推行规划并组织实施。

县级以上地方人民政府根据国家清洁生产推行规划、有关行业专项清洁生产推行规划,按照本地区节约资源、降低能源消耗、减少重点污染物排放的要求,确定本地区清洁生产的重点项目,制定推行清洁生产的实施规划并组织落实。

第九条 【加强资金投入】中央预算应当加强对清洁生产促进工作的资金投入,包括中央财政清洁生产专项资金和中央预算安排的其他清洁生产资金,用于支持国家清洁生产推行规划确定的重点领域、重点行业、重点工程实施清洁生产及其技术推广工作,以及生态脆弱地区实施清洁生产的项目。中央预算用于支持清洁生产促进工作的资金使用的具体办法,由国务院财政部门、清洁生产综合协调部门会同国务院有关部门制定。

县级以上地方人民政府应当统筹地方财政安排的清洁生产促进工作的资金,引导社会资金,支持清洁生产重点项目。

第十条　【信息服务】国务院和省、自治区、直辖市人民政府的有关部门,应当组织和支持建立促进清洁生产信息系统和技术咨询服务体系,向社会提供有关清洁生产方法和技术、可再生利用的废物供求以及清洁生产政策等方面的信息和服务。

第十一条　【书面指南】国务院清洁生产综合协调部门会同国务院环境保护、工业、科学技术、建设、农业等有关部门定期发布清洁生产技术、工艺、设备和产品导向目录。

国务院清洁生产综合协调部门、环境保护部门和省、自治区、直辖市人民政府负责清洁生产综合协调的部门、环境保护部门会同同级有关部门,组织编制重点行业或者地区的清洁生产指南,指导实施清洁生产。

第十二条　【限期淘汰】国家对浪费资源和严重污染环境的落后生产技术、工艺、设备和产品实行限期淘汰制度。国务院有关部门按照职责分工,制定并发布限期淘汰的生产技术、工艺、设备以及产品的名录。

第十三条　【设立标志】国务院有关部门可以根据需要批准设立节能、节水、废物再生利用等环境与资源保护方面的产品标志,并按照国家规定制定相应标准。

第十四条　【科技支持】县级以上人民政府科学技术部门和其他有关部门,应当指导和支持清洁生产技术和有利于环境与资源保护的产品的研究、开发以及清洁生产技术的示范和推广工作。

第十五条　【教育与宣传】国务院教育部门,应当将清洁生产技术和管理课程纳入有关高等教育、职业教育和技术培训体系。

县级以上人民政府有关部门组织开展清洁生产的宣传和培训,提高国家工作人员、企业经营管理者和公众的清洁生产意识,培养清洁生产管理和技术人员。

新闻出版、广播影视、文化等单位和有关社会团体,应当发挥各自优势做好清洁生产宣传工作。

第十六条　【采购与消费引导】各级人民政府应当优先采购节能、节水、废物再生利用等有利于环境与资源保护的产品。

各级人民政府应当通过宣传、教育等措施,鼓励公众购买和使用节能、节水、废物再生利用等有利于环境与资源保护的产品。

第十七条　【公众监督】省、自治区、直辖市人民政府负责清洁生产综合协调的部门、环境保护部门,根据促进清洁生产工作的需要,在本地区主要媒体上公布未达到能源消耗控制指标、重点污染物排放控制指标的企业的名单,为公众监督企业实施清洁生产提供依据。

列入前款规定名单的企业,应当按照国务院清洁生产综合协调部门、环境保护部门的规定公布能源消耗或者重点污染物产生、排放情况,接受公众监督。

第三章　清洁生产的实施

第十八条　【新改扩建项目的要求】新建、改建和扩建项目应当进行环境影响评价,对原料使用、资源消耗、资源综合利用以及污染物产生与处置等进行分析论证,优先采用资源利用率高以及污染物产生量少的清洁生产技术、工艺和设备。

第十九条　【技术改造中的措施】企业在进行技术改造过程中,应当采取以下清洁生产措施:

(一)采用无毒、无害或者低毒、低害的原料,替代毒性大、危害严重的原料;

(二)采用资源利用率高、污染物产生量少的工艺和设备,替代资源利用率低、污染物产生量多的工艺和设备;

(三)对生产过程中产生的废物、废水和余热等进行综合利用或者循环使用;

(四)采用能够达到国家或者地方规定的污染物排放标准和污染物排放总量控制指标的污染防治技术。

第二十条　【包装设计的要求】产品和包装物的设计,应当考虑其在生命周期中对人类健康和环境的影响,优先选择无毒、无害、易于降解或者便于回收利用的方案。

企业对产品的包装应当合理,包装的材质、结构和成本应当与内装产品的质量、规格和成本相适应,减少包装性废物的产生,不得进行过度包装。

第二十一条　【注明义务】生产大型机电设备、机动运输工具以及国务院工业部门指定的其他产品的企业,应当按照国务院标准化部门或者其授权机构制定的技术规范,在产品的主体构件上注明材料成分的标准牌号。

第二十二条　【农业生产的要求】农业生产者应当科学地使用化肥、农药、农用薄膜和饲料添加剂,改进种植和养殖技术,实现农产品的优质、无害和农业生产废物的资源化,防止农业环境污染。

禁止将有毒、有害废物用作肥料或者用于造田。

第二十三条　【服务性企业的要求】餐饮、娱乐、宾馆等服务性企业,应当采用节能、节水和其他有利于环境保护的技术和设备,减少使用或者不使用浪费资源、污染环境的消费品。

第二十四条　【建筑工程的要求】建筑工程应当采用节能、节水等有利于环境与资源保护的建筑设计方案、建筑和装修材料、建筑构配件及设备。

建筑和装修材料必须符合国家标准。禁止生产、销售和使用有毒、有害物质超过国家标准的建筑和装修材料。

第二十五条　【采矿业的要求】矿产资源的勘查、开采,应当采用有利于合理利用资源、保护环境和防止污染的勘查、开采方法和工艺技术,提高资源利用水平。

第二十六条　【自行回收】企业应当在经济技术可行的条件下对生产和服务过程中产生的废物、余热等自行回收利用或者转让给有条件的其他企业和个人利用。

第二十七条　【清洁生产审核】企业应当对生产和服务过程中的资源消耗以及废物的产生情况进行监测,并根据需要对生产和服务实施清洁生产审核。

有下列情形之一的企业,应当实施强制性清洁生产审核:

(一)污染物排放超过国家或者地方规定的排放标准,或者虽未超过国家或者地方规定的排放标准,但超过重点污染物排放总量控制指标的;

(二)超过单位产品能源消耗限额标准构成高耗能的;

（三）使用有毒、有害原料进行生产或者在生产中排放有毒、有害物质的。

污染物排放超过国家或者地方规定的排放标准的企业，应当按照环境保护相关法律的规定治理。

实施强制性清洁生产审核的企业，应当将审核结果向所在地县级以上地方人民政府负责清洁生产综合协调的部门、环境保护部门报告，并在本地区主要媒体上公布，接受公众监督，但涉及商业秘密的除外。

县级以上地方人民政府有关部门应当对企业实施强制性清洁生产审核的情况进行监督，必要时可以组织对企业实施清洁生产的效果进行评估验收，所需费用纳入同级政府预算。承担评估验收工作的部门或者单位不得向被评估验收企业收取费用。

实施清洁生产审核的具体办法，由国务院清洁生产综合协调部门、环境保护部门会同国务院有关部门制定。

第二十八条 【自愿协议】本法第二十七条第二款规定以外的企业，可以自愿与清洁生产综合协调部门和环境保护部门签订进一步节约资源、削减污染物排放量的协议。该清洁生产综合协调部门和环境保护部门应当在本地区主要媒体上公布该企业的名称以及节约资源、防治污染的成果。

第二十九条 【认证申请】企业可以根据自愿原则，按照国家有关环境管理体系等认证的规定，委托经国务院认证认可监督管理部门认可的认证机构进行认证，提高清洁生产水平。

第四章 鼓 励 措 施

第三十条 【表彰奖励制度】国家建立清洁生产表彰奖励制度。对在清洁生产工作中做出显著成绩的单位和个人，由人民政府给予表彰和奖励。

第三十一条 【资金扶持】对从事清洁生产研究、示范和培训，实施国家清洁生产重点技术改造项目和本法第二十八条规定的自愿节约资源、削减污染物排放量协议中载明的技术改造项目，由县级以上人民政府给予资金支持。

第三十二条 【基金支持】在依照国家规定设立的中小企业发展基金中，应当根据需要安排适当数额用于支持中小企业实施清洁生产。

第三十三条 【税收优惠】依法利用废物和从废物中回收原料生产产品

的,按照国家规定享受税收优惠。

第三十四条 【相关费用列入经营成本】企业用于清洁生产审核和培训的费用,可以列入企业经营成本。

第五章 法 律 责 任

第三十五条 【综合协调部门未履职的责任】清洁生产综合协调部门或者其他有关部门未依照本法规定履行职责的,对直接负责的主管人员和其他直接责任人员依法给予处分。

第三十六条 【怠行公布义务的处理】违反本法第十七条第二款规定,未按照规定公布能源消耗或者重点污染物产生、排放情况的,由县级以上地方人民政府负责清洁生产综合协调的部门、环境保护部门按照职责分工责令公布,可以处十万元以下的罚款。

第三十七条 【怠行注明义务的处理】违反本法第二十一条规定,未标注产品材料的成分或者不如实标注的,由县级以上地方人民政府质量技术监督部门责令限期改正;拒不改正的,处以五万元以下的罚款。

第三十八条 【建筑材料违规的处理】违反本法第二十四条第二款规定,生产、销售有毒、有害物质超过国家标准的建筑和装修材料的,依照产品质量法和有关民事、刑事法律的规定,追究行政、民事、刑事法律责任。

第三十九条 【怠行清洁生产审核义务的处理】违反本法第二十七条第二款、第四款规定,不实施强制性清洁生产审核或者在清洁生产审核中弄虚作假的,或者实施强制性清洁生产审核的企业不报告或者不如实报告审核结果的,由县级以上地方人民政府负责清洁生产综合协调的部门、环境保护部门按照职责分工责令限期改正;拒不改正的,处以五万元以上五十万元以下的罚款。

违反本法第二十七条第五款规定,承担评估验收工作的部门或者单位及其工作人员向被评估验收企业收取费用的,不如实评估验收或者在评估验收中弄虚作假的,或者利用职务上的便利谋取利益的,对直接负责的主管人员和其他直接责任人员依法给予处分;构成犯罪的,依法追究刑事责任。

第六章 附 则

第四十条 【施行日期】本法自 2003 年 1 月 1 日起施行。

中华人民共和国循环经济促进法

1. 2008 年 8 月 29 日第十一届全国人民代表大会常务委员会第四次会议通过
2. 根据 2018 年 10 月 26 日第十三届全国人民代表大会常务委员会第六次会议《关于修改〈中华人民共和国野生动物保护法〉等十五部法律的决定》修正

目 录

第一章 总 则
第二章 基本管理制度
第三章 减量化
第四章 再利用和资源化
第五章 激励措施
第六章 法律责任
第七章 附 则

第一章 总 则

第一条 【立法目的】为了促进循环经济发展,提高资源利用效率,保护和改善环境,实现可持续发展,制定本法。

第二条 【重要概念定义】本法所称循环经济,是指在生产、流通和消费等过程中进行的减量化、再利用、资源化活动的总称。

本法所称减量化,是指在生产、流通和消费等过程中减少资源消耗和废物产生。

本法所称再利用,是指将废物直接作为产品或者经修复、翻新、再制造后继续作为产品使用,或者将废物的全部或者部分作为其他产品的部件予以使用。

本法所称资源化,是指将废物直接作为原料进行利用或者对废物进行再生利用。

第三条 【战略方针】发展循环经济是国家经济社会发展的一项重大战略,应当遵循统筹规划、合理布局,因地制宜、注重实效,政府推动、市场引导,企业实施、公众参与的方针。

第四条 【基本要求和优先顺位】发展循环经济应当在技术可行、经济合理和有利于节约资源、保护环境的前提下,按照减量化优先的原则实施。

在废物再利用和资源化过程中,应当保障生产安全,保证产品质量符合国家规定的标准,并防止产生再次污染。

第五条 【监督管理部门】国务院循环经济发展综合管理部门负责组织协调、监督管理全国循环经济发展工作;国务院生态环境等有关主管部门按照各自的职责负责有关循环经济的监督管理工作。

县级以上地方人民政府循环经济发展综合管理部门负责组织协调、监督管理本行政区域的循环经济发展工作;县级以上地方人民政府生态环境等有关主管部门按照各自的职责负责有关循环经济的监督管理工作。

第六条 【产业政策和规划】国家制定产业政策,应当符合发展循环经济的要求。

县级以上人民政府编制国民经济和社会发展规划及年度计划,县级以上人民政府有关部门编制环境保护、科学技术等规划,应当包括发展循环经济的内容。

第七条 【科技研究和宣传教育】国家鼓励和支持开展循环经济科学技术的研究、开发和推广,鼓励开展循环经济宣传、教育、科学知识普及和国际合作。

第八条 【政府发展循环经济的要求】县级以上人民政府应当建立发展循环经济的目标责任制,采取规划、财政、投资、政府采购等措施,促进循环经济发展。

第九条 【企业事业单位发展循环经济的要求】企业事业单位应当建立健全管理制度,采取措施,降低资源消耗,减少废物的产生量和排放量,提高废物的再利用和资源化水平。

第十条 【公民发展循环经济的要求】公民应当增强节约资源和保护环境意识,合理消费,节约资源。

国家鼓励和引导公民使用节能、节水、节材和有利于保护环境的产品及再生产品,减少废物的产生量和排放量。

公民有权举报浪费资源、破坏环境的行为,有权了解政府发展循环经济的信息并提出意见和建议。

第十一条　【鼓励和支持行业协会等社会组织发展循环经济】国家鼓励和支持行业协会在循环经济发展中发挥技术指导和服务作用。县级以上人民政府可以委托有条件的行业协会等社会组织开展促进循环经济发展的公共服务。

国家鼓励和支持中介机构、学会和其他社会组织开展循环经济宣传、技术推广和咨询服务，促进循环经济发展。

第二章　基本管理制度

第十二条　【循环经济发展规划制度】国务院循环经济发展综合管理部门会同国务院生态环境等有关主管部门编制全国循环经济发展规划，报国务院批准后公布施行。设区的市级以上地方人民政府循环经济发展综合管理部门会同本级人民政府生态环境等有关主管部门编制本行政区域循环经济发展规划，报本级人民政府批准后公布施行。

循环经济发展规划应当包括规划目标、适用范围、主要内容、重点任务和保障措施等，并规定资源产出率、废物再利用和资源化率等指标。

第十三条　【总量调控制度】县级以上地方人民政府应当依据上级人民政府下达的本行政区域主要污染物排放、建设用地和用水总量控制指标，规划和调整本行政区域的产业结构，促进循环经济发展。

新建、改建、扩建建设项目，必须符合本行政区域主要污染物排放、建设用地和用水总量控制指标的要求。

第十四条　【循环经济评价指标体系和考核制度】国务院循环经济发展综合管理部门会同国务院统计、生态环境等有关主管部门建立和完善循环经济评价指标体系。

上级人民政府根据前款规定的循环经济主要评价指标，对下级人民政府发展循环经济的状况定期进行考核，并将主要评价指标完成情况作为对地方人民政府及其负责人考核评价的内容。

第十五条　【以生产者为主的责任延伸制度】生产列入强制回收名录的产品或者包装物的企业，必须对废弃的产品或者包装物负责回收；对其中可以利用的，由各该生产企业负责利用；对因不具备技术经济条件而不适合利用的，由各该生产企业负责无害化处置。

对前款规定的废弃产品或者包装物，生产者委托销售者或者其他组织进行回收的，或者委托废物利用或者处置企业进行利用或者处置的,受托方应当依照有关法律、行政法规的规定和合同的约定负责回收或者利用、处置。

对列入强制回收名录的产品和包装物,消费者应当将废弃的产品或者包装物交给生产者或者其委托回收的销售者或者其他组织。

强制回收的产品和包装物的名录及管理办法,由国务院循环经济发展综合管理部门规定。

第十六条 【重点企业监督管理制度】国家对钢铁、有色金属、煤炭、电力、石油加工、化工、建材、建筑、造纸、印染等行业年综合能源消费量、用水量超过国家规定总量的重点企业,实行能耗、水耗的重点监督管理制度。

重点能源消费单位的节能监督管理,依照《中华人民共和国节约能源法》的规定执行。

重点用水单位的监督管理办法,由国务院循环经济发展综合管理部门会同国务院有关部门规定。

第十七条 【循环经济统计制度、标准体系和产品资源消耗标识制度】国家建立健全循环经济统计制度,加强资源消耗、综合利用和废物产生的统计管理,并将主要统计指标定期向社会公布。

国务院标准化主管部门会同国务院循环经济发展综合管理和生态环境等有关主管部门建立健全循环经济标准体系,制定和完善节能、节水、节材和废物再利用、资源化等标准。

国家建立健全能源效率标识等产品资源消耗标识制度。

第三章 减 量 化

第十八条 【鼓励、限制和淘汰的技术、工艺、设备、材料和产品的名录制度】国务院循环经济发展综合管理部门会同国务院生态环境等有关主管部门,定期发布鼓励、限制和淘汰的技术、工艺、设备、材料和产品名录。

禁止生产、进口、销售列入淘汰名录的设备、材料和产品,禁止使用列入淘汰名录的技术、工艺、设备和材料。

第十九条 【工艺、设备、产品及包装物的生态设计】从事工艺、设备、产品及包装物设计,应当按照减少资源消耗和废物产生的要求,优先选择采用易回收、易拆解、易降解、无毒无害或者低毒低害的材料和设计方案,并应当符合有关国家标准的强制性要求。

对在拆解和处置过程中可能造成环境污染的电器电子等产品,不得设计使用国家禁止使用的有毒有害物质。禁止在电器电子等产品中使用的有毒有害物质名录,由国务院循环经济发展综合管理部门会同国务院生态环境等有关主管部门制定。

设计产品包装物应当执行产品包装标准,防止过度包装造成资源浪费和环境污染。

第二十条　【工业节水和海水利用】工业企业应当采用先进或者适用的节水技术、工艺和设备,制定并实施节水计划,加强节水管理,对生产用水进行全过程控制。

工业企业应当加强用水计量管理,配备和使用合格的用水计量器具,建立水耗统计和用水状况分析制度。

新建、改建、扩建建设项目,应当配套建设节水设施。节水设施应当与主体工程同时设计、同时施工、同时投产使用。

国家鼓励和支持沿海地区进行海水淡化和海水直接利用,节约淡水资源。

第二十一条　【企业节油】国家鼓励和支持企业使用高效节油产品。

电力、石油加工、化工、钢铁、有色金属和建材等企业,必须在国家规定的范围和期限内,以洁净煤、石油焦、天然气等清洁能源替代燃料油,停止使用不符合国家规定的燃油发电机组和燃油锅炉。

内燃机和机动车制造企业应当按照国家规定的内燃机和机动车燃油经济性标准,采用节油技术,减少石油产品消耗量。

第二十二条　【矿产资源节约和共生、伴生矿的利用与保护】开采矿产资源,应当统筹规划,制定合理的开发利用方案,采用合理的开采顺序、方法和选矿工艺。采矿许可证颁发机关应当对申请人提交的开发利用方案中的开采回采率、采矿贫化率、选矿回收率、矿山水循环利用率和土地复垦率等指标依法进行审查;审查不合格的,不予颁发采矿许可证。采矿许可证颁发机关应当依法加强对开采矿产资源的监督管理。

矿山企业在开采主要矿种的同时,应当对具有工业价值的共生和伴生矿实行综合开采、合理利用;对必须同时采出而暂时不能利用的矿产以及含有有用组分的尾矿,应当采取保护措施,防止资源损失和生态破坏。

第二十三条 【建筑领域资源节约】建筑设计、建设、施工等单位应当按照国家有关规定和标准,对其设计、建设、施工的建筑物及构筑物采用节能、节水、节地、节材的技术工艺和小型、轻型、再生产品。有条件的地区,应当充分利用太阳能、地热能、风能等可再生能源。

国家鼓励利用无毒无害的固体废物生产建筑材料,鼓励使用散装水泥,推广使用预拌混凝土和预拌砂浆。

禁止损毁耕地烧砖。在国务院或者省、自治区、直辖市人民政府规定的期限和区域内,禁止生产、销售和使用粘土砖。

第二十四条 【农业领域资源节约】县级以上人民政府及其农业等主管部门应当推进土地集约利用,鼓励和支持农业生产者采用节水、节肥、节药的先进种植、养殖和灌溉技术,推动农业机械节能,优先发展生态农业。

在缺水地区,应当调整种植结构,优先发展节水型农业,推进雨水集蓄利用,建设和管护节水灌溉设施,提高用水效率,减少水的蒸发和漏失。

第二十五条 【国家机关及其他组织的资源节约和建筑物维护管理】国家机关及使用财政性资金的其他组织应当厉行节约、杜绝浪费,带头使用节能、节水、节地、节材和有利于保护环境的产品、设备和设施,节约使用办公用品。国务院和县级以上地方人民政府管理机关事务工作的机构会同本级人民政府有关部门制定本级国家机关等机构的用能、用水定额指标,财政部门根据该定额指标制定支出标准。

城市人民政府和建筑物的所有者或者使用者,应当采取措施,加强建筑物维护管理,延长建筑物使用寿命。对符合城市规划和工程建设标准,在合理使用寿命内的建筑物,除了为公共利益的需要外,城市人民政府不得决定拆除。

第二十六条 【餐饮、娱乐、宾馆等服务性企业资源节约】餐饮、娱乐、宾馆等服务性企业,应当采用节能、节水、节材和有利于保护环境的产品,减少使用或者不使用浪费资源、污染环境的产品。

本法施行后新建的餐饮、娱乐、宾馆等服务性企业,应当采用节能、节水、节材和有利于保护环境的技术、设备和设施。

第二十七条 【再生水利用和自来水节约】国家鼓励和支持使用再生水。在有条件使用再生水的地区,限制或者禁止将自来水作为城市道路清扫、城市绿化和景观用水使用。

第二十八条　【一次性消费品生产和销售的限制】国家在保障产品安全和卫生的前提下,限制一次性消费品的生产和销售。具体名录由国务院循环经济发展综合管理部门会同国务院财政、生态环境等有关主管部门制定。

对列入前款规定名录中的一次性消费品的生产和销售,由国务院财政、税务和对外贸易等主管部门制定限制性的税收和出口等措施。

第四章　再利用和资源化

第二十九条　【区域循环经济】县级以上人民政府应当统筹规划区域经济布局,合理调整产业结构,促进企业在资源综合利用等领域进行合作,实现资源的高效利用和循环使用。

各类产业园区应当组织区内企业进行资源综合利用,促进循环经济发展。

国家鼓励各类产业园区的企业进行废物交换利用、能量梯级利用、土地集约利用、水的分类利用和循环使用,共同使用基础设施和其他有关设施。

新建和改造各类产业园区应当依法进行环境影响评价,并采取生态保护和污染控制措施,确保本区域的环境质量达到规定的标准。

第三十条　【工业废物综合利用】企业应当按照国家规定,对生产过程中产生的粉煤灰、煤矸石、尾矿、废石、废料、废气等工业废物进行综合利用。

第三十一条　【工业用水再利用和资源化】企业应当发展串联用水系统和循环用水系统,提高水的重复利用率。

企业应当采用先进技术、工艺和设备,对生产过程中产生的废水进行再生利用。

第三十二条　【余热余压等综合利用】企业应当采用先进或者适用的回收技术、工艺和设备,对生产过程中产生的余热、余压等进行综合利用。

建设利用余热、余压、煤层气以及煤矸石、煤泥、垃圾等低热值燃料的并网发电项目,应当依照法律和国务院的规定取得行政许可或者报送备案。电网企业应当按照国家规定,与综合利用资源发电的企业签订并网协议,提供上网服务,并全额收购并网发电项目的上网电量。

第三十三条 【建筑废物综合利用】建设单位应当对工程施工中产生的建筑废物进行综合利用；不具备综合利用条件的，应当委托具备条件的生产经营者进行综合利用或者无害化处置。

第三十四条 【农业废物综合利用】国家鼓励和支持农业生产者和相关企业采用先进或者适用技术，对农作物秸秆、畜禽粪便、农产品加工业副产品、废农用薄膜等进行综合利用，开发利用沼气等生物质能源。

第三十五条 【林业再利用和资源化】县级以上人民政府及其林业草原主管部门应当积极发展生态林业，鼓励和支持林业生产者和相关企业采用木材节约和代用技术，开展林业废弃物和次小薪材、沙生灌木等综合利用，提高木材综合利用率。

第三十六条 【产业废物交换】国家支持生产经营者建立产业废物交换信息系统，促进企业交流产业废物信息。

企业对生产过程中产生的废物不具备综合利用条件的，应当提供给具备条件的生产经营者进行综合利用。

第三十七条 【废物回收体系建设】国家鼓励和推进废物回收体系建设。

地方人民政府应当按照城乡规划，合理布局废物回收网点和交易市场，支持废物回收企业和其他组织开展废物的收集、储存、运输及信息交流。

废物回收交易市场应当符合国家环境保护、安全和消防等规定。

第三十八条 【废电器电子产品等拆解或再利用】对废电器电子产品、报废机动车船、废轮胎、废铅酸电池等特定产品进行拆解或者再利用，应当符合有关法律、行政法规的规定。

第三十九条 【电器电子产品再利用和资源化】回收的电器电子产品，经过修复后销售的，必须符合再利用产品标准，并在显著位置标识为再利用产品。

回收的电器电子产品，需要拆解和再生利用的，应当交售给具备条件的拆解企业。

第四十条 【机动车零部件等产品再制造和轮胎翻新】国家支持企业开展机动车零部件、工程机械、机床等产品的再制造和轮胎翻新。

销售的再制造产品和翻新产品的质量必须符合国家规定的标准，并在显著位置标识为再制造产品或者翻新产品。

第四十一条 【生活垃圾和污泥的资源化利用】县级以上人民政府应当

统筹规划建设城乡生活垃圾分类收集和资源化利用设施,建立和完善分类收集和资源化利用体系,提高生活垃圾资源化率。

县级以上人民政府应当支持企业建设污泥资源化利用和处置设施,提高污泥综合利用水平,防止产生再次污染。

第五章 激励措施

第四十二条 【发展循环经济的有关专项资金】 国务院和省、自治区、直辖市人民政府设立发展循环经济的有关专项资金,支持循环经济的科技研究开发、循环经济技术和产品的示范与推广、重大循环经济项目的实施、发展循环经济的信息服务等。具体办法由国务院财政部门会同国务院循环经济发展综合管理等有关主管部门制定。

第四十三条 【对科技创新的财政支持】 国务院和省、自治区、直辖市人民政府及其有关部门应当将循环经济重大科技攻关项目的自主创新研究、应用示范和产业化发展列入国家或者省级科技发展规划和高技术产业发展规划,并安排财政性资金予以支持。

利用财政性资金引进循环经济重大技术、装备的,应当制定消化、吸收和创新方案,报有关主管部门审批并由其监督实施;有关主管部门应当根据实际需要建立协调机制,对重大技术、装备的引进和消化、吸收、创新实行统筹协调,并给予资金支持。

第四十四条 【税收优惠】 国家对促进循环经济发展的产业活动给予税收优惠,并运用税收等措施鼓励进口先进的节能、节水、节材等技术、设备和产品,限制在生产过程中耗能高、污染重的产品的出口。具体办法由国务院财政、税务主管部门制定。

企业使用或者生产列入国家清洁生产、资源综合利用等鼓励名录的技术、工艺、设备或者产品的,按照国家有关规定享受税收优惠。

第四十五条 【重点投资领域和金融支持】 县级以上人民政府循环经济发展综合管理部门在制定和实施投资计划时,应当将节能、节水、节地、节材、资源综合利用等项目列为重点投资领域。

对符合国家产业政策的节能、节水、节地、节材、资源综合利用等项目,金融机构应当给予优先贷款等信贷支持,并积极提供配套金融服务。

对生产、进口、销售或者使用列入淘汰名录的技术、工艺、设备、材料或者产品的企业,金融机构不得提供任何形式的授信支持。

第四十六条　【有利于循环经济发展的价格、收费和押金等制度】国家实行有利于资源节约和合理利用的价格政策,引导单位和个人节约和合理使用水、电、气等资源性产品。

国务院和省、自治区、直辖市人民政府的价格主管部门应当按照国家产业政策,对资源高消耗行业中的限制类项目,实行限制性的价格政策。

对利用余热、余压、煤层气以及煤矸石、煤泥、垃圾等低热值燃料的并网发电项目,价格主管部门按照有利于资源综合利用的原则确定其上网电价。

省、自治区、直辖市人民政府可以根据本行政区域经济社会发展状况,实行垃圾排放收费制度。收取的费用专项用于垃圾分类、收集、运输、贮存、利用和处置,不得挪作他用。

国家鼓励通过以旧换新、押金等方式回收废物。

第四十七条　【政府采购】国家实行有利于循环经济发展的政府采购政策。使用财政性资金进行采购的,应当优先采购节能、节水、节材和有利于保护环境的产品及再生产品。

第四十八条　【表彰奖励】县级以上人民政府及其有关部门应当对在循环经济管理、科学技术研究、产品开发、示范和推广工作中做出显著成绩的单位和个人给予表彰和奖励。

企业事业单位应当对在循环经济发展中做出突出贡献的集体和个人给予表彰和奖励。

第六章　法　律　责　任

第四十九条　【循环经济监督管理部门不依法履行监督管理职责的法律责任】县级以上人民政府循环经济发展综合管理部门或者其他有关主管部门发现违反本法的行为或者接到对违法行为的举报后不予查处,或者有其他不依法履行监督管理职责行为的,由本级人民政府或者上一级人民政府有关主管部门责令改正,对直接负责的主管人员和其他直接责任人员依法给予处分。

第五十条　【生产销售使用进口列入淘汰名录的产品、技术、工艺、设备、材料的法律责任】生产、销售列入淘汰名录的产品、设备的,依照《中华人民共和国产品质量法》的规定处罚。

使用列入淘汰名录的技术、工艺、设备、材料的,由县级以上地方人民政府循环经济发展综合管理部门责令停止使用,没收违法使用的设备、材料,并处五万元以上二十万元以下的罚款;情节严重的,由县级以上人民政府循环经济发展综合管理部门提出意见,报请本级人民政府按照国务院规定的权限责令停业或者关闭。

违反本法规定,进口列入淘汰名录的设备、材料或者产品的,由海关责令退运,可以处十万元以上一百万元以下的罚款。进口者不明的,由承运人承担退运责任,或者承担有关处置费用。

第五十一条 【违法设计使用列入国家禁止使用名录的有毒有害物质的法律责任】违反本法规定,对在拆解或者处置过程中可能造成环境污染的电器电子等产品,设计使用列入国家禁止使用名录的有毒有害物质的,由县级以上地方人民政府市场监督管理部门责令限期改正;逾期不改正的,处二万元以上二十万元以下的罚款;情节严重的,依法吊销营业执照。

第五十二条 【未停止使用不符合国家规定的燃油发电机组或者燃油锅炉的法律责任】违反本法规定,电力、石油加工、化工、钢铁、有色金属和建材等企业未在规定的范围或者期限内停止使用不符合国家规定的燃油发电机组或者燃油锅炉的,由县级以上地方人民政府循环经济发展综合管理部门责令限期改正;逾期不改正的,责令拆除该燃油发电机组或者燃油锅炉,并处五万元以上五十万元以下的罚款。

第五十三条 【矿山企业未达到经依法审查确定的开采回采率等指标的法律责任】违反本法规定,矿山企业未达到经依法审查确定的开采回采率、采矿贫化率、选矿回收率、矿山水循环利用率和土地复垦率等指标的,由县级以上人民政府地质矿产主管部门责令限期改正,处五万元以上五十万元以下的罚款;逾期不改正的,由采矿许可证颁发机关依法吊销采矿许可证。

第五十四条 【违法生产、销售、使用粘土砖的法律责任】违反本法规定,在国务院或者省、自治区、直辖市人民政府规定禁止生产、销售、使用粘土砖的期限或者区域内生产、销售或者使用粘土砖的,由县级以上地方人民政府指定的部门责令限期改正;有违法所得的,没收违法所得;逾期继续生产、销售的,由地方人民政府市场监督管理部门依法吊销营业执照。

第五十五条 【电网企业拒不收购资源综合利用生产的电力的法律责

任】违反本法规定,电网企业拒不收购企业利用余热、余压、煤层气以及煤矸石、煤泥、垃圾等低热值燃料生产的电力的,由国家电力监管机构责令限期改正;造成企业损失的,依法承担赔偿责任。

第五十六条　【违法销售没有标识的再利用和资源化产品的法律责任】违反本法规定,有下列行为之一的,由地方人民政府市场监督管理部门责令限期改正,可以处五千元以上五万元以下的罚款;逾期不改正的,依法吊销营业执照;造成损失的,依法承担赔偿责任:

(一)销售没有再利用产品标识的再利用电器电子产品的;

(二)销售没有再制造或者翻新产品标识的再制造或者翻新产品的。

第五十七条　【刑事责任】违反本法规定,构成犯罪的,依法追究刑事责任。

第七章　附　　则

第五十八条　【施行日期】本法自2009年1月1日起施行。

中华人民共和国环境保护税法

1. 2016年12月25日第十二届全国人民代表大会常务委员会第二十五次会议通过
2. 根据2018年10月26日第十三届全国人民代表大会常务委员会第六次会议《关于修改〈中华人民共和国野生动物保护法〉等十五部法律的决定》修正

目　　录

第一章　总　　则
第二章　计税依据和应纳税额
第三章　税收减免
第四章　征收管理
第五章　附　　则

第一章　总　　则

第一条　【立法目的】为了保护和改善环境,减少污染物排放,推进生态文明建设,制定本法。

第二条 【纳税范围】在中华人民共和国领域和中华人民共和国管辖的其他海域,直接向环境排放应税污染物的企业事业单位和其他生产经营者为环境保护税的纳税人,应当依照本法规定缴纳环境保护税。

第三条 【应税污染物】本法所称应税污染物,是指本法所附《环境保护税税目税额表》、《应税污染物和当量值表》规定的大气污染物、水污染物、固体废物和噪声。

第四条 【不需缴税的情形】有下列情形之一的,不属于直接向环境排放污染物,不缴纳相应污染物的环境保护税:

（一）企业事业单位和其他生产经营者向依法设立的污水集中处理、生活垃圾集中处理场所排放应税污染物的;

（二）企业事业单位和其他生产经营者在符合国家和地方环境保护标准的设施、场所贮存或者处置固体废物的。

第五条 【应当缴税的情形】依法设立的城乡污水集中处理、生活垃圾集中处理场所超过国家和地方规定的排放标准向环境排放应税污染物的,应当缴纳环境保护税。

企业事业单位和其他生产经营者贮存或者处置固体废物不符合国家和地方环境保护标准的,应当缴纳环境保护税。

第六条 【税目、税额】环境保护税的税目、税额,依照本法所附《环境保护税税目税额表》执行。

应税大气污染物和水污染物的具体适用税额的确定和调整,由省、自治区、直辖市人民政府统筹考虑本地区环境承载能力、污染物排放现状和经济社会生态发展目标要求,在本法所附《环境保护税税目税额表》规定的税额幅度内提出,报同级人民代表大会常务委员会决定,并报全国人民代表大会常务委员会和国务院备案。

第二章 计税依据和应纳税额

第七条 【计税依据的确定】应税污染物的计税依据,按照下列方法确定:

（一）应税大气污染物按照污染物排放量折合的污染当量数确定;

（二）应税水污染物按照污染物排放量折合的污染当量数确定;

（三）应税固体废物按照固体废物的排放量确定;

(四)应税噪声按照超过国家规定标准的分贝数确定。

第八条 【污染当量数的计算】应税大气污染物、水污染物的污染当量数,以该污染物的排放量除以该污染物的污染当量值计算。每种应税大气污染物、水污染物的具体污染当量值,依照本法所附《应税污染物和当量值表》执行。

第九条 【应税污染物项目数】每一排放口或者没有排放口的应税大气污染物,按照污染当量数从大到小排序,对前三项污染物征收环境保护税。

每一排放口的应税水污染物,按照本法所附《应税污染物和当量值表》,区分第一类水污染物和其他类水污染物,按照污染当量数从大到小排序,对第一类水污染物按照前五项征收环境保护税,对其他类水污染物按照前三项征收环境保护税。

省、自治区、直辖市人民政府根据本地区污染物减排的特殊需要,可以增加同一排放口征收环境保护税的应税污染物项目数,报同级人民代表大会常务委员会决定,并报全国人民代表大会常务委员会和国务院备案。

第十条 【排放量和噪声分贝数的计算】应税大气污染物、水污染物、固体废物的排放量和噪声的分贝数,按照下列方法和顺序计算:

(一)纳税人安装使用符合国家规定和监测规范的污染物自动监测设备的,按照污染物自动监测数据计算;

(二)纳税人未安装使用污染物自动监测设备的,按照监测机构出具的符合国家有关规定和监测规范的监测数据计算;

(三)因排放污染物种类多等原因不具备监测条件的,按照国务院生态环境主管部门规定的排污系数、物料衡算方法计算;

(四)不能按照本条第一项至第三项规定的方法计算的,按照省、自治区、直辖市人民政府生态环境主管部门规定的抽样测算的方法核定计算。

第十一条 【应纳税额的计算】环境保护税应纳税额按照下列方法计算:

(一)应税大气污染物的应纳税额为污染当量数乘以具体适用税额;

(二)应税水污染物的应纳税额为污染当量数乘以具体适用税额;

(三)应税固体废物的应纳税额为固体废物排放量乘以具体适用税额;

(四)应税噪声的应纳税额为超过国家规定标准的分贝数对应的具体适用税额。

第三章 税收减免

第十二条 【免征环保税的情形】下列情形,暂予免征环境保护税:

(一)农业生产(不包括规模化养殖)排放应税污染物的;

(二)机动车、铁路机车、非道路移动机械、船舶和航空器等流动污染源排放应税污染物的;

(三)依法设立的城乡污水集中处理、生活垃圾集中处理场所排放相应应税污染物,不超过国家和地方规定的排放标准的;

(四)纳税人综合利用的固体废物,符合国家和地方环境保护标准的;

(五)国务院批准免税的其他情形。

前款第五项免税规定,由国务院报全国人民代表大会常务委员会备案。

第十三条 【减征环保税的情形】纳税人排放应税大气污染物或者水污染物的浓度值低于国家和地方规定的污染物排放标准百分之三十的,减按百分之七十五征收环境保护税。纳税人排放应税大气污染物或者水污染物的浓度值低于国家和地方规定的污染物排放标准百分之五十的,减按百分之五十征收环境保护税。

第四章 征收管理

第十四条 【环保税的征收管理】环境保护税由税务机关依照《中华人民共和国税收征收管理法》和本法的有关规定征收管理。

生态环境主管部门依照本法和有关环境保护法律法规的规定负责对污染物的监测管理。

县级以上地方人民政府应当建立税务机关、生态环境主管部门和其他相关单位分工协作工作机制,加强环境保护税征收管理,保障税款及时足额入库。

第十五条 【生态环境、税务之间信息共享与工作配合】生态环境主管部门和税务机关应当建立涉税信息共享平台和工作配合机制。

生态环境主管部门应当将排污单位的排污许可、污染物排放数据、环境违法和受行政处罚情况等环境保护相关信息,定期交送税务机关。

税务机关应当将纳税人的纳税申报、税款入库、减免税额、欠缴税款以及风险疑点等环境保护税涉税信息,定期交送生态环境主管部门。

第十六条 【纳税义务发生时间】纳税义务发生时间为纳税人排放应税污染物的当日。

第十七条 【纳税人申报义务】纳税人应当向应税污染物排放地的税务机关申报缴纳环境保护税。

第十八条 【申报缴纳周期与纳税资料】环境保护税按月计算,按季申报缴纳。不能按固定期限计算缴纳的,可以按次申报缴纳。

纳税人申报缴纳时,应当向税务机关报送所排放应税污染物的种类、数量,大气污染物、水污染物的浓度值,以及税务机关根据实际需要要求纳税人报送的其他纳税资料。

第十九条 【申报缴纳期限与如实申报义务】纳税人按季申报缴纳的,应当自季度终了之日起十五日内,向税务机关办理纳税申报并缴纳税款。纳税人按次申报缴纳的,应当自纳税义务发生之日起十五日内,向税务机关办理纳税申报并缴纳税款。

纳税人应当依法如实办理纳税申报,对申报的真实性和完整性承担责任。

第二十条 【数据比对、复核】税务机关应当将纳税人的纳税申报数据资料与生态环境主管部门交送的相关数据资料进行比对。

税务机关发现纳税人的纳税申报数据资料异常或者纳税人未按照规定期限办理纳税申报的,可以提请生态环境主管部门进行复核,生态环境主管部门应当自收到税务机关的数据资料之日起十五日内向税务机关出具复核意见。税务机关应当按照生态环境主管部门复核的数据资料调整纳税人的应纳税额。

第二十一条 【数据核定】依照本法第十条第四项的规定核定计算污染物排放量的,由税务机关会同生态环境主管部门核定污染物排放种类、数量和应纳税额。

第二十二条 【向海域排放污染物的缴税办法】纳税人从事海洋工程向

中华人民共和国管辖海域排放应税大气污染物、水污染物或者固体废物,申报缴纳环境保护税的具体办法,由国务院税务主管部门会同国务院生态环境主管部门规定。

第二十三条　【责任追究】纳税人和税务机关、生态环境主管部门及其工作人员违反本法规定的,依照《中华人民共和国税收征收管理法》《中华人民共和国环境保护法》和有关法律法规的规定追究法律责任。

第二十四条　【鼓励环保建设投入】各级人民政府应当鼓励纳税人加大环境保护建设投入,对纳税人用于污染物自动监测设备的投资予以资金和政策支持。

第五章　附　　则

第二十五条　【用语含义】本法下列用语的含义:

（一）污染当量,是指根据污染物或者污染排放活动对环境的有害程度以及处理的技术经济性,衡量不同污染物对环境污染的综合性指标或者计量单位。同一介质相同污染当量的不同污染物,其污染程度基本相当。

（二）排污系数,是指在正常技术经济和管理条件下,生产单位产品所应排放的污染物量的统计平均值。

（三）物料衡算,是指根据物质质量守恒原理对生产过程中使用的原料、生产的产品和产生的废物等进行测算的一种方法。

第二十六条　【损害责任】直接向环境排放应税污染物的企业事业单位和其他生产经营者,除依照本法规定缴纳环境保护税外,应当对所造成的损害依法承担责任。

第二十七条　【排污费向环保税转移】自本法施行之日起,依照本法规定征收环境保护税,不再征收排污费。

第二十八条　【施行日期】本法自2018年1月1日起施行。

附表一：

环境保护税税目税额表

税目		计税单位	税额	备注
大气污染物		每污染当量	1.2元至12元	
水污染物		每污染当量	1.4元至14元	
固体废物	煤矸石	每吨	5元	
	尾矿	每吨	15元	
	危险废物	每吨	1000元	
	冶炼渣、粉煤灰、炉渣、其他固体废物（含半固态、液态废物）	每吨	25元	
噪声	工业噪声	超标1—3分贝	每月350元	1. 一个单位边界上有多处噪声超标，根据最高一处超标声级计算应纳税额；当沿边界长度超过100米有两处以上噪声超标，按照两个单位计算应纳税额。 2. 一个单位有不同地点作业场所的，应当分别计算应纳税额，合并计征。 3. 昼、夜均超标的环境噪声，昼、夜分别计算应纳税额，累计计征。 4. 声源一个月内超标不足15天的，减半计算应纳税额。 5. 夜间频繁突发和夜间偶然突发厂界超标噪声，按等效声级和峰值噪声两种指标中超标分贝值高的一项计算应纳税额。
		超标4—6分贝	每月700元	
		超标7—9分贝	每月1400元	
		超标10—12分贝	每月2800元	
		超标13—15分贝	每月5600元	
		超标16分贝以上	每月11200元	

附表二：

应税污染物和当量值表

一、第一类水污染物污染当量值

污　染　物	污染当量值(千克)
1. 总汞	0.0005
2. 总镉	0.005
3. 总铬	0.04
4. 六价铬	0.02
5. 总砷	0.02
6. 总铅	0.025
7. 总镍	0.025
8. 苯并(a)芘	0.0000003
9. 总铍	0.01
10. 总银	0.02

二、第二类水污染物污染当量值

污　染　物	污染当量值(千克)	备　　注
11. 悬浮物(SS)	4	
12. 生化需氧量(BOD_5)	0.5	同一排放口中的化学需氧量、生化需氧量和总有机碳，只征收一项。
13. 化学需氧量(COD_{cr})	1	
14. 总有机碳(TOC)	0.49	
15. 石油类	0.1	
16. 动植物油	0.16	
17. 挥发酚	0.08	
18. 总氰化物	0.05	

续表

污 染 物	污染当量值 (千克)	备 注
19. 硫化物	0.125	
20. 氨氮	0.8	
21. 氟化物	0.5	
22. 甲醛	0.125	
23. 苯胺类	0.2	
24. 硝基苯类	0.2	
25. 阴离子表面活性剂(LAS)	0.2	
26. 总铜	0.1	
27. 总锌	0.2	
28. 总锰	0.2	
29. 彩色显影剂(CD—2)	0.2	
30. 总磷	0.25	
31. 单质磷(以P计)	0.05	
32. 有机磷农药(以P计)	0.05	
33. 乐果	0.05	
34. 甲基对硫磷	0.05	
35. 马拉硫磷	0.05	
36. 对硫磷	0.05	
37. 五氯酚及五氯酚钠 (以五氯酚计)	0.25	
38. 三氯甲烷	0.04	
39. 可吸附有机卤化物(AOX) (以Cl计)	0.25	
40. 四氯化碳	0.04	

续表

污　染　物	污染当量值（千克）	备　注
41. 三氯乙烯	0.04	
42. 四氯乙烯	0.04	
43. 苯	0.02	
44. 甲苯	0.02	
45. 乙苯	0.02	
46. 邻—二甲苯	0.02	
47. 对—二甲苯	0.02	
48. 间—二甲苯	0.02	
49. 氯苯	0.02	
50. 邻二氯苯	0.02	
51. 对二氯苯	0.02	
52. 对硝基氯苯	0.02	
53. 2,4—二硝基氯苯	0.02	
54. 苯酚	0.02	
55. 间—甲酚	0.02	
56. 2,4—二氯酚	0.02	
57. 2,4,6—三氯酚	0.02	
58. 邻苯二甲酸二丁酯	0.02	
59. 邻苯二甲酸二辛酯	0.02	
60. 丙烯腈	0.125	
61. 总硒	0.02	

三、pH 值、色度、大肠菌群数、余氯量水污染物污染当量值

污染物		污染当量值	备 注
1. pH 值	1. 0—1,13—14	0.06 吨污水	pH 值 5—6 指大于等于 5,小于 6;pH 值 9—10 指大于 9,小于等于 10,其余类推。
	2. 1—2,12—13	0.125 吨污水	
	3. 2—3,11—12	0.25 吨污水	
	4. 3—4,10—11	0.5 吨污水	
	5. 4—5,9—10	1 吨污水	
	6. 5—6	5 吨污水	
2. 色度		5 吨水·倍	
3. 大肠菌群数(超标)		3.3 吨污水	大肠菌群数和余氯量只征收一项。
4. 余氯量(用氯消毒的医院废水)		3.3 吨污水	

四、禽畜养殖业、小型企业和第三产业水污染物污染当量值

(本表仅适用于计算无法进行实际监测或者物料衡算的禽畜养殖业、小型企业和第三产业等小型排污者的水污染物污染当量数)

类 型		污染当量值	备 注
禽畜养殖场	1. 牛	0.1 头	仅对存栏规模大于 50 头牛、500 头猪、5000 羽鸡鸭等的禽畜养殖场征收。
	2. 猪	1 头	
	3. 鸡、鸭等家禽	30 羽	
4. 小型企业		1.8 吨污水	
5. 饮食娱乐服务业		0.5 吨污水	
6. 医院	消毒	0.14 床	医院病床数大于 20 张的按照本表计算污染当量数。
		2.8 吨污水	
	不消毒	0.07 床	
		1.4 吨污水	

五、大气污染物污染当量值

污 染 物	污染当量值(千克)
1. 二氧化硫	0.95
2. 氮氧化物	0.95
3. 一氧化碳	16.7
4. 氯气	0.34
5. 氯化氢	10.75
6. 氟化物	0.87
7. 氰化氢	0.005
8. 硫酸雾	0.6
9. 铬酸雾	0.0007
10. 汞及其化合物	0.0001
11. 一般性粉尘	4
12. 石棉尘	0.53
13. 玻璃棉尘	2.13
14. 碳黑尘	0.59
15. 铅及其化合物	0.02
16. 镉及其化合物	0.03
17. 铍及其化合物	0.0004
18. 镍及其化合物	0.13
19. 锡及其化合物	0.27
20. 烟尘	2.18
21. 苯	0.05
22. 甲苯	0.18
23. 二甲苯	0.27
24. 苯并(a)芘	0.000002
25. 甲醛	0.09
26. 乙醛	0.45
27. 丙烯醛	0.06
28. 甲醇	0.67
29. 酚类	0.35
30. 沥青烟	0.19
31. 苯胺类	0.21

续表

污 染 物	污染当量值(千克)
32. 氯苯类	0.72
33. 硝基苯	0.17
34. 丙烯腈	0.22
35. 氯乙烯	0.55
36. 光气	0.04
37. 硫化氢	0.29
38. 氨	9.09
39. 三甲胺	0.32
40. 甲硫醇	0.04
41. 甲硫醚	0.28
42. 二甲二硫	0.28
43. 苯乙烯	25
44. 二硫化碳	20

全国污染源普查条例

1. 2007 年 10 月 9 日国务院令第 508 号公布
2. 根据 2019 年 3 月 2 日国务院令第 709 号《关于修改部分行政法规的决定》修订

第一章 总 则

第一条 为了科学、有效地组织实施全国污染源普查,保障污染源普查数据的准确性和及时性,根据《中华人民共和国统计法》和《中华人民共和国环境保护法》,制定本条例。

第二条 污染源普查的任务是,掌握各类污染源的数量、行业和地区分布情况,了解主要污染物的产生、排放和处理情况,建立健全重点污染源档案、污染源信息数据库和环境统计平台,为制定经济社会发展和环境保护政策、规划提供依据。

第三条 本条例所称污染源,是指因生产、生活和其他活动向环境排放污染物或者对环境产生不良影响的场所、设施、装置以及其他污染发生源。

第四条 污染源普查按照全国统一领导、部门分工协作、地方分级负责、各方共同参与的原则组织实施。

第五条 污染源普查所需经费,由中央和地方各级人民政府共同负担,并列入相应年度的财政预算,按时拨付,确保足额到位。

污染源普查经费应当统一管理,专款专用,严格控制支出。

第六条 全国污染源普查每10年进行1次,标准时点为普查年份的12月31日。

第七条 报刊、广播、电视和互联网等新闻媒体,应当及时开展污染源普查工作的宣传报道。

第二章 污染源普查的对象、范围、内容和方法

第八条 污染源普查的对象是中华人民共和国境内有污染源的单位和个体经营户。

第九条 污染源普查对象有义务接受污染源普查领导小组办公室、普查人员依法进行的调查,并如实反映情况,提供有关资料,按照要求填报污染源普查表。

污染源普查对象不得迟报、虚报、瞒报和拒报普查数据;不得推诿、拒绝和阻挠调查;不得转移、隐匿、篡改、毁弃原材料消耗记录、生产记录、污染物治理设施运行记录、污染物排放监测记录以及其他与污染物产生和排放有关的原始资料。

第十条 污染源普查范围包括:工业污染源,农业污染源,生活污染源,集中式污染治理设施和其他产生、排放污染物的设施。

第十一条 工业污染源普查的主要内容包括:企业基本登记信息,原材料消耗情况,产品生产情况,产生污染的设施情况,各类污染物产生、治理、排放和综合利用情况,各类污染防治设施建设、运行情况等。

农业污染源普查的主要内容包括:农业生产规模,用水、排水情况,化肥、农药、饲料和饲料添加剂以及农用薄膜等农业投入品使用情况,秸秆等种植业剩余物处理情况以及养殖业污染物产生、治理情况等。

生活污染源普查的主要内容包括:从事第三产业的单位的基本情况和污染物的产生、排放、治理情况,机动车污染物排放情况,城镇生活能源结构和能源消费量,生活用水量、排水量以及污染物排放情

况等。

集中式污染治理设施普查的主要内容包括：设施基本情况和运行状况，污染物的处理处置情况，渗滤液、污泥、焚烧残渣和废气的产生、处置以及利用情况等。

第十二条　每次污染源普查的具体范围和内容，由国务院批准的普查方案确定。

第十三条　污染源普查采用全面调查的方法，必要时可以采用抽样调查的方法。

污染源普查采用全国统一的标准和技术要求。

第三章　污染源普查的组织实施

第十四条　全国污染源普查领导小组负责领导和协调全国污染源普查工作。

全国污染源普查领导小组办公室设在国务院生态环境主管部门，负责全国污染源普查日常工作。

第十五条　县级以上地方人民政府污染源普查领导小组，按照全国污染源普查领导小组的统一规定和要求，领导和协调本行政区域的污染源普查工作。

县级以上地方人民政府污染源普查领导小组办公室设在同级生态环境主管部门，负责本行政区域的污染源普查日常工作。

乡（镇）人民政府、街道办事处和村（居）民委员会应当广泛动员和组织社会力量积极参与并认真做好污染源普查工作。

第十六条　县级以上人民政府生态环境主管部门和其他有关部门，按照职责分工和污染源普查领导小组的统一要求，做好污染源普查相关工作。

第十七条　全国污染源普查方案由全国污染源普查领导小组办公室拟订，经全国污染源普查领导小组审核同意，报国务院批准。

全国污染源普查方案应当包括：普查的具体范围和内容、普查的主要污染物、普查方法、普查的组织实施以及经费预算等。

拟订全国污染源普查方案，应当充分听取有关部门和专家的意见。

第十八条　全国污染源普查领导小组办公室根据全国污染源普查方案拟订污染源普查表，报国家统计局审定。

省、自治区、直辖市人民政府污染源普查领导小组办公室,可以根据需要增设本行政区域污染源普查附表,报全国污染源普查领导小组办公室批准后使用。

第十九条　在普查启动阶段,污染源普查领导小组办公室应当进行单位清查。

县级以上人民政府机构编制、民政、市场监督管理以及其他具有设立审批、登记职能的部门,应当向同级污染源普查领导小组办公室提供其审批或者登记的单位资料,并协助做好单位清查工作。

污染源普查领导小组办公室应当以本行政区域现有的基本单位名录库为基础,按照全国污染源普查方案确定的污染源普查的具体范围,结合有关部门提供的单位资料,对污染源逐一核实清查,形成污染源普查单位名录。

第二十条　列入污染源普查范围的大、中型工业企业,应当明确相关机构负责本企业污染源普查表的填报工作,其他单位应当指定人员负责本单位污染源普查表的填报工作。

第二十一条　污染源普查领导小组办公室可以根据工作需要,聘用或者从有关单位借调人员从事污染源普查工作。

污染源普查领导小组办公室应当与聘用人员依法签订劳动合同,支付劳动报酬,并为其办理社会保险。借调人员的工资由原单位支付,其福利待遇保持不变。

第二十二条　普查人员应当坚持实事求是,恪守职业道德,具有执行普查任务所需要的专业知识。

污染源普查领导小组办公室应当对普查人员进行业务培训,对考核合格的颁发全国统一的普查员工作证。

第二十三条　普查人员依法独立行使调查、报告、监督和检查的职权,有权查阅普查对象的原材料消耗记录、生产记录、污染物治理设施运行记录、污染物排放监测记录以及其他与污染物产生和排放有关的原始资料,并有权要求普查对象改正其填报的污染源普查表中不真实、不完整的内容。

第二十四条　普查人员应当严格执行全国污染源普查方案,不得伪造、篡改普查资料,不得强令、授意普查对象提供虚假普查资料。

普查人员执行污染源调查任务,不得少于2人,并应当出示普查员工作证;未出示普查员工作证的,普查对象可以拒绝接受调查。

第二十五条　普查人员应当依法直接访问普查对象,指导普查对象填报污染源普查表。污染源普查表填写完成后,应当由普查对象签字或者盖章确认。普查对象应当对其签字或者盖章的普查资料的真实性负责。

污染源普查领导小组办公室对其登记、录入的普查资料与普查对象填报的普查资料的一致性负责,并对其加工、整理的普查资料的准确性负责。

污染源普查领导小组办公室在登记、录入、加工和整理普查资料过程中,对普查资料有疑义的,应当向普查对象核实,普查对象应当如实说明或者改正。

第二十六条　各地方、各部门、各单位的负责人不得擅自修改污染源普查领导小组办公室、普查人员依法取得的污染源普查资料;不得强令或者授意污染源普查领导小组办公室、普查人员伪造或者篡改普查资料;不得对拒绝、抵制伪造或者篡改普查资料的普查人员打击报复。

第四章　数据处理和质量控制

第二十七条　污染源普查领导小组办公室应当按照全国污染源普查方案和有关标准、技术要求进行数据处理,并按时上报普查数据。

第二十八条　污染源普查领导小组办公室应当做好污染源普查数据备份和数据入库工作,建立健全污染源信息数据库,并加强日常管理和维护更新。

第二十九条　污染源普查领导小组办公室应当按照全国污染源普查方案,建立污染源普查数据质量控制岗位责任制,并对普查中的每个环节进行质量控制和检查验收。

污染源普查数据不符合全国污染源普查方案或有关标准、技术要求的,上一级污染源普查领导小组办公室可以要求下一级污染源普查领导小组办公室重新调查,确保普查数据的一致性、真实性和有效性。

第三十条　全国污染源普查领导小组办公室统一组织对污染源普查数据的质量核查。核查结果作为评估全国或者各省、自治区、直辖市污染源普查数据质量的重要依据。

污染源普查数据的质量达不到规定要求的,有关污染源普查领导小组办公室应当在全国污染源普查领导小组办公室规定的时间内重新进行污染源普查。

第五章 数据发布、资料管理和开发应用

第三十一条 全国污染源普查公报,根据全国污染源普查领导小组的决定发布。

地方污染源普查公报,经上一级污染源普查领导小组办公室核准发布。

第三十二条 普查对象提供的资料和污染源普查领导小组办公室加工、整理的资料属于国家秘密的,应当注明秘密的等级,并按照国家有关保密规定处理。

污染源普查领导小组办公室、普查人员对在污染源普查中知悉的普查对象的商业秘密,负有保密义务。

第三十三条 污染源普查领导小组办公室应当建立污染源普查资料档案管理制度。污染源普查资料档案的保管、调用和移交应当遵守国家有关档案管理规定。

第三十四条 国家建立污染源普查资料信息共享制度。

污染源普查领导小组办公室应当在污染源信息数据库的基础上,建立污染源普查资料信息共享平台,促进普查成果的开发和应用。

第三十五条 污染源普查取得的单个普查对象的资料严格限定用于污染源普查目的,不得作为考核普查对象是否完成污染物总量削减计划的依据,不得作为依照其他法律、行政法规对普查对象实施行政处罚和征收排污费的依据。

第六章 表彰和处罚

第三十六条 对在污染源普查工作中做出突出贡献的集体和个人,应当给予表彰和奖励。

第三十七条 地方、部门、单位的负责人有下列行为之一的,依法给予处分,并由县级以上人民政府统计机构予以通报批评;构成犯罪的,依法追究刑事责任:

(一)擅自修改污染源普查资料的;

(二)强令、授意污染源普查领导小组办公室、普查人员伪造或者篡改普查资料的;

(三)对拒绝、抵制伪造或者篡改普查资料的普查人员打击报复的。

第三十八条 普查人员不执行普查方案,或者伪造、篡改普查资料,或者强令、授意普查对象提供虚假普查资料的,依法给予处分。

污染源普查领导小组办公室、普查人员泄露在普查中知悉的普查对象商业秘密的,对直接负责的主管人员和其他直接责任人员依法给予处分;对普查对象造成损害的,应当依法承担民事责任。

第三十九条 污染源普查对象有下列行为之一的,污染源普查领导小组办公室应当及时向同级人民政府统计机构通报有关情况,提出处理意见,由县级以上人民政府统计机构责令改正,予以通报批评;情节严重的,可以建议对直接负责的主管人员和其他直接责任人员依法给予处分:

(一)迟报、虚报、瞒报或者拒报污染源普查数据的;

(二)推诿、拒绝或者阻挠普查人员依法进行调查的;

(三)转移、隐匿、篡改、毁弃原材料消耗记录、生产记录、污染物治理设施运行记录、污染物排放监测记录以及其他与污染物产生和排放有关的原始资料的。

单位有本条第一款所列行为之一的,由县级以上人民政府统计机构予以警告,可以处5万元以下的罚款。

个体经营户有本条第一款所列行为之一的,由县级以上人民政府统计机构予以警告,可以处1万元以下的罚款。

第四十条 污染源普查领导小组办公室应当设立举报电话和信箱,接受社会各界对污染源普查工作的监督和对违法行为的检举,并对检举有功的人员依法给予奖励,对检举的违法行为,依法予以查处。

第七章 附 则

第四十一条 军队、武装警察部队的污染源普查工作,由中国人民解放军总后勤部按照国家统一规定和要求组织实施。

新疆生产建设兵团的污染源普查工作,由新疆生产建设兵团按照国家统一规定和要求组织实施。

第四十二条 本条例自公布之日起施行。

党政领导干部生态环境损害责任追究办法(试行)

1. 中共中央办公厅、国务院办公厅2015年8月9日印发
2. 自2015年8月9日起施行

第一条 为贯彻落实党的十八大和十八届三中、四中全会精神,加快推进生态文明建设,健全生态文明制度体系,强化党政领导干部生态环境和资源保护职责,根据有关党内法规和国家法律法规,制定本办法。

第二条 本办法适用于县级以上地方各级党委和政府及其有关工作部门的领导成员,中央和国家机关有关工作部门领导成员;上列工作部门的有关机构领导人员。

第三条 地方各级党委和政府对本地区生态环境和资源保护负总责,党委和政府主要领导成员承担主要责任,其他有关领导成员在职责范围内承担相应责任。

中央和国家机关有关工作部门、地方各级党委和政府的有关工作部门及其有关机构领导人员按照职责分别承担相应责任。

第四条 党政领导干部生态环境损害责任追究,坚持依法依规、客观公正、科学认定、权责一致、终身追究的原则。

第五条 有下列情形之一的,应当追究相关地方党委和政府主要领导成员的责任:

(一)贯彻落实中央关于生态文明建设的决策部署不力,致使本地区生态环境和资源问题突出或者任期内生态环境状况明显恶化的;

(二)作出的决策与生态环境和资源方面政策、法律法规相违背的;

(三)违反主体功能区定位或者突破资源环境生态红线、城镇开发边界,不顾资源环境承载能力盲目决策造成严重后果的;

(四)作出的决策严重违反城乡、土地利用、生态环境保护等规划的;

(五)地区和部门之间在生态环境和资源保护协作方面推诿扯皮,主要领导成员不担当、不作为,造成严重后果的;

（六）本地区发生主要领导成员职责范围内的严重环境污染和生态破坏事件，或者对严重环境污染和生态破坏(灾害)事件处置不力的；

（七）对公益诉讼裁决和资源环境保护督察整改要求执行不力的；

（八）其他应当追究责任的情形。

有上述情形的，在追究相关地方党委和政府主要领导成员责任的同时，对其他有关领导成员及相关部门领导成员依据职责分工和履职情况追究相应责任。

第六条 有下列情形之一的，应当追究相关地方党委和政府有关领导成员的责任：

（一）指使、授意或者放任分管部门对不符合主体功能区定位或者生态环境和资源方面政策、法律法规的建设项目审批(核准)、建设或者投产(使用)的；

（二）对分管部门违反生态环境和资源方面政策、法律法规行为监管失察、制止不力甚至包庇纵容的；

（三）未正确履行职责，导致应当依法由政府责令停业、关闭的严重污染环境的企业事业单位或者其他生产经营者未停业、关闭的；

（四）对严重环境污染和生态破坏事件组织查处不力的；

（五）其他应当追究责任的情形。

第七条 有下列情形之一的，应当追究政府有关工作部门领导成员的责任：

（一）制定的规定或者采取的措施与生态环境和资源方面政策、法律法规相违背的；

（二）批准开发利用规划或者进行项目审批(核准)违反生态环境和资源方面政策、法律法规的；

（三）执行生态环境和资源方面政策、法律法规不力，不按规定对执行情况进行监督检查，或者在监督检查中敷衍塞责的；

（四）对发现或者群众举报的严重破坏生态环境和资源的问题，不按规定查处的；

（五）不按规定报告、通报或者公开环境污染和生态破坏(灾害)事件信息的；

（六）对应当移送有关机关处理的生态环境和资源方面的违纪违法案件线索不按规定移送的；

（七）其他应当追究责任的情形。

有上述情形的，在追究政府有关工作部门领导成员责任的同时，对负有责任的有关机构领导人员追究相应责任。

第八条　党政领导干部利用职务影响，有下列情形之一的，应当追究其责任：

（一）限制、干扰、阻碍生态环境和资源监管执法工作的；

（二）干预司法活动，插手生态环境和资源方面具体司法案件处理的；

（三）干预、插手建设项目，致使不符合生态环境和资源方面政策、法律法规的建设项目得以审批（核准）、建设或者投产（使用）的；

（四）指使篡改、伪造生态环境和资源方面调查和监测数据的；

（五）其他应当追究责任的情形。

第九条　党委及其组织部门在地方党政领导班子成员选拔任用工作中，应当按规定将资源消耗、环境保护、生态效益等情况作为考核评价的重要内容，对在生态环境和资源方面造成严重破坏负有责任的干部不得提拔使用或者转任重要职务。

第十条　党政领导干部生态环境损害责任追究形式有：诫勉、责令公开道歉；组织处理，包括调离岗位、引咎辞职、责令辞职、免职、降职等；党纪政纪处分。

组织处理和党纪政纪处分可以单独使用，也可以同时使用。

追责对象涉嫌犯罪的，应当及时移送司法机关依法处理。

第十一条　各级政府负有生态环境和资源保护监管职责的工作部门发现有本办法规定的追责情形的，必须按照职责依法对生态环境和资源损害问题进行调查，在根据调查结果依法作出行政处罚决定或者其他处理决定的同时，对相关党政领导干部应负责任和处理提出建议，按照干部管理权限将有关材料及时移送纪检监察机关或者组织（人事）部门。需要追究党纪政纪责任的，由纪检监察机关按照有关规定办理；需要给予诫勉、责令公开道歉和组织处理的，由组织（人事）部门按照有关规定办理。

负有生态环境和资源保护监管职责的工作部门、纪检监察机关、组织(人事)部门应当建立健全生态环境和资源损害责任追究的沟通协作机制。

司法机关在生态环境和资源损害等案件处理过程中发现有本办法规定的追责情形的,应当向有关纪检监察机关或者组织(人事)部门提出处理建议。

负责作出责任追究决定的机关和部门,一般应当将责任追究决定向社会公开。

第十二条　实行生态环境损害责任终身追究制。对违背科学发展要求、造成生态环境和资源严重破坏的,责任人不论是否已调离、提拔或者退休,都必须严格追责。

第十三条　政府负有生态环境和资源保护监管职责的工作部门、纪检监察机关、组织(人事)部门对发现本办法规定的追责情形应当调查而未调查,应当移送而未移送,应当追责而未追责的,追究有关责任人员的责任。

第十四条　受到责任追究的人员对责任追究决定不服的,可以向作出责任追究决定的机关和部门提出书面申诉。作出责任追究决定的机关和部门应当依据有关规定受理并作出处理。

申诉期间,不停止责任追究决定的执行。

第十五条　受到责任追究的党政领导干部,取消当年年度考核评优和评选各类先进的资格。

受到调离岗位处理的,至少一年内不得提拔;单独受到引咎辞职、责令辞职和免职处理的,至少一年内不得安排职务,至少两年内不得担任高于原任职务层次的职务;受到降职处理的,至少两年内不得提升职务。同时受到党纪政纪处分和组织处理的,按照影响期长的规定执行。

第十六条　乡(镇、街道)党政领导成员的生态环境损害责任追究,参照本办法有关规定执行。

第十七条　各省、自治区、直辖市党委和政府可以依据本办法制定实施细则。国务院负有生态环境和资源保护监管职责的部门应当制定落实本办法的具体制度和措施。

第十八条　本办法由中央组织部、监察部负责解释。

第十九条　本办法自 2015 年 8 月 9 日起施行。

生态环境标准管理办法

1. 2020年12月15日生态环境部令第17号公布
2. 自2021年2月1日起施行

第一章 总 则

第一条 为加强生态环境标准管理工作，依据《中华人民共和国环境保护法》《中华人民共和国标准化法》等法律法规，制定本办法。

第二条 本办法适用于生态环境标准的制定、实施、备案和评估。

第三条 本办法所称生态环境标准，是指由国务院生态环境主管部门和省级人民政府依法制定的生态环境保护工作中需要统一的各项技术要求。

第四条 生态环境标准分为国家生态环境标准和地方生态环境标准。

国家生态环境标准包括国家生态环境质量标准、国家生态环境风险管控标准、国家污染物排放标准、国家生态环境监测标准、国家生态环境基础标准和国家生态环境管理技术规范。国家生态环境标准在全国范围或者标准指定区域范围执行。

地方生态环境标准包括地方生态环境质量标准、地方生态环境风险管控标准、地方污染物排放标准和地方其他生态环境标准。地方生态环境标准在发布该标准的省、自治区、直辖市行政区域范围或者标准指定区域范围执行。

有地方生态环境质量标准、地方生态环境风险管控标准和地方污染物排放标准的地区，应当依法优先执行地方标准。

第五条 国家和地方生态环境质量标准、生态环境风险管控标准、污染物排放标准和法律法规规定强制执行的其他生态环境标准，以强制性标准的形式发布。法律法规未规定强制执行的国家和地方生态环境标准，以推荐性标准的形式发布。

强制性生态环境标准必须执行。

推荐性生态环境标准被强制性生态环境标准或者规章、行政规范性文件引用并赋予其强制执行效力的，被引用的内容必须执行，推荐性生态环境标准本身的法律效力不变。

第六条 国务院生态环境主管部门依法制定并组织实施国家生态环境标准,评估国家生态环境标准实施情况,开展地方生态环境标准备案,指导地方生态环境标准管理工作。

省级人民政府依法制定地方生态环境质量标准、地方生态环境风险管控标准和地方污染物排放标准,并报国务院生态环境主管部门备案。机动车等移动源大气污染物排放标准由国务院生态环境主管部门统一制定。

地方各级生态环境主管部门在各自职责范围内组织实施生态环境标准。

第七条 制定生态环境标准,应当遵循合法合规、体系协调、科学可行、程序规范等原则。

制定国家生态环境标准,应当根据生态环境保护需求编制标准项目计划,组织相关事业单位、行业协会、科研机构或者高等院校等开展标准起草工作,广泛征求国家有关部门、地方政府及相关部门、行业协会、企业事业单位和公众等方面的意见,并组织专家进行审查和论证。具体工作程序与要求由国务院生态环境主管部门另行制定。

第八条 制定生态环境标准,不得增加法律法规规定之外的行政权力事项或者减少法定职责;不得设定行政许可、行政处罚、行政强制等事项,增加办理行政许可事项的条件,规定出具循环证明、重复证明、无谓证明的内容;不得违法减损公民、法人和其他组织的合法权益或者增加其义务;不得超越职权规定应由市场调节、企业和社会自律、公民自我管理的事项;不得违法制定含有排除或者限制公平竞争内容的措施,违法干预或者影响市场主体正常生产经营活动,违法设置市场准入和退出条件等。

生态环境标准中不得规定采用特定企业的技术、产品和服务,不得出现特定企业的商标名称,不得规定采用尚在保护期内的专利技术和配方不公开的试剂,不得规定使用国家明令禁止或者淘汰使用的试剂。

第九条 生态环境标准发布时,应当留出适当的实施过渡期。

生态环境质量标准、生态环境风险管控标准、污染物排放标准等标准发布前,应当明确配套的污染防治、监测、执法等方面的指南、标准、规范及相关制定或者修改计划,以及标准宣传培训方案,确保标准有效实施。

第二章 生态环境质量标准

第十条 为保护生态环境,保障公众健康,增进民生福祉,促进经济社会可持续发展,限制环境中有害物质和因素,制定生态环境质量标准。

第十一条 生态环境质量标准包括大气环境质量标准、水环境质量标准、海洋环境质量标准、声环境质量标准、核与辐射安全基本标准。

第十二条 制定生态环境质量标准,应当反映生态环境质量特征,以生态环境基准研究成果为依据,与经济社会发展和公众生态环境质量需求相适应,科学合理确定生态环境保护目标。

第十三条 生态环境质量标准应当包括下列内容:
(一)功能分类;
(二)控制项目及限值规定;
(三)监测要求;
(四)生态环境质量评价方法;
(五)标准实施与监督等。

第十四条 生态环境质量标准是开展生态环境质量目标管理的技术依据,由生态环境主管部门统一组织实施。

实施大气、水、海洋、声环境质量标准,应当按照标准规定的生态环境功能类型划分功能区,明确适用的控制项目指标和控制要求,并采取措施达到生态环境质量标准的要求。

实施核与辐射安全基本标准,应当确保核与辐射的公众暴露风险可控。

第三章 生态环境风险管控标准

第十五条 为保护生态环境,保障公众健康,推进生态环境风险筛查与分类管理,维护生态环境安全,控制生态环境中的有害物质和因素,制定生态环境风险管控标准。

第十六条 生态环境风险管控标准包括土壤污染风险管控标准以及法律法规规定的其他环境风险管控标准。

第十七条 制定生态环境风险管控标准,应当根据环境污染状况、公众健康风险、生态环境风险、环境背景值和生态环境基准研究成果等因素,区分不同保护对象和用途功能,科学合理确定风险管控要求。

第十八条 生态环境风险管控标准应当包括下列内容:

(一)功能分类;

(二)控制项目及风险管控值规定;

(三)监测要求;

(四)风险管控值使用规则;

(五)标准实施与监督等。

第十九条 生态环境风险管控标准是开展生态环境风险管理的技术依据。

实施土壤污染风险管控标准,应当按照土地用途分类管理,管控风险,实现安全利用。

第四章 污染物排放标准

第二十条 为改善生态环境质量,控制排入环境中的污染物或者其他有害因素,根据生态环境质量标准和经济、技术条件,制定污染物排放标准。

国家污染物排放标准是对全国范围内污染物排放控制的基本要求。地方污染物排放标准是地方为进一步改善生态环境质量和优化经济社会发展,对本行政区域提出的国家污染物排放标准补充规定或者更加严格的规定。

第二十一条 污染物排放标准包括大气污染物排放标准、水污染物排放标准、固体废物污染控制标准、环境噪声排放控制标准和放射性污染防治标准等。

水和大气污染物排放标准,根据适用对象分为行业型、综合型、通用型、流域(海域)或者区域型污染物排放标准。

行业型污染物排放标准适用于特定行业或者产品污染源的排放控制;综合型污染物排放标准适用于行业型污染物排放标准适用范围以外的其他行业污染源的排放控制;通用型污染物排放标准适用于跨行业通用生产工艺、设备、操作过程或者特定污染物、特定排放方式的排放控制;流域(海域)或者区域型污染物排放标准适用于特定流域(海域)或者区域范围内的污染源排放控制。

第二十二条 制定行业型或者综合型污染物排放标准,应当反映所管控行业的污染物排放特征,以行业污染防治可行技术和可接受生态环境风险为主要依据,科学合理确定污染物排放控制要求。

制定通用型污染物排放标准,应当针对所管控的通用生产工艺、设备、操作过程的污染物排放特征,或者特定污染物、特定排放方式的排放特征,以污染防治可行技术、可接受生态环境风险、感官阈值等为主要依据,科学合理确定污染物排放控制要求。

制定流域(海域)或者区域型污染物排放标准,应当围绕改善生态环境质量、防范生态环境风险、促进转型发展,在国家污染物排放标准基础上作出补充规定或者更加严格的规定。

第二十三条　污染物排放标准应当包括下列内容:

(一)适用的排放控制对象、排放方式、排放去向等情形;

(二)排放控制项目、指标、限值和监测位置等要求,以及必要的技术和管理措施要求;

(三)适用的监测技术规范、监测分析方法、核算方法及其记录要求;

(四)达标判定要求;

(五)标准实施与监督等。

第二十四条　污染物排放标准按照下列顺序执行:

(一)地方污染物排放标准优先于国家污染物排放标准;地方污染物排放标准未规定的项目,应当执行国家污染物排放标准的相关规定。

(二)同属国家污染物排放标准的,行业型污染物排放标准优先于综合型和通用型污染物排放标准;行业型或者综合型污染物排放标准未规定的项目,应当执行通用型污染物排放标准的相关规定。

(三)同属地方污染物排放标准的,流域(海域)或者区域型污染物排放标准优先于行业型污染物排放标准,行业型污染物排放标准优先于综合型和通用型污染物排放标准。流域(海域)或者区域型污染物排放标准未规定的项目,应当执行行业型或者综合型污染物排放标准的相关规定;流域(海域)或者区域型、行业型或者综合型污染物排放标准均未规定的项目,应当执行通用型污染物排放标准的相关规定。

第二十五条　污染物排放标准规定的污染物排放方式、排放限值等是判定污染物排放是否超标的技术依据。排放污染物或者其他有害因素,应当符合污染物排放标准规定的各项控制要求。

第五章 生态环境监测标准

第二十六条 为监测生态环境质量和污染物排放情况,开展达标评定和风险筛查与管控,规范布点采样、分析测试、监测仪器、卫星遥感影像质量、量值传递、质量控制、数据处理等监测技术要求,制定生态环境监测标准。

第二十七条 生态环境监测标准包括生态环境监测技术规范、生态环境监测分析方法标准、生态环境监测仪器及系统技术要求、生态环境标准样品等。

第二十八条 制定生态环境监测标准应当配套支持生态环境质量标准、生态环境风险管控标准、污染物排放标准的制定和实施,以及优先控制化学品环境管理、国际履约等生态环境管理及监督执法需求,采用稳定可靠且经过验证的方法,在保证标准的科学性、合理性、普遍适用性的前提下提高便捷性,易于推广使用。

第二十九条 生态环境监测技术规范应当包括监测方案制定、布点采样、监测项目与分析方法、数据分析与报告、监测质量保证与质量控制等内容。

生态环境监测分析方法标准应当包括试剂材料、仪器与设备、样品、测定操作步骤、结果表示等内容。

生态环境监测仪器及系统技术要求应当包括测定范围、性能要求、检验方法、操作说明及校验等内容。

第三十条 制定生态环境质量标准、生态环境风险管控标准和污染物排放标准时,应当采用国务院生态环境主管部门制定的生态环境监测分析方法标准;国务院生态环境主管部门尚未制定适用的生态环境监测分析方法标准的,可以采用其他部门制定的监测分析方法标准。

对生态环境质量标准、生态环境风险管控标准和污染物排放标准实施后发布的生态环境监测分析方法标准,未明确是否适用于相关标准的,国务院生态环境主管部门可以组织开展适用性、等效性比对;通过比对的,可以用于生态环境质量标准、生态环境风险管控标准和污染物排放标准中控制项目的测定。

第三十一条 对地方生态环境质量标准、地方生态环境风险管控标准或者地方污染物排放标准中规定的控制项目,国务院生态环境主管部门尚未制定适用的国家生态环境监测分析方法标准的,可以在地方生态环境质量标准、地方生态环境风险管控标准或者地方污染物排放标准中规定相应的监测分析方法,或者采用地方生态环境监测分析方法标准。适用于该控制项目监测的国家生态环境监测分析方法标准实施后,地方生态环境监测分析方法不再执行。

第六章 生态环境基础标准

第三十二条 为统一规范生态环境标准的制订技术工作和生态环境管理工作中具有通用指导意义的技术要求,制定生态环境基础标准,包括生态环境标准制订技术导则、生态环境通用术语、图形符号、编码和代号(代码)及其相应的编制规则等。

第三十三条 制定生态环境标准制订技术导则,应当明确标准的定位、基本原则、技术路线、技术方法和要求,以及对标准文本及编制说明等材料的内容和格式要求。

第三十四条 制定生态环境通用术语、图形符号、编码和代号(代码)编制规则等,应当借鉴国际标准和国内标准的相关规定,做到准确、通用、可辨识,力求简洁易懂。

第三十五条 制定生态环境标准,应当符合相应类别生态环境标准制订技术导则的要求,采用生态环境基础标准规定的通用术语、图形符号、编码和代号(代码)编制规则等,做到标准内容衔接、体系协调、格式规范。

在生态环境保护工作中使用专业用语和名词术语,设置图形标志,对档案信息进行分类、编码等,应当采用相应的术语、图形、编码技术标准。

第七章 生态环境管理技术规范

第三十六条 为规范各类生态环境保护管理工作的技术要求,制定生态环境管理技术规范,包括大气、水、海洋、土壤、固体废物、化学品、核与辐射安全、声与振动、自然生态、应对气候变化等领域的管理技术指南、导则、规程、规范等。

第三十七条 制定生态环境管理技术规范应当有明确的生态环境管理需求,内容科学合理,针对性和可操作性强,有利于规范生态环境管理工作。

第三十八条　生态环境管理技术规范为推荐性标准,在相关领域环境管理中实施。

第八章　地方生态环境标准

第三十九条　地方生态环境质量标准、地方生态环境风险管控标准和地方污染物排放标准可以对国家相应标准中未规定的项目作出补充规定,也可以对国家相应标准中已规定的项目作出更加严格的规定。

第四十条　对本行政区域内没有国家污染物排放标准的特色产业、特有污染物,或者国家有明确要求的特定污染源或者污染物,应当补充制定地方污染物排放标准。

有下列情形之一的,应当制定比国家污染物排放标准更严格的地方污染物排放标准:

(一)产业密集、环境问题突出的;

(二)现有污染物排放标准不能满足行政区域内环境质量要求的;

(三)行政区域环境形势复杂,无法适用统一的污染物排放标准的。

国务院生态环境主管部门应当加强对地方污染物排放标准制定工作的指导。

第四十一条　制定地方流域(海域)或者区域型污染物排放标准,应当按照生态环境质量改善要求,进行合理分区,确定污染物排放控制要求,促进流域(海域)或者区域内行业优化布局、调整结构、转型升级。

第四十二条　制定地方生态环境标准,或者提前执行国家污染物排放标准中相应排放控制要求的,应当根据本行政区域生态环境质量改善需求和经济、技术条件,进行全面评估论证,并充分听取各方意见。

第四十三条　地方生态环境质量标准、地方生态环境风险管控标准和地方污染物排放标准发布后,省级人民政府或者其委托的省级生态环境主管部门应当依法报国务院生态环境主管部门备案。

第四十四条　地方生态环境质量标准、地方生态环境风险管控标准和地方污染物排放标准报国务院生态环境主管部门备案时,应当提交标准文本、编制说明、发布文件等材料。

标准编制说明应当设立专章,说明与该标准适用范围相同或者交叉的国家生态环境标准中控制要求的对比分析情况。

第四十五条 国务院生态环境主管部门收到地方生态环境标准备案材料后,予以备案,并公开相关备案信息;发现问题的,可以告知相关省级生态环境主管部门,建议按照法定程序修改。

第四十六条 依法提前实施国家机动车大气污染物排放标准中相应阶段排放限值的,应当报国务院生态环境主管部门备案。

第四十七条 新发布实施的国家生态环境质量标准、生态环境风险管控标准或者污染物排放标准规定的控制要求严于现行的地方生态环境质量标准、生态环境风险管控标准或者污染物排放标准的,地方生态环境质量标准、生态环境风险管控标准或者污染物排放标准,应当依法修订或者废止。

第九章 标准实施评估及其他规定

第四十八条 为掌握生态环境标准实际执行情况及存在的问题,提升生态环境标准科学性、系统性、适用性,标准制定机关应当根据生态环境和经济社会发展形势,结合相关科学技术进展和实际工作需要,组织评估生态环境标准实施情况,并根据评估结果对标准适时进行修订。

第四十九条 强制性生态环境标准应当定期开展实施情况评估,与其配套的推荐性生态环境标准实施情况可以同步开展评估。

第五十条 生态环境质量标准实施评估,应当依据生态环境基准研究进展,针对生态环境质量特征的演变,评估标准技术内容的科学合理性。

生态环境风险管控标准实施评估,应当依据环境背景值、生态环境基准和环境风险评估研究进展,针对环境风险特征的演变,评估标准风险管控要求的科学合理性。

污染物排放标准实施评估,应当关注标准实施中普遍反映的问题,重点评估标准规定内容的执行情况,论证污染控制项目、排放限值等设置的合理性,分析标准实施的生态环境效益、经济成本、达标技术和达标率,开展影响标准实施的制约因素分析并提出解决建议。

生态环境监测标准和生态环境管理技术规范的实施评估,应当结合标准使用过程中反馈的问题、建议和相关技术手段的发展,重点评估标准规定内容的适用性和科学性,以及与生态环境质量标准、生态环境风险管控标准和污染物排放标准的协调性。

第五十一条 生态环境标准由其制定机关委托的出版机构出版、发行,依法公开。省级以上人民政府生态环境主管部门应当在其网站上公布相关的生态环境标准,供公众免费查阅、下载。

第五十二条 生态环境标准由其制定机关负责解释,标准解释与标准正文具有同等效力。相关技术单位可以受标准制定机关委托,对标准内容提供技术咨询。

第十章 附 则

第五十三条 本办法由国务院生态环境主管部门负责解释。

第五十四条 本办法自2021年2月1日起施行。《环境标准管理办法》(国家环境保护总局令第3号)和《地方环境质量标准和污染物排放标准备案管理办法》(环境保护部令第9号)同时废止。

碳排放权交易管理暂行条例

1. 2024年1月5日国务院第23次常务会议通过
2. 2024年1月25日国务院令第775号公布
3. 自2024年5月1日起施行

第一条 为了规范碳排放权交易及相关活动,加强对温室气体排放的控制,积极稳妥推进碳达峰碳中和,促进经济社会绿色低碳发展,推进生态文明建设,制定本条例。

第二条 本条例适用于全国碳排放权交易市场的碳排放权交易及相关活动。

第三条 碳排放权交易及相关活动的管理,应当坚持中国共产党的领导,贯彻党和国家路线方针政策和决策部署,坚持温室气体排放控制与经济社会发展相适应,坚持政府引导与市场调节相结合,遵循公开、公平、公正的原则。

国家加强碳排放权交易领域的国际合作与交流。

第四条 国务院生态环境主管部门负责碳排放权交易及相关活动的监督管理工作。国务院有关部门按照职责分工,负责碳排放权交易及相关活动的有关监督管理工作。

地方人民政府生态环境主管部门负责本行政区域内碳排放权交易及相关活动的监督管理工作。地方人民政府有关部门按照职责分工,负责本行政区域内碳排放权交易及相关活动的有关监督管理工作。

第五条　全国碳排放权注册登记机构按照国家有关规定,负责碳排放权交易产品登记,提供交易结算等服务。全国碳排放权交易机构按照国家有关规定,负责组织开展碳排放权集中统一交易。登记和交易的收费应当合理,收费项目、收费标准和管理办法应当向社会公开。

全国碳排放权注册登记机构和全国碳排放权交易机构应当按照国家有关规定,完善相关业务规则,建立风险防控和信息披露制度。

国务院生态环境主管部门会同国务院市场监督管理部门、中国人民银行和国务院银行业监督管理机构,对全国碳排放权注册登记机构和全国碳排放权交易机构进行监督管理,并加强信息共享和执法协作配合。

碳排放权交易应当逐步纳入统一的公共资源交易平台体系。

第六条　碳排放权交易覆盖的温室气体种类和行业范围,由国务院生态环境主管部门会同国务院发展改革等有关部门根据国家温室气体排放控制目标研究提出,报国务院批准后实施。

碳排放权交易产品包括碳排放配额和经国务院批准的其他现货交易产品。

第七条　纳入全国碳排放权交易市场的温室气体重点排放单位(以下简称重点排放单位)以及符合国家有关规定的其他主体,可以参与碳排放权交易。

生态环境主管部门、其他对碳排放权交易及相关活动负有监督管理职责的部门(以下简称其他负有监督管理职责的部门)、全国碳排放权注册登记机构、全国碳排放权交易机构以及本条例规定的技术服务机构的工作人员,不得参与碳排放权交易。

第八条　国务院生态环境主管部门会同国务院有关部门,根据国家温室气体排放控制目标,制定重点排放单位的确定条件。省、自治区、直辖市人民政府(以下统称省级人民政府)生态环境主管部门会同同级有关部门,按照重点排放单位的确定条件制定本行政区域年度重点排放单位名录。

重点排放单位的确定条件和年度重点排放单位名录应当向社会公布。

第九条　国务院生态环境主管部门会同国务院有关部门,根据国家温室气体排放控制目标,综合考虑经济社会发展、产业结构调整、行业发展阶段、历史排放情况、市场调节需要等因素,制定年度碳排放配额总量和分配方案,并组织实施。碳排放配额实行免费分配,并根据国家有关要求逐步推行免费和有偿相结合的分配方式。

省级人民政府生态环境主管部门会同同级有关部门,根据年度碳排放配额总量和分配方案,向本行政区域内的重点排放单位发放碳排放配额,不得违反年度碳排放配额总量和分配方案发放或者调剂碳排放配额。

第十条 依照本条例第六条、第八条、第九条的规定研究提出碳排放权交易覆盖的温室气体种类和行业范围、制定重点排放单位的确定条件以及年度碳排放配额总量和分配方案,应当征求省级人民政府、有关行业协会、企业事业单位、专家和公众等方面的意见。

第十一条 重点排放单位应当采取有效措施控制温室气体排放,按照国家有关规定和国务院生态环境主管部门制定的技术规范,制定并严格执行温室气体排放数据质量控制方案,使用依法经计量检定合格或者校准的计量器具开展温室气体排放相关检验检测,如实准确统计核算本单位温室气体排放量,编制上一年度温室气体排放报告(以下简称年度排放报告),并按照规定将排放统计核算数据、年度排放报告报送其生产经营场所所在地省级人民政府生态环境主管部门。

重点排放单位应当对其排放统计核算数据、年度排放报告的真实性、完整性、准确性负责。

重点排放单位应当按照国家有关规定,向社会公开其年度排放报告中的排放量、排放设施、统计核算方法等信息。年度排放报告所涉数据的原始记录和管理台账应当至少保存5年。

重点排放单位可以委托依法设立的技术服务机构开展温室气体排放相关检验检测、编制年度排放报告。

第十二条 省级人民政府生态环境主管部门应当对重点排放单位报送的年度排放报告进行核查,确认其温室气体实际排放量。核查工作应当在规定的时限内完成,并自核查完成之日起7个工作日内向重点排放单位反馈核查结果。核查结果应当向社会公开。

省级人民政府生态环境主管部门可以通过政府购买服务等方式,委托依法设立的技术服务机构对年度排放报告进行技术审核。重点排放单位应当配合技术服务机构开展技术审核工作,如实提供有关数据和资料。

第十三条　接受委托开展温室气体排放相关检验检测的技术服务机构，应当遵守国家有关技术规程和技术规范要求，对其出具的检验检测报告承担相应责任，不得出具不实或者虚假的检验检测报告。重点排放单位应当按照国家有关规定制作和送检样品，对样品的代表性、真实性负责。

接受委托编制年度排放报告、对年度排放报告进行技术审核的技术服务机构，应当按照国家有关规定，具备相应的设施设备、技术能力和技术人员，建立业务质量管理制度，独立、客观、公正开展相关业务，对其出具的年度排放报告和技术审核意见承担相应责任，不得篡改、伪造数据资料，不得使用虚假的数据资料或者实施其他弄虚作假行为。年度排放报告编制和技术审核的具体管理办法由国务院生态环境主管部门会同国务院有关部门制定。

技术服务机构在同一省、自治区、直辖市范围内不得同时从事年度排放报告编制业务和技术审核业务。

第十四条　重点排放单位应当根据省级人民政府生态环境主管部门对年度排放报告的核查结果，按照国务院生态环境主管部门规定的时限，足额清缴其碳排放配额。

重点排放单位可以通过全国碳排放权交易市场购买或者出售碳排放配额，其购买的碳排放配额可以用于清缴。

重点排放单位可以按照国家有关规定，购买经核证的温室气体减排量用于清缴其碳排放配额。

第十五条　碳排放权交易可以采取协议转让、单向竞价或者符合国家有关规定的其他现货交易方式。

禁止任何单位和个人通过欺诈、恶意串通、散布虚假信息等方式操纵全国碳排放权交易市场或者扰乱全国碳排放权交易市场秩序。

第十六条　国务院生态环境主管部门建立全国碳排放权交易市场管理平台，加强对碳排放配额分配、清缴以及重点排放单位温室气体排放情况等的全过程监督管理，并与国务院有关部门实现信息共享。

第十七条　生态环境主管部门和其他负有监督管理职责的部门，可以在各自职责范围内对重点排放单位等交易主体、技术服务机构进行现场检查。

生态环境主管部门和其他负有监督管理职责的部门进行现场检查,可以采取查阅、复制相关资料,查询、检查相关信息系统等措施,并可以要求有关单位和个人就相关事项作出说明。被检查者应当如实反映情况、提供资料,不得拒绝、阻碍。

进行现场检查,检查人员不得少于2人,并应当出示执法证件。检查人员对检查中知悉的国家秘密、商业秘密,依法负有保密义务。

第十八条 任何单位和个人对违反本条例规定的行为,有权向生态环境主管部门和其他负有监督管理职责的部门举报。接到举报的部门应当依法及时处理,按照国家有关规定向举报人反馈处理结果,并为举报人保密。

第十九条 生态环境主管部门或者其他负有监督管理职责的部门的工作人员在碳排放权交易及相关活动的监督管理工作中滥用职权、玩忽职守、徇私舞弊的,应当依法给予处分。

第二十条 生态环境主管部门、其他负有监督管理职责的部门、全国碳排放权注册登记机构、全国碳排放权交易机构以及本条例规定的技术服务机构的工作人员参与碳排放权交易的,由国务院生态环境主管部门责令依法处理持有的碳排放配额等交易产品,没收违法所得,可以并处所交易碳排放配额等产品的价款等值以下的罚款;属于国家工作人员的,还应当依法给予处分。

第二十一条 重点排放单位有下列情形之一的,由生态环境主管部门责令改正,处5万元以上50万元以下的罚款;拒不改正的,可以责令停产整治:

(一)未按照规定制定并执行温室气体排放数据质量控制方案;

(二)未按照规定报送排放统计核算数据、年度排放报告;

(三)未按照规定向社会公开年度排放报告中的排放量、排放设施、统计核算方法等信息;

(四)未按照规定保存年度排放报告所涉数据的原始记录和管理台账。

第二十二条 重点排放单位有下列情形之一的,由生态环境主管部门责令改正,没收违法所得,并处违法所得5倍以上10倍以下的罚款;没有违法所得或者违法所得不足50万元的,处50万元以上200万元以下的罚款;对其直接负责的主管人员和其他直接责任人员处5万元以上 20 万元以下的罚款；拒不改正的，按照 50% 以上 100% 以下的比例核减其下一年度碳排放配额，可以责令停产整治：

（一）未按照规定统计核算温室气体排放量；

（二）编制的年度排放报告存在重大缺陷或者遗漏，在年度排放报告编制过程中篡改、伪造数据资料，使用虚假的数据资料或者实施其他弄虚作假行为；

（三）未按照规定制作和送检样品。

第二十三条　技术服务机构出具不实或者虚假的检验检测报告的，由生态环境主管部门责令改正，没收违法所得，并处违法所得 5 倍以上 10 倍以下的罚款；没有违法所得或者违法所得不足 2 万元的，处 2 万元以上 10 万元以下的罚款；情节严重的，由负责资质认定的部门取消其检验检测资质。

技术服务机构出具的年度排放报告或者技术审核意见存在重大缺陷或者遗漏，在年度排放报告编制或者对年度排放报告进行技术审核过程中篡改、伪造数据资料，使用虚假的数据资料或者实施其他弄虚作假行为的，由生态环境主管部门责令改正，没收违法所得，并处违法所得 5 倍以上 10 倍以下的罚款；没有违法所得或者违法所得不足 20 万元的，处 20 万元以上 100 万元以下的罚款；情节严重的，禁止其从事年度排放报告编制和技术审核业务。

技术服务机构因本条第一款、第二款规定的违法行为受到处罚的，对其直接负责的主管人员和其他直接责任人员处 2 万元以上 20 万元以下的罚款，5 年内禁止从事温室气体排放相关检验检测、年度排放报告编制和技术审核业务；情节严重的，终身禁止从事前述业务。

第二十四条　重点排放单位未按照规定清缴其碳排放配额的，由生态环境主管部门责令改正，处未清缴的碳排放配额清缴时限前 1 个月市场交易平均成交价格 5 倍以上 10 倍以下的罚款；拒不改正的，按照未清缴的碳排放配额等量核减其下一年度碳排放配额，可以责令停产整治。

第二十五条　操纵全国碳排放权交易市场的，由国务院生态环境主管部门责令改正，没收违法所得，并处违法所得 1 倍以上 10 倍以下的罚款；没有违法所得或者违法所得不足 50 万元的，处 50 万元以上 500 万元以下的罚款。单位因前述违法行为受到处罚的，对其直接负责的主管人员和其他直接责任人员给予警告,并处 10 万元以上 100 万元以下的罚款。

扰乱全国碳排放权交易市场秩序的,由国务院生态环境主管部门责令改正,没收违法所得,并处违法所得 1 倍以上 10 倍以下的罚款;没有违法所得或者违法所得不足 10 万元的,处 10 万元以上 100 万元以下的罚款。单位因前述违法行为受到处罚的,对其直接负责的主管人员和其他直接责任人员给予警告,并处 5 万元以上 50 万元以下的罚款。

第二十六条 拒绝、阻碍生态环境主管部门或者其他负有监督管理职责的部门依法实施监督检查的,由生态环境主管部门或者其他负有监督管理职责的部门责令改正,处 2 万元以上 20 万元以下的罚款。

第二十七条 国务院生态环境主管部门会同国务院有关部门建立重点排放单位等交易主体、技术服务机构信用记录制度,将重点排放单位等交易主体、技术服务机构因违反本条例规定受到行政处罚等信息纳入国家有关信用信息系统,并依法向社会公布。

第二十八条 违反本条例规定,给他人造成损害的,依法承担民事责任;构成违反治安管理行为的,依法给予治安管理处罚;构成犯罪的,依法追究刑事责任。

第二十九条 对本条例施行前建立的地方碳排放权交易市场,应当参照本条例的规定健全完善有关管理制度,加强监督管理。

本条例施行后,不再新建地方碳排放权交易市场,重点排放单位不再参与相同温室气体种类和相同行业的地方碳排放权交易市场的碳排放权交易。

第三十条 本条例下列用语的含义:

(一)温室气体,是指大气中吸收和重新放出红外辐射的自然和人为的气态成分,包括二氧化碳、甲烷、氧化亚氮、氢氟碳化物、全氟化碳、六氟化硫和三氟化氮。

(二)碳排放配额,是指分配给重点排放单位规定时期内的二氧化碳等温室气体的排放额度。1 个单位碳排放配额相当于向大气排放 1 吨的二氧化碳当量。

(三)清缴,是指重点排放单位在规定的时限内,向生态环境主管部门缴纳等同于其经核查确认的上一年度温室气体实际排放量的碳排放配额的行为。

第三十一条 重点排放单位消费非化石能源电力的,按照国家有关规定对其碳排放配额和温室气体排放量予以相应调整。

第三十二条 国务院生态环境主管部门会同国务院民用航空等主管部门可以依照本条例规定的原则,根据实际需要,结合民用航空等行业温室气体排放控制的特点,对民用航空等行业的重点排放单位名录制定、碳排放配额发放与清缴、温室气体排放数据统计核算和年度排放报告报送与核查等制定具体管理办法。

第三十三条 本条例自2024年5月1日起施行。

碳排放权交易管理办法(试行)

1. 2020年12月31日生态环境部令第19号公布
2. 自2021年2月1日起施行

第一章 总 则

第一条 为落实党中央、国务院关于建设全国碳排放权交易市场的决策部署,在应对气候变化和促进绿色低碳发展中充分发挥市场机制作用,推动温室气体减排,规范全国碳排放权交易及相关活动,根据国家有关温室气体排放控制的要求,制定本办法。

第二条 本办法适用于全国碳排放权交易及相关活动,包括碳排放配额分配和清缴,碳排放权登记、交易、结算,温室气体排放报告与核查等活动,以及对前述活动的监督管理。

第三条 全国碳排放权交易及相关活动应当坚持市场导向、循序渐进、公平公开和诚实守信的原则。

第四条 生态环境部按照国家有关规定建设全国碳排放权交易市场。

全国碳排放权交易市场覆盖的温室气体种类和行业范围,由生态环境部拟订,按程序报批后实施,并向社会公开。

第五条 生态环境部按照国家有关规定,组织建立全国碳排放权注册登记机构和全国碳排放权交易机构,组织建设全国碳排放权注册登记系统和全国碳排放权交易系统。

全国碳排放权注册登记机构通过全国碳排放权注册登记系统,记录碳排放配额的持有、变更、清缴、注销等信息,并提供结算服务。全国碳排放权注册登记系统记录的信息是判断碳排放配额归属的最终依据。

全国碳排放权交易机构负责组织开展全国碳排放权集中统一交易。

全国碳排放权注册登记机构和全国碳排放权交易机构应当定期向生态环境部报告全国碳排放权登记、交易、结算等活动和机构运行有关情况,以及应当报告的其他重大事项,并保证全国碳排放权注册登记系统和全国碳排放权交易系统安全稳定可靠运行。

第六条　生态环境部负责制定全国碳排放权交易及相关活动的技术规范,加强对地方碳排放配额分配、温室气体排放报告与核查的监督管理,并会同国务院其他有关部门对全国碳排放权交易及相关活动进行监督管理和指导。

省级生态环境主管部门负责在本行政区域内组织开展碳排放配额分配和清缴、温室气体排放报告的核查等相关活动,并进行监督管理。

设区的市级生态环境主管部门负责配合省级生态环境主管部门落实相关具体工作,并根据本办法有关规定实施监督管理。

第七条　全国碳排放权注册登记机构和全国碳排放权交易机构及其工作人员,应当遵守全国碳排放权交易及相关活动的技术规范,并遵守国家其他有关主管部门关于交易监管的规定。

第二章　温室气体重点排放单位

第八条　温室气体排放单位符合下列条件的,应当列入温室气体重点排放单位(以下简称重点排放单位)名录:

(一)属于全国碳排放权交易市场覆盖行业;

(二)年度温室气体排放量达到2.6万吨二氧化碳当量。

第九条　省级生态环境主管部门应当按照生态环境部的有关规定,确定本行政区域重点排放单位名录,向生态环境部报告,并向社会公开。

第十条　重点排放单位应当控制温室气体排放,报告碳排放数据,清缴碳排放配额,公开交易及相关活动信息,并接受生态环境主管部门的监督管理。

第十一条　存在下列情形之一的,确定名录的省级生态环境主管部门应当将相关温室气体排放单位从重点排放单位名录中移出：

（一）连续二年温室气体排放未达到2.6万吨二氧化碳当量的；

（二）因停业、关闭或者其他原因不再从事生产经营活动，因而不再排放温室气体的。

第十二条　温室气体排放单位申请纳入重点排放单位名录的，确定名录的省级生态环境主管部门应当进行核实；经核实符合本办法第八条规定条件的，应当将其纳入重点排放单位名录。

第十三条　纳入全国碳排放权交易市场的重点排放单位，不再参与地方碳排放权交易试点市场。

第三章　分配与登记

第十四条　生态环境部根据国家温室气体排放控制要求，综合考虑经济增长、产业结构调整、能源结构优化、大气污染物排放协同控制等因素，制定碳排放配额总量确定与分配方案。

省级生态环境主管部门应当根据生态环境部制定的碳排放配额总量确定与分配方案，向本行政区域内的重点排放单位分配规定年度的碳排放配额。

第十五条　碳排放配额分配以免费分配为主，可以根据国家有关要求适时引入有偿分配。

第十六条　省级生态环境主管部门确定碳排放配额后，应当书面通知重点排放单位。

重点排放单位对分配的碳排放配额有异议的，可以自接到通知之日起七个工作日内，向分配配额的省级生态环境主管部门申请复核；省级生态环境主管部门应当自接到复核申请之日起十个工作日内，作出复核决定。

第十七条　重点排放单位应当在全国碳排放权注册登记系统开立账户，进行相关业务操作。

第十八条　重点排放单位发生合并、分立等情形需要变更单位名称、碳排放配额等事项的，应当报经所在地省级生态环境主管部门审核后，向全国碳排放权注册登记机构申请变更登记。全国碳排放权注册登记机构应当通过全国碳排放权注册登记系统进行变更登记，并向社会公开。

第十九条　国家鼓励重点排放单位、机构和个人，出于减少温室气体排放等公益目的自愿注销其所持有的碳排放配额。

自愿注销的碳排放配额,在国家碳排放配额总量中予以等量核减,不再进行分配、登记或者交易。相关注销情况应当向社会公开。

第四章 排 放 交 易

第二十条 全国碳排放权交易市场的交易产品为碳排放配额,生态环境部可以根据国家有关规定适时增加其他交易产品。

第二十一条 重点排放单位以及符合国家有关交易规则的机构和个人,是全国碳排放权交易市场的交易主体。

第二十二条 碳排放权交易应当通过全国碳排放权交易系统进行,可以采取协议转让、单向竞价或者其他符合规定的方式。

全国碳排放权交易机构应当按照生态环境部有关规定,采取有效措施,发挥全国碳排放权交易市场引导温室气体减排的作用,防止过度投机的交易行为,维护市场健康发展。

第二十三条 全国碳排放权注册登记机构应当根据全国碳排放权交易机构提供的成交结果,通过全国碳排放权注册登记系统为交易主体及时更新相关信息。

第二十四条 全国碳排放权注册登记机构和全国碳排放权交易机构应当按照国家有关规定,实现数据及时、准确、安全交换。

第五章 排放核查与配额清缴

第二十五条 重点排放单位应当根据生态环境部制定的温室气体排放核算与报告技术规范,编制该单位上一年度的温室气体排放报告,载明排放量,并于每年3月31日前报生产经营场所所在地的省级生态环境主管部门。排放报告所涉数据的原始记录和管理台账应当至少保存五年。

重点排放单位对温室气体排放报告的真实性、完整性、准确性负责。

重点排放单位编制的年度温室气体排放报告应当定期公开,接受社会监督,涉及国家秘密和商业秘密的除外。

第二十六条 省级生态环境主管部门应当组织开展对重点排放单位温室气体排放报告的核查,并将核查结果告知重点排放单位。核查结果应当作为重点排放单位碳排放配额清缴依据。

省级生态环境主管部门可以通过政府购买服务的方式委托技术服务机构提供核查服务。技术服务机构应当对提交的核查结果的真实性、完整性和准确性负责。

第二十七条 重点排放单位对核查结果有异议的,可以自被告知核查结果之日起七个工作日内,向组织核查的省级生态环境主管部门申请复核;省级生态环境主管部门应当自接到复核申请之日起十个工作日内,作出复核决定。

第二十八条 重点排放单位应当在生态环境部规定的时限内,向分配配额的省级生态环境主管部门清缴上年度的碳排放配额。清缴量应当大于等于省级生态环境主管部门核查结果确认的该单位上年度温室气体实际排放量。

第二十九条 重点排放单位每年可以使用国家核证自愿减排量抵销碳排放配额的清缴,抵销比例不得超过应清缴碳排放配额的5%。相关规定由生态环境部另行制定。

用于抵销的国家核证自愿减排量,不得来自纳入全国碳排放权交易市场配额管理的减排项目。

第六章 监 督 管 理

第三十条 上级生态环境主管部门应当加强对下级生态环境主管部门的重点排放单位名录确定、全国碳排放权交易及相关活动情况的监督检查和指导。

第三十一条 设区的市级以上地方生态环境主管部门根据对重点排放单位温室气体排放报告的核查结果,确定监督检查重点和频次。

设区的市级以上地方生态环境主管部门应当采取"双随机、一公开"的方式,监督检查重点排放单位温室气体排放和碳排放配额清缴情况,相关情况按程序报生态环境部。

第三十二条 生态环境部和省级生态环境主管部门,应当按照职责分工,定期公开重点排放单位年度碳排放配额清缴情况等信息。

第三十三条 全国碳排放权注册登记机构和全国碳排放权交易机构应当遵守国家交易监管等相关规定,建立风险管理机制和信息披露制度,制定风险管理预案,及时公布碳排放权登记、交易、结算等信息。

全国碳排放权注册登记机构和全国碳排放权交易机构的工作人员不得利用职务便利谋取不正当利益,不得泄露商业秘密。

第三十四条 交易主体违反本办法关于碳排放权注册登记、结算或者交易相关规定的,全国碳排放权注册登记机构和全国碳排放权交易机构可以按照国家有关规定,对其采取限制交易措施。

第三十五条 鼓励公众、新闻媒体等对重点排放单位和其他交易主体的碳排放权交易及相关活动进行监督。

重点排放单位和其他交易主体应当按照生态环境部有关规定,及时公开有关全国碳排放权交易及相关活动信息,自觉接受公众监督。

第三十六条 公民、法人和其他组织发现重点排放单位和其他交易主体有违反本办法规定行为的,有权向设区的市级以上地方生态环境主管部门举报。

接受举报的生态环境主管部门应当依法予以处理,并按照有关规定反馈处理结果,同时为举报人保密。

第七章 罚 则

第三十七条 生态环境部、省级生态环境主管部门、设区的市级生态环境主管部门的有关工作人员,在全国碳排放权交易及相关活动的监督管理中滥用职权、玩忽职守、徇私舞弊的,由其上级行政机关或者监察机关责令改正,并依法给予处分。

第三十八条 全国碳排放权注册登记机构和全国碳排放权交易机构及其工作人员违反本办法规定,有下列行为之一的,由生态环境部依法给予处分,并向社会公开处理结果:

(一)利用职务便利谋取不正当利益的;

(二)有其他滥用职权、玩忽职守、徇私舞弊行为的。

全国碳排放权注册登记机构和全国碳排放权交易机构及其工作人员违反本办法规定,泄露有关商业秘密或者有构成其他违反国家交易监管规定行为的,依照其他有关规定处理。

第三十九条 重点排放单位虚报、瞒报温室气体排放报告,或者拒绝履行温室气体排放报告义务的,由其生产经营场所所在地设区的市级以上地方生态环境主管部门责令限期改正,处一万元以上三万元以下的罚款。逾期未改正的,由重点排放单位生产经营场所所在地的省级生态环境主管部门测算其温室气体实际排放量,并将该排放量作为碳排放配额清缴的依据;对虚报、瞒报部分,等量核减其下一年度碳排放配额。

第四十条 重点排放单位未按时足额清缴碳排放配额的,由其生产经营场所所在地设区的市级以上地方生态环境主管部门责令限期改正,处二万元以上三万元以下的罚款;逾期未改正的,对欠缴部分,由重点排放单位生产经营场所所在地的省级生态环境主管部门等量核减其下一年度碳排放配额。

第四十一条 违反本办法规定,涉嫌构成犯罪的,有关生态环境主管部门应当依法移送司法机关。

第八章 附 则

第四十二条 本办法中下列用语的含义:

(一)温室气体:是指大气中吸收和重新放出红外辐射的自然和人为的气态成分,包括二氧化碳(CO_2)、甲烷(CH_4)、氧化亚氮(N_2O)、氢氟碳化物(HFCs)、全氟碳化物(PFCs)、六氟化硫(SF_6)和三氟化氮(NF_3)。

(二)碳排放:是指煤炭、石油、天然气等化石能源燃烧活动和工业生产过程以及土地利用变化与林业等活动产生的温室气体排放,也包括因使用外购的电力和热力等所导致的温室气体排放。

(三)碳排放权:是指分配给重点排放单位的规定时期内的碳排放额度。

(四)国家核证自愿减排量:是指对我国境内可再生能源、林业碳汇、甲烷利用等项目的温室气体减排效果进行量化核证,并在国家温室气体自愿减排交易注册登记系统中登记的温室气体减排量。

第四十三条 本办法自 2021 年 2 月 1 日起施行。

环境保护行政执法与刑事司法衔接工作办法

1. 2017 年 1 月 25 日环境保护部、公安部、最高人民检察院发布施行
2. 环环监〔2017〕17 号

第一章 总 则

第一条 为进一步健全环境保护行政执法与刑事司法衔接工作机制,依法惩治环境犯罪行为,切实保障公众健康,推进生态文明建设,依据

《刑法》《刑事诉讼法》《环境保护法》《行政执法机关移送涉嫌犯罪案件的规定》(国务院令第310号)等法律、法规及有关规定,制定本办法。

第二条 本办法适用于各级环境保护主管部门(以下简称环保部门)、公安机关和人民检察院办理的涉嫌环境犯罪案件。

第三条 各级环保部门、公安机关和人民检察院应当加强协作,统一法律适用,不断完善线索通报、案件移送、资源共享和信息发布等工作机制。

第四条 人民检察院对环保部门移送涉嫌环境犯罪案件活动和公安机关对移送案件的立案活动,依法实施法律监督。

第二章 案件移送与法律监督

第五条 环保部门在查办环境违法案件过程中,发现涉嫌环境犯罪案件,应当核实情况并作出移送涉嫌环境犯罪案件的书面报告。本机关负责人应当自接到报告之日起3日内作出批准移送或者不批准移送的决定。向公安机关移送的涉嫌环境犯罪案件,应当符合下列条件:

(一)实施行政执法的主体与程序合法。

(二)有合法证据证明有涉嫌环境犯罪的事实发生。

第六条 环保部门移送涉嫌环境犯罪案件,应当自作出移送决定后24小时内向同级公安机关移交案件材料,并将案件移送书抄送同级人民检察院。

环保部门向公安机关移送涉嫌环境犯罪案件时,应当附下列材料:

(一)案件移送书,载明移送机关名称、涉嫌犯罪罪名及主要依据、案件主办人及联系方式等。案件移送书应当附移送材料清单,并加盖移送机关公章。

(二)案件调查报告,载明案件来源、查获情况、犯罪嫌疑人基本情况、涉嫌犯罪的事实、证据和法律依据、处理建议和法律依据等。

(三)现场检查(勘察)笔录、调查询问笔录、现场勘验图、采样记录单等。

(四)涉案物品清单,载明已查封、扣押等采取行政强制措施的涉案物品名称、数量、特征、存放地等事项,并附采取行政强制措施、现场笔录等表明涉案物品来源的相关材料。

（五）现场照片或者录音录像资料及清单，载明需证明的事实对象、拍摄人、拍摄时间、拍摄地点等。

（六）监测、检验报告、突发环境事件调查报告、认定意见。

（七）其他有关涉嫌犯罪的材料。

对环境违法行为已经作出行政处罚决定的，还应当附行政处罚决定书。

第七条 对环保部门移送的涉嫌环境犯罪案件，公安机关应当依法接受，并立即出具接受案件回执或者在涉嫌环境犯罪案件移送书的回执上签字。

第八条 公安机关审查发现移送的涉嫌环境犯罪案件材料不全的，应当在接受案件的 24 小时内书面告知移送的环保部门在 3 日内补正。但不得以材料不全为由，不接受移送案件。

公安机关审查发现移送的涉嫌环境犯罪案件证据不充分的，可以就证明有犯罪事实的相关证据等提出补充调查意见，由移送案件的环保部门补充调查。环保部门应当按照要求补充调查，并及时将调查结果反馈公安机关。因客观条件所限，无法补正的，环保部门应当向公安机关作出书面说明。

第九条 公安机关对环保部门移送的涉嫌环境犯罪案件，应当自接受案件之日起 3 日内作出立案或者不予立案的决定；涉嫌环境犯罪线索需要查证的，应当自接受案件之日起 7 日内作出决定；重大疑难复杂案件，经县级以上公安机关负责人批准，可以自受案之日起 30 日内作出决定。接受案件后对属于公安机关管辖但不属于本公安机关管辖的案件，应当在 24 小时内移送有管辖权的公安机关，并书面通知移送案件的环保部门，抄送同级人民检察院。对不属于公安机关管辖的，应当在 24 小时内退回移送案件的环保部门。

公安机关作出立案、不予立案、撤销案件决定的，应当自作出决定之日起 3 日内书面通知环保部门，并抄送同级人民检察院。公安机关作出不予立案或者撤销案件决定的，应当书面说明理由，并将案卷材料退回环保部门。

第十条 环保部门应当自接到公安机关立案通知书之日起 3 日内将涉案物品以及与案件有关的其他材料移交公安机关，并办理交接手续。

涉及查封、扣押物品的，环保部门和公安机关应当密切配合，加强协作,防止涉案物品转移、隐匿、损毁、灭失等情况发生。对具有危险性或者环境危害性的涉案物品,环保部门应当组织临时处理处置,公安机关应当积极协助;对无明确责任人、责任人不具备履行责任能力或者超出部门处置能力的,应当呈报涉案物品所在地政府组织处置。上述处置费用清单随附处置合同、缴费凭证等作为犯罪获利的证据,及时补充移送公安机关。

第十一条 环保部门认为公安机关不予立案决定不当的,可以自接到不予立案通知书之日起 3 个工作日内向作出决定的公安机关申请复议,公安机关应当自收到复议申请之日起 3 个工作日内作出立案或者不予立案的复议决定,并书面通知环保部门。

第十二条 环保部门对公安机关逾期未作出是否立案决定、以及对不予立案决定、复议决定、立案后撤销案件决定有异议的,应当建议人民检察院进行立案监督。人民检察院应当受理并进行审查。

第十三条 环保部门建议人民检察院进行立案监督的案件,应当提供立案监督建议书、相关案件材料,并附公安机关不予立案、立案后撤销案件决定及说明理由材料,复议维持不予立案决定材料或者公安机关逾期未作出是否立案决定的材料。

第十四条 人民检察院发现环保部门不移送涉嫌环境犯罪案件的,可以派员查询、调阅有关案件材料,认为涉嫌环境犯罪应当移送的,应当提出建议移送的检察意见。环保部门应当自收到检察意见后 3 日内将案件移送公安机关,并将执行情况通知人民检察院。

第十五条 人民检察院发现公安机关可能存在应当立案而不立案或者逾期未作出是否立案决定的,应当启动立案监督程序。

第十六条 环保部门向公安机关移送涉嫌环境犯罪案件,已作出的警告、责令停产停业、暂扣或者吊销许可证的行政处罚决定,不停止执行。未作出行政处罚决定的,原则上应当在公安机关决定不予立案或者撤销案件、人民检察院作出不起诉决定、人民法院作出无罪判决或者免予刑事处罚后,再决定是否给予行政处罚。涉嫌犯罪案件的移送办理期间,不计入行政处罚期限。

对尚未作出生效裁判的案件,环保部门依法应当给予或者提请人民政府给予暂扣或者吊销许可证、责令停产停业等行政处罚,需要配合的,公安机关、人民检察院应当给予配合。

第十七条　公安机关对涉嫌环境犯罪案件,经审查没有犯罪事实,或者立案侦查后认为犯罪事实显著轻微、不需要追究刑事责任,但经审查依法应当予以行政处罚的,应当及时将案件移交环保部门,并抄送同级人民检察院。

第十八条　人民检察院对符合逮捕、起诉条件的环境犯罪嫌疑人,应当及时批准逮捕、提起公诉。人民检察院对决定不起诉的案件,应当自作出决定之日起3日内,书面告知移送案件的环保部门,认为应当给予行政处罚的,可以提出予以行政处罚的检察意见。

第十九条　人民检察院对公安机关提请批准逮捕的犯罪嫌疑人作出不批准逮捕决定,并通知公安机关补充侦查的,或者人民检察院对公安机关移送审查起诉的案件审查后,认为犯罪事实不清、证据不足,将案件退回补充侦查的,应当制作补充侦查提纲,写明补充侦查的方向和要求。

　　对退回补充侦查的案件,公安机关应当按照补充侦查提纲的要求,在一个月内补充侦查完毕。公安机关补充侦查和人民检察院自行侦查需要环保部门协助的,环保部门应当予以协助。

第三章　证据的收集与使用

第二十条　环保部门在行政执法和查办案件过程中依法收集制作的物证、书证、视听资料、电子数据、监测报告、检验报告、认定意见、鉴定意见、勘验笔录、检查笔录等证据材料,在刑事诉讼中可以作为证据使用。

第二十一条　环保部门、公安机关、人民检察院收集的证据材料,经法庭查证属实,且收集程序符合有关法律、行政法规规定的,可以作为定案的根据。

第二十二条　环保部门或者公安机关依据《国家危险废物名录》或者组织专家研判等得出认定意见的,应当载明涉案单位名称、案由、涉案物品识别认定的理由,按照"经认定,……属于\不属于……危险废物,废物代码……"的格式出具结论,加盖公章。

第四章　协作机制

第二十三条　环保部门、公安机关和人民检察院应当建立健全环境行政执法与刑事司法衔接的长效工作机制。确定牵头部门及联络人,定期召开联席会议,通报衔接工作情况,研究存在的问题,提出加强部门衔接的对策,协调解决环境执法问题,开展部门联合培训。联席会议应明确议定事项。

第二十四条　环保部门、公安机关、人民检察院应当建立双向案件咨询制度。环保部门对重大疑难复杂案件,可以就刑事案件立案追诉标准、证据的固定和保全等问题咨询公安机关、人民检察院;公安机关、人民检察院可以就案件办理中的专业性问题咨询环保部门。受咨询的机关应当认真研究,及时答复;书面咨询的,应当在7日内书面答复。

第二十五条　公安机关、人民检察院办理涉嫌环境污染犯罪案件,需要环保部门提供环境监测或者技术支持的,环保部门应当按照上述部门刑事案件办理的法定时限要求积极协助,及时提供现场勘验、环境监测及认定意见。所需经费,应当列入本机关的行政经费预算,由同级财政予以保障。

第二十六条　环保部门在执法检查时,发现违法行为明显涉嫌犯罪的,应当及时向公安机关通报。公安机关认为有必要的可以依法开展初查,对符合立案条件的,应当及时依法立案侦查。在公安机关立案侦查前,环保部门应当继续对违法行为进行调查。

第二十七条　环保部门、公安机关应当相互依托"12369"环保举报热线和"110"报警服务平台,建立完善接处警的快速响应和联合调查机制,强化对打击涉嫌环境犯罪的联勤联动。在办案过程中,环保部门、公安机关应当依法及时启动相应的调查程序,分工协作,防止证据灭失。

第二十八条　在联合调查中,环保部门应当重点查明排污者严重污染环境的事实,污染物的排放方式,及时收集、提取、监测、固定污染物种类、浓度、数量、排放去向等。公安机关应当注意控制现场,重点查明相关责任人身份、岗位信息,视情节轻重对直接负责的主管人员和其他责任人员依法采取相应强制措施。两部门均应规范制作笔录,并留存现场摄像或照片。

第二十九条　对案情重大或者复杂疑难案件,公安机关可以听取人民检察院的意见。人民检察院应当及时提出意见和建议。

第三十条　涉及移送的案件在庭审中,需要出庭说明情况的,相关执法或者技术人员有义务出庭说明情况,接受庭审质证。

第三十一条 环保部门、公安机关和人民检察院应当加强对重大案件的联合督办工作,适时对重大案件进行联合挂牌督办,督促案件办理。同时,要逐步建立专家库,吸纳污染防治、重点行业以及环境案件侦办等方面的专家和技术骨干,为查处打击环境污染犯罪案件提供专业支持。

第三十二条 环保部门和公安机关在查办环境污染违法犯罪案件过程中发现包庇纵容、徇私舞弊、贪污受贿、失职渎职等涉嫌职务犯罪行为的,应当及时将线索移送人民检察院。

第五章 信 息 共 享

第三十三条 各级环保部门、公安机关、人民检察院应当积极建设、规范使用行政执法与刑事司法衔接信息共享平台,逐步实现涉嫌环境犯罪案件的网上移送、网上受理和网上监督。

第三十四条 已经接入信息共享平台的环保部门、公安机关、人民检察院,应当自作出相关决定之日起 7 日内分别录入下列信息:

(一)适用一般程序的环境违法事实、案件行政处罚、案件移送、提请复议和建议人民检察院进行立案监督的信息;

(二)移送涉嫌犯罪案件的立案、不予立案、立案后撤销案件、复议、人民检察院监督立案后的处理情况,以及提请批准逮捕、移送审查起诉的信息;

(三)监督移送、监督立案以及批准逮捕、提起公诉、裁判结果的信息。

尚未建成信息共享平台的环保部门、公安机关、人民检察院,应当自作出相关决定后及时向其他部门通报前款规定的信息。

第三十五条 各级环保部门、公安机关、人民检察院应当对信息共享平台录入的案件信息及时汇总、分析、综合研判,定期总结通报平台运行情况。

第六章 附 则

第三十六条 各省、自治区、直辖市的环保部门、公安机关、人民检察院可以根据本办法制定本行政区域的实施细则。

第三十七条 环境行政执法中部分专有名词的含义。

（一）"现场勘验图"，是指描绘主要生产及排污设备布置等案发现场情况、现场周边环境、各采样点位、污染物排放途径的平面示意图。

（二）"外环境"，是指污染物排入的自然环境。满足下列条件之一的，视同为外环境。

1. 排污单位停产或没有排污，但有依法取得的证据证明其有持续或间歇排污，而且无可处理相应污染因子的措施的，经核实生产工艺后，其产污环节之后的废水收集池（槽、罐、沟）内。

2. 发现暗管，虽无当场排污，但在外环境有确认由该单位排放污染物的痕迹，此暗管连通的废水收集池（槽、罐、沟）内。

3. 排污单位连通外环境的雨水沟（井、渠）中任何一处。

4. 对排放含第一类污染物的废水，其产生车间或车间处理设施的排放口。无法在车间或者车间处理设施排放口对含第一类污染物的废水采样的，废水总排放口或查实由该企业排入其他外环境处。

第三十八条　本办法所涉期间除明确为工作日以外，其余均以自然日计算。期间开始之日不算在期间以内。期间的最后一日为节假日的，以节假日后的第一日为期满日期。

第三十九条　本办法自发布之日起施行。原国家环保总局、公安部和最高人民检察院《关于环境保护主管部门移送涉嫌环境犯罪案件的若干规定》（环发〔2007〕78号）同时废止。

生态环境部行政复议办法

1. 2024年4月11日生态环境部令第33号公布
2. 自2024年6月1日起施行

目　录

第一章　总　　则
第二章　行政复议申请
第三章　行政复议受理

第四章　行政复议审理
第五章　行政复议决定
第六章　附　　则

第一章　总　　则

第一条　为防止和纠正违法的或者不当的行政行为，保护公民、法人和其他组织的合法权益，监督和保障生态环境部依法行使职权，发挥行政复议化解行政争议的主渠道作用，依据《中华人民共和国行政复议法》等法律、行政法规，制定本办法。

第二条　生态环境部受理行政复议申请、办理行政复议案件，适用本办法。

第三条　行政复议工作坚持中国共产党的领导。

生态环境部履行行政复议职责，应当遵循合法、公正、公开、高效、便民、为民的原则，坚持有错必纠，保障法律、法规的正确实施。

第四条　生态环境部办理行政复议案件，可以进行调解。

调解应当遵循合法、自愿的原则，不得损害国家利益、社会公共利益和他人合法权益，不得违反法律、法规的强制性规定。

第五条　生态环境部法制工作部门是生态环境部行政复议机构，具体办理行政复议案件。生态环境部行政复议机构同时组织办理生态环境部的行政应诉事项。

第六条　生态环境部行政复议机构中初次从事行政复议工作的人员，应当通过国家统一法律职业资格考试取得法律职业资格，并参加统一职前培训。

第七条　对在生态环境部行政复议工作中做出显著成绩的单位和个人，按照国家有关规定给予表彰和奖励。

第八条　生态环境部应当确保行政复议机构的人员配备与所承担的工作任务相适应，提高行政复议人员专业素质，根据工作需要保障办案场所、装备等设施。行政复议工作经费列入本级预算。

第二章　行政复议申请

第九条　生态环境部管辖下列行政复议案件：

（一）对生态环境部作出的行政行为不服的；

（二）对生态环境部依法设立的派出机构依照法律、行政法规、部

门规章规定,以派出机构的名义作出的行政行为不服的;

(三)对生态环境部管理的法律、行政法规、部门规章授权的组织作出的行政行为不服的。

前款规定的生态环境部、生态环境部依法设立的派出机构和生态环境部管理的法律、行政法规、部门规章授权的组织,以下简称为生态环境部及其派出机构、管理的组织。

公民、法人或者其他组织对生态环境部和其他国务院部门以共同名义作出的同一行政行为不服的,可以向生态环境部或者其他共同作出行政行为的国务院部门提出行政复议申请,由生态环境部和其他作出行政行为的国务院部门共同作出行政复议决定。

第十条 公民、法人或者其他组织可以依照行政复议法第十一条规定的行政复议范围,向生态环境部申请行政复议。

下列事项不属于行政复议范围:

(一)国防、外交等国家行为;

(二)行政法规、规章或者行政机关制定、发布的具有普遍约束力的决定、命令等规范性文件;

(三)生态环境部及其派出机构、管理的组织对本机关工作人员的奖惩、任免等决定;

(四)生态环境部及其派出机构、管理的组织对民事纠纷作出的调解。

信访事项按照《信访工作条例》有关规定办理。

第十一条 公民、法人或者其他组织认为被复议的行政行为所依据的规范性文件不合法,在对行政行为申请行政复议时,可以依据行政复议法第十三条的规定,一并向生态环境部提出对该规范性文件的附带审查申请。

第十二条 依照行政复议法规定申请行政复议的公民、法人或者其他组织是申请人。

同一行政复议案件申请人人数众多的,可以由申请人推选代表人参加行政复议。

代表人参加行政复议的行为对其所代表的申请人发生效力,但是代表人变更行政复议请求、撤回行政复议申请、承认第三人请求的,应当经被代表的申请人同意。

第十三条 申请人以外的同被申请行政复议的行政行为或者行政复议案件处理结果有利害关系的公民、法人或者其他组织,可以作为第三人申请参加行政复议,或者由生态环境部行政复议机构通知其作为第三人参加行政复议。

第三人不参加行政复议,不影响行政复议案件的审理。

第十四条 申请人、第三人可以委托一至二名律师、基层法律服务工作者或者其他代理人代为参加行政复议。

申请人、第三人委托代理人的,应当向生态环境部行政复议机构提交授权委托书,委托人及被委托人的身份证明文件。授权委托书应当载明委托事项、权限和期限。申请人、第三人变更或者解除代理人权限的,应当书面告知生态环境部行政复议机构。

第十五条 公民、法人或者其他组织认为生态环境部及其派出机构、管理的组织的行政行为侵犯其合法权益的,可以自知道或者应当知道该行政行为之日起六十日内提出行政复议申请;但是法律规定的申请期限超过六十日的除外。

因不可抗力或者其他正当理由耽误法定申请期限的,申请期限自障碍消除之日起继续计算。

生态环境部及其派出机构、管理的组织作出行政行为时,未告知公民、法人或者其他组织申请行政复议的权利、行政复议机关和申请期限的,申请期限自公民、法人或者其他组织知道或者应当知道申请行政复议的权利、行政复议机关和申请期限之日起计算,但是自知道或者应当知道行政行为内容之日起最长不得超过一年。

因不动产提出的行政复议申请自行政行为作出之日起超过二十年,其他行政复议申请自行政行为作出之日起超过五年的,生态环境部不予受理。

第十六条 申请人申请行政复议,可以书面申请;书面申请有困难的,也可以口头申请。

书面申请的,可以通过邮寄或者生态环境部指定的互联网渠道等方式提交行政复议申请书,也可以当面提交行政复议申请书。生态环境部及其派出机构、管理的组织通过互联网渠道送达行政行为决定书的,应当同时提供提交行政复议申请书的互联网渠道。

口头申请的,生态环境部应当当场记录申请人的基本情况、行政复议请求、申请行政复议的主要事实、理由和时间。

申请人对两个以上行政行为不服的,应当分别申请行政复议。

第十七条 有下列情形之一的,申请人应当先向生态环境部申请行政复议,对行政复议决定不服的,可以再依法向人民法院提起行政诉讼:

(一)对生态环境部及其派出机构、管理的组织当场作出的行政处罚决定不服的;

(二)认为生态环境部及其派出机构、管理的组织存在行政复议法第十一条规定的未履行法定职责情形的;

(三)申请政府信息公开,生态环境部及其派出机构、管理的组织不予公开的;

(四)法律、行政法规规定应当先申请行政复议的其他情形。

对前款规定的情形,生态环境部及其派出机构、管理的组织在作出行政行为时应当告知公民、法人或者其他组织先向生态环境部申请行政复议。

第三章 行政复议受理

第十八条 生态环境部收到行政复议申请后,应当在五日内进行审查。对符合下列规定的,生态环境部应当予以受理:

(一)有明确的申请人和符合行政复议法规定的被申请人;

(二)申请人与被申请行政复议的行政行为有利害关系;

(三)有具体的行政复议请求和理由;

(四)在法定申请期限内提出;

(五)属于行政复议法规定的行政复议范围;

(六)属于生态环境部的管辖范围;

(七)行政复议机关未受理过该申请人就同一行政行为提出的行政复议申请,并且人民法院未受理过该申请人就同一行政行为提起的行政诉讼。

对不符合前款规定的行政复议申请,生态环境部应当在审查期限内决定不予受理并说明理由;不属于生态环境部管辖的,还应当在不予受理决定中告知申请人有管辖权的行政复议机关。

行政复议申请的审查期限届满,生态环境部未作出不予受理决定的,审查期限届满之日起视为受理。

第十九条 行政复议申请材料不齐全或者表述不清楚,无法判断行政复议申请是否符合本办法第十八条第一款规定的,生态环境部应当自收到申请之日起五日内书面通知申请人补正。补正通知应当一次性载明需要补正的事项。

申请人应当自收到补正通知之日起十日内提交补正材料。有正当理由不能按期补正的,生态环境部可以延长合理的补正期限。无正当理由逾期不补正的,视为申请人放弃行政复议申请,并记录在案。

生态环境部收到补正材料后,依照本办法第十八条的规定处理。

第二十条 生态环境部受理行政复议申请后,发现该行政复议申请不符合本办法第十八条第一款规定的,应当决定驳回申请并说明理由。

第四章 行政复议审理

第二十一条 生态环境部行政复议机构应当指定行政复议人员负责办理行政复议案件。

行政复议人员对办理行政复议案件过程中知悉的国家秘密、商业秘密和个人隐私,应当予以保密。

第二十二条 被申请人对其作出的行政行为的合法性、适当性负有举证责任。

有下列情形之一的,申请人应当提供证据:

(一)认为被申请人不履行法定职责的,提供曾经要求被申请人履行法定职责的证据,但是被申请人应当依职权主动履行法定职责或者申请人因正当理由不能提供的除外;

(二)提出行政赔偿请求的,提供受行政行为侵害而造成损害的证据,但是因被申请人原因导致申请人无法举证的,由被申请人承担举证责任;

(三)法律、法规规定需要申请人提供证据的其他情形。

第二十三条 生态环境部有权向有关单位和个人调查取证,查阅、复制、调取有关文件和资料,向有关人员进行询问。

调查取证时,行政复议人员不得少于两人,并应当出示行政复议工作证件。

被调查取证的单位和个人应当积极配合行政复议人员的工作,不得拒绝或者阻挠。

第二十四条 行政复议期间涉及专门事项需要鉴定的,当事人可以自行委托鉴定机构进行鉴定,也可以申请生态环境部行政复议机构委托鉴定机构进行鉴定。

案件复杂、涉及专业问题以及其他需要现场勘验情形的,可以委托专业机构进行现场勘验。

鉴定、现场勘验所用时间不计入行政复议审理期限。鉴定、现场勘验的启动和终止,应当告知申请人。

第二十五条 行政复议期间有行政复议法第三十九条规定的中止情形的,行政复议中止。

行政复议中止的原因消除后,应当及时恢复行政复议案件的审理。

生态环境部中止、恢复行政复议案件的审理,应当书面告知当事人。

第二十六条 行政复议期间有行政复议法第四十一条规定的终止情形的,生态环境部决定终止行政复议。

第二十七条 行政复议期间行政行为不停止执行;但是有行政复议法第四十二条规定情形的,应当停止执行。

第二十八条 适用普通程序审理的行政复议案件,生态环境部行政复议机构应当自行政复议申请受理之日起七日内,将行政复议申请书副本或者行政复议申请笔录复印件发送被申请人。被申请人应当自收到行政复议申请书副本或者行政复议申请笔录复印件之日起十日内,提出书面答复,并提交作出行政行为的证据、依据和其他有关材料。

第二十九条 适用普通程序审理的行政复议案件,生态环境部行政复议机构应当当面或者通过互联网、电话等方式听取当事人的意见,并将听取的意见记录在案。因当事人原因不能听取意见的,可以书面审理。

第三十条 审理重大、疑难、复杂的行政复议案件,生态环境部行政复议机构应当组织听证。

生态环境部行政复议机构认为有必要听证,或者申请人请求听证的,生态环境部行政复议机构可以组织听证。

听证由一名行政复议人员任主持人,两名以上行政复议人员任听证员,一名记录员制作听证笔录。

第三十一条 生态环境部审理下列复议案件,认为事实清楚、权利义务关系明确、争议不大的,可以适用简易程序:

（一）被申请行政复议的行政行为是当场作出；
（二）被申请行政复议的行政行为是警告或者通报批评；
（三）案件涉及款额三千元以下；
（四）属于政府信息公开案件。

除前款规定以外的行政复议案件，当事人各方同意适用简易程序的，可以适用简易程序。

第三十二条 适用简易程序审理的行政复议案件，生态环境部行政复议机构应当自受理行政复议申请之日起三日内，将行政复议申请书副本或者行政复议申请笔录复印件发送被申请人。被申请人应当自收到行政复议申请书副本或者行政复议申请笔录复印件之日起五日内，提出书面答复，并提交作出行政行为的证据、依据和其他有关材料。

适用简易程序审理的行政复议案件，可以书面审理。

适用简易程序审理的行政复议案件，生态环境部行政复议机构认为不宜适用简易程序的，经生态环境部行政复议机构的负责人批准，可以转为普通程序审理。

第三十三条 申请人依照行政复议法第十三条的规定提出对有关规范性文件的附带审查申请的，或者生态环境部对被申请人作出的行政行为进行审查时，认为其依据不合法的，生态环境部依据行政复议法第五十六条、第五十七条、第五十八条、第五十九条、第六十条的规定进行处理。

第三十四条 行政复议期间，申请人、第三人及其委托代理人可以按照规定查阅、复制被申请人提出的书面答复、作出行政行为的证据、依据和其他有关材料，除涉及国家秘密、商业秘密、个人隐私或者可能危及国家安全、公共安全、社会稳定的情形外，生态环境部行政复议机构应当同意。

第五章 行政复议决定

第三十五条 当事人在行政复议决定作出前可以自愿达成和解，和解内容不得损害国家利益、社会公共利益和他人合法权益，不得违反法律、法规的强制性规定。

当事人达成和解后，由申请人向生态环境部行政复议机构撤回行政复议申请。生态环境部行政复议机构准予撤回行政复议申请、生态环境部决定终止行政复议的，申请人不得再以同一事实和理由提出行政复议申请。但是,申请人能够证明撤回行政复议申请违背其真实意愿的除外。

第三十六条 当事人经调解达成协议的,生态环境部应当制作行政复议调解书,经各方当事人签字或者签章,并加盖生态环境部印章,即具有法律效力。

调解未达成协议或者调解书生效前一方反悔的,生态环境部应当依法审查或者及时作出行政复议决定。

第三十七条 生态环境部依照行政复议法审理行政复议案件,由生态环境部行政复议机构对行政行为进行审查,提出意见,经生态环境部的负责人同意或者集体讨论通过后,以生态环境部的名义作出行政复议决定。

生态环境部作出行政复议决定,应当制作行政复议决定书,并加盖生态环境部印章。

行政复议决定书一经送达,即发生法律效力。

第三十八条 被申请人不按照本办法第二十八条、第三十二条的规定提出书面答复、提交作出行政行为的证据、依据和其他有关材料的,视为该行政行为没有证据、依据,生态环境部决定撤销、部分撤销该行政行为,确认该行政行为违法、无效或者决定被申请人在一定期限内履行,但是行政行为涉及第三人合法权益,第三人提供证据的除外。

第三十九条 适用普通程序审理的行政复议案件,生态环境部应当自受理申请之日起六十日内作出行政复议决定;但是法律规定的行政复议期限少于六十日的除外。情况复杂,不能在规定期限内作出行政复议决定的,经生态环境部行政复议机构的负责人批准,可以适当延长,并书面告知当事人;但是延长期限最多不得超过三十日。

适用简易程序审理的行政复议案件,生态环境部应当自受理申请之日起三十日内作出行政复议决定。

第四十条 生态环境部在办理行政复议案件过程中,发现被申请人或者其他下级行政机关的有关行政行为违法或者不当的,可以向其制发行政复议意见书。有关机关应当自收到行政复议意见书之日起六十日内,将纠正相关违法或者不当行政行为的情况报送生态环境部。

第四十一条 被申请人不履行或者无正当理由拖延履行行政复议决定书、调解书、意见书的,生态环境部应当责令其限期履行,并可以约谈被申请人的有关负责人或者予以通报批评。

第四十二条 申请人、第三人逾期不起诉又不履行行政复议决定书、调解书的，按照下列规定分别处理：

（一）维持行政行为的行政复议决定书，由作出行政行为的生态环境部及其派出机构、管理的组织依法强制执行，或者申请人民法院强制执行；

（二）变更行政行为的行政复议决定书，由生态环境部依法强制执行，或者申请人民法院强制执行；

（三）行政复议调解书，由生态环境部依法强制执行，或者申请人民法院强制执行。

第四十三条 生态环境部依照行政复议法等法律、行政法规和国务院有关规定，加强对下级生态环境主管部门依法行政、行政复议答复与行政应诉有关工作的指导。

第六章 附　则

第四十四条 办结的行政复议案件应当一案一档，由承办人员按时间顺序将案件材料进行整理，立卷归档。

第四十五条 生态环境部应当按照国务院行政复议机构有关行政复议案件和行政应诉案件统计的要求，向国务院行政复议机构报送行政复议和行政应诉情况。

第四十六条 本办法关于行政复议期间有关"三日""五日""七日""十日"的规定是指工作日，不含法定休假日。

期间开始之日，不计算在内。期间届满的最后一日是节假日的，以节假日后的第一日为期间届满的日期。期间不包括在途时间，行政复议文书在期满前交邮的，不算过期。

第四十七条 本办法自2024年6月1日起施行。2008年12月30日原环境保护部发布的《环境行政复议办法》同时废止。